La ecuación Dante

Traducción:
Marta García

LA FACTORÍA
DE IDEAS

Jane Jensen

Título original: *Dante's Equation*

Directores de colección: Paris Álvarez y Juan Carlos Poujade
Diseño de colección: Alonso Esteban y Dinamic Duo

Ilustración de cubierta: Rafal Olbinsky
Directores editoriales: Juan Carlos Poujade y Miguel Ángel Álvarez
Filmación: Autopublish
Impresión: Graficinco, S.A
Impreso en España

Línea Maestra

Publicado por La Factoría de Ideas, C/Pico Mulhacén, 24.
Pol. Industrial «El Alquitón». 28500 Arganda del Rey. Madrid.
Teléfono: 91 870 45 85   Fax: 91 871 72 22
www.distrimagen.es   e-mail: factoria@distrimagen.es

Derechos exclusivos de la edición en español: © 2004, La Factoría de Ideas

Primera edición: Noviembre 2004
Segunda edición: Noviembre 2004
Tercera edición: Diciembre 2004
Cuarta edición: Diciembre 2004
Quinta edición: Diciembre 2004
Sexta edición: Diciembre 2004

Séptima edición: Diciembre 2004
Octava edición: Diciembre 2004
Novena edición: Diciembre 2004
Décima edición: Diciembre 2004
Décimo primera edición: Febrero 2005
Décimo segunda edición: Abril 2005

© 2004, Jane Jensen

Con mucho gusto te remitiremos información periódica y detallada sobre nuestras publicaciones, planes editoriales, etc. Por favor, envía una carta a «La Factoría de Ideas» C/ Pico Mulhacén, 24. Polígono Industrial El Alquitón 28500 Arganda del Rey. Madrid; o un correo electrónico a **informacion@lafactoriadeideas.es**, que indique claramente: **INFORMACIÓN DE LA FACTORÍA DE IDEAS**

ISBN 84-9800-071-8   Depósito Legal M-46109-2004

Dedicatoria
Para mi marido, Robert Holmes

Agradecimientos

Escribir *La ecuación Dante* ha sido una tarea larga y ardua y he contado con muchas fuentes de ayuda en el camino. Llegué a conocer la Cábala gracias a la obra del rabino David A. Cooper, cuya *Mystical Kabbalah* fue una inspiración importantísima para la visión dual que sustenta a novela. Mi libro favorito sobre el código de la Biblia es *Cracking the Bible Code*, de Jeffrey Santinover. En él se escribe sobre el lado científico del código y los vínculos entre los eruditos ocultistas y los físicos. Mi intención al escribir esta novela no era refutar o apoyar su legitimidad, sino compartir la inspiración y las posibilidades que libros como los de Satinover me han hecho experimentar. También me gustaría dar las gracias a Robert M. Halirack, de la Universidad de Washington, un erudito en la materia que se ofreció amablemente a concederme una entrevista. En el reino de las ideas que incluye este libro, he contraído una inmensa deuda con *The Seven Mysteries of Life*, de Guy Murchie, y *The Holographic Universe*, de Michael Talbot, así como con David Bohm y David Peat.

En las primeras fases de la redacción de la novela, he contado con el consejo de algunas personas que me ayudaron a entender lo que funcionaba y lo que no, desde un punto de vista factual y otro dramático. Me gustaría ofrecer mi más caluroso agradecimiento a Marcia Adams, Julie Wilson, Lois y Jim Gholson, Tom Stoltz y Assaf Monsa. Mi marido, Robert, se ve sometido a horas de discusiones sobre la trama y los personajes durante mis proyectos, y Dante ha tardado tres años en concluirse: se merece una medalla. Para terminar, gracias a mi agente, Shawna McCarthy, por su cálido entusiasmo, y a mi editora, Shelly Shapiro, por el trabajado duro, así como a Eric, Miranda y Betsy Mitchell de Del Rey.

Árbol de la Vida de la Cábala

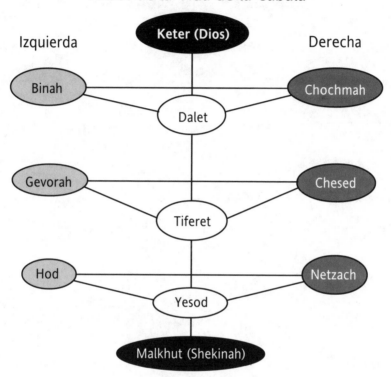

La Rueda de Dante

Chesed (Luz / Apertura)

Emocional / Amor y Placer
Chesed combinado con Chochmah conduce a un espíritu libre; yo estoy bien, tú estás bien; haz lo que te parezca. Para los orientados hacia el interior esa liberalidad complace al yo; los orientados hacia el exterior, buscan al Otro, a Dios.

Lógica / Amoral
Cuando se combina con el fuerte Binah, Chesed no produce amor sino una liberalidad que puede ser arrogante: yo no te juzgo (Gevorah) porque estoy demasiado absorto en mí mismo para que me importe lo que haces.

Chochmah
(Intuición)

Binah
(Lógica)

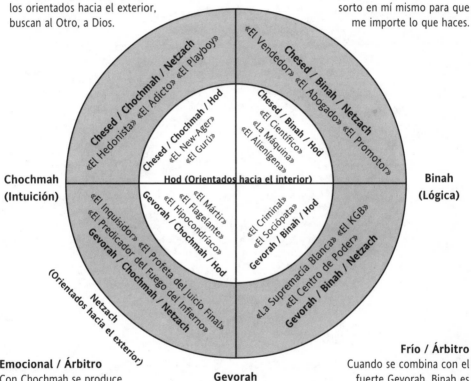

Emocional / Árbitro
Con Chochmah se produce una naturaleza emocional y un sentido de interconexión con lo divino. Con Gevorah viene una tendencia hacia la restricción, el amor a los límites y las reglas. Los dos encarnan el espíritu religioso conservador.

Gevorah
(Gravedad / Restricción)

Frío / Árbitro
Cuando se combina con el fuerte Gevorah, Binah es amante del orden y de compartimentar las cosas pero no racional. Hay demasiada restricción y emoción en Gevorah para que Chochmah pueda producir grandes mentes científicas.

Texto dentro de la rueda:

Chesed / Chochmah / Netzach «El Hedonista» «El Adicto» «El Playboy»

«El Vendedor» «El Abogado» «El Promotor» Chesed / Binah / Netzach

Chesed / Chochmah / Hod «El New-Ager» «El Gurú»

Chesed / Binah / Hod «El Científico» «La Máquina» «El Alienígena»

Hod (Orientados hacia el interior)

«El Mártir» «El Flagelante» «El Hipocondríaco» Gevorah / Chochmah / Hod

«El Criminal» «El Sociópata» Gevorah / Binah / Hod

«El Inquisidor» «El Predicador del Fuego del Infierno» «El Profeta del Juicio Final» Gevorah / Chochmah / Netzach

«La Supremacía Blanca» «El Centro de Poder» «El KGB» Gevorah / Binah / Netzach

Netzach (Orientados hacia el exterior)

Uno se encuentra, a través de un estudio de las implicaciones de la teoría cuántica, que el análisis de un sistema total que lo convierte en una serie de partículas que existen con independencia unas de otras pero que interactúan se desmorona... las varias partículas (de materia física) tienen que tomarse literalmente como proyecciones de una realidad dimensional superior de la que no se puede dar cuenta en términos de ninguna fuerza de interacción entre ellas.
—David Bohm, *La Totalidad y el orden implicado*, 1980

Al mirar por el microscopio nos asomamos a D—s. La ciencia es el rostro del *Ein Sof*.
—Yosef Kobinski, *El libro de la Misericordia*, 1935

Libro Uno

LA UNO-MENOS-UNO

1

Somos como Midas... Los humanos nunca podemos experimentar la verdadera textura de la realidad cuántica porque todo lo que tocamos se convierte en materia.
— El físico Nick Herbert

1.1. DENTON WYLE
MARZO, A BORDO DEL GUARDACOSTAS MLB INVENCIBLE II, CERCA DE LA COSTA DE FLORIDA

Denton Wyle estaba volviendo a examinar seriamente sus alternativas. Rodeaba un mástil con los dedos, como si fueran grapas vivas, le chorreaba agua por el pelo rubio hasta la nariz y tenía la espalda pegada a la cabina del barco de rescate mientras la espuma del mar le daba de bofetadas en la cara como un inglés furioso y la cubierta cabeceaba bajo sus pies como un bronco puesto de manos.

Estaba en un barco, en medio de una tormenta, a tiro de piedra del Triángulo de las Bermudas.

Los tripulantes del guardacostas, motas de un color naranja brillante en medio de un mundo húmedo y gris, se movían con toda facilidad por la cubierta resbaladiza e inclinada. Estaban en una misión dedicada a localizar un yate, el *Por qué no ahora*, que estaba en peligro cerca de la costa de los Cayos de Florida. Se había activado una alerta de navegación y el yate, tripulado por una pareja y su hija adolescente, había avisado por radio que su brújula parecía sufrir algún tipo de problema, ya que estaban perdidos y no sabían hacia dónde ir para encontrar tierra.

Era la llamada que Denton llevaba tanto tiempo esperando, hacía semanas que rondaba por la estación de los guardacostas y bebía con hombres que tenían sal en las cejas. ¿Una brújula fallida? ¿Un navío perdido? Denton Wyle, intrépido reportero del *Mundo misterioso*, estaba en ello.

Solo ahora se daba cuenta, mientras los dedos le sufrían espasmos por tenerlos tanto tiempo apretados alrededor del mástil que las palabras clave de toda esta historia no eran *fallo de la brújula*, ni siquiera, *Triángulo de las*

15

Bermudas sino *alerta de navegación. Alerta de navegación* como en «nuestro consejo es que no salga en barco, coño».

—¿Wyle? —Apareció un rostro empapado por la lluvia y embutido en un sombrero duro azul. Era Frank, un fornido neoyorquino. Denton se había pasado una tarde entera contemplando cómo lavaba con una manguera unas redes de nylon.

—¿Sí?

—Entra. Dentro. De. La Cabina. —Las palabras se gritaban por encima del aullido del viento y el estallido sinfónico de las olas. Frank se sujetaba al mástil con ligereza con una mano, justo por encima de los nudillos blancos de Denton mientras con la otra apuñalaba el aire con el índice para señalar la cabina que tenían tras ellos.

—Estoy bien —le gritó Denton, porque irse a cualquier sitio significaba soltarse del mástil.

Pero a Frank lo habían entrenado para enfrentarse a los infelices. Agarró la parte superior del brazo de Denton y tiró. Detrás de Frank, el lado del barco de rescate estaba inclinado en un ángulo de cuarenta y cinco grados y su barandilla de metal, delgada e insustancial, no hacía más que entrar y salir de los torrentes de agua. Denton podía verse con toda claridad deslizándose hacia aquel buche si se soltaba, igual que la escena de *Tiburón* en la que el capitán del pesquero se desliza por la cubierta hacia la boca del animal.

—¡Vamos! —chilló Frank.

Denton se soltó. Hubo un momento de pánico cuando le resbalaron los pies; luego tenía la puerta de la cabina en la mano y Frank lo metió de un empujón y cerró la puerta de golpe tras él.

Una vez dentro, Denton se quedó jadeando un momento mientras intentaba contener el desayuno. No tenía ninguna intención de fingir valentía. Su código genético carecía de lo que tenía que tener; lo admitía. Pero tampoco le iban los barcos. Había crecido en las costas de Massachussets, donde los domingos los clubes náuticos tenían más público que las iglesias, pero ni siquiera entonces le gustaban los barcos. ¿En qué demonios había estado pensando?

No había pensado en el Triángulo de las Bermudas ni en el mar. Estaba pensando en unos bosques, en una niña pequeña y en unos destellos de luz.

La lluvia azotaba las ventanas con tanta fuerza que desde el interior de la cabina no se veía nada de lo que había en cubierta, solo grandes olas que cubrían el cielo.

—No hacen más que entrar y salir del radar —informó uno de los miembros de la tripulación.

El capitán Dodd desvió la vista de la ventana y miró la pantalla de radar, luego volvió a mirar la ventana y se asomó guiñando los ojos.

—¿A qué distancia?

—Unos quinientos metros.

—Acércate más. Poco a poco. —Dodd jamás apartaba los ojos de aquella ventana.

Denton encontró esa conversación lo bastante curiosa para despertar de un codazo sus instintos de reportero. Recordó la cámara que llevaba una hora revoloteándole alrededor del pecho. La secó con la manga y tomó unas cuantas fotos. Eso hizo que se sintiera un poco mejor.

—¡Maldita sea, a estas alturas ya deberíamos verlos! —Dodd dio un par de zancadas hasta un anaquel lleno de equipo y agarró un impermeable—. Voy a salir ahí fuera. Enviaré a Johnson aquí para que espere mi señal.

El viento se intensificó cuando la puerta se abrió y se cerró. Denton se acercó un poco para conseguir un primer plano de la pantalla del radar. No reconoció al operario, un crío con cara de bebé, de no más de diecinueve años. Parecía asombrosamente tranquilo, impávido a pesar de la cubierta que palpitaba bajo sus pies y las impresionantes olas que se levantaban sobre ellos. Estaba concentrado en la tarea de conseguir una señal mejor.

—¿Cuál es su bache? —preguntó Denton. Le castañeaban los dientes.

El operario señaló un débil silbido, apenas presente. Durante unos segundos se desvaneció; luego volvió a aparecer.

—No estamos seguros de que sean ellos, pero estamos cerca de la última posición que marcaron. —El chaval levantó los ojos—. ¿Está bien?

—Muy bien.

—Está pálido.

—Estoy... —Denton levantó la vista y vio una pared de agua gigantesca. La ola se deslizó bajo ellos con una cabezada y un tumbo— bien. Oye, ¿el radar suele hacer eso? ¿Desvanecerse y volver a aparecer?

El operador miró a su alrededor, como si alguien más pudiera responder por él.

—Se supone que no, pero hace bastante mal tiempo.

El viento volvió a sacudirlos cuando Johnson entró y se colocó al lado de la ventana. Denton vio desaparecer el bache. Esta vez, no volvió.

Y no volvió.

Sintió una emoción cada vez mayor al ver aquella pantalla muerta. Un titular estaba tomando forma en su mente: *Guardacostas presencia la desaparición del radar de un velero en el Triángulo de las Bermudas.* Hizo más fotos y se esforzó por ver algo por la ventana.

Jonson levantó una mano.

—¡A estribor! ¡Treinta grados!

El ambiente en la cabina cambió de inmediato, de sombría preocupación a confianza y efectividad. Era asombroso lo que la fuerza de voluntad del hombre podía hacer, reflexionó Denton, incluso ante algo tan elemental como esta tormenta. El barco giró, los hombres gritaban instrucciones y trabajaban como si fueran uno solo. La energía que emitían era tan intensa que por un momento percibió lo que debía de ser uno de aquellos marinos, capaces de dominar la gran marea de agua.

Hubo un destello de otro navío en la ventana, pero desapareció entre la lluvia y las olas. Denton era incapaz de ver una mierda allí dentro. Tenía que salir.

Ahora que el barco había girado, la cubierta se inclinaba hacia el otro lado y Denton no tuvo problemas para agarrarse al mástil desde la puerta de la cabina. Se aferró a él y lo rodeó con las piernas como si fuera uno de esos bastones saltarines, luego se las arregló para levantar la cámara. Era cierto que se estaban acercando a otro barco.

El capitán Dodd estaba en la proa con los otros tripulantes. Estaba haciéndole gestos al timonel para que se pusiera en posición y pudieran acercarse al velero más pequeño por aquel mar palpitante. Era un yate pequeño. Denton se esforzó por distinguir el nombre en el costado.

Por qué no ahora.

Mierda.

La emoción de Denton se desvaneció junto con los titulares que llevaba en mente. Habían encontrado el barco. No había historia. Había salido hasta aquí para nada.

La tripulación ató una cuerda al *Por qué no ahora* y dos de ellos, como monos de gelatina, cruzaron hasta la cubierta desafiando a la muerte.

Y Denton se dio cuenta de que algo iba mal.

Hizo otra fotografía cuando los dos hombres entraron en la cabina del yate. Los dos hombres salieron. Uno volvió con cierto esfuerzo para hablar con el capitán mientras el otro se movía por el costado del barco, con el rostro hacia el mar, buscando. Y Denton lo supo: el *Por qué no ahora* estaba vacío.

—¿Y qué les pasó? —quiso saber Jack.

Denton había cometido el error de llamar a su editor con el teléfono móvil antes de salir con la patrulla de rescate y había tres mensajes esperándolo cuando volvió al hotel. Cuando salió de la ducha caliente, Jack lo había llamado otra vez.

Denton se frotó los ojos con las dos manos mientras sujetaba el auricular con el cuello.

—El informe oficial dice que se cayeron por la borda y se ahogaron. Pero no se ahogaron, Jack, te lo juro. Había dos salvavidas intactos en la barandilla. No es muy probable que los tres se hayan caído al agua a la vez, y si se hubieran caído uno por uno, habrían utilizado los salvavidas, ¿no? Buscamos durante dos horas, pero no había nada.

Jack no respondió. No había respuesta posible. Los dos llevaban en este negocio el tiempo suficiente para reconocer un punto muerto cuando lo veían.

—¿Sacaste fotos dentro del yate?

—No. —Denton suspiró—. Dodd no me dejó subir a bordo. Pero uno de los guardacostas me dijo que no había nada fuera de su sitio. Ni siquiera un cojín.

—Bueno... escribe lo que tengas. Mira a ver si funciona.

Jack no parecía muy entusiasmado. No había razón para estarlo. Y lo más frustrante es que podría muy bien haber sido un caso legítimo. Y él había estado allí. Joder, había estado justo allí. Y seguía sin tener nada.

La serie de artículos sobre desapariciones había sido idea de Jack pero Denton se había volcado. Había algunos casos históricos muy interesantes. En 1809 un inglés llamado Benjamín Bathursta se detuvo en una posada. Rodeó la diligencia para ver cómo estaban los caballos y no se le volvió a ver. En 1900 Sherman Mill entró en una fábrica de algodón de Michigan y no volvió a salir. Jamás. En 1880 un granjero llamado David Lang estaba atravesando sus pastos y se evaporó, así de simple, según cinco testigos presenciales. Se dijo que la hierba donde había desaparecido había muerto y no había vuelto a crecer.

Y había uno que ni siquiera Jack conocía. En 1975 una niña llamada Molly Brad se desvaneció en medio de un destello de luz mientras jugaba en el bosque.

Cada año más de doscientas mil personas desaparecían en los Estados Unidos. Y si bien la mayor parte eran con toda probabilidad fugitivos, vagabundos u homicidios encubiertos, Denton no creía que fuera tan descabellada la posibilidad de que algunos de esos casos, solo un par, fueran como el de David Lang.

Pero jamás lo demostraría aquí.

—Estoy listo para volver a casa. El enfoque del ángulo del Triángulo de las Bermudas no funciona. Es decir, creo que hay sitios dónde es más probable que ocurran desapariciones, y que este es uno de ellos. Pero si alguien desaparece aquí fuera, no hay forma de demostrar que no cayó al mar. Necesitamos... no sé, algo más parecido a una «habitación cerrada». Y llámame estúpido idealista, pero un testigo presencial o dos tampoco harían daño. —Denton percibió el quejido de su voz. Estaba cansado.

—Es gracioso que digas eso. ¿Has recibido el paquete que te envié?

Denton miró el sobre rojo, blanco y azul que había al lado de la puerta.

—Sí. ¿Qué es?

—Échale un vistazo. Pero no te distraigas. Necesito que termines el artículo del *Triángulo*. El plazo acaba el martes.

—Lo sé. Ya está casi terminado. —Casi todo.

—Bien. Pareces destrozado. Te dejaré dormir un poco. Buenas noches, Dent.

—Buenas noches.

Estuvo a punto de no abrir el paquete. Sus piernas tenían la consistencia de un paté después de pasarse cinco horas intentando agarrarse al barco, y el volumen de adrenalina que había surcado por sus venas lo había dejado con resaca. Pero las insinuaciones de Jack le habían picado la curiosidad. No podría irse a dormir sin saberlo.

Arrancó la solapa y miró en el interior. Era un libro: *Cuentos del Holocausto.*

No tenía sentido porque el Holocausto no tenía nada que ver con el artículo en el que estaba trabajando. Y sin embargo el viejo instinto Wyle se revolvió en sus tripas como los giros de un gusano subterráneo gigantesco.

Abrió el libro por la página marcada y empezó a leer.

1.2. AHARON HANDALMAN
JERUSALÉN

Menuda ciudad. El rabino Aharon Handalman llevaba en Jerusalén doce años y todavía le asombraba. Siempre dejaba su casa antes del alba para poder contemplar cómo calentaba el sol las piedras. Esta mañana había un tinte frío en el aire. Su abrigo y su sombrero, de lana negra, lo absorbían como una esponja.

Aharon, junto con su mujer, Hannah, y sus tres hijos, vivían en el nuevo complejo residencial ortodoxo cerca del Valle de Ben-Hinnom. A esta hora del día, sin los chillidos y el clamor de los más pequeños, aquellos apartamentos sencillos y cuadrados parecían tan huecos como cajas de cartón. Se quedaron a su espalda mientras caminaba y empezaron a aparecer a su derecha los antiguos muros, como el borde de las faldas de una mujer.

Se acercaba a la puerta de Jaffa. Ante él se levantaba la Torre de David, una sombra fina y puntiaguda en medio de la oscuridad. Giró para entrar en la ciudad con la piedra elevándose por encima de su cabeza. Trazó con los dedos el arco al pasar con el *Shma Yisroel* en los labios.

Bajó por la antigua avenida hasta el corazón de Yerushalayim. Las calles que había fuera de estos muros, sobre todo la calle Jaffa, eran demasiado modernas para su gusto. Anuncios de *Camel* y dónuts desfiguraban las fachadas de las tiendas. Pero una vez dentro, el siglo XXI desaparecía. Ahora solo tenía que enfrentarse con las indignidades del Barrio Cristiano a la izquierda y el armenio a la derecha. Pasó con rapidez y arrugando el labio al lado de estos invasores. Podría continuar en línea recta, pero tenía la costumbre de girar para meterse en el corazón del Barrio Judío y elegir los callejones y los patios por su aroma a antigüedad. Más tarde estarían atestados de caftanes y camisetas, de vírgenes baratas y estrellas de David. Pero ahora solo eran apagadas tolvas de piedra que podrían haber existido mil años antes, o dos mil más.

Él, el rabino Aharon Handalman, podría haber pertenecido también a un tiempo diferente: cuarenta años, de estatura y peso medio, todavía atractivo, ojos castaños y relucientes, barba castaña libre de hebras grises que caía larga y sin recortar, las ropas negras apenas pertenecientes al siglo veinte. Si se retrasara el reloj veinte años, aquel hombre no estaría fuera de lugar; doscientos años y el corte de su ropa podría resultar un poco extraño; dos mil años, ponle un traje diferente y sin problemas. Le gustaba pensar que en el fondo, en su corazón, no era muy diferente de sus ancestros, igual que algún israelita que anduvo por este mismo sendero de camino al Templo en los tiempos de Jeremías. Cuando leía las Escrituras, Aharon se identificaba plenamente con los sentimientos de los profetas: que Jerusalén estaba almacenando pecados que le supondrían un castigo divino por culpa de las costumbres impías de su pueblo. En los tiempos de Jeremías eso significaba prostitutas, borrachos y judíos sin sentido de su pasado. En los tiempos de Aharon Handalman eso significaba pantalones cortos recortados, Uzis y judíos sin sentido de su pasado. Hasta Moisés había expresado la misma frustración: *Sois un pueblo obstinado*. No eran solo las piedras las que no cambiaban.

Aharon pasó por la Puerta del Estiércol, bajó un tramo de escaleras y atravesó un control de seguridad. Los soldados lo conocían pero insistían en registrarlo. Los rabinos ortodoxos atraían tantas suspicacias como los palestinos en estos tiempos, pero dado el estado de locura del mundo, ¿quién podría culparlos? En un momento lo había atravesado y se encontraba delante del *HaKotel*, el Muro Occidental, el único resto que quedaba del Segundo Templo.

La luz era rosácea y pintaba con ese tono el edificio de color crema. Como siempre, se acercó con una sensación de privilegio, de emoción, como un novio ante el altar. Cruzó hasta el muro y bajó las manos con suavidad hasta tocar la piedra fría, luego la frente, con el suspiro tierno de un amante.

A su alrededor varias docenas de personas más decían sus oraciones matinales en este punto sagrado. Algunos eran *haredim* con barbas, tufos y gorros de piel. Aharon, que era ortodoxo pero no *haredim*, tenía barba pero no tufos y su gorro era una sencilla *fedora* de lana negra con un *kippa*, un casquete, debajo.

Se unió a un grupo de madrugadores de su sinagoga y abrió su maletín. Sacó el *tallith* y el *tefillin* y los besó. Se envolvió en el chal de las oraciones y se puso las antiguas correas de cuero con las cajas de las escrituras, primero en el brazo izquierdo, luego en la frente. Y empezó a rezar, meciéndose delante del muro.

Si bien no había ningún fingimiento en aquellos gestos, no dejaba de ser consciente de la imagen que daba: majestuosa, paternal, rabínica. Y estaba orgulloso de darla. Alguien tenía que demostrarle al mundo lo que significaba ser judío.

Una hora más tarde, Aharon estaba en su oficina del *Aish HaTora*. El *Aish HaTora* era una escuela para «dominar el regreso», diseñada para enseñarles a los judíos no ortodoxos las costumbres de la ortodoxia. Los judíos en cuestión eran normalmente jóvenes americanos cuyos padres no eran practicantes o bien eran (lo que quizá era aún peor) conservadores o reformados. Aharon enseñaba el Talmud y el *Midrash*. No era mucho dinero pero lo ponía frente al muro todo el día y su horario de clases le dejaba tiempo de sobra para dedicarse a su auténtica pasión: el código de la Torá.

El código era la llama que ardía en el corazón de Aharon. Los más grandes rabinos siempre habían sabido que había mensajes ocultos en la Torá, pero los sabios, en paz descansen, no tenían microchips. Ahora se podía ejecutar un programa, darle una palabra clave como *cielo*, (*heaven* en inglés) y la rutina de búsqueda examinaba las letras hebreas de la Torá en busca de la palabra clave oculta en el texto. Una palabra «oculta» aparecía a través del Espacio entre Letras Equidistante, el ELE o salto. Por ejemplo, la frase del texto normal, que en inglés sería «*The Rabbis hoped and prayed for God to lead the people over land and over sea to the kingdom of their being, Eretz Yisrael*» (Los rabinos esperaban y rezaban para que Dios guiara a su pueblo por la tierra y por el mar hasta el reino de su ser, Eretz Yisrael), contenía la palabra oculta *heaven* en un salto de once: «The Rabbis hoped and prayed for God to lead the people over land and over sea to the kingdom of their being, Eretz Yisrael».

Lo que de verdad había asombrado al mundo era la presencia de series de palabras y frases relacionadas con esa en la Biblia hebrea. Las series eran las disposiciones de las letras normales en columnas de la misma anchura que el salto. Estas series hacían que fuera más fácil encontrar palabras o frases relacionadas cerca de la palabra clave original.

```
T h e r a b b i s h
o p e d a n d p r a y e
d f o r g o d t o l e a
d t h e p e o p l e o v
e r l a n d a n d o v e
r s e a t o t h e k i n
g d o m o f t h e i r b
e i n g e r e t z y i s
r a e l
```

El hecho de que estas series se buscaran en la versión hebrea del texto hacía que la tarea fuera a la vez más fácil y más difícil.

Pero... la comunidad científica estaba escandalizada, como es natural. ¿Qué iban a decir los ateos sobre mensajes implantados de forma divina? Nada bueno. Su refutación más irrecusable demostraba que se podían encontrar «series de palabras temáticas» parecidas en cualquier texto, en *Guerra y paz*, por ejemplo. De ahí la actual línea de investigación de Aharon.

Todavía estaba intentando descifrar el último rimero de hojas impresas cuando entró Binyamin Yoriv.

—¡Bien! —Gruñó Aharon—. Tengo una adivinanza para ti.

—¿Es de la prueba de anoche? —Binyamin cruzó la sala hasta llegar a la mesa.

Aharon se retiró un poco. El muchacho tenía halitosis y un problema de piel que dejaba escamas a su paso. Estaba escrito que Dios daba a todo el mundo una mezcla de virtudes y defectos, pero las virtudes de Binyamin, como el propio código de la Torá, estaban extremadamente bien escondidas.

—¿Qué pasó? —preguntó Binyamin—. ¿Había un virus en el programa?

—No.

—Pero hay demasiadas páginas.

—No se te escapa nada, Binyamin.

Aharon esperó a que el muchacho se diera cuenta al examinar por encima aquel rimero de casi un centímetro de espesor. Levantó las cejas llenas de escamas.

—Oiga, una de nuestras frases de búsqueda, «Yosef Kobinski», está en todas estas series. Qué raro.

—¿Raro? Trescientas series para un pequeño rabino. Como siempre, te quedas corto.

Aharon rodó con la silla hacia la izquierda, no solo para apartarse de la zona de exhalación de Binyamin sino también para coger la *Enciclopedia* de Chachik, un Quién es Quién de los eruditos judíos.

—Yo diría que se ha refutado mi teoría, ¿tú no?

—¿Y cuál era su teoría?

Aharon sintió una chispa de irritación. Ya lo había explicado tres o cuatro veces.

—Witzum, Rips y Rosenberg, en su artículo de *Ciencia Estadística*, cogieron los nombres de los treinta rabinos más grandes que aparecen en esta misma enciclopedia. Encontraron series codificadas para cada rabino en las que el nombre aparecía cerca de sus fechas de nacimiento y muerte, ¿*nu*?

—Ya lo sé.

—Me alegro de que lo sepas. Yo también lo sé.

—Y...

—Y ellos cogieron los rabinos que tenían las entradas más largas de esta enciclopedia. Yo cogí el más corto.

—¿Para qué?

—¡Piensa!

Binyamin pareció hacer un esfuerzo genuino. Luego se encogió de hombros.

—Algún día vas a aprender a utilizar ese cerebro. Claro que también algún día resucitarán los muertos, así está escrito.

—Rabino...

—Así que nosotros realizamos la misma prueba que hicieron ellos con una nueva batería de datos; ese es el punto uno. Si encontramos series para todos estos rabinos, es otra prueba más de la existencia del código. En cuanto a mi propia teoría, yo tenía la idea de que los rabinos «menores» aparecerían en el código con menos frecuencia que los rabinos «más importantes». Si pudiéramos demostrar *eso*, ¡sería muy difícil de explicar con *Guerra y paz*!

Binyamin señaló la enciclopedia abierta.

—Pero el rabino Kobinski solo tiene un párrafo, y sin embargo aparece en trescientas series. Incluso más que el Ba'al Shem Tov, el rabino más famoso de todos los tiempos.

Aharon se dio unos golpecitos en la sien, como si le doliera algo.

—¿No acabo de decir que eso refutaba mi teoría?

—¿Entonces cómo es que...?

—Esa es la cuestión, Binyamin, cómo es que, como has dicho tú con tanta elocuencia.

—Debe de ser una característica del nombre, letras muy comunes o algo así.

Aharon se acarició la barba.

—Yosef, quizá. Pero la frase que buscamos era «Yosef Kobinski». ¿Qué tiene eso de habitual? —Aharon cogió el Chachik y empezó a leer la entrada de Kobinski en voz alta—. «Yosef Kobinski, Brezeziny, Polonia. Nacido, Tish'ah b'Av 5660».

—Mil novecientos. —Calculó Binyamin a toda prisa.

—Murió en Kislev 5704.

—Noviembre de 1943.

Aharon puso los ojos en blanco. El chico había suspendido un examen sobre fechas el mes pasado. Como siempre, lo había aprendido cuando el resto de la clase ya había pasado a otra cosa.

—«El rabino Kobinski estudió con el rabino Eleazar Zaks, el famoso cabalista de Brezeziny. Estudió física en la Universidad de Varsovia y más tarde enseñó allí antes de dejarla para estudiar la cábala. El rabino Kobinski estaba considerado por muchos como un genio de la cábala. Su primer y único libro, *El libro de la misericordia*, fue preludio de grandes cosas. Por desgracia, se perdió con el Holocausto cuando murió en Auschwitz».

Aharon se reclinó hacia atrás, la silla gruñó bajo su peso. Sí, sin duda eso mataba su teoría. ¿Quién había oído hablar jamás del Kobinski-de-las-300-series? Nadie. Un ardor en el pecho le molestó lo suficiente para meterse unos antiácidos que sacó del bolsillo de hilo. Notó que tenía los dedos hinchados. (*Sal*, decía Hannah, *corazón*, le recordaba, y él no le hacía caso).

—Quizá sea importante. O lo será. —Binyamin se subió las gafas con el dedo medio extendido.

—Está muerto. Por alguna razón no creo que tenga más trucos en la manga.

—¿*Entós*, qué *quié* hacer?

Aharon frunció el ceño y miró al muchacho por debajo de sus pobladas cejas.

—¿Qué quiero hacer? ¿Es eso lo que estás intentando preguntar con tu bendito lenguaje? Yo te lo diré. Vamos a ver si nuestro nuevo amigo tiene algo de especial. Tomaremos unas cuantas palabras más de la biografía. Veamos. —Rebuscó un lápiz y un bloc de notas—. Brezeziny. Eleazar Zaks. *El libro de la misericordia*. Auschwitz. —Arrancó la hoja y se la entregó a Binyamin.

—¿Todas juntas? —Binyamin consideró la lista con una mirada de soslayo.

—No —dijo Aharon con suspiro de mártir—. No, no, no. Mete cada una de forma separada como palabras clave. Mira a ver si puedes encontrar cualquiera de esas palabras en estas trescientas series. —Abrió el rimero de hojas sobre la mesa.

Binyamin volvió a subirse las gafas con un gesto brusco y la boca abierta en un «oh».

—Eso llevará un tiempo.

—¿*Nu*? ¿Tienes mejores cosas que hacer?

Aharon fue hacia el gancho que había detrás de la puerta y cogió el chal de oración. Era la hora de dar la primera clase del día. Abrió la puerta, esperó. Binyamin se quedó allí parado con gesto pesado.

—¿Después de clase? —Le recordó Aharon.

Mientras bajaban por el pasillo, Aharon sintió una nueva ligereza en su paso. Tenía la inconfundible sensación de que acababa de tener un golpe de suerte. Lo cual, en sí mismo, no era tan asombroso. Los sabios dicen, «Hasta un tonto tiene suerte». Lo que se hacía con esa suerte, esa era la parte complicada.

Por fortuna para él, y quizá para la causa del código de la Torá, el rabino Aharon Handalman no era ningún tonto.

1.3. CALDER FARRIS
ORLANDO, FLORIDA

El hotel Doubletree, donde se celebraba la convención era grande, genérico y olía a crema para el sol. Calder Farris se dirigió a la mesa de inscripción, donde pensaba utilizar su nombre pero no su rango. Nadie lo tomaría por un soldado vestido de paisano.

Se dejó las gafas de sol puestas.

No esperaba demasiado de la convención. Su título, *El holismo y la nueva física*, era tan poco convincente como de costumbre. Sin embargo, ese era su trabajo y tenía otras razones para visitar Orlando. Querido papá.

La mujer del mostrador de Inscripciones tenía el pelo largo y gris y un conjunto de gasa de falda y top. A la gente como ella le iba la percepción extrasensorial, las auras y mierda parecida, pero estaba claro que ella no era capaz de leer vibraciones ni con un manual porque cometió el error de coquetear con él. Se dedicó a explicarle las sesiones entre risitas mientras posaba la mano rosada en el brazo de Calder, embutido en un jersey negro.

—¡Dios mío! —ladeó mientras apretaba aquel músculo que no cedía. Le lanzó un destello rapaz, los ojos femeninos le indicaron que le gustaba la dureza férrea de su brazo y que le encantaría explorar también otras partes duras de su anatomía.

A Calder le embargó una necesidad urgente de darle una bofetada. Pero en su lugar, se quitó las gafas de sol oscuras y las inspeccionó con aire casual.

La mano de la mujer se cayó hacia un lado. Durante un segundo Calder tuvo la satisfacción de ver las náuseas en su rostro cuando se miró en sus ojos, hipnotizada; luego empezó a ocuparse de otra persona. Calder volvió a ponerse las gafas y se alejó con el paquete de inscripción en la mano.

A Calder Farris no le pasaba nada en la cara, era un poco aterronada, producto del acné juvenil, pero había mejorado con la edad. A los treinta y dos años parecía más áspera que marcada por la viruela. Medía casi dos metros y corría y levantaba pesas de una forma obsesiva. Con las gafas de sol puestas se le podía confundir con el típico hombre alto, moreno y guapo. Pero antes o después tenía que quitárselas.

Eran los ojos. Tenía el iris de un color azul tan claro que era casi blanco. A la gente no le gustaba eso. Era como si abrieran una ventana por la que se filtraba el frío que había en su interior. No podía ocultar su naturaleza más básica cuando la gente lo miraba a los ojos. El demonio se asomaba al exterior. Algo muy inoportuno, joder.

Pero, al igual que todo, tenía sus ventajas.

Se sentó en el bar del hotel y pidió un café. Examinó la lista de sesiones y las fue tachando con un rotulador.

Sanación y sincronicidad. Fuera.

Agujeros de gusano y el espacio plegable de Frank Herbert. Fuera.

Saltos cuánticos: Saltándose las leyes físicas.

Había asistido a tantas de estas historias que casi podía dar las conferencias él. Pero siempre existía la remota posibilidad de que algún día apareciera algo útil, la proverbial perla entre cerdos. El tema tenía cierto potencial. Pasó unas páginas hasta llegar a las credenciales del orador. Reconoció el nombre; aquel tipo era un gacetillero. Tachó la sesión.

26

El barman volvió a llenarle la taza. A unos cuantos taburetes de distancia se encontraban dos jóvenes inmersos en una conversación sin trascendencia. Era obvio que eran pareja. Nada fuera de lo normal en Florida o en una convención de ciencias raras como esta, fuera donde fuera. Joder, si es que así estaba este país de cabronazos al que había jurado servir y proteger.

El cuerpo de Calder se tensó. Una sonrisa animal le descubrió los dientes.

Ojalá se le acercaran aquellos maricones a él. Los sacaría al aparcamiento y les enseñaría el verdadero significado de la penetración entre varones, con el puño metido hasta la garganta.

La rabia que sentía se disparó durante solo un momento, como un sol negro. Luego la ahogó. Por supuesto que no haría nada en realidad, ni aunque lo provocaran. No tocaría a aquellos jóvenes, ni siquiera si le metían la mano en el pantalón y se la estrechaban. Darle una paliza a unos civiles de la inclinación que fuera no daba buena imagen en la hoja de servicio y a Calder le importaba mucho su hoja de servicio.

Además, era un profesional bien adiestrado. No hacía el burro porque sí.

Un chispazo de humor mitigó su cólera y volvió a concentrarse en el horario de acontecimientos.

Una sinfonía de cuerdas y la teoría del todo.

Calder le echó un vistazo al reloj. Había empezado diez minutos antes. Recogió sus papeles y se fue a buscar la sala. No dejó propina.

La sala de conferencias albergaba unas sesenta sillas y la mayor parte estaban llenas. Calder se acomodó en la parte de atrás y buscó la biografía del orador. El doctor Larch era un joven profesor de la Estatal de Florida. Lo más probable era que la mitad de los oyentes fueran estudiantes suyos, haciéndole la pelota. Calder lo midió con la mirada. De aspecto inteligente. Vistoso. El tipo tenía el estilo de un presentador de un programa de entrevistas. Cosa que Calder odiaba. Se cruzó de brazos y se acomodó para escuchar.

Cuarenta y cinco minutos más tarde, Calder vio como iba saliendo la chusma mientras él se quedaba sentado. Como siempre, había tres o cuatro súper empollones rondando alrededor del orador, dándole conversación. Calder hizo unos cuantos garabatos en el bloc de notas, armas, rostros ceñudos, rayas oscuras sobre el papel blanco. Una o dos veces Larch le lanzó una mirada curiosa.

El profesor pasó por fin por su lado hacia la salida. Calder se levantó de la silla, como si se desdoblara con una exhibición deliberada de fuerza.

—¿Doctor Larch? Soy Calder Farris.

Calder extendió la mano y Larch la estrechó. El apretón era húmedo pero no del todo harinoso.

—Hola. —El saludo de Larch tenía la entonación de una pregunta. ¿Y quería...?

—Me gustaría hablar con usted sobre su conferencia. ¿Puedo invitarlo a comer?

—Estoy... bastante ocupado.

Calder sonrió.

—¿Y qué tal una copa entonces? Y es teniente Calder Farris. Marines de los Estados Unidos.

Media hora más tarde, Calder estaba sentado frente a Larch en un restaurante italiano calle abajo. Salir del hotel había sido idea de Farris. El sitio italiano, de Larch. Después de todo había decidido aceptar una comida gratis, por las molestias. Había sido la referencia a los marines lo que lo había convencido. Larch probablemente no conocía a muchos marines. Y no se cogería a muchos marines en su órbita, ni muertos.

—Bueno, teniente Farris, exactamente ¿qué hace usted por el ejército?

Farris hurgó en su ensalada.

—Estoy en el servicio de Inteligencia.

—¿Ah, sí?

—La verdad es que no puedo decir nada más.

Larch esbozó una sonrisa afectada así que Calder sacó el billetero y le enseñó una identificación. La tarjeta era una oficial del Cuerpo de Marines de los Estados Unidos y tenía «División de Inteligencia» escrito en ella y una foto de sí mismo vestido de uniforme y con aspecto duro.

—¿Y qué es exactamente lo que hace la División de Inteligencia de los marines? —preguntó Larch inclinándose hacia delante—. ¿Reconocimiento sobre todo? ¿No es eso lo que hacen ustedes? ¿Qué interés tienen en la física?

—Dr. Larch. —Calder había sido más que cortés hasta entonces. Hasta se había dejado puestas las gafas, si bien había cambiado a un par de cristales oscuros que no estaban graduadas pero que lo parecían. Ahora permitió que una hebra de algo más pesado se filtrara en su voz—. Tenemos poco tiempo y me gustaría discutir su trabajo, si no le importa.

Larch lo estudió.

—¿Puedo preguntarle exactamente en capacidad de qué está usted realizando esta entrevista?

—No es una entrevista; sino una comida. —Le explicó Calder con tono razonable—. Y podría preguntarlo, pero, bueno, ya sabe...

—Luego tendría que matarme. —Se burló Larch. Calder no se rió. Se quedó sentado y miró a Larch desde detrás de sus gafas, frío como una piedra. El regocijo de Larch se desvaneció, convertido en una cierta inseguridad torpe con solo un toque. Sí, Calder podía olerlo, apenas una mínima insinuación de miedo.

Era el momento perfecto y Calder no lo desperdició. Empezó a disparar preguntas, con calma pero con insistencia. La conferencia había girado en torno a la teoría de las cuerdas y había un par de puntos que quería explorar, unas cuantas hebras inesperadas que le habían interesado. Examinó a fondo esas direcciones, una por una.

Larch empezó a hablar. Calder estaba bastante seguro de que no se guardaba nada. No había razón para ello. Seguro que toda esa materia la regurgitaba delante de varios cientos de estudiantes cada día, y, coño, la mayor parte tendrían un encefalograma demasiado plano para prestar la menor atención. Y aquí tenía una oportunidad de oro, un tipo que de verdad quería escucharlo.

No había nada que hiciera temblar los cimientos de la tierra pero sí unas cuantas ideas nuevas para Calder y este las almacenó en su memoria de forma mecánica.

Cuando terminó con la conversación, dejó que el camarero quitara los platos. Calder ya estaba listo para irse pero Larch pidió un «spumoni». Calder contempló cómo se envenenaba el cuerpo con azúcar y grasas saturadas y sintió que se le flexionaban los músculos a modo de respuesta, como si estuvieran deseando hacer ejercicio. En diez años, Larch iba a parecer un saco de patatas y podría utilizar más o menos el 30 por ciento de su capacidad arterial. Puto jinete de despacho.

Calder le echó un vistazo al reloj. Se sentía como si acabara de echar un polvo. Había conseguido lo que quería de Larch. Aquel hombre ya no le interesaba.

—Bueno —dijo Larch—, quizá ahora pueda hablarme sobre su trabajo. Nada clasificado, solo... ¿cómo es? ¿Viaja mucho?

—A veces.

—¿Casado? —Larch ojeó las manos desnudas de Calder con gesto de curiosidad.

—No.

Larch chupó la cuchara.

—Se le da bien la física. ¿Lo entrenaron los marines?

Larch solo estaba intentando hablar de algo. Era lo que hacía la gente normal, Calder lo sabía, pero, con todo, el demonio que llevaba en el interior extendió la mano y le apretó el corazón hasta que lo tuvo lleno y tenso. Larch quería pincharle tras las persianas, desnudarle el alma. Calder sintió la tentación de permitírselo.

Luego se dio cuenta de que había terminado con Larch; ya no tenía que hacerse el agradable. Poco a poco, se quitó las gafas y sonrió.

—La cuenta —dijo Larch mientras le hacía una seña al camarero.

La tarjeta de identificación del teniente Calder Farris era mentira. No estaba, en realidad, en la División de Inteligencia de los Marines. Había sido marine y todavía lo era, pero cuando consiguió entrar en el departamento de

Inteligencia no había sido en un puesto con el MCIA. Su talento especial, y sobre todo sus aptitudes para la ciencia, lo habían convertido en un préstamo permanente al Departamento de Defensa.

Pero no de forma oficial. Si examinaras todas las versiones salvo las más clasificadas del organigrama del DD, no lo encontrarías allí. Encontrarías el DARPA (la Agencia de Proyectos Avanzados de Investigación de Defensa). Una de las ramas del DARPA era el DSO (la Oficina de Ciencias de la Defensa). Encontrarías al director del DSO, el doctor Alan Rickman, uno de los hombres a los que informaba Calder. Pero no encontrarías a Calder Farris.

La misión del DSO era «identificar y estudiar las tecnologías más prometedoras dentro de la comunidad investigadora de científicos e ingenieros y desarrollarlas para adaptarlas a las nuevas capacidades del DD». En otras palabras, encontrar Mierda que se pueda confiscar, reelaborar y adaptar para convertirla en una Gran Mierda capaz de hacer que los enemigos de los Estados Unidos se pusieran verdes, se les cayera la piel, o salieran corriendo como perros.

El DSO estaba formado sobre todo por científicos civiles. Se emborrachaban juntos, daban becas y reclutaban a otros científicos civiles con ofertas lucrativas. Seguían el trabajo de personas como Hawking y Feynman, se suscribían a revistas como *Nature, Science* y *Cell*. Tenían contactos en los Laboratorios Bell, en Intel y en las mejores universidades.

Pero ese no era el mundo de Calder Farris. Su misión era localizar a las personas que no estaban en las revistas: el repudiado físico de Sudamérica que intentaba perfeccionar la clonación humana, el genio solitario que intentaba inventar bombas más pequeñas y letales, los embarazosos chiflados de la academia que quizá estuvieran detrás de algo, después de todo. Él acechaba a sus presas fuera de los límites de la credibilidad científica, donde la tecnología continuaba de todas formas, a menudo siguiendo direcciones absurdas, en ocasiones con resultados aterradores. Para el gobierno estas personas eran apenas mejores que los terroristas declarados. Si era posible y si había tiempo, etcétera, etcétera, se les ganaría por las buenas para la causa. Si no...

Afortunadamente para el Dr. Larch, sus ideas no eran lo bastante sustanciales como para que el DD les prestara más atención.

Una vez de vuelta en el hotel, Calder fue al baño, le quitó la envoltura de plástico a un vaso y lo llenó con agua del grifo. Lo bebió. Lo llenó otra vez y bebió otro. Los espaguetis marinara le chapotearon en el estómago.

Volvió a la bolsa negra, cortesía del gobierno, y desenvolvió el uniforme de gala. Utilizó la plancha del hotel para quitar unas cuantas arrugas producidas por la maleta. Se duchó y se vistió, se puso cada prenda con tanto cuidado como si se estuviera preparando para una inspección. Pasó varios minutos en el espejo ajustándose el sombrero y comprobando la alineación y el brillo de las medallas y cintas. En el espejo el rostro granujiento y pálido y los ojos de color azul blanquecino lo hacían parecer un fantasma exangüe en contraste con el pelo corto y negro. Se puso firme, con los ojos clavados en la figura del espejo.

Le satisfizo ver lo duro que parecía. Parecía un auténtico hijo de puta mortal. Nadie lo haría enfadar a la ligera. Nunca más.

Ya era de noche cuando condujo hasta el Cementerio Nacional de Florida, en Bushnell y aparcó en la larga avenida que atravesaba una serie interminable de lápidas. Su padre ya estaba retirado cuando la espichó pero había escogido aquel lugar. Toda su patética vida había sido el ejército.

Todos los mármoles se parecían y había cientos de ellos, pero Calder se dirigió al suyo con facilidad bajo la luz de la luna. Encontró la tumba de su padre sin una sola duda.

Se quedó un momento quieto delante de la lápida, con la carne en descomposición de su padre a tres o cuatro metros bajo sus zapatos. Las letras de la piedra decían: «Capitán John Marcum Farris II».

El segundo. Pero Calder, único hijo varón, no era John ni hacía el número tres. No había sido lo bastante bueno, ni siquiera el día de su bautizo.

Calder miró a su alrededor. Estaba solo. Una brisa cálida de Florida le hizo cosquillas en el rostro recién afeitado. Se bajó la cremallera de los pantalones. Su orina, cálida y humeante, golpeó la piedra y se derramó luego por la hierba. Calder se hizo a un lado para poder empapar al viejo de la cabeza a los pies.

Se la sacudió bien cuando terminó y se subió la cremallera. Luego saludó a la tumba y terminó el gesto con el dedo medio levantado y una mueca burlona.

—Espero que estés disfrutando del infierno, cabronazo hijo de puta.

1.4. JILL TALCOTT
UNIVERSIDAD DE WASHINGTON, SEATTLE

La doctora Jill Talcott no iba a aceptar un no por respuesta. Se detuvo en el baño y se pasó el cepillo por el cabello rubio ceniza que le llegaba a los hombros, se aplicó un poco de brillo de labios y se alisó los pantalones de gabardina de color azul marino y el jersey sin mangas. Volvió a revisar su discurso, que recitó para sí misma ante el espejo y luego se dirigió al Santuario.

El Santuario albergaba el santo grial del departamento de física, un ordenador cuántico. La bestia en sí, de nombre Quey, era tan grande y fea como un contenedor industrial. En la cubierta de metal había una página de un tebeo de Jaimito, Jorgito y Luisito con un cuarto patito dibujado a lápiz y un ordenador en lugar de la cabeza. Aquella era la idea que tenía del humor el doctor Grover. Empollón gilipollas. Él sí que podía permitirse el lujo de reír. Según se decía, Grover y su ordenador le habían costado a la Udub más de 5 millones, por lo que se lo habían robado a Berkley. Se decía que el presidente de la Udub, Paul Reardon, habría entregado a su primogénito si se hubiera dado el caso.

Grover estaba enredando con un monitor. Con los pantalones cortos y los Birkenstocks daba la impresión de ser un chulo de playa entradito en años. Una buena barba contribuía al disfraz. A los jefazos de la universidad les encantaba.

—Jill Talcott —dijo, como si nombrara una mancha de tinta en un examen psicológico de rutina.

Jill se obligó a adoptar una actitud agradable.

—¿Cómo está usted, doctor Grover? ¿Cómo está el bebé?

—Se cargó unos cuantos pedazos el otro día pero ya está en pie. ¿Qué necesita? Estoy súper-ocupado.

—Bueno, verá, doctor Grover...

—Chuck.

—Chuck, necesito un poco de tiempo con Quey. Quizá recuerde de la reunión de personal que estoy trabajando en la mecánica de las ondas. He descubierto una ecuación y estoy lista para masticar unos cuantos números.

—Entonces presente una solicitud ante el Comité.

—Preferiría no tener que hacerlo. Sólo necesito unas cuantas horas. Dos espacios, de dos horas cada uno, serían suficientes. Estoy dispuesta a ocuparlos en plena noche.

Su voz era resuelta, sin tonterías. El hombre levantó la vista para mirarla, divertido.

—«¿Preferiría no tener que hacerlo?» Tiene huevos. Jill la Fría. —Esto último lo murmuró, casi demasiado bajo para que ella lo oyera.

—¿Cómo ha dicho?

—Nada. Lo siento pero ya hemos programado veinticuatro horas al día siete días a la semana. —Tecleó algo y apareció una pantalla de diagnósticos.

Jill estaba preparada para el rechazo. Hasta el insulto de aquel ridículo apodo no hacía más que aumentar su decisión. Levantó la barbilla.

—Este trabajo es increíblemente importante, Chuck. Si mi ecuación funciona, y funcionará, será algo revolucionario. Sobre todo la forma en la que he... es decir...

—Es el Comité el que debe decidir si su trabajo es digno de mérito.

El Comité: el propio Grover, Dick Chalmers, el jefe del departamento de Física y el presidente Reardon. Las tres cabezas del Cancerbero.

—No estoy preparada para mostrarle mi trabajo al Comité —dijo Jill con impaciencia—. Tiene que haber algo que podamos hacer.

Grover se giró, se alejó del teclado y le lanzó una mirada calculadora, como si estuviera examinando los productos de un buffet frío. Jill pensó que era la primera vez que la miraba de verdad y sabía lo que veía: una profesora asociada sin mucha presencia en el radar, una mujer sureña de treinta y cuatro años, del tamaño de un duende, con gusto aburrido para la ropa, carente de maquillaje y de glamour. Vería todo eso, pero esperaba que lo que también viera fuera la ambición que había en sus ojos. Jill la Fría. Quizá. Pero un hombre como Chuck Grover debería saber lo que vale ser duro.

—Mire, Chuck, jamás se ha demostrado ninguna ecuación de mecánica de ondas, porque no se pueden someter a un ordenador convencional, hay demasiados datos que masticar. Usted les gana a todos con su tecnología, pero dentro de diez años, habrá otras dos docenas de ordenadores cuánticos por lo menos. Antes o después alguien va a resolver la mecánica de las ondas y va a ser un acontecimiento primordial. Y va a ser su ordenador cuántico o el de otra persona. Yo quiero que sea el suyo.

Era el discurso que había preparado y le parecía bueno.

El hombre se palpó el bolsillo y encontró los cigarrillos.

—Deje que le enseñe algo, Jill.

La llevó fuera del Santuario y subió un piso con ella, hasta su despacho. Era la Gran Estación Central comparado con el de ella. Apiladas delante de su escritorio había docenas de cestas de alambre llenas de carpetas. Al verlas, Jill empezó a morderse una uña.

—¿Sabe lo que son? —le preguntó mientras encendía un cigarrillo.

La doctora asintió, sintiendo que sus esperanzas se hundían.

—Eso es. Solicitudes oficiales para disponer del tiempo de Quey, llegan de todo el mundo. ¿Y sabe cuántas hay sobre mecánica de ondas?

La mujer sufrió un momento de auténtico terror.

—¿Cuántas?

Grover la hizo esperar. Se desplomó en la silla y tiró la ceniza en una taza de café.

—Bueno... solo dos que yo recuerde. Pero cada día llegan más y hace un par de semanas que no le echo un vistazo a las solicitudes nuevas.

—¡Chuck! No sé quién más está trabajando en esto pero no pueden estar tan cerca como yo. Y además, yo estoy aquí mismo, en Udub, ¡no a medio mundo de distancia! ¿No es por eso por lo que la universidad le paga una fortuna? ¿Para que nuestro departamento, nuestro personal, pueda convertirse en líder mundial de la investigación física? ¿No es ese el trato?

—Al final, algunas de las personas que quieren a Quey, y eso significa que me quieren a mí, son grandes nombres, Jill. Grandes nombres. Así que si le doy a usted tiempo en lugar de dárselo a ellos, tiene que haber algo para mí también.

El hombre esperó, era obvio que quería algo. ¿Pero qué? No el cuerpo de la mujer; los ojos masculinos eran muy claros. Mierda. En circunstancias normales le importaba un bledo lo que pensara nadie, así que se le daba fatal leer las intenciones de la gente. Se arriesgó.

—Si mi ecuación funciona, podré publicar en las mejores revistas. Quizá incluso haya material para un libro. Como es natural, reconoceré su trabajo. Quey es una parte importante del proceso.

—Me alegro de que lo vea así. Lo cierto es que no puedo decir si lo suyo es pura tontería o no, dado que se niega a presentar su teoría, ¿verdad?

—Pero...

—Olvídelo. No tendría tiempo de revisar su trabajo aunque lo imprimiera en un tamaño de fuente de cincuenta puntos y me lo colgara sobre la cama. —Se rió de su propio ingenio con ademán satisfecho—. Verá, si le permito utilizar a Quey, corro un riesgo... tengo que tener alguna ventaja. Quiero aparecer como co-autor.

Lo dijo de una forma tan casual que durante un momento Jill estuvo segura de que estaba bromeando. Esperó a que se le escapara una sonrisa o que dijera «te pillé». No lo hizo.

—Pero... usted no sabe nada sobre mi trabajo.

—¿Y usted sabe algo sobre Quey? Admítalo, sin ella usted no puede masticar los números. Sin los números su teoría es una de miles, ni siquiera le interesaría a las publicaciones más ínfimas. En otras palabras, un montón de mierda. ¿No es así?

Parecía tan indiferente que era para volverse loca. Poco importaba si aceptaba su oferta o no, ni si le hacía un *striptease* delante del escritorio, a Chuck Grover le daba igual.

—¡Pero Quey es una herramienta! Como un acelerador de partículas o un telescopio. ¡No puede participar del mérito de mi trabajo solo porque utilice la herramienta que usted construyó!

—Eso es muy duro, Jill. —Grover apagó el cigarrillo, parecía profundamente decepcionado—. Yo prefiero pensar que somos un equipo. Pero si usted no lo ve así, supongo que sería mejor que lo hiciera a través de los canales adecuados, como todo el mundo. —Y con eso se dirigió a la puerta.

Jill no era ninguna ingenua. Se enorgullecía de saberse la partitura, sobre todo cuando la partitura en cuestión era el juego duro que se practicaba en el mundo académico. Pero hasta a ella le asombraban los cojones de Grover. Pensaba que podía descender sobre el trabajo de otros, los que no tenían los redaños necesarios para montar en cólera, solo porque era él el que guardaba las llaves del cielo. Y tenía toda la razón del mundo.

—Muy bien. —Explotó—. Acepto. Pero a cambio tiene que ser un poco más flexible. Quizá necesite un par de ensayos.

—Tres espacios —dijo Grover con crudeza—. De tres horas cada uno, entre la medianoche y las tres de la mañana.

Jill asintió y se mordió el labio para no decir lo que realmente quería decir.

Grover esbozó una amplia sonrisa, feliz como siempre una vez más.

—Guay. Envíeme un e-mail y concretaremos el horario.

Mientras el hombre se alejaba, Jill oyó las voces burlonas de los miembros de la facultad diciendo que para conseguir a Quey, Reardon habría entregado a su primogénito.

Jill entró sin ruido en su oficina y se apoyó en la puerta dando gracias por la privacidad que le proporcionaba para descargar su mal humor.

Solo que no estaba sola y no podía desahogarse. Su becario, Nate Andros, había llegado temprano. El despacho era tan diminuto que tras acomodar su escritorio y el de ella apenas quedaba espacio suficiente para abrir la puerta y el pasillo era tan estrecho que hasta Jill, que vestía una talla 36, tenía que ponerse de lado para pasar por él. En un espacio tan pequeño Nate era una aparición sobrecogedora, con el cabello rizado, negro y salvaje, la piel olivácea y unos ojos grandes y oscuros. Lo salvaban de ser totalmente maravilloso unas greñas descuidadas y una indumentaria desaliñada. Un categórico acento de Boston mataba cualquier mito que pudiera surgir alrededor de sus supuestos orígenes exóticos.

—Buenos días. Parece que la persigan los muertos vivientes.

—Casi. —Jill se obligó a recuperar la compostura. Nate seguía siendo un cachorro; no quería ser ella la que le mostrara el canibalismo reinante entre los pares de la universidad.

—¿Conseguimos nuestro tiempo con Quey?

—*Sip*. —Jill pasó a toda prisa al lado de la silla del joven.

—¡Guay! —Nate esbozó una amplia sonrisa.

La doctora se sirvió una taza de café de la cafetera común.

—No le has contado nada a nadie sobre nuestro trabajo, ¿verdad? ¿A ningún otro estudiante?

—Solo a Susie Forester y Gretchen Mach. Lo intercambié por favores sexuales. —Nate le dio un sorbo a su café.

—Muy gracioso.

—¿Por qué lo llevamos tan en secreto, doctora Talcott? —Abrió aún más aquellos ojos grandes y oscuros, con la expresión un poco más astuta de lo que ella preferiría.

Su primer instinto fue evadir el tema, como siempre. Pero si las cosas seguían adelante, y ahora parecía que podría ser el caso, el joven debería conocer los riesgos.

La doctora se subió al borde de la mesa mientras la taza le calentaba las manos frías.

—Muy bien. Se trata de lo siguiente. La teoría con la que estoy jugando no es nada popular. De hecho, podría conseguir que me despidieran.

—Bueno... sé que no es exactamente lo habitual, pero... ¿la ciencia no es eso? ¿Experimentación? ¿Tener ideas nuevas?

—No. —La mujer sofocó una carcajada—. La ciencia trata de lo que es sexy. Juegas con las teorías más sexy porque ahí es donde están las becas y el prestigio. Lo que no se hace es jugar con teorías que todo el mundo encuentra risibles. Y nosotros estamos trabajando con un auténtico chiste.

—Que sería especialmente gracioso si tuviéramos razón —dijo Nate con sequedad.

El pecho de Jill se encogió de nostalgia. Era lo único que había querido en la vida, hacer esta carrera, ser famosa. Grover. Menudo idiota. Él ya tenía las becas, a los jefazos de la universidad a sus pies, las notas en los libros de ciencia. Pero no se conformaba con todo eso; tenía que tener también su trabajo.

Pero lo que era gracioso de verdad era que seguramente jugaba a lo mismo con cada peón que entraba en su despacho por si acaso algún día tenía suerte. No tenía ni idea.

Si ella estaba en lo cierto, aquello cambiaría la física para siempre. Y maldita sea si no pensaba que tenía una buena muy buena probabilidad.

Le dio un sorbo al café, las piernas le rebotaban contra el escritorio llenas de energía y excitación nerviosa.

—¿Te he hablado alguna vez del doctor Ansel?

Nate sacudió la cabeza con una expresión de curiosidad en el rostro.

—Yo era becaria suya. La teoría del estanque de energía era su obsesión favorita.

—¿Fue en la Universidad de Tennesse? Ahí fue donde se licenció, ¿verdad?

Jill asintió, sorprendida de que él conociera su *alma mater*. Desde luego no era un nombre que ella dejara caer con frecuencia.

—Ansel era brillante. Había estado en Harvard antes de empezar a hablar sobre «estanques de energía».

Hizo una mueca. Entonces notó que Nate no le estaba mirando la cara. Le estaba mirando las piernas... con excesivo entusiasmo. Se le daba bien recordarle que él era un hombre y ella no. Dejó de balancear las piernas y se desplazó hasta su escritorio, poniendo así distancia, y un buen trozo de madera, entre ellos. Qué molesto. La primera vez que Nate había ido a hablar con ella, había supuesto que era gay. Era aquel aire suave, distraído y el hecho de que viviera en Capitol Hill, el barrio de Seattle más artístico y gay. Lo cual solo demostraba lo poco que sabía, o lo poco que le importaban los hombres.

—Um, ¿el modelo del estanque de energía de su ecuación es igual que el modelo con el que estaba trabajando Ansel? —preguntó Nate mientras fingía que no lo acababa de pillar mirándole las piernas.

—Básicamente. La teoría del estanque de energía de Ansel era que toda la materia existe en forma de ondas de energía en una dimensión superior. Lo que a nosotros nos parece sólido y tridimensional, los objetos, la gente, en realidad no es más que pura energía. Hay algo en nuestro cerebro que traduce esas ondas de energía y las convierte en tres dimensiones, como la proyección de un holograma.

En el modelo de Ansel, las partículas subatómicas son ondas de energía. El espacio-tiempo es como un estanque enorme y las partículas son como guijarros que se lanzan al estanque. Imagina la superficie suave de un estanque inundada por miles de millones de guijarros. Cada guijarro crea unos rizos, que son las ondas de energía. Y todos esos rizos se cruzan entre sí y crean pautas de interferencia.

—Pautas de interferencia —entonó Nate—. Cuando dos ondas se funden crean una tercera pauta de onda. Donde la cresta se encuentra con la cresta, crea una cresta mayor, donde el seno se encuentra con el seno, crea un seno más profundo, y cuando la cresta se encuentra con el seno, se restan el uno al otro.

—Sí, y ese proceso se repite una y otra vez a medida que las ondas van rizándose e interfieren con otras ondas. El estanque entero es una única pauta enorme y caótica. Solo que no es caótica. Esa es la clave. Cada onda se genera de una forma matemática. Lo que Ansel nunca terminó de trazar fue la idea de proyectar un mapa de estas ondas alteradas para devolverlas a la materia. Eso es lo que mi ecuación de la mecánica de ondas intenta hacer: predecir el comportamiento de las partículas subatómicas basándose en la interacción de las pautas de ondas en la dimensión superior.

Jill le dio un sorbo al café. Estaba amargo. Prefería el café con leche pero siempre estaba demasiado absorta para salir a uno de los omnipresentes puestos de café a comprar uno. Incluso ahora, mientras su lengua registraba el sabor amargo, su mente volvía a realizar sus acrobacias intelectuales. La enormidad de todo aquello era pasmosa. La idea de que todos los cambios del mundo físico, (el crecimiento y la decadencia de las células, las explosiones de las sinapsis en el cerebro, la germinación de las semillas, todo), se pudiera explicar mediante la interacción de las pautas de energía y, por tanto, que algún día pudiera ser predecible, quizá incluso manipulable de forma artificial... Cristo. Era más grande que el descubrimiento del ADN. Vaya si lo era.

—Siempre me ha gustado su teoría del estanque de energía. —Nate puso la silla de pie con un movimiento brusco—. Me recuerda a Heráclito. ¿Ha oído hablar de él? Dijo que el universo es tanto «muchos» como «uno» y que «el uno» consiste en los movimientos integrados de «los muchos».

La diplomatura de Nate había sido en filosofía, lo que explicaba por qué ningún profesor de rango superior a Jill Talcott se había llevado a un estudiante tan brillante como él.

La doctora frunció el ceño.

—¡Esa es exactamente la forma de pensar que hace que esta teoría sea tan impopular! Es un modelo científico perfectamente lógico, ¡y cualquier intento de relacionarlo con las ideas de algún chiflado pseudomístico no hacen más que perjudicarlo!

—Así que no le gusta la comparación —dijo Nate, muy serio.

Jill dio un bufido.

—Lo que me interesa es cómo conectó con Ansel. Usted es bastante convencional, doctora Talcott.

Maldita sea. Era un chico muy brillante.

—Lo importante —contraatacó Jill con un tono que daba por terminado *ese* tema—, es prepararse para cuando dispongamos de Quey. Solo vamos a conseguir unas cuantas horas, así que la prueba tiene que ser perfecta.

Nate se puso de pie con un esfuerzo y se estiró, lo que obligó a Jill a desviar la mirada de la tensión cada vez mayor de la tela de la camiseta.

—Me apunto a lo que sea. ¿Pero qué números le va a dar a Quey? Su ecuación es reiterativa. En un mundo ideal podría dar cuenta de todas las partículas del universo que interfieren con todas las demás partículas en todo momento. Ni siquiera Quey podría masticar ese tipo de datos.

Jill sacó un disquete de su maletín. Apenas era capaz de contener una risita de satisfacción. Lo colocó en el escritorio con un gesto sonoro y exagerado.

—¿Qué es eso?

—Datos del acelerador de partículas del CERN. Tomaron instantáneas de un átomo de carbono una vez por nanosegundo durante un segundo entero. Es lo bastante exacto para comprobar mi ecuación: enchufamos el estado de todas las partículas en un momento x y vemos si mi ecuación puede predecir lo que harán a partir de ahí. Pero lo mejor de todo... —casi no podía contenerse— el átomo de carbono estaba en el vacío.

Nate esbozaba una medio sonrisa de alegría pero no terminaba de entenderlo.

—Bien, solo tenemos que calcular la interferencia que se produciría entre las partículas del átomo de carbono en sí. En otras palabras, tenemos un estanque con un número limitado de guijarros en él. Quey debería ser capaz de calcular eso.

El rostro de Nate adquirió una expresión seria. Miró los datos y volvió a mirarla a ella.

—Mierda, Jill... es decir, caray, doctora Talcott, podemos verificar su ecuación de verdad. La podemos verificar de verdad.

Jill la Fría se permitió un momento de triunfo desenfrenado. Unas ecuaciones insolubles estaban a punto de resolverse y ella iba a ser la persona que lo conseguiría. Llevaba años coleccionando cartas en silencio para esta mano. As número 1, su elegante ecuación basada en la teoría de Ansel y un buen montón de trabajo duro por su parte. As número 2, acceso al ordenador cuántico. As número 3, los datos del átomo de carbono, conseguidos gracias a una tecnología puntera, tan puntera que cortaba.

El genio estaba muy bien pero elegir el momento adecuado, la suerte y el acceso a los juguetes más modernos también jugaban un papel en los descubrimientos científicos. Estaba bastante segura de que no había ningún otro científico en el mundo que pudiera igualar la mano de cartas que sostenía ella en esos momentos.

Jill Talcott, la última de Tennessee, estaba a punto de ponerse en cabeza.

2

Isaac Luria dijo que antes de la creación, las emanaciones de luz divina, los Sephirot, estaban almacenadas en recipientes. Un día los recipientes se hicieron añicos y la luz se escapó en fragmentos diminutos. Esta «ruptura de los recipientes» es lo mismo que el «big bang» de Lemaître. Antes de la creación todos los Sephirot estaban separados, todos «en sus propios recipientes», porque en las dimensiones espirituales la «cercanía» y la «distancia» son lo mismo que «semejante» y «desemejante». En el mundo espiritual, las cosas están cerca unas de otras solo hasta el punto que son exactamente iguales. Así que cuando D—s quiso mezclar sus Sephirot, tan parecidos al arco iris, tuvo que crear un espacio y un tiempo físicos, un lugar donde se puedan encontrar los opuestos.

—Yosef Kobinski, *El libro de la misericordia*, 1935

2.1. DENTON WYLE
ABRIL, NORTE DEL ESTADO DE NUEVA YORK

Denton dejó el coche de alquiler en el aparcamiento de gravilla y se asomó al edificio de piedra blanca. ACADEMIA HEBREA DE SIRACUSA, decía el cartel. No tenía un aspecto especialmente exótico, un simple *revival* griego de principios de siglo rodeado de bosques, pero el granito contrastaba de forma agradable con los arces y los álamos. Salió del coche y sacó un par de fotos.

Un muchacho de quince años con un *yarmulke* y pantalones negros subió el camino de gravilla de una carrera y abrió de un tirón la pesada puerta de madera. No es que fuera el ambiente enclaustrado y monacal que Denton había esperado (con tufos y pergaminos de la Torá, por supuesto) pero tampoco importaba mucho. Una pequeña licencia poética siempre era una posibilidad.

Dentro no había recepcionista. Un hombre que pasaba por el recibidor se fijó en él. El hombre llevaba una barba que le crecía sin recortar y borlas blancas que se asomaban bajo el chaleco negro. Mejor.

—¿Puedo ayudarle en algo?

Denton sonrió.

—Encantado. Tengo una cita con el rabino Schwartz.

Lo llevó por un amplio pasillo. Hizo una pausa para contemplar una biblioteca, visible a través de un arco impresionante. Unos cuantos estudiantes jóvenes estaban sentados ante una larga mesa, leyendo. Un poco más allá, en un pequeño vano, había dos hombres, de mediana edad y con barba, como su guía. Estaban absortos en el estudio de unos fragmentos de papel extendidos sobre la mesa, manejaban con delicadeza un pedazo utilizando unas pinzas. Había un aire de intensa concentración a su alrededor, de Trabajo en Serio. Denton no pudo evitar hacerles unas cuantas fotografías con la cámara digital.

—Por aquí, por favor —lo empujó su guía con aire de desaprobación cuando volvió a buscarlo.

—Claro.

El rabino Schwartz era un hombre gordito que emitía aires de autoridad. Parecía tener unos cincuenta años, con relucientes hebras de plata en una barba negra y rizada. Estaba pálido y llevaba encima unos quince kilos innecesarios al menos, con lo que parecía un hombre que pocas veces se levantaba de su escritorio.

—Entre, señor Wyle. ¿Llamó con una recomendación de Roger Steiner, de Nueva York?

—Ese soy yo. —Denton esbozó su mejor sonrisa y se alisó las solapas del abrigo deportivo. Sabía que causaba buena impresión. Llevaba el cabello rubio cortado a la moda, las uñas arregladas, la ropa cara pero informal. Parecía de la Ivy League. Ponle un jersey de tenis por encima y estaría listo para presentarse a cualquier *casting* de la serie «Desmadre a la Americana». Se esforzaba por disipar esa imagen en su vida personal, pero la utilizaba cuando pensaba que podía conseguir algo. Extendió la mano y el rabino se la estrechó.

—He oído hablar mucho de usted —dijo Denton—. Todo el mundo dice que usted es uno de los pocos expertos que quedan en el campo de la cábala.

Schwartz le indicó una silla con un gesto.

—Siéntese, señor Wyle. ¿Según tengo entendido quería una entrevista conmigo? ¿Y es, he de suponer, sobre la cábala?

La forma en que lo dijo, con un golpe de voz suave, suntuosa, pellizcando de forma curiosa las sílabas, hizo que a Denton se le pusiera la carne de gallina.

—Eso es. Y le agradezco mucho que me dedique su tiempo.

Se colocó la mochila de cuero marrón en el regazo y la abrió para sacar *Cuentos del Holocausto* y la mini grabadora.

—¿Puedo preguntarle con qué publicación está? Mi secretario no recibió esa información por teléfono.

—Um... —Maldita sea. Debería haber preparado algo. No le parecía que al rabino Schwartz le fuera a gustar mucho *Mundo misterioso*. A veces Denton le decía a la gente que trabajaba para una revista histórica, pero solo cuando estaba seguro de que no iban a comprobar su identidad. Schwartz parecía el tipo de persona que la comprobaría.

—¿Señor Wyle?

—Disculpe. Estaba intentando recordar si había puesto pilas nuevas en este trasto. —Levantó la mini grabadora—. Trabajo para una revista llamada *Mundo misterioso*. Cubrimos misterios religiosos, milagros, cosas así. —Lo que era más o menos verdad, si se consideraba que cosas como la Atlántida y el tarot eran religión.

—¿Está usted relacionado con alguna denominación concreta? ¿La Iglesia Católica?

—No, la verdad es que no. —Denton levantó el libro *Cuentos del Holocausto*—. ¿Ha leído esto alguna vez?

Puede que fuera su imaginación pero juraría que Schwartz miró el libro apenas un segundo antes de responder.

—No.

—Son, um, historias verdaderas de supervivientes del Holocausto. Me interesa una de las historias en concreto, sobre un hombre llamado rabino Yosef Kobinski. ¿Ha oído hablar alguna vez de él?

Schwartz se pasó la mano por la larga barba con ademán pensativo.

—Podría ser.

Denton no estaba recibiendo las mejores vibraciones de esta habitación. Schawartz estaba poniéndose tenso, y su rostro estaba espesándose como una película a cámara rápida de musgo en crecimiento. Denton aumentó la emisión de encanto un punto y se incrustó una sonrisa en la cara. Sus músculos, acostumbrados a sonreír, la aguantaron sin esfuerzo, como una gimnasta olímpica que se sostiene sobre una pierna.

—Según un relato supuestamente auténtico de un testigo presencial, Yosef Kobinski desapareció de Auschwitz en 1943.

El labio de Schwartz se encrespó.

—Señor Wyle, se perdieron más de seis millones de personas durante el Holocausto.

—No. Este desapareció. De Auschwitz.

Schwartz no le preguntó a qué se refería, cosa que Denton encontró extraña. Se limitó a mostrarse extremadamente desinteresado.

—Así que hablé con el editor de los *Cuentos*. Dijo que el anciano que contó esta historia era muy fiable y no estaba en absoluto senil. Por desgracia, ya ha fallecido desde que se escribió el libro, así que no he podido entrevistarlo en persona. Pero el editor recordaba algo que había dejado fuera del libro porque pensó que haría la historia menos creíble.

Desde luego, a juzgar por su expresión de aburrimiento, Schwartz se lo estaba pasando en grande.

—Lo que no escribió es que Kobinski era cabalista. Y el testigo estaba convencido de que Kobinski utilizó algún tipo de magia cabalística que hizo que sencillamente... se desvaneciera.

—Señor Wyle...—Schwartz sacudió la cabeza con un gesto de reproche. Su voz, a los oídos de Denton, no parecía decir la verdad. Se estaba mirando la mano, que tenía unas uñas un tanto largas y siniestras y estaba realineando con todo cuidado los papeles sobre la mesa.

Denton abrió de un papirotazo su cuaderno de notas.

—Así que escarbé un poco, una pequeña investigación... —En realidad, había pagado a su ayudante de investigación, Loretta, para que la hiciera por él— y aparecieron algunos otros casos interesantes. Moisés ascendió a los Cielos en una nube. Ezequiel se desvaneció en una «rueda de llamas». Y hay un montón de cuentos populares sobre rabinos medievales y cabalistas que montan todo tipo de, vaya, números.

Se echó a reír, pero con un toque de respeto, «je, je». Había echado mano de esta última ligereza en un esfuerzo por conseguir que Schwartz sonriese. Presentía hacia donde iba la bola y estaba haciendo todo lo que podía para llegar al otro lado antes que ella.

Pero Schwartz le pasó por encima sin más.

—¿Hay alguna pregunta en todo esto, señor Wyle? ¿O solo tonterías?

—¿Cree que la historia de Ezequiel es una tontería, rabino?

—Lo que es una tontería es que todavía no sé por qué está aquí.

—Bueno, verá, esperaba conseguir alguna información básica sobre la cábala. Hablar con alguien que conociera bien el tema. La verdad.

Schwartz entrelazó los dedos sobre el vientre, con ademán pensativo, y luego sacudió la cabeza.

—¿Quiere información básica sobre la cábala? No. Creo que quiere tonterías, rabinos flotantes, gólems de barro, nubes que descienden. Y creo que ese *Mundo misterioso* suyo es una publicación absurda.

A lo largo de sus días de reportero Denton se había encontrado con muchos desconfiados y escépticos. Pero jamás había sido nadie tan descaradamente maleducado.

—Bueno. Bien...

—La cábala es algo sagrado. ¿Lo entiende? Es un trabajo profundo y sagrado. —Schwartz se inclinó hacia delante y lo miró, furioso—. Hay cosas en ella que son tan sagradas que ni siquiera deben pronunciarse en voz alta.

—Bueno, yo no pretendo...

—La cábala es, de hecho, un privilegio tan escaso, un elixir tan potente, que es posible que ni siquiera un rabino judío llegue a ganárselo jamás.

Denton se quedó paralizado, con la boca todavía esbozando más o menos el perfil de una sonrisa comprensiva y paciente.

—Bueno, en realidad solo estoy buscando material para un pequeño aparte. Quizá debería hacerle alguna pregunta. ¿Hay algo en la cábala que pudiera explicar una desaparición? ¿Alguien que se desvanezca en la nada? ¿O quizá algún viejo relato sobre incidentes parecidos? Porque el relato de este testigo parece realmente...

Schwartz tenía una mano levantada y ya llevaba cierto tiempo así. A Denton se le fue apagando la voz, y se le cayeron las palabras al suelo con un golpe seco, como tomates demasiado maduros.

Por un momento reinó el silencio. Schwartz apretó los labios.

—Le daré algo. Le daré una historia para su «aparte». ¿Listo?

Denton asintió. Cruzó las piernas e intentó parecer agradecido.

—Cuatro sabios entraron en el Paraíso. Uno se quedó tan enamorado de lo que vio que no pudo soportar la vuelta a su vida en la tierra y murió. Uno miró y quedó tan inmerso en la contemplación de aquellos misterios que se volvió loco. Uno pensó que la gloria de los ángeles rivalizaba con el Propio Dios; confundido, renunció a su religión y se convirtió en apóstata. Solo uno tuvo la madurez suficiente para dominar lo que vio. Sobrevivió y se convirtió en un gran maestro.

—Es muy bonito. Gracias.

—Señor Wyle, no es bonito. ¡Es una advertencia para aquellos que sin pensar se acercan a las puertas del Cielo! Espero que le preste atención.

La mirada de Schwartz era penetrante. Denton se quedó sentado por un momento, intentaba encontrar algo que decir, pero sin mucho éxito.

Schwartz se levantó, su tono ya era más ligero.

—Listo. Espero que haya disfrutado de su visita al norte del estado. Es un paraje muy hermoso. —Extendió una mano. Denton se levantó con lentitud y la tomó—. *Shalom*, señor Wyle. Que Dios sea con usted.

Denton se quedó fuera de la *yeshiva* mientras revivía una y otra vez la escena en su cabeza. Las melancólicas nubes de primavera se abrieron sobre su cabeza y empezó a llover. Lloviznó durante medio segundo quizá; luego empezó el chaparrón.

Con el agua chorreándole por la cara, todavía clavado al camino de entrada, la comicidad de aquel diluvio no le pasaba desapercibida. Hasta podría haberse reído, de no haberse sentido tan humillado. ¡Qué! ¿Qué coño acababa de pasar, aparte de haber entrado ahí dentro completamente desprevenido? ¿Por qué no le había advertido nadie que el tal Schwartz era un nazi de la cábala? ¿Por qué no se había molestado en buscar algún escrito de Schwartz para averiguar el temario por adelantado? Pero no, eso habría sido demasiada molestia. Había entrado ahí como un completo idiota. «Oh, por favor, déjeme entrevistarlo», suponiendo que, como todas las religiones decentes, (el Cristianismo, por ejemplo), el Judaísmo no sería capaz de resistirse a un poco de publicidad gratis ni a la oportunidad de hincarle los dientes a carne fresca. Fue como si un homosexual etíope y judío se acercara a Goebbels y le dijera, «Oye, ¿me das tu autógrafo?», ja, ja, ja.

¡Denton, serás burro!

Y además se había tomado un montón de molestias para entrevistar a un auténtico cabalista. No es que viniera una lista en la guía telefónica.

La historia de Kobinski descrita en los Cuentos era el caso de desaparición más legítimo con el que Denton se había cruzado jamás. Estaban implicadas personas reales, vivas, históricas. No había ocurrido en una habitación cerrada, es cierto, pero sí que había ocurrido en tierra firme, en medio de un grupo, de esos de testigos oculares. ¡Y el enfoque cabalístico había sido demasiado rico! ¡Qué bien había visto su artículo, ese al que le proporcionaba el peso de legitimidad los vellosos chalecos de lana negra, las barbas largas, los tomos misteriosos, las borlas y las malditas pinzas!

Se acercó sin prisa al coche, arrastrando los pies, los zapatos chorreando agua, y entró. Estaba enfadado con Schwartz, enfadado consigo mismo. Pero alrededor de todo esto, como una tortuga lenta pero decidida, había una mano que le apretaba el pecho, una sensación de perdición y peligro... un ataque de pánico.

Se inclinó sobre el volante y respiró hondo. No había sido capaz de poner al rabino Schwartz de su parte. Caray, el rabino Schwartz ni siquiera le había sonreído; había visto a través del embrujo de Wyle con tanta facilidad como si Denton fuera un ama de casa envuelta en papel de celofán; no le había caído bien, no había simpatizado con su proyecto, no le había dado ni la menor oportunidad, demonios.

A Denton le costaba mucho aceptar el rechazo. Cuando era niño y sentía este ataque de pánico, lo que veía era un conejo: un conejo sentado en una jaula en la habitación de juegos de los niños, un conejo que sabía que a los niños ya no les seducía aquella cosita peluda tan mona, que ya habían dejado de rondarle y que la cocinera tenía un extraño brillo en los ojos estos días. Porque cuando se es un conejo, todo lo que te queda es ser mono y peludito.

Pero él ya no era aquel niñito necesitado. Ahora le caía bien a mucha, mucha gente. Mujeres, por ejemplo, siempre las tenía, y amigos masculinos, también, un montón de ellos. Algunos ni siquiera sabían lo del dinero. Normalmente no se lo decía a las mujeres con las que se acostaba, solo para evitarse problemas. Y en general conseguía a cualquier mujer que quería, y a muchas que no quería. Sí, a la gente le caía muy bien por regla general. Era un figura.

Pero no a Schwartz.

Hubo un movimiento que le llamó la atención e hizo que se incorporara en el asiento y adoptara una expresión agradable. Era un chaval que bajaba con una bicicleta por el camino de entrada. Denton había visto al muchacho en la biblioteca un poco antes, con el cabello rojo y rizado y unas grandes gafas, salpicadas ahora por la lluvia. La bicicleta tenía una gran cesta de mimbre atada al guardabarros trasero. El chico hizo una pausa al final del camino, miró la empinada carretera con una expresión inconfundible en los hombros que decía «¿de verdad tengo que hacer esto?» y montó. El pueblo, como Denton había descubierto hacía muy poco, estaba a siete accidentados kilómetros y medio. Arrancó el coche.

—¡Oye! —Se acercó rodando con suavidad a la bici—. ¿Quieres que te lleve? Está lloviendo bastante aquí fuera y yo ya me iba.

El muchacho miró el rostro limpio de Denton y luego recorrió la carretera con la mirada. Detuvo la bicicleta, la sostuvo entre las piernas y se quitó las gafas para limpiarlas. Las manchó de agua.

—¿Va al pueblo?

—¿Se puede ir a otro sitio desde aquí? —Denton soltó una risa falsa.

—No puedo meter la bici ahí dentro.

—En eso tienes razón. —Denton miró el asiento trasero del utilitario que había alquilado. El chaval se estaba mojando cada vez más.

—Me voy entonces. Solo tengo que llevar el correo.

—¿Eso es todo? ¿Por qué no lo dejo yo por ti? Paso por la oficina de correos para salir del pueblo.

El rostro del muchacho luchaba entre el indiscutible atractivo de la oferta y su sentido del deber.

—¿Pero cómo recuperaría la cesta?

—No hay problema. —Denton puso el coche en punto muerto y se bajó. Desató la cesta de mimbre de la bici del chico y volcó el contenido en el asiento del pasajero del coche, unas cuantas docenas de cartas y un pequeño paquete. Luego devolvió la cesta a la bici—. Ya está. Ahora ya puedes volver a la biblioteca. Parecía un sitio muy acogedor. —Sonrió mientras se tapaba la cabeza con la mano para protegerla de la lluvia.

Y así fue como Denton se encontró subiendo la solitaria carretera que lo alejaba de la Academia Hebrea de Siracusa (en presencia de arces y álamos y nada más) con el correo del rabino Schwartz en el asiento del pasajero.

En su honor hemos de decir que no se le ocurrió mirar el correo hasta que estuvo a medio camino del pueblo. Y luego fue solo después de echar un vistazo para ver si el correo se había mojado (como así era) y otro vistazo de curiosidad para ver la dirección de la carta de arriba, cuando, tras mirar con expresión de culpabilidad por el retrovisor para confirmar que no había nadie por allí, se hizo a un lado de la carretera y empezó a mirar el correo con más detenimiento.

Así que no fue como si lo hubiera planeado y tramado. Ni siquiera había tenido esa idea en mente cuando se había ofrecido a ayudar al muchacho. ¿Cómo iba a tenerla? No sabía lo que había en la cesta. Y desde luego no sabía que entre las facturas y las cartas personales de los estudiantes encontraría una carta del propio rabino Schwartz, una carta dirigida a un anticuario de Zurich, cosa que picó la curiosidad de Denton y despertó visiones de pinzas y volúmenes, una carta que, cosas del destino, se había mojado con la lluvia y que tenía una esquina de la solapa de atrás que estaba lo bastante hinchada como para insertar un dedo y que, con un mínimo tirón, se abrió sin rasgarse en absoluto.

Sí, estoy interesado en las páginas manuscritas de Yosef Kobinski que describe y satisfaré su precio de $15.000 por los derechos no exclusivos y el documento físico.

¿Cómo era que para Denton Wyle las encrucijadas más importantes de su vida nunca se escogían de forma consciente?, ¿que el destino siempre era un muro de ladrillo con el que chocaba mientras flotaba sin rumbo como una hoja al viento? Era el soldado de un *panzer*, un cachorrito ciego que hociquea en busca de la teta, hociquea y hociquea.

Y de alguna forma siempre la encontraba.

2.2. AHARON HANDALMAN
JERUSALÉN

Aharon Handalman se quitó de un puntapié las zapatillas y metió la pesada carpeta de anillas en la cama con él. Hannah estaba leyendo algo, presumiblemente (al menos eso asumió él) alguna novela de corte edificante, adecuada para la esposa de un rabino.

—Mírate —le dijo—. Eres peor que Yehuda con sus deberes.

Aharon gruñó y se acomodó tras ahuecar las almohadas que tenía detrás. Abrió la carpeta con un crujido y el lápiz listo en el bolsillo del pijama.

La carpeta contenía las hojas impresas de todas las series Kobinski, con las palabras clave rodeadas. Ya había casi cuatrocientas. Algunas de las palabras rodeadas estaban sacadas del artículo de la enciclopedia, *Eleazar Zaks, Brezeziny, El libro de la misericordia, Auschwitz.* Pero ninguna le decía a Aharon por qué estaba allí Kobinski, por qué tendría que estar extendido como «Kilroy estuvo aquí» por toda la Torá sagrada.

Y también era mala suerte, pero el ordenador solo podía buscar las palabras que le pedías. Y dado que aún no sabía mucho sobre Kobinski, lo único que quedaba por hacer era buscar en la serie como si fuera una sopa de letras. Que no era una habilidad que un estudioso de la Torá necesitara demasiado, en el devenir habitual de las cosas.

Hannah se inclinó sobre él.

—¿Qué es esto?

—Es mi trabajo, Hannah.

—Es el código de la Torá, ¿verdad? —La mujer se apoyó en su hombro.

El rabino movió la carpeta un poco hacia la derecha para alejarla de su esposa.

—Hannah, por favor.

La mujer se quedó donde estaba, mirándolo con los ojos levantados y una ligera arruga entre las cejas.

—¿Por qué nunca quieres hablar sobre tu trabajo?

Su tono, un poco herido, más serio de lo habitual, lo sorprendió. Giró la cabeza sobre la almohada para mirarla más de cerca.

Cuando se casó con Hannah, ella era muy joven, dieciocho años, la hermosa hija de un rabino ortodoxo. Aharon no conocía todos los detalles pero había algún tipo de peligro; la muchacha había conocido a los amigos equivocados, amigos *shiksah*. Su padre había detectado en Aharon las hechuras de un yerno adecuado y se había convenido el matrimonio de inmediato.

Lo que no quiere decir que hubieran obligado a Hannah. En aquellos tiempos, Aharon atraía más de una mirada femenina y se había lanzado al cortejo con pasión. ¡Cuántas horas de estudio de la Torá había desperdiciado soñando despierto con ella! Le había dicho, «Vas a ser mi mujer y punto». Era una esposa satisfactoria, salvo, quizá, por una pequeña vena rebelde, nada con lo que emocionarse, desde luego, pero podía resultar molesto.

—Hannah, esto es estudio de la Torá —dijo con gran dominio de sí mismo.

—¿No me puedes contar un poquito? ¿Cómo va tu trabajo, Aharon? Nunca me cuentas nada.

El rabino lanzó un suspiro a modo de queja. No quería tener esta conversación. Quería mirar las series Kobinski. Apenas podía dedicarles tiempo en circunstancias normales.

—¿Cómo van las cosas en la *yeshiva*?

—Todo va bien. Todo va perfecto. —Había abierto mucho los ojos y el tono era irónico—. Todavía tienen algún que otro joven por allí, sabes. ¿Y cómo van las cosas en casa, Hannah? ¿Cómo va el horno, funciona bien?

—¿Y qué es esto? ¿Una nueva investigación? Parece interesante.

El rabino miró al cielo en un gesto de súplica burlona.

—Por favor, Aharon. No veo a nadie salvo a los niños en todo el día. Necesito hablar de algo más. Siento que ya casi no te conozco. Siempre me dejas fuera.

—¿Te dejo fuera? ¿Qué es eso de «dejarte fuera»? Tú tienes tu trabajo y yo tengo el mío, y ya está.

Pero fue una respuesta automática. En realidad era tentador hablar de ello, hablarle a alguien de las series Kobinski. Por alguna razón, nunca había tenido ningún amigo entre los otros rabinos de la *yeshiva*. Y Binyamin era el único estudiante que mostraba algún interés por los códigos, su único confidente. Además, quizá si le contaba algo se la quitaría de encima y podría volver al trabajo. Sí, eso también era verdad. Desde luego no era porque en los ojos de su mujer hubiera una expresión que indicaba que hablaba muy en serio.

La informó, con brevedad, del descubrimiento que habían hecho de las series Kobinski y de lo que la enciclopedia tenía que decir sobre aquel rabino.

—Así que ahora tenemos que analizar las series, ver si podemos enterarnos de por qué están en la Torá. Y eso es lo que estoy haciendo, Hannah. Así que ahora ya lo sabes. Felicidades.

Volvió a subirse la pesada carpeta a la barriga pero le lanzó una mirada furtiva a su mujer para evaluar su reacción.

Había una sonrisa en sus labios que pocas veces esbozaba en aquellos tiempos. La mujer se apoyó en las almohadas con aire de contemplación.

—Eso es muy interesante.

—Me alegro de que lo apruebes.

—Deberías averiguar más cosas de Kobinski, tantas como puedas.

—Desde luego.

—Puesto que murió en Auschwitz, deberías visitar Yad Vashem.

Aharon gruñó.

—Tengo cosas mejores que hacer que ir ahí.

—¿Y por dónde vas a empezar entonces? —Se dio la vuelta para mirarlo.

—Voy a empezar por estudiar estas series, que es lo que estoy intentando hacer. —Se concentró otra vez en la segunda página, con el ceño fruncido.

—¿Qué haces con las series? —le preguntó su mujer, esta vez menos decidida. Se incorporó para mirar otra vez por encima del hombro de su marido.

—¡Hannah!

El rostro de la mujer se oscureció, en un puchero rebelde.

—¿Así que mirar algo escrito en hebreo en una página solo lo puede hacer un hombre?

—¿Tenemos que tener esta discusión justo ahora?

Esta discusión, la discusión en la que Hannah señalaba que algunos ortodoxos ya aceptaban que las mujeres estudiasen la Torá. Aharon lo sabía. Sabía que no había ningún *mitzvah* que lo prohibiese de forma específica. Pero esa no era su idea de las mujeres, ni del estudio de la Torá, así de simple.

—Estás buscando palabras, ¿verdad? Yo podría ayudarte.

—No.

—¡Pero a mí se me dan mucho mejor los crucigramas y las sopas de letras que a ti!

—Esto no es un pasatiempo; ¡esto es un culto!

Se conocían bien. El tono de su voz significaba que aquella era su última palabra y que su mujer no debía cuestionarla. Y no la cuestionó. Volvió a deslizarse sobre las almohadas.

—¿Y qué te parece si investigo un poco los antecedentes? ¿Podría intentar averiguar algo más sobre el rabino Kobinski?

Cerró la carpeta y la miró furioso.

—Tres hijos, uno todavía en pañales, ¿y todavía no tienes bastante que hacer? ¿Quieres alguna sugerencia? Porque este sitio no es exactamente el Palacio de Salomón.

La mujer se había alejado de él rodando y ahora volvió a rodar con un destello en los ojos oscuros.

—¡No, rabino Handalman, no es el Palacio de Salomón! ¿Quieres saber lo que es? Es un apartamento de dos habitaciones diminuto con tres niños, ¡la mitad de la casa que teníamos en Nueva York, cuando solo estábamos tú y yo! Me encantaría verte a ti manteniéndolo en perfecto estado todo el tiempo. —Las lágrimas amenazaban con salir pero estaba demasiado enfadada para llorar—. ¿Sabes?, tengo un cerebro, Aharon. Quizá un cerebro tan bueno como el tuyo. ¡En la escuela pensaban que llegaría a ser alguien!

—Esposa de un rabino, madre de tres hermosos hijos, ¿te parece poco?

Se miraron furiosos. Aharon tenía preparadas más palabras amargas, como flechas envenenadas colocadas en un arco. Y vio en el rostro de su mujer que ella también tenía cosas que decir. Pero llevaban casados el tiempo suficiente, sabían que no debían.

Luego, de forma inesperada, el rabino pensó en su madre y su ira se evaporó, sustituida por una puñalada de preocupación. Pero Hannah no era su madre. No estaba deprimida, solo un poco inquieta, seguro. Suspiró y dejó la carpeta en el suelo.

—*Hannaleh.* —Le cubrió la mano con la suya, sobre el estómago femenino. Se miraron durante un momento, como luchadores que quisieran medir al contrario. Luego la besó. No había sido demasiado atento últimamente. Siempre estaba absorto en su trabajo, se quedaba hasta tarde en el despacho para evitar los ruidos de los niños por la noche y estaba cansado o distraído cuando se acostaban. Eso, eso era todo lo que ella pedía, un poco de atención. Hannah se aferró a él como si pudiera reclamar el espíritu de su marido por pura fuerza de voluntad. Y durante unos minutos, lo consiguió.

Era una vergüenza pero Hannah no era la única que le había dado el mismo consejo. Aharon llamó a una de las sinagogas que atendían a los judíos de la Europa del Este pero el rabino nunca había oído hablar de Kobinski.

—Si murió en Auschwitz, ¿por qué no lo intenta en Yad Vashem? Su lista de supervivientes de la Europa del Este es mejor que la mía.

—Es un *monumento conmemorativo* —dijo Aharon rechazando la idea.

—Han ido recogiendo muchos datos. Así que pruebe. Ya verá.

Había buscado el libro de Kobinski, *El libro de la misericordia*, pero nadie había oído hablar de él, ni siquiera el librero que vendía rarezas en el Barrio Judío. El contacto que tenía Aharon en la Universidad Hebrea enseñaba historia de los judíos y en ocasiones hablaba sobre la cábala. Tampoco había oído hablar de Kobinski pero tuvo una idea.

—¿Por qué no vas a visitar Yad Vashem? Podrías sacar mucho de allí.

—Aharon tuvo que hacer un esfuerzo para no atizarle a aquel hombre en la cabeza con el maletín que llevaba en la mano.

Ahora, solo en su oficina, Aharon se quedó mirando la carpeta abierta sobre su escritorio. La palabra *Auschwitz*, tan consistente en la mayor parte de las series Kobinski, yacía oculta entre las palabras como trocitos de alambre de púas.

¡Sacar mucho de allí! Como si el Holocausto no estuviera ya tan incrustado en su sangre que hasta los corpúsculos se estremecían al oír la palabra. ¿Necesitaba ver todo aquello? ¿Esas imágenes? ¿Los montones de zapatos y gafas? ¿Tenían que machacarlo con aquello otra vez?

Una vez se había ido en el medio de un *Beit Midrash* que se celebraba en su sinagoga, un rabino que los visitaba desde los Estados Unidos, por supuesto; esos siempre sabían cómo tenían que decir con toda exactitud lo que nadie quería oír. Él se había salido porque el rabino estaba hablando de la Cuestión del Holocausto. ¡«La Cuestión del Holocausto»! ¡Una excusa muy pobre para la falta de fe! ¿Es que un hombre se ponía delante del Creador de todo el universo y le decía «Disculpe, pero creo que no apruebo lo que ha hecho»? ¿Es que Dios necesitaba nuestro permiso para organizar la historia como a Él mejor le parecía?

Aharon empezaba a disgustarse. Por su estómago se extendía un dedo ardiente rumbo al esófago, una clara señal de advertencia. Masticó unas tabletas antiácido con sabor a tiza y, al ver que no lo ayudaban mucho, se puso el abrigo. Saldría a dar un paseo, cualquier cosa para evitar pensar en ella.

La ciudad vieja estaba atestada en la hora punta de Jerusalén, 6:00 p.m. y todo el mundo estaba en la calle. Sinagogas, mezquitas e iglesias celebraban servicios vespertinos y el muro estaba henchido de hombres que rezaban. Él también rezaría, pero no mientras estuviese de mal humor. El paseo no le hizo demasiado bien. Al tiempo que sus zapatos repicaban sobre aquellas antiguas piedras, su mente vagabundeaba hasta ella de todos modos.

Rosa había sido su nombre, y en ocasiones todavía podía escuchar su morbosa liturgia, mis hermanos, mis hermanas, mi papá, mamá, el tío Sol y la tía Rivka, el bebé rubio de al lado... y así seguía incansable, como si tuviera que decir los nombres por algún tipo de deber macabro, como si le echara miguitas de pan a los fantasmas.

Y su padre diciendo:

—¡Se acabó! ¡Déjalo estar, por el amor del Cielo!

Y Rosa, su madre, por millonésima vez:

—Deberíamos haber sacado a alguien.

Su padre, que no había confiado jamás ni en el mecánico de la calle hasta el día que murió, desde luego no había confiado en los alemanes. Mucho antes, en el Berlín de 1929, había dicho:

—Se acabó, me voy. —Y le había dado a elegir a su joven esposa, con la que se acababa de casar—: Ven conmigo o quédate aquí y conviértete en viuda porque yo no volveré nunca más. —Ella se había ido con él.

Y no se habían llevado, como con tanta frecuencia le recordaba la madre de Aharon a su padre, a nadie con ellos; ni a sus cuatro hermanos pequeños, ni a su anciana madre; a nadie.

—Bueno —decía el padre—. ¿Por una corazonada trastornas la vida de todos? ¿Sabía yo con seguridad lo que iba a pasar? ¿Era un hombre rico para poder llevarme a toda tu familia a América? ¿Acaso no escatimé en todo y ahorré un mes de sueldo para pagar tu pasaje?

— Madre: ¡Ojalá no lo hubieras hecho! ¡Ojalá hubiera ocupado mi lugar con los demás!

Durante los años de la guerra, el padre de Aharon se ganó la vida como carnicero *kosher* en Nueva York. Rosa tuvo que ser hospitalizada varias veces durante esos años a medida que se filtraron los relatos de lo peor. Habían enviado dinero a su familia, dinero que desapareció por un agujero negro. Cuando terminó la guerra y vieron los noticiarios...

En 1952, el padre los trasladó al norte de Nueva York. Le decía a Aharon con frecuencia:

—Creí que un cambio de ritmo le sentaría bien a tu madre. —El modo de decirlo, con aquel todo decepcionado, demostraba que se había equivocado. Pero debió de funcionar, durante un tiempo. En 1965, nació Aharon, hijo único, único descendiente, fruto de un útero amargado.

En 1978, Rosa consiguió por fin suicidarse.

Sus padres nunca habían visto el Holocausto, y sin embargo les había arruinado la vida.

Eso era lo que ocurría cuando no se podía olvidar. Y aquí estaba Kobinski, amenazando con desenterrarlo todo de nuevo.

¿Por qué no pudo morirse aquel hombre en otro sitio, en cualquier parte que no fuera Auschwitz?

2.3. Jill Talcott
Mayo, Seattle

Había una cámara de video atornillada a un trípode cerca. Era un gesto grandioso y Jill intentó quitarle importancia. Pero Nate ya sabía lo suficiente sobre su vena ambiciosa para oler un Momento Histórico a dos kilómetros de distancia. Bajó las manos del teclado y se las frotó contra los muslos como un atleta que sacude las piernas antes de la carrera final.

—He terminado de descargar los resultados de Quey. ¿Quiere esperar hasta mañana para ver cómo ha ido?

Podría haber sido un amante inmerso en los juegos previos que hace una pausa para preguntarle a su chica, «¿Deberíamos esperar?». Era tentador de puro masoquista.

Jill miró el reloj. Eran las tres de la mañana.

—No, no sería capaz de dormir. Además, es como más dramático, en plena noche. —Jill se sentía como una niña, lo que no era propio de ella. Sus pequeños dedos no dejaban de retorcerse y tenía que separarlos continuamente.

—Bueno... si está segura. —Ahora la provocaba.

—¿Está todo dentro? ¿Ningún número transpuesto? ¿Ningún dato perdido?

—Sólo esa subida de tensión cuando estaba transfiriendo las fichas.

El corazón le dio un vuelco.

—¿Qué?

—Era una broma.

Lo miró, furiosa.

Nate esbozó una sonrisa.

—Ahora en serio, todo lo que tengo que hacer es apretar este botoncito de aquí y mi programa comparará los números que generó su ecuación en Quey con los datos del átomo de carbono. Sabremos si su ecuación fue capaz de predecir el comportamiento de la vida real en unos diez segundos.

Diez segundos. A eso se reducían siete años de maquinaciones y esfuerzos. Estaba hiperventilando.

Volvió a ponerse detrás de la cámara y la comprobó de nuevo. Se colocó el pelo, se puso un poco de brillo de labios. Al ver aquel bálsamo transparente, Nate puso cara de susto, como si quisiera decir, *Esto debe de ser importante si te dignas a ponerte cualquier tipo de cosmético*. La doctora no le hizo caso.

—¿Listo? —preguntó.

Nate levantó una ceja con aire cauto, colocó el cursor sobre el botón de la pantalla que pondría en marcha la comparación.

—Listo.

—¡Espera!

Encendió la cámara y cuadró los hombros. Se colocó delante de la lente, dio una pequeña introducción: fecha, hora y la naturaleza del experimento. Ajusto la cámara para dirigirla hacia la pantalla del ordenador y se tomó su tiempo para enfocarla y que cogiera un buen primer plano. Luego se sentó muy remilgada en la silla que había al lado de Nate.

—Proceda, señor Andros —dijo, para el archivo.

Nate apretó el botón. Después de unos segundos aparecieron dos columnas de datos en la pantalla con un cuadro que decía: *Tasa de error en la correlación de datos superior al 31%*.

Con el parpadeo indiferente de aquellas malévolas palabras, el corazón de Jill se hundió entre sus piernas hasta caer al suelo en un charco. Su ecuación no había funcionado. No podía creerlo. Estaba convencida, convencida...

Maldijo con fuerza, luego se acordó de la cámara y la apagó. Se quedó quieta en el estrecho pasillo, mirándose los zapatos y respirando con dificultad. *Un científico observaba los resultados de forma fría, impersonal*, se recordó. *Uno no se enfada con los datos.*

—¡Maldita sea! —Exclamó Nate—. Creía realmente que esto iba a volar solo.

Jill estaba demasiado absorta en su propia frustración para preocuparse por la de él. Se volvió a sentar ante el ordenador.

—Desentierra los restos, por desagradables que sean.

El joven expandió los cuadros que contenían la serie completa de números.

— Sus predicciones de velocidad tienen un desvío del treinta por ciento —comentó—. Posición, veintiocho por ciento.

—Ya lo veo —murmuró Jill.

Después de varios minutos, la joven se apoyó en la silla y se apretó la frente con unos dedos de hielo. Llevaría mucho tiempo estudiar los resultados y no era una tarea que debiera emprender esa noche. Y ya sabía que eso no les iba a decir lo que necesitaban saber en realidad. No les iba a decir en qué se había equivocado.

Le apetecía llorar. Estúpidos, estúpidos datos.

Nate la miró con simpatía.

—Hasta un pequeño error en la ecuación podría provocarlo, si estuviera en el lugar adecuado.

—No. Posición, velocidad, están en extremos completamente diferentes de la ecuación. Tiene que estar equivocada toda la teoría subyacente. Y no sé de qué me sorprendo. Sabíamos que el modelo del estanque de energía era una mierda.

Nate parecía incómodo.

—Pero eso es lo que hace una pauta de interferencia, Jill. Quiero decir, doctora Talcott. Hace que todo esté interrelacionado, siempre. Un pequeño cambio en esta onda de aquí significa una respuesta en cascada al otro lado de...

—Oye... déjalo ya.

Estaba enfadada, desilusionada e irritable. Nate empezó a decir algo y luego cerró la boca. Parecía dolido de que ella lo pagara con él.

—Es tarde —dijo Jill—. Me voy a casa.

A la mañana siguiente no podía enfrentarse a un día de clases ni a Nate, así que llamó para decir que estaba enferma. Siete años de trabajo se habían ido por el desagüe y no tenía ni idea de cómo empezar otra vez. Se quedó medio día en casa sin hacer nada, su mente convertida en un triste espacio en blanco. Intentó hacer algunos ejercicios de estiramientos pero su cuerpo estaba tan acostumbrado a que no le hicieran ningún caso que se negó a cooperar.

Jill Talcott poseía un físico menudo y no especialmente en forma. Lo mismo se podía decir de su casa. El diminuto bungalow de los años 20 estaba situado en una zona residencial de Seattle llamada Wallingford que en otro tiempo había sido de viviendas de renta baja pero que ahora disfrutaba de grandes hipotecas así como de una falta total de armarios. Sus vecinos eran tecnócratas bien pagados, parejas y familias jóvenes. Jill vivía sola. Ni siquiera tenía animales que pudieran perturbar el orden doméstico. Los grandes científicos llenaban una estrecha librería del salón y una tele de diez pulgadas le proporcionaba las noticias nacionales si recuperaba la conciencia lo suficiente para mostrar un vago interés, cosa que ocurría más o menos nunca. La casa estaba ordenada, sin ser acogedora; funcional, sin adornos, como su propietaria. Y gracias a un aislamiento defectuoso, muchas veces fría.

Después de comer condujo hasta una playa del lago Washington. Era día laborable, así que tenía el sitio para ella sola. Mientras contemplaba el agua pensaba en el modelo del estanque de energía del universo, todas aquellas partículas haciendo ondas en el gigantesco estanque del espacio-tiempo. El doctor Ansel siempre decía que la negativa a aceptar esa teoría representaba el miedo que existía en la comunidad científica. Los físicos sabían que si se tomaba en serio, nunca más podrían captar nada. Todas sus maravillosas divisiones y categorizaciones se disolverían como cubitos de hielo en el agua templada. Los matemáticos de la teoría del caos quizá asintieran con la cabeza para mostrar su simpatía, pero los físicos se ponían verdes con solo pensarlo.

Ella también había rechazado a Ansel. Había renunciado a ser su becaria una vez que comprendió lo poco convencional que era su trabajo. Su mujer y él habían sido muy amables con ella, una palurda de campo, pero al final Jill lo había considerado un obstáculo en su carrera, no quería que las miradas furtivas y las risitas de sus compañeros se le pegaran. Adiós, doctor Ansel. ¿Por qué, entonces, había vuelto a su teoría, como Edipo, que había huido de su destino solo para caer directamente en sus brazos? No le pasó desapercibida la ironía. ¿Qué pensaría Ansel si supiera lo de su ecuación? ¿Se reiría? ¿Pensaría que era una perra de dos caras?

No sería el primero.

Jill Talcott había nacido y se había criado en el sur, no en el sur de los Clinton o de Thomas Wolfe, sino en el de Loretta Lynn y las enfermedades pulmonares. Su infancia en la década de los setenta había presumido de una ropa de poliéster sucia e hinchada que no se gastaba jamás, lo que hacía que hasta las limosnas más chillonas duraran para siempre.

La familia de su madre no era rica pero tenía un piano, ropa nueva para la escuela, asado los domingos. Esa era la historia que la madre de Jill contaba. Hablaba con melancolía de aquel mundo. No hubo verjas blancas para la madre de Jill, ni siquiera de las astilladas. Su ruina había sido un hombre, ¿qué si no? El padre de Jill, esbelto y fibroso. Con los años se había convertido en cuero viejo pero había sido irresistible de joven, o eso decía la historia, con un bigote fino, el cabello rubio engominado hacia atrás y ropas vistosas. Era un jugador, siempre dispuesto a conseguir dinero fácil. Tenía mucho encanto pero Jill aprendió pronto a no hacerle caso pues sus promesas no eran más que bonitas nubes de aire. La madre de Jill trabajaba de camarera y trabajaba aún más en casa para intentar esconder el dinero de las manos de su hombre. Vivían en una choza alquilada. No había asados, ni ropa nueva para la escuela, solo lo que la madre de Jill sacaba del cepillo de caridad. Y nunca hubo, nunca lo habría, un piano.

De niña, Jill no tenía ningún talento exterior que equilibrara aquel exceso de pobreza. Era una enana con un rostro normal y el cabello parduzco mal cortado. Decidió muy pronto que la mejor forma de enfrentarse a las burlas de sus compañeros era no prestando atención a lo que pensaran los demás. Luego comprendió que tenía talento para ciertas asignaturas, las matemáticas, por ejemplo, y la química. Su profesor sugirió con toda cautela que Jill quizá pudiera conseguir una beca para la facultad. La niña se agarró a aquel salvavidas y nunca volvió a mirar atrás, no había visto a sus padres desde que había empezado la facultad y nunca respondía a las cartas de su madre, relatos de dolor todas y cada una.

Dos cosas había jurado Jill no hacer jamás: apostar dinero y dejar que un hombre entrara en su vida. Porque una vez que te unías a alguien, por definición ya no podías llamarla tu vida. Por definición sus cargas se convertían en tus cargas. Y una vez que has tomado un camino equivocado como ese, lo pagabas caro. Incluso en esta época del divorcio, lo pagabas.

Toda su energía se concentraba en su carrera. Quizá fuera porque la idea de que Jill Talcott, de Pittsville, Tennessee, pudiera llegar a ser alguien, era absurda. Como su padre, ella también tuvo siempre debilidad por las apuestas con pocas posibilidades.

¿Son la gente y los acontecimientos de nuestra vida como guijarros?, se preguntó Jill mientras contemplaba el lago. *¿Extienden las ondas de su impacto y nos cambian de formas que no podríamos ni siquiera suponer?* No era una idea muy alentadora y desde luego, se regañó, no demasiado científica.

Frunció el ceño, recogió piedrecitas de la playa y empezó a arrojarlas al agua. En la superficie del lago dejaban dibujos de ondas. Jugueteó ociosa durante unos minutos y luego la actividad la absorbió. Hizo varias pilas, clasificando las piedrecitas por tamaño. Contemplaba las ondas que hacían sus piedrecitas con ardiente interés, veía cómo se cruzaban varias ondas.

Cresta, seno, cresta, seno. Allí donde se encuentran dos ondas, forman una interferencia: cresta + cresta = cresta más alta, seno + seno = seno más profundo, cresta + seno, se cancelan entre sí y crean una cresta más corta o un seno menos profundo. Y esa nueva pauta salía a cruzarse y fundirse con la siguiente, y la siguiente, y la siguiente y la siguiente.

Dos horas más tarde, Jill seguía en la playa. El viento se había levantado y el lago estaba picándose. Jill, manchada de arena y polvo, las pilas de guijarros agotadas, permanecía en la playa con unas piedrecitas muy pequeñas en la mano. Las tiró al agua y luego se puso a gatas para contemplar toda la superficie del agua, contempló cómo se cruzaban las olas, cómo se levantaban las ondas y luego se desvanecían.

Cada vez era más difícil ver las ondas a causa de los crecientes golpes de agua. Guiñó los ojos; tenía una sensación muy extraña, como si hubiera algo que no terminaba de entender.

Y entonces lo vio, tan obvio que casi la cegó. *El lago forma olas propias.*

La idea la derribó: tan sencilla, tan hermosa, cambiaba toda su visión del mundo. Fue uno de esos momentos que un científico puede vivir, como mucho, una o dos veces en toda su vida, y los ojos se le llenaron de lágrimas ante semejante poder.

La superficie del lago era una ola picada que se repetía. Sí, las olas de los guijarros se cruzaban unas con otras pero también se cruzaban con la ola más fuerte del propio lago.

Se sentó sobre los tobillos con las manos aferradas a la arena que tenía detrás. Habían estado contando con que los datos del átomo de carbono se habían procesado en un espacio vacío. Pero, claro está, el acelerador de partículas estaba «vacío» solo en el sentido de que no había ninguna otra partícula en el acelerador, en otras palabras, ningún guijarro más. Pero había espacio en el acelerador, espacio tiempo, la sustancia del universo. En otras palabras, el lago había estado allí.

¿Era el espacio-tiempo una superficie espejada, como había supuesto ella sin darse cuenta? ¿O tenía una onda propia, como la superficie del lago Washington?

¿Cómo era la onda del espacio-tiempo en sí?

3

—Escúchame —gritó Syme con extraordinario énfasis—. ¿Quieres que te cuente el secreto de todo el universo? Pues es que solo hemos conocido la espalda del mundo. Lo vemos todo desde atrás y tiene un aspecto brutal. Eso no es un árbol, sino la parte de atrás de un árbol. Eso no es una nube, sino la parte de atrás de una nube. ¿Es que no ves que todo se inclina hacia delante y oculta el rostro? Si pudiéramos dar la vuelta y ponernos delante...

— G.K. Chesterton, *El hombre que era jueves*, 1908

3.1. CALDER FARRIS

Mark Avery dejó cuatro mensajes en el contestador antes de que Calder se decidiera por fin a responderle. No quería visitar a Avery, un hombre que se estaba pudriendo de cáncer, un hombre que en otro tiempo había sido lo más cercano a un amigo que Calder Farris había tenido jamás. Una sigmoidoscopia de nueve horas habría sido más apetecible que visitar al viejo Mark. Pero en el último recado Avery parecía estar casi a las puertas de la muerte y decía que tenía cosas, cosas importantes, que comunicarle.

Por todos los diablos. Calder llamó y acordó una hora con la mujer de Avery, Cherry, para ir a visitarlo.

Mientras aparcaba fuera del pequeño bungalow para oficiales en el que vivían el capitán Avery y su familia, el espanto se convirtió en resentimiento y el resentimiento empezó a soltar chispas de rabia tan negras que tuvo que rechinar los dientes. Subió por el camino asfaltado y apartó de una patada un triciclo de plástico *PlaySkool*. Ya en la puerta se alisó la trinchera negra en un esfuerzo por recuperar el control antes de llamar al timbre.

Respondió Cherry. Calder la examinó con aire cansado. Se quitó las gafas pero la mujer ni siquiera parpadeó. A Cherry jamás la habían intimidado aquellos ojos, por irónico que pareciera. De hecho, parecía saber que los usaba de forma deliberada y encontraba la artimaña patéticamente entretenida.

Calder no la soportaba.

Años antes, Mark Avery había sido todo un solterón. Mark había entrenado a Calder cuando este había llegado al DD y habían trabajado como compañeros durante un año más o menos. Habían llegado a entenderse de una forma que era rara en Calder. Creían en las mismas cosas: en los Estados Unidos de América, en el orden y poder militar, en dedicar su vida a mantener su país en el número uno. O eso había pensado él. Quizá había sido incluso más que eso. Quizá había habido algo paternal en el afecto del veterano, o quizá Calder solo se lo había imaginado.

A la mierda.

En cualquier caso, se habían vigilado en el gimnasio, habían visto partidos juntos en la tele de esta misma casa, habían compartido pizza y cerveza, partidas de cartas a veces y demás mierda parecida.

Pero entonces había terminado la instrucción de Calder y había empezado a viajar. Avery y él se encontraban de Pascuas a Ramos. Y un día Avery le dijo que se casaba. Joder, Calder no se lo podía creer. Aquel hombre tenía casi cincuenta años y solo hacía tres meses que conocía a la chica. Una chica que era más joven que Calder, por el amor de Dios.

Calder había intentado quitárselo de la cabeza. Le había dicho a Avery exactamente lo que pensaba, que no necesitaba una bola con una cadena, que no tenía porqué meterse en un matrimonio con alguien de la edad de la chica. Calder solo había visto a Cherry una vez y no le había caído bien pero supuso que se casaba con Avery para conseguir alojamiento gratis y una pensión militar, y así lo dijo.

Al final, Mark se había casado con Cherry y Calder apenas lo había visto desde entonces. Y Cherry debía de saber algo porque lo trataba con bastante frialdad.

Sip, en lo que a Calder se refería, la vida de Mark Avery había terminado mucho antes de que le diagnosticaran el gran «C».

Hoy, sin embargo, Cherry no le ofreció la habitual imitación de un polo. Lo invitó a entrar como si fuera un viejo amigo. Aquel rostro demasiado bonito, el mismo rostro que en otro tiempo había sido una afrenta para la buena opinión que tenía Calder de Mark Avery, estaba delgado y pálido y no llevaba maquillaje. Un pañuelo le retiraba el pelo rojo y sin lavar de la cara. Parecía agotada. Parecía una de esas cosas que te arrancas de la suela del zapato.

—Se alegrará mucho de que hayas venido. —Cherry sonrió, estaba agradecida. Genial. Si Cherry estaba contenta de verlo, tenía que ser casi intolerable, maldita sea.

Un cuerpo pequeño salió a la carga de la cocina y se estrelló contra las piernas de la mujer. El hijo de Avery. Calder no recordaba su nombre. Se quedó mirando al crío con inquietud, peto de pana rojo, una camiseta a rayas, pelo rojo de bebé y una cara pegajosa.

—¡Mamá!

Cherry sonrió y cogió al chiquillo.

Calder no podía soportar el olor a bebé, un olor de un dulzor carnoso, enfermizo y con un ligero toque a orines. Tío. La única vez que los había visitado desde el nacimiento del crío, había tenido que pasar horas en el campo de tiro para que el olor acre a pólvora quemara aquel hedor. Aguantó el aliento mientras se preguntaba cómo lo soportaba Avery.

—Acércate a la salita, Calder. Os haré un poco de café, chicos.

Avery estaba sentado en un sofá que habían convertido en cama. Tenía puesto un pijama limpio y Calder hubiera jurado que le habían lavado el pelo. Debió de hacerlo Cherry, en honor a la visita de Calder. Lo hizo sentirse endemoniadamente culpable.

Se sentó en una silla y Mark actuó como si fueran dos colegas en una visita normal y corriente. Charlaron durante un rato, Calder no tenía demasiadas cosas que contar porque había estado trabajando, sobre todo, y Avery se explayaba sobre Cherry y el niño: Jason, así se llamaba. «Jace». La forma que tenía Avery de decirlo le provocaba a Calder un dolor de muelas.

Jesús, era casi peor de lo que Calder se había imaginado. Avery se había quedado en casi nada, su rostro parecía una calavera, tenía el pelo seco, como acabado, como si se hubiera muerto un par de meses antes que el propio Avery.

—Dijiste por teléfono que tenías unas cosas que decirme —le recordó Calder para que empezara de una vez el espectáculo.

—Sí. —Avery intentó incorporarse un poco más y tenía un aspecto tan asquerosamente patético que Calder se quedó mirando por la ventana al patio. Había juguetes infantiles allí atrás. Juguetes infantiles.

—Yo te enseñé a hacer tu maldito trabajo. —Avery esbozó una amplia sonrisa, un rictus—. Pero eso no significa que te contara todo lo que sabía.

A Calder no le sorprendió. Sabía con toda exactitud lo que iba a pasar. Avery quería descargarse de algo antes de espicharla. Y poco importaba lo que hubiera pasado entre ellos, Calder era el cubo elegido.

—¿Y qué es?

—Ondas, Farris. Todo va de ondas.

—¿Ondas de sonido?

Había un par de proyectos de alto secreto en el DD que giraban alrededor del uso letal de las ondas de sonido. Se suponía que Calder no tenía que saber nada pero lo sabía. Avery y él siempre habían sabido ese tipo de cosas.

Avery sacudió la cabeza.

—¿Y si pudieras apuntar a alguien con un mecanismo que perturbara las partículas de los cuerpos? ¿Que revolviera sus átomos? ¿Neutralizara sus electrones? ¿Y si pudieras hacer una bomba que le hiciera eso a una ciudad entera? ¿Y hacerlo de forma limpia, sin dejar atrás un par de milenios en radiactividad?

A Calder le interesó aquello.

—¿Tienes algo sólido?

—Unas cuantas pistas... El nivel subatómico, ese es el futuro. Estoy hablando sobre la naturaleza fundamental de la materia.

Calder sonrió poco a poco, a pesar de sí mismo. Era como en los viejos tiempos. Antes se tiraban horas charlando de esta mierda.

Por un momento recordó cuánto le debía a Avery. A Calder siempre le habían encantado las armas, incluso de niño... pistolas de juguete, soldaditos, «granadas» de piedra... Pero Avery le había enseñado una verdad más profunda. Desde que uno de los primeros hombres cogió el primer palo y le atizó a un rival en la cabeza con él, la tecnología siempre ha pretendido una sola cosa: poder. Domina el que tiene los juguetes más grandes. Y el poder lo era todo.

—Hablo en serio. —Insistió Avery—. El próximo Número Uno no va a ser explosivo. En el futuro la idea va a ser deshacer la vida desde abajo, desde dentro. Y, Calder, la materia son ondas. Si quieres saber quién tiene las manos metidas en alguna teoría científica más que desagradable, encuentra a alguien que sepa de eso.

—¿Qué clase de pistas tienes?

—Algunos nombres. Algunas ideas. Está todo en la carpeta. —Avery señaló con un gesto un sobre grueso que había en la mesita de café. Calder lo cogió y miró dentro, un gran sobre de color manila, papeles. El legado de Mark Avery. Por un momento sintió un pinchazo de dolor. Se lo tragó.

—Gracias.

—Joder. —Avery desechó la palabra con un parpadeo. Se hundió en las almohadas. De repente parecía tan cansado que Calder pensó que se iba al otro barrio allí mismo—. Está todo bastante embrollado. La verdad es que no tuve la... energía de ordenártelo.

—No hay problema.

El momento empezó a alargarse de forma incómoda. Mark tosió, con debilidad, como si le doliera. Calder apretó la mandíbula.

—Lo que pasa es que el DD, la institución entera, ha terminado por dedicarse a chupar el dinero del contribuyente y a producir gilipolleces. Y los putos académicos se han enredado tanto en sus propios nudos que son incapaces de salir de una caja de cartón. Lo Grande, cuando llegue, va a ser a través de algún Einstein sin descubrir que está ahí fuera y que no forma parte de nada de eso. Será alguien de Podunk, Nueva Jersey, y será tuyo. —Mark clavó los ojos en él. Por una vez eran sus ojos los que tenían un aspecto siniestro—. Habría sido mío pero supongo que ya no es demasiado probable. Deberías darme las gracias, hijo de puta con suerte.

—Sí, claro. —Calder intentó adoptar un tono jocoso y no pudo. Sólo consiguió parecer cabreado.

Cherry les trajo café. Les dio algo que hacer. Calder casi no podía soportar el sabor. Entre el olor del crío que impregnaba toda la casa y el hedor de la enfermedad de Mark, tuvo que tragarse las náuseas. Mientras bebían, se quedó allí sentado, con el sobre en el regazo como un estúpido aspirante a un trabajo. Y Avery yacía allí, apenas capaz de sujetar la taza. Ninguno de los dos era capaz de mirar al otro.

En cuanto terminara con el café, pensó Calder, podría irse.

Por la ventana vio pasar un destello rojo, el niño. Apareció entonces Cherry, persiguiendo al bebé, cogiéndolo y lanzándolo al aire. Joder con el momento *Kodak*.

Avery emitió un sonido ahogado y Calder lo miró. Tenía los ojos puestos en el patio, también, y el rostro tan lleno de pesar que a Calder le apeteció darle un puñetazo a algo. Avery lo miró con expresión culpable. Hizo una mueca.

—Yo... —Dudó. Calder pensó: *Sea lo que sea, líbrame Señor, por favor*. Pero Avery no lo libró—. Estuve a punto de no dártelo, sabes. —Se encontró con los ojos de Calder y lo retó con la mirada, luego volvió a mirar al niño—. He dedicado toda mi vida a la tecnología armamentística. El nacimiento de Jace... a veces me pregunto si lo que hacemos... es lo correcto.

Calder sintió que lo invadía la furia, como si le saliera una mano de las entrañas y empezara a apretar.

—¿Y qué se supone que significa eso? Tenemos la libertad que tenemos en este país porque tenemos las armas más viles y repulsivas, fin de la historia. ¿Qué cojones te pasa, Mark?

Los ojos de Avery no se disculpaban por lo dicho.

—Me pregunto si estarás tan seguro cuando seas padre.

Calder bufó. *Haré que me arranque los huevos un caimán antes que permitir que eso ocurra*. Pero se lo guardó para sí.

—Calder, si lo encuentras de verdad... —Avery hizo una pausa. A Calder no le hacía falta preguntar a quién se refería; era el próximo Oppenheimer, el inventor de la nueva Gran Arma—. Cuando lo hagas...

—¿Qué? —dijo Calder con impaciencia.

Avery se lamió los labios agrietados.

—¿Has oído alguna vez eso de qué harías si tuvieras la oportunidad de volver atrás en el tiempo y conocer a Hitler en 1925?

—¡Deja de hablar de gilipolleces! —El tono de Calder indicaba que hablaba en serio. Era un tono que habría hecho que muchos hombres se metieran un cuerno por el culo y soplaran si se lo hubiera ordenado.

Avery sonrió con tristeza.

—Supongo que cuando te estás muriendo, empiezas a tener ideas raras. —Volvió la vista de nuevo hacia el patio, donde Cherry daba vueltas y más vueltas con el bebé—. Supongo que no... si te pidiera que les echaras un vistazo por mí...

—¡Jesús, Mark! ¿Estás drogado o qué?

—Olvídalo. —Avery parecía resignado, como si hubiera sabido que Calder se negaría y que era absurdo preguntárselo de todos modos.

Bueno, es que era estúpido. Más que estúpido. Tenía que estar dopado para haber pensado siquiera algo así. Luego Calder recordó que Avery no tenía más familia. Había sido un solitario, tanto como Calder, hasta que apareció Cherry. Dios, cómo odiaba todo esto.

—Me aseguraré de que no se mueren de hambre, si es eso lo que me estás pidiendo. —Calder lo escupió como si fueran trozos de cristal. Joder con Cherry, sabía muy bien lo que hacía cuando se casó con Avery. Le darían una pensión. A ella y al niño les iría bien. Y de todos modos, seguro que se habría vuelto a casar antes de un año. Pero él tenía que decir *algo*.

—Gracias —dijo Avery.

Parecía creer tanto en las buenas intenciones de Calder como este cuando lo había dicho.

3.2. Denton Wyle

Zurich

Denton se adelantó a la carta de Zurich por una semana entera. Gracias a Dios que Schwartz era demasiado rata o demasiado anticuado para decantarse por *FedEx*. Denton fue a Zurich, fue algo que no se planteó demasiado. Se movía por pura intuición. Schwartz había mentido. Había mentido a lo grande.

Kobinski. ¿Ha oído hablar alguna vez de él?

Podría ser.

¡Todo aquel fingido desinterés y aquella riña hipócrita! ¿Y para qué? ¿Qué estaba intentando ocultar Schwartz? Denton no podía esperar para averiguarlo.

La obstinación de Denton, una vez despertada, no era como la de otras personas: no era como un muro de ladrillos, se parecía más bien al agua que fluía y daba un rodeo alrededor de los obstáculos: o los atravesaba o se metía por debajo mientras buscaba el lugar de descanso por instinto.

Nunca le había gustado Zurich demasiado. Era una ciudad de materialismo sin tino, más del estilo de su madre que del suyo. Atravesó calle tras calle de establecimientos relumbrantes, tiendas que no vendían nada más que plumas de oro, pieles o copas de cristal. El buen gusto de Zurich le pesaba como un pulgar en el cuello.

La dirección que tenía estaba en una zona que parecía más antigua, los establecimientos más pijos aún, aunque solo fuera porque no gritaban su mensaje. Algunas de las tiendas eran tan discretas que ni siquiera se podía distinguir lo que vendían. La dirección que tenía era así. Se encontró con que era el único cliente en una habitación pequeña llena de antigüedades pulidas y traslúcidas. Unas tarjetas hechas a mano, sofisticadas, descansaban sobre cada objeto. Empezó a cuestionarse, por primera vez y con cierto retraso, qué estaba haciendo él allí.

Se le acercó un hombre maduro y elegante. El hombre comenzó las formalidades en alemán pero pasó con suavidad al inglés al oír la respuesta de Denton. Se llamaba Gretz y tenía un acento británico culto. Denton lo halagó admirando las piezas que tenía en la tienda antes de entrar con cautela, con indiferencia casi, en el asunto que le traía allí.

—¿Trabaja con manuscritos raros, papeles, cosas así?

Gretz lo volvió a medir con la mirada.

—Pues lo cierto es que así es. Pero debe de haberlo sabido por alguien, ¿no? ¿Está buscando algo en concreto, señor?

—Pues lo cierto es que sí. Estoy buscando cualquier cosa escrita por Yosef Kobinski.

Gretz parpadeó.

—Muy singular.

—¿Tiene algo en esa línea?

—Así es, señor.

El hombre esperó, con las manos suaves, de largos dedos, apretadas ante sí. ¿Y? ¿Es que quería una contraseña secreta o algo así?

—Me encantaría ver lo que tiene, si es posible.

—Por aquí, por favor.

Llevó a Denton por una cortina hasta una parte de la tienda que era, y Denton se dio cuenta de inmediato, el verdadero corazón de aquel lugar. Había suaves mesas de caoba. Dos de las paredes estaban forradas de librerías y unas vitrinas de cristal tallado albergaban manuscritos antiguos. En la sala había un ambiente reverente, callado.

—Por favor, tome asiento. —Gretz se puso unos guantes de plástico y sacó una carpeta transparente de una de las vitrinas. Se la llevó a Denton, acercó una silla que tenía enfrente y, como un joyero, cogió un par de pinzas largas de extremos planos y una lupa de un estante cercano, ajustó una pequeña lámpara de escritorio con un filtro protector y la encendió.

Una vez satisfechos tan elaborados preparativos, Gretz le dio la vuelta con todo cuidado a la carpeta. La manipulaba por los bordes, con suavidad. Le entregó a Denton la lupa. Bajo el plástico, Denton vio un trozo de papel marrón, sucio, marcado con unos caracteres que no reconoció.

—Cinco páginas, escritas en hebreo —dijo Gretz con tono melodioso—. Se encontraron en 1962 en un cilindro de metal enterrado en los terrenos de

Auschwitz. Desde entonces han estado en manos privadas. Yo las obtuve hace tres meses.

¡*Auschwitz!* Esto se había escrito en el campo de concentración.

—Estos papeles datan aproximadamente de 1943. Cada página contiene la marca «YK» en hebreo. —Señaló la susodicha marca en la parte inferior de la página con las pinzas—. El autor es un rabino polaco, Yosef Kobinski, sobre el que usted parece saber algo.

Denton estudió la marca identificativa con una creciente sensación de asombro y nervios. Quizá solo fuera el entorno del viejo mundo, o ver una auténtica reliquia de Auschwitz, o el misterioso matiz secreto que impregnaba la habitación, pero casi esperaba que Gretz dijera «¿*Esss segurooo?*» como Olivier en *Marathon Man*.

—Bueno, sí, sé algo sobre él. Pero me gustaría saber más.

—Yo tampoco sé demasiado de la historia de este hombre salvo que su trabajo se basaba en la cábala. Publicó un libro antes de la guerra, *El libro de la misericordia*. Tuvo una tirada muy pequeña y es extremadamente raro. Los fragmentos del manuscrito que escribió en Auschwitz, titulado *El libro del tormento*, son todavía más raros. Se tomó grandes molestias para ocultar cada página.

Denton asintió, como si supiera todo lo que había que saber sobre eso.

—Como estoy seguro de que ya sabe, a los prisioneros de los campos de concentración no se les permitía tener nada en propiedad, ni tampoco tenían acceso a materiales de escritura por regla general. Aun así, la mente humana es bastante ingeniosa, ¿sí? Estas cosas aparecen de vez en cuando. Lo que no quiere decir que no sean extremadamente valiosas.

—Valiosas —se hizo eco Denton—. ¿Están las cinco páginas en este estado? —Lo preguntó porque era algo que un cliente serio preguntaría.

—Sí. Pero debo informarle de que tengo una oferta pendiente por estos documentos.

—¡Ah!

Denton fingió estar estudiando la página, pero en realidad no la veía. Estaba intentando percibir la actitud del anticuario, y al final decidió que, con toda seguridad, había una puerta abierta en algún sitio. Así que la venta no se había completado de forma definitiva o quizá Gretz tenía otra cosa en mente.

—Soy nuevo en el campo de los manuscritos raros. Tengo entendido que hay una diferencia entre una compra exclusiva y no exclusiva. ¿Es eso cierto?

Gretz miró a Denton como si este quisiera aparentar inocencia, como si fuese un jugador de un casino flotante que estuviese preguntando cuántas cartas tenía que dar.

—En el negocio de las antigüedades, un manuscrito raro se considera un objeto físico, una antigüedad, algo aparte del texto escrito en la página. La mayor parte de los anticuarios fotografían cualquier objeto antes de venderlo y, en el caso de materiales escritos, es posible que fotocopien o transcriban el texto. Verá, en general lo importante no es el texto, sino que lo que tiene valor es el documento en sí.

¿Había dicho una puerta? Coño, aquello era todo un cañón.

—Muy interesante.

—Y cuando un comprador adquiere un manuscrito no publicado como este, quizá quiera optar a comprar solo el documento físico, o puede decidir adquirir también todos los derechos sobre el texto. Como es natural, la opción de adquirir todos los derechos es la más cara.

—En otras palabras, ¿una compra no exclusiva significa que otra persona podría comprar una copia del texto?

—Ese es el acuerdo, sí.

—Digamos que la venta pendiente de este documento resultara ser un acuerdo no exclusivo. ¿Cuánto querría usted por una copia del mismo?

—Cinco mil dólares americanos —dijo Gretz sin una sombra de duda.

Para no parecer un paleto, Denton no reveló su alegría. Cinco mil dólares estaba muy por debajo de su nivel de retraimiento. Había pagado casi lo mismo por los billetes de avión.

¿En qué estaba pensando? Ni siquiera sabía lo que decían las páginas.

—¿Hay mucha demanda por la... vaya, obra de Kobinski?

El anticuario sonrió.

—Siempre hay demanda de documentos de los campos de concentración, señor Wyle, sobre todo de documentos escritos por los prisioneros de los campos. Si bien debo decir que solo he encontrado dos personas que estuvieran buscando en concreto escritos de Kobinski, y usted es una de ellas.

Aquella sonrisa relucía con una pregunta que Denton no podría haber contestado aunque hubiera querido: ¿Por qué Kobinski?

Cuando dejó la tienda, Denton tenía un acuerdo más o menos tácito con Gretz. Aun así, se dijo que nunca volvería. No sabía lo que había en el manuscrito. Probablemente no tenía nada que ver con la desaparición de Kobinski ni con nada que le pudiera interesar a él o a los lectores de *Mundo misterioso*. Y era un *fragmento*. ¿Qué podría decir nadie en cinco páginas como para pagar por ello cinco de los grandes?

Debatió consigo mismo aquel tema tres días enteros. Se alojó en un hotel decente, aunque no exorbitante. Visitó la ciudad con una mochilera escandinava y rubia a la que también hizo el amor y que conoció en la calle. Tenía un rostro tan bonito que parecía digno de un anuncio de leche, muslos como la seda y una boca dulce y tersa, aunque solo tuviera diecinueve años y fuera inmadura en su impaciencia repleta de risas tontas. Ella y su amiga acampa-

ron en su habitación y lo invitaron a reunirse con ellas en м.
quizá fuera, sabiendo bien que no iría. Las acompañó a la estacio.
durante todo el tiempo, incluso mientras le daba un beso de desp.
discutía consigo mismo por el fragmento.

Pero cuando pasaron los días y supo que la carta de Schwartz había llegado, se encontró dirigiéndose de nuevo a la tienda, como si sus pies supieran muy bien lo que no sabía su cerebro. Compraría la copia solo porque la quería, la había querido desde el mismo momento en que había posado los ojos sobre aquellas marcas irregulares que había bajo el plástico, metido en aquel *sancta sanctorum* apenas iluminado, desde el instante en que había visto aquellas pinzas. Su tripa era prácticamente la única brújula de su vida y le decía que esto era más que una simple historia; esto podría muy bien ser *la* historia.

¿Había tenido de verdad alguna duda?

DEL LIBRO DEL TORMENTO, DE YOSEF KOBINSKI, AUSCHWITZ, 1943

La última vez hablé de que la física, las leyes físicas del espacio y el tiempo, no solo daban su hospitalidad a los misterios de la fe; son exactamente lo mismo. Un científico es un hombre ciego que tantea el rostro de D—s.

¿Ya he escrito eso? Sí, esas debieron de ser las páginas que le di a Georg Bruzek. Lo importante es que todo debe conservarse. Los dones del conocimiento que el Señor me ha concedido... no me importa tanto mi vida, pero que este conocimiento muera conmigo es inaceptable.

Una de las claves de la sabiduría más profunda es que solo hay unas cuantas pautas en toda la creación, y que estas se repiten una y otra vez. Los planetas giran alrededor del sol de la misma forma que los electrones de un átomo giran alrededor del núcleo. Las espirales de una concha reflejan las de las galaxias. «Como arriba, así es abajo». Lo Microscópico es un reflejo de lo Macroscópico.

...

El mundo físico está hecho de dualidades: masculino / femenino, caliente / frío, día / noche, nacimiento / muerte. No hay esencia de «cosa» o de «ser» que no tenga un opuesto. La ciencia ha demostrado que es cierto en cada nivel de la vida: no hay partícula sin una antipartícula correspondiente, no hay fuerza sin un contrapeso.

¿Por qué es así? Porque para tener un espacio físico debes tener un «aquí» y también «otro allí». Antes de la creación, todo era lo mismo y solo había un plano. Para crear distancia, volumen y extensión, eran necesarios los opuestos: los polos entre los que se pudiera estirar la vida misma.

La importancia y significado de las dualidades es uno de los grandes secretos de la cábala.

simples ecos de las cuatro grandes dualidades. Son los
...estos del cabalístico Árbol de la Vida: Binah / chochmah,
..., hod / nezach y keter / malkhut. Estos cuatro grandes
...n las cuatro dimensiones inferiores del espacio y el tiempo.
...y malkhut son la dualidad superior. Keter es el reino espiritual y malkhut
...9. Keter es el «Cielo» de la «tierra» de malkhut. Es «Dios» para el «hombre»
..e malkhut. Algunos creen solo en lo que pueden ver, sentir y oír (malkhut). Otros sospechan que hay un estanque que hierve de significado y energía y que reside más allá, o fuera, o por todo el mundo físico. Keter es esa quinta dimensión.

La siguiente gran dualidad es binah y chochmah. Binah es nuestra mente racional, lógica. Chochmah es la intuición, la creatividad. Al principio, antes del «big bang», todo era una sola cosa, y esa «unidad» es chochmah, un estado espiritual que los místicos y los artistas luchan por recuperar. Binah separa, categoriza, etiqueta. Es el gran tamiz. En psicología humana llaman a estos rasgos cerebro izquierdo y cerebro derecho. En nuestro mundo físico, binah es sólido y rígido y chochmah es puro y fluido, son la tierra y el mar, el suelo y el agua.

La tercera gran dualidad es gevorah (el juicio) y chesed (la misericordia). El lenguaje de gevorah es en blanco y negro, bien y mal, lo correcto y lo incorrecto. Como decían los griegos, está ciego. Gevorah impone unas leyes rígidas y no le importan los antecedentes del ofensor, sus excusas o motivos.

Chesed, la bondad o misericordia, es lo contrario del juicio. Es empatía, largueza, generosidad de espíritu, amor. De todos los sephirot, chesed parece ser el bien más puro. ¿Es posible que haya demasiada bondad? ¡Sí! Todo lo que se lleva a los extremos crea el mal. Piensa en un niño o en una sociedad sin leyes ni restricciones, se produce el caos. Sin límites no hay definición, no hay forma.

La última gran dualidad es hod y netzach. Hod está orientado hacia el interior, es contemplativo. Netzach está orientado hacia el exterior, es social. Hod es el instinto introvertido y netzach es el extrovertido. En el mejor de los casos, netzach es el maestro, el líder benevolente, el mediador. En el más extremo, es el matón, el manipulador... los que solo tienen sentido de sí mismos al controlar a otros. Hod, bajo la luz más favorable, es el erudito, el pensador independiente. Bajo la peor, es un ser antisocial, aislado del mundo.

Hay una conexión entre estos grandes elementos. Binah, gevorah y hod son rasgos «del lado izquierdo». Binah (la lógica) separa el «yo» del «ellos». Cuando separamos nuestra identidad de la identidad de otros se hace más fácil juzgarlos (gevorah). Tus juicios pueden convertirse en algo tan rígido que nadie más se considera aceptable salvo tú mismo. Este infierno es obra de hod.

Chochmah, chesed y netzach son rasgos «del lado derecho». Chochmah (la intuición) dice: «Todos somos uno». Chesed (la misericordia) responde con amor y aceptación. Netzach, por tanto, florece en relación con otras personas.

Lo que se debe recordar sobre las dualidades es que no son dos puntos en horizontes opuestos. Son un continuo. Quizá seas más misericordioso que dado a juzgar o más *dado a juzgar que misericordioso. ¡Pero no es muy probable que seas tan misericordioso que no haya en tu interior una mínima gota de capacidad de juzgar, ni que seas tan dado a juzgar que carezcas de un simple jirón de misericordia!*

Si te imaginas las grandes dualidades como pinzas entre las que tú te estiras, gevorah y chesed están en la cabeza y los pies, binah y chochmah en las manos derecha e izquierda, hod y netzach en el pecho y la espalda, y el tiempo como última fuerza, malkhut y keter, tiran de ti entre el nacimiento y la muerte. El cielo y la tierra... Así son en realidad las fuerzas que dominan nuestras vidas. ¿Cómo se puede escapar de semejante tortura?

Encontrando el punto medio. En cada una de estas dualidades hay un punto medio absoluto y perfecto. En el continuo entre el juicio y la misericordia hay un punto de equilibrio perfecto: el juicio atemperado en su totalidad por la misericordia, la bondad con sanos límites. Hay un punto medio parecido entre la lógica y la intuición. Es la mística científica, el punto de encuentro entre Oriente y Occidente. También existe el equilibrio perfecto entre lo interno y lo externo, un lugar donde podemos disfrutar de relaciones cariñosas al tiempo que retenemos un fuerte sentido de nosotros mismos.

¿Y dónde se encuentran todos estos puntos de equilibrio perfectos? El centro de todos estos continuos es el mismo centro. ¿Dónde está ese lugar mágico? Mientras yaces ahí, estirado entre esos polos, hay un lugar en el centro exacto de ti mismo (de tu corazón, tu cuerpo y tu mente) donde se encuentran todos estos puntos. Si encuentras ese lugar, la tensión y la lucha desaparecen.

Ese es también el punto en el que se encuentran keter y malkhut. Dios y hombre. Dios en ti.

...

Llevo cuatro noches sin dormir. Mi corazón se ha llenado de cristal molido. He intentado pensar en una forma, cualquier forma, de salir de aquí. Mi mente ha aprehendido algo, aunque quizá sea una locura.

Hace años, mientras hacía una lista de correspondencias entre los cuerpos estelares y sus equivalentes terrenos, me encontré con una curiosidad. Las «ergosferas» de Schwartzschild o «agujeros negros» son estrellas masivas a las que la gravedad ha condensado de una forma tan completa que forman objetos dimensionales de una densidad infinita. Estos agujeros negros son literalmente agujeros en el tejido del espacio-tiempo. Y dado que mi teoría de la correspondencia establece que todo lo que existe en los cielos (macro) tiene un equivalente en el mundo subatómico (micro) entonces tendría que existir algo así.

Discúlpenme. Debe de existir una entidad que sea un «agujero negro microscópico».

En aquel tiempo eran reflexiones ociosas. ¡Una época inocente! Ahora me veo obligado a volver sobre esa idea con un estado de ánimo mucho más desesperado. ¿Existen esas puertas? ¿Y podrían ser nuestra salvación?

Suena absurdo, pero cuanto más agresivamente ataco las matemáticas, más convencido estoy de que la idea es sólida. Si existen, su comportamiento no puede ser obvio por muy buenas razones. Si bien un macro agujero negro atraería a su interior cualquier cosa que cruzara su horizonte, no sería tan fácil sorprender la operación de un micro agujero negro. Se debe tener en cuenta la diferencia de masa que hay entre ambos.

Apenas puedo escribir a causa de los temblores. El diferencial de la masa es un problema. He estado trabajando con intensidad en la tarea de captar el juego de fuerzas.

Más allá de todas estas dificultades, también está la cuestión de a dónde llevaría algo así. Tengo mis teorías, pero no hay ninguna forma de saberlo hasta que se lleve a cabo la hazaña. Como Moisés, debo creer que hay una tierra prometida.

Nada puede ser peor que lo que Isaac.

No. Estas puertas no pueden ser algo común, no más comunes que los agujeros negros de los cielos. Tendría pocas esperanzas de que uno resultara estar cerca si no fuera por un factor: En los alrededores de este tipo de agujeros se podría esperar encontrar el bien o el mal más extraordinario. La influencia de la quinta dimensión y de otros universos se filtraría de la misma forma que el frío se filtra por una ranura de la ventana. Y con toda seguridad, si hubiera un lugar en el mundo que se pudiera definir como malvado más allá de toda experiencia humana, es este lugar, Auschwitz.

Los Ángeles

—¿Entonces, qué piensas, eh? —Denton estaba demasiado impaciente para esperar a que Dave hablara por voluntad propia.

Dave Banks no respondió. Todavía estaba absorto en las páginas de la traducción de Kobinski. Dave era ingeniero electrónico, fanático de la ciencia-ficción y antiguo compañero de habitación y universidad de Denton. Hasta hoy, Denton no lo había visto desde la graduación aunque los dos habían terminado en Los Ángeles años antes. Dave nunca había terminado de perdonar a Denton que se hubiera acostado con su novia.

Lo que era totalmente injusto. Dave ni siquiera iba en serio con aquella chica, y además, tampoco era como si Denton se hubiera dedicado a seducirla; había pasado, sin más. Algunas personas guardaban rencor. Otras lo mimaban hasta que crecía, se licenciaba en la universidad y se retiraba.

Por desgracia, la investigadora de Denton, Loretta, tenía un talento nulo para la ciencia y todos sus amigos actuales eran aspirantes a actores o modelos que pensaban que *agujero negro* era un término psicodélico o sexual. Así que Dave Banks era la única alternativa que tenía Denton si no quería leer un libro. Y Denton era un animal social. Aprendía cogiendo ideas de los demás y empapándose del ambiente, no con una actividad tan torpe y solitaria como la lectura.

Cuando Dave levantó la vista de las páginas de Kobinski, le brillaban los ojitos.

—Interesante.

—¿Cómo?

Dave ladeó la cabeza con ademán pensativo.

—¿Tienes otra cerveza?

A Denton le apetecía gritar de impaciencia, pero en lugar de eso fue a la cocina del dúplex a coger una Corona.

El comedor se abría al salón y, más allá del «espacio de conversación» decorado con muy buen gusto (había utilizado el decorador de su madre, un auténtico mariposón), Denton vio que el sol se estaba poniendo. Los rascacielos de la Ciudad del Siglo relucían a su alrededor.

Todavía apreciaba aquella visión de un millón de dólares. La apreciaba más sabiendo que Dave vivía al día en un apartamento asqueroso de West Hollywood.

Era como en los viejos tiempos, los dos apoyados en los armarios de la cocina, echándose al coleto botellín tras botellín. La sensación de *déjà vu* era más fuerte porque Dave no había abandonado del todo 1989. Todavía llevaba los mismos vaqueros raídos y camisetas con eslóganes horteras. Su delgado cabello pelirrojo le seguía colgando a la espalda de la misma trenza larga, siempre listo para sus queridas ferias medievales.

—¿Y, exactamente, qué es lo que quieres de mí?

—Quiero tu opinión sobre este asunto de los agujeros negros.

—No soy físico.

—Sí, eso ya lo sé, Dave. —Denton puso los ojos en blanco—. Pero cogiste un par de semestres de física. Los clavaste, si no recuerdo mal.

Dave levantó las cejas como si quisiera decir, *Sí, ¿y qué?*, pero el empollón que llevaba dentro estaba halagado. Tenía una cierta vena de vanidad cuando se trataba de destreza intelectual. Destreza que Denton estaba preparado para admitir, era considerablemente superior a la suya. Claro que él tampoco andaba por ahí con un peinado que había dejado de estar de moda en el 1500.

Dave se pellizcó la nariz con dos dedos.

—Lo que yo quiero saber es, ¿cómo te metiste en esto?

—Ya te lo he dicho, estoy trabajando en una serie de artículos sobre desapariciones.

—Sí, ¿pero cómo encontraste esto? —Dave había traído las páginas grapadas a la cocina y las agitaba con algo parecido al asombro—. Es decir, esto es, bueno, una reliquia. ¿Cómo es que nadie lo ha encontrado jamás?

—Alguien sí.

Denton le habló de Schwartz. Como es natural modificó la parte en la que él hacía llegar la carta a Zurich, dijo que le había echado un vistazo en el escritorio del rabino en lugar de abrir su correo. No le hacía falta que Dave lo mirara así, en plan «te conozco muy bien».

Denton odiaba esa mirada.

Cuando terminó de explicarse, Dave volvió con un gesto brusco a la traducción.

—Bueno, si me estás preguntando por las matemáticas, olvídalo. ¿Estas ecuaciones y demás de los márgenes? Me supera, con mucho.

—¿Pero qué piensas de la idea? Verás, el caso es —la voz de Denton fue subiendo de tono con la emoción—, ¿y si la gente sí que desaparece? ¿Y si estos agujeros negros son la razón? El «arma del delito» como si dijésemos. ¿Cierto? Porque al parecer sí que hay lugares donde las desapariciones son más probables, como el Triángulo de las Bermudas, o Stonehenge, o sitios así. Así que...

—¿Stonehenge? Nunca he oído hablar de gente que desapareciera en Stonehenge.

—Lo que tú digas. Ya sabes a lo que me refiero. ¿Y si es porque estos lugares, estos vórtices, es donde están los agujeros negros?

Dave lo miraba sin comprender.

—Vale, no importa. Solo... ¿qué piensas de la idea de unos agujeros negros en miniatura? ¿Desde el punto de vista físico?

Dave se apoyó en el mostrador y se tomó su tiempo, sin prisa.

—Existen todo tipo de cosas raras en el nivel subatómico, y siguen encontrando sustancias nuevas todo el tiempo. Es decir, no es como, ya sabes, si se esperara encontrar al Yeti en Los Ángeles. Más bien lo contrario.

La sonrisa de Denton se ensanchó.

—¡Genial! Entonces digamos que estas cosas existen; ¿qué...?

—Yo no he dicho eso. He dicho que era posible.

Bueno, sí. Pero eso era lo más creíble que Denton encontraba en su línea de trabajo. Se encontró pensando que Dave era de un molesto estilo *binah*, todo lógica, nada de creatividad. Esa idea lo sorprendió. Se le había pegado más de Kobinski de lo que había creído.

—De acuerdo. Es posible. Lo que no termino de entender es cómo una persona podría atravesar un agujero negro si este es del tamaño de un átomo, digamos.

Dave se encogió de hombros.

—Yo supondría que una partícula de cada vez. Menudo desbarajuste.

—¡Kobinski no lo creía! Hablaba de utilizarlo como ruta de escape.

—Bueno, sí, y estaba en Auschwitz. Yo diría que estaba un poquito estresado, ¿tú no? —Dave parecía enojado. Odiaba que lo contradijeran.

—¡Hubo testigos oculares!

—¿Y? Aun si había un agujero, y aun si se metió por él, eso no significa que no fuera una sarta de plaquetas cuando llegó al otro lado.

Denton supuso que podía ser. Pero como con el informe oficial del incidente del *Por qué no ahora,* no se lo parecía. Y tampoco resultaba muy satisfactorio. Para que luego hablen de acabar mal.

Así que Denton siguió dándole vueltas al problema.

—Digamos por decir que se puede atravesar un agujerito negro de nada y sobrevivir. ¿Dónde terminarías? Kobinski dice que tiene una teoría pero no dice cuál es.

Dave lanzó un suspiro, Dios-dame-paciencia.

—Eso es el tópico más clásico de la ciencia-ficción. ¿Es que no ves *Star Trek*?

Denton sacudió la cabeza; sentía que se estaban poniendo en tela de juicio sus conocimientos de la cultura pop.

—Verás, la teoría dice que un agujero negro tiene una cantidad tan ingente de gravedad que en realidad perfora el tejido del espacio-tiempo. Así que en realidad, la pregunta es: ¿Si te encontraras fuera del espacio-tiempo, dónde estarías? Y si a eso vamos ¿cuándo estarías? Algunos suponen que los agujeros negros no son más que, bueno, atajos a alguna otra parte del universo. —Dave lo contempló con mirada crítica—. ¿De verdad que nunca has visto *Star Trek*? ¿Pero nunca? Es asombroso.

—He visto *La guerra de las galaxias*.

Dave suspiró.

—De acuerdo. Como hipótesis, un «agujero» en el espacio-tiempo podría hacerte aparecer en algún otro sitio del universo, posiblemente a *tropecientos* millones de kilómetros de distancia. Así que los puedes utilizar para viajar por el espacio. Y se pueden utilizar como máquinas para viajar en el tiempo, también, porque, en esencia, podrían dejarte en cualquier momento del pasado, así como en cualquier sitio. Pero también existe la posibilidad de que no sean atajos a otro sitio de nuestro universo. Quizá van a algún otro universo o quizá solo salgan del espacio-tiempo. Que no es un lugar en el que queremos estar los seres físicos como tú y como yo.

»Suponiendo —continuó Dave con tono sarcástico—, que no quedes hecho cachitos diminutos cuando atravieses un agujero negro, que es lo que la mayor parte de los científicos de verdad creen que ocurriría.

Denton no pensaba que ninguna de esas explicaciones se pareciese demasiado a la teoría de Kobinski. Quizá no hubiera entendido la ciencia de Kobinski pero se le daba bastante bien absorber el curso general de las cosas. Y a él le había parecido que Kobinski tenía una idea bastante clara de adonde irían y, según él, no terminarían muertos durante el proceso. Era posible que Kobinski se hubiera equivocado por completo pero por alguna razón, Denton le creía. Claro que Denton jamás se había resistido demasiado a creer casi cualquier cosa, y por eso trabajaba para *Mundo misterioso*.

—¿Más cerveza? —tanteó Dave.

Denton abrió la nevera y se quedó mirando al interior, perdido en sus pensamientos. Se sentía como si estuviera a punto de tener una revelación importante. Estaba acechando justo bajo la superficie como un monstruo marino gigantesco. Esperó a que subiera un poco más para poder ver con exactitud lo grande que era, para poder contarle los dientes.

En la otra habitación sonó el teléfono. Denton no contestó. Lo más probable es que fuera una mujer. Escuchó sin prestar demasiada atención la voz que sonaba en el contestador automático mientras descorchaba un par de botellas y seguía intentando rescatar aquella idea. La persona del teléfono no era una mujer; era Jack, de *Mundo misterioso*. Se preguntaba dónde estaba el artículo Kobinski, y parecía un poco angustiado. Jack colgó el teléfono.

Denton le pasó una botella a Dave, que le estaba echando aquella mirada.

—¿Qué estás haciendo?

—¿Quién, yo? Nada —dijo Denton ofendido.

Dave seguía frunciendo el ceño con aire de suspicacia.

—¿Entonces hasta dónde vas a llegar con esto, Dent?

—No lo sé —dijo Denton, y era verdad. Salvo que tenía la sensación de que sí lo sabía. Tenía la sensación de que formaba parte de aquel enorme monstruo marino, ya formado y solo esperando para surgir de repente. Dave seguía echándole aquella mirada.

—¿Qué?

—Te estás quedando con tu revista, ¿verdad? ¿La misma para que la llevas tanto tiempo trabajando? —Dave lanzó un bufido de incredulidad.

Denton sintió que se ponía colorado.

—¡Desde luego que no! ¡Qué...! ¿Por qué dices eso?

No se produjo ningún cambio en el Davester.

—¡He pagado las páginas Kobinski de mi bolsillo!

Dave le ofreció la misma mirada, esta vez multiplicada.

Estaba consiguiendo que Denton se sintiera culpable, y a Denton no le gustaba sentirse culpable. Reunió toda la dignidad que pudo.

—No he dicho que iba a pasar de ellos. Por Dios. Solo estoy... pensando, ya sabes, en lo que sería mejor. Tienes que admitir que este manuscrito de Kobinski es mucho más legítimo que lo que se suele publicar en *Mundo misterioso*. Es decir, los adoro con todas mis fuerzas, pero... no querría perjudicar a Kobinski.

Dave se pellizcó la nariz.

—En eso tienes razón.

Denton estaba radiante. Le encantaba tener razón en algo.

—Pero... este manuscrito... no es tuyo en realidad, ¿verdad?

¡Dave! Todavía estaba cabreado por aquella chica, historia antigua.

—¡No es de nadie! Los derechos de publicación caducaron hace años.

—¿Sí? ¿Y ese tal rabino Schwartz? No le va a gustar mucho que metas las narices en esto.

Eso era cierto. El subconsciente de Denton ya sabía que era un problema, quizá porque, en lo más profundo de su ser, ya sabía lo que iba a hacer. Había soñado con Schwartz. En el sueño, Schwartz había sido un maníaco de ojos salvajes y barba negra que lo perseguía (perseguía a un conejo) agitando unos cuchillos. Por extraño que pareciera, Schwartz tenía un uniforme blanco de chef y un gorro de cocinero.

—Bueno... ¿qué crees tú que debería hacer con él?

Dave desvió la mirada sin inmutarse y se terminó la cerveza de un trago.

—Creo que encontrarás la forma de hacer exactamente lo que quieres hacer, Dent. Como siempre.

3.3. Aharon Handalman
Jerusalén

Aharon no podía creerse la cantidad de coches que había en el aparcamiento de Yad Vashem, incluso en pleno día laborable. Había pensado que sería más fácil venir un miércoles: no habría tantas familias, ni quizá tantos turistas. Pero el monumento conmemorativo del Holocausto más grande de Israel estaba atestado de gente.

Frunció el ceño mientras bajaba por la Avenida de los Justos entre las Naciones (o eso marcaba en el mapa que el vigilante le obligó a coger) y siguió frunciendo el ceño. Pasó al lado de una estatua a Oskar Schindler y resopló. A lo lejos vio un candelabro de seis brazos y en otra dirección, un gran monumento de piedra, el Pilar del Heroísmo. Un campus tan enorme, unos edificios y unas obras de arte tan caras, todo desperdiciado con los muertos. Lo ponía enfermo.

La entrada al grupo principal de museos era una curva roja y redonda con puertas negras de cristal. Hizo una pausa antes de entrar para preparar sus defensas. Abrió los labios como un caballo que muerde irritado el bocado. Pasó a su lado un grupo de escolares, entraban en fila por la puerta con una solemnidad repleta de emoción. Un grupo secular. Aquellos hermosos chiquillos judíos llevaban *kippas* desechables de papel en la cabeza. ¡Desechables! Era una vergüenza.

No pudo evitarlo.

—La Torá es más importante que esto —le dijo al profesor. El profesor sonrió con expresión vacilante y se apresuró a meter a los niños.

—Directo a la Sala de los Nombres. —Se dijo a sí mismo y abrió la puerta de un tirón.

Era una buena estrategia, pero no muy práctica. Para llegar a la Sala de los Nombres, tenía que pasar por toda la larga extensión del Museo Histórico. Las flechas le indicaron que eligiera una de las cinco salas y él cogió la primera: Política antisemita en Alemania; suponía que los años que culminaron en la guerra tenían que ser los menos deprimentes. Escuchaba la voz de los diferentes guías que dejaba a ambos lados, voces que aparecían y se desvanecían a medida que recorría los pasillos. Colgaban del techo grandes carteles o bien los habían montado sobre atriles, fotografías del mundo de los judíos en la Europa previa a 1939. Este había sido el mundo de sus padres. Sintió el dedo de fuego que lo pinchaba desde las regiones inferiores de su cuerpo e intentó concentrarse en la razón que lo había llevado allí: Kobinski.

Con cierta sensación de alivio llegó a la Sala de los Nombres.

La Sala de los Nombres era en parte biblioteca, en parte mausoleo, con gruesas maderas oscuras y focos incrustados en las paredes. Se metió entre las pilas de documentos, con más esperanza de llegar a encontrar algo ahora que había conquistado su reticencia y había llegado hasta allí.

No era tan fácil. Las estanterías contenían carpetas, millones de carpetas, todas pulcras y parecidas. Las carpetas contenían «Páginas de Testimonio», breves biografías de aquellos que habían estado en el Holocausto. Las carpetas estaban organizadas por orden alfabético según el nombre de las víctimas. A medida que Aharon buscaba a Kobinski, aquella inmensa cantidad de carpetas le iba pesando cada vez más sobre los hombros. Pasó al lado de filas enteras de librerías solo para adelantar una letra del alfabeto.

—Kobinski —murmuraba—. Yosef Kobinski. —Por oírse hablar.

Estrechó la búsqueda en la sección pertinente y encontró el nombre que quería. Le temblaban los dedos cuando tocó la primera página de la entrada de Kobinski. Había una foto. Sin mirar más, llevó la carpeta al otro lado de la sala, a un grupo de mesas de estudio y se acomodó allí tras sacar una libreta y un lápiz.

Le desilusionó la primera página; solo contenía lo que ya sabía; nombre, profesión, fechas de nacimiento y muerte, ciudad natal. Pero también incluía el nombre de los padres de Kobinski y el de su mujer e hijo. Había una fotografía plastificada. La etiqueta decía: «Yosef y Anna Kobinski y su hijo, Isaac, *ghetto* de Lodz, principios de 1940».

En Jerusalén, se juzgaban muchas cosas por lo que vestía un hombre o una mujer. Aquí no había nada más que piedad; Anna con un vestido largo y un sombrero blando, Yosef con traje oscuro y sombrero la barba larga. Isaac llevaba un *kippa*. El rostro de Anna estaba en la sombra pero parecía demasiado delgada, no estaba bien. Eran todos más jóvenes de lo que Aharon esperaba; el niño aparentaba siete u ocho años. Tenía los ojos oscuros y serios, como si la responsabilidad recayera sobre sus hombros. Y en cuanto a Yosef, su rostro estaba pálido y sensible en la fotografía, casi reluciente. Era el rostro de un auténtico estudioso de la Torá. Tenía aspecto soñador, como si estuviera «contando mansiones en el Cielo».

Aharon pasó la página. Había páginas añadidas, los clásicos hipervínculos de papel. Se mencionaba a Kobinski en el testimonio de un superviviente escrito por Abram Solarz y en otro de Haskiel Malloh. También había una referencia a un artículo 378881 del departamento de Colecciones. La referencia solo decía que era un «documento».

Aharon lo anotó todo en su pequeña libreta. Al parecer este viaje no iba a ser lo que había esperado, llegar y salir, eso tan típico. No fue a buscar esos artículos de inmediato sino que buscó en la carpeta las fichas de Anna e Isaac Kobinski. Anna murió en el *ghetto* de Lodz en 1941; Isaac, en Auschwitz en 1943.

Aharon se mordió el labio inferior y sintió allí el borde áspero de la barba. Bueno, había ocurrido, ¿no? Todo el mundo lo sabía. Habían muerto millones, ¿así que por qué tendría que sorprenderle lo de estos tres? ¿Qué pasa, que no habían sufrido otras personas? Se le tensó la mandíbula al encontrarse con la mirada de aquel niño. Aharon se afanó con el pequeño mapa que tenía para ver si podía encontrar los testimonios de los supervivientes.

Los testimonios estaban en otro edificio, como es natural. Se dirigió hacia allí y tuvo que esperar un hueco en un ordenador. A los quince minutos, una mujer de mediana edad con un gran bolso dejó un puesto y él se apresuró a coger el asiento. En la pantalla de entrada se podía buscar por año, tema o lugar o bien introducir una palabra de búsqueda. Él introdujo «Abram Solarz».

El testimonio de Solarz tenía veinte páginas. Aharon lo examinó en busca del nombre de Kobinski. Solarz había estado en el *ghetto* de Lodz y había conseguido quedarse allí hasta que se liquidó todo aquello. Había sobrevivido a Auschwitz. Pero la mención que hacía de Kobinski venía durante la descripción del día, en 1942, en el que había habido una *Selektion* de los niños que quedaban.

Era el 4 de septiembre. Rumkowski nos reunió a todos. Dijo: «No soporto tener que deciros esto, pero quieren que entreguemos a todos los niños y ancianos».

En aquellos momentos no sabíamos que al final se llevarían a todos. Sólo estábamos intentando aferrarnos al ghetto hundiendo las uñas en la tierra con todas nuestras fuerzas. Por muy mal que estuviésemos allí, sabíamos que podía ser peor.

Rumkowski dijo, «Jamás imaginé que me vería obligado a hacer este sacrificio ante el altar con mis propias manos. En mi vejez, debo extender las manos y rogar: «Hermanos y hermanas, ¡entregádmelos! Padres y madres, ¡dadme a vuestros hijos!»»

Qué discurso tan terrible. ¡Qué gemidos! Algunos dijeron: «No te lleves a un hijo único, llévate solo a los hijos de familias que tienen muchos». Otros dijeron: «Deberíamos defender a los niños hasta la muerte». Pero Rumkowski gritó por encima de todos, «Han exigido veinte mil», dijo, «todos los niños de menos de diez años y todos los ancianos. Y todos ellos solo sumarán trece mil, y debemos escoger al resto entre los más enfermos y débiles que, de todas formas, no sobrevivirían mucho tiempo».

Dijo que teníamos que cortar miembros para salvar al cuerpo. En ese momento, todavía había cien mil judíos en Lodz, así que puede hacer usted mismo las cuentas.

Después de este discurso, todo el mundo sufrió un ataque de pánico, todos corrían, todos intentaban ocultarse...

Aharon se saltó un trozo, pues se estaba poniendo enfermo. Examinó el texto con rapidez. ¿Dónde estaba Kobinski? ¿Lo mencionaban aquí o no?

La deportación de los veinte mil iba a empezar ese lunes pero ya el sábado los funcionarios judíos (policías, médicos, bomberos) empezaron a recogerlos. Entraron en cada edificio, en cada habitación y cuando encontraban ancianos, enfermos o niños, se los llevaba a los hospitales a esperar. No se creerían los llantos, los gritos, ¡los ruegos de los padres! La gente estaba como loca.

Por fin llegaron a nuestro edificio. Tenían una lista de nombres y direcciones pero buscaban en todas partes porque los padres estaban moviendo a los niños de continuo para intentar ocultarlos. En nuestro piso solo estábamos mi mujer y yo, los dos lo bastante jóvenes y sanos para estar a salvo.

Después de irse, escuchamos una conmoción en el rellano. Insistió mi mujer, así que abrí una ranura de la puerta para mirar. Al otro lado del rellano vivía el rabino Kobinski y su hijo, Isaac. Este hombre trabajaba todo el tiempo, nunca lo veías salvo quizá en Shabbes, cuando iba con su hijo al shul. Su mujer, Anna, había muerto unos nueve meses antes, enferma de neumonía y débil por la falta de comida. Ahora se llevaban a Isaac, Kobinski lo aferraba por los hombros y le decía al médico judío, «Tiene once años, tiene once años, no puede llevárselo». Porque se suponía que no se llevaban a los que tenían diez años o más.

Sería un milagro si el niño aparentaba más de ocho años. Claro que los niños eran todos pequeños, con nada que comer. Pero yo sabía que era más pequeño, de todos modos. Le podría haber dicho al médico, «Sí, tiene once años», aunque no los tuviera, pero no dije nada.

El médico miró su formulario, «Aquí dice que nació en tal y tal fecha. Debemos llevárnoslo».

Kobinski no hacía más que decir, «Tiene once años». Le dijo al niño que recitara algo en hebreo e Isaac lo hizo. «Ve, se está preparando para su bar mitzvah». Pero al médico no le importó. Dos policías cogieron al crío y se lo arrancaron a Kobinski de las manos.

El rostro de Kobinski... ¡qué mirada de resignación, tan hundida! Dijo: «Muy bien. En ese caso, me iré con él». El médico intentó convencerlo para que no lo hiciera pero él insistía en que estaba enfermo, neumonía, como su mujer. Tosió en la mano.

Esperaron mientras hacía una maleta y se fueron todos juntos del edificio. Más tarde oí otras historias, Kobinski no fue el único padre que hizo lo mismo. Muchos se entregaron para morir con sus hijos.

Aharon no podía poner freno a su imaginación, no podía evitar pensar, ¿qué haría él si vinieran a su puerta e intentaran llevarse a Yehuda? ¿A cualquiera de sus hijos? ¿Al bebé? Hizo que se sintiera fatal, así que se lo quitó de la cabeza. Pensar así no le servía a nadie de nada, y desde luego no a Dios. Mira, si ocurrían cosas entonces había una buena razón y ya está.

Volvió a la pantalla principal e introdujo las palabras *Haskiel Malloh*.

Malloh había estado en Auschwitz con Kobinski. Aharon tuvo que examinar varias páginas antes de encontrar la mención que se hacía de él.

Siempre que podía, me ponía en fila junto a la verja para ver llegar el nuevo cargamento. Muchos de los hombres no podían soportarlo, ver la selección, pero yo estaba buscando a mi hija, Tanya. Varias veces vi a gente que conocía, pero nunca a Tanya. Vi a la mujer del antiguo rabino de mi ciudad natal, la enviaron a las cámaras de gas. Estaba sola. No sé lo que le pasó a su familia. Vi una vez a una chica judía, hermosa, rubia, tendría unos diecinueve años. Mengele le dijo que se desnudara allí mismo. Se había dado cuenta de que era tímida y con eso solo quería atormentarla. Se negó, así que se la llevaron y la metieron en los hornos viva y gritando. Jamás he podido olvidar a aquella chica.

Vi la llegada del rabino Kobinski y de su hijo, Isaac. No sabía quién era en aquel momento, pero atraía la atención de todos. Cuando intentaron llevarse sus cosas, montó un lío. Estaba protegiendo sus cosas, por supuesto, solo a un rabino se le dispararía por unos libros. Y le habrían disparado pero su hijo le suplicó y él cedió. «Muy bien, solo déjenme la libreta», le dijo al guardia. Bitte nur mein Notizheft, Bitte nur mein Notizheft. *El guardia lo vio cogerla de la bolsa, como si fuera a dejar que se la quedara. Pero en cuanto la sacó, el guardia le arrancó la libreta de la mano y la tiró de un manotazo al fuego que tenían ardiendo en un tonel para calentar a los guardias.*

Fue Wallick, el guardia que lo hizo. Después de eso, estos dos tuvieron algo más, algo increíble. Kobinski chillaba, «¡mi manuscrito, mi manuscrito!» en polaco y su hijo lo arrastraba para alejarlo de allí. Con solo nueve años, aquel niño siempre tuvo una gran presencia de ánimo.

No me hizo muy feliz ver más tarde que estaban en mi barracón. Siempre pensé que Kobinski era problemático. En ocasiones, entran los hombres y se ve de inmediato que no lo entienden. Son unos soñadores. Ese tipo de hombres son peligrosos. Hombres así pueden conseguir que te creas cualquier cosa, que te arriesgues a hacer cosas absurdas por razones absurdas. Mucha gente se arriesgó a hacer cosas por Kobinski. Creyeron que sabía hacer magia, ya sabes, porque era cabalista. Y tenía que seguir escribiendo, rescribiendo todo lo que había en esa libreta. Así que la gente arriesgaba su vida para conseguirle papel, y hacía otras locuras por él.

Kobinski nunca lo entendió. No, lo retiro. Al final lo entendió, después de que mataran a su hijo. Pero seguía soñando. Yo ya había salido del barrancón por aquel entonces. Me habían trasladado al otro lado del campo pero me enteré. Kobinski convenció a muchos de su barracón para que se arriesgaran en un absurdo intento de

huída. Como es lógico, murieron todos los que fueron. ¿Ves a lo que me refiero? Este
tipo de hombres eran más peligrosos, casi, que los guardias.

Había un hombre joven en el mostrador de Colecciones, de aspecto estudioso, con barba y *kippa*, pero llevaba un pendiente. ¡Un pendiente! Como si no terminara de decidir si era religioso o no. Menudo *nebbish*. Levantó la mirada, como sorprendido, cuando Aharon se acercó. Estiró la mano con ademán tranquilizador por el mostrador.

—¿Se encuentra bien?

Bien es verdad que Aharon se sentía raro pero apartó la mano del joven.

—¿Cómo podría encontrarme bien? ¡Menudo sitio tan animado tienen aquí! —Indicó la sala con un ademán. Necesitaba ir a echarse en algún sitio, pero primero tenía que salir de este lugar. De repente, quería salir con tal urgencia que pudo sentir cómo empezaba a sudar por la frente.

—Puede ser abrumador. ¿Es su primera vez? —le preguntó con amabilidad el *nebbish* cuya placa decía HERSHEL.

Aharon tenía una sensación de angustia en el pecho. Lo señaló con un dedo.

—¡La Torá dice que se debe guardar luto durante un año y ya está!

Hershel desvió los ojos, todo rastro de amabilidad se desvaneció.

—¿Necesitaba algo de Colecciones, señor?

—Rabino.

—¿Necesita algo, rabino?

—Sí, así es. Gracias. —Aharon intentó ser un poco más agradable. Después de todo, no todo era culpa de Hershel, con pendiente o sin él. Aharon se limpió la frente y le mostró el número de la ficha de Kobinski.

Hershel fue a sacar el artículo. Volvió con una pequeña pila de cubiertas de plástico.

—Aquí está. Puede mirarlas allí. Por favor, no saque los documentos de las cubiertas. —Señaló otra fila de cubículos anónimos, con la parte de atrás abierta hacia el mostrador de Colecciones.

Aharon gruñó y fue a sentarse.

Las páginas estaban escritas a mano en hebreo. Había seis y varias tenían los márgenes decorados con anotaciones matemáticas de aspecto complejo. Las páginas eran viejas, irregulares, de diferentes formas, tamaños y colores. Con un escalofrío, Aharon se dio cuenta de que eran algunas de las páginas de las que había hablado Haskiel Malloh; se habían escrito en el campo de concentración.

Aharon volvió al *nebbish* del mostrador.

—¿Tengo que mirar esto aquí? ¿No puedo sacarlas y devolverlas más tarde? —Señaló el cubículo sacudiendo la mano—. ¿Cómo puede estudiar nadie en un espacio así? —Aunque no era el cubículo sino el peso entero de Yad Vashem lo que lo ahogaba.

—No puede sacarlo, pero puede hacer una xerografía si quiere. Hay que pagar.

Cómo no.

—¿Cuánto?

Resultó que el precio era asequible. Aharon lo pagó y tuvo que esperar otros veinte minutos mientras Hershel se llevaba las cubiertas de plástico. La espera fue menos manejable. Por fin volvió Hershel con las páginas en una pulcra carpetita de papel, pero no se las entregó.

—Tiene que firmar —dijo mientras sacaba un cuaderno de trabajo de debajo del mostrador.

Aharon se sentía como si lo hubieran envuelto en burocracia y lo hubieran frito. Cogió el bolígrafo que le ofrecía Hershel. El cuaderno tenía una página con el número del artefacto histórico y una breve descripción en la parte superior. Había tres nombres en la página con sus fechas correspondientes. Uno era un tal rabino Schwartz, de Nueva York; uno era una mujer, Loretta Wilson, de Los Ángeles. El último de los tres nombres era el de su mujer.

Subió la mano que sujetaba el bolígrafo hasta los labios para ahogar un gemido. Se quedó mirando el nombre, luego la fecha. El jueves pasado.

—Esta mujer —dijo mientras señalaba la entrada—. Handalman, ¿estaba usted aquí?

Una sonrisa espontánea cruzó el rostro del *nebbish*.

—Sí. Muy bonita. Tenía un bebé con ella. ¿La conoce?

Aharon se chupó las mejillas y firmó a toda prisa. Ya se había alejado antes de que el bolígrafo cayera en el mostrador.

Hannah estaba dándole de comer al bebé en la mesa de la cocina cuando llegó. Solo eran las tres de la tarde y la mujer se asustó al verlo.

—¡Aharon! ¿Va todo bien? ¿Estás enfermo? —Se apresuró a acercarse a él en busca de indicios de algún mal.

El rabino pasó a su lado con un empujón y tiró la carpeta de papel en la mesa con un gesto dramático. Su mujer vio lo que era de inmediato, con el nombre en la cubierta, Yad Vashem. Empalideció pero no se arredró.

—¿Y? Has ido a Yad Vashem. Felicidades.

—Hannah, ¿acaso no te prohibí *expresamente*, que fueras?

El bebé empezó a llorar. Hannah la cogió en brazos y habló con suavidad.

—¿De qué estás hablando? Nunca me has prohibido visitar Yad Vashem. Solo un loco haría algo así.

—¡Dije que no debías meterte en mi trabajo!

—Y no me he metido. Y ahora baja la voz. ¿No ves que estás disgustando a Layah?

Aharon hizo chirriar los dientes. ¡Que una cosa como la cólera de un hombre, su dominio del hogar, tuvieran que controlarla mujeres y bebés! Pero él tampoco soportaba oír a Layah llorar así que habló en voz baja.

—Fuiste de forma deliberada a Yad Vashem para mirar algo sobre Kobinski. Ese es mi trabajo, y te dije que no quería tu ayuda.

Los ojos oscuros de la mujer relucieron de ira.

—Fui a Yad Vashem con la clase de Yehuda, de acompañante.

Aharon estrechó los ojos. Por un momento no supo que contestar, un hueco que Hannah no tuvo mayores problemas para llenar.

—Así que pensé que mientras estaba allí, esperando a que los niños terminaran su visita, podría buscarlo. ¿Qué otra cosa tenía que hacer?

—¿Y no me lo dices? ¿No me dices que mi hijo y tú vais a Yad Vashem? ¿No me lo dices después de ir? Fuisteis el jueves pasado. ¿Cuándo ibas a decírmelo, Hannah?

Se había puesto a gritar otra vez. El bebé, que, muerto de cansancio, había estado dando cabezadas contra el pecho de su madre, se incorporó con un aullido. Hannah le lanzó una mirada llena de cólera y se fue a acostar a Layah. Aharon esperó en la cocina, contoneándose como un pájaro enfadado. Oyó los lamentos del bebé, que balbuceaba de cansancio en la otra habitación. Hannah volvió a la cocina y empezó a limpiar la trona.

—Hannah, te he hecho una pregunta.

—No te lo dije porque no te importa lo que hacemos los niños y yo.

—¡Eso no es cierto!

—Sí que lo es. No te podría importar menos que fuéramos a Yad Vashem si no fuera por este asunto de Kobinski. Siempre que intento hablarte de algo que hemos hecho o algo que vamos a hacer, apenas me escuchas.

—¡Sí te escucho!

—Tú crees que los niños son asunto mío. ¿Entonces? No te hago perder el tiempo con eso. Pero no te quejes si no sabes todo lo que hay que saber.

Aharon, todo un muchacho de la *yeshiva*, pudo deducir con facilidad que aquella no era la discusión original.

—Eso son tonterías, y además no estamos hablando de eso. Aunque lo que dices fuera verdad, que no lo es, ¿sabías, verdad, que esta vez querría saber que ibais a Yad Vashem?

Hannah no dijo nada. Fue al fregadero doble y enjuagó la esponja.

—Así que vas, haces un trabajo allí que sabes que yo no quería que hicieras, luego vienes a casa ¿y ni siquiera me lo dices entonces? ¿Cuándo pensabas darme las páginas de la libreta, Hannah?

Hannah se sirvió un vaso de agua. Le hizo un gesto a su marido, *¿Quieres un poco?*

—Té —respondió él. La mujer puso el hervidor en la cocina. Luego se hundió en una de las sillas de la cocina, con el rostro destrozado.

—Es cierto. No te dije que iba a Yad Vashem con la clase de Yehuda porque normalmente no te molesto con este tipo de cosas, pero también porque sabía que no te iba a gustar. Y mientras estaba allí, hice algunas comprobaciones sobre el rabino Kobinski. Iba a contarte lo que averigüé. —Clavó los ojos en las manos, enrojecidas por el trabajo—. Pero me acobardé. No había forma de enseñarte lo que averigüé sin tener una escena. Como esta.

Un profundo suspiro interrumpido por un sollozo. Enrojeció.

—¡Oh, Aharon! ¡A veces eres tan duro!

La cólera de Aharon se había convertido en algo pesado y amargo. Le pesaba en el estómago, en el alma. Estaba pensando que ella siempre había tenido aquella vena rebelde. Su padre la había casado en cuanto empezó a notarse. Un hombre inteligente.

Se acercó a la mesa de tal manera que quedó de pie justo delante de ella. Colocó las yemas de los dedos en la madera y la miró con el rostro pétreo.

—¿Soy duro? ¿Porque pido un poco de respeto? ¿Porque creo que un hombre es un hombre y una mujer es una mujer?

—Pero... muchos tienen la sensación de que...

—¿Quién es tu marido, Hannah? ¿Esos «muchos» o yo? ¿Soy el cabeza de esta familia? ¿Se me ha de escuchar en mi propio hogar? —Su voz sonaba terrible, incluso a sus oídos, pero no pensaba sentirse culpable. Los sabios dicen, «Una mano firme al principio salvará a un caballo al final».

—De acuerdo, Aharon. Lo siento.

El rabino emitió un gruñido a modo de aceptación de la disculpa. La tetera empezó a silbar. El hombre la señaló con la mano y luego se hundió en una de las sillas de la cocina. El arrepentimiento de su mujer le proporcionaba el primer momento de alivio de un día entero de miseria. Su ira se desvaneció convertida en cansancio. Aquel horrible lugar, luego esta pelea con su mujer... ¡Cuánto desperdicio!

Cuando su mujer le trajo el té, se estaba mordiendo el labio. Le lanzó una mirada cargada de intención bajo las pestañas. Estaba preciosa. Y esa era otra razón para que no anduviera rodando por toda la ciudad sin compañía, para que los jóvenes como aquel *nebbish* del mostrador de Colecciones pudiera comerse con los ojos a una respetable *rebbetzin*, una esposa y madre.

—¿Qué pasa? ¿Y ahora qué? —suspiró él mientras se acercaba la taza de té.

—Bueno... Encontré otra cosa en Yad Vashem ese día. Si no te enfadas. Puedo tirarlo si quieres.

Se la quedó mirando fijamente, asombrado. Ahora estaba jugando con él. ¡Y después de que él pensara que había conseguido castigarla! Pero ya había agotado toda su ira y, como un amante, era incapaz de volver a despertarla con tanta rapidez. Se conformó con el largo sufrimiento y miró al Cielo con los ojos en blanco.

—Di lo que tengas que decir.

—Te lo enseñaré. —Salió al pasillo sin ruido y abrió la puerta corrediza del armario para coger su bolso. Volvió con unas cuantas hojas de papel y se sentó delante de él con una expresión de orgullo en el rostro—. Busqué el barracón del rabino Kobinski. Verás, tienen una base de datos con los nombres de todas las víctimas del Holocausto y los supervivientes y muchos de ellos tienen números de barracones, fechas y...

—Al grano, Hannah.

—Ésta es una lista de hombres que estaban en el mismo barracón que el rabino Kobinski cuando estaba él. —Alisó las páginas con orgullo.

Aharon gruñó, con los ojos medio cerrados por el desinterés.

—Comparé cada nombre de la lista con las listas de supervivientes y encontré tres nombres.

Reveló la segunda página.

—Estos tres hombres vivieron con el rabino Kobinski en el barracón... y aún está vivos.

Aharon se levantó, añadió un poco de agua fría del grifo al té y tomó unos sorbos junto al fregadero.

—Aharon, uno vive en Tel Aviv. Quizá podrías ir a verlo. Es posible que recuerde algo sobre el rabino Kobinski.

Aharon se frotó el ceño, donde un dolor de cabeza estaba empezando a apuñalarlo con las acometidas provisionales de un cuchillo.

—Ya he perdido un día entero en Yad Vashem. ¡Ya he oído todo lo que quiero oír sobre Auschwitz! —Tiró el té al fregadero. Se sentía muy cansado, agotado por completo. Quizá se echase una siesta.

—Pero podría saber algo importante. ¿Cómo vas a saberlo a menos que hables con él?

—Hannah —la advirtió. Luego señaló las páginas—. ¿Y eso es todo?

—Sí —dijo Hannah frunciendo el ceño.

—¿Estás segura? ¿No habrás hecho nada más en Yad Vashem? ¿Quizá reorganizar el sistema de archivos?

—No.

—¿Ya has llamado a estos tres supervivientes? ¿Has grabado la historia de su vida?

Hannah hizo una mueca.

—No les he llamado.

—¿Estás segura?

—¡Por supuesto que estoy segura!

—¿Entonces no hay nada más?

—Eso es todo, Aharon. —Los labios de Hannah estaban empezando a poner un puchero de los suyos.

—Gracias al Cielo por los pequeños milagros. Ahora creo que me voy a echar un rato.

—¿Te encuentras mal?

Él le lanzó una mirada que decía, *Después de todo esto, ¿todavía puedes preguntar si me encuentro mal? ¡Pues claro que me encuentro mal!*, y se fue pasillo abajo.

Una vez en el dormitorio cerró la puerta de golpe y se quitó los zapatos a patadas. Se quedaría dormido, sin sueños, esperaba, igual que el bebé que yacía en la habitación de los niños, allí al lado. Estaba exhausto y todavía estaba preocupado por Hannah. ¿Qué iba a hacer con ella? Bueno, su mujer tendría que aprender a no cuestionar su autoridad, y punto. Luego todo sería como debía ser.

ARTÍCULO 378881-A KOBINSKI, YOSEF, AUSCHWITZ, 1943.
DONADO POR EL SEÑOR Y LA SEÑORA IRA ROSENBAUM,
NUEVA YORK, EE.UU., 1972.

¿Por qué existe el mal? El rabí Zaks, sea su nombre bendito para siempre, dice que el mal es lo que ocurre cuando los sephirot *están desequilibrados. Miro a estos monstruos, estos nazis, que son los que me atormentan. ¿De qué están hechos? Se me ocurre el* gevorah. *Restricción, juicios. ¿Cómo puede ser de otra manera? ¿Les queda algo de* chesed *en su interior? ¿Misericordia? ¿Bondad? No. Se podría discutir que en casa, con sus familias, hay* chesed. *Pero no lo creo. ¿Puede una serpiente convertirse en conejo por la noche?*

Hay dos posibilidades. Una: son en realidad serpientes, por encima de la máscara y debajo también. Dos: no son en realidad serpientes sino que solo actúan como serpientes porque están rodeados de serpientes e intentan pasar desapercibidos. Quizá hubo unos cuantos de estos casos, al principio. ¿Cómo puede nacer serpiente una nación entera? Pero mi madre decía que si te pones una cara, ¡así se te quedará! Estas serpientes que no son serpientes experimentan dolor, arrepentimiento, al principio. Pero quizá pronto se dan cuenta de que se convierten en serpientes, punto. En el ghetto vi piedad en los ojos de nuestros torturadores. Ahora no hay nada en los ojos, nunca.

Es importante saberlo: puedes cambiar tus sephirot. *Oh, sí, ¡puedes cambiarlos por completo! Es en sí mismo* chesed / gevorah, *una gran misericordia y un juicio terrible. La gran misericordia es: no tienes que seguir siendo lo que eres. El gran juicio es: te convertirás en lo que te mereces.*

ARTÍCULO 378881-B KOBINSKI, YOSEF, AUSCHWITZ, 1943.
DONACIÓN DEL MUSEO DEL HOLOCAUSTO,
SCRANTON, PENSILVANIA, EE.UU., 1995

Aquí va una pregunta con la que llevo cierto tiempo luchando: ¿Es el gevorah *de los guardias el mismo que el* gevorah *del rabino Donel, el Hasid que se lo hizo pasar tan mal a mi querido maestro, un YHWH estricto como no hubo otro?*

Sí, el juicio es el juicio. El rabino Donel dice que fulanito de tal es un pecador por hacer tal cosa en el Sabbath. ¿Circunstancias atenuantes? ¿Qué circunstancias atenuantes? La Torá dice, justo aquí, que no debes hacer tal cosa durante el Sabbath. La única excepción es para salvar una vida. ¿Estaba salvando una vida? ¡No! ¡Así que cometió un error! ¿Qué siente el rabino Donel en el fondo de su corazón por este hombre? ¿Piedad? ¿Empatía? ¿Está pensando «qué habría hecho yo en su lugar»? No lo piensa porque esas cosas son chesed *y él carece de eso.*

Y ahora los nazis. El guardia dice: Tú eres judío. Lo dice justo aquí, en este manual nazi, que todos los judíos son basura, sabandijas, parásitos. ¿Dices que eres un ser humano? ¿Que te duelen las cosas? ¡Tonterías! ¡Lo dice justo aquí, en mi manual nazi, que no sois seres humanos! ¿Qué siente el guardia en el fondo de su corazón cuando pega a un judío? ¿Piedad? ¿Empatía? ¿Está pensando, «acaso me gustaría estar al otro extremo de este palo»? No.

Gevorah *no dicta lo que crees, solo que estarás ciego y no verás más que lo que crees.*

¿Y qué más son los guardias? ¿Son en todo como el rabino Donel? No. El rabino Donel es gevorah / chochmah. *Aquí no hay* chochmah, *no hay intuición, ni sentido de D—s, ni sentido del todo. Hay eficiencia, hay automatismo, hay una jerarquía clínica, imparcial, en otras palabras, puro* binah.

Los fascistas son gevorah / binah / netzach: *juicio, lógica, dominación. Albergan el deseo de aniquilar a cualquiera que no encaje en sus esquemas de perfección, cuya misma existencia amenaza el criterio lógico que tienen de un mundo perfecto.*

¿Cómo se convirtió una nación entera en gevorah / binah / netzach? *¿Cómo se convirtieron en serpientes? ¿Dónde está el otro extremo del péndulo? ¿Dónde está el bien que equilibra el mal?*

¿Dónde está D—s?

ARTÍCULO 378881-C KOBINSKI, YOSEF, AUSCHWITZ, 1943.
DONACIÓN DE OTTO BURKE, ALEMANIA, 1983

He escrito todas mis ecuaciones con pulcritud y cuidado en dos páginas. Estas ecuaciones son el trabajo de mi vida. Deben sobrevivir aunque no sobreviva nada más. Le he pedido a Anatoli que con ellas utilice su recipiente más seguro y el escondite más seguro. Por favor, Señor, ¡que los nazis no destruyan esto también!

4

Betazel sabía cómo permutar las letras con las que estaban hechos el cielo y la tierra.
—*El Talmud*, 1000-1499

Si se sabe cómo manipular las letras correctamente, también se pueden manipular las fuerzas más elementales de la creación.
—*Sefer Yetzirah*, antes del siglo VI. Traducción de Aryeh Kaplan, 1990

4.1. Jill Talcott
Junio, Seattle

Jill estaba en plena clase cuando Nate entró como una tromba por la puerta de la parte de atrás de la sala. La expresión que tenía en la cara hizo que las palabras se desintegraran en la boca de la doctora como babosas de sal. Terminó un poco confusamente lo que estaba diciendo y dio por terminada la clase antes de tiempo.

—¿Qué pasa? —le preguntó mientras lo seguía por el pasillo.

—Tendrá que verlo usted misma. —El tono de Nate le indicaba que el muchacho no sabría por dónde empezar.

Pasaron al lado del doctor Grover, que debió de olerse algo porque giró en redondo y se pegó a los talones de Jill.

—Buenos días, Jill. Hace tiempo que no la veo.

La doctora serenó el paso y se apartó el pelo de la cara.

—Chuck.

—Al final no me enteré de cómo salieron sus datos. —Grover lanzó una mirada penetrante a Nate, que se había detenido unos cuantos pasos más allá y la estaba esperando con toda la sutileza de un niño a la puerta de una tienda de chucherías.

—Bueno, aún no hemos terminado los análisis.

Nate siguió adelante y se metió por el pasillo que llevaba al despacho de la doctora. Jill fue tras él y comprobó, horrorizada, que Grover venía tras ella. Por un golpe de suerte el director del departamento de ambos, Dick Chalmers, pasaba por allí. Su rostro se iluminó con una sonrisa de *Grinch* al ver a su profesor estrella. Engarzó a Grover en una conversación, lo que permitió que Jill se escabullera.

—¿Qué pasa? —le preguntó a Nate cuando por fin estuvieron a salvo, encerrados en el despacho de ella.

El joven respiraba con dificultad. Le llevó un momento sacar las palabras.

—He terminado ese programa del que hablamos. Fue mucho más simple de lo que había pensado. Todo lo que hice fue coger los datos que conseguimos al pasar su ecuación por Quey, restarle los datos del átomo real de carbono del CERN y crear un mapa de la diferencia que la convirtiera en una onda.

Jill ya se había acercado a su ordenador. Había salido el salvapantallas mientras él iba a buscarla. Lo único que la doctora tenía que hacer era mover el ratón para que desapareciera, pero no lo movió. Se le retorcían los dedos en la cintura.

—Supongo que salió un resultado interesante o no tendrías ese aspecto.

Nate señaló el ordenador como si fuese un fantasma.

—Adelante.

—¿Está en la pantalla? ¿Ahora?

Nate asintió en silencio.

Jill extendió la mano hacia el ordenador. Hizo una pausa con la mano en el aire, casi como si temiera terminar con el suspense.

—¿Debería... debería coger la cámara?

El joven se encogió de hombros. *A mí no me preguntes.*

Se estaba comportando como una boba. Cogió aliento y empujó el ratón.

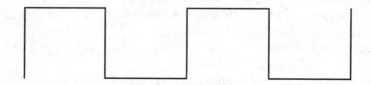

En la pantalla había una onda que se movía. Latía como un monitor cardíaco, recorría la pantalla de forma regular una y otra vez. Era muy distinta a todas las ondas que había visto. No eran crestas y senos que rodaban con suavidad a diferentes alturas, como una onda senoidal normal. En su lugar era un dibujo almenado, abrupto, las crestas y los senos estaban formados por líneas completamente perpendiculares que formaban un dibujo uniforme y perfecto que se iba repitiendo una y otra vez, cresta, seno, cresta, seno.

—¿Es una broma? —preguntó Jill con la voz débil al tiempo que se hundía en la silla de Nate.

—Esto, no. —El joven se agachó a su lado y se quedó mirando la onda.

—Bueno, ¿y qué lo está produciendo, con exactitud?

—Pues lo que le he dicho. Esa onda es la diferencia entre lo que su ecuación predijo que iban a hacer las partículas del átomo de carbono y lo que hicieron en realidad. Hice que serpenteara para que lo pudiéramos ver en movimiento, pero eso fue lo único.

Jill sintió que su piel se iba enfriando a medida que la sangre emigraba hacia el sur. Tenía que ser una broma, pero una mirada de reojo al rostro de Nate le confirmó que hacerse el gracioso era lo último que tenía en mente su ayudante.

—Pero... pero... eso no es posible.

El chico sacudió una mano en dirección a la pantalla como si quisiera decir, *A mí no me eches la culpa. La cosa esa apareció así.*

—¿Podrían producirlo los datos por pura chiripa?

—¿Cómo? Esa onda la producen las matemáticas, nada más. Y es perfecta. Es decir, mire eso. No se pueden sacar unos números al azar del aire y hacer una cosa así. Sea lo que sea... —Nate tragó saliva—, estaba en el acelerador de partículas con ese átomo.

Jill estaba mareada. Sería muy capaz de caerse de la silla. Se sentía como si su realidad hubiera cambiado.

No, no solo mi realidad. Quizá la realidad de todos.

¿Lo estaba tergiversando? ¿Exagerándolo? Intentó comprender el concepto que se mostraba en el monitor. ¿Qué significaba?

Significa que:

A. Mi ecuación era correcta, después de todo, lo que significa que hemos demostrado el modelo del estanque de energía del universo.

B. ¿Qué había en el acelerador de partículas con ese átomo de carbono? Nada. Nada salvo espacio. ¿Acabamos de descubrir una onda de energía en el mismísimo tejido del espacio-tiempo, la «ola» del «mar» universal?

¿No era algo enorme?

—¿Doctora Talcott?

Debía de estar en otro mundo porque Nate la miraba preocupado. Le había puesto una mano en el hombro. La mujer se apartó de forma instintiva. Ojalá pudiera estar sola para saborear de verdad este momento, abandonarse de veras, dar unos cuantos saltos de alegría. Pero en su lugar, se oyó hablar con brusquedad desde muy, muy lejos.

—Tendremos que comprobarlo de nuevo. Examina los datos una y otra vez.

Fue hasta la cámara de video y la encendió. Hizo un breve recorrido por la situación, con un tono que parecía casi racional, y luego enfocó la cámara hacia el ordenador. La onda se grabó como era de suponer. Al hablar de ella, Jill hizo una pausa, pues de repente se le había quedado la mente en blanco.

—Yo... supongo que deberíamos darle un nombre.

Nate hizo una mueca, como si no pudiera creerse lo que estaba pasando. Se asomó a la pantalla.

—Es tan regular... —Sugirió—. Como un mensaje binario o algo así: uno, uno negativo, uno, uno negativo, uno, uno negativo. Como el Morse. Sólo que no dice nada.

Jill acarició la pantalla con suavidad, con las yemas de los dedos extendidas.

—Oh, desde luego que está diciendo algo. Pero aún no sabemos qué.

Se volvió otra vez hacia la cámara con la sensación deslumbradora de que estaba viviendo algo monumental. Se sentía como el hombre que dio el primer paso sobre la luna.

—La onda se llama la uno-menos-uno Talcott-Andros.

Nate entró en el despacho de Jill tres días más tarde y la encontró al teléfono. Garabateaba algo con furia en un bloc de notas.

—De acuerdo. En realidad vi los esquemas en la Red. ¿Así que están realizándolo a unos tres punto cero megavatios en estos momentos?

Nate levantó las cejas con curiosidad y se sirvió una taza de café.

Era obvio que la persona que estaba al otro lado del teléfono se estaba extendiendo en detalles, pero no parecía excesivamente interesada. Estaba perfeccionando su mirada preocupada tipo A. Se daba golpecitos con el lápiz en el cuello. La camiseta que llevaba, de escote redondo y color óxido, resaltaba su piel ligeramente pecosa, las clavículas frágiles y la suave redondez de sus pechos pequeños y altos. Nate contempló los golpecitos del lápiz y un tentáculo de calor le floreció en el estómago. Desvió la mirada.

Le ponía su profesora. ¿No era patético? En la escala Bill Clinton del 1 al 10: 10. No podía evitarlo. Jill era tan... intensa, tan lista y estaba tan centrada; su mente era en ocasiones como una supernova que estalla en todas direcciones al mismo tiempo y a millones de kilómetros por hora. El resto de las mujeres que conocía parecían tan aburridas como calcetines sucios en comparación con ella. Y físicamente... tenía ese aspecto diminuto y sureño de Holly Hunter. Nate había tenido demasiadas fantasías sobre cómo encajaba aquel cuerpo pequeño en el suyo. ¿Se podía ser más pervertido? No era como si ella hubiera pedido que la incluyeran en sus lujuriosas fantasías. La única señal que proyectaba era PROHIBIDA LA ENTRADA. Pero eso solo empeoraba las cosas. Tenía esa cosa de las bibliotecarias, eso que hacía que un hombre quisiera arrancarle las gafas (de forma metafórica en este caso), soltarle el pelo (también metafóricamente hablando) y hacerla aullar (literalmente).

Ya, claro. Y algún día también le gustaría escalar el Everest.

—Eso suena fascinante. Me preguntaba... ¿han detectado algún resultado inusual cuando están a la máxima potencia? ¿Algún efecto colateral de la emisión, anormalidades visuales, anormalidades auditivas? ¿Un alto número de fallos en el equipo, algo parecido? —Pausa—. No, doctor Serin, le aseguro que no tengo nada que ver con los ecologistas.

Jill escribió unas cuantas cosas más en el bloc y le hizo un gesto a Nate para que le llenara la taza. El joven trajo la cafetera y le sirvió el café. Ahora sí que tenía curiosidad.

—De acuerdo. Bien, muchas gracias. Le agradezco... ¿qué? Oh... por supuesto. Soy la doctora Alkin. Universidad de Washington. Sí, gracias.

Colgó el teléfono y cogió la taza.

—Cuidado, está caliente... doctora Alkin. —Nate la miró con la ceja muy levantada.

—Debes de haberme oído mal. Qué vergüenza. —Jill dio un sorbo con delicadeza. Tenía esa mirada de superioridad que se les pone a las mujeres que tienen un secreto.

Nate se dejó caer en su silla y giró para mirarla. Tenía que hacerlo con cuidado porque de otro modo se golpearía las rodillas contra la base del escritorio de ella. Lo sabía porque había tenido las rodillas llenas de golpes durante las primeras seis semanas que había estado en aquella jaula de ratas.

—¿Va a contármelo?

—Mmmm. Hablaba con el programa HAARP de Alaska. HAARP utiliza impulsos de radio de alta potencia para manipular la ionosfera. Algo relacionado con mejorar las señales del radar.

—¿HAARP? Es el ejército, ¿verdad? ¿Cree que es inteligente dar un nombre falso?

—¿Eres mi madre? —pió Jill; su rostro no indicaba nada.

—Vaya, ¿es una pregunta con trampa?

—Le he preguntado un par de cosas por teléfono. ¡No me he ido a robar secretos del gobierno ni nada por el estilo, Dios!

—De acuerdo. ¿Entonces por qué llamó al programa HAARP?

Por alguna razón se le ocurrió, con algo más que una sombra de desilusión, que su profesora había debido de enterarse de que había alguien más que sabía de la existencia de la uno-menos-uno, como, digamos, el HAARP. Desde que había visto por primera vez la onda en su ordenador tres días antes, estaba esperando que se levantara la liebre. Se quedaba alucinado al pensar que de verdad pudieran haber descubierto, (bueno, más ella que él, claro), que ella pudiera haber descubierto lo que pensaban que había descubierto. De hecho, él no se lo había tragado por completo, aunque sabía que ella se lo había tragado, lo había digerido y ahora estaba con la guarnición.

Jill tardó un poco en contestar. Tenía esa expresión de tormenta en el horizonte que le indicaba que más valía que se pusiera el gorro de pensar.

—He decidido no publicar mi ecuación. No de momento.

—¿Por qué no?

Se dio unos golpecitos en la barbilla con el lápiz.

—Porque harían cola para refutarme. Dirían que debía de haber algún otro factor en los datos del átomo de carbono y que eso creó la uno-menos-uno, alguna interferencia de las paredes del acelerador, un murmullo en la maquinaria, cualquier cosa salvo admitir que quizá nos hayamos tropezado con algo de este tamaño. —Jill tiró el lápiz sobre el escritorio con una mirada de determinación—. Necesitamos más pruebas.

—Pero no pueden discutir con la ecuación en sí, funcionó. Los números demuestran que funcionó.

—Ya lo sé. Está eso. Mi ecuación de la mecánica de ondas es noticia por sí misma, pero...

La doctora dudó un momento y Nate sabía exactamente lo que estaba pensando. Hasta unas semanas antes, los dos habían pensado que explicar la mecánica de ondas sería lo más grande desde el pan bimbo. Pero.

—La uno-menos-uno es más grande —dijo Nate.

Jill asintió al tiempo que se mordía el labio.

—Sí. Y no quiero salir ante los medios con algo menos que eso.

Nate podría haber discutido con ella, haber debatido los pros y los contras solo por el placer de discutir. Pero cuando se ponía así estaba inspirada. Llegaba a una altura de la gloria a la que él nunca se había atrevido a asomarse y en ocasiones lo llevaba también con ella.

—¿Y qué necesitamos para publicar la uno-menos-uno?

—Confirmación independiente.

—¿Cómo podemos conseguir confirmación independiente cuando nadie más ha oído hablar de ella?

—Buscamos cosas que quizá quedaron sin explicar en otros experimentos... indicadores que no tienen sentido si no sabes lo de la uno-menos-uno, pero que si lo sabes...

Nate sonrió.

—¿Así que por eso estaba llamando al HAARP?

Jill sacudió la cabeza con impaciencia. No, al parecer todavía no habían llegado a ese punto. Nate se reclinó en la silla, contento de seguir el hilo hasta el final. Le encantaban los recovecos laberínticos de la mente de aquella mujer, podías bajar cada vez más por la línea de su razonamiento, como quien baja por una cuerda en la oscuridad y cada vez que piensas que has alcanzado el final, resulta que siempre se puede bajar más.

—Adelante, *Herr* profesor.

Jill se levantó y se fue al pasillo donde podía pasear un paso o dos más en cada dirección, un diminuto paquetito de energía. Nate tuvo que apartar las piernas aún más para evitar enredarse con ella. Tampoco es que le hubiera importado.

—Llevo todo este tiempo devanándome los sesos para pensar en experimentos que podríamos hacer para medir la uno-menos-uno, para demostrar que existe. Cualquier cosa que demostrase un resultado cuantificable. —Se daba golpecitos en la barbilla con el dedo mientras paseaba—. Así que pensé: ¿y si pudiésemos alterar la uno-menos-uno?

—¿Alterarla? ¿Cómo podríamos alterar la pauta del espacio-tiempo?

Jill dio unos manotazos al aire como si quisiera desechar ese comentario.

—No podríamos alterarlo de forma permanente, no. La uno-menos-uno es una onda como cualquier otra. Digamos que dejas caer un balón de auxilio en el océano —dijo al tiempo que estrellaba un puño contra la palma—. Afectaría a las olas del mar, ¿no? Perturbaría las olas, crearía todo tipo de nuevas interferencias. Claro que solo afectaría al mar en una zona muy limitada y durante un periodo de tiempo muy corto. La pauta de las olas del mar volvería pronto a su ser. ¿Ves a lo que me refiero?

Las zapatillas de deporte rojas de Nate se balancearon nerviosas cuando lo visualizó.

—Sí. Pero haría falta una tonelada de energía, ¿no? ¿De eso iba la llamada?

Los ojos de la profesora se abrieron aún más al lanzarle una mirada apreciativa.

—No está mal para un licenciado en filosofía.

Nate dio un gruñido despreciativo.

—Aristóteles no era ningún gandul. Así que si hay alguien que ha alterado la uno-menos-uno, aunque sea por accidente, sería alguien como HAARP.

Jill sonrió. Maldita sea. Sus sonrisas eran tan escasas que a él siempre le rompían el corazón. Y al parecer por fin habían llegado al punto clave.

—Eso es. HAARP utiliza impulsos de energía de alta frecuencia. La más alta.

—Pero... ¿no le he oído decir por teléfono que no habían notado ningún efecto raro? ¿Significa eso que no han alterado la uno-menos-uno?

—Eso es —le concedió Jill—. Pero no me sorprende demasiado.

Gran exclusiva: todavía no habían llegado al final de la escalera, después de todo.

—Estoy seguro de que me lo va a explicar.

—Incluso con una frecuencia de alta energía, no creo que las ondas de radio vayan a afectar mucho a la uno-menos-uno. Salvo quizá al azar, de chiripa. ¿Sabes por qué?

Nate suspiró y echó la cabeza hacia atrás para concentrarse. Estiró las piernas sin pensar y se enredó un momento con las de Jill. Los dos dieron un salto como si les diera calambre. Nate le ofreció a su jefa una mirada vergonzosa a modo de disculpa y se esforzó por sacar su mente de las cloacas.

Recordó la analogía de Sócrates, que el alma de un hombre era como un carro de guerra tirado por dos caballos. Uno de los caballos era una especie noble, que representaba la naturaleza superior del hombre. El otro era una bestia salvaje, ingobernable que representaba los apetitos animales del hombre. La mente racional del hombre era el auriga cuya obligación era mantener controlado al caballo salvaje. Pero a Sócrates no se le ocurrió mencionar lo divertido que era dejar que tirara el chico malo, demonios.

—¿Nate?

—¿Eh? Ah, ondas de radio. Bueno, son ondas senoidales que probablemente presentan un suave dibujo redondo. Así que lo más probable es que solo hubiera ejemplos aleatorios en los que una senoidal chocara del modo adecuado con la uno-menos-uno para alterarla de forma significativa. Y tendrías que alterarla bastante para notar nada raro ahí fuera, en el mundo material, porque las ondas materiales están interactuando con la uno-menos-uno de forma sutil todo el tiempo.

—¡Exacto! —Jill lo miró con una expresión tan triunfante y resuelta que el joven estaba seguro de que se suponía que tenía que sacar más de lo que había dicho de lo que en realidad había sacado.

—Así que...

—¡Así que sé cómo podemos conducir nuestro experimento!

Nate la miró con los ojos medio cerrados.

—Si utilizáramos un impulso de ondas que no fuese una onda senoidal redonda —le explicó con energía— sino que fuese un impulso firme, un impulso total de uno o un impulso total de menos uno...

Nate silbó apreciativo.

—¡Tendría el máximo impacto posible en la uno-menos-uno!

—¡Exacto!

La profesora le sonrió. Parecía tan contenta como podía estarlo Jill Talcott, es decir, que no parecía preocupada, vivía ese momento y estaba encantada consigo misma.

—Sí, pero... ¿cree que es buena idea? —preguntó Nate.

La sonrisa de Jill se desvaneció y apareció una chispa de incomodidad en sus ojos.

—Tú mismo lo has dicho, no hay forma de que podamos alterar nada de forma permanente.

Nate no estaba muy seguro de que eso lo hiciera sentirse mejor.

—¿Qué cree que haría, doctora Talcott? Es decir, digamos que averiguamos los requisitos de energía, instalamos el equipo, emitimos el impulso... ¿cuáles serían los resultados de alterar la uno-menos-uno ahí fuera, en el mundo físico?

Jill rodeó su escritorio y volvió a hundirse en la silla con una mueca de anticipación en los labios.

—Bueno, eso es exactamente lo que vamos a averiguar, ¿no?

4.2. Aharon Handalman
Jerusalén

Un mes después de su visita a Yad Vashem, Aharon ya casi se había recuperado del todo. Era como digerir una mala comida; cuando ha pasado el tiempo suficiente, de vez en cuando echas un eructo que trae consigo una bocanada de aire viciado y un olor que te recuerda cosas que preferirías olvidar, pero aparte de eso ya no te encuentras tan mal.

Pero Yad Vashem había dejado una incomodidad que se transfería del museo del Holocausto al proyecto de las series Kobinski en general. Aharon podía sacudirse el polvo de Yad Vashem de los zapatos, ¿pero y del corazón? No era tan fácil. Además, no sabía qué pensar de las páginas que había copiado de Yad Vashem. No le importaban las ideas de Kobinski, punto, pero sobre todo no le interesaba ese asunto de un rabino que era como los nazis. ¡Ridículo! ¿Qué pretendía Kobinski haciendo una comparación así? Sin embargo, estaba dispuesto a admitir que lo que había leído era muy breve y que Kobinski no podía estar en su mejor momento cuando lo escribió. ¿Y en cuanto a todas las anotaciones matemáticas de los márgenes? Ni lo sabía ni le importaba.

Por si eso no fuera suficiente, si tenías que ser avaricioso, como decía Rosa, la excursión a Yad Vashem ni siquiera le había proporcionado *algo*. Aharon había hecho una lista de palabras clave nuevas: *Isaac Kobinski, Anna Kobinski, gevorah, binah, nazi* y demás. ¿Los resultados? Muy escasos. Encontró un cierto número de ejemplos de *gevorah* en las series Kobinski pero no era una palabra tan extraña en el ELE hebreo y, en cualquier caso, ¿qué significaba? Nada.

Por otro lado... Todavía había 400 series de la Torá con el nombre de Yosef Kobinski en ellas. Al igual que una suegra despótica, no había forma de evitarlo. Así que Binyamin y él siguieron analizándolos. Solo que Aharon había empezado a pensar también en otras cosas: sus estudiantes (no lo quiera Dios). Si estos no se lucían, si se quedaban atrás en sus estudios, ¿de quién era la culpa? Se dice, «Si el bebé es feo, no esperes una madre hermosa». Ya era hora de dar unas cuantas collejas, poner a trabajar los cerebros de unos cuantos jovenzuelos, llenarlos con el fuego de la Torá.

Y quizá porque ya no le importaba tanto, por fin hizo un avance decisivo.

Era una mañana de junio inusualmente lluviosa en Jerusalén. Las gotas blandas que caían sobre su rostro mientras decía sus plegarias matutinas en el muro eran como las lágrimas de Dios. Después, cómodo y seco en su despacho, cogió la carpeta, pasó unas hojas hasta escoger una serie al azar... y lo vio.

Había contemplado esta secuencia a lo largo de muchos meses y su cerebro no la había registrado, pero esta mañana sí: נשק

Era una palabra tan pequeña. Quizá por eso sus ojos siempre la habían pasado por alto: נשק. *Arma.*

Se acarició la barba, chasqueó la lengua, sonido equivalente al de un gato agitando la cola. Volvió la página. Aquello tenía algo que pensaba... sí, también estaba en la serie de la página siguiente, la misma palabra. Empezó a buscar en serio, rodeando cada ejemplo con un lápiz al encontrarlo. Cuando Binyamin llamó a la puerta, una hora más tarde, Aharon había examinado cinco series... y había encontrado la palabra justo al lado del nombre de Yosef Kobinski en todos y cada uno.

—¿Crees en los milagros? —Y con eso saludó al muchacho—. Porque, maravilla de las maravillas, he encontrado algo.

—¿Qué es?

—Míralo tú mismo.

Binyamin miró la carpeta y parpadeó mirando a su profesor con ojos legañosos.

—¿Arma?

—Y también la he encontrado en otras cuatro series. —Aharon le mostró al muchacho las palabras rodeadas cada vez con mayor autoridad—. Escucha, haremos una búsqueda informatizada más tarde. De momento siéntate y empieza por el principio, yo ya he empezado por el final.

Parecía lo más apropiado, que desenterraran este tesoro a mano. Era una comunión con el texto, de la misma forma que Aharon ponía los dedos en las Escrituras al leer, como si esa caricia pudiera proporcionarle un mayor entendimiento y bendiciones. A Binyamin no se le envolvía con tanta facilidad.

—¿Qué cree que significa, «arma»? ¿Por qué tendría que estar en las series del rabino Kobinski?

—Es obvio. Era profesor de física en Varsovia a principios de la década de los años veinte. Quizá hizo algún trabajo que llevó a la fisión nuclear; ¿has pensado alguna vez en eso?

Binyamin admitió que no.

—¿Entonces? —continuó Aharon con los ojos iluminados—. ¿Quién inventó las bombas atómicas? ¿No fueron científicos de la Europa del Este? ¿Nacidos cuándo?

—No lo sé.

—¡Piensa! La bomba se inventó casi al final de la Segunda Guerra Mundial, así que los científicos que la inventaron debieron de nacer alrededor del 1900, como Kobinski. Quizá conocieron a Kobinski. Quizá tuvo algo que ver con todo eso. —Aharon volvió a su serie pero cada vez se sentía más admirado de su lógica.

Binyamin se rascó la cabeza.

—¿Y podría ser por eso por lo que está en la Torá tantas veces?

Aharon levantó las dos manos como diciendo «por supuesto».

—Si tuvo algo que ver con el descubrimiento de las bombas atómicas, ¿qué podría ser más importante que eso?

—Guay.

Aharon estaba de muy buen humor y no le apetecía corregir el vocabulario del muchacho. Sentía la necesidad de compartir aquel descubrimiento con otra persona, ¿pero quién? ¿El decano de la *yeshiva*? No, el decano Horowitz y él eran como aceite y agua; aquel hombre era demasiado liberal. Y además, Horowitz nunca había sido un auténtico defensor del código. Entonces otra persona. Estaba su contacto en el Mossad... que con tanta frecuencia había esquivado las llamadas de Aharon. Esto le cambiaría el ritmo.

—Oiga... ¿rabino Handalman?

—¿Eh?

—He encontrado algo.

Binyamin marcó el hallazgo con suavidad, subrayándolo a lápiz, como le había enseñado Aharon y le pasó la carpeta. Aharon la miró. El muchacho había encontrado la palabra *arma* en una diagonal, pero no terminaba ahí. La frase codificaba continuaba:

נשק לחתדת שדים

Arma que libera demonios.

La carne de los brazos de Aharon se levantó en crestas. Verla oculta en el texto de aquel modo, el texto que había estudiado durante tanto tiempo, era como ver aparecer un rostro perverso por la ventana del dormitorio.

—¿Está hablando de la bomba atómica, cree usted, rabino?

—Debe de estarlo —respondió Aharon con la voz bronca—. Sí, podría ser. Supongo. Sigue buscando.

Pero cuando volvió a su búsqueda, el rabino Handalman ya no estaba tan seguro.

Aharon utilizó el teléfono de la escuela para hacer una llamada de larga distancia a una sinagoga de Varsovia. El rabino puso a Aharon en contacto con un miembro de la sinagoga que enseñaba en la universidad, un hombre llamado Lestchinsky. Lestchinsky estuvo encantado de ayudar. Una semana más tarde, le envió un correo electrónico a Aharon con los detalles.

Kobinski se había matriculado en la Universidad de Varsovia en 1918. De su ciudad natal la ficha decía que era un pequeño *shetl* cerca de Brezeziny. En 1924 se había licenciado y había empezado a enseñar. Fue empleado de la universidad durante unos años, y la dejó de forma inesperada en 1927. Aharon supuso que fue entonces cuando decidió estudiar la cábala con Eleazar Zaks.

Por los archivos daba la sensación de que Yosef Kobinski era un estudiante excepcionalmente brillante. Desde luego era el mejor de su clase, aunque fue un estudiante cristiano el que se llevó el premio fin de carrera el año que Kobinski se licenció, como es natural. Después de 1924, enseñó en el departamento de física. En los informes anuales se decía de Kobinski que se estaba especializando en la «teoría cuántica de los átomos». Por lo que Lestchinsky sabía, no se estaba realizando ninguna investigación relacionada con la fisión atómica en Varsovia durante aquellos años. Ninguna en absoluto.

Aharon estaba desilusionado pero la noticia no supuso ninguna gran conmoción. Mientras esperaban la respuesta del profesor, Binyamin y él habían buscado con las palabras clave *nuclear, atómico, fisión* y *bomba*. No hubo ningún hallazgo en las series Kobinski, así que Aharon había consultado los libros de historia. Fermi no había empezado a trabajar en serio con la energía atómica hasta mediados de la década de los años 30. La fisión del uranio no se descubrió hasta 1939, más de diez años después de que Kobinski dejara la Universidad de Varsovia, y aun así fueron los alemanes los que la descubrieron. Lo que no significaba que un judío listo de Varsovia no pudiera ir diez años por delante de los científicos alemanes o que estos no hubieran podido robarle el trabajo. Pero lo descubierto por Lestchinsky, combinado con una falta de confirmación en las series... Aharon tenía que admitir que no tenía muy buen aspecto.

Pero. Pero. Si Kobinski no había contribuido a la invención de la bomba atómica, entonces ¿de qué arma hablaban las series? Se reducía a eso; esa era la cuestión. ¿Qué arma?

4.3. DENTON WYLE
CABO COD, MASSACHUSSETS

La madre de Denton lo recibió en el vestíbulo y lo besó en las mejillas sin acercar los labios. El joven sintió la necesidad, como siempre le pasaba, de cambiar de postura, de obligar a aquellos labios a ponerse en contacto real con su piel. Pero ella no le haría caso y él parecería un niño. Así que se contuvo.

—Denton, qué placer verte.

Su madre parecía más plastificada que de costumbre. Debía de haberse hecho otro estiramiento de cara y/o un trabajito en los ojos. Su caro traje pantalón no podía ocultar las dimensiones anoréxicas de su cuerpo. Aquella belleza rubia patricia, tan parecida a la de su hijo, no había envejecido demasiado bien. Era deprimente.

Lo condujo al salón blanco y dorado que utilizaba para las visitas y llamó a Carter para que sirviera el té.

—¿Cómo está, señor? —le preguntó Carter a Denton al hacer una pausa antes de dejar la habitación.

—¡Muy bien! Me alegro de verte.

Carter le devolvió la sonrisa con toda sinceridad.

Por Dios, su madre debería conseguir el número del cirujano plástico de Carter. Aquel hombre no había cambiado en veinte años. Verlo era un auténtico placer. Cuando Denton era pequeño estaba convencido de que Carter era un ladrón escalador. Era la forma silenciosa, fluida, que tenía de moverse, jamás hacía ruido, ni siquiera para andar. Denton lo había seguido durante meses por toda la casa cuando sus padres no estaban, se escabullía detrás de él mientras Carter, todo paciencia, hacía caso omiso. Todo tenía sentido en aquel tiempo. Denton sonrió.

—¿Te quedarás a comer? —le preguntó su madre—. Me temo que yo tengo que salir. Tengo una cita a mediodía; luego almuerzo con unas amigas. Pero estoy segura de que Carter puede improvisar algo.

Denton sintió un resentimiento demoledor, efímero y fútil.

—Si no vas a estar aquí, madre, ¿por qué me invitas a quedarme?

—Pensé que tendrías hambre.

—Sé comer solo. Me lo enseñaron en la NYU.

A Denton le gustaba mencionar la Universidad de Nueva York porque a su madre le había desilusionado que no entrara en una de las escuelas buenas. Bueno, no le había dado la nota, culpa de sus padres por viajar tanto.

—Como desees. —Su madre utilizó su tono más educado, molesto.

Denton sintió que se le agriaba el carácter.

—¿Por qué no puedes quedarte tú?

—Tengo una prueba con la modista. ¡No sabes lo difíciles que son de conseguir!

—Bueno, te agradecería que le dijeras a Carter que me envíe tu itinerario para que, si decido molestarme en coger un avión para cruzar el país para verte, ¡pueda disponer de media hora de tu tiempo!

—No te pongas dramático. Si no me avisas, ¿qué esperas? Además, yo te he visitado en Los Ángeles.

—Por culpa de una huelga de aviones. Te lo agradezco.

Su madre jugueteaba con la taza de té, con expresión distante. Discutir con ella no tenía gracia. Se negaba a implicarse. Y lo peor era que media hora después tendría que irse otra vez y no la vería durante el resto del año, y habría desperdiciado el poco tiempo que tenía.

El resentimiento de Denton se convirtió en una angustia que lo atenazaba.

—Lo siento.

El rostro de la mujer se iluminó.

—Entonces... ¿todavía escribes para esa revista?

Tenía unas ganas patéticas de contárselo todo.

—Espera a escuchar esto, me ha surgido algo enorme. Estaba trabajando en un artículo y me encontré con un rabino polaco que murió en Auschwitz, ¿vale? Estaba escribiendo un libro llamado, *El libro del tormento* y tuvo que esconder las páginas por todo el campo de concentración. ¿No es increíble? Conseguí una parte a través de un anticuario de Zurich, y lo más asombroso...

Denton siguió balbuceando como un comentarista deportivo nervioso. La expresión de su madre era ligeramente confusa, o de ligera desaprobación, o ligeramente inquieta, o quizá pensaba que le pasaba algo al té; su hijo era incapaz de distinguirlo. Casi nunca sabía lo que estaba pensando su madre.

—Es algo tremendo. Estoy pensando que podría... —Se mordió el labio con malicia, como un niño malo. La visión de lo que quería hacer con el material Kobinski se le había ocurrido poco a poco, pero desde luego era de un tamaño monstruoso—. Podría intentar reunir el manuscrito completo y publicarlo, publicar *El libro del tormento*. Ya sabes, darle un giro nuevo, «el tesoro perdido del Holocausto». ¿No es genial? Hasta podría haber algún acuerdo para hacer una película. Tiene mucho más interés humano que *La lista de Schindler*. ¿No te parece? ¿Eh? Yo creo que sí.

—Ay, Denton, —suspiró su madre—. ¡El Holocausto! Qué deprimente.

El entusiasmo de Denton se marchitó al instante. Tragó saliva y una sensación cálida, dolorosa, le recorrió el cuerpo entero, como si alguien le hubiera vertido plomo caliente por la cabeza. Bebió un poco de té y parpadeó rápidamente.

—Por eso, esto, he venido a verte, madre. Necesito el nombre y el número de ese agente que utilizaste cuando estabas coleccionando aquellas cosas antiguas de filigrana. Si voy a rastrear el resto del manuscrito, necesito a alguien bueno.

Pretendía ser cruel, devolvérsela en especie. Esperaba verla con la mirada herida porque él solo había venido a verla en busca de un nombre. Ni siquiera se dio cuenta.

—Fleck, creo. Carter tiene la información por alguna parte. Es muy bueno, pero caro. Y supongo que tu preciosa revista no está pagando nada de esto. Claro que no. El salario que te pagan no compraría una comida decente, y no hace falta que me digas que eres tú el que cubre todos tus gastos. ¿Para qué molestarse? Y si tienes que estar en esto del periodismo, ¿por qué no encuentras una publicación legítima? Maria Shriver trabaja para la CNN. ¿O es para la NBC?

—¿Qué tiene esto que ver con la tal Maria Shriver, leches? —gritó él.

—No digas palabrotas delante de mí ¡Y no uses ese tono de voz!

—¡*No* he dicho palabrotas! «Leches» no es ninguna palabrota.

Su madre solo pareció decepcionada y dejó el tema.

—Bueno... si eso es lo que te hace feliz.

Su madre se sirvió más té y lo rebajó con un poco de leche. Su alimento principal era el té, siempre lo había sido. Era lo que tomaba en lugar de poner comida, bueno, digamos que dentro de su cuerpo. Mientras tanto, su madre había desechado la conversación y Denton permanecía sentado en aquella silla exquisita, aplastado en el polvo, con los ojos hundidos en las órbitas ensangrentadas gracias a los tacones de su madre.

Quería defender el proyecto Kobinski... pero no podía. Sus obsesiones iban y venían con la frecuencia suficiente como para que no pudiera reclamar ninguna deferencia especial para esta en concreto. Lo sabía y además le quedaban las suficientes migajas de objetividad para admitir que el proyecto Kobinski podría sonarle, a cualquier ser humano racional, más bien poco factible.

Claro que sus entrañas le decían que era factible. Y aunque no lo fuera, le importaba un pimiento.

—Es importante para mí, madre. Ojalá pudieras ser más...

—¡Importante! ¿Cómo podría ser importante? ¡No eres judío! La verdad, Denton, no entiendo esa predilección por las morbosidades. ¿Es porque tu niñez fue demasiado fácil? ¿Tienes que buscar la fealdad y... la locura porque no te dimos nada de eso? Hay cosas mucho más agradables en las que podrías emplear tu tiempo.

Su madre sacudió la cabeza sin comprender. Denton se quedó callado durante un momento, la ira y la autocompasión se acercaban como nubes de tormenta.

—Kobinski desapareció, madre. En medio de un destello de luz. Hubo testigos oculares.

Ya lo había dicho y no había forma de retirarlo. Su madre se quedó muy quieta, inmóvil en su silla, con las piernas elegantes cerradas y ladeadas hacia un lado como Nancy Reagan.

—¿Por qué no me hablas de las jóvenes con las que sales? ¿Alguien que yo conozca? —le preguntó con una sonrisa brillante.

Como cambio de tema era muy poco convincente, casi doloroso. Su madre llevaba años sin preguntarle por chicas porque eso era demasiado, bueno..., privado. Le invitaría a dar detalles sobre su vida que, la verdad, a ella no le importaban una mierda. Así que Denton supo que la había afectado y sintió un entusiasmo de una bajeza básica, enfermiza.

—Verás, estoy haciendo una serie de artículos sobre desapariciones. No te lo había dicho, ¿verdad? La verdad es que debería entrevistarte, madre. Después de todo, en otro tiempo tú misma estuviste implicada en un caso de desaparición, ¿no es así?

Su madre chasqueó la lengua y cogió la taza de té.

—Aunque no fuiste lo que se dice testigo ocular.

La mujer no respondió y de repente la conversación dejó de ser una punzada dirigida a su madre. Había pasado mucho tiempo desde la última vez que habían hablado de eso. Demonios... no... nunca habían hablado de eso. Y de repente Denton quiso hablar, con desesperación. Lo necesitaba. La necesidad, cuando lo abrumaba de esta forma, era como un hueco doloroso en el estómago, un vacío que parecía a punto de crecer, crecer y seguir creciendo hasta tragárselo entero si no encontraba alguna forma de alimentarlo.

—¿Qué pasó en aquel entonces, madre? Me refiero a la policía y todo lo demás. No sé mucho de esa parte.

—¡Por el amor de Dios! Espero que no vayas a lavar los trapos sucios de la familia en tu sórdida revistita.

—Recuerdo que me sometí a un detector de mentiras. Recuerdo los cables y todo. Pero en realidad no sé en qué paró aquello. ¿Qué pasó, madre?

Su madre apretó los dientes y miró por encima del hombro de su hijo.

—Por favor. No escribiré sobre nosotros; lo juro. Solo... necesito saberlo, por mí.

—Jamás hubiera esperado que fueras tan lerdo.

—Te lo prometo. Por favor. Háblame del detector de mentiras.

—¡No hay nada que decir! Solo tenías ocho años. ¿Qué esperaban?

Denton se la quedó mirando pasmado. El corazón le daba vueltas en el pecho, un trozo de madera ardiente, revoltoso.

—Qué... mostró...

—No fue concluyente. Eso es lo que dijo el detective. Al parecer estabas muy disgustado.

—¿Al parecer estaba disgustado?

Su madre no respondió.

Denton tenía la piel pegajosa. Tenía en la boca un sabor insoportable a té rancio y leche agria.

—¿Y las preguntas concretas? Recuerdo que me hicieron preguntas muy concreta del estilo, «¿Empujaste a Molly al río?» ¿Qué...?

—¡Denton! —Su madre se levantó—. Ya ha pasado mucho agua bajo el puente. Déjalo.

Hizo sonar una campana. Carter entró con sus pies de ladrón escalador.

—¿Sí, señora?

—Puede retirar el servicio.

Carter recogió la bandeja, esperó, se inclinó para que Denton colocara su taza en ella, cosa que hizo con la mano temblorosa. No podía mirar a Carter a la cara.

Su madre se estaba arreglando el pelo delante del espejo que había encima de la chimenea cuando Carter se fue. Denton luchaba por recomponer toda la historia. Sabía cómo debía acercarse a ella, maldita sea. Al menos, sabía cómo no debía acercarse a ella. No respondería al acoso; tenía que contenerse. Y en un minuto se habría ido y todo el recuerdo que le quedaría de ese día sería una sensación desagradable. Pero no podía dejarlo estar. El dolor que lo atenazaba era demasiado grande. Fue hasta ella.

—No me extraña que siempre pensaras que lo hice yo —dijo con la voz ahogada, intentaba parecer que no tenía importancia—. Si eso fue lo que dijo la prueba. ¿Sabes que justo después de lo que pasó papá y tú os fuisteis a Europa y no volvisteis en un año?

Ella mantuvo los ojos clavados en el espejo.

—Eso son dos cosas completamente distintas, Denton. Por Dios. De todos modos, lo dejamos atrás hace mucho tiempo. —Su voz estaba vacía de expresión, punto final. Sacó una barra de labios de una saquita pequeña y negra que llevaba en el bolsillo y volvió a aplicarse lo que no necesitaba reaplicación—. Son accidentes. Eras muy pequeño.

¡No fue un accidente!, gritó él en su cabeza. *¡Molly se desvaneció en medio de un destello de luz! No la empujé al río, ni siquiera por accidente. No la vi caer sola. Ni siquiera estábamos cerca del río cuando pasó. ¿Quieres que me someta al detector de mentiras otra vez?*

Salvo que no dijo nada de eso. Por fin lo miró su madre, con una firmeza extraña en el rostro.

—¿Qué quieres de mí? ¿Te he castigado alguna vez por eso? ¿Hay algo que no te haya dado? Tienes un fideicomiso que es más que adecuado. Me he ofrecido a pagarte cualquier carrera que desees seguir. Se acabó, está olvidado.

Pero no se había acabado y no lo había olvidado nadie. ¿Cómo podía explicarle que ella, y su padre antes de morir, nunca habían vuelto a mirarlo igual después de aquel día? Que había algo muy remoto en lo más profundo de sus ojos que le decía que, si bien seguía siendo su hijo, lo creían capaz de empujar al río a una niña pequeña o incluso de al menos verla caer y luego mentir hasta ponerse azul para escapar del castigo, y que una persona así no era en realidad una buena persona, no era ni blandito ni mono ni nada.

—Yo no lo hice —susurró Denton mientras intentaba contener las lágrimas.

—¡Oh, por el amor del cielo! —dijo su madre exasperada. Luego se compuso y sus rasgos volvieron a alisarse hasta adquirir su habitual expresión pulida, agradable—. Tengo que irme. Pero piensa en Suiza para Navidad. Y la próxima vez, avísame con al menos dos semanas de antelación, ¿quieres, cariño?

Lo volvió a besar sin posar los labios y llamó a Carter para que trajera el coche.

5

Cuando se concibe un niño, un millón de espermatozoides compiten por un óvulo. ¿Qué misterioso proceso es el que cierra las verjas una vez que un espermatozoide ha logrado penetrar en el óvulo? Este mismo proceso garantiza que en un planeta solo surja una especie inteligente. He oído a rabinos que cuestionan la teoría de la evolución preguntando, si los simios son parientes nuestros, ¿por qué no recibieron nunca la chispa de conciencia que conforma el alma? Por eso: cuando la evolución retoña, un millón de especies compiten y van progresando cada vez más rápido para lograr esa chispa. Y una vez que una especie ha alcanzado el don de la conciencia, las verjas se cierran ante los demás para siempre.

Los misterios del universo se pueden encontrar en una cáscara de huevo, si sabemos mirar.

— Yosef Kobinski, *El libro del tormento*, 1943

5.1. Calder Farris
Julio, Knoxville, Tennessee

Calder estaba aparcado calle abajo. Volvió a comprobar su reloj: 10:15. Apareció puntual una furgoneta negra, de aspecto caro, en el retrovisor. La furgoneta se deslizó con suavidad hasta detenerse y apagó las luces.

Era una calle residencial, un barrio de clase alta salpicado de casas de estilo colonial sureño. Aparte de alguna luz suelta por las ventanas, los habitantes ya estaban dormidos. Farris salió del coche y entró en la furgoneta.

—Teniente Farris. —El más grande de los tres hombres lo saludó al estilo militar—. Me alegro de volver a trabajar con usted.

—Teniente Hinkle.

Hinkle era un trozo de carne que, por su aspecto, debería hablar como el Lennie de *De ratones y hombres* así que su voz, suntuosa y formal, siempre resultaba incongruente. Hinkle y sus compañeros iban vestidos, al igual que Farris, con ropa de paisano negra.

—Estos son los sargentos Troy y Owen —los presentó Hinkle.

Los hombres lo saludaron y Calder les devolvió el saludo con seguridad. Tenían buen aspecto: los dos caucásicos, cortes de pelo al cero, mandíbulas cuadradas, unos ojos que no mostraban nada. Hinkle era fiable para eso.

Hinkle les indicó a Troy y Owen que salieran con un gesto y Calder se deslizó al asiento del conductor, ahora abandonado. Iluminaban su rostro las farolas fluorescentes del exterior. Hinkle desvió la mirada con expresión incómoda. Joder con Hinkle. Ni siquiera él podía mirar a Calder a la cara. Por un momento, Calder tuvo una sensación de angustia que amenazaba con convertirse en un ataque de ira. Hinkle habló.

—¿Y de qué va esto?

—B y E, recuperación de documentos. —Las palabras de Calder salieron tensas y duras—. Es un anciano, un profesor, viudo, vive solo. Me he reunido con él varias veces. Se negó a cooperar. —Calder contempló la casa que había calle abajo. Poco a poco se iba calmando—. Lo seguí a casa desde la universidad a eso de las quince cero cero. No ha salido pero las luces no se encendieron en ningún momento.

—Quizá esté echando una siesta.

—Quizá. Hay un estudio en la parte de atrás de la casa. Limpiad los archivos, el disco duro, todo. Si está en casa, decidle que estáis confiscando su trabajo. No le digáis quienes sois, lo sabrá. Dadle unos cuantos golpes si intenta deteneros, pero no os paséis; es un anciano. Cuando salgáis, aconsejadle que reconsidere sus opciones.

Hinkle memorizó las órdenes pero no miró a Calder a los ojos. Este contempló el rostro carnoso de Hinkle y pensó de nuevo que ojalá no hubiera tenido que traerlo. La información era mucho mejor cuando se entregaba por voluntad propia. Pero había gente en este mundo decidida a poner las cosas difíciles, gente que se negaba a cumplir con su deber de patriota.

Calder podría haber solucionado el asunto por la fuerza él mismo pero eso dificultaría la tarea de volver después y hacer de poli bueno, y Calder deseaba con todas sus fuerzas ser la persona ante la que capitulara el anciano. De ahí Hinkle.

—¿Preguntas? —preguntó Calder.

—¿Cómo se llama el sujeto? ¿O es información clasificada?

—Se llama Ansel. Doctor Henry Ansel.

Calder esperó en la furgoneta. Mientras esperaba no podía evitar pensar en Mark Avery. A su ex compañero le había interesado el doctor Ansel. El funeral de Avery había sido la semana anterior. Calder se las arregló para estar fuera de la ciudad.

Ese día estaba en Oklahoma y se había pasado tres horas en un campo de tiro, mientras enterraban a Mark. Esa noche no había podido dormir. Había tenido pesadillas con su padre, por primera vez en años. La muerte de Avery había vuelto a despertar todo aquello. Calder no estaba pasando por su mejor momento.

Su padre y él... mierda, eran enemigos mortales incluso cuando Calder era pequeño. A Calder le llevó cierto tiempo entenderlo todo. Su madre, o eso le habían dicho, era una puta que huyó y lo dejó al cuidado de su padre. Vivían en bases del ejército donde su padre contrataba a las personas menos adecuadas que podía encontrar para cuidar de Calder durante el día, desde una alemana madura y esquizofrénica, hasta una adolescente chiflada que no paraba de fumar un momento, pasando por una señora que casi no se podía levantar de la silla.

Cuando el capitán John Farris II volvía a casa por la noche escurría cada detalle del mal comportamiento de su hijo de la cuidadora *du jour* y servía el castigo de Calder como aperitivo antes de la cena. Tenía una serie de reglas estrictas y precisas. Por una palabrota recibía tres golpes con el cinturón; un plato roto, cuatro; contestar mal, cinco. Conducta sexual inapropiada, tocarse por ejemplo, por breve que fuera el tocamiento, hacía caer sobre él la ira todopoderosa de Dios. Y siempre, siempre, aquellas malditas putas que lo vigilaban durante el día se chivaban de todas y cada una de las cosas que había hecho, incluso después de que Calder les dijera que le habían pegado por eso. Incluso cuando lo sabían.

No. Eso no era cierto al cien por cien. La chiflada no decía nada. Esa no se chivaba de él. Pero después de un par de semanas, John Farris se dio cuenta y la sustituyó con una mujer con la boca más suelta. De esas había de sobra. Lo llevaban en la sangre.

Cuando Calder creció un poco se dio cuenta de que tenía tanto talento para darlas como para recibirlas. Joder, era un prodigio intimidando a los otros niños, incluso los que eran más grandes que él. Le daba una sensación de poder y triunfo cuando se estremecían, sollozaban y salían corriendo, una sensación de control cuando él los golpeaba y ellos se encogían en un rincón.

Pero eso no resolvió el problema con su viejo. Cuando Calder cumplió diecisiete años compró una ruina de coche con el dinero que había ganado en una hamburguesería. Con su puto dinero. John Farris odiaba aquel coche, odiaba que Calder pudiera meterse dentro y escapar cuando le apeteciera, joder. Así que cuando a Calder le pusieron una multa por exceso de velocidad, no había que ser físico nuclear para saber que John Farris iba a aprovecharlo para quitarle el coche.

Esa noche, esa discusión, quedó grabada a fuego en el recuerdo de Calder, con todas y cada una de las corrosivas palabras que se pronunciaron. Calder no pensaba dejar que su padre se quedara con las llaves, se hubiera muerto antes que permitirlo, se habría tirado delante de una apisonadora si no hubiera quedado otra alternativa. Así que cuando su padre se quitó el cinturón, algo se soltó dentro de Calder.

Le dio a su padre tal paliza que casi lo mata. Y luego huyó, nunca volvió a ver al viejo. Años después, el capitán John Farris murió y el mundo se quedó con un cabrón menos. Fin de la historia. Salvo que por alguna razón la muerte de Mark Avery había hecho que esos recuerdos ascendieran hasta la superficie como un cadáver hinchado en un lago. Quién cojones sabía por qué. Calder había superado lo de su viejo años antes.

Y tan pronto como descubriera la Próxima Gran Arma y lo ascendieran a mayor, habría superado a John Farris II en lo único que le había importado, el ejército, y con eso exorcizaría al gilipollas por completo.

Sintió una llamada en la ventanilla; era Troy. Calder la bajó menos de un centímetro.

—Teniente Farris, será mejor que entre.

Dentro de la casa, el sargento le indicó con un gesto las escaleras. Calder las subió de dos en dos. Se encontró a Hinkle en el dormitorio principal, de pie ante una figura acostada en la cama. Era Ansel, un Ansel muy muerto.

—Suicidio. —Hinkle levantó un frasco de pastillas—. Sin etiqueta. No estoy seguro de lo que era.

Calder se llevó las manos a las caderas. Al tocar la pistola enfundada bajo la chaqueta tuvo una sensación de dominio que en estos momentos necesitaba con urgencia.

—¿Hace cuánto?

Hinkle tenía los guantes puestos e intentó girar la cabeza de Ansel, estaba rígida debido al rigor *mortis*. Le cogió un brazo, que estaba rígido, pero no mucho.

—Entre dos y seis horas.

Calder lo había visto vivo a las tres.

—¡Maldita sea!

Era toda la expresión de sus emociones que se iba a permitir. Cogió aire un par de veces.

—Sácalo todo del estudio. Nos acercaremos a la universidad esta noche. Su despacho...

Hinkle lo estaba mirando con los labios apretados. Las palabras murieron en la garganta de Calder. Corrió al piso de abajo. Sabía dónde estaba el estudio. Había estado allí una vez, antes de que Ansel se enterara de que pertenecía al ejército y lo echara. Entró como una tromba y se encontró a Troy de pie, con un saco negro de plástico, mirando a su alrededor con una expresión de inseguridad en los ojos. Owen estaba inclinado sobre la chimenea.

Los archivos estaban abiertos y vacíos. El escritorio de Ansel estaba limpio. En la chimenea ardían las brasas de un tronco... y un montón de cenizas.

El demonio se levantó dentro de Calder como el rugido de un salvaje. Por un momento estuvo a punto de perder los papeles. Quería darle un puñetazo a la pared, a la puerta, a algo; pero el ejército le había enseñado disciplina y Owen y Troy lo estaban mirando.

—Meted las cenizas en la bolsa —ordenó Calder con una voz parecida a la leche agria. Se dio la vuelta de golpe y dejó la habitación.

En el vestíbulo empezó a pasearse de pared a pared, impulsado por una furia ahogada, mientras intentaba tranquilizarse lo suficiente para pensar. Respiró profundamente, contó hasta diez y luego contó doce más.

Se acercarían a la universidad, pero si Ansel se había tomado tantas molestias con los archivos de su casa, lo más probable es que ya hubiera arrasado su despacho. Calder había sido demasiado lento o demasiado indulgente. No había visto las señales de que su objetivo planeaba escapar. Debería haber...

A la mierda con eso. Tenía que concentrarse en lo que podía salvar.

El archivo de Mark Avery estaba lleno de cosas sobre Henry Ansel. Había recortes de los oscuros artículos del anciano, notas de conferencias así como pensamientos de Avery sobre los posibles usos que se podían dar a las ideas de Ansel. Calder había empezado a ver qué era lo que le interesaba tanto a su ex compañero. A él también se le había puesto dura al ver todo aquello.

Pero cuando se había acercado a Ansel, el hombre se había mostrado impreciso, determinadamente impreciso. No eran las evasivas de un empollón que no tenía ni idea pero que estaba lleno de mierda (Calder tenía experiencia de sobra con esa clase de tipos). No, eran las evasivas de un empollón liberal que le tenía miedo a lo que el Lobo Feroz del Gobierno podría hacer con lo que él sabía. Si Calder hubiera necesitado confirmación de eso, yacía allí en el dormitorio. Pero el hecho de tener razón con respecto a Ansel, el hecho de saber que este sí que tenía algo que consideraba lo bastante peligroso como para morir por ello, no era un gran alivio para Calder Farris y ninguno en absoluto para los Estados Unidos de América.

¿Salvar? ¿Cómo? ¿Qué? El cerebro del profesor no iba a revelar sus secretos bajo el cuchillo. Y no había nadie además de Ansel que pudiera hablar. No había hijos, su mujer llevaba años muerta y Ansel había trabajado solo. Llevaba mucho tiempo trabajando solo.

5.2. Jill Talcott
Seattle, Impulso Positivo, 50 por ciento de Potencia

Jill Talcott comprobó su correo electrónico y sacó varias diapositivas de un archivo. Había tenido la esperanza de pasar todo el verano en el laboratorio que Nate y ella habían montado en el sótano del Smith Hall. Pero había estado jugando con las cartas tan pegadas al pecho que Dick Chalmers, muy el gusano, creyendo que no tenía nada mejor que hacer, le había dado no una, sino dos sesiones de verano. Mientras tanto, Nate había conseguido un trabajo de camarero en Capitol Hill, trabajaba la hora de las cenas así que podía pasar toda la mañana y la tarde en el laboratorio mientras ella les daba clase a unos estudiantes medio dormidos que no hacían más que mirar por la ventana. Un auténtico gusano.

La profesora estaba contemplando su venganza que, como siempre, tenía que ver con su inminente éxito y subida a la gloria, cuando la sobresaltó una llamada a la puerta. Las diapositivas se derramaron por el suelo. Arcos rojos y ecuaciones azules cubrieron el linóleo sucio. Llamaron otra vez.

—¡Maldita sea, entre! —Jill se inclinó sobre los haces esparcidos.

Esta mañana no estaba de humor para ver a nadie pero de toda la gente que no estaba de humor para ver, Chuck Grover era el primero de la lista. Cerró la puerta muy despacio tras él y la contempló con una mirada retadora en los ojos.

—Quería charlar un momento, Jill. —Con un par de zancadas se plantó ante la silla de Nate, la acercó más al escritorio de ella y se sentó al revés.

—Tengo una clase dentro de diez minutos, Chuck. Pero si puedes ir deprisa... —Lanzó las diapositivas sobre el escritorio y empezó a revolverlas para evitar tener que mirarlo.

La apariencia de Grover era incluso más horripilantemente californiana que de costumbre, gracias al tiempo reinante en julio. Las sandalias abiertas mostraban unos pies de viejo y un par de pantalones cortos sueltos le proporcionaron más información de la deseada cuando se sentó con las piernas abiertas. El cuello de la silla de oficina de Nate era por desgracia demasiado delgado y Jill, que por elección propia llevaba varios años sin ver esa parte de la anatomía masculina, no estaba muy contenta de que la sometieran a esa visión ahora, a las diez de la mañana en este despacho claustrofóbico.

—Quería sondearte sobre nuestro acuerdo.

—¿Qué acuerdo es ese, Chuck? —Dio unos golpecitos con los deditos en el archivo rescatado del suelo.

—El acuerdo al que llegamos cuando llegaste arrastrándote hasta mí hace seis meses para pedirme tiempo con Quey, tiempo que no tenía por qué darte en absoluto.

El tono de voz era despreocupado pero Jill quedó conmocionada ante la desvergonzada elección de palabras. Al parecer, él había dejado de fingir que la suya era una relación cortés. La científica contestó con la misma ligereza.

—Créeme, no he olvidado ese día. Ni lo haré.

—Bien. Entonces quizá quieras tomarte unos minutos para poner a tu socio al día.

Chuck se inclinó sobre la silla y cruzó los brazos sobre el respaldo. A pesar de la pose *Coppertone*, había ira en sus ojos. Era cierto que Jill lo había esquivado en los pasillos más de una vez durante los últimos meses. Pero la mujer se preguntó cuándo había decidido exactamente Grover que merecía la pena molestarse con ella.

—¡Desde luego! —dijo con una sonrisa brillante—. Tuve la suerte de conseguir los datos de un átomo de carbono del acelerador del CERN... —Le contó, con más detalles de los que él obviamente quería saber, cómo habían montado el experimento original. Todo era verdad, hasta ahí.

Grover entrecerró los ojos, no confiaba en aquella repentina sinceridad.

—Así que lo masticamos todo utilizando a Quey, que fue de una rapidez notable, de verdad, hay que felicitarte.

—Gracias.

—Y luego comparamos las dos series de datos... —Suspiró, intentaba parecer desanimada. No era fácil—. Y nos encontramos con que había un desvío entre ellos de más del treinta por ciento. Me temo que mi ecuación fue un fracaso.

Le dolía decirlo. De verdad, la jodía mucho. Grover extendería la noticia por todo el departamento en cuestión de horas. Sin embargo, hoy había algo en su interior que sentía la suficiente confianza como para enfrentarse a las inevitables puyas. De hecho, casi estaba disfrutando de aquel enfrentamiento. Se sentía fuerte, invencible.

—¿Puedo ver tus resultados, Jill?

—Pues claro, Chuck. —Se acercó al ordenador de Nate, fingiendo una calma que no sentía. ¿Estaban los viejos datos todavía en su sitio? ¿Recordaría cómo se ejecutaba el programa que mostraba el error original? Encendió la máquina de Nate y buscó en el disco duro.

Mientras ella buscaba, Chuck cogió algo del escritorio de Nate. Era un manual de instrucciones de su nuevo generador de radio. El hombre lo miró con el ceño fruncido y recorrió la cubierta con los dedos y gesto pensativo.

A ella se le secó la boca.

—Allá vamos. —Pinchó dos veces en el programa que pensaba que era el correcto y dio un paso atrás. Le echó un vistazo al reloj como si aquello fuera rutina y ella tuviera mejores cosas que hacer. Por dentro estaba dando gritos.

Aparecieron las dos columnas de datos y el cuadro que decía: DESVÍO DE DATOS EN UN 31%. ¡Por Dios!

—Ahí tienes, Chuck. Como te dije. Ahora lo siento mucho, pero de verdad que tengo una clase que empieza dentro de cinco minutos.

Grover no iba a dejar que le metiera prisa. Dejó el manual del generador y se quedó mirando la pantalla durante un buen rato, como si fuera a cambiar delante de él, dejar de ser un montón de basura para convertirse en una olla llena de oro. Jill se cruzó de brazos, se dio unos golpecitos en la clavícula y se mordió las mejillas para contener la sonrisa malvada que le afloraba.

—¿Por qué no me lo dijiste hace dos meses? ¿Y qué has estado haciendo desde entonces? Sé que estás trabajando en algo. Te di dos espacios más con Quey y nunca...

—Me di cuenta de que necesitábamos hacer mucho más trabajo preliminar antes de molestarte otra vez. Luego... bueno, para ser honesta, ahora estamos en un campo totalmente diferente. Pero te agradezco el interés, Chuck. —Apagó la máquina de Nate—. ¿Te acompaño a la puerta?

Acompañarlo a la puerta, sí, claro, el paso y medio entero que había hasta allí.

Grover se levantó poco a poco, con una expresión de incertidumbre en la cara.

—Aunque la ecuación estuviera equivocada, no lo habrías sabido sin Quey, así que lo que...

—¿Disculpa? —La doctora tuvo un pequeño ataque de cólera—. Sí, Quey me demostró que mi planteamiento era erróneo y se lo agradezco. Pero ahora trabajo en cosas nuevas. ¿En serio piensas reclamar mi trabajo durante el resto de mi vida? ¿A cuántas personas les has hecho esto, Chuck?

El rostro de Grover adquirió el color del queso suizo. La señaló con un dedo.

—Será mejor que reces para no necesitar nada de mí nunca más... Jill. Porque no me gusta que me utilicen como a un gilipollas. Si veo cualquier cosa en tu trabajo que señale que Quey fue siquiera un factor, cualquier cosa, tendré lo que acordamos.

La confianza de Jill flaqueó un poco. Grover tenía mucho peso en el departamento. Joder, tenía mucho peso en casi todas partes. Y es cierto que ella había acordado asociarse con él, aunque en primer lugar, él no tuviera derecho a pedírselo.

Pero el sol se colaba a raudales por la ventana y ella se sentía increíblemente optimista, como, bueno, como si no pudiera tocarla.

—Vaya, siento que te lo tomes así. En cuanto a mí, ha sido un placer trabajar contigo y espero que algún día podamos trabajar juntos otra vez.

La joven extendió la mano. Él la miró en silencio y salió.

Después de la clase de la mañana, Jill se apresuró a dirigirse al laboratorio del sótano y a ponerse el equipo de protección, un delantal de plomo como los que utilizan los técnicos de rayos X. No sabía si los delantales ayudaban en algo o no, pero la precaución calmaba su conciencia. Nate estaba sentado ante la mesa del radiotransmisor donde habían instalado un ordenador. Estaba enredando con los datos.

—¿Cómo va? —Jill se acercó a los sujetos de la prueba y les echó un vistazo por si había habido algún cambio.

El experimento era más bien tonto. Lo bastante tonto como para sentirse como una idiota si alguien, (Chalmers por ejemplo) se enteraba. Claro que, jugar con moho también debió de parecer bastante absurdo en su momento. Además, que la matasen si no estaba funcionando.

Nate se reunió con ella.

—Todavía tienen muy buen aspecto. —El joven se asomó a un plato de fruta.

El experimento: bombardear la habitación con un impulso positivo constante. No necesitaban la potencia de una estación HAARP porque no estaban intentando alcanzar la ionosfera. De hecho, habían tenido que trabajar mucho para mantener las ondas dentro de la habitación. Habían escogido la sala del sótano porque no se utilizaba, pero sobre todo, porque estaba bajo tierra. Una pesada cortina de goma colgaba delante de la puerta, y habían cubierto las paredes y el techo con insonorización. En unas cuantas paredes, Nate había colgado enormes hojas de papel, gráficas de las matrices de las ecuaciones en las que habían trabajado meses antes. Jill pensaba que quería las gráficas para inspirarse, o quizá solo quería sacarlas del atestado despacho que tenían en el edificio de física.

Jill había comprado un transmisor con su propio dinero y el resto del equipo eran desechos. Podían producir un total de tres kilovatios de potencia, que era algo modesto. Pero aún ahora, poniéndolo al 50 por ciento de capacidad, estaba pasando algo.

—¿Listo para archivar los números de hoy? —preguntó Jill.

—Claro.

Nate fue hasta una parrilla que habían dibujado en una enorme pizarra blanca. En el lado izquierdo de la parrilla había una lista detallada de los tres grupos de sujetos: estaban apuntados cada plátano, manzana, ratón y cultivo de virus. En la parte superior de la pizarra estaba apuntados tres meses, día por día. Sólo habían rellenado las primeras semanas.

—Adelante.

Jill empezó, con infinito cuidado, a estudiar cada uno de los sujetos.

—Plátano uno recibe un cuatro. Plátano dos: cuatro.

Nate apuntaba los números en la parrilla.

—Manzana uno: tres; manzana dos: tres.

La fruta se juzgaba según la superficie que tuviera machacada, hundida o seca; los platos de virus por el crecimiento y la actividad del cultivo. Los ratones eran más difíciles pero se medía la cantidad de comida que ingerían; su apariencia general, salud y actividad también se cuantificaban en una escala del 1 al 10.

Jill se dio cuenta de que la emoción iba subiendo a medida que examinaba cada grupo. Tontería o no, estaban viendo resultados. El grupo de control estaba en su casa de Wallingford. Nate y ella hacían excursiones al mercado y se cuidaban de reunir pares de frutas que estuvieran exactamente en el mismo estado, luego traían una fruta de cada pareja al laboratorio y la otra la ponían en el dormitorio libre de Jill. Tenían ratones de las mismas camadas también en su casa y los platos de virus se habían preparado con todo cuidado para que fueran iguales a sus gemelos del laboratorio del sótano. La idea básica: determinar si al alterar la uno-menos-uno en el laboratorio se observaba alguna diferencia discernible en los sujetos

—Notable —dijo al incorporarse, tras examinar la fruta—. Toda la fruta de mi casa está en las etapas seis o siete por lo menos. Aquí están durando mucho más.

Nate se acercó y se agachó para mirar el plátano.

—Aquí hace mucho más fresco que en tu casa. Eso podría ralentizar el deterioro.

Jill se encogió de hombros, sabía que era una observación muy válida y sabía, también, que no había mucho que pudieran hacer sobre eso, no con su presupuesto. Pero por eso tenían varios sujetos diferentes. Ninguno de ellos respondería igual, positiva o negativamente, a las mismas condiciones.

—Virus uno punto uno recibe un seis —informó a su ayudante tras asomarse al cultivo a través de un microscopio.

A los cultivos de virus también les iba evidentemente mejor aquí que en casa de Jill. La velocidad de crecimiento era casi un tercio mayor que en el grupo de control. Y estaba claro que los ratones eran más activos, esperaban en fila su turno en la rueda y los machos olisqueaban alrededor de las hembras de forma agresiva, además de copular con frecuencia.

Cuando terminaron, Jill se sirvió una taza de café y se sentó. Nate cogió un vaso de agua del fregadero.

—¿No quieres café?

—*Na.* Ya estoy con el piloto encendido. No quiero cargarme un fusible.

Jill lo contempló a hurtadillas. Antes, podía pasarse días enteros con Nate en el despacho y no tener la menor idea de lo que llevaba o si estaba cansado, enfermo o qué. Pero hacía poco había caído en la cuenta de que el joven era tan sujeto de la prueba como los ratones de la habitación, al igual que ella misma. Eso había despertado en ella cierto interés completamente nuevo por él. En ese momento, por ejemplo, parecía nervioso. Ella también se sentía así, llena de energía e hiperactiva. Estaba llena de tal impaciencia y anticipación, tal optimismo por su trabajo, que casi no podía dormir por la noche. Analizaba, confeccionaba hipótesis, hacía planes, no podía desconectar el cerebro. Y hoy, hasta había tenido la sangre fría de enfrentarse a Chuck Grover y derrotarlo.

—Ojalá pudiéramos hacerlo menos subjetivo —dijo ella—. Creo que los virus serán nuestra mejor baza, ¿tú no?

—Claro.

—Lo que necesitamos son incubadoras para poder mantener los virus a la misma temperatura, las mismas condiciones de luz, la misma humedad, aquí y en mi casa. Luego iré de visita al departamento de biología, a ver qué les sobra.

—Buena idea. —Nate estaba golpeando con los dedos el borde de la mesa, como un niño que imita una batería. Cogió un bolígrafo y lo escribió.

El ceño lleno de pecas de la profesora se frunció ante una idea repentina.

—¡Maldita sea! Ojalá pudiéramos tener el grupo de control más cerca. Deberíamos estar tomando las lecturas de forma simultánea. La hora del día podría afectar a los sujetos, sobre todo a los ratones. Nunca llegamos a mi casa hasta después de las tres con mi horario de clases.

—Chalmers. El muy gusano.

—Pero no podemos tener el grupo de control cerca del impulso, y no estamos seguros de lo penetrante que es el impulso. —Nate señaló el techo con un gesto—. Ni si algo de todo esto evita que salga. Lo acordamos: el grupo de control ni siquiera debería estar en el campus.

—Lo sé. Lo único que digo... si supiéramos con exactitud qué podría contener el impulso... —Se mordió una uña—. Sabemos tan poco de la uno-menos-uno...

Sintió que Nate la miraba y se encontró con sus ojos. Tenía aquella expresión de filósofo preocupado.

—Ni siquiera estoy seguro de que sea buena idea tener el grupo de control en tu casa.

—¿Por qué no?

—Bueno... tú pasas bastante tiempo aquí abajo. Y yo también, la verdad. En fin, el cambio de la uno-menos-uno afecta a las ondas, ¿no? ¿Ves lo que quiero decir? Tú y yo estamos hechos de partículas, igual que la fruta y los cultivos de virus. Quizá más partículas. Pero eso podría empeorarlo. Porque tú estás conectada a tu casa y a los objetos que hay en ella. Los dos lo estamos de alguna forma, ya que yo también voy por allí. No es mi casa, pero estoy allí.

Estaba hablando con las manos, las palabras aceleradas.

—Nate...

—Así que si el modelo de interferencia es correcto, ¿no tendrían tus ondas personales algún efecto sobre las ondas del laboratorio de estar dirigido por alguien al que ni siquiera conociéramos, en Siberia o algún sitio así? Y quizá ni siquiera deberíamos hablar con ese laboratorio por teléfono. Podríamos pasar la información a través de un *router* que...

—¡Nate!

—¿Eh?

—Estás farfullando.

Nate parpadeó como si no viera a qué se refería su jefa.

—¿Yo? Estoy bien. Sólo era por decir.

Jill se acercó a comprobar el radiotransmisor. Estaba emitiendo sin parar.

—Lo que me recuerda... creo que los dos deberíamos empezar a escribir un diario. —Dudó un momento, no le apetecía sacar el tema, admitir en voz alta los riesgos que estaban corriendo—. ¿Cómo te encuentras? Tú bajas aquí incluso más que yo. Si empiezas a sentirte mal, Nate, quiero que me lo digas.

—¿Mal? —Nate abrió aún más los ojos brillantes. Los dedos le rebotaron en la mesa, ratatatá—. Para nada. Me siento genial. De verdad. De verdad que me siento genial. Es una pasada.

—Yo también me encuentro bien —admitió Jill. Una sonrisa de puro optimismo sin trabas le acarició los labios y lanzó una mirada de cariño a la pizarra blanca que había al otro lado de la habitación.

Nate se aclaró la garganta.

—Es bastante extraño, en realidad.

—¿Qué?

El joven no respondió y el silencio creció... intencionado. La profesora lo miró con curiosidad. Se estaba poniendo rojo.

—¿Qué, Nate?

—No importa.

—¿Qué?

Nate intentó tomárselo a la ligera, bromear.

—Bueno, ya sabes, me estoy sintiendo tan... bueno, tan orientado hacia la reproducción como los ratones. A lo grande. Muy, muy a lo grande.

Le lanzó una mirada tan seductora que la golpeó en el estómago como un puñetazo. Se dio la vuelta y miró unos cuadrantes. Le ardía la cara como si fuera una maldita quinceañera. Se odió por reaccionar de una forma tan virginal, y se odió aún más porque tuviera que notarse a kilómetros de distancia. Luego se irritó con él por sacar algo tan... personal. Y poco apropiado, demonios. Luego pensó que era ella la que había preguntado.

Así que dijo con la voz más fría que pudo conseguir.

—Eso es el tipo de cosas que deberías escribir en tu diario. Por supuesto, cualquier cosa que sintamos podría ser algo puramente psicológico. Ya sabes que las expectativas con frecuencia...

—Esto no es psicológico. Confía en mí. Entonces tú no sientes nada como...

—No. —La verdad es que la maquinaria que tenía debajo era muy interesante, aunque estaba empezando a tener la sensación de que si no salía pronto de allí iba a hacer el más espantoso de los ridículos. Y ahora que él lo mencionaba... últimamente había disfrutado bastante de sus baños calientes, tenía la piel más sensible de lo habitual. Y este repentino interés que tenía en estudiarlo, ¿de verdad era solo porque era un sujeto del experimento? Aquel pensamiento la hizo hiperventilar.

—Jill la Fría —murmuró Nate, en voz tan baja que ella casi no le oyó.

Se dio la vuelta de golpe para mirarlo pero el joven estaba tecleando algo, el rostro impasible y de alguna forma... Era más fácil fingir que no lo había oído. Fue al fregadero, tiró el café por el desagüe y luego aclaró la taza con una minuciosidad que habría hecho sudar a Martha Stewart.

—Lo importante —dijo ella con firmeza—, son nuestros sujetos. Creo que tenemos que hacer algunas suposiciones. Tenemos que suponer que cuanto más nos alejemos de esta habitación, más débiles y más intrascendentes serán los efectos del impulso. Siempre que reconozcamos cuales son nuestras suposiciones, y las documentemos, iremos por delante.

—Supongo.

Satisfecha de haber dejado clara su posición, o al menos de haber esquivado la de él, Jill le echó un vistazo a la pantalla en la que trabajaba el joven.

—¿Dónde estamos ahora? ¿Puedes sacar las cifras?

Nate pulsó unas cuantas teclas y sacó una hoja de datos de Excel idéntica a la que tenían en la pizarra blanca.

—Aún no he terminado de introducir los datos de hoy.

—Termina entonces.

Esperó mientras él metía los números. Cuando terminó, examinó el total.

—Un diferencial del veintiuno por ciento entre los sujetos de aquí y el grupo de control.

Eso la puso de mejor humor. Se le relajaron los hombros.

—Bien. Aún está aumentando. Pero me gustaría ver al menos un diferencial del cincuenta por ciento. Creo que ya estamos listos para aumentar la potencia, ¿tú no?

Nate hizo una mueca.

—¿A cuánto, sesenta por ciento de potencia? ¿Sesenta y cinco?

Jill tamborileó con los dedos en la clavícula, considerando las opciones.

—¿Por qué no setenta y cinco? No estamos viendo nada tan espectacular. No creo que haya ningún peligro. Siempre podemos bajarla si... —*Si ocurre algo*— si queremos.

Nate se levantó, tembloroso, como si después de todo hubiera bebido un montón de cafeína. Fue al transmisor y subió el nivel de potencia al 75 por ciento.

Ninguno de los dos dijo nada. Se quedaron los dos allí, sintiendo la habitación, sintiendo ese 25 por ciento más, como si la uno-menos-uno fuera una criatura viva y si escuchaban con la suficiente atención, con la suficiente profundidad, pudieran detectar el aliento ahora jadeante rozando sus células.

5.3. AHARON HANDALMAN
JERUSALÉN

El rabino Aharon Handalman estaba empezando a asustarse mucho. Había empezado a ocurrírsele poco a poco a lo largo del último mes. Al principio, el estómago aterrorizaba al esófago y se vio reducido a vivir a base de yogur y galletas saladas. Luego, a medida que se acumulaban los descubrimientos, los dedos de ácido quedaron reemplazados por un entumecimiento amortiguado en el esternón, que era quizá peor. Emocionalmente estaba destrozado, como si un dedo divino estuviera agitando todo lo que tenía en el alma.

Utilizaron *arma* como segunda palabra clave y encontraron doscientos ejemplos en las series Kobinski. Y al marcar esos hallazgos en las carpetas, Binyamin y él habían comprobado si había alguna frase a ambos lados de la palabra arma y habían encontrado lo siguiente:

«arma de destrucción» – 5 ejemplos
«de él el arma» – 3 ejemplos
«arma de tormento» – 5 ejemplos
«arma de terror» – 4 ejemplos
«arma del mal» – 4 ejemplos
«la gran arma» – 5 ejemplos
«arma que libera demonios» – 4 ejemplos

Y el descubrimiento más grande de todos: en tres lugares distintos donde la palabra *arma* se leía de forma horizontal, una de las letras la compartía otra frase que se leía de forma vertical, y que, por lo que Aharon veía, decía: «la ley del bien y del mal».

Esa única palabra (*arma*) había abierto la puerta a una dimensión más profunda y siniestra de las series, como la llave que empuñaba la mujer de Barbazul. Buscaron *bien, mal, demonios, ángeles, cielo* e *infierno* y las encontraron una y otra vez en las series. Al buscar *tormento* encontraron una frase, *libro del tormento*, ¡que aparecía en las series treinta veces!

Aharon volvió a descuidar sus clases. El decano Horowitz lo notó. Llamó a Aharon a su oficina y tuvo una larga charla con él. Aharon iba a contarle lo de las series pero en cuanto Horowitz oyó la palabra *código*, hizo callar a Aharon y empezó a hablarle sobre su deber para con los estudiantes. Si aquel hombre prefería seguir siendo un ignorante, ¿era culpa de Aharon? En cuanto a la vida en su hogar, ¡menudo hogar! Apenas lo veía. En circunstancias normales, Hannah le sacudiría la jaula para llamar su atención. Pero últimamente estaba mucho más fría y distante. El otro día, su hija de seis años, Devorah, le había preguntado.

—¿Cómo es que ya no vienes nunca a casa?

Y el bebé, Layah, se había echado a llorar al entrar él, ¡como si su propio padre fuera un extraño!

Sentía una necesidad cada vez mayor de decírselo a alguien y sabía a quién debía decírselo. Después de varios días de dejar mensajes urgentes (acosó al contestador con la determinación de Jacob al poner sus ojos sobre Raquel), el hombre por fin le devolvió la llamada. Aharon no quiso describir la situación por teléfono.

—Para esto, los ojos deben verlo por sí mismos —insistió. Shimon Norowitz aceptó verlo en Jerusalén, en una *delicatessen kosher* especialmente buena.

Shimon Norowitz no era de los que se emocionaban con facilidad. Unos cincuenta años, en otro tiempo oficial del ejército, secular (nada de vello en la cara), pero quizá no del todo irreligioso. Aharon, como lo necesitaba, le daba el beneficio de la duda. Además, Dios trabaja de formas misteriosas: a Norowitz le encantaba el Deli de Haman de la calle Jaffa, así que era excusa suficiente para venir desde Tel Aviv. Hasta la cecina de vaca podía servir a un propósito mayor.

Aharon había buscado un contacto en el Mossad varios años antes, cuando había hecho su primer gran descubrimiento en el código. No había tenido mucha suerte hasta que se enteró de que uno de los muchachos del *Aish HaTorah* tenía a su padre en el gobierno. Aharon había conspirado hasta conseguir una invitación para conocer al padre y así fue como lo habían puesto en contacto con Shimon Norowitz, un hombre que tal vez dirigiera, o tal vez no, el departamento de criptografía del Mossad. Aharon nunca fue capaz de conseguir una respuesta directa sobre ese punto.

Con la cecina delante, Norowitz abordó el tema.

—¿Entonces qué tiene para mí esta vez, rabino? La última vez estaba convencido de que Israel sufriría un ataque nuclear por parte de Siria. Creo que las fechas que señaló llegaron y se fueron el año pasado, ¿no es así?

—El código también incluye cosas que podrían haber sido. Eso no significa que cuando nos cae una revelación en el regazo, no debiéramos tomar las precauciones adecuadas ni prestarles atención.

Shimon saboreó la cecina sin que le afectara tanta profundidad.

—¿Y esta vez?

Aharon lo miró con severidad para que el hombre se lo tomara en serio.

—Lo que estoy a punto de enseñarle es el descubrimiento del código más importante de todos los tiempos.

—Muy bien. ¿Es eso? —Norowitz señaló la carpeta con la cabeza. El jugo de la cecina le caía por el dedo meñique.

—¿Qué diría si le dijera que he encontrado cuatrocientas series, todas sobre el mismo tema?

—Supongo que dependería del tema. Cuatrocientas series que contuvieran el nombre de Moisés no sería nada notable. Esas letras se pueden encontrar repetidas en ELE mil veces.

—Ah, sí —se burló Aharon—, si el nombre fuera Moisés y las otras palabras de las series estuvieran formadas por letras igual de habituales. ¿Por qué lo iba a molestar si ese fuera el caso?

—¿Entonces me lo va a enseñar, rabino Handalman?

—Debe estar preparado.

—Créame, estoy preparado.

Aharon le lanzó una mirada de advertencia: *Solo cree que está preparado.* Pero abrió la carpeta y la sostuvo en alto. Norowitz soltó el bocadillo para coger aquello con las dos manos, pero Aharon no le dejó cogerlo.

—Las manos —dijo—. Esto son las Escrituras.

Norowitz se puso rojo, se limpió el jugo de la cecina de las manos y cogió la carpeta.

Aharon había pensado explicarle todo el asunto. ¿Quién podría resistirse a una oportunidad así? Pero su instinto le dijo que dejara que la carpeta contara su propia historia. «Si una palabra vale un shekel, el silencio vale dos», como dice el Talmud.

Shimon volvió las páginas y estudió las palabras rodeadas con atención. La carpeta pesaba. La posó en su regazo y retiró un poco la silla, luego apoyó la carpeta en el borde de la mesa del delicatessen y volvió más páginas. Una o dos veces se limpió con el dedo el labio superior, indecentemente descubierto. Aharon sonrió con suficiencia; no le hacía falta tocar aquel dedo para saber que estaba frío como el hielo.

Diez minutos después, Shimon se sentó muy derecho y cerró la carpeta con cuidado sobre su regazo.

—¿Quién es Yosef Kobinski?

—Puede ver las fechas por sí mismo en las series. Fue un rabino polaco, atrapado en el Holocausto. También fue físico en la Universidad de Varsovia de 1918 a 1927. También era cabalista.

Shimon puso una expresión burlona pero no dijo nada.

—Pero esa es una buena pregunta —dijo Aharon con énfasis—. ¿Quién es Yosef Kobinski? ¿Qué arma desarrolló, Shimon Norowitz? Sea lo que sea, creo que es algo que el estado de Israel debería conocer.

Shimon volvió a mirar las series con el rostro pensativo.

—¿Sabe lo que hizo en la Universidad de Varsovia?

—¡Exacto! Lo estudié pero no había nada. Ninguna investigación atómica en aquel momento en Varsovia, y tampoco hay nada en las series.

—¿Hay algo más que debiera saber sobre esto?

—Eso depende de lo que piense hacer.

Norowitz se chupó los dientes; pensaba o quizá solo recolectaba trozos de cecina.

—Si me consigue una copia de estas series, haré que uno de los míos le eche un vistazo.

—¿Eso es todo?

—No hay mucho sobre lo que trabajar, rabino. Y esta palabra, *arma*, debe de aparecer en toda la Torá. Solo tiene tres letras.

—«Arma de destrucción», ¿cree que sale de chiripa?

—No me entienda mal; me interesa. Usted seguirá trabajando en esto, espero. Y manténganos informados de sus progresos. —Dudó un momento, luego sacó un bloc de notas—. Le daré el número de mi línea directa. Si encuentra algo importante —levantó la vista para subrayar esa palabra—, llámeme.

Aharon cogió el trocito de papel que le ofrecían, consciente de que no era una concesión desdeñable. Antes, siempre había tenido que pasar por la centralita y era fácil desembarazarse de él así. Una línea directa: ¿así que ahora era alguien? Pero seguía sin sentirse satisfecho. Había venido sintiéndose casi mareado por la importancia de su descubrimiento. Ahora volvía a colarse la angustia.

—Escuche —dijo con un tono más confidencial—. Le agradecería un poco de ayuda con esto. Yo... no estoy seguro de qué más se puede hacer y estoy... —Norowitz lo estaba mirando con curiosidad—. Bueno, estoy un poco asustado. Esta arma, tiene que significar algo y Dios ha visto apropiado que sea yo el que lo encuentre y...

—¿Qué es lo que quiere que haga? —Norowitz le devolvió la carpeta y recuperó el bocadillo.

Aharon pensó en ello mientras contemplaba al hombre sin barba engullir la comida. La series, al menos, no habían perturbado su apetito. Sí, le gustaría aconsejar a Norowitz sobre lo que debería hacer, pero se dio cuenta de que no lo sabía. Tanto esfuerzo para traer al hombre aquí y eso se le olvida prepararlo.

—Entonces seguiré trabajando —dijo Aharon.

5.4. Denton Wyle

Frankfurt

—La copia —dijo el alemán—, tiene nueve páginas.

Denton asintió mientras intentaba no salivar. Era el primer trozo del manuscrito que el agente de su madre, el señor Fleck, había descubierto. Había prometido que si se encontraba disponible algo más del manuscrito, en cualquier parte, lo encontraría. Desde luego que lo encontraría. Lo perseguiría como un perro de caza porque Denton le había pagado un gran anticipo y conseguía una bonita comisión sobre todo lo que Denton compraba. Visiones del *Libro del tormento* en las listas de los más vendidos bailaban por la cabeza de Denton como haditas de confite.

Pero el anticuario de Frankfurt, Uberstühl, tenía una expresión que solo se podría describir como furtiva. A Denton no le preocupaba en absoluto. Se quitó el abrigo, con la esperanza de que solo fuera una vibración que estaba recibiendo de aquella tienda sombría que olía a polilla.

—Eso le dijo a mi agente por teléfono. ¿Me permite verlas?

—Por aquí, por favor.

Uberstühl volvió con Denton a su despacho privado donde se encontró con un ordenador sobre un escritorio de madera sin adornos. Denton miró a su alrededor, aún sonriendo, preguntándose si estaban a punto de cachearle o algo así. Uberstühl parecía estreñido por la expresión de su rostro.

—Sabe de lo que hablamos, ¿sí? ¿Entiende qué es esta pieza?

—Sí —dijo Denton con cuidado—. Es una copia xerografiada de nueve páginas de un manuscrito hebreo escrito en Auschwitz por Yosef Kobinski.

—*Richtig*. Exacto. —Uberstühl le echó un vistazo rápido a su ordenador. Denton siguió la mirada y vio que la bandeja de entrada del correo electrónico del anticuario estaba en la pantalla.

—Entonces.. —dijo Uberstühl al tiempo que se aclaraba la voz—. Déjeme darle un precio en el que pensar mientras voy a coger el artículo. Veinte mil dólares americanos.

Denton soltó una risita aguda y un jadeo al mismo tiempo.

—He... bueno, conseguido piezas similares por unos cinco mil.

—Eso sería un poco bajo en la mejor de las circunstancias. Pero en estas circunstancias...

—¿Qué circunstancias son esas? —preguntó Denton, luego tuvo la sensación de que de ahí provenía el olor a podrido.

—Permítame ir a buscar el documento, señor Wyle. —El anticuario le lanzó otra mirada larga y llena de intención al ordenador antes de salir de la habitación y dejar solo a Denton.

Este no necesitaba que aquel hombre llamara a los bomberos para que le dieran una pista. Solo había unos cuantos mensajes en la bandeja de entrada. Sin duda la habían vaciado en su honor. El correo que se suponía que debía ver estaba arriba del todo. La dirección de e-mail era SSchwartz. Denton soltó una palabrota y pinchó dos veces en él para leer el texto.

Hace dos años me vendió usted parte de un manuscrito de Auschwitz. Lo escribió Yosef Kobinski en 1943. Me gustaría subir la oferta a un acuerdo exclusivo sobre este documento. Por favor, responda con todos los detalles necesarios sobre la transacción lo antes posible.

S. Schwartz

Denton ahogó una exclamación de escándalo. ¡El muy bastardo! Schwartz había llamado al señor Fleck unas semanas antes, quería saber quién estaba detrás de Kobinski y por qué. Al parecer, Fleck había colocado un anuncio en varias revistas internacionales de antigüedades y Schwartz lo había visto. Fleck no le había dicho nada, claro está, (tener dinero resultaba bastante agradable en ocasiones). Y al parecer Schwartz no había relacionado al periodista que había entrado en su oficina meses antes con este misterioso comprador nuevo.

Lo que Schwartz había hecho había sido pronunciar auténticas advertencias, algo sobre lo «peligroso» que era publicar a Kobinski, bla, bla, bla. Incluso había amenazado con lanzarles encima a la Liga Judía. A Denton le horrorizó que Schwartz pudiera llegar a esos extremos. ¿De dónde iba a sacar ese hombre el dinero adicional? ¿De algún donante rico además de nazi de la cábala? ¿Quién se creía que era?

Gracias a Dios que Uberstühl era un hijo de puta muy avaricioso.

Denton oyó que se abría la puerta y se levantó a toda prisa obligándose a sonreír. El alemán traía una carpeta negra, pequeña y flexible con una pulcra etiqueta en la cubierta: «Manuscrito Kobinski, Auschwitz, 1943». Denton empezó a marearse al verlo.

—¿Ha estado pensando en el precio, señor Wyle?

—Sí. Sí, así es.

—¿Y?

Denton mantuvo la sonrisa clavada en los labios.

—Tendré que ver el manuscrito primero.

—Desde luego.

Uberstühl se sentó ante el escritorio y le hizo un gesto a Denton para que acercara una silla. No le entregó a Denton el manuscrito sino que siguió sujetándolo él. Lo abrió con delicadeza por la primera página.

La copia xerografiada distaba mucho de ser perfecta. Había algo oscuro en la superficie, como si la hubieran copiado muchas generaciones antes o, lo que era más probable, de un original muy deteriorado. Pero los caracteres hebreos, incluso las anotaciones al margen, eran legibles. Allí donde no lo eran, alguien las había repasado con un bolígrafo de punta fina. Con todo, era un trabajo profesional, arduo. Debería serlo, por veinte de los grandes. Tendría que haberlas escrito en tablillas de oro el dedo de Dios.

—¿Y las otras páginas?

Uberstühl se las mostró durante un instante, solo unos segundos por página. El tiempo suficiente para confirmar que el material estaba todo allí pero no lo suficiente para leerlo. Como no.

Todo un debate presidencial se estaba celebrando en la cabeza de Denton. No debería comprarlo. Hasta su fideicomiso tenía un límite. ¿De verdad quería seguir con esto si el precio se iba a disparar de esa forma? No había ninguna garantía de que fuera a ver algo a cambio. Y estaba Schwartz, Schwartz lo había amenazado. Y él le tenía bastante miedo a Schwartz.

—Umm, ¿en qué tipo de papel estaba el original?

Uberstühl pasó unas páginas hasta llegar a la portada interior. Había una foto del original y una gruesa etiqueta que daba todos los detalles.

—Dos de las páginas eran papel grueso de carnicería. Uno era un envoltorio encerado y el resto eran las toallas de papel que se utilizaban en los lavabos de los oficiales.

Denton se inclinó hacia delante para echarle un vistazo a la etiqueta... ¿Decía ahí que parte de la tinta se identificó como una mezcla hecha con heces humanas? Ya veía el susto en la cara de Barbara Walters cuando lo mencionara.

—Me lo llevo —dijo Denton.

Mientras Uberstühl iba a comprobar la tarjeta de platino de Denton, este volvió a mirar el correo electrónico. Esta vez, ya no le sorprendió tanto y el peso de lo que conllevaba se hundió un poco más. Era una acción tan profundamente bélica, hostil, injusta. Se le ocurrió a Denton que tenía una némesis. Denton Wyle, un tipo rico y afable y el mejor fisgón que te hayas encontrado jamás, tenía su propio Moriarty. Con su *yarmulke* y todo. Desde luego era suficiente para poner enfermo a cualquier conejito.

Y también vio lo que no había visto la primera vez, justo delante de sus narices. Primero, que S. Schwartz era toda la identificación que se daba. No había ni una pista de que S. Schwartz fuera rabino. Fleck había advertido a Denton sobre el mercado de artefactos del Holocausto. La última persona con la que un no judío en busca de pasta por un artefacto querría tratar era un rabino. Los rabinos, los museos del Holocausto y gente parecida tenían la fea costumbre de intentar reclamar ciertos derechos morales sobre este tipo de propiedad para conseguirla sin pagar nada. El hecho de que Schwartz estuviera comprando «de incógnito» podría darle a Denton ventaja algún día.

Lo siguiente fue la línea de la dirección. La de Uberstühl no era la única dirección del correo electrónico. Había, de hecho, otras tres. Acababa de encontrar la fuente de tres fragmentos más.

Denton esbozó una amplia sonrisa.

—¡Chúpate esa, Moriarty!

DEL *LIBRO DEL TORMENTO* DE YOSEF KOBINSKI, 1943

A considerar: Una estrella no es más que una guerra entre una fuerza nuclear fuerte y la gravedad. El intenso combustible de la estrella quiere estallar, expandirse hacia el exterior. Pero la gravedad está trabajando precisamente en la dirección contraria, lo que obliga a la energía de la estrella a concentrarse en sí misma.

Gevorah (restricción, juicio) es la fuerza gravitacional. La gravedad es su encarnación. Y chesed (amor, expansión) es la fuerza nuclear, la luz. Así que nos aguarda una lección en las estrellas, ¿veis? La gravedad y la luz deben bailar juntas, expansión y contracción, en equilibrio, igual que el juicio y la misericordia. Es el baile de las esferas, de la vida.

Si gevorah y chesed tienen un equivalente en el reino físico, entonces también lo tienen el bien y el mal. Ahí es donde se ha realizado el aspecto más crítico de mi trabajo. He encontrado la correspondencia física del bien y del mal. Las pautas energéticas de la materia en la dimensión superior, la quinta dimensión, no se pueden entender sin ellas.

El Midrash dice que por cada brizna de hierba hay un ángel cuya única tarea es inclinarse sobre ella y susurrar, «Crece, crece». Lo que no se aleja mucho de la verdad, aunque sería más exacto decir que también hay un demonio inclinado sobre ella diciéndole, «Muere, muere». El impulso de la vida y el impulso de la muerte: ambos existen en igual medida.

Está todo en mi ecuación, la ecuación. En verdad, cuando se haga público mi trabajo, habrá una revolución en las ciencias como no se ha visto desde que Galileo apuntó por primera vez un telescopio hacia las estrellas. Por eso no se debe permitir que este trabajo perezca en este lugar.

Pero volvamos a nuestro tema. A nivel subatómico podemos acercarnos un poco más a la verdadera naturaleza de la materia física, la energía. Es a este nivel cuando encontramos

(Anotación: Las páginas siguientes de este texto han desaparecido)

...

Casi todo mi trabajo durante los últimos diez años ha tenido alguna relación con la quinta dimensión. Al explorar las tres dimensiones del espacio, los científicos solo podemos comprender el qué y el dónde. La cuarta dimensión del tiempo nos permite comprender el cuándo. Pero la quinta dimensión... la quinta dimensión nos dirá el porqué.

Para visualizar la quinta dimensión, visualiza primero una dimensión sola, del norte al sur, una línea de un átomo de ancha. Al añadir una segunda dimensión, de este a oeste, cada átomo de la línea norte a sur se repite una y otra vez por cada átomo de la dimensión este a oeste, lo que forma un plano llano. El plano llano entero de norte a sur y este a oeste se multiplica una y otra vez por cada átomo de la línea que va de arriba abajo, lo que forma un cubo. Y cuando añades la dimensión del tiempo, cada átomo del espacio tridimensional de ese cubo existe de nuevo en cada microsegundo de tiempo. Esta habitación en la que estoy sentado, esta silla, no es la misma habitación ni la misma silla que era hace un segundo, y no serán las mismas dentro de un segundo. Así pues, es razonable pensar que en la quinta dimensión, cada átomo del espacio tridimensional en cada microsegundo de tiempo existe una y otra vez, ¿pero repetido en qué? ¿Cuál es el quinto eje?

Según los cabalistas, la quinta dimensión es la dimensión del bien y del mal. Para mí es la dimensión espiritual, la dimensión del significado. La quinta dimensión es: cada átomo del espacio tridimensional durante cada microsegundo de tiempo relacionado con cada uno de los otros átomos del espacio tridimensional durante cada microsegundo de tiempo. En otras palabras, la quinta dimensión es la pauta viva. Es la dimensión de la interconexión, de las relaciones, un tapiz de causa y efecto.

Si pudiéramos leer la quinta dimensión seríamos capaces de ver la pauta que nos lleva a realizar cada acción. Si pudiéramos rastrear cada hebra de ese dibujo, y seguir rastreándola después, seríamos capaces de identificar cada causa de ese efecto, y las *causas de las causas, y las causas de las causas de las causas, una y otra vez, hasta que todas las causas se funden en una sola causa al principio de los tiempos.*

Seríamos capaces de responder a la pregunta, «¿Por qué?», no solo para cada acción individual, sino para el propio principio de la vida.

...

Mientras estaba inmerso en la meditación, una noche justo antes de que las cosas cambiaran para siempre en Brezeziny, tuve una visión. Vi una escalera, la escalera de Jacob. De los tramos de la escalera colgaban universos enteros. A la derecha, la escalera se hacía cada vez más brillante hasta que el final del continuo era pura luz. A la izquierda, la escalera se iba oscureciendo cada vez más hasta que el final estaba tan oscuro que solo se podría describir como la más absoluta ausencia de luz. Nuestro universo estaba exactamente en el medio de la escalera, colgado del tramo central. Un ángel lo señalaba y decía: «Solo de aquí pueden las almas escapar».

Entonces vi cómo la escala iba cambiando de forma hasta convertirse en una rueda, una rueda de fuego que era redonda como un globo y estaba dividida en cuatro segmentos. Luego cambió otra vez: se convirtió en la figura de un hombre, un hombre hecho de estrellas, de universos. La cabeza de aquel hombre estaba bañada en una luz sólida y sus pies se desvanecían en la oscuridad. En el centro del hombre estaba el ombligo y un cordón umbilical de luz y energía crecía allí, se disparaba hacia las alturas, hacia un lugar que estaba por encima del mundo material, por encima incluso de la quinta dimensión.

Cuando volví en mí, supe que me habían concedido un don. Incluso en la ciencia, hay un velo de hierro entre lo que podemos aprender, los hechos de nuestra jaula de espacio-tiempo, y lo que yace más allá. Estamos totalmente aislados, incapaces de conocer al Otro, salvo, quizá, en estos sueños.

Pero ahora que he experimentado Auschwitz solo me queda preguntarme, mi Señor D—s, si esto es el medio de la escala, si nuestro mundo está en el centro y a un lado yacen los cielos y al otro yacen los infiernos, entonces, ¿cuánta maldad ha de haber en el Infierno?

6

La distancia no es en el cielo como es aquí. Aquí hay una distancia limitada y por tanto perceptible. Allí no tiene límites y es por tanto imperceptible.
— Emanuel Swedenborg, *Cielo e Infierno*, 1756

6.1. JILL TALCOTT
SEATTLE, IMPULSO POSITIVO, 75 POR CIENTO DE POTENCIA

Jill ya no dormía. Y Nate tampoco. Él tenía unos círculos morados bajo los ojos. Sobre su piel aceitunada los círculos eran del color de la púrpura y la savia, y ella se sorprendía en ocasiones mirándolos fijamente, maravillándose ante el modo en el que los colores del desierto contrastaban con sus pestañas negras, gruesas, como un anochecer de medianoche.

Las cosas no podrían ir mejor. La mayor parte del personal estaba de vacaciones y el departamento de física había recibido una gran beca de *Microsoft*. Todo el mundo felicitaba a Grover y a Chalmers: a Grover porque el ordenador cuántico era la razón de la generosidad de *Microsoft*, y a Chalmers porque guardaba el cheque. Y todo eso se los quitaba a ella de encima. Se hablaba mucho de que el programa de física de la Udub se estaba convirtiendo en un programa de primera clase. Jill sonreía irónica para sí misma y continuaba sus excursiones subterráneas al laboratorio del sótano. Si ellos supieran.

Sabrían lo siguiente: la uno-menos-uno era lo más importante que había ocurrido jamás en el mundo científico. Y era suya, toda suya.

Nate y ella iban a su casa cada tarde, a última hora, para comprobar y apuntar los resultados del grupo de control. A Jill le divertía pensar que aparcaban en la acera de un barrio sin pretensiones, allí llegaba los programadores con sus vaqueros o los tipos de marketing con sus *Dockers*, volvían a casa tras finalizar el día. Y ella y Nate, cargando con el maletín de ella y el portátil de él, salían del coche como personas normales y abrían la puerta de su casita y nadie les echaba ni una mirada. Algunos días hasta lanzaba una carcajada.

Intentaba mantener la objetividad, intentaba no permitirse proyectar demasiado en los sujetos ni anticipar los resultados. Pero no se podía negar que la alteración de la uno-menos-uno había afectado a los sujetos del laboratorio del sótano. Sus compañeros del grupo de control, en casa, los ratones, los virus y la fruta, tenían un aspecto normal en sí, pero al compararlos con sus gemelos del laboratorio, estaban... como más apagados, como si existieran a cámara lenta o quizá fuera apatía.

El pelo de los ratones del laboratorio estaba brillante y corrían por todas partes, se levantaban sobre las patas traseras y lo olisqueaban todo, copulaban casi sin parar, incluso machos con machos cuando Nate y ella separaron a los sexos para darles un descanso a las pobres hembras. Los virus estaban prosperando de una forma tan exuberante que tuvieron que añadir más platos. Los cultivos originales del laboratorio estaban cada uno ya en tres platos, comparados con el único plato que había en casa de Jill. La fruta se negaba a pudrirse.

Y luego estaban los sujetos humanos. Su menstruación era más abundante y duraba un día más. Siempre había tenido el pelo fino, pero una nueva línea de cabellos que le bajaba por el borde de la frente indicaba un crecimiento abundante. Se sentía siempre llena de energía, aún sin comida o descanso. Su mente calculaba, organizaba, pero con frecuencia se volvía borrosa de pura sobrecarga. Emocionalmente hablando, se sentía entusiasmada pero frágil, se echaba a llorar de frustración con facilidad por un atasco o ante algún estudiante quejica y al momento volvía sentir el mayor de los júbilos cuando hacían el más ligero progreso. Todo esto también lo anotó.

20 de julio. La comida para llevar que había sobre el mostrador de la cocina quedó sin desempaquetar. Ni ella ni Nate tenían mucha hambre estos días, un hecho que Jill anotó en su diario. Había empezado a parar en un pequeño establecimiento especializado en *teriyaki* cada noche. Y cada noche, después de que Nate se fuera a casa, sacaba el recipiente de él de la basura y apuntaba cuánto había comido. En los últimos tres días apenas lo había tocado.

Terminaron de anotar los números de los sujetos que tenía en el dormitorio libre a las cuatro en punto. Jill debería sentirse cansada porque llevaba días sin dormir, pero todavía estaba bullendo de energía.

—¿Cuál es el nuevo total? —le preguntó a Nate cuando terminó el último examen. Esperaba que hubiera subido medio punto por ciento desde ayer, por lo menos. Sólo tres puntos más de porcentaje y conseguirían una diferencia del 50 por ciento entre los grupos de control y de prueba.

Cuando vio que no le respondía de inmediato, se volvió a mirarlo. Nate estaba jadeando, sentado al borde de una silla plegable, el único lugar que había para sentarse en aquella atestada habitación. Era una noche cálida y le cubría la cara una fina película de sudor.

—Creo que voy... —murmuró el joven sin fuerzas al tiempo que se dirigía a la puerta.

Jill lo siguió.

—¿Qué te pasa?

El portátil le colgaba pesado de una mano y cuando aterrizó en el sofá lo dejó resbalar hasta el suelo a su lado. Cayó sobre los cojines, medio recostado. Parecía incapaz de moverse, ya fuera para incorporarse o para acostarse del todo.

Parecía gravemente enfermo. Eso disparó el miedo y la sensación de culpa de Jill por lo que estaba haciendo, exponiéndolo a él, exponiéndolos a los dos, a la uno-menos-uno alterada. La profesora murmuró algo extraño y fue a la cocina, mojó un paño de cocina con el agua fría del grifo. El joven estaba tan pálido... El corazón de la científica le golpeaba con violencia en el pecho, otra reacción exagerada pero saberlo no la hacía desaparecer.

Cuando volvió, el joven se estaba quitando sin demasiadas fuerzas la camiseta, que estaba húmeda por el sudor. Luego volvió a derrumbarse en el sofá, con la piel pegajosa y resbaladiza, tenía un aspecto exhausto, con la piel verde. Parecía haber estado a punto de perder el sentido, quizá aún lo perdiese.

—Calor —jadeó—. ¡Un ventilador!

—No, lo siento.

Jill corrió a abrir las ventanas del salón y de la cocina con la esperanza de crear una corriente y aunque era un día cálido, a ella no le parecía de un calor insoportable. Ese pensamiento la asustó aún más, corrió al baño y revolvió las cosas en busca de un termómetro. Lo llevó de nuevo al salón y se arrodilló al lado del sofá. Nate tenía los ojos cerrados.

—Deberíamos tomarte la temperatura —dijo; se sentía torpe. Le metió el termómetro en la boca y empezó a limpiarle la piel pálida de la cara y los brazos con el paño frío, igual que hacía su madre con ella cuando tenía fiebre. La piel del joven emitía calor. Nate abrió los ojos.

—¿Crees que necesitas ir al hospital?

—Sólo calor —consiguió decir a pesar del termómetro.

—No hables. No has tocado la cena. ¡Llevas días sin comer, Nate! Vas a conseguir ponerte enfermo y luego ¿cómo sabríamos si el experimento tuvo algo que ver con ello o no?

Hablaba con tono molesto para disimular el miedo, enredaba nerviosa con el paño, limpiándole una y otra vez la larga superficie del brazo derecho del chico. Estaba tan pálido que relucía, la piel tensa sobre el músculo. Le limpió la mano, que le abrió para poder llegar a ella, medio notando su superficie amplia, cremosa y los oscuros riachuelos de las líneas, la textura increíblemente blanda de las yemas de los dedos.

¿Por qué, de repente, el tiempo pasaba tan despacio, y cuándo podría comprobar la temperatura para poder salir de allí? Levantó la mano libre para tocarle la frente, pero moverse parecía exigir un esfuerzo exorbitante y la distancia hasta la frente parecía infinita. El joven tenía la frente fría y húmeda. ¿No acababa de estar ardiendo de fiebre? No, era su propia mano la que estaba húmeda y fría. ¿Cómo iba a distinguir nada?

Debería sentirse aliviada de que el joven pareciera un poco más recuperado, echado allí y contemplándola con una mirada tan pesada como una piedra. Pero una sensación apremiante, nauseabunda, un mal presentimiento se acumulaba en su entrepierna. Era ella la que estaba enferma; estaba enferma.

Él la miraba fijamente, hundido en el sofá oscuro como si estuviera flotando en un mar de terciopelo. Con el cabello negro y rizado y el pecho desnudo, parecía una ninfa masculina griega o algo así y ella era incapaz de levantarse. De repente pensó en un millón de cosas que debería comprobar en la casa mientras el termómetro hacía su trabajo y los segundos pasaban reptando. Una brisa de las ventanas le levantó el cabello del cuello. Vio como la piel del pecho liso del joven se levantaba, convertida en un campo de granitos diminutos bajo esa misma brisa y esa piel pareció adquirir más claridad, más intensidad de luz que nada de lo que hubiera visto hasta entonces. El paño era de plomo. Su mano yacía pesada en el brazo del joven, inmovilizada.

Él se quitó el termómetro de la boca, levantó la mano para cogerla por el cuello, la atrajo hacia sí y la besó.

Ante la primera caricia de sus labios, una marea eléctrica bañó el cuerpo de la mujer. Era como si la hubiera golpeado un camión, tanta fuerza tenía; era como si le inyectaran un fluido caliente y frío al mismo tiempo. Sintió los elementos químicos que inundaban de locura cada parte de su cuerpo, desde la coronilla, que le hormigueaba, hasta las puntas de los dedos de las manos y de los pies (entumecidos de repente), pasando por el pecho constreñido, las piernas temblorosas, su núcleo exterior de conciencia, que ahora se localizaba en lo más profundo y bajo de su abdomen.

El joven se volcó hacia ella, con urgencia pero al mismo tiempo blando y fluido, de una forma imposible. Era como si ella se estuviera fundiendo en él, como si él fuera la corriente de un río que la absorbiera, sus labios, su lengua, suaves y peligrosos como la acometida de las mareas. Sintió la pasión de él, tan densa que su calor le ardía en la boca como un sol reluciente. ¿O era su propia pasión? Su boca respondía con voluntad propia, buscando cada trozo del joven como si fuera el aire y ella se muriera por respirar. Los dedos del muchacho le agarraron los brazos y la atrajeron hacia él, sin detenerse, aun cuando su cuerpo se arqueaba para encontrarse con el de ella. El impulso de aquel momento era inexorable, ineludible, una necesidad de seguir adelante con un solo final posible.

Pero. Pero. La mente de la científica era fuerte. Su miedo más fuerte aún. Hizo lo que todas las células humanas de su cuerpo le estaban gritando que no hiciera: lo apartó de sí, cayó con torpeza hacia atrás, se levantó como pudo, corrió a su habitación y cerró la puerta con llave mientras ahogaba un sollozo.

No lo oyó irse pero cuando por fin reunió el valor para comprobarlo, quizá una hora más tarde, él ya se había ido.

Al día siguiente no podía, no quería, evitar el laboratorio por Nate aunque hubiera preferido enfrentarse a un pelotón de fusilamiento. Tenía un discurso preparado en la cabeza y lo pronunció, con torpeza, un discurso sobre las relaciones estudiante-profesora, sobre las diferencias de edad, sobre que los dos sabían que ciertas... propensiones físicas... parecían estar exacerbadas por el experimento y que si bien ella no le echaba exactamente la culpa, lo importante era mantener la objetividad y observar los efectos y no contaminar un trabajo tan increíblemente importante con aunque fuera un jirón de falta de decoro, y bla, bla, bla.

Su ayudante no la miró durante la mayor parte del discurso, mantuvo los hombros tensos como si fuera un escudo contra sus palabras. Pero cuando terminó, se volvió y le lanzó una mirada de tal arrepentimiento y... piedad que sintió que se rompía en un millón de pedazos, como si su identidad se estuviera fragmentando y ya no fuera nada.

Luego, el joven empezó a hacer comentarios sobre los ratones y todo acabó.

Una semana más tarde, Jill estaba en su oficina revisando su correo y sintiéndose especialmente contenta por la llegada esperada y tardía del cheque de devolución de hacienda. Tuvo un calambre de auténtica hambre, el primero en días. De repente sentía un apetito voraz.

Cruzó el campus en dirección a los restaurantes de University Street... y vio a Nate. Estaba bajo un árbol, en el césped, con una chica, una estudiante por lo que parecía, y estaban echados uno al lado del otro. Él la besaba, con mucho cuidado, sin tocarse, pero el mundo entero existía allí donde se encontraban sus cuerpos; cualquiera podía verlo; de una profundidad infinita, de una dulzura infinita.

Una puñalada de dolor y nostalgia la atravesó. Se recompuso, como si le hubieran dado un golpe físico, luego dio la vuelta y volvió a su oficina, y allí se quedó sentada durante una hora, envolviéndose el estómago con los brazos, intentando calmar el caos físico y emocional que estaba haciendo estragos en su interior.

Después de eso vio menos a Nate en el laboratorio. Siempre estaba allí cuando llegaba el momento de revisar los resultados del día pero a otras horas, cuando solía encontrarlo por allí manipulando algo o mirando a los sujetos, ahora ya no estaba.

Después de un tiempo, Jill fue capaz de volver la vista atrás y mirar la situación con alivio. Había evitado una aventura desagradable y muy poco profesional. Incluso lo llamó valor. Y cuando alcanzaron el diferencial del

50% en su experimento, Jill, que debería haberse detenido ahí, no lo hizo. Se sentía temeraria y un poco salvaje. Quería... necesitaba... más.

Le dijo a Nate que lo subiera.

6.2. AHARON HANDALMAN
TEL AVIV

Solo había sesenta y dos kilómetros entre Jerusalén y Tel Aviv pero Aharon venía aquí lo menos posible. Tel Aviv era una ciudad de playa, una ciudad secular. Aquí se veían pocos *haredim*, si es que se veía alguno, en las calles, pero había abundancia de bikinis y pantalones cortos rotos. En opinión de Aharon, una opinión que estaría encantado de compartir si alguien le preguntara, era una Sodoma moderna. Había escogido un domingo para hacer el viaje. No le dijo a Hannah a dónde iba. ¿No iba a ser hoy ya bastante desagradable sin que su mujer hiciera encima aspavientos?

Fue con una cara muy sombría con la que se acercó a los apartamentos para ancianos de Ben Gurion Street. No estaban en un sitio barato, estos apartamentos. A alguien debía de irle muy bien. Cuando cogió el ascensor al tercer piso, la visión de una anciana que iba arrastrando los pies con un gato sarnoso y el olor inconfundible de los viejos no hizo mucho por animarlo. De depresión en depresión, ¡y ni siquiera había hablado con el hombre todavía!

Aharon se preparó, como Josué antes de entrar en batalla, y llamó a la puerta. Tuvo que bajar los ojos para mirar al hombre que contestó. Medía menos de metro y medio y tenía un aspecto frágil. El pelo que le quedaba era tan fino que se podía ver el cráneo moteado debajo. El rostro estaba pálido entre las decoloraciones y los labios se habían reducido a una consistencia acuosa.

El hombre parpadeó al levantar la vista, como si intentara reconocer el rostro.

—¿Rabino Kaufman?

—No. Soy el rabino Handalman. Llamé para decir que venía hoy. ¿Es usted Karl Biederer?

El anciano extendió una mano temblorosa.

—Sí. Se me olvidó un poco, eso es todo. —Y luego—. No es un crimen.

—¿Me permite entrar?

—Sí. Entre, entre.

Biederer se dirigió al interior arrastrando los pies y Aharon lo siguió. Contempló cómo Biederer miraba por el descansillo (a los dos lados) y luego cerraba la puerta con llave y pasaba los dos cerrojos.

Biederer se dirigió a lo que Aharon supuso que era la cocina.

—¿Té?

—¿De hierbas?

—Por supuesto, de hierbas.

—Entonces, sí, me tomaría un poco. Gracias.

Mientras Biederer trasteaba en la otra habitación, Aharon se quitó el abrigo y el sombrero que utilizaba para salir y los colocó con todo cuidado en una silla. Se llevó una mano con un gesto automático al *kippa* de lana que permanecía en su cabeza, para ver si todavía estaba en su sitio. Miró a su alrededor.

La habitación era un apartamento sencillo pero moderno con las paredes de textura blanca. Los muebles eran viejos, polvorientos, fuera de lugar en aquella arquitectura. El sofá parecía continental, con un brocado de seda desvaído y una madera tallada muy florida ya astillada y apagada. Nada más encajaba con aquel horror y el ambiente general era de apilamiento. El aire estaba rancio.

Aquel apartamento cerrado y maloliente no hacía nada para inspirar consuelo en un alma nerviosa. Había una gran ventana en la pared de enfrente y el día era soleado en el exterior, pero Biederer tenía las persianas cerradas como un puño contra la luz.

—Tenga. —Biederer trajo dos tazas de té en una bandeja de metal para galletas y las puso sin demasiada elegancia en la mesa de café, una rueda de carreta del oeste americano.

—Siéntese —le ofreció mientras él se bajaba hasta un hueco con la forma de Biederer que había en el sofá.

Aharon estaba con las persianas.

—¿Sería mucha molestia si...? —Hizo un gesto para señalar la ventana.

—No —dijo Biederer con tono razonable—. Si no le importa matarme.

Aharon esbozó una débil sonrisa y se sentó. El té olía bien pero unos trocitos secos en el borde de la taza lo desanimaron. Suspiró. *Termina ya con esto*.

—Señor Biederer, quería hablar con usted sobre Yosef Kobinski. Estuvieron en el mismo barracón de Auschwitz.

—Eso me dijo por teléfono. ¿Ve?, lo recuerdo.

—Sí. Estoy buscando información sobre su trabajo.

Biederer estudió a Aharon con una expresión dolorida.

—¿Qué es tan importante para que tenga que dragar todo eso otra vez? ¿Qué quiere de Kobinski?

Aharon no se esperaba aquella pregunta pero era un hombre sincero. Sin embargo, decir una pequeña verdad, en lugar de soltarlo todo sin más, también era perfectamente aceptable.

—Enseño en el *Aish HaTorah* de Jerusalén. También investigo el código de la Torá. ¿Ha oído hablar del código de la Torá?

Biederer hizo un gesto despectivo, «por supuesto».

—Resulta que encontré algunas referencias al rabino Kobinski en el código, así que quiero saber algo más de él.

Biederer se estaba saqueando el labio inferior con la lengua. Aharon se resignó a escuchar una larga lista de preguntas sobre Kobinski y el código pero el anciano solo se encogió de hombros.

—*Nu*. —Lo dijo como si no le sorprendiera, y empezó a hablar—. Me sepultaron en Auschwitz el 18 de septiembre de 1942. Así es como yo lo llamo, sepultado. Mi familia era de Nuremberg. Mi padre era banquero, un hombre rico, pero ni siquiera eso pudo salvarnos. Ahora mi hijo también es banquero. —Biederer indicó la habitación con una mano—. Es el que paga todo esto.

—Lo siento, ¿quién? —Aharon había traído una grabadora por si acaso el hombre decía algo importante sobre Kobinski y estaba manoseándola para encenderla.

—Mi hijo.

—Oh. Sí. Debe de ser un consuelo para usted.

Biederer se encogió de hombros pero había luz en sus ojos, una luz que no duró mucho.

—Solo tenía quince años cuando llegué a Auschwitz. No se creería lo anciano que se puede ser a los quince años.

Con la grabadora girando a salvo sobre la rueda de carreta, Aharon se acomodó un poco. Le costaba respirar, ya fuera por el esfuerzo o por la tensión. Esperaba que Biederer no se extendiera mucho sobre sus propias experiencias.

—¿No llegó el rabino Kobinski a Auschwitz sobre esa época también?

—Estaba en el barracón cuando yo llegué. Él y su hijo, Isaac. —Biederer tenía una mirada lejana en los ojos, los labios inclinados hacia abajo—. Bueno, si va a ser así... —Se levantó del sofá tras colocar con inteligencia los miembros sin fuerzas, y se acercó a una mesa pequeña. De un cajón sacó un paquete de cigarrillos, un mechero y un cenicero—. Mejor que abra la ventana —le dijo a Aharon mientras volvía a cruzar la sala rumbo al sofá—. Pero abra solo una ranura por abajo; no abra las persianas.

Aharon abrió una ranura tan grande como pensó que le permitiría y subió las persianas cerradas menos de un centímetro para liberarlas de la corriente. Como resultado la habitación quedó un poco más iluminada y entró un poquito de aire fresco. El efecto quedó pronto arruinado por la bruma que formó el humo del cigarrillo.

—¿Quiere uno? —le ofreció Biederer.

—No, gracias —dijo Aharon, lo bastante rígido como para demostrar su desaprobación.

—Bueno. Kobinski. —Biederer le dio una buena calada al cigarrillo—. Yo solo tenía quince años y mi familia no era tan religiosa. Pero hasta yo sabía que era un gran *tzaddik*, un santo. Debería haber visto a aquel hombre... —Hizo rodar la punta del cigarrillo en el cenicero—. Tenía un aspecto diferente a los demás, como si hubiera una especie de paz a su alrededor, ¿sabe? Como si estuviera paseando por la calle más bonita que pudiera imaginarse, como si no hubiera chinches del tamaño de uvas infestando los colchones manchados de orina en los que teníamos que dormir, todos apretados, como si...

La voz de Biederer temblaba. Se detuvo, se quedó callado un momento.

—Todo, todo se lo tomaba como venía. Eso ayudaba. No se puede imaginar lo mucho que ayudaba. Podías mirar a ese hombre y mientras vieras su rostro, podías fingir que todavía existía Dios.

Aharon cambió de posición en la silla. Tenía calor con las mangas largas y el chaleco negro y en el apartamento empezaba a hacer calor a medida que crecía la fuerza del sol en el cielo. Estaba sudando. El esfuerzo mental de convertir el cerebro en una fortaleza, de dejar entrar solo la información que quería oír, tampoco ayudaba mucho.

—¿Hay algo concreto que recuerde sobre su historial, quizá algo que dijo sobre su trabajo? ¿Mencionó alguna vez...? ¿Dijo algo sobre un arma?

—¿Quién está contando aquí la historia?

Aharon frunció el ceño.

—Soy consciente de las condiciones generales de vida en Auschwitz. Solo me interesa Kobinski.

Biederer entrecerró los ojos, como si lo midiera, igual que hace un padre cuando intenta adivinar qué ha hecho su hijo para parecer tan culpable.

—Ahá. —El rostro de Biederer se deshizo en una mirada astuta y no especialmente amistosa—. En nuestro barracón teníamos como entre doscientos a doscientos cincuenta prisioneros. Dormíamos tres en cada litera y las literas tenían tres pisos.

—Sí, lo sé —dijo Aharon infructuosamente. Aquel viejo tonto iba a insistir; ¿qué podía hacer?

—Teníamos piojos, teníamos chinches y teníamos tifus. Comida no teníamos. Agua no teníamos. Un lugar para lavarnos siquiera, jabón, simple jabón, eso no teníamos. ¿Cree que no me importaba porque tenía quince años? ¿Había pasado algún día sucio en toda mi vida antes de eso? ¡Jamás!

Aharon sintió una guadaña ardiente en la espalda, allí donde lo alcanzaba luz de la parte inferior de la ventana, quemaba como hierro candente.

—El trabajo del rabino Kobinski...

—Algunos pensaban que estaba loco, sabe. Había dos clases: los que pensaban que estaba loco y los que pensaban que era un santo. Yo, yo me quedaba con el santo. ¿Por qué no? ¿En qué otra cosa podíamos poner nuestras esperanzas? Por las noches rezaba y la gente se reunía para escucharlo. El *capo* se cansó de pegarle por eso, nunca parecieron importarle las palizas. Asustaba al *capo*, un *Schewin* muy desagradable llamado Gröding. El rabí asustaba a mucha gente.

—¿Los asustaba? ¿A qué se refiere?

—Andaba por allí inmune a todo. No se imagina lo aterrador que es eso. Porque la realidad —Biederer unió los dedos en un gesto de fuerza—, la realidad... —Hizo rebotar aquella mano en busca de palabras—. Era como caminar por el alambre. Tenías que estar alerta cada segundo. Bajabas la guardia un instante y estabas muerto. ¡Y ahí estaba alguien que no era consciente de nada! Era un milagro o una terrible amenaza; nadie lo sabía muy bien. Y tenía ese cántico. La primera vez que me fijé en Kobinski, estaba canturreando por lo bajo y haciendo señales por toda la habitación, primero en los postes de madera de la litera donde dormían él e Isaac, luego en las cuatro esquinas de la habitación, en el centro, en las puertas de salida.

Biederer se detuvo de forma deliberada y dio calada tras calada de aquel apestoso cigarrillo.

—El *capo* le ladra, «*¡qué estás haciendo ahí! ¡Para ahora mismo!*», y Kobinski no le hace caso. Gröding intenta tirarle del brazo, para apartarlo, pero Kobinski es un árbol. No cede, ni siquiera el brazo, ni un poquito. ¡Y Gröding no era un hombre débil! Así que todo el mundo susurra... «el rabí hace magia», «tiene una fuerza sobrenatural», «Dios no dejará que Gröding lo moleste». Gröding se pone rojo y le dice en voz alta a todo el mundo que ese hombre está loco, es un inocente, y luego se va como si no quisiera molestarse más. Después de eso, las letras que Kobinski había escrito con el dedo desnudo no se veían, pero todo el mundo sabía que estaban allí. La gente frotaba los postes de su litera, las puertas, los sitios que había marcado. —Biederer sonrió. Una sonrisa frágil, miserable—. Mire lo que le digo, no siempre lo tuvo tan fácil Kobinski como con Gröding aquella vez, pero mucha gente creía que hacía magia.

—Era cabalista —dijo Aharon aclarándose la garganta.

—Sí, cabalista. Por supuesto, los judíos típicos, algunos de los hombres, despreciaban la cábala, incluso algunos de los religiosos. Pero no a la cara, ¡eso no!

—¿Qué le decía a la gente? ¿Sólo hacía marcas en el aire o qué?

—¿Decir? —Biederer lo miró como si el concepto le resultara extraño—. Hablaba con sus seguidores pero yo nunca me atreví a acercarme. Tenía miedo de llamar la atención. Pero sí que le oí decir, y la gente lo citaba, decía: «El mundo es un equilibrio entre el bien y el mal. Es una ley física. Así que solo puede empeorar antes de que las cosas tengan que mejorar». Claro que ellos se aseguraron de enseñarle otra cosa.

Aharon se secó la frente. ¡Qué calor!

—¿Y su trabajo? ¿Mencionó alguna vez un arma? ¿O habló alguna vez de física?

Biederer lo miró furioso y sin brillo en los ojos. Terminó el cigarrillo y encendió otro.

—Estaba escribiendo un libro. Sus seguidores le traían todo lo que podían encontrar: papel higiénico, papel de carnicería, hasta hojas secas para escribir. Por esto también se peleaban los hombres del barracón. Algunos pensaban que nos ponía en peligro a todos con esas cosas. ¡Pero sus seguidores siempre lo defendían! Había uno, Anatoli, un judío ruso. Ese hombre era un fanático. Seguía a Kobinski por todas partes como un perro.

»En cuanto a mí, yo pensaba que deberían dejarlo en paz, dejarlo escribir. Aunque no le quedaban muchas fuerzas, ¿quién las tenía? Trabajaba todo el día y por las noches escribía, siempre, como un loco, como si durante todo el día hubiera estado escribiendo en su cabeza y esta fuera su única oportunidad para ponerlo sobre el papel. Si había luna, iba a sentarse al lado de una ventana o de la ranura de una puerta después de que se apagaran las luces, mucho después de que yo me durmiera. No sé por qué pero Gröding siempre hacía la vista gorda a eso.

—¿Qué le pasó al libro?

Biederer se encogió de hombros.

—Anatoli estaba a cargo de eso. Creo que lo enterró; no lo sé. Solo el chico y él sabían dónde estaba.

—¿El chico?

—El hijo de Kobinski, Isaac.

Aharon dio un suspiro, quería acabar con eso.

—Isaac murió en Auschwitz, también.

Biederer asintió. Por alguna razón eso, en concreto, hizo brotar las lágrimas en sus ojos, lo dejó sin voz. Aharon esperó. Biederer siguió dándole caladas al cigarrillo.

—Al final —dijo Biederer por fin—, ni la magia, ni la cábala, ni el rabino más grande de Europa significaron tanto así contra los nazis. —El anciano chasqueó los dedos.

—Bueno —dijo Aharon débilmente—. Si hay algo que pueda recordar sobre su trabajo... —Se levantó.

—Siéntese. —La voz de Biederer era amenazante—. Usted empezó esto. —Señaló a Aharon con el cigarrillo—. Ahora me escucha.

—Pero si no hay nada más concreto sobre...

—Usted no sabe lo que yo sé —dijo Biederer mientras se daba unos golpecitos en la sien. Aquel viejecito frágil, de repente se había hecho muy duro, su expresión se había oscurecido de rabia y otras emociones sin definir. Aharon se dio cuenta de que se había echado a temblar, no por un miedo real, claro está, sino por una sensación de ruina inminente que flotaba sobre él, como le había pasado en Yad Vashem. Se sintió confinado, acosado, como una tortuga a la que están pinchando con palos. Se sentó sin fuerzas.

—Cree que eso es malo, ¿esta pequeñez? —Los labios acuosos de Biederer se endurecieron de desprecio—. ¡Ustedes! ¡No han oído *makkes*, amigo mío, nada! Esta historia... —Se le fue la voz, como si no fuera capaz de encontrar una palabrota lo bastante grande—. Espere. —Volvió a señalar a Aharon con el cigarrillo—. Espere.

Biederer apagó el cigarrillo a medio fumar y encendió otro. A estas alturas en la habitación no solo hacía calor sino que estaba llena de bruma por el humo. La rendija de centímetro y medio de la ventana no dejaba salir el humo a la suficiente velocidad. Daba una imagen borrosa, como si se viera a través de una capa de vaselina. Eso solo contribuía a la impresión de que el tiempo estaba desapareciendo, de que el pasado estaba más cerca. Hasta el sabor del humo en la boca de Aharon podría haber sido cualquier humo, incluso el de los hornos.

—Había un guardia, Wallick se llamaba. Kobinski y él... había una guerra entre ellos, una guerra a muerte.

—¿Por qué?

—¿Por qué? Porque Wallick se tomó como un reto conseguir que Kobinski se derrumbara, por eso, hundirlo en el polvo y el horror con los demás, los *pishers*. Si la santidad de Kobinski intimidaba a Gröding, también lo convertía en el objetivo especial de Wallick. Y déjeme que le diga, no querías ser el objetivo especial de ninguno de esos demonios, pero sobre todo no de Wallick.

—¿Wallick mató a Kobinski? —preguntó Aharon al vislumbrar un final para esta historia.

—¿Matarlo? Quería que se derrumbara. ¿Se puede derrumbar a un hombre muerto?

—La verdad es que no me hace falta...

—Le pegaba, con frecuencia. Cada vez que lo veía. Con un palo le pegaba, a veces solo un poco, a veces mucho, hasta que la sangre le cubría la cara. Incluso en un sitio como Auschwitz, donde veías de todo, seguía siendo inquietante ver a un rabí tan grande cubierto así de sangre.

—Creo que...

—Y luego estaba la hora de la comida. Wallick pasaba por allí después de que nos sirvieran la sopa de agua y las mondas de patatas, y siempre en el mismo momento. Cualquier otra persona habría engullido la sopa en la fila, en cuanto se la dieran, pero Kobinski nunca. ¿Se lo imagina? Día tras día se pone a la fila, recibe la sopa, les sonríe a los internos que la reparten, espera por su hijo y se va con toda tranquilidad para encontrar un sitio para sentarse; nunca se da prisa, nunca actúa como si algo fuera mal. Luego, en cuanto se sienta, *bam*, viene Wallick y le tira el cuenco de las manos. Y Kobinski se queda allí sentado, mirando la sopa derramada mientras todos los demás se tiran a por ella a cuatro patas para comer la tierra húmeda, intentando conseguir algún nutriente.

Biederer suspiró.

—Le diré a quién le hizo daño: a su hijo, Isaac. Algunas veces vi lágrimas corriéndole por la cara cuando se alejaban de la fila con sus patéticos cuencos. Una vez le oí pedirle a su padre mientras pasaban a mi lado. «Come, papá; come ahora», y su padre le decía, «Primero tenemos que encontrar un asiento» con voz suave. Oh, el pobre chico, ¡qué maldición tener a un gran rabí por padre!

Algo le temblaba a Biederer en la punta de la lengua, temblaba como la humedad en los bordes de los párpados. Pero sacudió la cabeza.

—Cada cosa a su tiempo. —Respiró hondo—. ¿Qué más le hizo Wallick a Kobinski? Turno en las letrinas, todo el tiempo. Horrendo. Horrendo de verdad, un estudioso tan grande arrastrándose en medio de semejante basura. ¡Asqueroso! Wallick no le permitía contar con ninguna ayuda durante el día pero cuando sus seguidores volvían de su propio trabajo a veces él aún seguía allí y ellos terminaban por él.

Biederer señaló a Aharon con los dedos de fumador. Unas serpentinas blancas le flotaron alrededor del rostro como premoniciones del sudario.

—Lo que yo le diga, el hedor de aquel lugar, puedes soportarlo unos dos minutos sin vomitar. ¡Calderos y calderos de lo peor...! No son solo los desechos normales, sabe. Todo el mundo estaba enfermo de diarrea, tifus, todas las enfermedades conocidas para el hombre. ¡Y el olor que la inanición le da a las tripas de un hombre...! Es un infierno, se lo aseguro.

—Por favor —dijo Aharon con debilidad. Podía olerlo. Un inconfundible olor a orina y heces le bañaba la nariz. Se levantó y se acercó a la ventana, ya no le importaba Biederer. La abrió del todo, luego subió las persianas. Se inclinó hacia fuera y aspiró el aire fresco. Pero a estas horas el aire de fuera estaba tan caliente que no le despejó demasiado la cabeza, solo se quedó atrapado en sus pulmones como un paño húmedo.

—Pero nada de eso... nada de eso hizo derrumbarse a Kobinski.

La voz de Biederer provenía de algún lugar detrás de su cabeza, como la voz de los muertos. Volvía a haber un gran peso en la voz del anciano, algo grande que no se decía. Pero esta vez, Aharon tuvo la sensación de que lo diría. Aharon no podía detenerlo. Ni siquiera podía abrir la boca para hablar.

—Nada... —dijo Biederer con la lengua espesa—, nada hasta que Wallick empezó a meterse con su hijo.

—Por favor, oh Señor. —Lágrimas calientes de dolor y frustración llenaron los ojos de Aharon. Se apoyó en el alfeizar para incorporarse. Se acercó a la silla y recogió su abrigo—. *Shalom*, señor Biederer.

—De acuerdo, rabino Handalman —dijo Biederer con las manos extendidas, luego las bajó en un gesto de rendición.

—No, lo siento, pero...

—Entonces, pararé —dijo Biederer con firmeza.

Aharon se quedó quieto, con el abrigo y el sombrero en la mano. El sudor le hacía cosquillas al bajarle por las mejillas hasta la barba. Biederer hizo un gesto con las manos extendidas y las subió, ¿*nu?*

—Ya no necesito escuchar más. —Aharon se puso el sombrero.

—Hay más. Así que nos saltaremos al chico. No puedo decir que le culpe de eso. Pero tengo algo que usted quiere. Es sobre el trabajo del rabí. Así que siéntese.

Aharon manoseó el abrigo por un momento. Se quitó poco a poco el sombrero y volvió a su asiento. Estaba empezando a odiar a Biederer. El viejo sádico, tenía una especie de deseo pervertido de comunicar esa astilla negra que tenía en el corazón, venenosa y ulcerada.

—Fue después de que Wallick..., bueno, Isaac ya no estaba en nuestro barracón.

—Estaba muerto —dijo Aharon con un suspiro de resignación.

—No —dijo Biederer con los ojos brillantes y terribles. Cogió otro cigarrillo—. Pero usted no quiere escuchar nada de eso, así que no lo oirá. Dado que es tan delicado, rabino Handalman. Conozco a los de su clase. Sí, conozco a los de su clase.

Aharon apretó los puños alrededor del borde del sombrero.

—Diga lo que tenga que decir.

—Después de que Isaac dejara el barracón, Kobinski por fin empezó a despertar a la realidad, ¿sabe lo que digo? Se obsesionó con encontrar una forma de salir de Auschwitz. De alguna forma Anatoli consiguió meter a escondidas un mapa de la zona. Kobinski se pasó horas estudiando ese mapa, dibujando líneas y números. Algunos decían que estaba utilizando la astrología; otros decían que era obra de diablos.

Aharon se inclinó hacia delante en la silla, muy rígido. ¿Qué era esto?

—Nos dijo que había encontrado un portal. —Biederer parecía avergonzado, como si supiera que aquello sonaba a locura—. Un portal al... al Cielo. Estaba en los bosques, a poco más de un kilómetro del campo de concentración. Solo teníamos que llegar allí.

Aharon sintió una oleada de decepción. ¿Para eso había llegado hasta allí? ¿Para eso había soportado esta horrible depuración del pasado?

—¡Eso es ridículo!

Biederer se encogió de hombros. Se recostó en el sofá, dio unas patraditas con el pie, pero tenía una mirada obstinada, la mirada de un auténtico creyente.

—Quizá. Y quizá algunas personas, aún entonces, no le creyeron, quizá la mayoría de la gente. Pero algunos sí. —Señaló con el cigarro y el dedo a Aharon—. Algunos decían que era un gran cabalista, que podía pedir un carro celestial como Ezequiel. Y quizá algunos pensaron, sencillamente, que no tenían nada que perder.

—¿Eso fue el intento de fuga? —dijo Aharon al relacionarlo con lo que había leído en Yad Vashem. Biederer asintió.

Aharon resopló.

—¡Pero los mataron a todos esa noche! El rabino Kobinski, en paz descanse, debió de volverse completamente loco. Lo siento, pero es cierto.

Biederer se inclinó hacia delante, cogió su taza y bebió. Luego sacudió la cabeza.

—No, rabino Handalman.

—¿Cómo lo sabe?

—Porque funcionó.

Aharon se lo quedó mirando, asombrado. Había algo tan sereno y triunfante en el rostro de Biederer que Aharon se quedó muy quieto, intimidado.

—Puede pensar lo que quiera, ¿quién va a impedírselo? Pero lo que pasó, pasó. Yo no fui. Tuve miedo; esa es la verdad de Dios. Unos diez hombres de nuestro barracón fueron. Solo volvieron dos, Anatoli era uno de ellos. Pudieron escabullirse de los demás en medio de la oscuridad y consiguieron volver al campo de concentración. Nos lo contaron ellos.

—¿Sí?

El rostro marchito de Biederer casi relucía.

—Esa noche salieron del campo de concentración y llegaron al lugar donde Kobinski decía que encontrarían el portal. Los guardias los alcanzaron allí. Reunieron a los prisioneros, iban a traerlos de nuevo al campo de concentración para ejecutarlos. Pero Kobinski retó a Wallick y lucharon, cuerpo a cuerpo, cuerpo a cuerpo... ¡como Jacob luchando con el ángel!

Biederer cerró los ojos, el rostro triunfante, como si estuviera viendo en su mente una imagen que había imaginado ya muchas veces. Le dio una última calada al cigarrillo y conservó el momento en la lengua.

—Entonces vino el carro, en medio de un destello de luz, y se los llevó a los dos.

—¿Qué?

—Desaparecieron, rabino Handalman. Kobinski y Wallick juntos, ¡se desvanecieron! Y nadie los volvió a ver jamás.

Los mayores estaban jugando en silencio en el patio del apartamento con los hijos del vecino. El bebé dormía en la cuna. Hannah Handalman estaba sentada en la mesa de la cocina, mirando por la ventana.

Sabía que Aharon había ido a Tel Aviv a ver a uno de los supervivientes de la lista que ella le había dado, Biederer. No se lo dijo él. Iba a dar un paseo en coche, solo, dijo. Pero su marido no daba paseos en coche. Jerusalén era el mundo entero para él. ¿A qué otro sitio iba a ir por capricho? Y además estaba la expresión de su cara, la expresión de un hombre que va al dentista para que le quiten una muela.

Hannah estaba luchando contra la tentación. Había tenido la desventura de advertir que Aharon había dejado las bolsas en el recibidor la noche anterior y que una de ellas, una gran bolsa negra, era la bolsa que contenía la carpeta de las series Kobinski. Cuando Aharon se había ido esa mañana, no se la había llevado con él.

Por desgracia eso la dejaba en una situación difícil. Se dijo a sí misma que su marido había dejado muy claro que no quería que interfiriese. Pero también, pensó ella con perversidad, ella también había dejado muy claro que quería que él pasara más tiempo con ella y los niños. ¿Y había conseguido algo? No.

Cuanto más analizaba la situación, más ardía la rebelión en su pecho; era como un pequeño animalito con garras y una mente propia. Si Aharon hubiera sido un marido cariñoso, si hubiera sido dulce y tierno y se lo hubiera pedido de buenas maneras, no había nada que ella no hiciera por él. Su propio matrimonio lo demostraba.

Había habido una época en la que ella había considerado tener una vida diferente a esta. Había habido una época en la que ella tenía amigos que llevaban vaqueros y se burlaban de la tradición. Cuando se casó con Aharon comprendía que estaba decidiéndose por la vida de sus padres. Pero era tan guapo y fiero, de pie ante la mesa del comedor hablando con pasión de la Torá, que la había hecho creer en todo otra vez. ¡Aquel estudioso de la Torá, joven y dramático! ¡Una joya de la virilidad judía! Ella había pensado que aquel joven era la roca sobre la que ella podría anclar sus creencias, que el mundo del *frum* tendría sentido siempre que el amor que ambos sentían estuviera en el centro. Lo que no había entendido era que el estilo de vida que había elegido continuaría sin fin, pero que el ardor que él sentía por ella, no. Lo que ella había tomado por una roca no había tenido más sustancia que el primer sonrojo de la pasión. ¿Qué novia lo entendía?

Ya lo había desobedecido un poco. Sus padres, Dios los bendiga, se habían trasladado a Israel para estar cerca de sus nietos poco después del nacimiento de Yehuda. La última vez que los había visitado con los niños, había visto a su hermano pequeño, Samuel, navegando por Internet. ¿Habría, le preguntó, una red *on-line* de supervivientes del Holocausto? Tras una corta búsqueda, Samuel encontró un grupo de apoyo. Colocó un mensaje según sus instrucciones:

Busco a cualquiera que conociera al rabino Yosef Kobinski, ghetto *de Lodz y Auschwitz.*

Casi era un alivio que no hubieran sabido nada todavía. Por supuesto que no le había dicho nada a Aharon. Había sido un impulso. No saldría nada de ahí.

Los niños estaban jugando en silencio abajo; el bebé dormía.

La carpeta pesaba bastante. La colocó en la mesa de la cocina, desde donde podría seguir vigilando a los niños. Pero al poco rato se olvidó de vigilar y cuando entraron una hora más tarde, los metió en el salón con unos nuevos cuadernos para colorear que se había guardado para alguna emergencia y siguió buscando.

Durante todo el camino de vuelta a Jerusalén, Aharon no pudo dejar de ver la escena que había pintado Biederer: el frágil prisionero del campo de concentración, Kobinski, vestido con unas rayas mugrientas y el guardián nazi, Wallick, bien vestido, luchando cuerpo a cuerpo, el uno superado sin remedio pero decidido, el otro jugando, cruel, y luego los dos desvaneciéndose ante el asombro de los espectadores.

El carro de Ezequiel. Hasta él se daba cuenta de que apestaba a mito. Un destello de luz. ¿Podría haber sido el arma? ¿Podría Kobinski haber conseguido, de alguna forma, fabricar el arma? ¿La había tenido con él aquella noche? ¿Se habían vaporizado los dos? ¿O estaba ocurriendo algo completamente diferente?

Para cuando Aharon llegó a casa ya era tarde. Se arrastró por la puerta con el cansancio de los muertos vivientes.

—Ya era hora —le dijo Hannah al salir de la cocina. Tenía las mejillas sonrosadas—. Ya he puesto la cena. Es pollo.

—No tengo hambre. ¿Y dónde están los niños? —Los llamó, en voz más alta—. ¿Mi hijo y mi hija no tienen un beso para su papá?

Antes los niños corrían a su encuentro cuando llegaba, pero hacía meses que ya no lo hacían. Devorah y Yehuda se asomaron con cautela desde el salón. Aharon se arrodilló y extendió los brazos.

—Ven aquí, Devehleh.

La niña corrió hacia él con cierta ansia cohibida. Luego Yehuda. Aharon se encontró aferrándose al chiquillo. Yehuda, el mayor, su hijo, tenía nueve años, la misma edad que Isaac Kobinski en aquella foto. Volvió la cara lanuda para ocultarla en el hombro estrecho de su hijo cuando sintió las lágrimas.

—Papá, ¿qué te pasa?

Aharon lo soltó y se incorporó con un impulso.

—Nada. Todo va bien. ¿Por qué no habría de ser así? —Se secó los ojos. Su hijo y su hija se lo quedaron mirando asustados hasta que los mandó de vuelta a sus juegos. Sentía sobre sus hombros el peso del dolor, como si hubiera estado realizando el *shivah*.

—Aharon —dijo Hannah con ternura, pero no se acercó a él.

Quería extender los brazos hacia ella pero la brecha parecía demasiado ancha. Se frotó los labios con los dedos temblorosos.

—No tengo hambre, pero quizá debería comer algo.

—Ven a la cocina mientras hago la cena. Vamos.

El bebé estaba en la trona de la cocina y mordisqueaba encantada unas rebanadas de manzana. Aharon le besó la cabecita cálida y aromática antes de dejarse caer en una silla. Hannah utilizó unas pinzas para darle la vuelta a los trozos de pollo en la sartén, luego fue a sentarse con él.

—¿Tan mal fue?

La miró. Pues claro que había supuesto dónde había estado.

—Oh, Hannah. Ya no sé lo que estoy haciendo. ¿Estoy buscando a un perturbado? ¿Estoy loco yo? ¿Qué?

—Shhh. —Su mujer le acarició la mano.

—Dios me ha dado esto y Le estoy fallando. No soy capaz. Nada encaja. ¡Nada tiene sentido!

Sabía que esta oscura marea de emociones era algo temporal. Eran las imágenes con las que Biederer había intentado envenenarlo, no solo la última batalla en los bosques sino todas aquellas terribles atrocidades. Y él nunca, nunca lo había querido.

—¡Dios sabe lo que hace! —dijo con fiereza—. Si Él castiga, debe de haber una buena razón. ¿Quiénes somos nosotros para cuestionarlo?

Hannah lo miró con una expresión de preocupación cansada.

—Has tenido un mal día. Mañana te sentirás mejor.

—Lo.

—Déjalo entonces —dijo Hannah en un impulso—. Aharon, por favor. A veces tienes una mirada... tengo miedo por ti.

—Dios quiere lo que quiere. Jonás intentó huir. Mira dónde lo llevó. —Las palabras, y todo lo que traían con ellas del Dios sencillo y directo de la Torá, lo hicieron sentirse mejor. Se sentó un poco más derecho y buscó un pañuelo en el bolsillo.

—¿Qué? —preguntó él, porque su mujer llevaba escrito por toda la cara que tenía algo que decirle.

—Nada.

—Hay algo, ¿qué?

—Yo... —La mujer sacudió la cabeza, se inclinó hacia delante en la silla y enterró el rostro en el chaleco de su marido—. Te quiero, Aharon Handalman. Todavía te quiero.

—Por supuesto —dijo él, pero escuchó la duda en su voz y la abrazó con fuerza.

7

Cuando se tomó en serio, la propuesta de Copérnico hizo surgir gigantescos problemas para los cristianos creyentes. Si, por ejemplo, la Tierra solo era uno más entre otros seis planetas, ¿cómo se iban a conservar las historias de la Caída y la Salvación, con el inmenso peso que tenían en la vida cristiana? Si había otros cuerpos en esencia parecidos a la Tierra, la bondad de Dios requeriría sin duda que ellos, también, estuvieran habitados. Pero si había hombres en otros planetas, ¿cómo podían ser descendientes de Adán y Eva y cómo podrían haber heredado el pecado original, que explica el de otro modo incomprensible sufrimiento del hombre en la Tierra, sufrimiento hecho para él por una deidad buena y omnipotente?
—Thomas Kuhn, *La revolución copernicana*, 1957

El fracaso a la hora de adaptarse en un primer momento de la evolución es quizá lo que se necesite para tener éxito más tarde, esa tensión y esa lucha son los ingredientes de la armonía a largo plazo, ese dolor es vital para el nacimiento y la creación.
—Guy Murchie, *Siete misterios de la vida*, 1978

7.1. Jill Talcott
Agosto, Seattle, Impulso Positivo, 90 por ciento de Potencia

Probablemente debería haberse detenido al 75 por ciento de potencia. Pero Jill Talcott se estaba jugando demasiado para ir sobre seguro. Y dado que no había nadie más, salvo Nate, que supiera lo que estaba haciendo, tampoco había nadie para aconsejarle que hiciera otra cosa.

Y ella *sí* que intentó buscar consejo. Cada vez pensaba más en el Dr. Ansel. Ansiaba hablar con él sobre su descubrimiento y lo que podría significar. Ansel era prácticamente la única persona con la podía hablar. Pero la contenía el asunto de la desagradable despedida.

Cuando por fin reunió el valor suficiente para llamar, respondió una secretaria que transfirió la llamada a Tom Cheever, el jefe del departamento.

—¿Jill Talcott? ¿Usted era la becaria del Dr. Ansel? Supongo que fue antes de mi época. Yo llevo aquí cinco años.

—Sí —asintió Jill, lo que la hizo sentirse aliviada y culpable al mismo tiempo. Cheever no la conocía, lo que era bueno. Tampoco es que Ansel hubiera montado un follón cuando la transfirió a otro profesor. Probablemente no había sido para tanto para nadie salvo para ella, pero...

—¿Y en qué está trabajando ahora? —preguntó Cheever.

—¿Trabajar? Bueno... mecánica de ondas. Estoy en la Universidad de Washington.

—Mecánica de ondas —repitió Cheever débilmente.

—No lo entiendo. He llamado para hablar con el Dr. Ansel. ¿Ha solicitado un año sabático o...?

—Siento que no se haya enterado. Henry... el Dr. Ansel falleció el mes pasado.

Jill se quedó sin habla. Estaría cerca de los sesenta cuando ella trabajaba con él y en absoluto decrépito. Sintió un dolor que era genuino, si bien egoísta.

—Jesús, ¿qué pasó?

—Él... se tomó unas pastillas.

¿Se tomó unas pastillas? Ansel se había suicidado. Una frialdad terrible se deslizó por su cuerpo. Hasta dónde tuvo que hundirse en la sentina de la vergüenza y el deshonor para hacer algo así. Era horrible, tremendo. Se sintió fatal por Ansel, pero lo peor era que ella prácticamente podía saborear aquel destino como propio. El horror que sentía era tanto por ella misma como por él.

Tardó un momento en conseguir que la lógica superara la emoción. Eso no le iba a pasar a ella. Nunca le ocurriría a ella. Porque ella había demostrado sus teorías. Y cuando por fin lo hiciera público, tendría tantas pruebas que nadie sería capaz de refutarlas.

—¿Dra. Talcott?

—Estoy aquí. Gracias por...

—Éramos amigos. Sé que mucha gente de aquí no creía en el trabajo de Henry, pero yo sí. Sabía bastante sobre su trabajo. Cosas que otra gente no sabía.

Jill estaba empezando a sentirse incómoda. Había algo que no encajaba. Ansel había sido un hombre agradable, un hombre muy agradable, pero también había sido bastante obstinado. Ya era bastante duro imaginar que se había sentido tan hundido que había llegado a suicidarse. ¿Pero si tenía el apoyo de su jefe de departamento...?

Cosas que otra gente no sabía.

Cheever bajó la voz.

—Si usted está trabajando en algo *parecido* a lo que estaba haciendo Henry, entonces creo que deberíamos...

—Dios, lo siento; qué tarde es. Tengo que irme.

Jill colgó el teléfono y se lo quedó mirando durante un minuto, tenía la boca seca. Daría cualquier cosa... sí, deseaba con todas sus fuerzas no haber hecho esa llamada telefónica.

Su mente sondeó de inmediato las diferentes posibilidades. Ansel no había tenido acceso a un ordenador cuántico. Por tanto, aún cuando se hubiese dedicado a la mecánica de ondas después de su partida, aún cuando hubiese dado con la ecuación exacta, nunca habría sido capaz de probarla. Así pues, no era muy probable que sospechara siquiera de la existencia de la uno-menos-uno. E incluso si lo sospechaba, no podría haber tenido más que una vaga idea de lo que era. Lo examinó varias veces más pero estaba segura de que su razonamiento era correcto.

Puso la cabeza entre las manos y dio un profundo suspiro. Su trabajo estaba a salvo. Y además, aunque Ansel se *hubiera* acercado a algunas de sus teorías, siempre que ella no conociera los detalles, nadie podría acusarla de plagio. Parte de ella sabía que se estaba poniendo paranoica. Cheever solo quería hablar; parecía una persona perfectamente agradable.

Pero no pensaba dejar que le robara su trabajo.

15 de agosto. La mañana era cálida y soleada. Los periódicos proclamaban que había sido uno de los veranos más calurosos y secos registrados en Seattle. Jill, para quien el sol apenas era algo más que una molestia cegadora durante sus incursiones de la clase al laboratorio del sótano y luego a casa, deseaba que lloviera. Estaba terminando de escribir en su diario unos apuntes concernientes a las notas de sus estudiantes. Había empezado a notar unas semanas antes que los trabajos y los exámenes eran bastante mejores de lo habitual así que había rescatado los archivos del verano anterior y los había comparado. Los promedios eran mucho más altos este año, lo que había disparado la media hacia las alturas como la espina arqueada de un gato. Pero dado que eran estudiantes diferentes, no había una correlación verificable...

Oyó que se abría la puerta con aquel sonido de ventosa que hacía la cortina de goma y Nate entró en el laboratorio. Llevaba una cazadora de cuero de motorista colgada del brazo bronceado. El resto de su cuerpo iba ataviado con pantalones vaqueros y una camiseta negra. A Jill le resultó molesto que se pareciera cada vez menos a un espantajo de estudiante de ciencias y cada vez más a uno de esos modernos residentes con los que compartía Capitol Hill. Se había comprado una motocicleta este verano con algún tipo de golpe de suerte financiero y el equipo negro de cuero había provocado una reacción en cadena. Primero se había cortado el pelo y había dejado solo una espesa mata; luego lo había coloreado con un rubio fluorescente por arriba que hacía que el color oliváceo de su piel brillara como el oro. Se había puesto un aro en una oreja, donde relucía contra el cuello oscuro y había perdido sus buenos siete kilos. Tenía un aspecto asombroso, incluso aparentaba menos de los veintiocho años que tenía. A su lado, Jill se sentía patéticamente vieja y pasada de moda.

—Creí que llegarías tarde hoy. El puente 520 está cerrado, ¿verdad?

—Quizá, pensó Jill, no había ido a casa de Linda anoche y no había tenido que coger el puente para volver esta mañana. El joven insistía en contárselo cuando se quedaba con su novia en Bellevue, para que supiera por qué llegaba tarde por las mañanas, decía, aunque la profesora sospechaba que también quería darle un poco en la cara. Una cara que luego le escocía, en cualquier caso.

Nate tiró la cazadora y el casco en el estante de los abrigos y se puso un delantal protector.

—Terminaron dos días antes de lo previsto. Dios bendiga al departamento de autopistas.

—Hmmm.

—Era una maravilla conducir por encima del lago esta mañana. El agua era como cristal y tenía un profundo color azul verdoso. El cielo era impecable.

—Ya. —Jill se acercó a los objetos de la mesa. *Aquí tenemos un tema de conversación*, pensó, *el experimento*—. La velocidad de crecimiento sigue bajando en el virus, y los ratones no están tan hiperactivos.

El joven se acercó y se agachó al lado de los ratones, con el rostro concentrado de aquella manera suya tan delicada.

—Parecen sanos, solo que no tan activos como antes.

—¿Deberíamos arriesgarnos a reunir de nuevo a los machos y a las hembras?

—Vale.

Ya habían alcanzado las seis jaulas de ratones, tan rápida había sido la reproducción antes de que separaran los sexos. Llevaban alrededor de una semana sin advertir «folleteo» homosexual en la jaula de los machos. Quizá algún moralista homófobo entre ellos había avergonzado a los ratones, que se habían decidido por la abstinencia. Claro que quizá solo habían perdido las ganas. Nathan sacó tres ratones macho de la jaula A y tres ratones hembra de la caja D y los cambió.

Jill y Nate se arrodillaron delante de la jaula A y miraron. Hubo un barullo de olisqueos mutuos mientras los ratones volvían a reconocerse; luego las tres ratoncitas se acomodaron cerca de la comida, sin que nadie las molestara.

—El volver a estar juntos quizá los ponga en marcha de nuevo —sugirió Nate.

—Hmmm. Sigue apuntando la actividad sexual. Todos los días.

—¿La mía o la suya?

Si las miradas pudieran matar, la que le lanzó ella habría sido el equivalente a una trombosis coronaria.

—De acuerdo. —Se acercó al ordenador, abrió la carpeta de los ratones y empezó a tomar notas.

—El virus también se ha ralentizado —dijo ella, y luego recordó que eso ya lo había dicho. Lo habían anotado todo ayer por la tarde, durante las rondas diarias, pero parecía que de un momento a otro ella no podía evitar querer comprobarlo todo de nuevo—. La fruta sencillamente no se pudre. Estos plátanos siguen amarillos y ya hace un mes. Sólo las aplicaciones a la industria alimenticia podrían hacernos ricos.

—Lo sé —dijo Nate sin dejar de teclear.

No bromeaba. A Jill se le había ocurrido que quizá un día podrían utilizar esta tecnología para retrasar el deterioro de la comida a gran escala. Como para terminar con el hambre. ¿A alguien le apetece un premio Nóbel?

Se acercó a la mesa del equipo y volvió a llenar la taza de café.

—¿Quieres un poco?

—Sí, gracias.

Le sirvió una taza y luego fue a sentarse a su lado bostezando un poco.

—¿Sigues escribiendo ese diario?

—Sí.

—Me gustaría verlo.

El joven resopló, como si le acabara de decir que quería diseccionarle el hígado.

—Tengo que verlo, Nate. Forma parte del experimento.

—¿Significa eso que yo voy a ver el tuyo? —le preguntó con sequedad mientras volvía a teclear.

—Si quieres. —La sola idea hizo que empezara a hiperventilar.

Prioridad número uno: Rescribir el diario. Sacar los trozos personales.

Como si le leyera el pensamiento, Nate dijo:

—Yo te lo rescribiré. Llevará cierto tiempo.

Jill empezó a protestar, pero entonces se dio cuenta de que sería no solo absurdo sino también hipócrita.

—¿Entonces cómo te sientes?

Dejó de teclear y le dio un sorbo al café.

—Bien. Tranquilo. —Había un filo cortante en su voz.

—¿Pero no tan bien como antes?

—No tan maníaco de puro bien. Duermo mejor.

—Sí —asintió Jill—. Yo también. ¿Apetito?

—Funcional. Todavía no me emociona la comida pero lo llevo mejor que antes. Tengo el estómago más tranquilo. En general estoy más tranquilo. Demasiado tranquilo, casi.

Jill se permitió mirarlo de verdad, puesto que era su trabajo. Estaba guapísimo, el muy cerdo, tenía un aspecto definitivamente sano. Y con los ojos medio cerrados con aquella expresión de complacencia era notable lo muy relajado y tranquilo que parecía. Maldita sea.

—Sí. Y, esto... —No podía decirlo, por muy científicos que fueran sus motivos.

—Es... menos —dijo un poco tenso, luego añadió con más crueldad—. No me sorprende. Lo más probable es que rompiera algo con Linda.

Jill se levantó y fue hacia los ratones. Todavía estaban allí, todavía sin mostrar ningún interés por los otros.

—No es eso. —Se obligó a decir—. Los sujetos muestran la misma reacción. Es muy curioso. Así que al setenta y cinco por ciento de potencia del impulso positivo, la actividad sexual y la estimulación general llega a su punto máximo. Al noventa por ciento parece darse un tipo más suave de bienestar. ¿Cuál sería tu hipótesis sobre eso, Nate?

—Quizá los ratones tienen el corazón roto —murmuró.

7.2. Denton Wyle
A las afueras de Stuttgart, Alemania

Durante un tiempo las cosas no le habían ido demasiado bien al amigo de todos, Denton Wyle. De los tres nombres que había cogido del correo electrónico dirigido a Uberstühl, dos de ellos habían dado como resultado la compra de varias páginas de Kobinski, negociadas por el señor Fleck. Por desgracia, ninguno de los dos juegos de páginas contenían nada más sobre agujeros negros o la noche de la huida. Y el tercer anticuario, un caballero de Charleston, había aceptado la exclusiva de Schwartz y no quiso hablar con Fleck.

Quizá no fuera para tanto. Pero quizá sí. Esas páginas podrían ser justo las que necesitaba Denton, y ahora las había perdido para siempre. Y Fleck, en su capacidad de «asesor» le había advertido que el rabino Schwartz podría llevar años coleccionando los escritos de Kobinski, quizá tuviera otras páginas que había conseguido de manos privadas o lo que fuera. Fleck pensaba que era su «obligación» señalar eso.

Sí, gracias. Muchas gracias. Si lo que quería era molestar a Denton, funcionaba. Resultaba muy molesto, igual de molesto que un alfiler clavado en la córnea. Si Denton pensaba bien en ello, cosa que intentaba no hacer, se le aflojaban las rodillas de frustración.

Pero como podría decir Kobinski, el péndulo por fin empezó a balancearse hacia el otro lado. Fleck había localizado un nuevo fragmento del manuscrito. Al parecer, cuando se vendían artefactos de la Segunda Guerra Mundial entre la comunidad alemana (es decir, entre los que habían estado en el lado occidental), se anunciaban en ciertas revistas alemanas de poca tirada, cosas que no era muy probable que leyera un forastero. Los anuncios eran discretos y se respondía a las consultas con la mayor precaución. Ahí fue donde había aparecido este bocadito y Fleck había confirmado que era, de hecho, un fragmento de Kobinski, un fragmento del que era probable que Schwartz no supiera nada.

Denton se subió al avión esa misma tarde, las advertencias e instrucciones de Fleck le resonaban en los oídos: *Lleva dinero en metálico. No hagas preguntas. Y hagas lo que hagas, no hables de política.*

Denton lo entendió a la perfección. Estaba listo para besar algún culo nazi si hacía falta: *¿Así que perdisteis la guerra, tíos? Vaya, chaval. Qué rabia.* Pero a medida que se iba acercando a su destino, una granja en la zona de Schwäbischer, al este de Stuttgart, y se encontró en medio de un paisaje rural donde había más o menos una casa por cada cien ovejas, empezó a sentir una renuencia de hierro que se le acomodaba en los pantalones. El pie empezó a levantarse del pedal del coche de alquiler hasta que terminó estando muy por debajo del límite de velocidad.

Disculpa, decía su pie, *¿pero vamos a una casa nazi? ¿En una granja, en el medio de la más absoluta de las nadas? ¿Donde el vecino más cercano es el bueno de Hans, quince kilómetros carretera abajo? ¿Estás como una maldita chota?*

—Está bien —dijo en voz alta—. El tipo tiene que estar cerca de los ochenta. Además, no hay razón para que le caiga mal. Soy el tipo blanco y rubio con la bolsa de dinero.

Empezó a reírse a carcajadas de su propio chiste y se obligó a pisar el pedal. Lo quería de verdad.

Su primer artículo sobre Kobinski, que había escrito para quitarse a Jack del culo y empezar a hacer un poco de trabajo previo para el libro, solo había sido un artículo de base. Había hablado del manuscrito pero no había publicado nada en realidad. Con todo, había sido un gran éxito de público. Había colocado las bases para su teoría sobre las desapariciones por agujeros negros comentando las historias de varias tradiciones religiosas sobre místicos que visitan otros planos de existencia, normalmente llamados cielos e infiernos. Caray, todo el Libro tibetano de los Muertos era una descripción de los varios mundos que se atraviesan tras la muerte. ¿Y el místico sueco Swedenborg? Ese afirmaba haber visitado el Cielo y el Infierno en muchas ocasiones. Era, se podría decir, «un habitual».

Claro que saltar de las visiones místicas a creer que un hombre había utilizado magia cabalística para desaparecer físicamente de Auschwitz era mucho salto. Si bien los lectores de *Mundo misterioso* eran unos idiotas saltarines.

Pero la verdadera sustancia del artículo era cortesía de Loretta. Había encontrado un casi testigo ocular, un superviviente llamado Biederer en Tel

Aviv. Denton lo había entrevistado por teléfono. La historia de Biederer era asombrosa, dos enemigos luchando, un destello de luz... Pero Biederer también había dicho algo que no era tan guay. Había mencionado que «otra gente» había estado hablando con él hacía poco sobre Kobinski.

Denton sabía muy bien quienes eran esa «otra gente»: ¡Schwartz!

Denton no había visto ni sabido nada de aquel hombre, no de forma directa. Sin embargo estaba convencido de que Schwartz sabía a qué se estaba dedicando y estaba haciendo todo lo posible para trabajar contra él y estaba siguiendo cada uno de sus movimientos.

Cuanto más pensaba en toda esta historia de la magia de la cábala, más se convencía de que había una potencia muy poderosa allí metida. ¿Y si Schwartz era el jefe de una fraternidad secreta de magos cabalísticos? Después de todo, Schwartz tenía fama de ser uno de los más grandes cabalistas con vida, ¿no? Y aquel hombre era tan reservado, mierda. Había mentido sobre su familiaridad con Kobinski, intentó despistar a Denton, intentó impedir que consiguiera cualquier parte del trabajo de Kobinski.

¿Y por qué? Porque Kobinski había escrito secretos cabalísticos tremendos, por eso. Quizá no estuviese tan claro en las páginas que Denton había visto hasta ahora, pero él sabía que había páginas por ahí que contenían poderosos conjuros y fórmulas o lo que fuera de la cábala. Por eso Schwartz no quería que se encontraran.

Lo que resultaba un poco aterrador. Las últimas visiones que tenía Denton de Schwartz incluían habitaciones iluminadas por velas en ese bonito edificio de piedra y grupúsculos de hombres con barba y borlas que hacían juramentos de sangre y farfullaban encantamientos en hebreo. Incluía cuchillos rituales pensados para Aquellos Que Revelaban el Secreto. Por Dios, ojalá no hubiera visto la película Đ.

Denton intentó quitarse el problema de Schwartz de la cabeza. Porque la alternativa era rendirse y no podía hacer eso. Molly Brad solo era el núcleo de todo este asunto; ahora lo sabía. No se molestó en analizar sus motivos. Solo lo quería. Y Denton siempre conseguía lo que quería.

Por fortuna era él, y no Schwartz, el que contaba con los servicios del señor Fleck.

Cuando Denton encontró la dirección consiguió convencerse para aparcar en el camino de entrada.

Era una granja de mediano tamaño. Estaban a finales de agosto y el maíz estaba alto. La casa era grande, la típica casa alemana: blanca y rectangular con vigas marrones y jardineras en las ventanas. Pero la pintura estaba descascarillada y el único coche que había en el camino de entrada era un utilitario pequeño y antiguo. Al parecer la policía de la basura alemana nunca llegaba hasta aquí, porque había un montón de porquería oxidada reproduciéndose detrás del granero. El lugar estaba extrañamente callado.

Denton salió del coche. Se quedó por un momento allí al lado, seguro de que lo estaban observando. Las ventanas de la casa estaban oscuras y cubiertas con cortinas. Tuvo una breve impresión de que había una carnicería allí dentro, con flancos de carne chorreantes colgados de ganchos en la cocina. Encantador.

Se emplastó una sonrisa en la cara y cruzó el camino hasta la puerta con las piernas de madera. Entonces vio un rostro, un rostro de mujer, que lo estudiaba, a él y al coche, desde la ventana de la cocina. Por ella subió el voltaje de la sonrisa. La mujer vino a la puerta.

—¿Ja? —preguntó mientras abría la puerta un poco.

—¿Frau Kroll? Soy Denton Wyle, el comprador del que les habló el señor Fleck.

La mujer lo examinó a él y al coche con el rostro de alguien que bebe arsénico y luego lo dejó pasar.

—Siéntese, por favor, señor Wyle —le dijo en un inglés con mucho acento.

Denton se sentó a la mesa de pino de la cocina, vieja pero resistente, con lo que parecía un salvamanteles de hilo trenzado a mano, de color azul y blanco. Una horterada alemana. El resto de la cocina tenía al menos cincuenta años, con unos armarios que, para empezar, tampoco habían sido una maravilla. Un grifo medio oxidado y largo sobresalía de un fregadero agrietado lleno de platos. El suelo de madera estaba pegajoso y ondulado bajo las suelas de sus zapatos. Denton se puso el maletín con torpeza entre los pies, sin dejar de sonreír. Sin preguntarle, *Frau* Kroll le trajo una taza de café. Estaba caliente y era espeso como el lodo.

—Bueno... —dijo sin saber muy bien como entrar en materia. *¡Vaya! ¿Así que alguien de su familia era nazi?*

Era obvio que no era la propia *Frau* Kroll. Tenía cuarenta y tantos años, una expresión cansada y herida y un rostro redondo como una empanada. La piel que le rodeaba los ojos era marrón, como los anillos de un mapache. El cabello era de un color rubio ceniza, fino, y le colgaba inerte a los dos lados de las duras facciones. La ropa era vieja y de corte pobre. Daba la sensación de que se mordía las uñas y si los dientes astillados eran prueba de algo, se las mordía.

—Bonito país —empezó Denton. Se obligó a tomar otro sorbo de café e hizo una mueca al notar el sabor.

Entró un hombre en la habitación, lo que hizo que Denton se encogiera. Era grande, feo y desgarbado, tan curtido como la mujer y más o menos de la misma edad. Vestía unos vaqueros mugrientos y una cazadora de trabajo.

—Este es mi marido —le dijo *Frau* Kroll a Denton.

—*Guten Tag, Herr Kroll.* —Por un momento Denton pensó levantarse y estrecharle la mano pero el hombre se puso a mirar por la ventana.

—¿Tiene unas páginas de un manuscrito a la venta? —le preguntó Denton a *Frau* Kroll sin dejar de sonreír.

La mujer fue a la habitación de al lado y volvió con una vieja carpeta, muy vieja, o eso parecía por el color verde desvaído y el grueso cartón, de esos de antes-sabían-cómo-hacer-las-cosas. La colocó en la mesa y le hizo un gesto a Denton.

—Usted mire.

Denton tenía la sensación de que estas personas estaban tan nerviosas e incómodas como él, sin lugar a dudas. Carraspeó y abrió la carpeta.

Dentro, sin ningún tipo de protección, había varias páginas del manuscrito Kobinski. Denton las identificó al momento. La página superior estaba escrita en una especie de toalla gruesa, marrón por los bordes y con un insecto aplastado entre el texto. Era tan inesperado estar de repente allí, a un dedo de un original, no envuelto en plástico, no bajo un vidrio, no una xerografía. Aspiró aire con un siseo.

Levantó la vista. Los Kroll lo miraban con una expresión de avaricia y esperanza dolorida.

Ojalá tuviera unas pinzas. Si hubiera estado preparado, si hubiera sido un profesional, se habría traído unas. Había más páginas bajo la primera, muchas más. Ya que no tenía las herramientas apropiadas, cerró la carpeta con todo cuidado y, tras apoyarla en el pliegue, intentó abrir la segunda página, luego la tercera. Las tres primeras páginas estaban escritas en el mismo tejido de toalla y le parecieron parte de la misma sesión. Detrás había página en un envoltorio postal marrón desvaído, luego una parte corta en media hoja de papel encerado (la tinta era ligera y difícil de leer en esa parte) y luego más toalla.

Había diez páginas. Las dos últimas solo contenían ecuaciones matemáticas, transcritas de forma pulcra y cuidadosa. Esas debían de ser las páginas que se mencionaban en Yad Vashem.

Denton debió de extenderse demasiado en su examen porque *Frau* Kroll extendió la mano para coger la carpeta.

—Basta —dijo, arrancándosela de las manos. Quiso gritarle que tuviera cuidado, pero la mujer colocó la carpeta a salvo delante de ella en la mesa. Denton esbozó una débil sonrisa. Interpretaron mal su asombro.

—Es real —insistió la mujer mientras manoseaba nerviosa el borde de la carpeta—. De mi padre. Murió, esto, pocos meses...

—¿Hace unos pocos meses?

—Sí. Sólo era un trabajador —dijo ella con fiereza, lanzándole una mirada a su marido—. Solo limpiaba cosas en los campos de concentración. Duerme fuera del campo.

—Por supuesto. —Asintió Denton con amabilidad. *Ya, limpiaba cosas como, ah..., judíos.*

—Y unas cuantas cosas del campo las guarda. —Volvió a lanzarle una mirada rápida a Denton—. Esto —le dio unos golpecitos a la carpeta—, es de Auschwitz.

—Ya lo sé. Se nota que es genuino.

—Sí, genuino —dijo ella fijándose en la palabra. Un chorrito de sudor le bajaba por la cara—. ¿Hace una oferta?

Herr Kroll dejó la ventana y se apoyó en el fregadero agrietado con los brazos cruzados sobre el pecho.

—Hmmm... —Denton se llevó el dedo a la barbilla con un bonito gesto, *«bueno, veamos»*, pero por dentro estaba pegando saltos. Era obvio que los Kroll estaban solos, ni siquiera querían pagarle una comisión a un agente. Lo más probable es que no tuvieran ni idea de cuánto valía el manuscrito y él empezaba a tener la inconfundible impresión de que estaban desesperados por conseguir dinero. Por otro lado, no quería arriesgarse a ofenderlos. No importaba con qué empezara, lo más probable es que ellos subieran la cantidad.

—Cuatro mil dólares, ¿americanos? —Sugirió con un sonsonete en la voz y levantó las cejas para indicar que no era una oferta del todo firme.

Frau Kroll miró a su marido, el rostro sin expresión. Hablaron durante un momento en alemán, en voz baja y tensa.

—¿Tiene número de teléfono en hotel? —preguntó la mujer—. Nosotros llamamos, ¿sí? Otro hombre viene también hoy.

No.

—Hablamos con él primero; luego llamamos.

Oh, Dios, no.

—Bueno, no es una oferta final —tartamudeó Denton—. Si ustedes...

Herr Kroll se dio la vuelta en el fregadero para mirar por la ventana, lo había oído al mismo tiempo que Denton. Ruedas. En el camino de entrada.

Oh querido Señor y toda su corte de ángeles.

Denton se levantó y se asomó a la cortina de la puerta de la cocina. Todo su torrente sanguíneo se convirtió en anticongelante. Subiendo por el camino de entrada había un coche pequeño, de alquiler, como el suyo. Había un hombre en el asiento del conductor que llevaba sombrero, pero Denton no podía verle la cara. Pero sabía perfectamente bien quién era. ¡Lo sabía perfectamente bien!

Por un momento, Denton se quedó helado, como un conejo delante de unos faros. Luego se volvió frenético hacia sus anfitriones.

—¡No pueden...! ¡Conozco a ese tipo! ¡Es un rabino, por el amor de Dios! ¡Un auténtico gilipollas! ¡Es un rabino!

Los Kroll lo miraron alarmados. Se consultaron en alemán. Parecían disgustados pero más por su estallido que por el recién llegado. Denton se dio cuenta de que no sabían de qué estaba hablando.

—¡Un rabino! ¡Un sacerdote judío!

Eso sí que lo comprendió la mujer. Se le oscureció la cara y se acercó a su marido para mirar por la ventana. Le dio la noticia a la que él respondió con más gritos y gestos. Empezaron a discutir. La puerta de un coche se cerró con fuerza en el exterior.

Oh, querido Jesucristo.

En su mente, Denton vio un conejito acurrucado en una esquina, que se aproximaba el chef-Schwartz empuñando un cuchillo y una mirada salvaje en los ojos. Se alejó todo lo que pudo de la puerta de la cocina.

Los Kroll estaban discutiendo pero Denton tuvo la sensación de que el motivo era la negligencia (H.Kroll) o la meticulosidad (F.Kroll) de las comprobaciones que había hecho ella sobre los antecedentes de sus compradores. No parecían muy concentrados en el hecho de que un rabino se estaba acercando a su puerta. ¿Es que no iban a hacer nada? ¿Espantarlo? ¿Agarrar un arma? Pasos en la gravilla de fuera.

—¡Se lo estoy diciendo! —Denton casi se había puesto a gritar—¡Ese tipo es un cazador de nazis!

Los dos se lo quedaron mirando asustados. Alguien llamó a la puerta.

7.3. AHARON HANDALMAN

JERUSALÉN

Resultó que tener el número de teléfono privado de Shimon Norowitz era un gran privilegio. Todavía había un contestador automático y Norowitz seguía sin devolver las llamadas. Aharon ya casi se había rendido cuando por fin, una calurosa mañana de verano, sonó el teléfono y el mismísimo Pez Gordo estaba en la línea.

—¿Entonces qué le ha parecido? —preguntó Aharon saltándose los preliminares—. ¿Sacó su gente de códigos las estadísticas?

—No hemos tenido tiempo. Está a la cola.

¡A la cola! Aharon se encontró con unas palabras en su boca que no podía hacerle ningún bien pronunciar. Miró el aire con el ceño fruncido, incapaz de encontrar una respuesta más moderada.

—Dígame, ¿tiene alguna más de esas páginas del cuaderno? —le preguntó Norowitz con aire casual—. ¿Las que escribió Kobinski en Auschwitz?

—¿Por qué lo pregunta?

—¿Por qué? Porque quiero saberlo.

—No tengo ninguna más.

—Así que ahora ya lo sé. ¿Sabe de alguien que las tenga?

Aharon lo pensó un momento, tensó la mano alrededor del auricular.

—¿Había algo en las páginas? ¿En las matemáticas, quizá?

—Nada en especial.

—¿Pero hizo que alguien le echara un vistazo al galimatías? ¿Algún matemático?

Hubo una pausa.

—Rabino Handalman, si tuviera algo que decirle, se lo diría.

—Si hizo que alguien le echara un vistazo, lo menos que podría hacer es decirlo. Solo por respeto. Porque, recuerde, no tenía que llevárselo.

Hubo una pausa. Aharon oyó que mezclaba unos papeles.

—De acuerdo. Si usted me da una respuesta directa, yo le daré una respuesta directa.

—¿Cuándo no he sido yo directo?

—¡Rabino! ¿Sabe de alguien que tenga más material escrito por Kobinski?

—No.

—Muy bien.

—¿Es eso lo bastante directo para usted?

—«No» está bien, gracias.

—Es un placer. Ahora usted: ¿Ha hecho que algún científico le echara un vistazo a esas páginas?

—Sí. Varios.

—Y dijeron, ¿qué?

Norowitz dudó.

—Dijeron que no sabían qué pensar. Esa es una respuesta directa.

Aharon se pellizcó la barba. Directa como una aguja torcida, quizá.

—¿No sabían qué pensar por lo bueno o no sabían qué pensar por lo malo?

Norowitz suspiró exasperado.

—Mire, voy a recibir una llamada muy importante. Ya hablaremos dentro de unas semanas.

—Pe...

Norowitz colgó. Aharon se chupó los dientes con la lengua. El manuscrito de Kobinski. Había desechado las páginas porque no le habían gustado. Quizá, y solo quizá, las había descartado demasiado pronto.

Después de su primera clase del día, Aharon cogió un autobús que lo acercó a Yad Vashem. Esta vez tenía una sensación diferente. No se dio cuenta de lo diferente que era hasta que tuvo una de las manijas de las puertas rojas y curvadas en la mano; entonces recordó el horror y la ira que había sentido aquel primer día. Hoy había recorrido todo el trayecto del camino de entrada desde la parada del autobús sin pensarlo dos veces. Bajó la vista a la manija con una expresión de sorpresa dolorida pero fue un recuerdo momentáneo. Un segundo más tarde estaba dentro y se dirigía a la Sala de los Nombres con otras cosas en la cabeza.

Anatoli Nikiel. Era el seguidor más devoto de Kobinski, según Biederer y su nombre aparecía en la lista de compañeros de barracón todavía vivos que le había dado Hannah. Aharon encontró la carpeta de anillas y se quedó entre los rimeros de papel para leer la entrada de veintidós páginas. Anatoli era un judío ruso, prisionero de Auschwitz, número 173056. Su ciudad natal era Rovno, al este de Rusia. Tenía diecinueve años cuando lo enviaron a Auschwitz en 1943 y seguía vivo durante la liberación de 1944. Había un retazo de los archivos del campo de concentración, su llegada en tal transporte. Su nombre estaba en una lista de los atendidos por los americanos después de la guerra. No había dirección actual, nada sobre parientes o amigos.

Aharon fue a los ordenadores donde se guardaban los testimonios de los supervivientes, si bien no se mencionaba ningún testimonio de ese tipo en la carpeta de Anatoli. Buscó por el nombre de Anatoli y encontró *makkes*, cero. Aharon hizo las cuentas mentalmente. Aquel hombre debía de tener ochenta y pocos años ahora, si todavía estaba vivo. Si vivía. Lo más probable es que estuviera muerto.

Aharon se quedó sentado ante el ordenador hasta que los carraspeos hostiles de una joven interrumpieron su ensueño. La miró furioso. La camisa le cubría el ombligo, gracias a Dios, al menos en eso mostraba respeto por este lugar, pero le estaba demasiado apretada en el pecho. Al contemplar la inmodestia femenina sus ojos se detuvieron demasiado tiempo, con lo que se ganó otra mirada asesina de la chica cuando ocupó su asiento.

Se limpió las manos en el chaleco. Ni rastro de Anatoli. ¿Qué esperaba? Yad Vashem, por muy bueno que fuera, no iba a entregárselo todo en una bandeja de plata.

Ahora a buscar la otra razón por la que había venido. Lo había estado rumiando desde aquella última llamada de Norowitz. Hannah estaba en la lista del registro de personas que habían copiado las páginas del manuscrito de Kobinski. Con solo pensarlo ya le empezaba a arder el estómago. No quería que un hombre como Norowitz supiera siquiera el nombre de su esposa, y mucho menos que la tuviera en alguna... Bueno, ninguna lista del Mossad era el lugar adecuado para su esposa.

Podía ir a echarle un vistazo al registro. ¿Tan difícil sería cambiar el nombre de ella por el suyo? Su nombre podía estar allí dos veces; tenía sentido. Solo tenía que preocuparse por el nebbish del mostrador.

El *nebbish* no estaba en el mostrador. En el mostrador había en su lugar una joven. Aharon le dio el número de archivo que había escrito en su pequeño bloc de notas. La chica miró en el ordenador.

—Lo siento. Ese documento se ha sacado de la colección.

—¿De qué está hablando? Yo mismo lo vi hace unos meses.

—Ahora figura como no disponible.

Así que Aharon revisó el número con ella de nuevo, cifra por cifra. La hizo girar el ordenador para que él pudiera ver que no lo estaba escribiendo mal.

—¿Por qué se sacó? —La exasperación estaba convirtiéndose en cólera.

—No tengo ni idea.

—¿Qué clase de genio tomó esa decisión?

La espina dorsal de la chica se estaba tensando por momentos.

—Puede hablar con el gerente, el señor Falstein, si lo desea.

—Por supuesto. Sí. Si es lo que hace falta. Vaya a buscar al señor Falstein.

Y ella fue.

A Falstein no se le intimidaba tan fácilmente. Ya al acercarse tenía la expresión congelada en una mueca que no admitía tonterías.

—Ese documento se ha eliminado de la colección pública.

—¿Por qué razón? ¿Con qué autoridad?

—El documento se ha eliminado de la colección pública —dijo Falstein con más firmeza todavía—. Esa es toda la información que tengo.

Aharon todavía estaba echando humo cuando dejó el departamento de documentación y empezó a volver a través del ala histórica. ¡Tenía que ser en un sitio como este! Lo único de interés que había en toda la colección y se lo quitaban al público. Lo que solo servía para demostrar que se podía tener todo el dinero del mundo y seguir siendo un incompetente.

Estaba a mitad de camino del pasillo cuando se le ocurrió, como un relámpago repentino.

Norowitz. Mossad.

Se hundió en un banco con una sonrisa temblándole en los labios. ¿Podría ser? ¿Podría ser de verdad? Sí, sí que podría, y... ¡oh, oh! ¡Ahá! ¡Así que a Shimon Norowitz, el señor está-a-la-cola, le interesaba después de todo! Le interesaba lo suficiente, pongámoslo así, como para no querer que nadie más viese esas páginas. Y le había preguntado a Aharon por teléfono si tenía alguna más. ¡Pues claro que Norowitz quería más! Está escrito: «Un puñado no satisface a un león».

Después de unos momentos de sentirse complacido porque no estaba loco ni era un inútil, Aharon empezó a caer en la cuenta de que quizá... quizá el hecho de que el Mossad estuviera interesado no fuera una bendición precisamente.

Se quedó sentado durante un tiempo mientras contemplaba ese giro de los acontecimientos, razonaba los pros y los contras, proyectaba las posibilidades, como si estuviera escribiendo *Midrash* sobre el tema. Y quizá fueron algunos de los giros más oscuros de su razonamiento lo que le hizo fijarse en la gran fotografía que tenía justo delante de las narices, o puede que la fotografía, de forma subconsciente, le infundiera algunos de sus pensamientos más oscuros. A la larga se encontró mirando fijamente la imagen.

Era una fotografía ampliada e impresa en un gran cartel que habían colgado del techo. En la imagen en blanco y negro, tres jóvenes nazis estaban golpeando a un anciano judío con las culatas de los rifles. El anciano tenía una larga barba blanca y un sombrero de fieltro. Un lado de la cabeza estaba ensangrentado. Aferraba con las manos una pequeña bolsa de cuero, como si contuviera todo lo que era importante para él en el mundo.

Aharon clavó los ojos en la imagen durante mucho, mucho tiempo. A medida que la absorbía, su mente se quedó en blanco, ya no pensaba, solo miraba, solo veía, veía de verdad. Luego las palabras cruzaron ese espacio en blanco como una procesión funeraria:

El manuscrito. ¿Y si el peligro no es algo que ya ha ocurrido, algo que hizo Kobinski en el pasado? ¿Y si es algo que no ha ocurrido todavía? ¿Un arma que quizá se haga realidad a través del descubrimiento de su manuscrito?

Y luego: *¡Y yo soy el que les ha hablado de ello!*

El mal. ¿Qué es el mal? Vuelvo a ello una y otra vez. Creo que lo sé y luego me doy cuenta de que no sé nada. Mi ecuación me dice que es una fuerza natural en el propio tejido del espacio-tiempo. La cábala dice que el mal es lo que ocurre cuando los sephirot *están desequilibrados. En otro tiempo creía que ambas cosas eran verdad al mismo tiempo. ¿Pero qué explica eso? ¿Un pequeño desequilibrio en los* sephirot *es todo lo que pasa? ¿Para este infierno? ¿Para esta carnicería hedionda de dolor, pis y muerte? ¿Para que D—s nos abandone por completo? ¿Para el tormento de un niño de diez años, precioso, hermoso e inocente?*

¿Y qué pasa con la ley del bien y del mal? ¿Dónde está el bien aquí? ¿Dónde está el equilibrio? Si un solo lugar, un solo momento en la Tierra pudiera convencer a un plácido e inerte estudioso judío de que esa teoría era una auténtica tontería, que todo su trabajo no significaba nada, sería esta época y este lugar.

¡Despierta, Kobinski! Estas son las preguntas que deberías estar formulándote: ¿Quién es el responsable? ¿Quién hizo estas serpientes?

7.4. Denton Wyle
A las afueras de Stuttgart, Alemania

Si Denton hubiera podido pasar corriendo al lado de *Herr* Kroll y meterse en el salón de la granja, lo habría hecho. Pero todavía estaba debatiendo lo raro que parecería cuando *Frau* Kroll abrió la puerta.

Los ojos de Denton rodaron llenos de cólera hacia la abertura y vio un anciano diminuto y frágil con unas pequeñas gafas de alambre y un enorme abrigo. El corte del abrigo tenía treinta años y era demasiado grande. Daba la sensación de que el hombre tendría que doblarse bajo su peso. Unos guantes negros y un sombrero completaban la imagen. Podría estar vestido para diciembre, y fuera hacía un cálido día de agosto.

El hombre abrió la boca para presentarse pero sustituyendo su voz, como si fuera el muñeco de un ventrílocuo, se oyó a *Frau* Kroll gritando en alemán.

Denton no hablaba alemán lo bastante bien como para saber lo que estaba diciendo, pero su mente no tuvo problemas para llenar los espacios en blanco. «Mamón cazador de nazis» estaría probablemente entre los primeros cargos del orden del día y, «No me dijo que era judío», junto con otras variaciones sobre el mismo tema. El anciano cerró la boca y la miró con calma mientras ella seguía rugiendo, pero se estremecía dentro del abrigo, como un árbol bien enraizado contra el viento.

—*Frau* Kroll —dijo Denton avergonzado. Tuvo que tocarle el brazo para llamar su atención. La mujer se dio la vuelta para mirarlo furiosa. Con la expresión de vergüenza apropiada, él sacudió la cabeza—. Le pido disculpas. No es el que... yo pensé que era. Ha sido un error.

La boca de *Frau* Kroll se quedó sin palabras.

—Yo, esto, lo siento mucho. Hay otro hombre que me ha estado siguiendo. Pero no es este. Lo siento mucho, de veras. Siento haberla disgustado.

Frau Kroll se desahogó un poco más en alemán, sobre todo con su marido. Denton supuso que el hilo conductor esta vez era su posición como forma de vida inferior a la que había en el fondo de su sentina. Mientras tanto, el anciano esperaba pacientemente en la escalera de entrada.

El marido le contestó enfadado y le recordó a la mujer, ah, el dinero. Ella volvió a la puerta.

—*Herr* Neumann —se presentó el anciano con un asentimiento de cabeza.

Los dos Kroll volvieron a asomarse al camino de entrada para confirmar que solo había un anciano y no una tropa de periodistas ni soldados israelíes. Luego, *Frau* Kroll le cogió el abrigo al hombre. *Herr* Neumann aceptó agradecido una silla en la mesa de la cocina. A Denton no le pidieron que se fuera pero los ojos de la mujer lo obligaron a quedarse callado. A este anciano se le proporcionó la carpeta para que la examinara como Denton.

Herr Neumann abrió la portada. Denton se quedó sin aliento. Cruzó una pierna y empezó a agitarla, luego se llevó una mano a la sonrisa para no gritar.

El anciano examinó las páginas con cuidado frunciendo los labios de la emoción. La pierna de Denton se balanceó con más furia todavía. Estaba pensando en el dinero en metálico que tenía con él y se preguntaba si los Kroll aceptarían un cheque. Había hecho el más absoluto de los ridículos, mierda, pero pensaba salir de aquí con esas páginas.

Se le ocurrió que este anciano podría ser un agente de Schwartz, aunque no fuera Schwartz mismo. Un momento después estaba convencido. Detrás de la mano, la sonrisa se desvaneció. ¿Cuánta pasta tenía este viejo imbécil? Denton sintió una oleada de náuseas al pensarlo.

Después de un periodo de tiempo insoportable el anciano cerró la carpeta. Se quitó las gafas, sacó un pañuelo blanco de un bolsillo y empezó a limpiarlas. Levantó la vista para mirar a *Frau* Kroll con lágrimas en los ojos.

—Gracias por dejarme verlo —entendió Denton que decía en alemán.

Frau Kroll y su marido intercambiaron una mirada.

—¿Habla inglés? —le preguntó a *Herr* Neumann.

—Sí. —Cambió de lengua de inmediato mientras le dedicaba a Denton una pequeña sonrisa.

—Hacemos negocio en inglés, ¿sí? *Herr* Wyle dio a mí un precio por los papeles. Ahora usted, por favor.

Denton descruzó una pierna y cruzó la otra. De repente tenía que hacer pis, probablemente porque tenía tal nudo en las tripas que no quedaba sitio para ningún fluido.

Herr Neumann siguió limpiándose las gafas, tranquilo, sereno, sin ser consciente de la tensión que había en la habitación. Los Kroll estaban intentando adoptar una expresión práctica pero ella torcía y retorcía el delantal con las manos y él se chupaba los labios como un perro con mantequilla de cacahuete.

—¿Cuál es la oferta actual, si me permiten preguntar? —dijo *Herr* Neumann mientras levantaba los ojos como si se le acabara de ocurrir la pregunta.

Los Kroll lo discutieron durante un segundo, en voz baja. Él parecía estar a favor de decirlo, ella no.

—Cuatro mil —dijo ella dubitativa—. En dólares americanos.

—Eran cinco mil —se apresuró a decir Denton—, ¿no es así? Creí... Y solo era la primera oferta.

Frau Kroll y su marido intercambiaron una sonrisa satisfecha. A Denton le importaba poco. Se había arredrado, lo admitía. Lo que fuera. Que lo desangraran. Que se retiraran a las Bahamas.

—Ya veo. —*Herr* Neumann volvió a ponerse las gafas.

Denton se obligó a mantener la boca cerrada. Esperaron.

—Muy bien —dijo el anciano con un suspiro—. No tengo objeción a que este joven americano sea el dueño de los papeles. Quizá él y yo podamos alcanzar un acuerdo más tarde, si fuera tan amable. —Le dedicó una sonrisa distraída a Denton.

Frau Kroll explotó. Debía de estar aguantando la respiración porque lo que salió de su boca resultó expelido con un ataque de furia, aire y saliva. Despotricaba con una mezcla de alemán e inglés.

—*¡No puede hacer eso! ¡No puede hacer un trato con él más tarde! ¡Tiene que pagarme ahora! ¡Cerdo, hijo de cerdo, culo de cerdo, nariz de cerdo que está en el culo de otro cerdo...!* —Se unió entonces su marido. Estaba claro que querían una guerra de ofertas y se sentían un poco decepcionados de que no la hubiera.

Herr Neumann se quedó sentado mirando la carpeta cerrada que tenía delante de él con una expresión tan serena que casi era una sonrisa. Denton pensó que estaba totalmente chiflado.

Era obvio que el anciano no iba a hacer nada, y Denton odiaba, odiaba, las discusiones. Se levantó de repente, con lo que derribó la silla de la cocina. La levantó, con cierta torpeza, mientras los Kroll le dedicaban sus invectivas.

Denton levantó las manos, se rindió.

—Diez mil —y cuando no recibió respuesta, lo repitió a voz en grito—. ¡Diez mil!

Los Kroll se callaron.

—Diez mil dólares americanos. En metálico, —añadió Denton respirando profundamente.

Herr Kroll llevó a su mujer a la otra habitación para consultarlo. Denton esperó mientras miraba nervioso por la ventana. No aparecía nadie más, gracias a Dios. Le lanzó una mirada al anciano, que le sonrió educado. Denton intentó adoptar una actitud hostil para demostrarle su suspicacia. Le resultaba tan extraño que le llevó un minuto entero recordar que para fruncir el ceño había que bajar las cejas, no levantarlas.

Volvieron los Kroll. Denton acababa de adquirir un trozo del manuscrito de Kobinski.

Fuera, en el camino de entrada, los pies de Denton siguieron al anciano hasta su coche. En una mano llevaba la carpeta con el manuscrito (Dios, tenía que sellarlo herméticamente, o algo, y pronto). *Herr* Neumann abrió la puerta del coche, luego se volvió para reconocer la presencia de Denton, revoloteando a su lado.

—Señor Wyle, espero que no le importe si le pregunto qué piensa hacer con el manuscrito.

Denton no respondió.

—¿Quién es usted? —exigió saber. La pasividad del anciano le proporcionaba algo parecido al valor—. ¿Le ha enviado Schwartz?

—No. Verá, yo habría ofrecido cualquier precio pero me temo que no tengo dinero. Ninguno en absoluto. —Los ojos eran de un color castaño desvaído. La sonrisa sincera que había en el rostro del anciano temblaba—. Si fuera tan amable de responder a mi pregunta. Espero... espero que no tenga intención de publicarlo.

Se renovaron las sospechas de Denton pero había tal sinceridad y dignidad en Neumann que le resultó difícil verlo como alguien desagradable. Y era muy frágil: la piel del rostro, ahora que habían salido a la luz del sol, era fina y estaba llena de manchas por la edad. Debajo había unas venas de color azul muy claro y tan finas que daba la sensación de que la sangre ya no podía correr por allí, como las venas de una hoja seca.

—Por favor, dígamelo. Puedo ofrecerle algo a cambio.

—¿Como qué? —preguntó Denton con un resoplido.

—Información. Conocí bien a Kobinski.

Denton experimentó una oleada de avaricia tan poderosa que se tambaleó. ¡Ojalá! Pero sacudió la cabeza.

—¡Eso no es posible!

Neumann metió una mano pequeña dentro de la larga manga del abrigo y bajó la parte superior del guante. Bajo la luz cálida del sol, los números, azules y desvaídos como las venas, se delineaban contra la piel fina y blanca del brazo: 173056. Denton contuvo el aliento.

—Oh, Dios mío, ¿de verdad lo conoció? —Sintió la absurda necesidad de caer de rodillas, como si la Virgen María y no un superviviente del Holocausto se hubiera materializado de repente delante de él. Extendió los dedos para tocar los números que, quizá, el propio Kobinski había visto, tocado. Las palabras le cayeron de la boca—. ¿Le habló de los portales? ¿Sabe lo que ocurrió durante el intento de huída? ¿Estaba usted allí?

—El rabí Kobinski fue llevado al Cielo. —Neumann asintió, le relucían los ojos—. Pero volverá...

Neumann frunció el ceño y ladeó la cabeza. A lo lejos, bajando por el camino de tierra que salía de la carretera rural principal, había un sedán gris.

—¡Schwartz! —Exclamó Denton. Ya había comprado el manuscrito, cierto, pero seguía sin apetecerle ver a aquel hombre, y tampoco quería que lo viera él, ese amenazador asesino de conejitos, ese Aleister Crowley judío.

—No es Schwartz —dijo Neumann con la voz muerta. Luego, antes de que Denton pudiera reaccionar o pensar siquiera, Neumann le arrancó la carpeta de la mano con toda pulcritud, se metió en el coche, cerró la puerta y le puso el seguro.

—¡Oiga! —gritó Denton. Intentó abrir la puerta y no lo consiguió. Pero aún no terminaba de comprender lo que estaba pasando, no un viejo tan agradable, un superviviente del Holocausto, no después de que él, Denton, se hubiera gastado diez de los grandes, coño...

Neumann arrancó el coche y bajó la ventanilla unos milímetros.

—Estaremos en contacto.

—¿Está loco?

Pero el coche ya estaba dando marcha atrás. Salió del camino y condujo hacia el sedán gris y la carretera principal con lo que a Denton le pareció una lentitud irónica. Denton podría incluso haberlo seguido a pie, si no se hubiera quedado demasiado perplejo para moverse. El otro coche, todavía a casi un kilómetro de la casa, se detuvo poco a poco mientras el coche de Neumann pasaba a su lado con toda suavidad. Denton creyó ver a Neumann saludar al otro conductor con la mano.

—¡Oiga! —volvió a gritar Denton.

El sedán eligió y continuó moviéndose hacia Denton y la granja. Denton le dio una patada a la tierra y sollozó de frustración.

A Denton acababa de ocurrírsele que tenía al menos un par de buenas razones para meterse en el coche en lugar de quedarse allí furioso (seguir a Neumann, escapar del que viniera, que aún podría ser Schwartz, dijera lo que dijera el viejo) cuando el sedán aparcó en el camino de entrada. Demasiado tarde.

De todos modos se movió hacia el coche, aunque el sedán parecía decidido a bloquear el camino.

Salieron dos hombres. Hombres grandes. Parecían hombres de negocios vestidos con informalidad, con un estilo europeo atrevido, un tanto exagerado. Uno llevaba zapatos de *Armani* y un abrigo deportivo; el otro, una cazadora negra de cuero, con ese estilo frufrú (como lo llamaba Denton) que les gustaba a los europeos del centro y a los italianos. Miraron la casa, luego a Denton.

Denton, todavía furioso y disgustado, se llevó las manos a las caderas con una actitud desafiante muy poco propia de él.

—Esto, ¿podrían mover el coche, por favor?

Se acercaron a él de inmediato. Los dos eran morenos, con los ojos oscuros. El más alto, el que llevaba el abrigo deportivo, hablaba inglés con un poco de acento.

—¿Quién es usted?

Se planteó decir la verdad.

—La gente que buscan está dentro de la casa. Y ahora, si pudieran mover el coche...

El hombre del abrigo deportivo señaló la casa con la cabeza y el hombre de la cazadora de cuero fue hasta la puerta.

—De verdad que tengo que estar en otro sitio —dijo Denton mientras miraba el reloj. Estaba intentando situar a estos tíos en su cabeza. ¿Anticuarios? ¿Matones contratados por Schwartz? ¿Polis? Carraspeó. El hombre del abrigo deportivo lo miró sin expresión.

Frau Kroll, que había estado mirando desde la ventana de la cocina, respondió a la puerta e intercambió unas cuantas palabras con el hombre. Señaló varias veces a Denton y luego agitó la mano como si les pidiera que se fueran. El hombre de negro volvió.

—Este es el señor Wyle. Compró el manuscrito.

—¡Ah! Señor Wyle, yo soy el señor Edwards y este es el señor Smith. ¿Tendría la amabilidad de hablar con nosotros? Podemos llevarlo hasta Stuttgart, si quiere.

Denton los miró incrédulo.

—Tengo coche.

—El señor Smith puede llevar su coche. Eso nos dará más tiempo para charlar.

—¡Pero...! —Denton estaba cada vez más confundido. Primero aquel bicho raro de Neumann (todavía estaba conmocionado por aquello), ahora estos dos hombres que se le ponían delante, como una pared inamovible. Empezó a darse cuenta de que había algo que no iba nada bien.

—Mirad, chicos —dijo con un suspiro más de miedo que de exasperación—. Si vais detrás del manuscrito, ya ni siquiera lo tengo.

Lo miraron fijamente.

—¡De verdad! Se lo llevó el viejo, Neumann. El que se acaba de ir con el coche. —Señaló la carretera con un gesto—. Lo habéis visto. Me lo arrancó de la mano y se largó.

Los dos hombres intercambiaron una mirada ilegible.

—¿Así que por qué no vais a por él? Hacednos a los dos un favor. —Denton se volvió a poner las manos en las caderas con gesto enfadado, pero aquellas manos estaban temblando.

—Creo que deberíamos analizar esto juntos —sugirió el señor Edwards. Cogió a Denton por el brazo—. Odiaríamos ver cómo le engañan, señor Wyle. Y por supuesto, a todos nos beneficiaría mantener una conversación sobre el manuscrito.

—Pero...

El señor Edwards lo agarraba, implacable. Empujó a Denton sin auténtica violencia pero de forma inexorable hacia su sedán.

—No nos llevará mucho tiempo, una hora como mucho. —La sinceridad de Edwards apestaba como la carne podrida.

Y eso, por extraño que pareciera, estaba ocurriendo de verdad. Denton le lanzó una mirada de pánico a la granja. Los Kroll, que estaban otra vez asomados a la ventana de la cocina, desaparecieron al ver la mirada. No pensaban ayudarlo. Estos matones podían quemarlo vivo en el camino de entrada y los Kroll seguramente saldrían con nubes de azúcar pinchadas en un palo y Hefeweizen.

—¡Vamos! Lo tiene Neumann... ¿por qué no van tras él?

El señor Smith abrió la puerta del pasajero del sedán y se quedó allí esperando, como un chofer. El señor Edwards, con Denton a remolque, hizo una pausa ante la puerta y extendió la palma de la mano.

—El señor Smith necesitará sus llaves, señor Wyle.

Todo iba demasiado rápido. Denton quería pararlo pero no sabía cómo. Miró el interior del coche y se apartó con fuerza, como un hombre que se resiste a meterse en su ataúd.

—¿Por qué no puedo conducir mi propio coche, eh? ¡Vamos! ¿Qué es esto?

Se desvaneció la sonrisa de la cara del señor Edwards.

—Señor Wyle, entre en el coche. Ahora. Solo queremos hablar con usted. Tiene mi palabra.

Denton miró al señor Edwards y luego al señor Smith, que esperaba implacable a pocos pasos de distancia.

—Solo queremos hablar. —Asintió el señor Smith con un tono de voz más cálido. Denton le dio las llaves.

Cuando se acomodó en su asiento, Denton se giró hacia ellos con los ojos llenos de lágrimas.

—Sois de la Liga Judía, ¿verdad, tíos?

El señor Edwards y el señor Smith se miraron y se echaron a reír.

—Eso es, señor Wyle —dijo el señor Edwards—. Somos de la Liga Judía.

8

El universo tiene dos tendencias: una realidad que se está
haciendo en una realidad que se está deshaciendo. Una es vida.
La otra es materia que es lo contrario a la vida.
—Henri Bergson, filósofo, 1859-1941

8.1. Calder Farris
Primeros de octubre, Instalaciones de HAARP, Gakona, Alaska

El Lincoln Towncar negro atravesó sin ruido el puesto de control militar
de la verja y aparcó delante de la puerta principal. El conductor salió y abrió
la puerta de atrás para Calder Farris. Calder se quedó quieto un momento,
el uniforme le crujía con el frío. Era un día claro en Alaska pero podía oler la
nieve en el aire del mismo modo que podía oler la guerra, incluso cuando
estaba a muchos kilómetros de distancia. Respiró el aroma con los sentidos
en alerta máxima.

Salió un soldado del edificio principal y lo saludó.

—¿Teniente Farris?

Calder hizo un simple gesto de asentimiento.

—Lléveme allí, soldado.

Atravesó con Calder el edificio y salieron por la parte de atrás sin hablar
con nadie. Había visto las antenas mientras venía en coche pero desde aquí
las veía más de cerca y sin obstáculos. Un campo largo y amplio de antenas
dipolo componía el Cercado Planar. Las antenas parecían cruces de aluminio, largas varas verticales con un tubo horizontal y una red de alambre en
la parte superior. Había 180 torres, separadas en una plantilla sobre un
terreno de grava de treinta y tres acres, y cada torre sostenía cuatro antenas.
Una verja rodeaba el terreno entero, para evitar que los animales entraran sin
querer al cercado, ya que había animales de sobra en Alaska.

Calder había leído los detalles durante el vuelo. Ahora sus ojos se concen-
traban solo en la escena, intentaba encontrar lo que destacaba...

Allí. Al acercarse al terreno cercado, Calder empezó a verlos, bultos
marrones en el suelo de grava. Su mirada barrió la escena. Había más formas

oscuras aquí y allí, en la hierba que había fuera del perímetro de la cerca. Y ahora ya veía unos cuantos cuerpos ensartados en la parte superior de las antenas y en la verja.

—¿Quién está a cargo aquí?

—El coronel Ingram, señor. Es el supervisor de campo.

Atravesaron la verja abierta y entraron en el cercado. Había aproximadamente una docena de hombres de pie, en círculo, la mayor parte civiles. Tenían rostros más pálidos y alguna barba o gafas. Vestían al más puro estilo *Doctor en Alaska*: vaqueros, camisas de franela o sudaderas, y cazadoras de aviador. Los científicos del HAARP, supuso Calder. Decidió que podían esperar y se concentró en los bultos marrones. Ya distinguía las formas. Eran pájaros muertos, cientos de pájaros. Un asesinato de cuervos. Sintió un subidón cuando su nivel de adrenalina aumentó un punto.

El soldado hizo las presentaciones. El coronel Ingram pertenecía a la Fuerza Aérea. Examinó con cuidado la identificación de Calder. Esta identificación en concreto tenía su nombre y *Departamento de Defensa, Estados Unidos*, el sello del DD y nada más; no le daba a su trabajo, por ejemplo, ningún título ni nombraba ningún departamento. Ingram estrechó la mano de Calder después de un momento de duda.

—Me dijeron que iba a venir, teniente Farris, pero no estoy muy seguro de por qué está aquí. Quizá pueda indicármelo usted.

—Estoy aquí para observar, coronel. Solo eso.

Ingram parecía estar debatiendo la idoneidad de sondear un poco más. Estaba claro que era el tipo de hombre al que le gustaba saberlo todo y superaba en rango a Calder. Pero el DD era el dueño de esta tierra, por no mencionar de Ingram. Y le habría telefoneado alguien de alto y misterioso rango en el DARPA. Ingram decidió no hacer más preguntas.

—Como ve, hemos tenido un pequeño problema con una banda de aves migratorias.

—¿Cuándo empezó?

—Por la noche. Se percibió por primera vez alrededor de las cinco cero cero de esta mañana.

—Se les pidió que no las tocaran. ¿Lo han hecho?

—No, señor —dijo Ingram con frialdad.

—¿Cuántos pájaros hay?

—No estamos seguros. Hay muchos en esos campos de allí. —Ingram agitó la mano para señalar los campos que había más allá de los confines de la verja, donde altas hierbas salvajes esperaban la primera nevada del año—. Hay unas cuatro docenas dentro del propio cercado.

Calder sintió una oleada de irritación. Vago, muy vago.

—Quiero que envíe personal a los campos. Barra la zona. Quiero un recuento completo. Deben poner marcadores al lado de los cuerpos para que los podamos ver desde aquí. Quiero definir un perímetro sólido alrededor del efecto.

La boca de Ingram se tensó.

—Si cree que la situación lo requiere...

Calder no se molestó en responder a eso. Cambió de tono.

—¿Alguna teoría sobre la causa?

—No. Esto es una instalación del HAARP. No trabajamos con gases ni armas químicas de ningún tipo. No hay nada parecido a cientos de kilómetros a la redonda. No hubo accidentes en Gakona, Guikana ni Chistochina, nada. Hemos barrido la zona en busca de radiación; está limpia. Lo hemos comprobado con el mando de la aviación civil y militar: anoche no hubo tráfico a través de este espacio aéreo salvo por unos cuantos pequeños aparatos civiles y ninguno de ellos transportaba ningún tipo de sustancia química ni informó de nada inusual. Ha habido algunos trastornos estomacales suaves entre nuestro personal, pero nada concreto. No se ha informado de ningún efecto nocivo en las ciudades vecinas. Los pájaros estaban emigrando, así que quizá pasó algo un poco más arriba. Lo estamos comprobando.

Calder asintió, y decidió que Ingram no era tan gandul después de todo. No le sorprendía nada de lo que Ingram había dicho. Si hubiera sido una cuestión de gas o radiación, no estaría aquí. No descubrirían nada más arriba tampoco. Una bandada de aves no volaría ciento cincuenta kilómetros envenenados antes de derrumbarse todos a la vez... en una instalación del HAARP.

Calder sintió que la emoción se agitaba en su entrepierna. Joder. A Avery le hubiera encantado.

—Quiero diez de los cuerpos envueltos en hielo y que se envíen a D.C. Aquí tiene la dirección. —Sacó una tarjeta casi tan sencilla como la suya de un bolsillo y se la entregó al coronel—. Los quiero allí mañana por la mañana.

—Tenemos personal médico aquí, si quiere que nosotros...

—No. Gracias. Habría que recoger el resto y enterrarlos. Y si no le importa, me gustaría revisar los detalles de sus transmisiones HAARP de los últimos días.

—Se puede arreglar. —El coronel Ingram dudó un momento—. Pero, si me lo permite, las retransmisiones de HAARP no pueden tener nada que ver con esto. No son más que señales de radio.

Calder fingió pensarlo un momento mientras giraba la cabeza para examinar la zona una vez más. En realidad, estaba ganando tiempo para tragarse la anticipación que sabía que resultaría audible en su voz.

—Muy cierto, coronel —dijo sin variar el tono de voz—. ¿Y ahora podría presentarme a su físico jefe, por favor?

Ingram dudó, intentaba leerlo de nuevo, pero Calder no le daba nada. Ingram asintió y llevó a Calder hasta los clones de *Doctor en Alaska*. Se detuvieron delante de un hombre con gafas a lo John Lennon y el pelo gris bastante largo atado en una cola de caballo. El hombre miró a Calder con una expresión aburrida, irrespetuosa, como si pensara. *Oh, genial, un cabeza cuadrada.*

Calder sonrió.

—Teniente Farris, este es el doctor Serin —dijo Ingram.

8.2. Jill Talcott
Seattle, El Impulso Negativo, 50 por ciento de Potencia

Las cosas empezaron a ir mal en octubre. El verano había sido una bendición de tranquilidad, sin que nadie los molestara y habiendo logrado terminar tanto trabajo. Claro que el campus estaba casi en estado latente durante los meses de verano. No podía durar.

Habían terminado con el impulso positivo a mediados de septiembre, justo antes del comienzo del nuevo trimestre. Jill había apostado con Nate que los efectos del impulso negativo reflejarían los efectos del impulso positivo, que las crestas y senos de la uno-menos-uno eran dos extremos de energía de la misma fuerza. Nate no estaba de acuerdo; él pensaba que el impulso negativo tendría el efecto contrario.

Y parecía que iba a ganar la apuesta él. Volvieron a ajustar la máquina para que emitiera un impulso negativo al 50 por ciento de potencia. Después de solo seis días empezaron a ver un declive muy definido en los números diarios de «salud y bienestar». El virus dejó de crecer, luego empezó a encogerse mientras moría por los bordes. Los ratones estaban letárgicos. La fruta se pudría.

Inmersa en su propio y pequeño mundo, últimamente Jill no se había molestado en leer los memorandos del departamento, incluido uno que pedía los planes de investigación para el trimestre. Un miércoles frío y lluvioso de otoño, Dick Chalmers la llamó a su oficina.

—Cierra la puerta, Jill.

La irritó ver a Chuck Grover. Estaba sentado con las piernas cruzadas, con una pose al estilo Alan Alda, no muy diferente de un agente de la condicional en una vista. Frunció el ceño al verlo y él se encontró con su mirada con una expresión tan distante y fría como una fuente del Himalaya.

Chalmers le hizo un gesto para que se sentara. Él no estaba sentado detrás de su escritorio sino en una silla acolchada delante de la mesa, como Grover. Se había colocado allí una tercera silla vacía para que los tres formaran más o menos un círculo. A Jill se le pusieron los pelos de punta al momento.

—¿En qué estás trabajando, Jill? —preguntó Chalmers.

—¿Qué es esto, Dick?

—Esto es una conversación civilizada. —Chalmers hablaba con aquel tono de voz pesado, paternal, tan suyo, muy a lo Marcus Welby—. Hace seis meses que no recibo un plan de investigación tuyo. Quiero saber lo que estás haciendo.

—¿Qué está haciendo él aquí? —Jill le lanzó una mirada asesina a Grover.

Chalmers se quitó con meticulosidad unos hilos que tenía en los pantalones, para darle tiempo a ella a entender bien lo serio de su expresión.

—A Chuck también le gustaría saber lo que estás haciendo. Él me lo preguntó, lo que me hizo darme cuenta de que no tengo ni idea. No me gusta no saber nada de mi personal, Jill.

Las manos de Jill se encontraron en su regazo y empezaron a entrelazarse.

—Sí sabes de qué trata mi trabajo.

—Sé de qué trataba, pero no, no tengo ni la más remota idea de en qué estás trabajando ahora.

—Bueno... —Iba a decir que todavía estaba trabajando en la misma ecuación de mecánica de ondas de siempre; eso era lo que le había hecho creer a Chalmers. Pero le había dicho a Grover que había abandonado ese trabajo. Hace falta cierta destreza social para ser un buen mentiroso y Jill no estaba a la altura—. Esto, bueno, aún estoy trabajando sobre la mecánica de ondas pero hemos tenido que volver al principio e intentar un nuevo enfoque. Y... mmm... bueno, no es más que un nuevo acercamiento.

Tanto Chalmers como Grover la miraban con una expresión vaga. Chalmers sacudió la cabeza regordeta.

—Lo siento pero eso no me convence, así de simple. ¿Qué pasa con ese laboratorio que solicitaste en Smith Hall?

—Sí. Con exactitud, ¿qué estás haciendo allí abajo? —añadió Grover.

La científica tragó saliva, sin saber qué contestar.

—He recibido una llamada del programa HAARP de Alaska. —comentó Chalmers—. Al parecer, alguien que se hacía llamar Dra. Alkin y que afirmaba pertenecer a nuestro departamento se puso en contacto con ellos este verano para hablar sobre experimentos con ondas de alta energía. He preguntado por ahí pero ninguno de nuestros profesores sabe nada de eso.

—Bueno, yo desde luego no sé nada —mintió Jill. Sintió que se le calentaba la cara y se irritó. Para eso también podría tener una nariz que creciera, por el amor de Dios.

Grover entrecerró los ojos. Se inclinó hacia delante, casi como si la olisqueara.

—¿Y ese libro sobre generadores de radio que vi en tu oficina?

—Eso era... de Nate. Mi becario. Una afición.

—Dra. Talcott... —Chalmers sacudió otra vez la cabeza y se quitó las gafas. Jill supo entonces que se había metido en un lío. Nunca la llamaba Dra. Talcott—. Me deja perplejo que alguien tenga que desperdiciar un solo segundo especulando lo que podrías o no podrías estar haciendo. Le dijiste a Chuck que le mantendrías al día de tus progresos después de utilizar a Quey, pero él dice que te has negado a ser ni siquiera cortés.

Eso cabreó a Jill, a lo grande. ¡Que no había sido cortés! Había sido perfectamente cortés con aquel pelota el día que le enseñó el programa de simulación. Había mentido como una loca, pero había sido cortés.

—Eso no es cierto en absoluto —dijo con la voz helada.

Grover empezó a discutir pero Chalmers levantó una mano mediadora.

—Lo que me preocupa es tu secretismo. Somos un equipo en este departamento y eso incluye a todas y cada una de las personas que lo componen. Sé que he estado muy ocupado durante los últimos seis meses y no te he presionado tanto como debería, pero tú has sido muy esquiva, coño, Jill.

—No es esa mi intención. Sólo me concentro. —Las manos de Jill se retorcían como luchadores en su regazo. Se dio cuenta y las obligó a soltarse, luego las colocó plácidamente sobre las piernas.

—Si no es esa tu intención, entonces no tendrás objeciones a mostrarnos a Chuck y a mí tu laboratorio. —Chalmers se puso en pie como si quisiera decir que con eso todo arreglado.

—La semana que viene tengo algo de tiempo... —Jill miró su reloj, indecisa.

—Ahora mismo.

—¿Ahora mismo? Pero tengo que preparar...

—Ahora mismo.

Grover se levantó con una desagradable sonrisa en la cara, como si quisiera decir, *Chaval, la que te va a caer.*

Cuando dejaron el despacho de Chalmers, Jill se iba devanando los sesos para encontrar una salida. Al pasar por el pasillo que llevaba a su despacho, dijo:

—Un segundo. Necesito mi maletín. —Se metió allí de un salto y cerró la puerta tras ella. Corrió al teléfono, cogió el auricular y marcó el número del laboratorio. Fue un alivio cuando Nate respondió a la primera llamada.

—Nate —siseó—. Chalmers está bajando. ¡Escóndelo todo!

Colgó el auricular justo cuando Chalmers abría con precaución la puerta de su despacho y la examinaba con expresión suspicaz. Gracias a Dios que era mujer. La preocupación por las indiscreciones le había dado un momento de privacidad por lo menos. Recogió el maletín que tenía al lado del escritorio.

—Ya voy.

Los llevó al edificio Smith con tanta lentitud y dando tantos rodeos como pudo. Pero aun así, solo tardaron unos cinco minutos. Mientras caminaban, ella le daba vueltas a sus alternativas. Por mucho que le irritara la riña, sabía que Chalmers tenía razón. Ella tenía la obligación de mantener informada a la universidad. Pero el recuerdo de Ansel la cohibía y bajo eso estaban los recuerdos de sus propias cicatrices, más antiguas. Nadie se iba a reír de ella. Además, no quería soltarlo a punta de pistola, así; debería ser un momento planeado, de triunfo. Y no estaba en su mejor momento, llevaba toda la semana sintiéndose atontada y cansada, con el borde de un dolor de cabeza presionándole el cerebro. No, necesitaba tiempo para redactar sus hallazgos de forma profesional, y un poco de espacio para presentarlos con claridad y confianza. Y desde luego no quería intentar explicar su trabajo a Chalmers delante de Chuck Grover. La única esperanza que tenía de salvar la uno-menos-uno de sus garras era publicar sus hallazgos antes de que él se enterara de nada. Claro que quizá no tuviera alternativa.

—Aquí estamos —dijo Jill con ligereza. Abrió la puerta.

La cortina de goma absorbió el aire cuando se abrieron paso a través de ella. Nate estaba sentado ante la larga mesa que sostenía su ordenador. Levantó la vista con aire casual.

—Ah, hola, doctor Chalmers, doctor Grover. —¿Era Jill la única que veía que respiraba con dificultad?

Chalmers lo miró con los ojos entrecerrados, confundido por el pelo.

—Umm... Buenos días, esto...

—Nate Andros.

—¡Ah! Sí, por supuesto, señor Andros.

Jill no podía creer lo que estaba viendo, o más bien, lo que no estaba viendo. El centro de la habitación estaba completamente desnudo salvo por la mesa de los especimenes. Sobre ella descansaba una de las viejas gráficas que Nate había quitado de la pared. Estaba allí colocada, con varios lápices encima como si la acabaran de usar. La pizarra blanca (y la parrilla) estaba cubierta por otra enorme gráfica. En la mesa plegable donde habían colocado los ratones estaba solo la vieja cafetera, agonizando lentamente. El equipo de radio había desaparecido. Los especimenes no se veían por ninguna parte. Jill esbozó una sorprendida sonrisa al ver varias de las fuentes de fruta cerca de Nate, en la mesa del equipo, como si estuvieran allí para comer. Levantó los ojos y miró a Nate, que estaba tomando una taza de café y miraba con expresión tenaz la pantalla de su ordenador. El cuello subía y bajaba y se le disparaban las aletas de la nariz al intentar recuperar el aliento sin que resultara obvio. Levantó la vista y los ojos de ambos se encontraron.

—¿Qué demonios estás haciendo aquí abajo, Jill? —Chalmers parecía perplejo. Grover acechaba por el perímetro de la habitación como un perro de la brigada anti drogas en un aeropuerto.

Jill agitó una mano insegura y señaló las gráficas.

—Necesitábamos espacio para explayarnos. Ya sabes lo diminuto que es mi despacho.

—¡Bueno, esto es un desperdicio de espacio ridículo!

—Nadie utilizaba esta habitación, Dick. Estaba llena de trastos viejos. La limpiamos nosotros mismos.

—¡Sigue siendo un desperdicio! Estoy seguro de que alguien le hubiera podido dar mejor uso.

Grover había llegado a la mesa del equipo. Examinó la parte superior, hizo una pausa en el sitio donde había estado el transmisor, mirando aquella mesa, oh, vacía. Jill lo contempló mientras se preguntaba si habría rastros de polvo que delimitaran el espacio. Luego volvió los ojos hacia Nate; él también parecía preocupado.

—Doctor Grover, ¿cómo le va? —preguntó.

Grover hizo caso omiso de Nate por completo. Su rostro no demostraba nada en absoluto. Se acercó a Jill y Chalmers, que seguían en la puerta.

—¿Bueno, Chuck? —preguntó Chalmers.

Grover pasó un dedo por la cortina de goma.

—¿Y todo este aislamiento? —Miró el techo y le acercó la cortina de goma a la científica—. ¿Jill? ¿Podrías explicar por qué necesitas todo esto si estás enredando con ecuaciones? A mí esto me parece una insonorización, ¿para ondas de radio, quizá?

—¡Ondas de radio! —resopló la doctora, como si fuera la cosa más que tonta que había oído jamás—. No, claro que no. Estaba aquí cuando nos trasladamos. —No podía mirar a Grover a los ojos así que miró a Chalmers en su lugar. Intentó actuar de forma normal, pero «normal» en ella significaba no expresar apenas nada con la cara y eso no le parecía del todo correcto. Sonrió.

—¿De veras? Eso se puede verificar, sabes. ¿Quién tenía la habitación antes que tú?

—Lo acabo de decir; estaba vacía.

—¡Ah! Aun así. Alguien lo sabría. Un conserje. Compras.

Podría haberle dado un tortazo al bueno de Chuck. Tenía razón. La adquisición del aislamiento se podía rastrear hasta ella con toda facilidad, pero ahora no podía volverse atrás. Se mordió los labios.

Grover se volvió hacia Chalmers con una expresión de dureza en la cara.

—Verás que todo esto son estupideces, Dick.

Chalmers gruñó.

—Jill, quiero un informe completo, y me refiero a completo, de todo lo que has hecho durante los últimos seis meses, y lo quiero en mi despacho el viernes.

—¡Pero eso solo me deja dos días!

—Cinco de la tarde, viernes. Y creo que deberías reflexionar sobre la clase de improductividad que provoca tu tendencia a la reclusión. Francamente, ¡esto es intolerable! De ahora en adelante quiero que en el departamento todo el mundo sepa con claridad lo que estás haciendo, aunque no les importe. Y eso se refiere sobre todo a Chuck. Cuando alguien de mi departamento se compromete a algo con un compañero, espero que mantenga ese compromiso.

Chalmers le puso una mano a Grover en el brazo a modo de apoyo.

—Vamos, Chuck.

Se fueron, pero no antes de que Grover le lanzara una mirada venenosa, una mirada que decía, *Sé que estás mintiendo, puta.*

Jill cerró la puerta con llave tras ellos y se derrumbó en una silla. Ocultó el rostro en las manos.

—¡Oh, Dios! ¡Será gilipollas!

—¿Estás bien?

—Creo que hemos sobrevivido. Gracias a Dios que estabas aquí, Nate. ¿Cómo lo has hecho? ¿Dónde está todo?

Nate no parecía muy aliviado. Sus ojos oscuros estaban llenos de preocupación.

—Hay un almacén al otro lado del pasillo. Jill, esto no va bien. Van a averiguarlo antes o después y Chalmers se va a cabrear. La verdad es que no entiendo de qué tienes miedo. Es un gran trabajo. Brillante, en realidad.

Jill no pudo evitar sentir una oleada de placer ante el piropo. Y el joven tenía toda la razón. Acababa de contarle una sarta de mentiras a su jefe de departamento. Eso la puso enferma por un momento, un mareo acuoso, como si estuviera mirando un precipicio. Podía visualizar el momento en que la despedían, cuando la echaban de la vida universitaria para siempre.

Pero seguro que se lo perdonaban todo si sacaba esto adelante. Sería algo tan grande que no tendrían alternativa. Y podría explicarle a Chalmers lo de Ansel, lo del chantaje de Chuck, que quería estar segura por completo antes de decir nada. Quizá lo entendiese.

Todavía tenía el ojo puesto en el premio.

Se alisó los pantalones de lana.

—Tienes razón, Nate. Es hora de empezar a escribir nuestro primer artículo importante. Podemos incluir todo lo que hemos hecho hasta ahora. Para cuando hayamos terminado, ya deberían estar terminadas también las pruebas con el impulso negativo.

—¿Y lo quieres para el viernes?

—¡Cielos, no! Podríamos estar listos en enero, si le metemos caña durante las vacaciones.

—Pero Chalmers dijo que lo quería para el viernes.

Jill se dio unos golpecitos en la clavícula con los dedos. Sí, su jefe lo había dejado muy claro.

—Maldita sea —murmuró—. Tendré que perder al menos dos valiosos días.

—Vas a escribir un informe falso. —Nate parecía disgustado de verdad. Movió la mano para acariciarle la rodilla pero la retiró cuando la vio fruncir el ceño. Era un gesto de preocupación y ella lo comprendió el mismo momento en que se dio cuenta de por qué había retirado la mano. Ella había bajado los ojos y tenía el ceño fruncido y quería decir. *No, solo fruncía el ceño por la situación, no por ti.* ¿Pero qué significaría eso? ¿Que le estaba pidiendo que le acariciara la rodilla? ¿Y entonces él se sentiría como si tuviera que hacerlo? ¿Y resultaría extraño porque el momento ya había pasado?

Evitó el tema levantándose.

—Todo es cuestión de tiempo, Nate. —Se oyó decir y se pareció de una forma tan aterradora a su padre que tuvo un sobrecogedor momento de duda.

Pero fue solo un momento. Enero no estaba tan lejos, razonó. Y con Acción de Gracias, y luego Navidad, Chalmers estaría demasiado ocupado para preocuparse por ella. Lo cierto es que era el momento ideal, porque mientras todo el mundo estaba absorto en el pavo y los villancicos, ella tendría más tiempo para poner a sus patitos en fila. Era, como diría su padre, una ventaja y hasta una pequeña ventaja podía marcar la diferencia si eras lo bastante lista como para utilizarla de la forma correcta. E incluso si Chalmers no la perdonaba por mentir ahora, por entregar un informe falso, no necesitaría a la Udub después de publicar, no con Harvard y Oxford llamando a su puerta. Pero Chalmers la perdonaría. Mira a Chuck; era un gilipollas pero todos besaban ese culo embutido en pantalones cortos porque era valioso. Así eran las cosas en el carril rápido y si no sabías jugar duro, te aplastaba la gente que sí sabía.

—También tendremos que apurar un poco el trabajo con el impulso negativo, eso es todo. Tomaremos unos cuantos días más de observaciones al cincuenta por ciento y luego lo subiremos al setenta y cinco. La verdad es que deberíamos tener más tiempo pero...

Nate se levantó muy poco a poco con el rostro muy serio.

—Jill, tenemos que hablar.

Jill sabía lo que Nate iba a decir y conectó el mecanismo de defensa de inmediato, como un castillo que sube la verja al primer signo de ataque. Le lanzó una mirada fría y ecuánime, «como quieras» y se alejó un poco. Empezó a quitar la gráfica de la pizarra.

Iba a decirle que no podía seguir trabajando con ella. Entre los riesgos que ella sabía que había corrido durante la investigación, (exponiéndolos a los dos a la uno-menos-uno alterada) y ahora la prueba, justo delante de sus ojos, de que tenía a Chalmers y Grover en contra, ¿qué otra cosa podía esperar? El chaval no era tonto. Tenía que preocuparse de su propio futuro.

Nate cogió su mochila y sacó un periódico. La científica lo miró y no vio lo que esperaba ver en sus ojos: culpabilidad. En su lugar, los ojos del joven tenían un montón de profundas preguntas en su interior. Notó que los tenía hinchados y que los círculos oscuros habían vuelto.

—Pareces enfermo —le dijo, muy rígida.

—Me siento como una mierda, sobre todo después de leer esto.

Levantó el periódico. Cuando vio que ella no se acercaba a cogerlo, suspiró, se acercó a ella y se lo tendió.

—¿Qué es?

El joven aguantó el aliento durante un momento.

—Me preocupa continuar con el experimento del impulso negativo. Lo vas a subir al setenta y cinco por ciento, y eso me asusta.

Por lo que esperaba oír de sus labios y porque le importaba de verdad que él la dejara, se mostró muy receptiva al lenguaje corporal del muchacho, algo poco característico en ella. Se dio cuenta de que a Nate no le gustaba lo que acababa de decir, que se sentía un cobarde por decirlo, por decir, *«Eso me asusta»*. Pero tenía la convicción suficiente para decirlo de todos modos y eso la hizo recordar que el joven ya llevaba algún tiempo expresando sus dudas y que ella lo había filtrado por completo.

Los dedos femeninos tropezaron con la clavícula.

—Nate, si quieres tomarte un respiro, concentrarte en tu trabajo de clase...

—Lleva tres semanas seguidas lloviendo.

—Es octubre. En Seattle.

—Suele hacer buen tiempo en octubre.

—¿Qué estás intentando decir? —Bajó la vista hacia el periódico, más confusa que inquieta.

El joven suspiró.

—Durante las tres últimas semanas he roto con mi novia, he recibido dos multas de aparcamiento, una camión casi me convierte a mí y a la moto en un tapacubos, he tenido un altercado en una tienda de vídeos y un amigo del restaurante casi se rebana un dedo al cortar verduras. El tío es chef profesional. Y ahora este asunto con Chalmers y Grover.

A pesar de que quería entenderlo, una profunda mancha de irritación floreció dentro de Jill. No tenía tiempo para aquellas tonterías, con el estúpido informe que tenía que escribir y todo el mundo presionándola. Por otro lado, él había roto con su novia.

—Nate... —empezó a decir poco a poco—. Siento que tengas problemas pero si crees...

Su ayudante le dio unos golpecitos a la primera página. La examinó un momento. Cuatro estudiantes de la Udub habían muerto la noche antes cuando una camioneta se había saltado la barandilla del cercano puente 520 y se había hundido en el lago Washington.

Jill agarró el periódico y buscó los nombres. La Universidad de Washington era un campus enorme y no reconoció a ninguna de las víctimas. Se pensaba que había alcohol implicado.

—Es terrible.

Nate la miraba fijamente.

—¿Qué? No pensarás en serio que esto tiene algo que ver con el impulso negativo.

Nate bajó la vista y se miró las botas negras de cuero, las manos en las caderas. Tenía una expresión de determinación en el rostro.

—Creo que deberíamos parar.

Jill tiró el periódico y cruzó la habitación a grandes zancadas, la empujaba a moverse una oleada de cólera. ¡Todo el mundo estaba contra ella! La verja del castillo volvió a subir de inmediato.

—¡Eso es completamente injusto! Estás creando fantasmas, Nate. Esperaba más de ti. Esperaba ciencia. —Volvió furiosa a la parrilla de la pizarra y la señaló con un dedo—. ¿Estamos solo a, qué, un diferencial del treinta por ciento entre el grupo del laboratorio y el grupo de control con el impulso negativo? ¿Ratones, plátanos y virus, todos justo al lado del transmisor de ondas? ¡Piensa en ello! Aunque el impulso negativo tenga un efecto perjudicial, ¿cómo podría tener solo un impacto del treinta por ciento aquí, en objetos pequeños con pocas células, mientras que al otro lado del campus, en el puente 520...? ¡Dios, eso ni siquiera tiene sentido!

Estaba respirando con dificultad, y sintió que la golpeaba una jaqueca provocada por la tensión. Se dijo que tenía que calmarse. No había razón para que esto no pudiera ser una discusión racional, científica, si Nate consiguiera sacarse la cabeza del culo.

Nate se pasó una mano por el pelo con puntas rubias.

—Mira, sé que no estoy pensando con mucha claridad. Y eso es parte del problema. Pero escucha un momento, ¿de acuerdo? ¿Cómo es que estos impulsos afectan a nuestra fruta, a los ratones y a los virus? ¿Has pensado de verdad en eso?

—Por supuesto. —Jill estaba demasiado alterada para quedarse quieta. Se puso a caminar de un sitio a otro delante de la parrilla, como una hormiga de guardia—. Nuestra hipótesis es que los impulsos positivo y negativo tienen un impacto sobre la onda uno-menos-uno, que es la energía subyacente al espacio-tiempo. A su vez, la materia queda afectada.

—¿Cómo?

—Bueno, las partículas del plátano, por ejemplo...

—Continúa.

Había pensado en eso, mucho, si bien de momento no era más que teoría.

—Bueno, el impulso positivo se funde con la uno-menos-uno de igual forma que dos ondas cualquiera se funden y crean una pauta de inteligencia.

No tiene ningún efecto sobre las «crestas» de la uno-menos-uno dado que ya están en el valor máximo del «uno». Pero sí que afecta a los «senos», el lado negativo de la onda. El resultado neto es que hay menos senos o más suaves. Las partículas del plátano, que tienen sus propias ondas de energía, se cruzan con la uno-menos-uno alterada y terminan teniendo también menos senos o más suaves.

Nate asintió con los ojos brillantes.

—Cierto. Y hemos visto que cuando hay menos senos las cosas prosperan, florecen, se sienten bien, follan como conejos.

Jill sonrió complacida pero asintió, le concedió su beneplácito.

—Y ahora al parecer hemos demostrado el otro lado de la moneda. El impulso negativo afecta al lado uno de la onda uno-menos-uno. En otras palabras, reduce las crestas, ¿no? Y al parecer cuando hay menos crestas las cosas se ralentizan, incluso mueren, como el virus.

—Estamos muy lejos de demostrarlo.

Nate hizo una mueca.

—No me preocupa la maldita fruta, Jill. Ni siquiera estoy preocupado por mí. Aunque la verdad es que tú tienes bastante mal aspecto. Lo sabes, ¿verdad?

La científica dejó de pasearse para mirarlo, furiosa.

—¡Estoy bien!

—Estás muy irritable.

—¿Sí? ¡Cómo te sentirías con Chalmers y Grover detrás de ti! Además, no está demostrado que la uno-menos-uno afecte al humor, la química o lo que sea de una persona.

Nate la retó con una ceja levantada.

—¿Por qué no? Nuestro cerebro es materia. Al igual que las sustancias químicas que hay en él. Por supuesto que la uno-menos-uno afecta a nuestro humor, los dos lo hemos sentido. Mira los ratones.

—No puedo —señaló ella con sequedad.

Nate salió al pasillo y volvió con las dos jaulas. Ella cerró la puerta con llave otra vez tras él, que colocó las jaulas en la mesa. Un macho blanco olisqueaba sin muchas ganas la rueda. Los otros estaban echados y lo contemplaban letárgicos.

Jill dio un gruñido, hmmm. Necesitaba con tal urgencia justificar lo que estaba haciendo que discutía casi sin pensar. Solo más tarde, echada en la cama, contemplaría la posibilidad de que Nate pudiera tener una pizca de razón. Ahora se acercó a él y le puso una mano cansada en la manga, como si tocarlo fuera una especie de premio de consolación por lo que estaba a punto de decir.

—Nate, sabes que tenemos un radiotransmisor muy modesto. Aquí hemos estado viendo resultados, sí, pero nada catastrófico o especialmente peligroso. Sabes que esto no tiene nada que ver con ese accidente de coche o con cualquier otra cosa que hayas mencionado. Sencillamente es absurdo.

—No estoy diciendo que nuestros experimentos tiraran a esa camioneta del puente. —Nate cerró los ojos y se concentró—. Pero también pienso que estamos soñando si pretendemos mantener los resultados de nuestro experimento localizados en esta habitación. El aislamiento conserva aquí el impulso que estamos generando, pero eso es todo. Estamos manipulando el tejido del espacio-tiempo, Jill. Además, así no es como funciona la teoría del estanque de energía. —Había un temblor en los labios masculinos que la hizo sentirse a ella también emocionalmente débil. Retiró la mano y la dejó caer.

Estaba cansada de esa discusión, cansada en general. No se sentía nada bien desde hacía algún tiempo. Y todavía tenía otra clase hoy; luego tenían que acercarse a su casa esa tarde para vigilar al grupo de control.

—¿Y si...? —empezó Nate—¿Y si hay probabilidades?

Jill sacudió la cabeza.

—Ahí me has perdido.

—¿Y si existe el libre albedrío? ¿Pero y si el «libre albedrío» o «no predestinación» solo significa que hay una especie de curva de probabilidades de que pase una cosa y no otra? Mira el chaval que conducía la camioneta, por ejemplo. —Agitó la mano hacia el periódico—. Digamos que su vida está determinada en un cincuenta por ciento por pura genética y quizá otro treinta por ciento por el condicionamiento medioambiental. Luego está ese último veinte por ciento que es pura suerte. Quizá podría morir a los cinco años por tirarse de un columpio porque tiene un gen temerario, o a los diecinueve de una sobredosis porque tiene una predisposición a la adicción. O quizá siempre existió la posibilidad de que tuviera un accidente mientras conducía borracho.

Jill se frotó la frente, estaba cansada.

—No estoy diciendo que el impulso lo empujara. ¿Pero y si aumentó la probabilidad de que llegara a pasar ese acontecimiento en concreto? ¿Y si pudiera haber ocurrido anoche un suceso afortunado aleatorio, como una canción favorita que saliera por la radio para mantenerlo alerta, si hubiera habido una cresta completa en su pauta de onda, y no pasó porque la cresta no estaba allí?

La profesora se lo quedó mirando con expresión perpleja.

—Nate, ¿cómo respondo a algo así?

Nate se encogió de hombros tristemente.

—No espero que lo hagas. Ni siquiera estoy seguro de creerlo yo. Sólo creo... creo que no tenemos ni idea de con qué estamos jugando.

Ella se apoyó contra una mesa y se abrazó, tenía frío. Lo estudió durante un momento.

—Deberías tomarte algún tiempo libre.

—No.

—Solo unas semanas. Puedes trabajar con los datos en mi despacho. Para el informe.

Unos minutos antes había temido perderlo pero ahora Jill se dio cuenta de que lo estaba alejando. Quería que se fuera. Porque había algo que temía perder más que a Nate Andros: su fe en el trabajo o incluso el trabajo mismo.

Pero Nate se rindió sin condiciones. Volvió a su ordenador y cogió la taza de café.

—Por Dios, no quiero tiempo libre. Solo quiero hablar de ello, por todos los santos. Es decir, a veces todo esto me supera.

Oyó un temblor en la voz del joven y vio cómo se oscurecía su rostro cuando se quedó mirando fijamente la taza. Sintió que respondía con un nudo en la garganta pero lo ahogó. Un latido más tarde, estaba tomando nota mental del aumento de la inestabilidad de su ayudante, su emocionalismo, su paranoia, para anotarlo en su diario esa noche, más tarde.

—Razón de más para terminarlo cuanto antes —dijo con brusquedad—. Vamos a intentar subir los datos a un diferencial del cincuenta por ciento entre el grupo del laboratorio y el grupo de control con el impulso negativo. Será suficiente para publicarlo. Podemos detenernos ahí.

Nate no respondió y tampoco la miró siquiera.

—Bueno... ¿qué ha pasado con Linda?

Las palabras habían salido de su boca antes de que se diera cuenta de que las iba a decir y de inmediato se sintió como si acabara de hacer algo especialmente humillante. Lo compensó adoptando una actitud de supremo desinterés en la respuesta mientras se miraba las uñas. Supo que él la estaba mirando.

—No teníamos mucho en común, la verdad.

—Ya. —Se dio la vuelta sintiendo una perversa satisfacción—. ¿Estás seguro de que no quieres irte unos días? Me gustaría subirlo. Pero si no te sientes cómodo no tienes que estar aquí. Solo dilo.

Torció la boca en una mueca irónica.

—No. —Luego, con más fuerza—¿Y dejar que acapares toda la gloria? No a menos que tengas un tiro de caballos salvajes del que no sé nada.

Jill sonrió.

8.3. Aharon Handalman

Jerusalén

Era viernes por la tarde y Hannah se apresuraba a dejarlo todo listo para el Sabbath. En el horno se asaba un trozo de pecho de ternera con el temporizador puesto. Los dos pequeños se habían bañado por la mañana y Yehuda estaba allí metido ahora y tenía la ropa preparada sobre la cama.

Puso la mesa con unos candelabros de plata que habían pertenecido a su abuela, revolvió la sopa de verduras y puso la sartén grande en el hornillo para servir una golosina muy poco habitual, *latkes*. Contempló nerviosa el servicio extra que había puesto en la mesa.

Estaba oscureciendo cuando llegó Aharon, con su invitado a remolque. Hannah ya había encendido las velas y las había bendecido. Los hombres habían venido a pie desde la *yeshiva* y el ejercicio había hecho más aparente la reciente palidez del rostro de Aharon, la flojedad de su piel. Hannah lo miró preocupada y le dio la bienvenida a Binyamin mientras le cogía el abrigo e intentaba no estremecerse al percibir el olor que flotaba entre los pliegues de lana.

—Ha sido, esto, muy amable por su parte invitarme —dijo Binyamin—. El rabino Handalman dijo que había sido idea suya.

—No hay de qué. —Hannah miró con expresión culpable a Aharon—. Espero que los dos hayáis traído hambre.

Había instruido a los niños para que fueran especialmente agradables pero Devorah arrugó la nariz cuando se sentó a la mesa.

—¡Huele! —dijo la niña, cosa que Hannah cubrió a toda prisa hablando sobre la carne.

Cuando la comida estuvo sobre la mesa, Aharon pronunció la bendición:

—*Baruch atah Adonai...*

Hannah lo contempló por entre las pestañas, con el corazón preocupado. Los cambios en su fisonomía llevaban produciéndose ya un cierto tiempo, pero unas cuantas semanas antes se había producido una diferencia notable. En ocasiones había una expresión en su rostro que lo convertía en un extraño.

Antes, si eras caritativo, decías de Aharon que estaba muy seguro de sí mismo y si no eras tan caritativo, lo llamabas pomposo. Cuando rezaba, lo rodeaba una cierta solidez, como si quisiera decir, *Esto es lo que soy y lo que fue mi padre y el padre de mi padre*, como si tuviera una línea directa con Dios. Ese hombre había desaparecido. Aharon realizaba los movimientos, pronunciaba las sílabas. Podría estar leyendo una lista de la compra. Lo peor es que creía que su marido no era consciente del cambio, no le parecía que supiera nada del vacío distraído que había en sus ojos o de que en ciertos momentos tenía una expresión que era puro pánico. Dormía mal, tenía pesadillas, se levantaba tan tarde que ella sabía que no tendría mucho tiempo para sus plegarias matinales, y ni siquiera parecía importarle.

La cena se iba arrastrando bajo el peso de la conversación forzada. Binyamin, que jamás sería el ideal de príncipe azul, tampoco era ningún charlatán. Por fortuna, era de los que comía rápido. Se terminó dos platos llenos en un tiempo record y nadie más tenía hambre. Hannah retiró los platos y sirvió el postre: *halvah* y té de hierbas.

Les dieron permiso a los dos mayores para que se levantaran y Hannah acostó al bebé. Cuando salió de la habitación, Aharon y Binyamin no estaban en la casa. Fuera, entre las sombras, los distinguió sentados en el patio de los niños. Fue a ver lo que estaban haciendo Devorah y Yehuda, los dos leían (Devorah fingía leer) en la salita. Hannah se puso el abrigo y se deslizó fuera.

El patio de juegos era pequeño, solo unos columpios y un tobogán que ya casi se le había quedado pequeño a Devorah. Hannah no se acercó a él por el sendero sino que rodeó el edificio con la esperanza de que la oscuridad la defendiera de los ojos curiosos, no tanto de los de Aharon como de los del vecino. ¿Qué dirían de una mujer que espía a su propio marido?

Rodeó el costado del edificio y se detuvo, arrimada a la pared. Apenas oía las voces de los hombres. Aharon normalmente gritaba bastante, Dios sabía, pero hoy estaba hablando sin demasiada energía.

—Anoche soñé que estaba intentando ocultar a Yehuda en la *yeshiva* porque los nazis estaban saqueando las calles. Estaban derribando el Muro y si no ocultaba a Yehuda lo encontrarían. Lo llevaba de la mano y corría por la escuela cuando de repente hubo un destello brillante en las ventanas. Era el arma. Lo sabía, en el sueño; pensé: *¡Los nazis han conseguido el arma, de alguna forma, y han destruido Jerusalén!*

—Solo fue un sueño, rabino. —Había inquietud en la juvenil voz de Binyamin pero también una inesperada amabilidad.

—Sí, sí, claro. Le ruego a Dios que siga así. Debemos encontrar a Anatoli Nikiel. Tenemos que hacernos con el resto del manuscrito antes que ellos.

Entonces los hombres se levantaron y empezaron a pasear.

Hannah tenía el corazón en la garganta pero no se atrevió a seguirlos. Volvió al apartamento, escribió la nota y esperó. Devorah se fue a la cama. Volvieron los hombres. Una taza más de té, luego Binyamin se levantó para irse. El abrigo estaba muy gastado y era viejo, como, quizá, algo que había pertenecido a su abuelo o al abuelo de alguien, rescatado de un contenedor de saldos del mercado. Sus padres, que no eran pobres, debían de estar tirándose de los pelos, que Dios les ayudase.

Hannah siguió a los hombres a la puerta y cuando Binyamin balbuceó una despedida metió la mano en el bolsillo del abrigo. Hannah aguantó el aliento por un momento con el temor de que, en su simplicidad, la traicionara, sacara la nota y dijera, *¿Qué es esto?*

Pero no lo hizo. Frunció el ceño para mirarla mientras apretaba algo con fuerza en el bolsillo y dio las buenas noches.

Desde el momento en que Aharon había decidido que no quería volver a hablar con Shimon Norowitz, nunca más. Shimon Norowitz se había convertido en su mejor amigo. *¿Qué más ha encontrado en las series? ¿De qué se ha* enterado durante su investigación? ¿Ha hablado con alguien? ¿Con quién? Y siempre, como un reloj ¿Se mantendrá en contacto, por supuesto?

Siempre que Norowitz llamaba, Aharon sentía que se le cerraban los labios, que pesaban demasiado para moverlos, como si un ángel le estuviera poniendo allí un dedo, *shhh*. No le habló a Norowitz de su entrevista con Biederer. No le habló de Anatoli Nikiel. Y desde luego no mencionó la desaparición de dos hombres fuera de Auschwitz en medio de un destello de luz.

Un lunes después de que Binyamin hubiera pasado el Shabbes con ellos, el chico ya estaba en el despacho de Aharon cuando llegó este. Binyamin se levantó con una expresión extraña, con la carpeta de Kobinski en las manos. Parecía un perro que hubiera desenterrado algo y no estaba seguro de si tenía que sentirse contento o culpable por ello.

—¿Qué? ¿Qué has encontrado?

—He encontrado algo —murmuró Binyamin. Tenía las mejillas manchadas de rojo.

—Sí, ya lo sé. Y lo sé porque sé leer el pensamiento, Binyamin y porque estás ahí de pie, sosteniendo la carpeta con esa mirada. ¿Qué pasa?

Binyamin lo sostuvo en alto.

—Aquí.

Aharon se sintió desilusionado cuando vio lo que Binyamin había rodeado.

—¿Eso? ¡Eso no es una palabra!

Binyamin extendió las manos ahusadas con las uñas astilladas para coger la carpeta con ademán dubitativo.

—Vale, pero...

—No digas «vale». «Vale», ¿qué significa eso?

Binyamin posó la carpeta en el escritorio, se subió aún más las gafas y volvió varias páginas. Entonces Aharon vio que había nuevos *post-it* adheridos a las páginas, unos nuevos de color rosa que destacaban brillantes contra los amarillos desvaídos y casi apagados. Binyamin abrió la carpeta por una de las páginas marcadas y la sujetó para enseñársela a Aharon con ademán expectante.

—¿Estas? —preguntó Aharon señalando las banderas rosas.

Binyamin asintió. Aharon se inclinó sobre la carpeta y miró. La misma secuencia de cinco letras, úì÷úú, estaba en esta página otra vez y en la siguiente página marcada de rosa, y en la siguiente.

—¿Cuántas? —preguntó Aharon en voz baja.

—Cuarenta y cinco apariciones.

¡Cuarenta y cinco!

—Pero... «TLCTT», no significa nada. —Pero esta vez Aharon ya no estaba tan seguro.

—Quizá... bueno... ¿podría ser un nombre? ¿Con las vocales, es decir?

—¿Cómo lo encontraste?

Binyamin se encogió de hombros.

—Solo lo vi —murmuró mientras bajaba la vista hacia la página.

—Hmmm. —Aharon se acarició la barba—. Podría ser un nombre. ¿Qué más? ¿Un acrónimo? ¿Algo científico? ¿Un ingrediente químico? ¿Una fórmula? —Se meció hacia delante y hacia atrás sobre los dedos de los pies.

—Pudiera ser —dijo Binyamin dubitativo—. O podría ser un nombre.

Aharon tenía una enciclopedia judía en CD-ROM, se la había comprado Hannah para algún cumpleaños. Intentó varias combinaciones de vocales añadidas a las consonantes hebreas pero no encontró ningún resultado que encajara. Hizo una búsqueda de las letras en la Torá y también en el Talmud pero esa secuencia de letras no aparecía en el texto normal de ninguno de los dos.

Se reclinó en la silla y se acarició la barba.

—En la universidad puedo encontrar a alguien en el departamento de física. Quizá lo reconozcan. ¿Una especie de término científico? ¿Números romanos? ¿Fechas?

—Quizá —dijo Binyamin—. Pero podría ser un nombre.

9

Me obsesioné con el bien y el mal. Cuando actuamos, hablamos o siquiera pensamos, creamos energía. En el cerebro, las sinapsis se disparan; al hablar, creamos ondas de sonido; con la acción física, el impacto en la materia es incluso más obvio.

Y yo me preguntaba: ¿Podría la energía de estos acontecimientos, por y en sí misma, ser positiva o negativa, buena o mala? ¿Es diferente la energía del pensamiento de odio de la energía de uno benevolente? ¿Hay leyes que gobiernen esa energía? ¿Hasta dónde puede llegar el mal, qué fuerza tiene en el límite? ¿Viaja el «bien» a la velocidad de la luz?

—Yosef Kobinski, *El libro del tormento*, 1943

9.1. Calder Farris.
Instalaciones del HAARP, Gakona, Alaska

Calder llevaba cuatro días en Alaska. Habían estado sometiendo la instalación del HAARP a pruebas de frecuencia cuando cayeron los pájaros, así que él los había obligado a realizar esas mismas pruebas de frecuencia una vez, y otra vez, y otra, para inquietud del doctor Serin. Calder estaba retrasando su investigación, decía Serin; diez doctores sentados mano sobre mano. Joder con el quejica de mierda. Calder lo miró con intención, dijo. «*Esto tiene prioridad*» y no hubo más. Serin no era tonto y empezó a sentir curiosidad por lo que estaba buscando Calder. Calder respondía, o no respondía, a todo con la misma frialdad.

Así que realizaron las pruebas. Y no pasó nada.

Serin le preguntó a Calder.

—¿Qué está buscando? ¿De qué va todo esto?

Calder dijo.

—Procedimiento estándar.

Serin le recordaba mucho a Calder a los científicos que trabajaban para el DD. Durante los años había desarrollado un odio especial por esa clase de gente, genios liberales de la física que trabajaban para el gobierno pero eran tan asquerosamente privilegiados que olvidaban quién les daba de comer con una cuchara de plata. Claro, Serin estaba encantado de embolsarse el dinero que le ofrecía el Tío Sam, el alojamiento gratis, la jubilación anticipada y los grandes beneficios. Pero cuando llegaba a casa por la noche, daba cenas con sus amigos, otros genios liberales, en las que se reían del personal militar que dirigía la instalación. Le daría mucha importancia al hecho de que HAARP no era, técnicamente hablando, un arma. Como si no le debiera todos y cada uno de sus privilegios, por no mencionar su vida y la de toda su familia de empollones, a la bomba de neutrones. Como mínimo, estaría hablando ruso y garabateando ecuaciones matemáticas por cincuenta céntimos la hora si no hubiera llegado aquel chico malo cuando llegó. Y luego estaban las bombas invisibles y las bombas inteligentes y el resto de las cosas que mantenían a aquel hombre hundido hasta las caderas en entradas para la ópera y compras en Nordstrom en lugar de revolcarse en un agujero infernal del tercer mundo como el otro 80 por ciento de la población mundial cuya única desgracia había sido nacer en un país sin una tecnología tan perversa.

Pero... Serin no era problema de Calder. El hombre no tenía ni idea de qué era lo que había hecho que aquellos pájaros se cayeran del cielo y no podía reproducirlo.

Desde la muerte del doctor Henry Ansel, Calder había reunido cada jirón de información que pudo encontrar, había entrevistado a los colegas de Ansel en la Universidad de Tennessee y había hablado con sus estudiantes. Había recogido algunos bocaditos, trozos de un rompecabezas que todavía no había adquirido una forma definida en la mente de Calder. Lo que sabía con certeza era que Ansel había estado trabajando en algo que era extremadamente relevante para Calder y que no había abierto la boca sobre ello.

Salvo, quizá, con el decano de su departamento de física. Aquel hombre sabía algo. Pero lo negaba y tenía unas cuantas conexiones demasiado buenas para que Calder pudiera sentársele encima. Si bien lo reservaba como opción para una fecha futura.

En lo que Ansel y Avery estaban de acuerdo es que materia es igual a ondas y que por tanto, ergo, en consecuencia, se deducía que las ondas de un tipo, intensidad, estructura, etcétera, etcétera concretos, deberían ser capaces de afectar a la materia. La pregunta era, ¿qué tipo de ondas? Calder había examinado toneladas de documentación, artículos viejos, cualquier cosa que pudiera encontrar sobre experimentos realizados con ondas, pero hasta ahora no había encontrado la bandera roja: una materia física bien jodida por culpa de una transmisión de ondas.

Hasta los pájaros. Las autopsias no mostraban nada. Nada. Los pájaros no habían muerto envenenados ni por culpa de la radiación, de diabetes o de depresión. Era como si de repente, en pleno vuelo, lo que les impulsaba a vivir, una chispa vital del cerebro, se la hubieran apagado, así de simple. Estrellados y quemados.

El mayor temor de Calder, y se estaba haciendo realidad, era que hubiera sido una casualidad, alguna confluencia extraña de factores aleatorios que nunca fuera capaz de rastrear, no sin saber... algo.

¿Lo había sabido Ansel? ¿Había sostenido en sus manos el poder sobre la vida y la muerte? Si no es así, se había suicidado sin una buena razón y a Calder no le parecía demasiado probable. Y desde luego Serin no sabía una mierda. Pero según Serin, había otra persona ahí fuera que quizá lo supiera.

El jueves, Calder preguntó.

—¿Volvió a saber algo de la Universidad de Washington? ¿Sobre esa llamada de la tal doctora Alkin?

—Aún no —respondió Serin sin el menor interés—. Ya le he dicho que no es nada. No sé por qué lo recordé siquiera, salvo que esa persona estaba preguntando sobre efectos inusuales de nuestras transmisiones de ondas y los pájaros me recordaron...

—Quizá debería devolverles la llamada.

Serin le lanzó una mirada exasperada.

—Hablé con el jefe del departamento. Me habría llamado si se hubiera enterado de algo.

Calder se quitó las gafas y clavó en Serin aquellos fríos ojos azules.

—Le llamaré ahora —dijo Serin.

9.2. Denton Wyle
Norte del Estado de Nueva York

Denton se quedó sentado vigilando la *yeshiva* desde una maraña de arbustos de madreselva que había detrás del edificio. En los bosques. En la oscuridad. Con los malditos arces. Schwartz había cometido un grave error. Denton Wyle ya no tenía nada que perder.

Podría haber negociado con el rabino, si hubiera tenido el manuscrito Kroll. Pero Denton no tenía el manuscrito Kroll. Se lo habían robado de las manos. Y luego estaban esos dos matones que se habían llevado una copia de todos y cada uno de los jirones de material que tenía en la habitación del hotel de Stuttgart, sin preguntarle, a pesar de sus furiosas protestas. Así que Schwartz tenía todo lo que Denton tenía, de todas formas. Así que era Schwartz, en realidad, el que había elegido este camino. Denton no era responsable. Estaba furioso, sí, petrificado, sí, pero no era el responsable.

Las luces del gran comedor estaban encendidas. Por fin vio entrar a los niños en fila india. Esperó hasta que estuvieron todos sentados, hasta que se dijeron las bendiciones. Luego atravesó el bosque rumbo a la puerta principal.

Recordó que había visto un ropero en el vestíbulo durante su primera visita a la *yeshiva*. Esperaba que le sirviera para sus propósitos. Probó la puerta principal: abierta. Se sonrió nervioso. Como pensaba, el lugar no estaba vigilado. Schwartz quizá fuera el jefe de algún culto judío secreto pero nunca esperaría tener problemas aquí, en su terreno. No con esta elaborada fachada que había creado, una inocente «escuela para niños». Ja ja.

El vestíbulo, cuando Denton se deslizó al interior, estaba apenas iluminado y vacío. Resultaba tentador ir ahora a la biblioteca, estaba pasillo abajo y no había nadie por allí. Pero necesitaba tiempo, mucho tiempo. Abrió la puerta del ropero y examinó las dimensiones. Era largo y profundo. En la parte posterior había un nido de cajas. No podía ser más adecuado; la suerte le sonreía a Denton Wyle. Se abrió camino entre los abrigos, y se hizo un rincón entre las cajas, oculto de todos. El reloj tenía la esfera iluminada y la leyó: 6:30.

Durmió un poco. Para medianoche ya no podía esperar más. Tenía calambres en las piernas y tenía que hacer pis, además la oscuridad estaba empezando a afectarle. Estaba empezando a imaginarse a Schwartz (con el traje de chef, el cuchillo de carnicero levantado) dirigiéndose muy despacito a la puerta del ropero. Un poco más deprisa de lo estrictamente necesario, Denton salió del nido de cajas y entró en el vestíbulo.

El vestíbulo estaba oscuro pero desde luego no tanto como el armario. Escuchó, con el corazón golpeándole en el pecho, por si oía los cánticos distantes de un templo subterráneo, como en *Indiana Jones*. La escuela estaba en completo silencio. Libre ya del estrecho espacio, sus miembros le cosquilleaban por la falta de uso y los nervios amenazaban con fallarle. Todavía podía volverse atrás. No era demasiado tarde para echar a correr. Pero... no. Sería sencillo e indoloro y nadie sabría jamás que había sido él.

Lo deseaba tanto...

Las puertas de la biblioteca estaban cerradas pero no con llave. Se deslizó en el interior y se encerró dentro.

¿Dónde estaba? Estaba seguro de que Schwartz tenía una copia completa o casi completa de *El libro del tormento*. Denton se había imaginado el texto entero en un cajón, atado con una cinta azul, en algún lugar de esta biblioteca. O quizá estuviera en un estante, en un lugar de honor, como un trofeo. Y él, Denton, se lo apropiaría. Pues claro que se lo llevaría. Schwartz jamás sería capaz de demostrar que había sido él. Podría ser cualquier estudiante, por ejemplo, o uno de los miembros del culto que lo robaran para sus propios y viles propósitos. ¿Por qué no? Schwartz tendría otras copias, igual que Denton había tenido copias de lo que se habían llevado en Stuttgart. Donde las dan las toman. Donde las toman las dan. Juraría que he vizto un lindo gatito.

Denton se echó a reír como una colegiala histérica. Encendió la linterna que llevaba y la paseó por toda la habitación.

La mayor parte de los estantes podía descartarlos de antemano. Estaban llenos de textos de aspecto normal y el trabajo de Kobinski no estaría en tan humilde compañía. Las largas mesas de la biblioteca estaban limpias y brillaban bajo el haz de su linterna. Le sorprendió encontrar que la biblioteca era diferente de lo que la recordaba, más pequeña. La zona en la que creía recordar haber visto a los hombres de pie no era ningún rincón secreto, según resultó, ni ningún tipo de rincón. En ese lado de la habitación solo había otra larga mesa al lado de la ventana. Denton examinó las paredes y los muebles más cercanos.

Había un escritorio pasado de moda, de esos que tienen una tapa plegable. Era enorme, como solían ser aquellas cosas. Docenas de cajones, pequeños y grandes, rodeaban la tapa. A Denton las tripas le decían que si el material Kobinski estaba en la biblioteca, estaría allí dentro. Empezó a registrar los cajones, hacía una pausa cada pocos minutos para escuchar, con la cabeza levantada y las orejas alerta. Ya veía a Schwartz (con zapatillas y bata ahora) acercándose en silencio por el pasillo, deslizándose como Nosferatu. No, no iba a pensar en eso.

Quería vivir ese momento, ese exquisito momento, en el que ponía los dedos sobre el manuscrito. Quería salir de allí cuanto antes, coño. Con solo pensar que podía estar en su coche, en la autovía a Nueva York, con el manuscrito en el asiento del pasajero, decidía que quería continuar por mucho que temblara.

En los cajones encontró: papel, tinta, bolígrafos, bramante, gomas elásticas, *Post-it*, grapas, un diccionario de bolsillo hebreo-inglés. En un cajón pequeño encontró varios pares de pinzas largas, con las puntas planas y una lupa. No encontró el manuscrito ni fragmentos del mismo.

Lo registró dos veces, cada vez más frenético y sintiendo que descendía sobre él una certeza de plomo. Cuando terminó se secó la cara. Tenía sudor en la frente y Denton Wyle nunca sudaba. Pues ahora sí que estaba sudando, porque sabía dónde estaba. ¡Sabía exactamente dónde! Estaba dentro del escritorio, bajo la tapa. Y el rasgo más destacado de la tapa cerrada era una cerradura grande y elaborada.

Lo cual, claro está, no significaba que estuviera cerrado con llave.

¡Pero lo está! Sabes que lo está ¡porque eso es tan típico de él, coño!

Denton dejó la linterna en un estante cercano con la luz apuntando el escritorio y probó la tapa, tirando de cualquier parte que pudiera coger con los dedos enguantados. *Sip*. Estaba cerrada con llave.

—¡Mierda!

Estaba a punto de perder los papeles. Intentó ralentizar la respiración utilizando una técnica que había aprendido de su psicoanalista. Inhala con lentitud, uno-dos-tres-cuatro, exhala con un ritmo *ha ha ha ha*, tirando de los pulmones como un pez recién pescado. Repite. Otra vez. Repite. Otra vez.

Ahora. Llave. ¿Dónde se guardaría la llave? En el despacho de Schwartz en el mejor de los casos, o con el hombre mismo en el peor. Denton sabía dónde estaba el despacho, aunque eso significaba la posibilidad de que lo descubrieran. Con todo, la escuela estaba dormida, ¿no? Y él tendría mucho, mucho, cuidado. Apagó la linterna, se la metió en el cinturón y volvió al pasillo.

La puerta del despacho de Schwartz era fácil de reconocer. Estaba al final del pasillo y tenían un arco hundido. Estaba cerrada. Con llave.

Denton aporreó la pared de piedra de pura impotencia mientras sollozaba sin ruido. No tenía sentido entrar aquí por la fuerza. La llave quizá no estuviera en el despacho y la razón de encontrar la llave era evitar tener que romper algo. ¿Por qué coño eran tan reservados? ¿Es que aquel hijo de puta paranoico no confiaba en su propia gente?

—Pues claro que no —dijo Denton con odio—. No ese megalomaníaco.

Nada de eso le llevaba a ninguna parte. Mientras se permitía una fiesta de conmiseración, sabía en sus tripas lo que tenía que hacer. Tendría que romper el maldito escritorio. No había alternativa. No sería fácil. No sería discreto. Necesitaría herramientas. No había traído una palanca ni nada, no había querido admitir ante sí mismo que podría llegarse a eso.

En el pasillo escuchó. Estaba en completo silencio y oscuro. Volvió al armario ropero.

Como era de esperar, no encontró allí dentro una palanca, ni siquiera un destornillador. Lo que sí encontró fue un paraguas antiguo e inmenso, de los fabricados antes de la Segunda Guerra Mundial. Era grande, con una punta estrecha y daba la sensación de que ni una apisonadora podría doblarlo.

Paraguas en mano, como la dichosa Mary Poppins, Denton volvió a hurtadillas a la biblioteca. Comprobó el reloj: 12:45.

Empezó a trabajar con la tapa del escritorio. Para la 1:00 había empujado, hurgado y punzado lo suficiente como para abrir un agujero en la madera, cerca de la cerradura, para poder insertar toda la punta del paraguas. Sabía lo que iba a continuación. Hizo una pausa, sacudió las manos doloridas y realizó la respiración *ha-ha* otra vez, movió el cuello, y pensó en la estrategia. La estrategia, sin embargo, no era lo suyo.

Insertó el paraguas en aquel terrón que parecía sacado de un campo de golf y tiró con fuerza. Durante un largo minuto suspendido en el tiempo no pasó nada. Luego sintió que algo cedía, un poco solo y con un enorme crujido la tapa del escritorio se abrió unos milímetros y luego se detuvo. Denton agarró la linterna y lo examinó a toda prisa. La madera que sujetaba la cerradura se había astillado pero no del todo. Se metió la linterna entre las piernas e introdujo a fondo el paraguas, y luego tiró con todas sus fuerzas. Hubo otro gruñido, un sonido de algo que se astilla y la tapa del escritorio se abrió de golpe. Denton quedó tambaleándose. La linterna se le escapó de entre las piernas y se alejó rodando; él se tiró a recuperarla. El ruido del destrozo todavía resonaba en sus oídos con fuerza pero creyó oír otros sonidos también, pisadas arriba. Frenético, dirigió la luz al escritorio abierto.

Había papeles sueltos en hebreo, unos cuantos libros y una gran carpeta de anillas negra. Abrió de un papirotazo la carpeta. Dentro reconoció las xerografías de las páginas de Kobinski. Allí había varios cientos de páginas. Agarró la carpeta y corrió hacia las puertas de la biblioteca.

Ahora sí que se oían pisadas arriba, al menos de dos personas y voces profundas. Echó una carrera por el pasillo y entró en el vestíbulo, no vio a nadie, el corazón le saltaba como un martillo perforador. Golpeó las puertas principales a toda velocidad y en ese momento se dio cuenta de que podrían estar cerradas con llave. Tuvo una visión de sí mismo golpeando las puertas mientras entraba Schwartz en el vestíbulo con su clan de fanáticos vestidos de negro y las patillas rizadas, todos ellos tambaleándose hacia él, con los brazos estirados, los ojos vidriosos, como una manada de zombis judíos y...

Pero las puertas eran unas puertas institucionales, con una gran barra horizontal a la altura de la cintura que había que empujar. Cuando golpeó la barra, las pesadas puertas se abrieron de golpe y el aire nocturno le dio en la cara. Apenas tuvo tiempo de sentirse aliviado cuando empezó a sonar el fragor de una alarma. Huyó por el amplio camino de entrada, cruzó el césped y salió a la carretera principal. Optó por los árboles, seguro de que los tenía justo detrás. Cruzó los bosques estrellándose con todas las ramas, rumbo al norte, hacia su coche aparcado. Se atrevió a echar la vista atrás por un momento.

Había luces resplandeciendo en una de las ventanas de abajo y... ahora... se encendieron las luces del vestíbulo. Pero no había nadie tras él, aún no.

Denton echó a correr. ¡Lo había conseguido! ¡Tenía el manuscrito!

9.3. JILL TALCOTT
SEATTLE, EL IMPULSO NEGATIVO, 75 POR CIENTO DE POTENCIA

Jill Talcott estaba en casa con la gripe. Se había levantado dos veces por la noche para vomitar. Entre arcada y arcada había pensado en la advertencia de Nate. Estaban al 75 por ciento de potencia con el impulso negativo. ¿La estaba haciendo enfermar? Pero no, había un montón de gente con la gripe, la mayor parte de la gente de su departamento. No tenía por qué significar nada.

Había planeado llamar al laboratorio para decirle a Nate que no iba a ir, pero al final se había quedado dormida alrededor de las siete. El sonido del teléfono la sacudió una hora más tarde.

—¿Diga? —respondió, aún aturdida.

—¿Estás bien?

La voz de Nate. Con la cabeza levantada de la almohada para responder al teléfono, Jill sintió una oleada de mareo que casi termina con ella.

—Gripe. Iba a llamarte...

—Oh, Dios.

—No pasa nada.

—Sí que pasa. Ha entrado alguien en el laboratorio.

Jill se puso un chándal como pudo y condujo hasta la universidad. Ya se encontraba un poco mejor cuando llegó, aunque solo fuera porque estaba tan aterrada que eso la distraía de lo que sentía su cuerpo. Cuando entró en el sótano, Nate estaba ocupado con el ordenador. Barrió con los ojos la habitación pero no vio señales de perturbación.

—La puerta —dijo él con tono severo.

La siguió al pasillo y examinaron juntos el cerrojo. Lo habían instalado al trasladarse aquí, era nuevo, brillante y reluciente. Ahora había marcas de arañazos en la superficie, cerca del agujero de la cerradura, y también había recias marcas en la jamba de madera, donde se sujetaba el cerrojo.

—¿Estás seguro de que llegaron a entrar?

—Han movido cosas.

—Enséñamelo.

De vuelta en la habitación, Jill pasó el cerrojo tras ella, se sentía violada. Nate se acercó a su silla.

—Tenía un montón de papeles cerca del teclado. Alguien los movió y los puso en una pila. Creo que quizá haya desaparecido algo.

—¿Qué? ¿Qué ha desaparecido? ¿Qué había en ellos?

—Solo mis notas. No estoy seguro. —Se frotó la frente con dos dedos. Las bolsas que tenía bajo los ojos tenían el color de las uvas. Jill se dio cuenta de que estaba aturdido y eso la cabreó.

—¡Nate! ¡Esto es importante!

—¡No estoy seguro de qué páginas eran!

—Bueno, ¿qué más se llevaron? —Miró por la habitación nerviosa y se acercó a los sujetos de laboratorio. No parecía que hubieran tocado las jaulas o los especimenes. La pizarra estaba intacta pero al verla, se dio cuenta de que alguien (y ella creía saber quién) sabía todo, lo había visto...

—Y quizá algo del ordenador —dijo Nate con tono terco.

—¡El ordenador! —Fue a zancadas hasta la máquina.

—Creo que movieron los papeles para poder usar el teclado.

—¡Nate!

El rostro del joven se oscureció de rabia.

—¿Y, exactamente, por qué es culpa mía?

Jill rodeó el escritorio y miró la pantalla. Estaba en Windows y justo al final de la lista abreviada estaba el icono sonriente que Nate utilizaba para el simulador de ondas. Gimió.

—¿Pudo haber conseguido alguien el simulador? ¿No tiene todos los datos de Quey ahí? ¿Y la rutina diferencial, la que descubrió la onda uno-menos-uno?

Nate apretó la mandíbula.

—Sí.

—¿Podrían haber copiado el programa?

—El directorio es demasiado grande para meterlo en un disco, pero pudieron haberlo descargado a la red de la universidad y haberlo copiado en cualquier parte que quisieran.

—¡Maldita sea! —Talcott golpeó el teclado por pura frustración. Por un momento sintió la necesidad de darle al aparato una paliza y dejarlo sin sentido, lo que resultaba francamente absurdo, ya que nunca había tenido sentido.

Cuando se habían trasladado allí, Nate había insistido en conectar el ordenador a la red del campus, dijo que así sería más fácil transferir los archivos entre el laboratorio y su oficina. ¡Y ella había pensado que era muy ingenioso!

—¡Ni siquiera tenías una contraseña para Windows en esa cosa!

—Nadie entraba aquí salvo tú y yo. —Parecía sentirse culpable y enfadado con ella por hacer que se sintiera culpable.

Jill se hundió en una silla. Tenía que pensar. Lo más probable es que el ladrón hubiera cogido el simulador y algunos de los papeles de Nate. ¿Qué más? Sus notas para el artículo y los diarios los tenía todos en el maletín. Estaba lo bastante paranoica como para tenerlos consigo en todo momento, así que por ahí no había problema. Pero los datos de Excel habían estado en este ordenador y quizá también otras cosas, como las primeras estadísticas que había acumulado Nate.

—¿Y la ecuación? —preguntó con la lengua espesa—. ¿Estaba mi ecuación en el ordenador?

Nate lo pensó y luego sacudió la cabeza.

—No.

—¿En el simulador no? ¿No está en el simulador? Creí...

—No. El simulador solo usa dos juegos de datos, los resultados de Quey y los datos del átomo de carbono. Este ordenador ni siquiera puede masticar tu ecuación, ¿recuerdas?

Sí, eso era verdad, y la alivió un poco. Estaba bastante segura que su ecuación estaba en su maletín y en ningún otro sitio. Había tenido mucho cuidado en no dejarla por ahí. Era demasiado valiosa para eso.

—¿Estás seguro de que no estaba en tus papeles? —dijo ella con cuidado.

—Sí. Estoy seguro.

Bueno, eso ya era algo.

—¿Hay alguna forma de averiguar si alguien movió el simulador y lo llevó de este ordenador a la red?

Nate se hundió en la silla delante de la máquina traidora y jugó con el ratón.

—No sé. Puedo llamar al departamento de informática, a ver si tienen un registro.

—Llámalos.

—A la mierda —dijo Nate con frialdad—. Voy hasta allí —Se puso la cazadora de motorista a tirones y se fue.

Apenas había salido por la puerta el joven cuando Talcott sintió que la acometía una oleada de náuseas. Agarró la papelera más cercana y la sujetó entre las piernas, jadeando. Las lágrimas le escocían en los ojos.

Alguien había cogido, robado, su trabajo. Su trabajo. ¿Había cogido lo suficiente para entenderlo todo? ¿Para publicar su trabajo, presentarlo como propio? ¿O solo lo suficiente para hacer que la despidieran? De todas las preguntas que se hizo, había una que no se le ocurrió, y era quién lo hizo. Sabía más que bien quién era. Chuck Grover.

Ahora la sensación de presión, de urgencia, se aferró a ella como nunca antes. Parecía fundirse con las náuseas. Tuvo unas cuantas arcadas débiles pero no salió nada; llevaba días sin tomar nada más que agua. Levantó los ojos hacia la pizarra, hacia los datos, jadeante y temblorosa. Después de casi una semana de emitir el impulso negativo al 75 por ciento de potencia, solo tenían un 35 por ciento de diferencia entre el grupo de control y los sujetos del laboratorio. Treinta y cinco por ciento. Necesitaba al menos 50. Necesitaba acabar.

Se acercó al trasmisor y aumentó la potencia a 90 por ciento. Cerró con llave el laboratorio y puso una nota en la puerta.

«Nate, coge unos días libres. No vuelvas al laboratorio. Es una orden. Jill.»

9.4. CALDER FARRIS

GAKONA, ALASKA

Cuando se avisó al doctor Serin con el busca y este fue a su despacho para responder, Calder lo siguió. Y cuando Serin cubrió el auricular y dijo en voz baja, «Alguien de la Universidad de Washington», Calder apretó el botón del manos-libres sin hacer caso de la mirada resentida que le lanzó el otro.

—Um... ¿hola? —El hombre del otro extremo hizo una pausa en su discurso cuando oyó el eco que producía su voz.

Calder le hizo un gesto a Serin.

—Adelante, doctor Grover —dijo Serin.

—Llámeme Chuck. —El hombre del teléfono se puso entonces a explicar que se había enterado de la llamada que se había hecho a la instalación del HAARP desde la Universidad de Washington y que él creía saber quién la había hecho. Había sido, en realidad, su socia. La base de su investigación era un trabajo realizado en el ordenador cuántico de él, y por esa razón él era una parte fundamental, en realidad co-autor...

—Eso es muy interesante —lo interrumpió Serin—. ¿Y qué está haciendo con exactitud esa socia suya?

Calder se sentó al borde del escritorio de Serin, listo en cualquier momento para coger el auricular si era necesario.

—Está investigando las ondas de partículas. La ecuación que masticó en Quey tenía que ver con la mecánica de ondas de partículas.

El tono de voz de Grover era sospechosamente parecido al que se utiliza al leer. La expresión de Calder no mostró nada pero su tensión acababa de tomar el camino del polo norte y, mentalmente, ya tenía la mano alrededor de la garganta del interlocutor. Ansel había estado trabajando en mecánica de ondas.

—Fue ella la que conformó la ecuación pero, ya sabe, habría sido imposible masticarla en un ordenador convencional, pero con Quey...

Detalles casi interminables sobre el valor de la informática cuántica. Calder lo absorbió todo, sin expresión. Era paciente. Oh, sí. Paciente como una serpiente ante la madriguera de un ratón.

Fue Serin el que empezó a impacientarse.

—¿Solo está comprobando ecuaciones, o qué? Porque me dio la impresión que la persona que llamaba estaba haciendo algo con transmisiones de ondas. Estoy confundido.

—Le sorprendería —dijo Grover con tono enigmático—. En realidad, me gustaría que le echara un vistazo a un par de cosas. Últimamente he estado bastante concentrado en Quey y no he tenido tiempo de ocuparme tanto de esto como me hubiera gustado. Me encantaría escuchar su opinión sobre nuestro trabajo.

—Bueno, yo también estoy bastante ocupado, Chuck. —Serin sentía el típico odio del académico a revisar el material de cualquier otra persona.

Calder le dio unos golpes secos a Serin en la zarpa para llamar su atención. Asintió con fuerza con la cabeza.

—¿Steve? —preguntó Grover—. Es Steve, ¿verdad? El hombre de la centralita dijo...

—Umm... un momento. —Serin puso a Grover en espera y sus pequeñas células grises examinaron la situación. Se frotó la mollera y miró a Calder con hosco resentimiento.

—Esto no es nada —dijo—. Ya se lo he dicho, y no tengo tiempo para mirar un montón de...

—Usted no tiene que mirar nada.

Serin frunció el ceño pero hizo lo que le decían, típico blandengue. Recuperó la llamada de Grover.

—Bien, Chuck, adelante, mándemelo por correo electrónico.

—¿Tiene un límite grande en su cuenta? Porque tengo unos veinte megas.

—Eh... estamos en la red DARPA, Chuck.

—Oh. Bien. Entonces se lo mando. ¿Tiene fax? También tengo unas páginas; no quiero escanearlas.

Calder asintió.

—Cl-claro. —Serin le dio el número de fax y la dirección de correo electrónico.

—Vale. Lo envío ahora. Llámeme de inmediato, ¿de acuerdo?

—Lo haré.

Grover colgó. Calder se levantó y estiró las piernas.

—Abra su correo electrónico. —Le ordenó. Fuera cual fuera el autodominio del que hubiera hecho gala durante los últimos días, había desaparecido.

Serin parpadeó.

—Bueno, sí. —Como si no hubiera que pedírselo, sobre todo no en ese tono. Lo abrió. El fax que había en la mesa de al lado empezó a zumbar.

Calder se colocó detrás de la silla de Serin y la sacó de un tirón, lo que obligó al científico a levantarse o caer. Se levantó. Calder le puso una mano en el hombro.

—Muy bien, doctor Serin. Hora de irse.

Serin abrió la boca, incapaz de hablar, al borde de la apoplejía. Aquel rostro estrecho y femenino quería protestar, quería protestar con todas sus fuerzas. Pero el fax que tenía detrás estaba imprimiendo y Calder no tenía tiempo para dejar que lo averiguase. Colocó una mano totalmente extendida en el pecho de Serin y empujó solo un poco, pero dolorosamente, con las puntas de los dedos. Dejó que el demonio se le metiera sin ruido en la voz.

—Salga. De aquí.

Serin dejó la habitación.

Calder Farris cerró la puerta con llave y se sentó ante el escritorio, a la espera del nuevo correo electrónico. El fax siguió imprimiendo sin parar. Le echó un vistazo a las páginas pero no se metió a fondo. La mayor parte eran garabatos, notas. Llevaría tiempo revisarlas.

Un *ping* le informó de que tenía un correo electrónico sin leer. Era de cgrover de la Universidad de Washington. Lo abrió, guardó el mensaje adjunto en el disco duro y lo ejecutó.

Un minuto después estaba contemplando la uno-menos-uno.

10

Aunque no todo el sufrimiento de la vida humana es nocivo en su totalidad, buena parte lo es y la fuente última de todo mal es la capacidad biológica para sufrir. La capacidad biológica para sufrir, a su vez, existe porque ha evolucionado. Ha evolucionado porque con frecuencia tenía una función de adaptación... Tenía una función de adaptación porque contribuía al éxito reproductivo de sus poseedores. Como contribuía al éxito reproductivo de sus poseedores, era algo que apoyaba la selección natural.

— Timothy Anders, *La evolución del Mal*, 1994

Todas las enfermedades de los cristianos deben atribuirse a demonios.

— San Agustín, siglo V

10.1. CALDER FARRIS
SEATTLE

El aparcamiento era enorme. La luz, a las 7:00 p.m. era plana, horrible y artificial. Chuck Grover había aparcado en el piso C. La mayor parte de los coches del aparcamiento del profesorado habían desaparecido, lo que dejaba un espacio al lado del BMW convertible para que pudiera entrar un sedán grande.

Grover estaba a punto de meterse en el coche cuando le pusieron una mano en el hombro. Dio un salto.

—¿Doctor Grover? —Calder se quitó las gafas—. Teniente Calder Farris, Marines de los Estados Unidos. Nos gustaría hablar con usted.

Grover no parecía querer apartar los ojos de los de Calder, de la misma forma que un hombre temería darle la espalda a una cobra encapuchada que no dejara de sisear. Pero consiguió arrancarlos cuando comprendió el significado del uniforme militar de Calder y de Ed Hinkle, que acechaba tras él. Por un momento, Grover pareció confuso; luego una sonrisa afectada y satisfecha se asomó a su rostro.

—Es por Quey, ¿verdad?

Calder levantó un disquete. En la etiqueta estaba escrito «simonda.exe».

—No, doctor Grover. No lo es.

Les llevó veinte minutos hacer cantar a Grover. Al contrario que muchos empollones, él le tenía un miedo muy sano y realista a la autoridad (un arresto por drogas allá en su juventud, supuso Calder). Pero aun así el muy hijo de puta se mostraba reservado. Intentó sondear para ver lo interesado que estaba el gobierno y qué podía sacar él. Calder se cansó de aquello, sintió que había una bola de nieve de un kilómetro de altura y empezó a apretar las tuercas. Grover se derrumbó como el queso azul.

Para ser honesto, y ahora lo iba a ser, él no sabía nada en absoluto del simulador. Esperaba que Serin pudiera decirle a él qué era. Contó una historia sobre una tal Dra. Jill Talcott que le había prometido que compartiría su trabajo con él si él (un montón de mierda que a Calder no le importaba), pero luego ella había renegado y lo había mantenido todo entre algodones. Era una solitaria, una ermitaña. No le caía bien a nadie. Nadie tenía ni idea de qué estaba haciendo. Nadie.

Calder quizá no se lo hubiera creído, quizá se habría asegurado con lo que Hinkle llamaba «trabajo serio» si no hubiera esperado ya que Grover no tuviera ni la más remota idea después de esa llamada a Alaska. Así que, igual que un pescador que tiene mucho cuidado en quitar el anzuelo antes de devolver al agua un pez demasiado pequeño para comérselo, Calder tejió una breve tapadera sobre la confidencialidad del HAARP y una investigación sobre unos documentos desaparecidos.

Pero todo aquel asunto, todo aquel asunto de mierda, sin sentido, le llevó treinta minutos. Treinta minutos perdidos, y todo porque un empollón egoísta y fumador de marihuana no había querido dar el nombre de la Dra. Talcott por teléfono. Eran treinta minutos que Calder sentiría profundamente.

El sedán apartó un coche que intentaba aparcar en un espacio de la calle Cuarenta y cinco, enfrente del campus. Calder sonrió con tirantez cuando Grover intentó excusarse y hacer mutis por el foro. Cogió al científico por el codo.

—No, me gustaría que me acompañara al laboratorio de la Dra. Talcott.

—Está en el sótano del Smith Hall. Si va...

—Le agradecería su ayuda, doctor Grover.

Cruzaron la calle. La lluvia por fin había cesado pero hacía más frío que en la teta de una bruja y las aceras de cemento empezaban a congelarse. Pasaron al lado de unos estudiantes envueltos en ropa. *Podríamos estar en Alaska*, pensó Calder. No tenía que hacer tanto frío en Seattle, ¿verdad? Pero se olvidó del frío al caminar al lado de Grover porque ya estaban cerca. Lo olía. Cerca del Grande, cerca de las felicitaciones y el reconocimiento, de un ascenso, o tres o cuatro. Cerca de ser el mayor Calder Farris, o qué demonios, incluso general, un hombre que era personalmente responsable de la superioridad e invulnerabilidad continuada de su país contra las hordas caóticas durante quizá los próximos cientos de años. Estaba cerca después de todo este tiempo.

Doblaron la esquina de la biblioteca y se encontraron con un cuadrángulo rodeado de edificios. Después de unos cuantos pasos vacilantes, Grover se paró y se quedó mirando, perplejo. Calder siguió la dirección de la mirada. Al principio lo tomó por el penacho de vapor de un conducto de la calefacción. Luego vio que era humo. Provenía de las ventanas del sótano de un edificio gótico de ladrillo y cemento. Unos cuantos estudiantes que pasaban por delante lo miraron con curiosidad, pero ninguno pareció tener motivos para alarmarse.

Entonces hubo un ruido sordo en el suelo, bajo sus pies. Resonó una cacofonía en sus oídos y una fuerza se estrelló contra su pecho. Era como golpearse contra un muro de cemento con un coche, salvo que él no se movía, el muro había venido hacia él. Se derrumbaron los tres, Grover salió volando hacia atrás, contra Ed Hinkle mientras Calder se estrellaba contra la resbaladiza acera. Debió de perder el conocimiento por un momento. Lo siguiente de lo que fue consciente fue un zumbido en los oídos y luego, ahogadas por el zumbido, unas sirenas lejanas.

Levantó la cabeza, se bamboleó y vio que el edificio de ladrillo que tenía delante había ennegrecido de arriba abajo y las llamas llegaban a los niveles superiores. El sótano acababa de explotar.

Las reacciones de Calder fueron un poquito lentas. Tardó un momento comprender lo más significativo. Luego agarró a Grover por las solapas del abrigo, y notó, como es de esperar, que tenía las manos arañadas y que le sangraban. Sacudió al físico hasta que le temblaron sus dientes amarillos. Gritó, y su voz le llegaba de muy, muy lejos.

—¿Dónde está el laboratorio de la Dra. Talcott?

Grover señaló... el incendio.

10.2. AHARON HANDALMAN
JERUSALÉN

Aharon Handalman no veía la televisión. Ni siquiera la permitía en casa. Salvo que resultaba que últimamente había variado la ruta que lo llevaba al trabajo. En lugar de buscar los caminos más antiguos, una o dos veces había acortado desde la puerta de Jaffa al muro del templo por *Hashhalshelet*, donde el mundo moderno no era ningún extraño.

¿Y si se detenía, de camino al trabajo o al volver, en una pequeña tienda de la esquina que tenía televisores en el escaparate? ¿Y si miraba las noticias durante unos minutos cada vez? ¿Es que era un delito?

No sabía lo que estaba buscando. Se dice, «No sabe lo que está buscando pero lo sabrá cuando lo vea», y ese era el caso. Cuando se acercó a la tienda esta mañana estaba en las pantallas, en las veinte pantallas. Las noticias internacionales de la CNN, edición hebrea. La voz de la presentadora se retransmitía desde el interior de la tienda. A su derecha se había colocado un vídeo de un edificio en llamas. El titular decía: «Seattle, Washington». Sustituyó al video una fotografía de una mujer menuda de aspecto inteligente. Bajo la fotografía había un nombre: Dra. Jill Talcott.

Aharon clavó los ojos en el nombre durante un momento con la sensación de haberlo visto en alguna parte.

— «... hasta ahora desaparecida. Se cree que el fuego comenzó en el laboratorio de la física, donde la Dra. Talcott estaba realizando experimentos de naturaleza no especificada. La policía...».

Aharon se dio la vuelta y empezó a correr hacia casa.

Cuando llegó, Hannah acababa de levantarse. Se quedó quieta en el pasillo con la bata puesta cuando él abrió la puerta.

—¿Aharon?

Él dudó un momento, por primera vez caía en la cuenta de la enormidad de lo que estaba haciendo. Tragó aire y saliva.

—Hannah... si tuviera que ir a América... Tenemos unos ahorros. La mitad son tuyos, Hannah.

Su mujer lo estudió, el bello rostro muy serio.

—¿Esto tiene que ver con Kobinski?

Él asintió.

—¿Y qué pasa con tu trabajo, con tus clases?

¿Sus clases? Esa idea le dio a Aharon algo en qué pensar. El decano Horowitz ya había «hablado» con él dos veces más. ¿Pero qué podía hacer? Horowitz haría lo que tenía que hacer. Aharon también.

—Diles que... ha habido una urgencia familiar. —Se puso rojo ante lo fácil que le resultaba mentir.

Su mujer no dijo nada.

—Es solo un día o dos.

Ella le lanzó una mirada medida, larga y triste. Era una mirada que se llevaría con él a América y mucho más allá. *Y quizá nunca vuelvas. Y quizá ya te has ido hace tanto tiempo que esto no es más que una formalidad.*

—Te haré la maleta. —Y se dirigió a la habitación de ambos.

Hannah metió a los niños adormilados en el coche y lo llevó al aeropuerto. Cuando salió, besó a cada uno en la cabeza. Devorah le preguntó:

—¿Adónde vas, papá?

Y él dijo.

—Tengo unos asuntos. Volveré pronto.

Yehuda apartó la cabeza cuando lo besó.

Hannah consiguió transmitirle frialdad y preocupación en el abrazo de despedida que le dio. Sacó un papel del bolsillo y se lo metió en la mano.

—Samuel consiguió esto en un chat para supervivientes. La dirección y el número de teléfono están ahí.

Aharon lo cogió, frunció el ceño y se lo metió en el bolsillo para después. Se quedó quieto, torpe, sabía que debería decir más, mucho, mucho más pero no sabía por dónde empezar.

—Te has esforzado tanto por dejarme fuera, Aharon —dijo Hannah—. Así que supongo que no tengo derecho a saber adónde vas.

—Nunca te he dejado fuera.

—Espero que puedas encontrar algo que te permita dejar todo esto atrás.

A Aharon no le gustó lo que vio en el rostro de su mujer. Le dio unos golpecitos de consuelo en el brazo.

—Voy a Seattle, Hannah. ¿Por qué no iba a decírtelo? Y solo serán unos cuantos días. Eres mi mujer, la madre de mis hijos. No tienes de qué preocuparte.

Ella le dio un beso en la mejilla y se alejó con el coche. Aharon abrió la nota.

Hannah había encontrado a Anatoli Nikiel.

10.3. Jill Talcott
Seattle

Jill oyó unos grandes porrazos en su cabeza que confundió con otra fase más, nueva y llena de diversión, de su descomunal dolor de cabeza. Había estado malísima toda la noche. Ahora estaba en un lugar que no estaba tan mal. El dolor seguía allí, pero se sentía como si ella estuviera fuera, como si le estuviera pasando a otra persona, como si estuviera en una jaula y hubiera un tigre rondando por fuera pero no pudiera entrar. Flotaba en este espacio, dormía. Creyó oír sonar el teléfono, varias veces. Podía hacer caso omiso de eso, pero los porrazos la molestaban. Y poco a poco cayó en la cuenta que alguien la estaba llamando por su nombre.

Nate.

Consiguió sacar la cabeza de la almohada y mirar el reloj. Ya eran casi las diez. Se había quedado dormida. Levantar la cabeza suponía un esfuerzo mayúsculo así que se habría puesto a dormir otra vez, pero continuaban los porrazos. Quería decirle que se fuera a aporrear a casa de su madre, pero tendría que llegar a la puerta primero.

Sus pies quizá chocaron contra el suelo al lado de la cama. No los sentía y no estaba muy segura. Se tambaleó hacia la puerta. Cuando por fin abrió la puerta principal de un tirón, Nate estaba en el escalón de entrada, con una mirada salvaje en el rostro.

—¡Dios mío! Vi tu coche y esperaba... ¡Cristo!

La asaltó, unos brazos de cuero negro la envolvieron en el abrazo de un niño. La apretó y ella tuvo la sensación de ser un tubo de pasta dentífrica. La sangre se precipitó desde el centro hasta su cabeza, y la hizo gritar de dolor.

—¡P-para! —jadeó mientras lo apartaba de un empujón. Dio unos cuantos tumbos hasta el sofá y se derrumbó allí. El joven se acercó y se arrodilló a su lado, lo que provocó un recuerdo tenue, un vuelco del corazón, de aquel día en que se habían cambiado los puestos.

—¡Estás ardiendo! —afirmó él, aunque la científica apenas sentía su mano sobre la frente—. ¡Oh, Dios mío! Lo subiste, ¿verdad?

Ella no respondió.

—No llamaste hoy para decir que estabas enferma. Todo el mundo cree que estabas en el laboratorio.

—Son solo las diez —dijo ella, picajosa. Entonces recordó que cuando había abierto la puerta, era de noche. ¿Las diez de la noche? Debió de irse a dormir dejándose todas las luces encendidas. Había dormido un día entero.

—Jill... —La expresión del rostro del joven la estaba asustando.

—¿Qué?

El chico encendió la televisión y pasó a las noticias locales.

... terrible escena. La explosión ocurrió aproximadamente a las siete en punto de esta tarde. Por fortuna, no se estaban impartiendo clases en ese momento.

A pesar de la sensación de estar fuera de su cuerpo, flotando, y del martilleo del dolor de cabeza, la noticia hizo recuperar a Jill todo el sentido del que era capaz en ese momento.

—¿Nate?

—Smith Hall.

—No.

Había lágrimas en el rostro de él.

—Hubo una explosión gigantesca.

La policía no quiere hacer comentarios pero fuentes de la universidad han calculado que había al menos entre veinte y treinta personas en el edificio.

—Ohdiosmío. —Era demasiado para absorberlo todo, que ella pudiera haber estado allí dentro, que aquella pobre gente estaba allí dentro, que su laboratorio había desaparecido.

—Estaba en el restaurante. —Jadeó Nate con las mejillas húmedas—. Me acerqué en cuanto me enteré. Siempre hacemos el grupo de control aquí por las tardes, así que esperaba...

En la pantalla, el edificio estaba ardiendo, y ella no terminaba de creérselo. Su ordenador. Sus datos. ¿Cuándo había sido la última vez que lo había guardado todo en un disquete? Los especimenes de la investigación, a los que esperaba hacerles una autopsia, todo desaparecido.

—Jill... —Había algo en su rostro, el color subido en la parte superior de las mejillas oliváceas, un extraño brillo en los ojos. Le cogió una mano.

En estos momentos sabemos que había un laboratorio en el sótano del edificio, dirigido por la Dra. Jill Talcott. Fuentes oficiales creen que ahí estuvo el origen de la explosión pero no han revelado la naturaleza de los experimentos.

Fue como una bofetada en plena cara, dura, punzante. Esto no era una explosión cualquiera. Esto no era como ir a trabajar y encontrarse con que algo le había pasado a su edificio, a su laboratorio, alto terrible y de lo más molesto pero no culpa suya. Esta era su explosión.

Aspiró un poco de aire. Todavía seguía flotando, aún muy lejos, todavía la tenía atrapada la fiebre a varios metros de la vida. Pero este asunto lo atravesaba todo como una bala a toda velocidad.

Muertos. Culpa mía.

Oyó las sirenas a lo lejos, cada vez más altas.

—¿Jill? —El rostro de Nate, bañado en lágrimas, flotó delante de sus ojos. Se apartó, como un nadador apartándose de una lancha, y decidió volver a sumergirse en la inconsciencia.

11

Lo pensaste bien, escalaré a los cielos; colocaré mi trono muy por encima de las estrellas de Dios, me sentaré en la montaña donde los dioses se encuentran en los lejanos rincones del norte. Me elevaré por encima de los bancos de nubes y me haré como el Altísimo. Se te derribará a Sheol, a las profundidades del abismo.

— Isaías, 14:12

11.1. CALDER FARRIS

SEATTLE

Lo primero que hizo Calder después de la explosión fue encontrar un baño y limpiarse la sangre de la cara. Los escombros y los cristales que volaron por los aires asaltaron su piel expuesta como si fueran metralla. Pequeñas manchas oscuras mostraban los lugares donde las partículas se habían incrustado en la carne. Las dejó allí; no tenía tiempo para ponerse con eso ahora.

Lo segundo fue llamar al Dr. Rickman, su superior en el DD. Esto ya no era una misión aislada, dijo Calder; esto era un posible XL3.

Los XL eran términos codificados que utilizaban en las misiones de campo cuando había algo definitivo de lo que informar. Un XL1 era el descubrimiento de una nueva arma, normalmente una bomba o algo parecido. Un XL2 era una bomba muy grande. Un XL3 era un arma desconocida de destrucción masiva.

Si miraba atrás, quizá estuviera exagerando. Pero aquí había dos formas de ir a lo seguro. La primera forma de tomar precauciones era suponer lo peor para poder tener la situación bajo control de la forma más segura y rápida posible. La segunda era no atreverse a llamarlo XL3 hasta que tuviera pruebas confirmadas de que lo era. Todo se reducía a su fe en los poderes de destrucción de lo que estaba persiguiendo.

Antes del amanecer, Calder ya tenía todo lo que podía darle el DD.

7:00 A.M.

El teniente Farris, el teniente Hinkle y otros seis hombres con largas trincheras negras y gafas oscuras entraron en el hospital Sueco de Seattle. Tenían un aspecto endurecido, militar, y la cadencia de un escuadrón de la muerte. Sabían dónde la tenían: el segundo piso. Según la información que tenían, el detective que estaba a cargo de la investigación estaba allí arriba en ese momento. Calder no se molestó con nadie inferior. Cuando salieron del ascensor y los interrogó un joven agente, Calder enseñó su identificación con un movimiento rápido y siguió caminando.

Para cuando llegaron ante el detective Mathers, del Departamento de Policía de Seattle, ya los esperaban. Mathers se encontraba en el pasillo con las manos en las caderas y sus agentes alrededor. Calder le echó un rápido vistazo a la placa de Mathers para verificar su nombre.

—¿Detective Mathers? Calder Farris, FBI. Estamos autorizados para hacernos cargo de esto, como creo que averiguará si se pone en contacto con su...

—Ya me ha llamado. —Mathers parecía cansado e inquieto. Hizo un movimiento brusco con la cabeza para señalar el pasillo, e indicar que quería mantener una conversación privada con Calder. Este lo siguió.

—¿Qué interés tiene el FBI? —preguntó Mathers cuando se quedaron solos. Era un hombre delgado que intentaba aparentar menos años de los cuarenta y tantos que tenía. Tenía un aire conspirativo y mascaba chicle con gesto nervioso. Calder, cuyas gafas oscuras seguían en su sitio, le dedicó una mirada pétrea, inexpresiva. Mathers perdió un poco de su hombría.

—Estamos investigando la posibilidad de una acción terrorista.

—Eso pensé. ¿Es por lo de ese laboratorio dirigido por la Dra. Talcott? ¿Les han dado un chivatazo sobre ella o algo? ¿Alguna razón para pensar que tiene conexiones con Al-Qaeda o alguien así?

Calder no dijo nada, dejó que Mathers sacara sus propias conclusiones. El FBI en una investigación terrorista era una historia bastante común. Aguantaría un tiempo y evitaría que este asunto atrajera la atención de la gente menos adecuada.

—Tenemos al departamento contra incendios y a un especialista en incendios provocados en el lugar —dijo Mathers.

—Acabamos de enviar a los nuestros. Ellos se harán cargo. Por ahora, estamos ante un apagón de los medios de comunicación.

Mathers frunció el ceño al oír eso y se rascó la barbilla.

—¿Quiere que me quede por aquí? Que mire...

—Quiero que se largue. Junto sus hombres. ¿Tiene notas? ¿Fotografías? ¿Información sobre la Dra. Talcott? La habrá interrogado. Me gustaría tener una trascripción.

—Está inconsciente. Lleva dormida desde que la trajimos. Los médicos han aconsejado que la dejemos tranquila. Ha tenido más de cuarenta de fiebre. Algo viral, creen.

Calder se sintió aliviado pero no lo demostró. Estas últimas horas habían sido frustrantes, esperando a que todo estuviera en su sitio, pensando en lo que Talcott podría estar contándole a la policía de Seattle dentro de este mismo edificio mientras él esperaba fuera como un marido cornudo.

—Bien. Solo entrégueme todo lo que tenga. Si tengo preguntas, ya le llamaré.

A Mathers empezaba a molestarle aquella forma de echarle.

—Creí que el FBI trabajaba en conjunción con las autoridades locales. Esta es nuestra universidad, son nuestros chavales.

—Esto es un tema de seguridad nacional, detective Mathers, y ya no es responsabilidad suya.

A los cinco minutos, los hombres de Calder habían limpiado toda la planta de lo mejor de Seattle. Objetivo cumplido: contener la situación; eliminar a los intrusos. Mathers seguramente retendría el informe durante horas a modo de protesta. Que lo retenga. Calder tenía a Talcott y ya había comprobado sus antecedentes.

Aceptó un vaso de papel de agua fría de uno de sus asociados y la bebió de un trago. Se quitó el abrigo y entró, solo, a verla.

Allí, en la cama de hospital, formando apenas un montículo bajo las sábanas, había una mujer. Calder se acercó a los pies de la cama, se quitó las gafas y la miró fijamente. Los brazos de la mujer sobresalían del camisón del hospital, delgados, pálidos y pecosos. Tenía el pelo de un tono rubio sucio inclasificable y estaba sin lavar (seguramente llevaba enferma desde unos días antes, al menos, notó Calder). Tenía un rostro estrecho, aquilino, corriente pero no carente de atractivo y no sin personalidad. Le recordó a los rostros de las llaneras que había visto en fotografías: duros, no denigradas, igual que son duros los rostros de las putas, pero con la determinación pétrea de llevarse lo que la vida quisiera tirarles. Quizá resultara tozuda pero era una mujer, después de todo, y parecía demasiado insignificante, físicamente hablando, para darle algún problema de verdad.

Como si sintiera los ojos de Calder como puntos fríos en su piel, la mujer se estremeció en sueños y se dio la vuelta.

Podría despertarla ahora pero tenía otras cosas de las que ocuparse, asegurarse de que el equipo de campo de la universidad se había deshecho de los trabajadores locales, por ejemplo, y ver si la chica tenía algún confidente, a pesar de que Grover había dicho que era una solitaria. Ella podía esperar, no se iba a ir a ninguna parte.

Calder cogió la gráfica de la científica y sonrió: Jill Talcott, doctorada en física por la Universidad de Tennessee, becaria del Dr. Henry Ansel.

11.2. Nate Andros

Nate estaba sirviendo el almuerzo del sábado en la Cocina Costera cuando entró el tipo. Enorme, con manos como jamones y una cara como un lomo de cerdo. No era que encajase precisamente en Capitol Hill, donde los hombres solían ser menos machos, por regla general: estudiantes, artistas, músicos, gays. Nate estaba distraído aquella mañana y no se dio cuenta, no hasta que alguien se lo enseñó.

—Rambo a las diez en punto —dijo Michél mientras pasaba a su lado con un giro y dos fuentes gemelas, meneando las caderas.

Nate miró y vio que Lomo de Cerdo (Rambo) estaba mirando el menú. Se había sentado en la sección de Nate.

—Genial —dijo Nate, a nadie en particular.

Estaba agotado. Había estado en el hospital hasta las 2:00 a.m., revoloteando por la sala de espera. La policía por fin le había preguntado quién era y él había dicho:, «Un amigo». Les habría dicho algo más si lo hubieran presionado. Pero no lo hicieron. Parecían desorganizados. Y cuanto más tiempo se quedara allí sentado sin que lo interrogaran, más nervioso se ponía sobre lo que iba a decir, así que se abrió.

Quizá no debería haber venido a trabajar hoy. No pensaba con mucha claridad. Esta mañana le había parecido una buena excusa por si los polis preguntaban por qué no había venido a la comisaría para contar lo que sabía: *Estaba trabajando*. Pero apenas era capaz de seguir la rutina. Estaba frenético por Jill, pensaba que ojalá pudiera estar al lado de su cama para cogerle la mano, como si ella quisiera que se la cogiera, o al menos estar allí para ver por sí mismo que se iba a poner bien. Y no podía dejar de pensar, tampoco, sobre el profundo marrón en el que estaban metidos, muy profundo. Tan profundo como el océano Atlántico.

¿Qué coño le iba a decir a la policía? ¿Qué podía contarles sin que Jill pareciera la más culpable de todos? ¿O él, si a eso vamos? Formaba parte de todo lo que había pasado, tanto como ella.

—¿Qué te pasa hoy, chaval? —preguntó Michél. Nate tenía los ojos clavados en una tortilla que aún no se había servido, como si las respuestas del universo tuvieran que ver con huevos, cebollas caramelizadas y *Havarti*.

—Nada.

Michél puso los platos vacíos en la habitación de atrás, volvió y le puso un brazo a Nate en el hombro.

—¿Estás enfermo? Te pareces a la Muerte, y no me refiero a Brad Pitt.

Nate se sosegó un poco.

—Estaba pensando en otra cosa, nada más.

Cogió la cafetera y sirvió unas cuantas de sus mesas. Se estaba quedando sin excusas para evitar atender a Rambo, así que se dirigió allí.

Rambo se lo quedó mirando cuando se acercó. Había una sonrisa burlona en su rostro, con los labios encogidos, la expresión que se le pone a un gato cuando ha olido algo especialmente picante. Nate supuso qué olor era: era el único camarero no homosexual del lugar y la clientela era más bien mitad y mitad.

—¿Qué le traigo?

—Un filete y huevos. Café.

—Claro. —Paleolítico. Menuda sorpresa. Nate extendió la mano para coger el menú. Rambo le cerró el puño alrededor de la muñeca.

Dolía, y de eso se trataba, pero fue más el susto, que alguien hiciera eso, en primer lugar y además que lo hiciera aquí, en el terreno de Nate. Sofocó una carcajada y se quedó mirando al hombre con expresión indignada.

—Nate Andros, ¿verdad?

Nate asintió, y su percepción del hombre cambió al instante. Un poli. Debería haberlo supuesto.

Rambo utilizó la mano que no lo apretaba para enseñarle una placa, asegurándose de que Nate tenía tiempo de sobra para leerla. ED HINKLE, FBI.

—Me voy a comer mi filete; luego tú y yo vamos a tener una charla. Así que vete a decirle a tu jefe que hoy te vas temprano.

Nate seguía asintiendo; en realidad, a su cuello le habían salido muelles, así que no tuvo que inventarse un asentimiento especial para la ocasión. Rambo lo soltó.

La plancha de la cocina estaba abierta al restaurante, los chefs y los comensales cara a cara. Pero detrás de la plancha había una habitación donde lavaban los platos y se desahogaban a gusto. Nate agarró unos platos sucios y se fue allí detrás, pues necesitaba quitarse de en medio.

Se quedó jadeando y mirando por la larga habitación. Había cajas de comida, el lavaplatos y un frigorífico industrial. No había puerta trasera. Este era un barrio urbano y las únicas puertas de todo aquel sitio eran la puerta principal, dentro del restaurante mismo y una puerta al final del restaurante que llevaba a un pequeño balcón dos plantas arriba pero sin escalera.

¡FBI! ¡Mierda!

Tenía listo un pedido. Llevó una ensalada de salmón y unos huevos revueltos. Sentía los ojos de Rambo haciéndole un agujero en la espalda.

—¡Tío, estás hiperventilando! ¿Qué hay? —Michél estaba en el mostrador de servicio junto con Justin, un chico de Iowa de ojos azules por el que babeaban los demás camareros. Nate murmuró algo imperceptible y se fue a la parte de atrás. Lo siguieron.

—Me estás volviendo loco, y lo odio. —Michél bloqueó la puerta con las manos en su cintura talla 21.

—Ese tío de ahí fuera —dijo Nate. Estaba asustado y además lo parecía—. Es del FBI.

—¿Rambo? ¿No jodas? —Michél miró por encima del hombro, encantado.

—¿Qué está pasando? —preguntó Justin con la típica sinceridad vaquera.

—Creo que quiere hablar conmigo sobre la explosión del campus de anoche. —Nate se agarró el abdomen y se retorció. Solo con decirlo ya le dolía el estómago.

—¿Tuviste algo que ver con eso? —Michél ya no estaba haciendo el payaso, parecía preocupado—. Oh, jesú, menudo lío. Mannie trabaja en el Sueco. Me llamó esta mañana y dice que hay FBI por todo el lugar, tío. Tienen a esa científica de las noticias, cómo se llama, Dra. Talbot o algo así.

Mannie era el compañero de Michél, un enfermero. Nate se sobresaltó al oír la noticia. ¿Cuándo se había hecho cargo el FBI? ¿Y por qué?

—Talcott. Hace dos años que soy su becario.

Michél se puso maternal y rodeó a Nate con un brazo.

—¡Oh, Dios mío! ¿Pero qué estabais haciendo? ¿De verdad provocó ella esa explosión?

Nate sacudió la cabeza sin decir nada. No lo sé. Pero le ardía la cara. Sí, lo hizo ella. Lo hizo él. Lo hicieron los dos. Michél y Justin intercambiaron una mirada.

—Escucha, si no quieres hablar con ese tipo, solo dilo.

—No hay problema —asintió Justin.

Nate contempló la determinación en sus rostros.

—Tendré que hablar con ellos antes o después.

—Sí, pero, ¿quieres hablar con ellos *ahora*? Esa es la pregunta. —Michél extendió una mano con la expresión del cubano descarado, como si quisiera decir, *Tú no tienes que hacer una mierda mientras yo esté por aquí*.

Nate respiró profundamente y se pasó la mano por el corte de pelo al cero. Salió a la puerta y se asomó. Rambo lo estaba mirando directamente. Alguien le había llevado su pedido y masticaba el filete mientras miraba a Nate con unos ojos que tenían quizá demasiada... anticipación.

Nate se apartó, confundido. Había algo que no iba bien. ¿Por qué estaba el tipo solo? ¿Por qué no podía Nate hablar con la policía en lugar de con este gorila? Y estaba mezclado todo este asunto gay, esa mirada de desdén. ¿Era Rambo un homófobo? ¿Aprovecharía la oportunidad para darle una paliza de muerte?

Nate miró a Justin y Michél y asintió muy rápido, antes de cambiar de opinión.

—Sí. Sacadme de aquí.

Michél desplegó una sonrisa que no podría haber igualado el mismo diablo.

—Todo tuyo, culito de caramelo.

Cinco minutos más tarde todo la tripulación de la Cocina Costera se había apiñado alrededor de una *mousse* de chocolate. Michél encendió la vela y le guiñó un ojo a Nate.

¡Cumpleaños feliz! ¡Cumpleaños feliz!

El entusiasta coro descendió sobre Rambo con felicitaciones y le bloqueó la vista y el camino. Nate salió zumbando por la puerta principal.

Se dirigía a su apartamento cuando se dio cuenta que no era muy inteligente por su parte. Si el FBI sabía dónde trabajaba, tenían que saber dónde vivía. Y tenía la moto allí, maldita sea, por lo que era irrecuperable.

Se había parado en una de las calles residenciales que salían de la Quince. Viejos edificios de apartamentos de ladrillo se levantaban a lo largo de la estrecha calle. Se hundió al lado de un coche para que no lo viera nadie, se metió un chicle en la boca, que estaba más seca que el polvo, e intentó pensar bien las cosas.

¿Preferirías hablar con la policía? Entonces vete al departamento de policía. Entrégate.

Era una buena idea pero no tenía ni idea de lo que iba a decir. Llevaba gestándolo toda la mañana y todavía no tenía una respuesta. ¿Lo confesaba todo sobre los experimentos? ¿O se dedicaba a negarlo y todo y a esperar que nadie dijera lo contrario? Después de todo, el laboratorio había desaparecido, carbonizado. Nadie sabía lo que habían estado haciendo.

Pero había algo más, algo que lo molestaba pero que no terminaba de captar. Se quedó allí sentado pensando en el FBI, que su implicación parecía cambiar mucho las cosas y en el manitas de cerdo, hasta que lo entendió.

Estaba el accidente y eso era una cosa. Pero también estaba la tecnología.

Lo comprendió con un estremecimiento y una sensación de horror. Recordó el día que había sentido su primera vaharada real, completa con su carne de gallina y todo, de la naturaleza de la uno-menos-uno. Entonces había pensado que si su experimento estaba haciendo lo que él pensaba que estaba haciendo, podría ser una tecnología muy jodida en las manos equivocadas. No importaba si el FBI estaba aquí buscando la uno-menos-uno, la encontrarían durante el curso de su investigación. Y si la encontraban, se la pasarían a... ¿quién? El gobierno de los EE.UU., claro está, quizá al ejército.

¿Era el ejército las manos equivocadas?

Se levantó de un salto.

Sintió una necesidad urgente de actuar. El laboratorio había ardido, ¿qué más había? Cosas en el despacho de Jill: los papeles de él, el simulador y otros archivos. En la casa de Jill estaba el grupo de control, probablemente su maletín. Dios, ¡su maletín! Lo guardaba todo allí. Se dirigió a la parada del autobús.

Cuando llegó a casa de Jill eran casi las 2:00 p.m. Hizo una pausa al final de la calle y estudió la escena con cautela. La calle de la científica siempre estaba llena de coches, sobre todo un sábado por la mañana pero no vio nada especialmente ominoso, no había sedanes negros, ni coches patrulla ni hombres trajeados. La casa misma parecía tranquila.

Bueno, se dijo a sí mismo, me saldré con la mía, o no.

Se acercó al coche de su jefa y miró por las ventanas con aire casual. El maletín no estaba en los asientos de delante ni en los de atrás, no le habría sorprendido si lo hubiera olvidado allí con lo enferma que había estado últimamente. Sabía que no estaría en el maletero; jamás la había visto abrir el maletero. Con las manos en los bolsillos se acercó a la casa. La puerta principal estaba cerrada con llave pero él tenía una llave que Jill le había dado meses antes. Abrió la puerta y entró.

Cerró la puerta principal poco a poco, intentando no hacer ruido. Se esforzó por oír algún sonido. No oyó nada.

Dio un suspiro de alivio. Todavía en silencio pero con la confianza de estar solo, examinó el salón en busca del maletín de Jill. No lo vio. Entró en la pequeña cocina, nada. Revolvió un poco y encontró una gran bolsa de basura de plástico. Lo había planeado todo mentalmente mientras venía, como un delincuente planea el robo de una casa, entrar y salir en cinco minutos. Recogería los especimenes de control así como cualquier papel o archivo que hubiera en la casa y los metería en la bolsa.

Bajó por el pasillo hasta la habitación de invitados donde guardaban los sujetos de control y abrió la puerta. La habitación estaba vacía. Abrió la boca y parpadeó con fuerza, varias veces, como si quisiera cambiar el mensaje que se transmitía a su cerebro. Cada pieza de fruta, cada plato de virus, cada ratón, habían desaparecido. Solo permanecían las mesas de cartas, desiertas. Le recordó al día que le había puesto un paño sobre los ojos a Chalmers, cuando escondió todo el material en la habitación de al lado. Ahora alguien le había gastado la misma broma a él.

Fue a comprobar la otra habitación, el dormitorio de Jill. Alguien había rebuscado en su armario y en su mesita pero no se habían llevado sus ropas, ni siquiera, notó, el pasaporte o la pequeña colección de fotografías familiares que había en el cajón abierto de la mesita. Se detuvo un momento, incapaz de resistir la tentación de mirar esas fotos. Jill nunca mencionaba a su familia, jamás. Parecían pobres, la madre acabada y anciana. Jill era más joven pero tenía un aspecto igual de nervioso. Se parecía a su padre.

Nate devolvió las fotos a su sitio y comprobó el baño y el armario del recibidor. No había nada salvo unas cuantas toallas, champú, pasta de dientes, lo básico. Todo lo relativo al experimento se lo habían llevado de la casa. El maletín, si había estado allí, estaba ahora bajo la custodia del FBI. Había llegado demasiado tarde.

Nate se derrumbó en el suelo del pasillo con la bolsa de basura inútil a su lado. Así que su intuición se había equivocado. No se trataba solo de la explosión: querían información. ¿Y cuáles eran las dos fuentes más importantes de información? Jill y él. Ya la habían estado interrogando a ella y solo era cuestión de tiempo antes de que lo alcanzaran a él.

Todo aquello le daba mala espina. Muy mala espina.

Sintió el crujido de la puerta principal al abrirse, poco a poco, como si la moviera el viento. No le había echado la llave. *¡Maldita sea!* Pisadas cautas. No era el viento.

A Nate le entró un ataque de pánico. La idea de Rambo y él solos ya era suficiente para hacerlo vomitar de terror. Pero antes de que pudiera hacer algo más que levantarse con esfuerzo, entró una figura en el pasillo. Nate chilló. Miró al hombre y el hombre lo miró a él.

Dios mío, pensó Nate con una risita histérica, *tengo alucinaciones*. Quizá terminaría despertando y se encontraría con que todo este asunto era un extraño y lúcido sueño provocado por el impulso negativo. Porque lo gracioso era que el intruso tenía todo el aspecto de un judío ortodoxo. Allí estaba la barba larga, el sombrero de fieltro negro y el abrigo negro largo, pantalones negros, zapatos negros. Como si acabara de salir de la delicatessen del señor Broadway de Nueva York. El hombre lo estudiaba con una mirada suspicaz.

—¿Quién es usted? —preguntó el hombre, como si esta fuera su casa y Nate hubiera entrado sin permiso.

—¿Que quién soy yo? ¿Quién es usted?

—Estoy buscando a la Dra. Talcott.

—Está en el hospital.

—Eso ya lo sé. —El hombre se llevó un dedo a los labios, pensando—. ¿Y quién es usted?

—¿Quién es usted? —preguntó de nuevo Nate con el ceño fruncido.

El hombre puso los ojos en blanco.

—Podríamos seguir así todo el día. Estoy cansado así que me rindo el primero. Soy el rabino Aharon Handalman. Necesito saber con qué estaba experimentando la Dra. Talcott.

Nate se dejó caer contra la pared. Había aceptado la idea de que el gobierno pudiera estar interesado. Pero que la comunidad judía ortodoxa pudiera estar interesada... eso era demasiado chocante.

—¿Cómo conoce a la Dra. Talcott?

—Tengo información. Querrá hablar; confíe en mí. ¿Y quién es usted?

—Soy... —Nate dudó pero pensó, *qué demonios*. De todas formas ya se había acabado todo—. Su becario, Nate Andros.

El rabino Handalman suspiró y cerró los ojos.

—Gracias al Señor por eso.

11.3. SHIMON NOROWITZ

Aharon Handalman había volado a Seattle.

Shimon Norowitz no había hecho seguir al rabino, no le había creído capaz de tanto, pero había puesto el nombre de Handalman en la base de datos de «personas de interés», una lista que haría saltar la alarma cuando la procesaran las líneas aéreas, el ferrocarril, los departamentos de policía o si aparecía en los medios de comunicación.

Norowitz hizo que su secretaría llamara a la *yeshiva* para preguntar. Le dijeron que el rabino Handalman había tenido una emergencia familiar en América, un pariente enfermo. Norowitz llamó a la mujer de Aharon personalmente. La mujer quiso saber quién era y parecía nerviosa. Le dijo lo mismo, un pariente enfermo. Mentía.

El Mossad estaba suscrito a un servicio que les proporcionaba un resumen diario de las noticias de todo el mundo. Sacó el resumen del día que Handalman se fue. Había más de cincuenta artículos. Lo guardó en un archivo de texto y lo abrió en otra ventana, hizo una búsqueda con la palabra «Seattle». Encontró un artículo sobre una explosión en el campus de la Universidad de Washington.

Pinchó en un hipervínculo que había bajo el titular. Lo llevó por la red a la página del *Seattle Times*. Se sospechaba que el laboratorio de una física llamada Dra. Jill Talcott era la causa de la explosión y el FBI estaba intentando descartar cualquier posible conexión terrorista.

Norowitz se pasó la lengua por el bigote y consideró todo el asunto. Volvió a leer toda la información con cuidado. En realidad allí no había tanto. Se lamió un poco más el bigote.

Cogió el teléfono y llamó a uno de sus analistas. Assaf era un matemático de gran talento y uno de los mejores criptoanalistas de Norowitz.

—Assaf, escucha: abre la rutina de búsqueda de los códigos Kobinski. Quiero probar unas palabras clave.

Norowitz oyó un tecleo de fondo.

—Adelante.

—«Seattle».

Tecleo.

—Nada.

—«Universidad de Washington» y «Washington».

—No.

—¿«Explosión»?

—Esto... no.

—«Smith Hall».

—No.

Norowitz aún podía saborear el humus de la comida en el bigote.

—«Jill Talcott» o solo «Talcott».

—Umm... —Más tecleo—. Bingo.

—¿Sí?

—Bingo. —La voz de Assaf se estaba animando—. Estoy probando el... Bingo. ¡Bingo, bingo, bingo!

Norowitz colgó el teléfono. Se quedó allí sentado un momento, mirando el artículo de la CNN. Luego cogió el teléfono y llamó al jefe del Mossad.

11.4. Denton Wyle
Los Ángeles

DEL *LIBRO DEL TORMENTO* DE YOSEF KOBINSKI

En mi ser represento la esencia de los opuestos. He luchado por alcanzar el equilibrio perfecto y casi lo he logrado. He visto los misterios más grandes imaginables y he llorado por ellos. Ahora lucho contra el deseo de coger el Odio como si fuera un manto y ponérmelo, hundirme en las profundidades de la oscuridad como una piedra. Podría adoptar el Odio como si fuera una puta, traída a casa para avergonzar a mis padres. Podría desposarme con el Odio como un novio. Podría rodearlo con mi mano como si fuera un frasco de veneno y beberlo por pura perversidad. Oh, Vida, ahora eres mi enemiga. Me has quitado el corazón y lo has pisoteado y por eso ¡te abandono!

El manuscrito de Schwartz. Denton se sentó en el salón de su ático con la carpeta en el regazo, intentando digerir lo que acababa de leer. Era al mismo tiempo maravilloso, horrible y decepcionante.

Había treinta y dos páginas de material Kobinski que Denton no había visto jamás y eso era maravilloso. Había varias entradas largas que examinaban con detalle la teoría de Kobinski sobre el «equilibrio», cosas de religión. Y había entradas nuevas, bastante demoledoras, sobre los campos de concentración y el hijo de Kobinski, Isaac. Denton sabía que estas se habían escrito con posterioridad a todas las que había visto hasta ahora. Parecían representar el punto en el que Kobinski había tocado fondo, se rendía o se entregaba. Denton tuvo la sensación de que Kobinski había planeado el intento de huída por Isaac pero al parecer no había sido lo bastante rápido para salvar al muchacho. El cabalista había escrito muy poco al final.

Era muy emocionante leer las nuevas páginas por primera vez. Pero se desvanecía la emoción y Denton estaba atrapado, tenía que enfrentarse a la suma total del manuscrito tal y como estaba ahora.

Y estaba desilusionado. Las nuevas entradas tenían mucho impacto emocional pero no había nada para darle un enfoque mágico o cabalístico. Nada de nada. No había nada más sobre portales o agujeros negros u otros universos, nada sobre los últimos días de la vida de Kobinski o sobre su desaparición, nada que le diera las explicaciones que llevaba buscando toda su maldita vida. ¿Cómo se había desvanecido Kobinski? ¿Dónde estaba el sortilegio, el encantamiento, o al menos una explicación científica detallada? ¿Y dónde pensaba que iba a ir? ¿Un universo alternativo? ¿Al Cielo? ¿A la tierra de William Shatner? ¿Dónde, por el amor de Dios?

Todo eso era una ausencia que resonaba en el vacío. Y Denton tenía que admitir, ahora, que seguramente nunca se había escrito y nunca lo encontraría. Quería llorar, gritar, correr con unas tijeras. ¿Cómo podía Kobinski engañarlo así?

Lo peor, sin embargo, la parte más inquietante y profunda, era que la versión que tenía Schwartz del manuscrito no era el paquete completo y coherente que él se había imaginado. Ni siquiera incluía las páginas del manuscrito Kroll, las páginas que le había robado a Denton aquel anciano. Lo que había en la versión de Schwartz, entre las páginas xerografiadas de los originales, eran comentarios, los comentarios del propio Schwartz, que era lo que hacía tan gruesa la carpeta. Había montones de comentarios cuidadosamente caligrafiados, la mayor parte tediosa teoría ortodoxa y referente solo a los judíos, y (ronquido) carente por completo de magia, y completa, absoluta y espectacularmente carente de interés para Denton Wyle o los lectores de *Mundo misterioso*. O, si a eso vamos, para cualquiera que pudiera ofrecerle un contrato para una película o para un libro.

Y eso lo asustaba. Porque al leer los comentarios de Schwartz había sospechado... Le hizo sospechar que, después de todo, quizá Schwartz no fuera un Aleister Crowley judío. Quizá no era más que un viejo imbécil, religioso y conservador, no el gran maestro de un culto, ni un taimado mago cabalista ni ninguna de esas cosas que se había imaginado.

Incluso era probable que Schwartz no estuviera detrás del tipo que había robado el manuscrito Kroll. O ni siquiera, y eso era serio, detrás de los matones que prácticamente lo habían raptado de la granja Kroll. Quizá Denton se hubiera dejado llevar un poco por su imaginación. Más o menos hasta Siberia.

Mala cosa. Porque si Schwartz no era el Imperio del Mal, eso significaba que él, Denton Wyle, no era Luke Skywalker, solo un ladrón.

Encontrarás una forma de conseguir lo que quieres, Dent. Como siempre.

Sonó el teléfono, alguna mujer, seguro. Lo cogió el contestador. Era una mujer, una amiga de una amiga con la que había dormido la semana pasada. Bonito cabello. Grandes muslos. No respondió.

Empezó a absorberlo todo, cada vez más, lo que hizo que se fuera poniendo de peor humor. Una a una, todas sus ilusiones estallaron bajo su peso. No iba a haber ningún libro, ni una película. Era igual que todos esos artículos estúpidos en los que había trabajado, casos en los que nadie llegaba a demostrar que había un monstruo en el lago Ness, ni OVNIs, ni percepciones extrasensoriales.

Y siguió bajando. Nunca conseguiría demostrar que la gente se desvanecía en medio de destellos de luz. Jamás iba a demostrar que eso fue lo que pudo haberle pasado a Molly Brad. Jamás iba a saber lo que le había pasado. Su madre nunca lo iba a saber. Jamás iba a creerlo.

Alguien llamó a la puerta.

Por una vez Denton no estaba de humor para tener compañía. Entonces se le ocurrió que la compañía podría ayudarlo a olvidar, olvidar a Kobinski, a Schwartz, a su madre y todo lo demás. Y ante la mera idea, de hecho, ya empezó a sentir una leve insinuación de una ráfaga de aire que se preparaba para izarlo hacia algún otro humor, alguna otra obsesión, que dejaba toda esta ira y toda esta desilusión atrás, gracias al cielo. Cuando la carrera se ponía dura, los conejitos saltaban a otro sitio.

Abrió la puerta, con una sonrisa en la cara. Una mano se cerró sobre su boca y lo empujó al interior. La puerta se cerró con un golpe seco. Dos hombres empezaron de inmediato a saquear el salón. Las gráficas y los libros, todo el material que Loretta le había enviado, todo lo apilaron en montones. Sus papeles, el trabajo sobre Kobinski, incluido el manuscrito de Schwartz, todo lo cogieron sin miramientos y lo apilaron al lado de la puerta.

Lo contempló con los ojos muy abiertos. Le llevó un momento registrar el hecho que lo estaba observando todo por encima de la mano de alguien, la mano que le estaba cubriendo la mitad inferior de su rostro y que ese alguien estaba detrás de él, sujetándole con fuerza el hombro con los dedos que en ese momento no le estaban sellando los labios.

Denton giró los ojos hacia arriba y miró atrás para ver a su captor. Era el señor Edwards, el del incidente Kroll. Edwards le sonrió, «hola», y lo soltó.

Denton estaba demasiado indignado para tener miedo. Se le torció la boca de rabia.

—¡Hijo de puta! ¿Quién te crees que eres?

Edwards echó hacia atrás el puño y lo estrelló contra la cara de Denton.

Los siguientes minutos fueron surrealistas. En toda su vida, a Denton no le habían pegado jamás. Ni una vez. Nunca. Estaba tan fuera de su experiencia, era algo tan insondable que su mente no pudo seguir el programa. Solo podía saltar de sensación en sensación: el sorprendente peso de un golpe, la inmensidad del dolor, el sonido seco y carnoso de los puños contra la carne, la sacudida del impacto que le atravesó el cuello y el cuerpo, la inexorabilidad, que no cedía, la ausencia mecánica de piedad. Mentalmente, se limitó a jadear segundo a segundo, pues la conmoción lo había dejado estupefacto.

Probablemente solo lo habían golpeado seis o siete veces pero para cuando se dio cuenta de que estaba en el suelo y que habían dejado de lloverle golpes tenía la sensación de que llevaban horas pegándole. Se sentía muy, muy lejos.

—Ayúdame —dijo alguien con brusquedad y levantaron a Denton. Lo colocaron en una de las sillas del comedor y lo apoyaron sobre la brillante mesa de caoba. Bueno, probablemente podría ver su propio reflejo si miraba hacia abajo. No lo hizo. No quería verlo.

Ahora empezaba a dolerle todo. Dolía mucho. Y era más agudo en las costillas cuando lo movían, como si se hubiera roto algo. La mejilla derecha le escocía como una puta. Le palpitaba la nariz. Intentó sorber por la nariz, sintió un bloqueo. Le chorreó la sangre por la garganta. Empezó a llorar.

El señor Edwards estaba sentado con gesto sociable enfrente de él.

—Muy bien, señor Wyle. Seré breve. Nos llevamos todo el material que tiene sobre Kobinski. No lo recuperará. Nos dirá cómo se enteró de la existencia de Kobinski y qué interés tiene en él.

Denton respiró con dificultad.

—Ya les dije en...

—Me lo dirá otra vez, esta vez la verdad. Y abandonará todo interés por Kobinski. No leerá, escribirá o hablará de él jamás. No publicará en ningún formato, ni siquiera en la Red. Si lo hace, lo sentirá mucho, mucho. ¿Entiende?

Denton asintió, las lágrimas se mezclaban con la sangre en las mejillas. Ya no se sentía tan lejos. No, el mundo no era mayor que este miserable comedor.

—El editor de la revista *Mundo misterioso*. Él lo s-s-sabe todo sobre Kobinski.

Edwards sacó un pequeño bloc de un bolsillo y lo abrió de un papirotazo.

—¿Nombre?

—Jack Lorenz. La d-d-dirección está en mis archivos. El número de teléfono es...

Se tragó un poco de sangre del fondo de la boca.

—Lo sacamos de la memoria de su teléfono.

—Oh... estoy seguro de que él ha hablado de esto con otras personas. Yo no. Es decir, yo no lo he discutido con mis a-a-amigos ni nada. Salvo un tío, Dave Banks. Trabaja para Lockheed. Y luego está mi agente de antigüedades, Fleck, y el tal r-r-rabino Schwartz...

Denton lo regurgitó todo, todo y nada de lo que hubiera dicho o hecho, cualquier cosa que hubiera considerado alguna vez decir o hacer. Edwards lo miraba con frialdad. De vez en cuando tomaba alguna nota pero en general solo lo miraba, como si esa información no tuviera ningún valor. Y Denton sabía que la mayor parte no lo tenía. Estaba farfullando pero no sabía cómo parar. Hasta les habló de Molly Brad y les contó que había robado la carta de Schwartz. Todo. Lo que quisieran. Todo lo que quisieran.

—Hemos terminado —lo interrumpió uno de los otros hombres.

—Llevadlo todo abajo —dijo Edwards.

Los dos hombres sacaron las cajas del trabajo de Denton. Denton los vio irse, las lágrimas hacían que su visión de la parodia fuera misericordiosamente tenue. Dejó escapar un suspiro que más parecía un lloriqueo.

—¿Qué va a hacer ahora? —preguntó Edwards al tiempo que se levantaba. Denton levantó la mirada confundido.

—¿Qué...?

—He preguntado —dijo Edwards con más firmeza—. ¿Qué va a hacer?

—Y-y-yo. Nada.

—Exacto. ¿Llamará a la policía?

Denton intentó sacudir la cabeza, pero le dolía.

—No.

—Porque sería una pérdida de tiempo y luego lo sentiría.

—No los ll-ll-llamaré.

—Si llama su editor, dígale que ya no va a hacer la historia y cuelgue. No discutirá nada más.

—Vale.

—Y no volverá a hablar sobre Kobinski jamás.

—Lo sé.

—Ni a escribir sobre él.

—Ni a escribir sobre él.

Edwards puso la mano bajo la barbilla de Denton, la levantó, y aquello dolió tanto que los ojos de Denton volvieron a rebosar de lágrimas cálidas.

—Porque estaremos vigilando.

—Sí.

Edwards se fue. En el descansillo, Denton oyó el pitido del ascensor.

Durante un rato se quedó allí sentado. Entonces sonó el teléfono. Perdió un tiempo precioso mirándolo, intentando decidir si quería responder o no. Decidió que quería. Podría ser alguien que se apiadara de él, alguien que viniera y le curara las heridas. Se movió hacia el teléfono pero se mareó en cuanto se levantó. Le salió un chorro de sangre de la nariz. Al sentirla, al saborear y ver la sangre, casi se desmaya, se puso pálido y empezó a sudar. Jamás había podido soportar la visión de la sangre. Se dirigió a la cocina y dejó que la sangre cayera brillante y roja sobre un par de platos sucios que había en el fregadero. Se conectó el contestador automático. Oyó su alegre mensaje: *¡Hola! Soy Denton. Soy tu humilde servidor, así que... ¡déjame un mensaje!* *Bip.*

—¡Denton, gilipollas! ¡No me puedo creer lo que has hecho!

La voz de Jack Lorenz, apenas capaz de controlar la furia. La sangre giró sin prisa en el sedimento de un cuenco de sopa.

—¡Estás acabado, del todo, en este negocio! ¿Lo entiendes, Denton? ¿Entiendes que está mal allanar una propiedad privada y robar cosas?

Denton arrancó un puñado de papel de cocina y se lo metió en la cara para parar la hemorragia, luego cayó de rodillas.

—Y no te molestes en negarlo. ¿Cómo has podido ser tan estúpido? Tienen un video, joder, Denton, en el que se te ve abriendo con una palanca la cosa esa en la biblioteca. ¡Un video! ¡En qué estabas pensando! ¿No viste la cámara o qué? ¿Qué estoy diciendo? Ni siquiera se trata de eso.

Denton cojeó a dos patas y una mano, la otra mano sujetaba los pañuelos de papel contra la cara, hasta el salón. No cogió el teléfono, se limitó a caer a su lado con la espalda apoyada en el sofá.

—No me puedo creer que hayas hecho eso. Vas a conseguir que nos demanden, ¡y sabes que no tenemos dinero para eso! Me sorprendería que no termináramos arruinados. Después de todo el esfuerzo que he puesto en esta revista. ¡Es que no me puedo creer que me hayas esto a mí!

Denton se estremeció de frío. Agarró la manta de seda que tenía en el sofá y se lo puso sobre las rodillas.

—Así que ya puedes prepararte para una denuncia de primera clase contra ti personalmente, nuestra. Claro que, ya no vas a necesitar tu dinero, verdad, ya que estarás en la cárcel. Porque ese numerito que has montado es un delito y espero que...

Pareció haber una especie de discusión de fondo. Denton se quitó el papel de la cara y lo miró. Sangre brillante y roja contra el blanco del papel. Le recordó a su vida entera, un aborto.

—¿Hola, señor Wyle? —Una voz de hombre—. Soy Gip Bernstein, abogado del rabino Schwartz. Tiene una oferta que hacerle. —Un carraspeo oficioso—. Suponiendo que recuperemos la propiedad que se llevó, claro está, y que cubra los gastos de los daños que infligió... bueno, en contra de mi opinión, está dispuesto a no presentar cargos. Dice que usted ha comprado un manuscrito en Alemania recientemente, a una familia, los Kroll. Le gustaría tener ese manuscrito, señor Wyle. Si se lo entrega a lo largo de la próxima semana, no lo denunciará por robo con allanamiento. Por favor, llame a mi despacho al...

El abogado soltó el número a toda velocidad y volvió a ponerse Jack. Hubo un silencio asombrado en el que Denton lo oyó respirar.

—Umm... ¿Denton? Solo... llámame, ¿vale? —Jack parecía confuso. Jack pensaba que si Schwartz quería aquel maldito manuscrito con tanta urgencia, si era tan valioso, quizá la revista no hubiera terminado con Denton después de todo. Jack iba a recibir una visita sorpresa del señor Edwards. Denton esperaba que se llevaran muy, muy bien.

Estaba tarareando algo con la garganta. Lo oyó... era «Mandy» de Barry Manilow. Se detuvo. Se quedó allí sentado mientras el sol se ponía fuera, la luz de la ventana iba desapareciendo a hurtadillas, el ático se iba quedando a oscuras.

Debió de quedarse dormido. El teléfono sonó otra vez y lo despertó con un sobresalto. Estuvo a punto de cogerlo, luego lo miró con una carcajada.

Je, je, je, se echó a reír como un estúpido. ¿Y ahora qué? ¿Había muerto su madre en un accidente de avión? ¿Había sucumbido el Tíbet a un terremoto gigantesco? ¿Su última amante había dado positivo en una prueba del SIDA? ¿Una bomba atómica se dirigía hacia él?

Se conectó el contestador automático.

—¿Denton Wyle? Espero que me recuerde. —Era una voz fina y delgada como el papel, la voz de un anciano—. Yo, esto... fui amigo de su padre. Nos vimos una vez, en el extranjero. Le gustó el tatuaje de mi brazo.

Denton agarró el teléfono.

—¿D-diga?

—¿Es usted, señor Wyle? —La voz del hombre era cauta. Denton no parecía él precisamente. Se le había hinchado el labio como un globo de agua y se le había congelado la mandíbula.

—*Dí. ¿Dónde edtá?*

Una pausa.

—Podemos vernos, si quiere. Me gustaría que nos pusiéramos al día. Y tengo algo suyo.

—*¡Dí!*

—¿Está seguro? —La voz era seria, una advertencia—. Tendrá que venir a mí, me temo. Quizá le apetezcan unas pequeñas vacaciones.

Denton lo pensó durante quizá medio segundo, pero en esos momentos un pensamiento profundo era algo muy superior a él. Solo una palabra resonaba en su cabeza, a pesar de todo, o por todo, o quizá no fuera más que un auténtico idiota. Le rodaron las lágrimas por la cara, le escocieron los muchos cortes.

—*Dí.*

—Muy bien. Ahora escuche atentamente...

12

Ojalá hubiera personas malvadas en alguna parte cometiendo insidiosas acciones malvadas y solo fuera necesario separarlos del resto de nosotros y destruirlos. Pero la línea que divide el bien del mal atraviesa el corazón de cada ser humano. ¿Y quién está dispuesto a destruir un trozo de su propio corazón?

—Aleksandr Solzhenitsyn, siglo XXI

12.1. JILL TALCOTT

—¿Qué es exactamente la onda uno-menos-uno?

—No lo sé todavía.

—Especule por mí.

—De verdad que no podría.

—Oh, sí —dijo el agente Calder Farris con forzada animación—. Podría. —Abrió el bloc de notas de un papirotazo—. En realidad, ya lo ha hecho. Poco después de descubrir la uno-menos-uno usted garabateó varias hipótesis incluyendo radiación cósmica, la estela de dimensiones extras, la onda moduladora del espacio-tiempo...

Jill apretó la mandíbula. Notas viejas, seguramente de uno de los cajones de su escritorio. Habían registrado su despacho.

El agente Farris no era lo que Jill esperaba. Ella esperaba a la policía, no al FBI. Esperaba que la interrogaran sobre la explosión, pero con ignorancia, hombres que no tenían ni idea de en qué consistía su trabajo. Esto no se parecía en nada.

—Estoy seguro de que ha hecho muchos progresos desde que escribió esto, Dra. Talcott.

—No... no creo que sea una radiación cósmica.

—No.

Los ojos del hombre, aquellos ojos tan peculiares y espectrales, se concentraron en ella, como si intentaran juzgar su credibilidad. Siguió adelante.

—¿Qué impacto tiene la uno-menos-uno sobre la materia?

—Tiene impacto sobre la materia —admitió ella. Sus manos retorcían la sábana que le cubría el pecho—. La materia y la uno-menos-uno están interrelacionadas, pero yo aún no entiendo esa relación.

El hombre se la quedó mirando.

—Escuche, ¿podemos volver atrás un momento? No tengo claro lo qu...

—Algo se atravesó en la garganta femenina. Tragó saliva—. Me gustaría saber lo que ocurrió en Smith Hall.

—¿Cuál era la naturaleza de sus experimentos? —preguntó Farris con el rostro inexpresivo.

Ella bajó la vista hacia la sábana amontonada en sus manos, confusa.

—Bueno, es eso. No había nada que pudiera haber... No teníamos productos químicos allí abajo. Nada que pudiera haber provocado un incendio o...

Levantó la vista. El hombre la miraba, en absoluto conmovido. Se dio cuenta de qué era lo que le molestaba de sus ojos. Eran tan fríos y planos que parecían los de un hombre ciego, como si la viera con los ojos ciegos o quizá no la viera en absoluto sino que la percibiera con una especie de sexto sentido alienígena.

—¿Cuál era la naturaleza de sus experimentos?

¿Por qué no quería hablarle de la explosión? ¿Cómo sabía tanto sobre su trabajo? ¿Por qué estaba sola en esto?

—Me gustaría tener un abogado presente.

—No necesita abogado.

—Es mi derecho, legal...

—Aquí no se trata de sus derechos.

Farris no gritó. En realidad, acompañó sus palabras de una tensa sonrisa. Pero había una violencia subyacente en su tono que hizo que a la mujer se le congelara la sangre. Insinuaba una rabia que acechaba justo bajo la superficie y prometía desatar el infierno en la tierra si alguna vez salía. La científica se encogió en la cama, en silencio. El agente se acercó a la ventana y miró fuera, con la cara ladeada.

—Verá, este no es un caso criminal. Si coopera, de hecho, estoy preparado para garantizarle la inmunidad; no habrá demanda. Así pues, no necesita abogado.

—¿Demanda?

El agente Farris no respondió. La dejó pensar en ello. La habitación estaba en silencio, hasta los sonidos del pasillo quedaban ahogados. La mujer retorció la sábana aún más.

El perfil del cuerpo masculino ante la ventana no ayudaba mucho. Los pantalones oscuros y la camisa blanca estaban almidonados como un uniforme. El cuerpo que había debajo era duro, como una losa, intransigentemente masculino. No era algo sexual, esta masculinidad; era más como si poseyera todo lo que había de agresivo en el género. Toda su imagen hablaba de delitos y castigos.

Demanda.

Él volvió a la silla y se sentó con las rodillas separadas.

—Debería comprender la situación en la que está, Dra. Talcott. Por un lado está el arresto, los medios de comunicación, tener que enfrentarse a las familias de las víctimas y, con toda probabilidad, a cierto tiempo en la cárcel por homicidio sin premeditación. Yo diría que un mínimo de diez a veinte años.

Sí, se lo podía figurar todo, gracias a las imágenes de la CNN que tenía en la cabeza. *La gran apuesta de la ciencia se hunde.*

—Después de todo, hay veintitrés muertos.

Veintitrés. Jesús. Pero aun cuando una parte de ella se derrumbaba bajo esa carga y respondía a todo eso desesperada, otra parte, la superviviente que había salido con las uñas del pueblo de Tennesse, seguía vivita y coleando.

—¡No hay ninguna prueba de que mi laboratorio tuviera algo que ver con esto!

—¿No? Eso tendría que decidirlo un juicio criminal. Por otro lado... —Farris lo dejó colgando.

—¿Por otro lado? ¿A qué se refiere?

Farris intentó parecer servicial. Era como si un tiburón intentara sonreír.

—Dra. Talcott, creemos que usted no pretendía herir a nadie. Por desgracia, estas tragedias ocurren cuando no se toman las debidas precauciones. Nos gustaría asegurarnos de que no ocurre otra vez. Francamente, nos interesa su trabajo y estamos dispuestos a darle la oportunidad de continuar esa investigación en un ambiente más adecuado, y *seguro.*

Sus palabras resonaron en el silencio que siguió como el estruendo de la campana de un faro en un mar picado. Y Jill comprendió que su carrera no había terminado, que Farris quería algo más que su cabeza en una bandeja de plata. Se la había cargado, se la había cargado de verdad. Pero.

Sí, pero. Siempre estaba el trabajo, ¿no? El valor del trabajo. *Reardon habría entregado a su primogénito.* ¿Sabrían tanto sobre su trabajo que ni siquiera veintitrés muertos importaban? Miró a Farris y supo que así era. No les preocupaba el número de víctimas. Esa idea la hizo sentirse triunfadora, justificada y a la vez bastante asqueada, maldita sea.

—No lo entiendo. ¿Me está ofreciendo un trabajo con el FBI?

Farris dudó durante una fracción de segundo.

—No. Esa es una tapadera para los medios. En realidad pertenezco al Departamento de Defensa. Dra. Talcott, permítame que le sea franco. Si coopera, esta situación desaparece. La explosión se achaca a... digamos, un hornillo defectuoso y usted queda libre de sospechas. Si coopera. Bien. ¿Cuál era la naturaleza de sus experimentos? Sabemos que estudió con el fallecido

Dr. Henry Ansel de la Universidad de Tennessee. ¿Qué relación tiene su trabajo con el de él?

Tratando de ganar tiempo, Jill estiró la mano para coger una caja de pañuelos que tenía al lado de la cama y se pasó una desmesurada cantidad de tiempo ocupándose de su nariz. La mención del nombre de Ansel la había conmocionado como nada hasta ahora. ¿Cómo carajo lo sabían?

Estaba asustada... pero también increíblemente emocionada.

—Agente Farris... no, no es «agente», ¿verdad?

—Teniente.

—Teniente Farris, me está ofreciendo un trabajo en el Departamento de Defensa, ¿es eso?

Pareció sorprenderle la franqueza femenina.

—Sí.

—Porque estoy recibiendo un mensaje confuso. ¿Soy una delincuente o un fichaje deseable?

—Los fichajes deseables no suelen enfrentarse a cargos por homicidio sin premeditación.

—Bueno, usted parece estar interesado en mis servicios de todos modos. Me encantaría considerar su oferta pero la quiero por escrito. Me gustaría ver los detalles: puesto, título, salario, a quién informaría, cuantas personas tendría en mi equipo y de qué clase de instalaciones dispondría para mi investigación. Quiero saber si podría publicar con mi nombre y qué esperan que me guarde por razones de seguridad. Quiero que todo quede absolutamente claro. Por supuesto, querré entrevistar a las personas con las que estaría trabajando antes de tomar ninguna decisión definitiva. También me gustaría ver algún documento legal que perfile en términos generales la inmunidad que ha mencionado. Y yo... lo cierto es que quiero saber qué provocó la explosión. Si el departamento contra incendios emite un informe, quiero verlo.

Farris la estudió con las mejillas hundidas. Consiguió esbozar una sonrisa condescendiente.

—No es posible, de ninguna de las maneras, empezar a discutir cosas como sueldo e instalaciones hasta que se haya mostrado mucho más comunicativa. ¿Cómo íbamos a saber qué estamos pagando?

Jill cruzó los brazos.

—Creo que saben con exactitud lo que están pagando. Y si les dijera lo que sé, no me necesitarían, ¿verdad?

Farris entrecerró los ojos; no estaba muy contento. Jill sacó barbilla.

—No nos dedicamos al negocio de robar investigaciones, Dra. Talcott, pero no podemos...

—Teniente Farris, soy profesora asociada de la Universidad de Washington y licenciada de la Universidad de Tennessee. Lo cual no es mucho. Lo único que tengo de valor es mi trabajo y no lo voy a regalar sin un contrato, firmado, sellado y entregado en mano.

Farris la miró con frialdad durante un buen rato; Jill se dio cuenta de que era un HdP muy duro. Pero se negó a dejarse asustar por eso. Jill la Fría. Su barbilla subió un poco más y lo miró hasta que el hombre bajó la mirada.

Asintió.

—La queremos a bordo, Dra. Talcott. Veré lo que puedo hacer.

Jill se levantó de la cama en cuanto se fue Farris. Miró en el armario, no había ropa. Miró debajo de la cama, no había ropa, cosa que tampoco la sorprendió. No había nada en el baño salvo una bata, una cosa fina de algodón que olía a lejía. Se la puso sobre el camisón del hospital e intentó tranquilizarse. ¿Dónde pensaba que iba, de todas formas?

Se apoyó un poco en la cama, no quería volver a acostarse pero estaba demasiado débil para quedarse de pie. Puso la cabeza entre los brazos. Jesús, esto estaba pasando de verdad. Era lo que siempre había querido, ¿no?

¿No?

Hubo un chasquido cuando la puerta se abrió tras ella.

—¿Qué? —Se incorporó, avergonzada. ¿Por qué no podían dejarla en paz?

—La cena, señora. —Un celador se afanaba con algo mientras sujetaba la pesada puerta con el pie para que no se cerrara. Jill fue a la ventana, ojalá se diera prisa y se fuera. Oyó que se cerraba la puerta.

—Allá vamos.

La voz era horriblemente conocida. Jill se dio la vuelta y vio una mata de pelo oscuro con las puntas teñidas de rubio cuando el celador puso la bandeja en la mesa.

—¡Nate!

El joven se llevó un dedo a los labios. *Shh.* Se acercó y la abrazó con torpeza, como en su casa. Se puso nerviosa cuando la abrazó y más nerviosa cuando la soltó después de apenas un segundo o dos. Le preocupaba que él hubiera sentido, vaya, más de ella de lo que le apetecía con aquella fina bata de hospital. Se rodeó con los brazos, dolorosamente consciente de lo flaca que se había quedado durante los últimos meses.

—¿Te encuentras bien? ¡Dios, anoche estabas casi muerta!

—Estoy mejor. Debe de haber sido uno de esos virus de veinticuatro horas.

El joven le puso la palma de la mano en la frente. Tenía los dedos calientes. Quitó la mano pero no se molestó en comentar su temperatura en uno u otro sentido. Por un momento se quedaron allí quietos, Jill se sentía muy rara. De repente, recuperó el sentido.

—¿Qué estás haciendo aquí?

La expresión del joven se hizo severa.

—Jill, ahí fuera está el FBI. Creo que saben lo de nuestra tecnología.

Jill contuvo una risita nerviosa.

—En realidad, es el Departamento de Defensa. Y sí, lo saben.

La piel olivácea de Nate se encendió un par de tonos.

—¡El DD! ¡Mierda! ¿Qué les has contado?

—Bueno... no mucho. No... —La científica desvió los ojos. Aún no—. No mucho.

—¡Dios! ¿Qué vamos a hacer? ¿Tienen tu ecuación?

Jill lo pensó un momento, se dio cuenta de que era muy importante saber con precisión lo que tenían. Porque si tenían su ecuación, entonces ella no tenía tantas fichas para negociar como pensaba que tenía.

—No lo sé. Tienen algunas de mis primeras notas y sabe lo de la uno-menos-uno. —De repente se le ocurrió algo—. ¿Mi maletín?

Nate sacudió la cabeza.

—Fui a tu casa. La han limpiado. Incluso se llevaron los especímenes.

—¡Maldita sea! —Si tenían su maletín, tenían la ecuación. Pero aún la necesitaban, estaba segura. La mayor parte del material escrito eran datos puros y duros, números desnudos. Lo importante, el significado de todo ello, estaba en su cabeza... y en la de Nate, por supuesto.

Nate interpretó mal la mirada preocupada de su jefa y le apretó la mano.

—Lo sé. Tenemos que hacer algo. No podemos dejar que consigan esta tecnología.

Aquella reacción a Jill le pareció infantil y respondió con enfado.

—No seas estúpido. En primer lugar, no tenemos alternativa. Ya tienen demasiado, saben demasiado. En segundo lugar, tenemos una responsabilidad. ¿Quién va a supervisar todo esto? Si no soy yo... bueno, quiero decir y tú, también, pero si no somos nosotros, lo hará otra persona. ¿De verdad quieres que otra persona se lleve el mérito de nuestro trabajo?

Nate parecía aturdido.

—¿Mérito?

—¡Nate, esta es nuestra oportunidad! Piensa en lo que podemos hacer con verdaderos fondos y verdaderas instalaciones.

—Pero... ¿y los resultados que conseguimos en nuestro laboratorio, tan pequeñito y tan mono, y con nuestro radiotransmisor, tan pequeñito y tan mono? ¿Te imaginas si ponen la potencia del HAARP al servicio del impulso negativo? ¡No puedes hablar en serio!

Le llameaban los ojos oscuros y... bueno, era un pensamiento desalentador. Tan desalentador que se dio cuenta que la habían convencido más las teorías de Nate sobre la uno-menos-uno de lo que quería admitir.

—No harían eso —dijo sin mucha convicción—. No hasta que sepamos con seguridad qué produce. No les dejaré que lo hagan.

—Sí, como si te fueran a dejar decidir a ti.

—¡Si yo dirijo el programa, sí!

El joven le lanzó una mirada como si estuviera siendo increíblemente ingenua.

—¿Qué otras opciones tenemos? —Se dio cuenta de que estaba alzando la voz y la bajó—. No podemos mantener la uno-menos-uno en secreto para siempre. Siempre tuvimos la intención de publicar, ¿verdad? ¿Tengo razón?

—Eso fue... antes de saber lo que hacía —dijo él, pero tampoco parecía muy seguro de sí mismo.

—¡Vamos! Es como cualquier otra tecnología... podrían sacarse cosas buenas y malas. Todo depende de cómo se use.

Pero Nate la estaba mirando, aquellos hermosos ojos oscuros eran demasiado grandes, maldita sea, para su propio bien.

—Jill, por favor. No lo digo por hacerte daño pero... veintitrés personas murieron en ese accidente.

La científica apretó la mandíbula. No era justo.

—¿Jill?

—¡No cargaré con la culpa de eso hasta que sepa con exactitud lo que pasó! ¡Nadie quiere decírmelo!

El rostro del joven se ablandó.

—La policía de Seattle salió en las noticias hace poco. Antes de que el FBI los echara de allí habían descubierto que la explosión fue provocada por un hornillo. Estaba justo al lado de nuestro laboratorio.

Jill gimió, la atravesó una oleada de alivio agónica.

—Oh, Dios mío. —Se derrumbó sobre la cama. Lógico que Farris no le dijera lo que había pasado de verdad. Ese bastardo, ese HdP de ojos fríos, ¡amenazándola con un proceso criminal!

Nate se acercó y se arrodilló a su lado, le cogió la mano con ternura. Estuvo a punto de apartarse de la caricia, pues evocaba una oleada parecida de dolor y deseo y un miedo persistente de que estuviera intentando manipularla. Sus dedos pequeños estaban hechos de hielo, como los de un robot, en la palma cálida de Nate.

—Jill, escúchame. El departamento de bomberos dijo que fue un «accidente extraño», uno entre un millón. Hay todo tipo de válvulas de seguridad para evitar ese tipo de cosas y... —Suspiró—. El impulso negativo hizo que estallara ese hornillo. Creo que los dos lo sabemos.

Jill apartó la mano con brusquedad.

—¡Maldita sea, no lo sabemos! ¡No sabemos lo que pasó y no podríamos saberlo sin una investigación completa!

El rostro de Nate se endureció de rabia.

—¿Por qué eres incapaz de enfrentarte a lo que hace esa cosa? ¡Mira lo enferma que has estado, por el amor de Dios! ¿Y todos esos problemas que nos cayeron encima? ¿Personas muertas? ¡Venga ya! ¿De verdad quieres que el gobierno juegue con esto? ¿Quieres ser personalmente responsable de otro Nagasaki e Hiroshima... o algo peor? ¿Es eso lo que quieres de verdad?

Y justo entonces se abrió la puerta.

Era un técnico de laboratorio. Nate exhaló un suspiro de alivio. Lo último que le hacía falta era que lo cogieran. Dijera Jill lo que dijera, él no estaba listo para contarle nada a estos gorilas.

El técnico entró de espaldas con un carrito. La parte superior estaba cubierta de frasquitos de sangre en pulcras cajitas etiquetadas. La piel de Nate bailó al verlo. Sanguijuela.

—Me temo que tendrá que irse. —El técnico apenas lo miró—. Tengo que sacarle sangre.

—Solo estaba... esto, dejando una bandeja. —Nate fue a la puerta y saludó a Jill con la cabeza sin decir nada.

—Adiós —dijo ella lanzándole una mirada de reproche, una mirada que decía que no había razón para sacar Nagasaki a la luz. La joven empezó a meterse otra vez bajo las sábanas.

Jesús, parecía tan pequeña como una niñita. Terca como una mula, sin embargo, y lo bastante ambiciosa para hacer que Napoleón pareciera un advenedizo. Nate suspiró con una mezcla de exasperación y nostalgia y se largó.

En el pasillo, los dos tipos del FBI que ocupaban su puesto junto a la puerta de Jill lo miraron de arriba abajo. Se sintió cohibido, se dijo que en realidad no había estado allí dentro tanto tiempo y que el grosor de las paredes y aquel mazacote de puerta evitaban que alguien oyera su conversación. Bajó por el pasillo con aire casual y se dirigió al ascensor. Aquí se paró y se quedó mirando el botón del ascensor.

Irse. Era así de simple. ¿Irían a buscarlo? Era probable. Pero quizá, si se quedaba en un sitio donde no lo viera nadie, al final se rendirían. Después de todo, si tenían a Jill (y al parecer la tenían, vaya que si la tenían) no lo necesitarían a él. Podía salvar su propia conciencia y eso era todo lo que podía hacer, ¿verdad? No había nada que pudiera hacer sobre las decisiones de Jill, ¿verdad? Si quería ir a trabajar para los militares y construir una especie de Máquina de Ondas de la Muerte, no había nada que pudiera hacer para detenerla.

Dio un par de paseos mientras continuaba en su cabeza la discusión con Jill, incapaz de dejarlo estar, ni de dejarla estar a ella. Maldita sea, pero lo más absurdo, lo más estúpido es que creía que, en el fondo, a ella le importaba. Creía que a ella le importaban esas personas que habían muerto, que él le importaba. Bueno, quizá la parte de «él le importaba» era un espejismo pero a ella le importaban esas personas, estaba seguro.

Cuando apareció el técnico de laboratorio con el carrito de la sangre y apretó el botón del ascensor, Nate sabía con toda exactitud lo que le iba a decir a la científica. Torció la esquina con paso decidido y volvió a recorrer el pasillo que llevaba a la habitación de Jill.

Uno de los tipos del FBI estaba leyendo una revista. La bajó y miró con dureza a Nate.

—A recoger la bandeja —dijo Nate con una voz que decía, joder-tíos-pero-qué-os-pasa, a la que prestaba credibilidad la ira que sentía. Abrió de un empujón la puerta de la habitación.

Jill no estaba allí. Miró en el baño, incluso echó un vistazo bajo la cama. Se había desvanecido.

Claro que eso no era necesariamente raro. Quizá habían venido a por ella en algún momento de los últimos, oh, veinte segundos. Podrían habérsela llevado para interrogarla, o para hacerle alguna prueba o algo así.

Recogió la bandeja, todavía cargada con la comida intacta y volvió al pasillo. Los tipos del FBI lo miraron, se habían puesto de pie, no les gustaba tanto tráfico. Nate siguió andando al tiempo que fingía que no se daba cuenta. En el ascensor, el técnico de laboratorio acababa de entrar con el carrito.

—Sujételo. —Nate entró de un salto esquivando las puertas.

Para evitar el carrito, se abrió paso hasta la parte de atrás del ascensor. Se cerró la puerta. Cuando el ascensor empezó a moverse Nate oyó algo y se dio cuenta de que era el técnico de laboratorio murmurando. El tipo estaba delante de Nate, bata blanca, espeso cabello oscuro, piel caucásica. Dijo algo otra vez, en voz baja, carraspeó, volvió la mirada hacia Nate, una mirada rápida, como si estudiara un insecto. Se puso a mirar las puertas otra vez.

El cerebro de Nate estuvo a punto de dejarlo pasar por pura distracción, casi. Pero hubo algo que se le quedó pegado en el buche. El tío no estaba hablando con Nate, lo que significaba que no estaba hablando con nadie y Nate estaba bastante seguro que las palabras no eran inglesas. Y nada de eso tenía sentido.

Nate ladeó la cabeza un poco y estudió al técnico de laboratorio. El tipo llevaba algo en la oreja. Era casi invisible pero el cable fino, de color carne, que salía de allí iba bajando hasta desaparecer dentro del cuello de la bata. Estaba hablando con alguien a través de un micrófono oculto.

Los ojos de Nate se trasladaron al carrito.

Era de acero inoxidable, se parecía vagamente al carrito de un vendedor ambulante, de uno veinte de largo y noventa centímetros de ancho aproximadamente. Era un cubo cuadrado con una puerta a un lado, que se suponía que llevaba a varios estantes y suministros. Nate miró los botones del ascensor. El tipo había apretado el botón del nivel C, el tercer nivel del garaje subterráneo.

Mierda.

Nate tenía unos cinco segundos para pensar. Es asombroso cómo se pueden tomar decisiones de enorme importancia en un lapso así cuando no hay otra alternativa. Porque ya pasaban por el piso dos y el viaje terminaría en unos segundos. Pura electrodinámica cuántica.

Nate tuvo unas breves imágenes de sí mismo lanzándose a por el botón de emergencia o embistiendo al tipo por la espalda. Luego tuvo una instantánea de sí mismo colocando muy remilgado la bandeja en el suelo y cogiendo el cuchillo romo en la mano mientras el tipo aquel, que muy bien podría ser un experto en todo tipo de combates conocidos para el hombre, lo miraba y se preguntaba qué coño estaba haciendo.

Pero ninguna de esas cosas iba a funcionar y el cuerpo de Nate lo sabía. Mientras su mente seguía debatiendo un plan, sus manos ya estaban actuando por instinto y ponían la bandeja de lado. Platos, cubiertos y comida salían volando y en el siguiente instante, mientras la cabeza del técnico de laboratorio estaba en el proceso de dar la vuelta para ver qué era todo aquel ruido, las manos de Nate subieron la bandeja y la estrellaron, con fuerza, contra aquella cabeza oscura de pelo.

El sonido que hizo al entrar en contacto con la cabeza, un sustancioso *bonk*, fue tan alto como embarazoso. El técnico de laboratorio se quedó allí, con el torso girado, contemplando a Nate con una mirada perturbada, incrédula, como si hubiera hecho algo increíblemente absurdo. Nate lo miró también. Era consciente del continuo tañido de la tapa de acero que giraba como una peonza en el suelo del ascensor. Era consciente de que era hombre muerto. Esta vez, ordenó mentalmente a sus manos que volvieran a subir la bandeja y aporrearan al hombre una y otra vez, tantas veces como fuera necesario, pero, por paradójico que parezca, las manos se negaron a moverse. Sus brazos, y las manos pegadas a los mismos que todavía sujetaban la bandeja, se habían quedado tan rígidos como los del *Action Man* colocados en la posición del golpe de kárate.

Le dio la sensación de que el momento se estiraba casi hasta el punto de la histeria, pero en realidad no debió de ser así porque el ascensor todavía no había llegado al garaje. Entonces Nate notó una creciente mancha roja en la solapa blanca de la chaqueta del técnico de laboratorio, una mancha que provenía de un goteo que se originaba bajo el pelo oscuro y espeso. Nate levantó la vista para encontrarse, con expresión culpable, con los ojos del técnico de laboratorio, pero los ojos del tipo se habían quedado en blanco. Se derrumbó en el suelo como un globo desinflado del desfile de Acción de Gracias.

Las puertas del ascensor se abrieron en el nivel B del garaje. Parecía en silencio. Nate sacó el carrito de la sangre a empujones y bajó corriendo una rampa que tenía a la izquierda. Al salir al tejado del garaje, vio la salida principal delante de él, donde un conductor le estaba pagando al cobrador de la cabina. Se obligó a frenar un poco. Jesús, el carrito pesaba lo suyo. Tuvo que empujar con fuerza cuando se acabó la rampa. Pasó rodando con él al lado de la cabina, con lo que se ganó una mirada perpleja, y salió a la acera.

Tuvo un momento de pánico mientras intentaba orientarse. Estaba en Madison Street. Era por la tarde y había peatones, ancianos sobre todo que iban a consulta o gente con ropa de quirófano que cruzaban de un edificio del centro sanitario a otro. Intentó adoptar un aspecto natural, era normal que saliera por ahí empujando un carrito lleno de frasquitos de sangre, solo lo estaba llevando ahí al lado, la, la, la.

Torció por una calle lateral y vio el aparcamiento de los empleados a dos manzanas de allí. Estaba temblando. Esperaba que en cualquier momento el largo brazo de la ley, o quién quiera que fuese el técnico de laboratorio, descendiera sobre él pero después de lo que le parecieron kilómetros llegó al aparcamiento sin que nadie le dijera nada.

El rabino Handalman estaba allí, esperando en el coche de alquiler. El permiso de aparcamiento para empleados de Manny estaba en el salpicadero. Estaba echándose una siesta, con la cabeza apoyada en el asiento pero se despertó cuando Nate golpeó sin querer el coche con el carrito. Salió bostezando.

—¿Y qué? ¿Ha visto a la Dra. Talcott? ¿Ha hablado con ella?

—Tiene que ayudarme. —Nate estaba intentando recuperar el aliento—. Y luego tenemos que salir de aquí, rápido. ¿Dónde están las llaves?

Handalman se las dio mientras miraba de reojo el carrito.

—No tengo que donar sangre, ¿espero?

Nate abrió el maletero.

—Ayúdeme a meter a Jill en el coche.

El rabino hizo un gesto con las manos, *¿y eso tiene sentido, cómo?*

Nate hizo otro gesto, apenas era capaz de creerlo él.

—Está en el carrito.

Jill despertó y se encontró echada en un sofá que picaba, en el salón de un extraño y con Nate revoloteando a su alrededor. Parpadeó para mirarlo tras un borroso dolor de cabeza. Tenía un olor en la nariz, como si fuera alcohol de frotar.

—¿Te encuentras bien? —preguntó Nate. Por encima de su hombro se asomaba el rostro de un hombre con el pelo castaño peinado hacia atrás, un *yarmulke* y una barba enorme.

Jill se sentó. Le latía la cabeza al moverse pero cuando se quedó quieta y puso la cabeza entre las manos, el dolor desapareció.

—¿Qué está pasando aquí?

—Alguien intentó secuestrarte y sacarte del hospital.

—El Mossad —dijo el extraño con un ligero acento.

Jill levantó la cabeza, la movió *muuuy* lentamente para lanzarle una mirada a Nate.

—Podría ser el Mossad —asintió Nate—. O algún otro extranjero. No estoy seguro de qué idioma hablaban pero, coño, seguro que no era inglés, ni griego tampoco, si a eso vamos.

—¿De. Qué. Estás. Hablando?

—El tío del laboratorio, el que vino a sacarte sangre. Debe de haberte drogado. Te puso en el carrito y...

Siguió una historia, un relato que se estrelló contra los límites de su imaginación y luego salió volando como una pelota. Jill movía la cabeza cautelosa mientras Nate hablaba y la hacía rodar sobre el cuello. Pero el dolor parecía haber desaparecido y el olor parecía desvanecerse de su nariz. Era gracioso pero lo último que recordaba era al técnico de laboratorio clavándole una aguja en el brazo.

Miró a su alrededor con viveza. Las únicas ventanas eran pequeñas y altas y se asomaban a la parte inferior de una verja. Estaban en un apartamento de un sótano.

—Nate, ¿dónde estamos?

—En casa de un amigo mío.

El hombre de la barba le pasó un vaso de agua y ella dio un sorbo. Empezaba a recordar.

¿De verdad había otro gobierno tras la uno-menos-uno? No era posible.

Sintió un estremecimiento de emoción. Le metió el vaso a Nate en la mano y se levantó.

—Tenemos que volver al hospital. Nate, ¡no me puedo creer que hicieras eso! ¿En qué estabas pensando al secuestrarme así? ¿Qué soy, un saco de patatas? ¡Qué van a pensar!

—Jill —dijo Nate con suavidad—. ¿Quieres sentarte y escuchar, por favor?

El otro tipo, el extraño, los contemplaba a los dos, con ojos inteligentes y condescendientes como pocos. Jill no terminaba de entender qué carajo pintaba una tercera parte en todo esto, sobre todo una tercera parte judía. ¿Qué estaba haciendo allí sentado, escuchando la conversación privada que mantenían Nate y ella? ¿Era el propietario de la casa o qué?

Se volvió a hundir poco a poco, porque era difícil negarse a la mirada de Nate y porque, de todos modos, sus piernas se negaban a sostenerla. Tenía que admitir que parte de ella se sentía aliviada de haber escapado de las garras del teniente Farris, si bien eso no tenía sentido. Tendría que pensar en todo aquello con mucho cuidado.

—Jill, este es el rabino Handalman.

El hombre la estudió con cautela, como si fuera peligrosa.

—Ojalá pudiera decir que es un placer conocerla. Pero tengo la sensación de que ninguno de nosotros tiene mucho de lo que alegrarse en este momento.

12.2. Aharon Handalman

Aharon había estado en sitios peores. El apartamento al que los había traído Nate estaba en el sótano de una casa grande y antigua en un barrio residencial. El apartamento, y Aharon se dio cuenta de inmediato, era *trayf*, no *kosher*, lo más probable es que ni siquiera fuera judío. No tocó nada. Estaba deseando tomarse una taza de té.

Sacó su maletín y la pesada carpeta de anillas. La mujer, la científica, no dejaba de mirarlo con una expresión de disgusto, como si cargara con muestras, como si quizá fuera a venderle una alfombra nueva o un seguro de vida. Sabía lo que era, era un religioso. No quería oír nada de lo que él tuviera que decir. Para ser honestos, él se sentía igual. Pero la curiosidad, el deseo de saber más sobre el arma, lo empujaba a reconciliarse con ella.

Colocó sus cosas sobre la mesa de café, del tamaño de un coche pequeño y abrió la carpeta del código. Para prepararse cerró los ojos y murmuró una plegaria ante las Escrituras. Se sentía, como le había ocurrido últimamente, como si las palabras se hubieran transformado en un idioma que no entendía. Cuando abrió los ojos, la Dra. Talcott estaba haciendo una mueca.

—¿Qué es esto? —le preguntó a Nate—. ¿No quieres que hable con el gobierno y sin embargo tú te mezclas con un culto religioso?

—El judaísmo —dijo Aharon con brusquedad—, lleva sin ser un culto religioso unos tres o cuatro mil años.

—Me encontré con el rabino Handalman en tu casa.

—¿Mi casa?

—La estaba buscando —dijo Aharon.

—Solo escúchalo, por favor.

La mujer se puso cómoda de mala gana y miró a Aharon con una expresión sorda y retadora en los ojos. Como si no pudiera enfrentarse a eso. Como si no se hubiera encontrado con cien como ella en los seminarios de la *Aish HaTorah*, personas que se negaban a creer.

—Enseño *yeshiva* en Jerusalén y estudio el código de la Torá.

La mujer gimió.

—¿Sabe algo del código de la Torá?

—Solo que es una tontería y que se ha refutado por completo.

Una llama de irritación le ardió en el estómago pero Aharon solo hizo un gesto: «ya veremos».

—Es extraño que su nombre apareciera en él entonces. —Buscó en la carpeta una página marcada—. Encontré su nombre en un grupo de series que estaba estudiando sobre un hombre llamado Yosef Kobinski.

—Kobinski era un físico polaco —explicó Nate—. Escribió un manuscrito antes de morir en el Holocausto. El Mossad lo está buscando.

El muchacho miró a Aharon en busca de confirmación. Aharon asintió. *Continúe.* Había visto que algo cambiaba en el rostro de la Dra. Talcott cuando se mencionó la palabra *físico.*

—El rabino Handalman me ha mostrado parte del trabajo de Kobinski. Tiene anotaciones matemáticas que... bueno, a mí me parece que podría haber estado detrás de tu ecuación.

La frente de la mujer se frunció con escepticismo.

—Pero eso es... El Holocausto fue hace sesenta años. ¡Eso no es posible!

—Kobinski era un genio —le dijo Aharon.

—¿Y encontró esto en un código de la Biblia? ¡En serio, Nate!

El muchacho le pidió disculpas a Aharon con la mirada.

—Creo que tienes que verlo por ti misma. ¿Rabino?

Durante el vuelo que le había traído, gracias a Dios, se le había ocurrido copiar las palabras clave más significativas en inglés, anticipando un encuentro así. Empujó la lista por la mesa de café hasta la Dra. Talcott. Ésta se inclinó hacia ella de mala gana. Una uña se dirigió hacia la boca para que la mordiera mientras examinaba la lista. La otra mano trabajaba el saliente del sofá. La mujer tenía tanto reprimido en su interior que solo podía salir a través de las manos, pensó Aharon.

kobinski – 400
auschwitz – 200
física cuántica – 30
arma – 200
ley del bien y del mal – 8
cielo – 40
infierno – 40
ecuación – 26
arma de destrucción – 5
de él el arma – 3
libro del tormento – 30
arma del tormento – 5
arma del terror – 4
arma del mal – 4
la gran arma – 5
demonios – 20
arma que libera demonios – 4
ángeles – 20
arma que libera ángeles – 4
Talcott – 40
dra. Jill Talcott – 25

Si no estaba en un error, vio una oleada de miedo en aquella carita pecosa. Pero, (¡típico!) se puso a refutarlo de inmediato.

—¡Esto es ridículo! Nate, no sabemos quién es este hombre ni qué está intentando hacer. ¿Y si él es del Mossad? ¿Y si no hay ningún Mossad en todo esto? ¿Quién dice que esta lista de palabras no es un auténtico invento?

—¿Cree que me estoy inventando esto? —resopló Aharon.

El muchacho levantó la mano para detener la discusión. Era un buen chico para no ser judío; a Aharon le caía bien. Cierto, tenía un aspecto muy extraño con el pelo tan raro y ese pendiente en la oreja. Pero tenía buen corazón. Al menos escuchaba y quizá tuviera algo de cerebro en la cabeza.

Nate cogió la lista de las manos de la mujer con un suspiro.

—¿No te parece que esto es... bueno, bastante relevante para nuestra investigación? ¿Y cómo iba a *saber* nadie además de nosotros que estas frases eran relevantes?

—Esas frases no tienen nada que ver con nuestra investigación.

—¿«Dra. Jill Talcott»? ¿«Arma de destrucción»? «Física cuántica», «ley del bien y del mal», «ecuación»...

—¿«Ángeles», «demonios»? ¡Caray, Nate, debí de saltarme el día que los ángeles y los demonios aparecieron en nuestro laboratorio!

—Creo que estás siendo demasiado literal.

—¿«Ley del bien y del mal»? ¿Qué significa eso?

Nate cogió aire, parecía nervioso por lo que estaba a punto de decir.

—La uno-menos-uno. Es la ley del bien y del mal.

La Dra. Talcott lo miró fijamente, con el ceño fruncido y una mirada de preocupación, pero en sus ojos... había algo astuto, algo conmocionado. El muchacho le devolvió la mirada sin apartar los ojos. Había una profundidad en ese momento que Aharon no entendía del todo, pero se inclinó hacia delante mientras se le aceleraba el pulso.

—Sí —la animó Nate en voz baja—. La uno-menos-uno es la propia tela del espacio-tiempo. Y nosotros descubrimos, a través de nuestras pruebas, que cuando la empujábamos más hacia el lado «uno», se producían resultados positivos, la vida prosperaba. Y cuando la empujábamos hacia el lado «uno negativo», ocurrían cosas malas; nuestros virus morían; los sistemas se interrumpían.

La Dra. Talcott le lanzó una mirada hostil a Aharon, como si no le gustara que escuchara sus secretos. Y tenía razón porque él estaba absorbiendo cada palabra. Era una esponja.

—Así que demos el, sin duda, salvaje salto de preguntarnos si la cresta de la uno-menos-uno representa la necesidad creativa del universo, el impulso de vivir y crecer. Y el seno representa la necesidad destructiva, la tendencia a la decadencia y el caos.

La Dra. Talcott abrió la boca para protestar, y luego la volvió a cerrar.

—La ley del bien y del mal. —El tono era irónico pero también había algo no del todo burlón.

—Eso es. —El rostro joven de Nate estaba muy serio—. ¿Y si... y si hemos descubierto una ley física de la creación y la destrucción? ¿Recuerdas los ratones, lo dispuestos que estaban a procrear bajo el impulso positivo? ¿Y los virus también?

La Dra. Talcott asintió lacónica.

—¿Y si hemos descubierto la ley física que subyace a la vida misma, Jill? No el modo que tienen los padres de crear de forma biológica a su descendencia, la ley de Darwin, sino por qué... la razón por la que nuestro universo crea cosas y por qué todo debe decaer hasta volver a convertirse en polvo. No es solo una cuestión de tiempo, del impulso que lleva del orden al caos. Es la naturaleza misma del espacio-tiempo, creación y destrucción. Y no se trata solo de la vida y la muerte, sino que todo (todas y cada una de las cosas) sufre la influencia de un impulso creativo o destructivo, del bien o del mal, la cresta o el seno. Y están emparejados con toda exactitud, mitad y mitad.

Que un chico pudiera decir algo así tan alegremente, pensó Aharon con una punzada de dolor. Que el mundo pudiera ser capaz de tanto mal como bien, solo sugerirlo era una blasfemia. Sin embargo, tras haber estado inmerso en el mundo de Kobinski, Aharon ya no podía negar la fuerza del mal. Y eso solo ya era suficiente para hacer temblar su fe como una rama bajo un fuerte viento.

Por un momento se produjo un silencio espeso pero estaba claro que la Dra. Talcott estaba mordisqueando las cosas en su cabeza y, resulta que también estaba, literalmente, mordiéndose las uñas otra vez. ¡Menuda costumbre!

—Digamos —la duda impregnaba toda su voz y dejaba claro que en realidad no se lo creía—, que ese es el caso. La cresta de la uno-menos-uno es un impulso creativo y el seno un impulso destructor. ¿Qué impacto real tiene en nosotros... las cosas? A mí me parece que el impacto que tiene la uno-menos-uno sobre la materia es empujarlo todo hacia el centro.

—¡Exacto! —Nate se inclinó, mirándola con atención—. Es como un moderador. He estado intentando encontrar modelos... Por ejemplo, no es solo la materia lo que resulta afectado, no solo los plátanos o incluso nuestros cuerpos físicos, que es obvio que están gobernados por el crecimiento y la decadencia. Cuando ocurre un acontecimiento en el mundo, digamos la firma de un tratado de paz, ese acontecimiento tiene que tener una pauta de onda, también, ¿verdad? Después de todo, tiene lugar en un espacio-tiempo, donde todo son ondas de energía.

—Sí... —la Dra. Talcott accedió de mala gana—. Aunque un acontecimiento es seguramente algo más parecido a un grupo entero de ondas.

—Bien. Entonces veamos cómo afectaría la uno-menos-uno a un aconteci-miento. Tomemos algo sencillo: digamos que vas por la calle y le das a una persona sin hogar cinco dólares. Esa acción tiene una pauta de onda y esa pauta de onda está hecha de crestas y senos. Así que digamos que darle dinero a un sin hogar es ochenta-veinte, ochenta por ciento de cresta o «bien» y veinte por ciento de seno o «mal». La parte buena es obvia, estás realizando una buena acción. El veinte por ciento malo puede ser porque en cierto modo ese acto se realiza por una cuestión de ego o por miedo al castigo divino o por que te sientes socialmente culpable.

—Hmmm... —dijo la Dra. Talcott con una profunda arruga en el ceño.

—Pero esa acción no sigue siendo ochenta-veinte porque interactúa con la uno-menos-uno. Básicamente, hay muchos más senos en la uno-menos-uno que en el acto ochenta-veinte, ¿no? Así que el resultado neto sería para «suavizar» la bondad de nuestro acto. La pauta de interferencia resultante sería algo más parecido al setenta-treinta.

—¿Pero cuál sería, con exactitud, ese seno adicional del diez por ciento?

—Algún efecto negativo que no podemos predecir. Quizá la persona sin hogar utiliza el dinero para comprar alcohol que le deteriora aún más el hígado, o quizá evita que vaya a un refugio esa noche y terminan atacándole. Pero algo negativo saldrá de ello, aunque sea algo menor. Todos sabemos por instinto que así es como funciona la vida. Por eso decimos que «nadie regala nada» o «siempre hay una pega», ¿no?

La mujer sonrió a pesar de su cara, como diría Rosa. Pero solo dijo:

—Muy filosófico, Nate. —Y por la forma que lo dijo, no era ningún piropo. El chico continuó; hablaba con las manos, emocionado.

—Por otro lado, coge un acto en su mayor parte negativo, como que un asesino en serie mate a una niña. El acto en sí quizá sea un noventa y cinco por ciento mal o seno. Pero bajo la influencia del uno-menos-uno, se neutra-liza un poco. Quizá una más a la familia de la víctima, o quizá la madre de la niña muerta funde un grupo de apoyo. Algo positivo sale de ello. Ya sabes: «no hay mal que por bien no venga».

La Dra. Talcott arqueó una ceja.

—Pero...

—Y eso solo si consideramos la forma que tienen de interactuar el acontecimiento y la uno-menos-uno. En realidad, el acontecimiento también interactúa con un billón de otras ondas, las ondas de todas las personas implicadas, de los lugares donde tuvo lugar la acción, de la policía y demás. Cualquiera de esas ondas tiene el poder de influir en la onda del aconteci-miento original y hacer que sea un poco más negativa o más positiva. Pero bajo todo, absolutamente todo, como... como un latido está la uno-menos-uno, siempre operando para moderarlo todo, generalizar el efecto bruto de todo y devolverlo al centro. La ley del bien y del mal. Y el concepto metafísico del «ángel» o el «demonio» podría ser solo otra forma de representar la idea básica de la cresta y el seno, las fuerzas positiva y destructiva.

La mujer esperó para ver si el muchacho había terminado o qué, mientras en su boca se iba dibujando una línea que a Aharon le recordó a Hannah. Él también esperó. Personalmente, pensaba que Nate se estaba dejando algo grande fuera del cuadro, como Dios. Pero como dicen los sabios, «si mantienes la boca cerrada, hasta un pájaro puede enseñarte algo».

—Esa oleada de ideas es muy creativa, Nate —dijo la Dra. Talcott con lentitud—. Pero no sabemos si los acontecimientos en sí tienen ondas, ni si las crestas y senos de esas ondas representarían lo que tú estás implicando. Acabamos de empezar a probar la uno-menos-uno y tenemos que tener cuidado y no dejarnos llevar.

El chico volvió a hundirse en el asiento, no parecía afectarle la censura. Aharon supuso que ya lo había oído todo antes.

—¡Bueno! —dijo Aharon—. Creo que quizá deberíamos escuchar lo que tiene que decir Kobinski sobre este tema, ¿nu?

—¿Tiene el material aquí? ¿El manuscrito del que hablaba Nate?

Desde luego esa parte la había escuchado la doctora. Aharon le dio lo que tenía, las seis páginas de cuaderno que había encontrado en Yad Vashem. La mujer las inspeccionó. Hacía caso omiso del hebreo y volvía cada página hacia un lado y otro para examinar los garabatos matemáticos. Nate miró por encima de su hombro y varias veces se señalaron cosas el uno al otro. Ella cogía notas, cada vez más absorta. Aharon aguantó el aliento, ansioso por ver lo que un científico, sobre todo esta científica, pensaría del trabajo de Kobinski.

Vio que el interés de la mujer se regeneraba junto con el color de sus mejillas y el brillo de sus ojos. Así que los ángeles no los entendía, pero números, eso sí que lo comprendía.

—¿Hay más? —quiso saber la Dra. Talcott cuando hubo asimilado todo lo que había—. Menciona dos páginas de ecuaciones. ¿Las tiene?

Aharon se acarició la barba.

—Lo cierto es que sí.

—¿Puedo verlas?

—Desde luego que puede verlas. Pero primero tenemos que volar a Polonia.

13

Le dijeron a Moisés:
¿Es porque no hay tumbas en Egipto
por lo que nos has traído a morir al desierto?
¿Qué es lo que nos has hecho, al sacarnos de Egipto?
¿No es la misma palabra que pronunciamos ante ti en Egipto?,
Al decir: Déjanos en paz, ¡para poder servir a Egipto!
En verdad, ¡mejor sería para nosotros servir a Egipto
que morir en el desierto!
—Éxodo 14:11-12, Traducción de Everett Fox, *Los cinco libros de Moisés*, 1983

13.1. Nate Andros

Nate no había oído ni una palabra sobre Polonia hasta que el rabino Handalman se lo mencionó a Jill. Ni siquiera había planeado llevarse a Jill del hospital. Él solo había ido allí a hablar y los acontecimientos habían tomado vida propia, como un coche que se despeña por una montaña, unos cuantos segundos de ruedas girando sobre grava y *bingo*, cada una de las prioridades que tenías cambia de forma repentina y dramática.

Así que aquí estaban. Oficialmente huidos. ¿Pero Polonia? ¿Ir a Polonia? Eso estaba mucho más allá del alcance de cosas que estaba dispuesto a considerar para su futuro inmediato.

Salvo que... Jill lo estaba pensando seriamente. Podía ver cómo giraban los engranajes mientras examinaba las posibilidades. Nate esperaba que partiera a Handalman en dos con un chasquido de aquellas poderosas mandíbulas.

Pero en su lugar preguntó:

—¿Hay mucho más del trabajo de Kobinski en Polonia?

—Un esbozo completo de este manuscrito, *El libro del tormento*. Sí, incluidas esas dos páginas de ecuaciones. Uno de los seguidores de Kobinski vive cerca de Auschwitz. Ya le he llamado. Por desgracia no quiere enviarlo.

Tendremos que ir nosotros a él. Dado el estado de cosas, lo más probable es que tenga razón al no querer soltarlo.

Jill manoseó las páginas con aire ausente, como un bebé que manosea su mantita. Increíble. Lo estaba pensando en serio.

—De acuerdo. Pero tenemos que ir ahora mismo. —Miró a Nate—. ¿Vas a ir?

—¿Quién... yo?

—Sí, tú, Nate. ¿Vendrás?

—Bueno... —estaba intentando averiguar qué estaba pasando. ¿Por qué Jill, que tan cabreada estaba con él por arrebatarla de los amorosos brazos del DD, estaba dispuesta ahora a ir a Polonia?

Y entonces, al mirarla, lo supo: Jill no aceptaba ir porque no le hubiera parecido convincente nada de lo que hubiera dicho él. A él le había intrigado todo este asunto del Cielo y del Infierno, el bien y el mal, las cosas que Handalman había encontrado en el código y cómo se relacionaba eso con la uno-menos-uno. Jill, sin embargo, no haría un viaje a Tacoma por semejante necedad. No, eran las matemáticas de Kobinski lo que la había atrapado. Y Nate la conocía lo suficiente y sabía leer la postura tensa de sus hombros, la expresión cansada de su rostro y la mirada lejana y calculadora de sus ojos.

Quería el trabajo de Kobinski. Lo quería para ella, para su proyecto. Porque, según estos garabatos, Kobinski lo había sabido. Y (maldita sea, la conocía demasiado bien) ella suponía que si podía ponerle las manos encima al manuscrito, podría volver al DD cuando quisiera y la recibirían con los brazos abiertos, de la misma forma que había supuesto que Chalmers la absolvería cuando hubiera publicado el artículo.

Todavía iba a por ello. Que Dios la ayude. Que Dios los ayude a todos. Sobre todo a él porque era el pobre tonto que estaba enamorado de ella.

—Sí, yo voy —dijo Nate.

—De acuerdo. ¿Entonces cómo lo hacemos? —Jill adoptó la actitud de toda una profesora—. Yo digo que cuanto antes nos vayamos, mejor. El DD me estará buscando. Necesitaré mi pasaporte. Está en casa. No tengo mi cartera, lo que significa que no tengo tarjeta para sacar dinero. Maldita sea. Tenía la cartera en el maletín. Pero puedo sacar dinero con la tarjeta de crédito. También está en casa. ¿Nate?

—¿Eh?

—¿Crees que puedes entrar en mi casa?

Nate miró a Handalman, que estaba sacudiendo la cabeza. El rabino miró el reloj.

—Sabrán que ha desaparecido. Si no están ya en su casa, pronto lo estarán.

—¡Entonces, vete! —dijo ella echando a Nate—. Vete a mi casa; coge mi pasaporte y la tarjeta de crédito. La tarjeta está en el archivador del salón y el pasaporte en la mesita de noche. Deprisa.

—Ah. Bien. —Se levantó de un salto.

—Y coge el tuyo también —le dijo mientras el rabino le entregaba las llaves del coche de alquiler.

—De acuerdo.

—Y hagas lo que hagas, ¡que no te cojan! ¡No corras ningún riesgo!

Nate le dedicó una última mirada inexpresiva y se dirigió a la puerta.

—¡Y cógeme algo de ropa! —la oyó chillar mientras empezaba a subir la escalera.

Nate llamó a su compañero de piso y le dijo que se encontrase con él una hora después con un par de mudas, su pasaporte, un neceser con lo más básico y todo metido en una mochila, y que fuese lo más discreto posible al dejar el apartamento. No le preocupaba. Si alguien podía parecer impasible, ese era su compañero de piso, Mikey. Era el campeón de los gandules. Hecho eso, Nate se dirigió a la casa de Jill.

Era la segunda vez ese día que examinaba el barrio de Wallingford. Esta vez estaba incluso más paranoico que antes. No vio ningún coche ni señales de que hubiera alguien dentro. Ya, claro. Como si fueran a anunciarlo.

No tenía elección. Además, ¿qué era lo peor que podía pasar? Si los agentes del gobierno lo pillaban, podía alegar ignorancia. ¿Qué podían hacer, torturarlo?

Pues sí. Podían torturarlo.

Dio la vuelta por atrás y se acercó al callejón. La casa parecía muerta, ni un ruido, ni un movimiento. Tenía la llave de Jill pero nunca la había probado en la puerta de atrás. La puso en la cerradura y funcionaba. Abrió y entró.

Cristo, el corazón le saltaba en el pecho. *Tarjeta de crédito, pasaporte, ropa. Tarjeta de crédito, pasaporte, ropa.* Mientras se escabullía por la cocina con las botas negras, la idea de hurgar en el cajón de la ropa interior de Jill para escoger cosas era... Bueno, no estaba tan mal, la verdad. Lo hacía sentirse un poco mejor.

La casa estaba vacía, amenazadoramente vacía. En el pasillo recogió la bolsa de basura vacía que había dejado en el suelo. Dos pasos más y estaba en el dormitorio. Lo primero, el pasaporte, todavía estaba donde lo había visto antes, en la mesilla. Se lo metió en el bolsillo de los vaqueros. Luego, el armario. Abrió las puertas y empezó a quitar cosas de las perchas, ropa que reconocía, ropa que ella se había puesto con frecuencia. Dios, la ropa era horrible. Chalecos de lana, blusas camiseras, un auténtico catálogo de *Venca* en talla pequeña. Había una nota extraña, un vestido rojo, sedoso. Ella jamás se pondría algo así. Todavía tenía la etiqueta. Sin perder nunca la esperanza, Nate lo metió en la bolsa.

Fue a la cómoda a por pantalones, escogió cuatro pares. Un cajón más arriba estaba la lencería. Esbozó una amplia sonrisa, sintió un cierto vértigo al pensar divertido que estaba mirando la ropa interior de Jill la Fría. Primera y última vez, sin duda. No estaban sacados exactamente de *Frederick's* de Hollywood, pero tampoco eran algodón blanco. Cogió un pequeño sujetador con alambre, una tela sedosa de color melocotón con una leve insinuación de encaje en los bordes. Sintió un impulso que le retorció el estómago, tan predecible como la reacción del perro de Paulov. Se obligó a meter el sujetador en la bolsa. Lo siguió un par de puñados de todo lo que le vino a la mano.

Estaba frotando un par de sedosas bragas negras entre los dedos cuando se dio cuenta de que llevaba así un par de minutos. Maldita sea.

Tarjeta de crédito.

Eso. Cerró el cajón de un empujón y se dirigió al salón.

Estaba intentando recodar la ropa interior de sus hermanas. No es que viera mucha pero tampoco había sido algodón blanco. Seguramente ya no hacían cosas tan sencillas. Y que Jill tuviera una ropa interior medio sugerente no significaba nada. No significaba, por ejemplo, que fuera una *ninfo* que aún no había salido del armario. Lo más probable es que eso fuera todo lo que podía encontrar. Seguro que se lo había comprado con tanto interés como cuando pedía un *teriyaki*.

Tarjeta de crédito.

Eso. Jill tenía un archivador y un escritorio en el espacio que había entre el salón y la cocina. Nate abrió el archivador y buscó una carpeta con una pegatina que decía, «tarjetas de crédito». Encontró la carpeta pero, como es lógico, no había ninguna tarjeta de crédito dentro, solo facturas. ¿Quién iba a guardar una tarjeta de crédito en un archivador? Empezó a rebuscar por el cajón superior del pequeño escritorio y acababa de rodear con la mano algo que se parecía sospechosamente a una tarjeta de crédito cuando la puerta principal se abrió con un estruendo y un crujido violento de algo que se astillaba.

Calder Farris estaba furioso. No se notaba por fuera, no a menos que cometieras el error de preguntarle algo o de ponerte en su camino, cosa que sus hombres no hicieron. No era obvio siempre que sus gafas oscuras siguieran en su sitio. Pero dentro, el demonio dirigía el espectáculo, lo poseía desde la punta de los dedos de la mano hasta las uñas de los pies... y era Godzilla desbocado.

Una hora antes (y la sola idea lo hacía temblar de furia), una hora antes había estado al teléfono con el Dr. Rickman, haciéndole una oferta. Formulando una oferta de trabajo, joder. La Dra. Talcott, esa diminuta y retorcida masa de engaño femenino, le había hecho creer que cooperaría, que estaba jadeando por trabajar para el DD. Podría haber jurado que había visto el deseo de poder en sus ojos. Al parecer tenía una vena muy práctica. Parecía saber en dónde se asaban las castañas y que el gobierno tenía el horno más grande y más rápido de todos.

Ohhh, se lo había hecho tragar todo. Joder. Con solo pensar en cómo lo había engañado se ponía a temblar y arder. Lo había hecho quedar en ridículo delante del Dr. Rickman. Más bien quedaría en ridículo si tuviera que decirle a Rickman que la chica había desaparecido. Pero el plan de Calder era encontrarla y tener una pequeña charla con ella, meterle ese trabajo por la garganta antes de que Rickman se enterara de nada.

Los hombres que había dejado de guardia, unos gilipollas inútiles todos y cada uno, habían descrito al joven de las puntas de color rubio platino y el aro de oro en la oreja que había entrado dos veces en la habitación de Talcott. Hinkle lo había identificado como Nate Andros, el becario de Talcott. Antes tenía un desastre largo y rizado por pelo. Nadie lo reconoció y llevaba un uniforme del hospital, así que supusieron...

No había excusa. Era obvio que Andros trabajaba con el técnico de laboratorio del carrito. La habían sacado a hurtadillas en aquel cacharro, no había otra explicación. La habían sacado sin que nadie se diese cuenta mientras los hombres de Calder se rascaban los huevecillos y el propio Calder estaba al teléfono discutiendo putos planes de pensiones.

Mientras tanto, el informe del Departamento de Bomberos de Seattle culpaba a un hornillo. ¡Un hornillo! ¡Y él lo había llamado un XL3! ¿Se podía ser más imbécil?

Salvo que se le ocurrió a Calder que lo que le había pasado a ese hornillo podría ser parecido a lo que le había pasado a esos pájaros de Alaska. Solo que no pensaba decirlo. No iba a arriesgarse a parecer otra vez un unineuronal, no sin alguna prueba de que las ondas estaban implicadas, aunque fuera de forma remota. Tenía que saber lo que Talcott había estado haciendo allí abajo. Tenía que saberlo.

Y la científica se lo iba a contar, se lo iba a contar todo, justo después de que él la obligara a merendarse su invitación para unirse a la familia feliz del DD.

Había enviado a Hinkle a casa de Andros y a otros miembros del equipo a la universidad. Otros seguían inspeccionando el hospital y los alrededores. Calder y un marine llamado Rice habían ido a la casa de Talcott porque Calder suponía que era el sitio más probable para que apareciera. Necesitaría ropa y alguna identificación. Calder mandó a Rice que se escabullera por detrás mientras él mismo cubría la puerta principal.

Se quedó parado en la puerta y se quitó en silencio las gafas, para ver mejor en el interior. Desenfundó el arma con la mano derecha pero no tenía intención de utilizarla. No iba a dispararle a aquella perra. No enseguida, de todos modos. Probó sin ruido el pomo con la mano izquierda. Cerrado con llave. Dio un paso atrás y lanzó una patada repleta de furia justo a la derecha del pomo de la puerta.

Y se encontró ante la puerta abierta mirando al chaval de las puntas de color platino y el aro dorado de maricón en la oreja. El chaval le echó un vistazo y se cayó al suelo desmayado.

Podría haber sido una auténtica estupidez, merecedora de una mención especial en uno de esos libros dedicados a «formas tontas de morir» pero cuando Nate vio al federal en la puerta (traje negro, ojos espectrales, arma y demás) su reacción más inmediata fue hacerse el muerto.

Gracioso, porque la reacción fue tan innata, instintiva en realidad, que no recordaba haber leído nada sobre que a los griegos, sus ancestros, les gustaba emplear las técnicas de las zarigüeyas en la guerra. Caballos de Troya, sí, quizá incluso algo sobre Ulises y las ovejas. Pero de zarigüeyas, nanay.

Pero allí estaba, echado en el suelo con los ojos cerrados y el corazón latiéndole a 10 *zillones* de kilómetros por hora. Entonces se le ocurrió, ¿y ahora qué? Se le había olvidado esa parte cuando se había caído al suelo.

Salvo que no todo él lo había olvidado. Su mano derecha, que estaba casi cubierta por su cuerpo, agarraba una tarjeta de crédito y algo más. Las puntas de los dedos sentían algo duro, estrecho y de plástico. Tanteó con los dedos el objeto un poco más arriba y tocó metal.

Tijeras. Había sacado una tarjeta de crédito y un par de tijeras del cajón. Lo que significaba que podía sobornar o acuchillar a su adversario. O bien podía hacer una locura y cortar la tarjeta de crédito de Jill. Eso los confundiría.

—Rice. Aquí dentro. —Voz profunda, sonaba cruel y satisfecha, a más o menos metro y medio de altura. Dado que el federal no estaba dando la orden de atacar, eso significaba que eran dos y uno venía por la puerta de atrás.

Eso hizo que Nate se moviera, porque no había forma de que pudiera esquivar a dos hombres. Rodó hacia la izquierda mientras el brazo derecho subía rápido y con fuerza.

Registró la escena con toda claridad en cuanto abrió los ojos. Sobre él se encontraba el hombre que había visto en la puerta, con el arma todavía en la mano. En ese preciso segundo, el hombre no lo estaba mirando a él sino justo enfrente, hacia el segundo federal que se acercaba, al que Nate podía presentir pero no ver.

Solo durante un breve segundo el hombre desvió la mirada. En cuanto vio que Nate se movía por su visión periférica volvió a mirar abajo pero para entonces la mano de Nate ya estaba en curso y las tijeras se habían puesto en contacto con la carne.

El hombre dio un salto atrás justo cuando la punta de las tijeras lo tocó. Fue un momento muy poco oportuno, o muy oportuno, dependiendo de qué lado estabas. Nate había balanceado las tijeras con fuerza y las puntas estaban afiladas. Se introdujeron a través de la tela del pantalón en la carne. Cuando el hombre saltó hacia atrás en ese instante, su propio movimiento añadió un efecto que rasgó la carne. Nate sintió, casi pudo oír, que se abría una larga brecha en la pierna del hombre.

Era repulsivo, en realidad. Una maldita asquerosidad. El hombre chilló, un chillido corto y furioso. Pero Nate ya se alejaba rodando hacia la puerta principal y luego se levantaba tambaleándose. Sintió que una mano le agarraba la camisa, Nate nunca supo si había sido la mano del hombre herido o del que lo cubría.

Se le rompió la camisa, oyó el ruido de tela rasgándose, esta vez de verdad; luego quedó libre y salió por la puerta. Detrás de él oyó gritar al federal, con una voz oscura y furiosa:

—¡No dispares! ¡Agárralo, cabrón!

Nate echó a correr. Era surrealista que te persiguieran por unas calles residenciales en pleno día. Apenas podía tomárselo en serio, tan cinematográfico era. Con todo, sus pies se movían más rápido de lo que se habían movido en toda su vida. Echó un vistazo atrás una vez y vio que lo perseguían los dos, dos tipos de traje, uno con sangre chorreándole por la pernera del pantalón. Cosa que no le frenaba. Tenía un rostro duro, como el de una escultura. Nate lo tenía bastante jodido.

Intentó escurrir el bulto, poner cosas entre él y sus perseguidores. Tenía miedo de que le dispararan. Quizá lo quisieran muerto, o no, pero una bala en la pierna lo haría frenar en un momento.

La idea le suministró otra oleada de adrenalina y pisó aún más el acelerador.

Calder Farris estaba persiguiendo al pequeño meón, corriendo como si su pierna no estuviera prácticamente chorreando sangre arterial. No le dolía nada; estaba demasiado concentrado para sentir el dolor. Ni siquiera pensó utilizar el arma, que se había vuelto a meter en la pistolera cuando había empezado a correr. Solo había una cosa en su mente y era rodear con sus manos la garganta de aquel bastardo maricón y gritar, *¿Dónde está la chica?*

Rice era rápido, mantenía el ritmo. El chico, aquel pequeño mamón, también era rápido. Calder le hizo un gesto a Rice para que se fuera por un lado e intentara flanquearlo. Rice subió una pequeña y empinada colina que llevaba a un callejón.

Entonces solo quedaron Calder y el muchacho. Se habían acomodado a una carrera rápida y rítmica, porque no quedaba más remedio cuando una persecución duraba tanto. Los brazos de Calder, doblados por los codos, bombeaban al costado. La pistolera le apretaba en el pecho y el costado pero seguía agitándose mientras corría. Estaba en una forma excelente y estaba empezando a ganar terreno: treinta metros, veinticinco, veinte. Sabía más o menos por dónde saldría Rice: por la derecha, un poco más adelante. Podía visualizar la captura con toda claridad en su mente, el agarrón, el giro, el bloqueo, el crujido del cuerpo del chaval al golpear el suelo. El demonio que tenía dentro se estaba lamiendo las costillas. Lo estaba deseando con todas sus fuerzas.

Entonces, a veinte metros todavía del muchacho, Calder desfalleció.

El suelo empezó a moverse delante de él. El sudor surgió sobre su labio superior, le zumbaban los oídos y tenía la piel pegajosa. Se atrevió a bajar los ojos hacia la pierna y vio que estaba dejando grandes charcos ensangrentados con cada paso. La visión de aquellas manchas rojas sobre el asfalto y el saber cuánta distancia había recorrido chorreando así tuvieron un impacto psicológico inmediato. Fue consciente entonces del dolor y de una debilidad temblorosa que quería bañarle a toda costa.

Intentó luchar contra eso. Se cabreó consigo mismo e intentó correr más rápido. Pero aun así, la figura que tenía delante estaba retrocediendo, veinticinco metros, veintiocho, treinta.

En un último y desesperado esfuerzo, sacó el arma de la pistolera, se detuvo y se lo colocó en el brazo, preparado para disparar, para derribar a su presa. Pero aquel mierdecilla con suerte estaba parcialmente protegido por un árbol. Calder dudó por un instante y el muchacho se escabulló detrás de una casa y desapareció de su vista.

Por fin apareció Rice, tras una casa al otro lado de la calle, bajando unos escalones; se movía rápido y aún no mostraba señales de cansancio. Calder, mientras se sujetaba la pierna, le gritó unas cuantas indicaciones y le señaló el lugar por el que había desaparecido Andros. Rice fue tras él.

Pero Calder sabía que se había acabado. El chaval se había ido y era culpa suya. Primero por tragarse ese truco barato del desmayo como si fuera un novato y segundo por subestimar la velocidad del muchacho y su propia herida. Había querido creer que con solo verlo el chaval ya se había desmayado. ¿No lo había hecho sentirse fenomenal? El gran hombre, el bastardo letal. Había sido pura vanidad.

Pero Calder no iba a cometer el mismo error dos veces. Encontraría al chaval, se prometió, era el único modo de aplacar al demonio que tenía dentro. Encontraría a aquel pequeño hijo de puta y a Talcott. Y la próxima vez los vería muertos antes de dejarlos escapar otra vez.

13.2. JILL TALCOTT

Se oyeron pasos en la escalera. Jill corrió a la puerta de apartamento y la abrió. Era Nate. La inundó una oleada de alivio.

—Dios, ¿por qué has tardado tanto? ¡Creí que había pasado algo!

El joven le dedicó una seca mirada.

—Vaya. ¿Qué podría haber pasado?

Pasó a su lado sin más miramientos y con los brazos llenos. Tenía una mochila que contenía su equipaje y una bolsa de basura con el de ella. La científica y el rabino Handalman, con una cantidad de altercados sorprendentemente escasa, habían esbozado cada detalle de su plan mientras Nate estaba fuera y empezaron a ponerlo en práctica de inmediato, empezando por meter la ropa de Jill en una maleta que el rabino había vaciado con ese propósito.

Jill hablaba a una velocidad de un kilómetro por minuto.

—¡Estaba a punto de sufrir un ataque de pánico! Solo tenemos media hora para llegar al lago Union. He alquilado un hidroavión. Nos llevará hasta Vancouver y podemos coger un vuelo desde allí. Supusimos que el Sea-Tac podría ser peligroso. Quizá esté paranoica pero más vale prevenir que curar.

—Nada de paranoica —gruñó el rabino Handalman—. El Mossad vino al hospital, ¿no iban a estar en el aeropuerto?

Jill levantó la vista para ver la reacción de Nate, pero este se había quedado allí mirándola como si la estuviera valorando. Tenía las manos en los bolsillos con aire casual, como si tuvieran todo el tiempo del mundo.

—Tienes mi pasaporte, ¿no? —le preguntó ella con el ceño fruncido.

Sacó una mano de un bolsillo, le enseñó un momento el pasaporte y lo volvió a guardar.

—¿Y el tuyo?

—*Sip*.

Satisfecha, la mente de Jill siguió funcionando a toda velocidad.

—Aunque salgamos de Canadá, es probable que terminen rastreándonos.

—Por supuesto —intervino el rabino—. Eso es lo que hacen.

—Si se molestan en intentarlo. Tendremos que viajar con nuestros propios nombres. Llevaría demasiado tiempo conseguir identificaciones falsas. El truco será llegar al aeropuerto de Cracovia antes que ellos. Siempre que podamos salir del aeropuerto de allí, todo irá bien. Nadie sabe a dónde nos dirigimos.

Handalman se encogió de hombros.

—Se lo imaginarán. La cuestión es ¿cuánto tiempo les llevará? El suficiente, eso es todo lo que podemos esperar.

Las maletas estaban hechas. Jill consultó su reloj y agarró la ropa que había dejado aparte para ponérsela. Se había duchado mientras Nate estaba fuera y se sentía mejor que hacía días, pero todavía llevaba la bata del hospital. Empezó a andar hacia el baño para cambiarse pero el peculiar silencio de Nate terminó afectándola. Hizo una pausa.

—¿Qué ha pasado?

—¿Qué? ¿Ha tenido algún problema? —la secundó el rabino Handalman.

Por un momento dio la impresión de que Nate iba a decir algo. Pero seguía estudiándola con aquella mirada cauta tan peculiar. Carraspeó.

—Nada. Dijiste que teníamos prisa, Jill. Así que vamos.

POLONIA

Oswięçin (Auschwitz) no tenía un aspecto muy diferente de las otras ciudades polacas que habían atravesado al salir de Cracovia. Era encantadora y moderna, bien cuidada. La calle principal que atravesaba la ciudad estaba alineada con negocios que tenían un cierto sabor internacional. Una discreta señal indicaba el camino que llevaba al museo Auschwitz-Birkenau.

—Así que es un monumento nacional. —Conducía el rabino Handalman. Bufó con amargura—. Sin duda vienen niños polacos de todo el país para ver la atrocidad que cometieron los alemanes durante la invasión.

Jill le echó un vistazo por el espejo retrovisor a Nate. Estaba mirando el paisaje, callado y reservado. Había apoyado la cabeza en el asiento, los ojos pensativos. Había estado así desde Seattle.

—Esto debe de ser muy duro para usted, rabino. Venir aquí. —Los ojos de Nate se encontraron con los de ella, por un momento, en el espejo retrovisor cuando los del joven se desviaron para mirar al rabino Handalman.

Handalman se encogió de hombros.

—No es un paseo por el campo para nadie. —Estuvo a punto de decir algo más luego se limitó a sacudir la cabeza con los labios apretados.

Los ojos de Nate volvieron a encontrarse con los de ella y aguantaron la mirada. La científica retorcía las manos en el regazo con nerviosismo mientras intentaba interpretar su expresión.

En el avión, Nate les había contado lo que había pasado realmente en su casa, un pequeño detalle que se había saltado antes, como que había apuñalado al teniente Farris. Solo con pensar que Nate, su Nate, y ese hombre que había conocido en la habitación del hospital (el hombre de los ojos sin alma) habían luchado, ya era suficiente para hacerla sufrir varios ataques de paroxismo de pura angustia en varios niveles. ¡Podrían haberle disparado a Nate! Y Farris, Dios, qué desastre. Era su reclutador, por el amor del cielo. ¿Cómo iba a poder explicarlo jamás?

Debería haber vuelto al hospital, ahora se daba cuenta. Debería haberle contado a Farris lo del manuscrito de Kobinski y haber dejado que el DD lo rastreara. Pero había visto las páginas y solo... bueno, no había tomado la mejor de las decisiones.

Kobinski tenía su ecuación. No estaba en las páginas que Handalman le había enseñado, no en su forma exacta, pero estaba claro que el principio se había utilizado en otras ecuaciones que estaban allí, ecuaciones que ni siquiera Jill comprendía del todo. Nadie entendía lo que eso significaba. Nate, desde luego no lo entendía. Saber que su ecuación no solo no era original sino que ¡se había formulado en la década de los años cuarenta! ¿Cómo podría haberse dirigido a Farris y haber admitido que otra persona había llegado allí mucho antes que ella y que todo lo que él quería estaba en el trabajo de otra persona?

No. De ninguna manera. Todavía no estaba preparada para admitir la derrota, no mientras hubiera alguna oportunidad de hacerse con el manuscrito. No era que tuviera la intención de enterrar la obra de Kobinski. Eso sería inconcebible. No, pero podría adaptarla. Aharon les había traducido varias páginas en el avión y, por muy buenas que fueran las matemáticas de aquel hombre, algunas de sus ideas, (por ejemplo, eso del agujero negro microscópico) eran con toda claridad chifladuras. Cosa que estaba bien. Eso significaba que aún podía ser ella la que colocara la ecuación en un marco de trabajo racional, digno del siglo XXI. Después de todo, era ella la que había redescubierto la ecuación después de estar perdida durante décadas, y la había confirmado, en realidad, utilizando a Quey. Esto no tenía que ser una catástrofe absoluta.

Ojalá pudiera quedarse a solas con Nate para explicárselo. Ahora necesitaba su apoyo, más que nunca, cuando todo por lo que habían trabajado pendía de un hilo.

Anatoli Nikiel vivía fuera de la ciudad, cerca de una carretera rural. Era un lugar diminuto rodeado de tierra vacía y bosques. La luz de porche estaba encendida. Aparcaron en el largo camino de entrada de tierra y salieron del coche, temblando de frío. Se abrió la puerta principal cuando se acercaron.

Anatoli era imposiblemente viejo y frágil. Llevaba un jersey que, gracias a su edad y delgadez, parecía unos vestigios raídos sobre un esqueleto. Les dio la bienvenida al interior y les cogió los abrigos, aunque apenas parecía lo bastante fuerte para esa tarea. Desapareció para llevar las prendas a una habitación trasera.

Jill miró a Nate. Estaba tan nerviosa que el estómago le daba vueltas. Quería deslizar su mano en la de él pero no lo hizo porque eso sería increíblemente infantil, por no mencionar inoportuno, después de la forma en que él había estado actuando últimamente. Entonces se volvió hacia ella. Había una nueva emoción en sus ojos ahora que por fin estaban aquí y tenía una sonrisa tranquilizadora en los labios. Por primera vez en mucho tiempo, la doctora sintió que estaban juntos en esto.

—Por favor, por aquí —dijo Anatoli.

Señaló con una mano un arco bajo y estrecho. Parecía sacado de la vivienda de un gnomo. Se inclinaron para pasar y al otro lado había un estudio diminuto y un hombre de pie en el medio de la habitación. El extraño era rubio, estaba moreno, parecía un tanto pijo y alguien le había dado una paliza tremenda. Tenía la nariz hinchada y había profundos moratones violáceos en su rostro.

—Hola. Soy Denton Wyle —Sonrió. La sonrisa parecía un poco extraña en alguien al que habían utilizado como saco de entrenamiento.

Se presentaron todos. Había algo demasiado suave en Wyle que a Jill le cayó mal de inmediato. Era bastante amable pero no confiaba en él. De todas formas no estaba en su casa y no podía pedirle que se fuera. Cogieron unas sillas que Anatoli arrastró para ponerlas en su sitio, incluida una de madera bastante inestable que trajo de otra habitación.

En cuanto se sentaron, Jill empezó.

—El rabino Handalman dice que usted tiene copias del manuscrito de Yosef Kobinski. Me gustaría verlo.

Anatoli le hizo un gesto a Wyle.

—Una. Solo hay una copia. Ahí está. Mire todo lo que quiera.

Wyle dudó. Tenía un manuscrito encuadernado en papel de medio centímetro de espesor en el regazo, y no parecía muy dispuesto a renunciar a él. Después de un momento, lo levantó. Jill se encontró con sus ojos al cogerlo.

—*El libro del tormento* —dijo él con una expresión de asombro que la incomodó.

¿Qué era esto? ¿Había un culto alrededor de esta cosa o qué? Wyle no parecía un hombre que estuviera muy al tanto de la física. Como si le leyera el pensamiento, dijo:

—Soy reportero. Estaba rastreando el manuscrito de Kobinski cuando conocí a Anatoli.

—¿Está trabajando en un artículo sobre el Holocausto?

—No, sobre desapariciones.

—No lo entiendo.

Wyle y Anatoli se miraron pero no respondió ninguno. A Jill, en realidad, le daba igual. El manuscrito estaba en sus manos y eso era lo importante. Le daba igual lo que perseguían el resto de aquellos chiflados. Tenía sus propios problemas.

Pasó las páginas con las anotaciones que ya había visto en Seattle, pasó páginas de texto en hebreo. Se encontró con dos hojas de ecuaciones matemáticas escritas con mano firme y apretada y se quedó sin aliento. Quedó absorta por lo que veía. Al poco rato fue consciente de que la gente a su alrededor empezaba a hablar. No siguió la conversación. Cogió un bloc y un bolígrafo de una bolsa que había comprado en el aeropuerto y se sumergió en las matemáticas. Nate acercó la silla a ella y la contempló mientras trabajaba.

Estaba perpleja. Y más perpleja se quedaba al ir trabajando. Allí estaba su ecuación completa, justo allí y allí estaba otra vez, incrustada en secuencias más largas que no reconocía. Había cosenos y funciones que recordaba vagamente de... ¿astronomía? Creyó vislumbrar algo sobre la relatividad y las construcciones del tiempo teórico.

Después de un rato dejó de intentar descifrarlo y sencillamente se permitió absorberlo de la misma forma que otra persona podría absorber una pintura o una partitura. Por fin puso el manuscrito con cuidado en el suelo al lado de su silla, junto con el papel y el bolígrafo. Le temblaban tanto las manos que ya no podía sostenerlos. Tenía la garganta constreñida por la emoción.

Siempre había sabido que no era ningún genio, ninguna niña prodigio. Pero lo que acababa de presenciar era un cerebro tan superior al suyo que le provocaba un dolor punzante y extremo, como la herida de un martirio.

Las voces de los otros le zumbaban en los oídos. Nate le puso la mano en la parte posterior del brazo, rodeándolo. El contacto la devolvió a la tierra. Con cierto esfuerzo se compuso. Todo iba a ir bien. Quizá no jugara en la misma liga que Kobinski, pero había conseguido la ecuación y había descubierto la uno-menos-uno, todo ella sola, maldita sea. Lucharía contra todos los demonios del Infierno antes de renunciar a sus derechos sobre esto. Por fortuna, esta gente no tenía ni idea de lo que había encontrado. Se incorporó en la silla y se apartó de Nate.

Wyle estaba hablando con Anatoli. El rabino tenía el manuscrito en el regazo y lo estudiaba, con el ceño fruncido y acariciándose la barba.

—Bueno —dijo Handalman al tiempo que cerraba las páginas con todo cuidado—. ¿Qué discutimos aquí? ¿Deberíamos hablar, quizá, del arma?

13.3. Denton Wyle

—Creo que se impone hacer antes un poco de historia —dijo Anatoli con su voz frágil y temblorosa—. Me capturaron cerca de la frontera rusa. Tenía diecinueve años. Lo gracioso es que nací judío pero mi familia no era religiosa. Incluso me cambié de nombre, pero me cogieron de todas formas, por marxista.

»Llegué allí unos meses después que Kobinski, a finales de 1942. Hacía tanto frío, no pueden ni imaginárselo...

Denton ya había oído la historia de Anatoli y esta se desvaneció entre el ruido de fondo cuando su mente se extravió. Había llegado aquella misma mañana y estaba en estado de fuga: cansado, atontado por los calmantes, apenas capaz de moverse y emocionado como un crío. Anatoli tenía el manuscrito completo del *Libro del tormento*. Tenía las secciones de Schwartz que, al parecer, Schwartz había estado encantado de mandarle cuando Anatoli le escribió para pedírselas. (Eso le escocía un poco, aunque claro que Schwartz estaría dispuesto a besarle el culo a Anatoli. A lo grande). Y tenía el manuscrito Kroll y la sección de Yad Vashem y muchas otras páginas que nadie había visto. Por desgracia, no estaba traducido del hebreo, así que Denton no podía limitarse a empollarlo, pero había conseguido que el anciano le tradujera parte verbalmente.

Mejor aún, Anatoli le había contado lo que había ocurrido la noche que Kobinski y su grupo habían intentado la huída. Era todo lo que había esperado y mucho más, y de boca de un testigo vivo además. ¡Tenía su historia!

Claro que no podía publicarla. No quería publicarla. Anatoli no quería que la publicara y si Denton la publicaba recibiría otra visita del señor Edwards. Pero... no iba a pensar en eso. La vida era larga. Tenía dinero. Pensaría en algo. La verdadera mosca de aquella sopa era que a Anatoli, su único testigo, le faltaba algo más que una carta de la baraja. Coño, la baraja había desaparecido y el viejo se había quedado sujetando el comodín.

Lo que Denton no había averiguado todavía era de qué forma estaban implicados los otros. Estaba el rabino, y Denton no podía evitarlo pero le cayó mal de inmediato aquel congénere de Schwartz. Y los otros dos... Nate parecía guay. El tipo de tío con el que Denton normalmente se llevaba bien, pero intentaba proteger a la mujer. Era obvio que aquella tía le iba mucho. Y por su parte (Denton la miró de arriba abajo, ya que no había nadie mirando), la chica no estaba mal. Tenía ese estilo de bibliotecaria tan atractivo, le iría bien pasarse un día en el salón de belleza pero tenía una figura mona y unas pecas muy sexy. Claro que era arrogante como pocas pero eso era lo habitual en las intelectuales. La reina de hielo. Nate estaba loco si pensaba que iba a sacar algo de ella.

—Kobinski me abrió los ojos —decía Anatoli—. Yo había sido un admirador ferviente de Marx. Ahora me convertí en admirador ferviente de Yosef Kobinski. Le obligué a enseñarme; no le dejaba en paz. —Los ojos de Anatoli se nublaban por los recuerdos y estaban un tanto desquiciados—. Yo sabía algo de ciencias, ¿saben? Era una de mis favoritas en la escuela. Pero lo que él sabía... Podría haber movido el Cielo y la Tierra.

—¿Cuáles eran sus ideas... puede hacernos un resumen? —preguntó la Dra. Talcott.

Anatoli suspiró.

—Un resumen... Primero, lo fundaba todo en el Árbol cabalístico de la vida, en los *sephirot*. Kobinski creía que la senda espiritual más alta se conseguía al equilibrar tus *sephirot*, al llegar a un perfecto alineamiento del centro del árbol. Es como un palo, decía, que está retorcido. No puede pasar por un agujero estrecho. En el caso del alma, hay también una estrecha abertura, en el ombligo, y el alma debe de ser perfectamente lisa y suave (sin dobleces ni bultos) para pasar.

—¿Para pasar a qué? —preguntó Denton, cuyo interés empezaba a despertarse.

—Para escapar de las cinco dimensiones inferiores, las dimensiones del bien y del mal.

—¿Quiere decir para escapar del ciclo de la reencarnación? ¿Como lograr el nirvana? —Denton había escrito una vez un artículo sobre vidas pasadas para *Mundos Misteriosos*.

Anatoli se encogió de hombros de forma enigmática.

—En la cábala se llama *tikkun*, la reclamación de los destellos.

—¿Podemos volver a la física de todo esto? —preguntó la Dra. Talcott con impaciencia. *Binah*, definitivamente.

—Todo es física. —A Anatoli le temblaba la voz.

—Quizá lo que hemos descubierto ayude. —Sugirió Nate.

Le hizo al grupo un relato de sus experimentos. Denton no podía seguirlo todo, a pesar de que era obvio que Nate estaba simplificando mucho. Pero comprendió lo suficiente. La parte de física que había en la obra de Kobinski se concentró ante él con la fuerza de una explosión. No era magia cabalística en absoluto... Madre, ¿cómo pudo haber sido tan estúpido? Eran matemáticas.

—Sí. —Asintió Anatoli animado—. Esa es la ley del bien y del mal. La ley del bien y del mal establece que hay una fuerza que influye en todo. Modera tanto lo bueno como lo malo. Y es en la quinta dimensión donde estas energías interaccionan. La quinta dimensión es enorme; se extiende por todo el multiverso.

—¿Y qué pasa con la posible existencia de un arma? —le preguntó el rabino a Anatoli—. ¿Discutió Kobinski eso con usted?

Anatoli abrió la boca para hablar y luego se quedó sentado varios minutos, mirando al espacio. Denton vio que los dos científicos se miraban. La Dra. Talcott se levantó pero Denton había visto a Anatoli hacer eso antes y le hizo un gesto para que volviera a sentarse.

Anatoli empezó a hablar de repente, como la aguja de un tocadiscos que tras saltar encuentra el surco.

—Sí que se dio cuenta del peligro, pero solo al final. Al principio quiso asegurarse de que su trabajo se salvaría. Pasamos meses, él escribiendo y nosotros enterrándolo para el futuro. Pero después de que Isaac... el rabí estaba tan destrozado que ya no confiaba en la humanidad. La noche que se fue me hizo prometer que desenterraría el manuscrito y lo destruiría. Durante muchos años no pude soportar la idea de volver aquí. Pero llegué hace veinte años y llevo aquí desde entonces. Muchas, muchas noches entré sin que nadie me viera en los terrenos del campo de concentración, intentando recordar dónde pusimos las páginas. La mayor parte de las noches excavaba y no encontraba nada. Pero poco a poco, como ven, se ha recuperado todo.

—Está todo ahí —comentó Denton mientras miraba celoso las páginas que tenía Aharon en el regazo. Tenía que ser el rabino del grupo el que terminara poniéndole las sucias manos encima.

Anatoli asintió con un estremecimiento en los labios.

—Lo que quedaba estaba en manos de una familia nazi. Denton lo compró por mí.

No era así como había pasado precisamente, pero Denton prefirió no darle más importancia.

—¿Pero cómo llegó Kobinski a su ecuación y a... la «ley del bien y del mal»? —preguntó la Dra. Talcott—. No tenía acceso a la tecnología necesaria ni siquiera para empezar a...

—Meditación —la interrumpió Anatoli—. Decía que la meditación proporciona la perspectiva y la física te permite encontrarle sentido.

La Dra. Talcott miraba a Anatoli como si acabaran de salirle cuernos.

—Ha dicho que la quinta dimensión se extiende por el *multiverso*. ¿Tenía pruebas Kobinski de que el nuestro no era el único universo? ¿Pruebas matemáticas?

Denton creía saberlo.

—Kobinski menciona una visión en el manuscrito. Vio todo un continuo de universos, que él llamaba la escalera de Jacob, y nuestro universo estaba en el medio.

—Se han dado teorías según las cuales existen otros universos —dijo Nate, inclinándose hacia delante con ansia.

—Pura especulación —dijo la Dra. Talcott con un chasquido desaprobatorio.

Anatoli levantó la voz, disgustado.

—Existen otros universos y tienen equilibrios diferentes del bien y del mal. El rabí dijo que de ahí habían sacado la idea de «cielos» e «infiernos» las religiones. Los místicos tienen visiones de estos otros universos, o quizá recordamos haber vivido allí, en lo más profundo de nuestra alma.

La Dra. Talcott abrió la boca para protestar, pero Nate alzó la voz con el rostro iluminado.

—¡Guay! Piensa en ello, Jill. La uno-menos-uno que descubrimos encaja de forma perfecta, cresta y seno. ¿Pero por qué no podría haber universos que tienen diferentes ondas uno-menos-uno, diferentes equilibrios entre las crestas y los senos, entre los impulsos creativo y destructivo?

La Dra. Talcott lo pensó, de hecho. Luego habló poco a poco, con tono pensativo.

—Incluso si existen otros universos, cualquier otro equilibrio de la uno-menos-uno podría ser físicamente imposible. O quizá existiese un universo así, pero es posible que nunca haya experimentado un big bang. O puede que se haya expandido pero que no tenga estrellas ni planetas. —Levantó una ceja con interés—. El equilibrio central, mitad y mitad, podría ser necesario para crear cualquier universo significativo.

—No —dijo Anatoli con toda sencillez—. Existen universos con otros equilibrios del bien y del mal. Y tienen estrellas y planetas y vida inteligente. Kobinski lo especificó todo en su libro.

La Dra. Talcott le echó un vistazo al manuscrito. Parecía, Denton podría jurarlo, intimidada. Aquella mirada le decía todo lo que necesitaba saber sobre la legitimidad de la física de Kobinski. Pero el rabino seguía acaparando el manuscrito en su regazo como un maldito pequinés.

—Todo esto es fascinante —dijo el rabino Handalman—. Una mina inagotable de sabiduría, sin duda. Pero por un momento, si no es demasiado inconveniente, ¿podemos volver a este universo? ¿Esbozó el reverendo Kobinski las implicaciones de un arma que utilizara esta tecnología? Porque el Mossad tiene parte del manuscrito.

Nate asintió, parecía preocupado.

—Creo que puedo responder a eso. Al menos tengo una idea de lo que se podría hacer con nuestro trabajo...

—¡Nate! —Le advirtió Jill.

Nate puso una mano en la de la mujer, en el pliegue de su regazo, lo cual, notó Denton con una sonrisa irónica, la hizo callar sin mayor problema, ya que la dejó rígida por completo.

—Básicamente, puedes utilizar un impulso de onda para incrementar el poder destructivo de la uno-menos-uno. Si lo hicieras con la energía suficiente en un país enemigo, provocarías todo tipo de calamidades. Y lo mejor es que ellos ni siquiera sabrían que lo estabas haciendo tú. Si no supieran nada sobre la tecnología existente, seguramente solo daría la sensación de que estaban teniendo una serie de problemas y desastres naturales independientes unos de otros.

—¿Podría ser tan peligroso como las armas atómicas? —Insistió el rabino con una mirada penetrante.

—No tengo ni idea de lo que podría hacer la tecnología a niveles muy altos —admitió Nate—. Pero estamos hablando de duplicar, triplicar o cuadruplicar la tendencia destructiva de toda la materia.

La boca del rabino adoptó una mueca tensa. Los ojos de Anatoli se habían perdido en la tierra de los turulatos. Al propio Denton le intrigaba el concepto. Tenía un gran potencial para provocar el miedo, en términos periodísticos. Pero, personalmente, a él no le asustaba demasiado. ¿Quién iba a hacer un arma así? ¿No sería acaso de lo más estúpido?

—No sabemos si podría hacer nada de eso —protestó Jill al tiempo que se desprendía de la mano de Nate de un tirón con los ojos ardiendo—. Solo acabamos de empezar a examinar el potencial de la onda.

Nadie le hizo caso.

—Por desgracia, podría ser ya demasiado tarde —dijo Nate—. El Departamento de Defensa sabe lo de la tecnología, aunque no estamos seguros de que tengan la ecuación. Y como acaba de mencionar el rabino Handalman, el Mossad también tiene unas cuantas páginas del manuscrito. Todo lo que necesitan son los principios básicos y podrían construir máquinas para manipular la uno-menos-uno con bastante facilidad.

—Hmm... ¿no compartirían los EE.UU. y el Mossad la información? —dijo Denton mientras se frotaba un cardenal del rostro—. Son aliados, ¿no?

Aharon bufó.

—¡Ja! Los americanos quieren seguir siendo los matones del barrio. ¿Cómo van a hacerlo si sus aliados saben todos sus secretos? No, los americanos, si encuentran esto, no se apresurarán a compartirlo, y el Mossad, si conozco al Mossad, hará lo que tenga que hacer para conseguir un trozo del pastel. Sobre todo porque Kobinski era un judío polaco. Si esta tecnología le pertenece a alguien, le pertenece a Israel.

—Oiga, un momento —dijo la Dra. Talcott, mientras su rostro empezaba a adquirir una expresión muy dura—. Vamos a darle un respiro a toda esta paranoia, ¿quieren? Solo porque...

Desde fuera llegó el inconfundible sonido de unos coches entrando en el camino de tierra. Iban rápido, les chirriaban los frenos y volaba la grava. Antes de que los demás pudieran moverse, Anatoli ya se había levantado.

—¡Por aquí! —siseó—. ¡Deprisa! *¡Schnell! ¡Schnell!*

Su pánico era infeccioso. Tiró, empujó y, antes de que Denton pudiera siquiera plantearse el peligro, habían salido por la puerta de atrás. Un tramo de escalones los llevó a un patio desnudo y el patio se abría a un bosque. Anatoli cogió una escoba del costado de la casa, le pegó un porrazo a la luz del porche y la apagó entre el crujido de cristales.

—*¡Kommen sie!*

Salió disparado. Los demás, confundidos, miraron a su alrededor y luego se miraron entre sí.

—Nate, esto es una locura —dijo la Dra. Talcott. Sus ojos se dirigieron a la parte frontal de la casa.

Nate le agarró la mano.

—No sabemos quién es. Podrían ser los tipos que intentaron secuestrarte ¡y no tenemos tiempo de quedarnos aquí para averiguarlo!

Denton asintió con todas sus fuerzas pero se encontró con que estaba congelado. El rabino Handalman, con el rostro demacrado y pálido como una sábana, corría tras Anatoli sin una palabra. Se escuchó el sonido de las puertas de los coches cerrándose de un portazo y Denton tuvo una visión visceral de unos puños estrellándose contra él.

Eso lo hizo moverse. Saltó del porche con un impulso estremecido. Una vez que se puso en movimiento, recuperó una cierta semblanza de elegancia y se encontró corriendo como alma que llevaba el diablo, directamente hacia el bosque.

Oyó que Nate y la Dra. Talcott venían justo detrás de él.

13.4. Aharon Handalman

Hacía un frío glacial, completamente glacial. Ninguno tenía abrigo. El suelo crujía a causa de la escarcha y el hielo, pero había, gracias a Dios, una luna para iluminar el camino.

Aharon no se encontraba bien. El corazón le saltaba en el pecho de forma peligrosa, no tanto por el ejercicio de correr por los bosques, sino por el terror. Y seguía agarrando el manuscrito de Kobinski, que le quemaba como la proverbial patata caliente. ¿Qué podía hacer con él? No podía tirarlo; Anatoli había dejado muy claro que «ellos» no debían encontrarlo.

Pasó por una verja de cadenas. Se había cortado el alambre y además estaba ligeramente doblado. Aharon se hizo un poco hacia atrás sacudiendo la cabeza. Sabía lo que era, era el campo de concentración. Por eso Anatoli vivía aquí fuera, para poder estar cerca de los terrenos. Y por aquí, por aquí debía de ser por donde pasaba por las noches para excavar. De ninguna manera; no había nada en la tierra que pudiera obligar a Aharon a atravesar esa verja. ¡Por Dios!

Pero Anatoli no había atravesado la verja; seguía corriendo a lo largo del perímetro y ya había desaparecido. Aharon se impulsó con esfuerzo. Si había algo peor que unos hombres armados persiguiéndolo por los bosques oscuros de Auschwitz, ¡era que lo persiguieran a él solo! ¿Cómo había terminado un hombre devoto, callado y cariñoso como él en esa situación?

Echó a correr más deprisa. La respiración le sonaba ahogada. Anatoli se había detenido a esperar y Aharon lo alcanzó pronto. Wyle también. La mujer y Nate llegaron los últimos a la carrera.

—¿De qué sirve todo esto? —le preguntó la Dra. Talcott a nadie en concreto. Le costaba respirar.

—Sigámonos moviéndonos, por el amor de Dios —les pidió Aharon con los dientes apretados.

Anatoli no dijo nada, solo se alejó con el sigilo de una sombra. Los demás lo siguieron.

Calder Farris estaba lívido. Talcott y su juguetito lo habían obligado a perseguirlos hasta Polonia. ¿Qué coño estaba haciendo esa mujer aquí? Si pensaba que podía escapar de él solo con dejar el país, no tenía ni idea de con quién estaba tratando. Hasta Rickman había estado de acuerdo en que la siguieran, de forma discreta, claro está, es decir, él y otros tres tipos con identificaciones falsas. Los Estados Unidos no estaban aquí «de forma oficial». Pero él había insistido en que era un XL3 así que... aquí estaban.

Pero los superiores de Calder no estaban muy contentos. Se estaban quedando sin paciencia. ¡Y Calder tampoco estaba contento de estar atravesando a la carrera los putos bosques de Auschwitz!

Sintió una oleada de odio y eso lo mantuvo caliente e hizo que sus piernas siguieran corriendo a toda velocidad a pesar del grueso vendaje del muslo y del tirón incómodo de los puntos. A su alrededor, sus agentes se quedaban atrás, incapaces de igualar sus músculos ni su ira.

Jill vio a los otros por delante. Nate tiraba de ella, implacable y ella no discutía. Le faltaba el aliento. No podía correr así, estaba demasiado desentrenada y había estado demasiado enferma hacía muy poco tiempo. Nate se aferraba a ella sin pensarlo, como un hombre que se aferra a una maleta mientras corre a coger el tren y ella empezaba a hartarse ya. ¿Iba a dejarla pensar por sí misma o qué? ¿Y si la gente que los perseguía no era del Mossad? ¿Y si eran del DD? ¿Podía correr ese riesgo?

No. La verdad es que no. Hasta ese momento no había pensado mucho en su supuesta abducción de Seattle. Pero de repente la idea de que los hombres que los estaban persiguiendo podrían no ser americanos resultaba bastante aterradora. Por lo que sabía, hombres como esos muy bien podrían torturarla y matarla para conseguir la información. Ese tipo de cosas pasaban todo el tiempo en algunas partes del mundo.

Un poco más adelante había un pequeño claro en el que parpadeaban unas luces entre los árboles. Y allí, bajo el fulgor de la luna, vio a Anatoli, Wyle y Handalman esperando. Intentó soltarse de la mano de Nate, pero este la agarró más fuerte.

—¿Qué es esto? —preguntó ella resoplando entre aliento y aliento—. ¿Por qué nos hemos parado?

Aharon también quería saberlo. Se moría por seguir corriendo, aterrorizado de que lo cogieran. Quizá fuera el miedo, pero el tiempo había adoptado una extraña cualidad. La noche parecía un sueño. Como le había pasado en Jerusalén, al caminar por sus calles, Aharon era más que capaz de meterse aquí en los zapatos de sus ancestros. Solo que estos zapatos no eran tan viejos y olían a hornos. Al mirar a Anatoli, Aharon casi podía ver el rostro del anciano metamorfoseado en un rostro más joven, todavía demacrado, con la cabeza rapada, las rayas de los prisioneros, los ojos muy abiertos. Pudo sentir la presencia de Kobinski.

El propio Anatoli daba la impresión de haber vuelto atrás en el tiempo. Permanecía allí tenso; tenía ojos de loco.

—Este es el punto, rabí. Trescientos pasos al norte, cincuenta al sur. Aquí es.

—¿De qué está hablando? —La Dra. Talcott se inclinó un poco para recuperar el aliento.

Aharon sintió una mano fría en el cuello al oír las palabras de Anatoli, como si el ángel de la muerte lo tocara. Se dio cuenta entonces de que los destellos de los árboles eran largas tiras de metal clavadas en la corteza.

Alguien había marcado aquel claro, Anatoli seguramente. Y si Aharon no se equivocaba mucho, sabía por qué lo había marcado.

Los pies de Aharon parecían clavados al suelo. Se había metido en la pesadilla de otra persona. Aquí estaban, en el mismo punto en el que Kobinski y su grupo se habían encontrado por última vez. Y persiguiéndolos por los bosques había hombres con armas, quizá con perros.

El tipo rubio, Wyle, miraba a su alrededor con los ojos muy abiertos y una gran sonrisa, con las manos estiradas como si estuviera en una feria.

—¡Oh, tío! —jadeó. Así que Wyle también lo sabía.

La Dra. Talcott agitó una mano para llamar la atención de Anatoli.

—¡Hola! ¿Qué es este sitio? ¿Por qué nos hemos parado?

—¡Shhh! —El anciano se llevó un dedo huesudo a los labios—. La oirán. ¡Ahora todos debemos rezar! Llenen sus corazones de plegarias, ¡y deben ser sinceros!

—¡Maldita sea, tenemos que movernos! —Talcott los miraba a todos como si quisiera preguntarles por qué no estaban haciendo algo—. Si vamos a correr, entonces hagámoslo bien al menos.

—¡Shhh! —Siseó Aharon. Había oído algo.

Todos se quedaron inmóviles. Se oyó el crujido de un arbusto, apenas audible. Había alguien justo detrás de ellos.

Anatoli se movió con una velocidad y una ferocidad impropias de sus años. Le arrancó el manuscrito a Aharon de la mano y lo sostuvo en alto con una mirada de maníaco.

—¿Es esto lo que quieres? ¿Es esto lo que queréis todos? —Gritó.

Como si fuera a cámara lenta, Aharon vio que el brazo del anciano subía y luego tiraba el objeto. Este giró en el aire, se doblaban las páginas y fue a parar directamente al corazón del grupúsculo de árboles, al corazón de aquellas tiras plateadas.

Lo único que Aharon pudo ver fue el papel blanco y brillante bajo la luz de la luna. Lo único que sentía era la necesidad de todo su cuerpo de proteger aquel saber sagrado (y peligroso) y mantenerlo a salvo. La preocupación y el miedo de los últimos meses cayeron sobre él en ese mismo momento. Sin pensarlo un segundo se encontró volando por el aire con la mano estirada para coger el manuscrito.

Jill echó a correr sabiendo que tenía que ponerle las manos encima a aquel fajo de papeles o morir intentándolo. Su movimiento fue tan repentino y feroz que se llevó a Nate, todavía aferrado a su mano, con ella.

Calder los tenía delante. Los veía apiñados, discutiendo, en un pequeño claro. Había desenfundado el arma pero se dio cuenta, al mirar a su alrededor, de que sus agentes no estaban con él. Se habían quedado atrás. Lanzó una maldición por lo bajo y estaba debatiendo si debía adelantarse solo cuando el viejo, prácticamente un cadáver tambaleante, le arrebató algo a uno de los otros y lo tiró al aire. Calder vio que la Dra. Talcott corría a buscarlo. ¡Se dirigía a los árboles! De ninguna de las maneras, joder, no iba a perderla otra vez.

Calder salió a toda velocidad de su escondite, con la pistola amartillada y apuntada en los brazos extendidos.

—¡Quietos! —gritó. Estaba preparado para disparar. Cojones, quería disparar.

Justo entonces se produjo un destello, como una explosión, solo que sin ruido, como un montón de bombillas, solo que más brillantes. Salvo que el color no era solo transparente sino algo que parecía despertar un eco en todas sus células, no un sonido sino algo que penetraba aún más que cualquier sonido que hubiera oído jamás. Calder guiñó los ojos, maldijo, intentó recuperar su visión del claro.

En medio de la aureola de un resplandor crepuscular (Calder no estaba seguro de si el resplandor estaba allí en realidad o si era un efecto secundario del destello en los ojos), vio que varias personas habían desaparecido, incluida la Dra. Talcott.

Calder pasó al lado del anciano dándole un empujón.

—¡Deténganse! ¡Deténganse! —gritó. Se asomó a los bosques que había más allá, se frotó los ojos pero siguió sin poder ver nada por culpa de aquel maldito destello, nada salvo un tétrico fulgor azulado.

Y entonces hubo otro destello. Este parecía proceder de su interior, como si la explosión se originara en el centro de su cerebro. La realidad se hizo pedazos.

Denton se quedó a un lado del claro. Con las manos se agarraba sus pobres costillas maltratadas, se había quedado con la boca abierta. *¡Bam! ¡Bam, bam, bam!* Uno por uno habían desaparecido los demás: el rabino, la Dra. Talcott, Nate y luego un policía lunático con una pistola.

Anatoli se hundió en el suelo, con los ojos clavados en el espacio vacío, la mente frita. Y el manuscrito había desaparecido. El manuscrito había desaparecido. En el bosque se oía el ruido de los hombres que se acercaban.

—Ah, mierda —dijo Denton.

Sintió una sensación de lo más extraña, como si lo eliminaran de la escena, como si observara su propio proceso de toma de decisiones. Tampoco es que fuera una decisión. No, no era nada tan deliberado como eso. Incluso mientras parte de él chillaba que estaba loco, chiflado, completamente desequilibrado, lo sacudió la emoción y una zalamera sensación de que allí estaba el destino, su sino, que lo impulsaba a ponerse en acción. Era como ese mareo, esa fuerza que sienten algunas personas en lugares elevados. Quería...

Quería saltar. Lanzó una risita nerviosa.

Dio un paso, le temblaban las rodillas, y luego otro, y otro, una alegría extraña burbujeaba en su interior. Y luego se dio cuenta de que estaba corriendo y la luz lo reclamaba.

Libro Dos

EN LA ESCALERA DE JACOB

14

Este mundo es como una antecámara antes del Mundo por Venir. Prepárate en la antecámara antes de entrar en el palacio... Este bien (el Mundo Futuro) no se entrega como recompensa, sino como resultado directo del vínculo de una persona con el bien. Una persona alcanza aquello a lo que se vincula.

—*Sefer Yetzirah*, antes del siglo VI, traducción de Aryeh Kaplan, 1990.

14.1. SESENTA-CUARENTA DENTON WYLE

No había tiempo para tener miedo. El tirón fue inexorable, mucho mayor que él mismo. Era un insecto encaramado a un mercancías. Ni siquiera se le ocurrió la idea de resistirse.

Debió de cerrar los ojos. El suelo, sólido bajo sus pies, fue una sorpresa para él; no se había dado cuenta de que había desaparecido hasta que volvió. La luz del sol brillante era roja contra sus párpados, cálida en sus mejillas. Sentía el cuerpo extrañamente ligero. Se tambaleó, desequilibrado, y extendió los brazos para sujetarse, luego abrió los ojos.

Medio se sentó, medio se cayó por la sorpresa. Estaba en una selva, el estallido de vegetación de un bosque tropical. El verde era tan vívido, brillante y obsceno que le hacía daño en los ojos.

Denton estaba en una pendiente. A casi un kilómetro de distancia había una catarata espumosa que desaparecía entre la vegetación asfixiante. ¡Y flores! Cristo... desde donde se sentaba podía ver cientos de variedades que pregonaban a voces sus colores apestando a perfume. Podía saborear el aliento en la boca, cálido, espeso y con la textura de un aroma. El mundo se empañó con un mareo. Volvió a hundirse en la alfombra de hierbas y helechos. El corazón le latía como un loco y se encontró mirando a un cielo de un profundo color turquesa. Sobre su cabeza, una fruta de color magenta y forma fálica colgaba de un árbol de hojas vellosas.

Tenía que ser un sueño. Tenía que serlo.

No era un sueño.

El vértigo era manejable, si se movía con lentitud. Se levantó.

—¡Hola! ¿Dra. Talcott? ¿Rabino Handalman? ¿Nate? —Sus gritos quedaron absorbidos por el bosque—. ¿Molly? —murmuró.

Pasó varios minutos trotando por la pendiente pero no vio nada, ni una señal de salida por ninguna parte, ni agujeros negros microscópicos, ni portales relucientes y ninguna prueba de que alguno de los otros hubiera aparecido alguna vez por allí. Solo estaban las flores, unos cuantos pájaros rarísimos y él. Ah, sí, y no había forma de volver.

A pesar del calor sintió un escalofrío y se frotó los brazos. De acuerdo. Así que quizá saltar por el portal no había sido lo más inteligente que había hecho en su vida. ¿Dónde estaba todo el mundo? ¿Por qué no estaban aquí?

¿Y si no estaban aquí? ¿En absoluto? ¿Y dónde carajo estaba *aquí*?

Se hundió de nuevo en la hierba, profunda, devastadoramente asustado.

El sol salió y se puso tres veces. Fueron tres de los días más largos de la vida de Denton. Temía, sí, temía de verdad, que su destino fuera quedar atrapado en este lugar, en este anuncio de un trópico hawaiano atiborrado de esteroides, y volverse total y absolutamente chiflado.

Aquella selva densa y brillante parecía estar deshabitada por completo, al menos en lo referente a cualquier cosa que pudiera contestarle. Había animalitos de sobra, pequeñas aves y mamíferos, algunos extrañísimos. Pero él no era botánico, o lo que fuera, y le daba igual la fauna siempre que no le pudiera hacer daño, y, por lo que sabía, sí que podía. La criatura más pequeña podía ser letal, así que lo evitó todo. Lo único que quería ver era otro ser humano y no lo veía. Ni tampoco veía ninguna indicación de que lo hubiera habido alguna vez. No había postes de teléfono, ni latas de refresco, ni caminos, ni carreteras. Para Denton, que se sentía más cómodo en el corazón de Los Ángeles, resultaba muy intranquilizador.

Y era asquerosamente difícil. Hasta que encontró la orilla del río, caminar a través de la selva sin cortar había sido como vadear arenas movedizas. Se había puesto pegajoso por el esfuerzo de luchar contra la vegetación, estaba sudoroso y cubierto de savia. Las parras se aferraban a sus piernas como súplicas de amantes. Y no dejaba de pensar, en su mejor imitación de conejito, que en cualquier momento podía acabar con él una serpiente venenosa o una araña o una planta comedora de hombres o un enorme desagüe. Toda esta vegetación mundial podía ocultar casi cualquier cosa. Cualquier cosa.

Una vez oyó algo extremadamente largo que se movía a lo lejos con un estruendo. Gracias a Dios que había sido a lo lejos. De inmediato había tomado la otra dirección tan rápido y en silencio como pudo, pero el corazón no había dejado de saltarle en el pecho durante sus buenas tres horas. Ojalá no hubiera visto *Parque Jurásico*.

Sabía, claro está, que en realidad estaba en otro mundo. No había atravesado el tiempo hasta llegar a una versión prehistórica de la Tierra. La vegetación e incluso el color del cielo eran demasiado extraños para ser de la Tierra. Y desde luego no lo habían teletransportado a un plano espiritual de otra dimensión. Era demasiado corpóreo y gomoso y hacía demasiado calor para eso.

Si tenía algún sentido de la aventura o algo de curiosidad sobre su viaje extraterrestre, no se estaba dando a conocer. Lo único que quería, (lo único que lo hacía seguir adelante) era la idea, una esperanza obstinada, de encontrarse con gente. Cualquier clase de gente. No podría haber justificado esa esperanza, y ni siquiera lo intentó; se limitó a hacer caso omiso de cualquier idea lógica que le dijera lo contrario. Lo cierto era que podía comer la fruta de una docena de árboles y el agua del río todavía no lo había puesto enfermo. Pero aun así, estaría muerto dentro de un par de meses y lo sabía. Denton Wyle no estaba hecho para vivir sin otras personas. Aquel lugar era asfixiante y absorbía su identidad y la ahogaba en su denso silencio, pronto dejaría de existir por completo.

Encontró la orilla de un río siguiendo el sonido del agua y allí se quedó. Le resultó más fácil seguir andando por aquellas playas relativamente limpias; eran de tierra, no arena, y estaban salpicadas de manojos de musgo. También se movió con más facilidad el segundo día y mucho mejor el tercero porque sus cortes y cardenales estaban mejorando con gran rapidez. Se sentía como si pudiera caminar durante horas y horas, lo que estaba muy bien, porque no tenía razón para parar. Evitó que su mente apretara el botón del pánico con melodías de espectáculos, cantadas *sotto voce* para evitar atraer a las bestezuelas.

Al tercer día el río se amplió y se hizo tumescente. Lo siguió; la senda se iba haciendo cada vez más traicionera, hasta que el agua se hizo blanca y cayó por un precipicio. Al mirar abajo desde la cima de la catarata, Denton vio un valle abajo. Y se echó a llorar.

La vista era asombrosa. Justo debajo, el río continuaba su amplio curso, dividiendo en dos como un melocotón un mundo de verde exuberancia. A lo lejos había unos fantasmas de color violeta que podrían ser montañas. En primer término había una ringlera de colinas más bajas, mesetas y valles que corrían perpendiculares al acantilado. Y el cielo era de un profundo color verdoso en las alturas y rosa en las costuras. La luz hacía que el mundo pareciera traslúcido.

Pero Denton ya llevaba tres días viendo un paisaje extraordinario y lo habría dado todo por un día en Disneylandia. Lo que le provocó las lágrimas fue el humo. Bajo el acantilado había una garganta con forma de herradura entre las colinas más bajas. Tenía una forma redonda casi perfecta, un valle rodeado por las altas paredes de la meseta de color salmón. En la parte posterior de la garganta había otra catarata, reluciendo como el cristal bajo la luz del sol. Y el tributario más pequeño, que fluía hasta encontrarse con el río que Denton había estado siguiendo, provenía del extremo abierto y estrecho de la herradura, de tal forma que el valle formaba una pequeña esfera protegida de jungla de la que salía el río como la cola de un animal.

Y había una docena o así de pequeñas estelas de humo saliendo del centro de aquel valle. Gente.

Para cuando Denton llegó a la herradura ya casi era de noche. Los atardeceres duraban aquí una eternidad y Denton se había abierto camino con la velocidad de un hombre desesperado entre aquella luz turquesa, rosa, naranja, roja y violeta, respectivamente. Por fin, mientras el mundo se desvanecía a su alrededor como una uva estropeada, se tropezó con la abertura.

No había forma de confundirla. Era tan notable de cerca como lo había sido de lejos. Las paredes de la meseta eran lo bastante escarpadas para que se escapara todo salvo las formas de vida más incesantes, algunos líquenes y unas cuantas enredaderas escuálidas. El color salmón se elevaba sobre el mar de verde. Las paredes tenían aquí la forma del final de una jarra, redondeadas y terminadas en punta. La abertura entera que llevaba a la garganta medía solo unos treinta metros de anchura y la mitad la ocupaba el río que salía fluyendo del valle como una serpiente que abandona su agujero.

Era muy bonito. Denton hizo una pausa para recuperar el aliento; apoyó una mano contra un árbol. Le encantaba la vista y le agradaba pensar que la gente había podido, de verdad, escoger un lugar así para vivir. De hecho, si en cualquier parte de este planeta había alguna criatura con un cerebro en la maldita cabeza, este sería el punto que escogería para hacer su nido. Y cuando miró a su alrededor, encontró más pruebas de ello. Aquí había un claro, una zona deliberadamente limpia de vegetación. Se habían cortado los árboles mucho tiempo antes, de tal modo que solo permanecían en pie media docena de grandes especimenes, más o menos, casi como tótems, en el medio del claro.

Era sin duda algo artificial. Denton se incorporó y dio un paso atrás para apreciarlo, con el corazón tan hinchado de alivio que le dolía. ¡Tenía tantas ganas de que esto funcionara...!

Pero luego, bajo aquella luz violeta que ya se desvanecía, vio algo extraño en los árboles. Parecían... llenos de cicatrices, con la corteza toda arrancada. Y aún mientras estaba pensando en eso, notó que en la mano, la mano que había apoyado en el árbol, tenía una sensación rara. Pegajosa. Incluso más pegajosa de lo habitual.

Se la acercó a la cara y bajo la luz marchita vio sangre.

Denton gritó. Fue una pequeña explosión, corta e intensa, que le salió de las tripas. No bien lo había hecho cuando cerró los labios de golpe. Anunciar su presencia era lo último que debía hacer. Todos los cazadores de cabezas, los repugnantes caníbales que había allí fuera, en el bosque, estaban ahora agudizando los oídos y dirigiéndose hacia él. Miró a izquierda y derecha a toda prisa, aterrorizado.

Demasiado tarde. Quizá fuera su imaginación, (no se quedó el tiempo suficiente para averiguarlo) pero habría jurado que oyó un movimiento tras él, en el camino por el que había venido. Denton entró corriendo en la garganta.

Corría dando tumbos, pues el miedo lo hacía torpe. Allí había un camino y él lo seguía con unos pies que no dejaban de tropezar entre sí por el terror. Pero después de un momento, con los oídos y los ojos en constante alerta, vigilando la luz cada vez más tenue, los sonidos de su propia respiración, se paró un momento y fue consciente de dónde estaba.

Estaba en un camino. Oh, definitivamente había gente. Esto no era un camino hecho por los animales que se dirigen al río a beber. De eso nada. Esto era casi una carretera que atravesaba la selva. Hizo una pausa, intentó oír si lo estaban siguiendo, corrió un poco más, hizo otra pausa.

El camino medía alrededor de uno veinte de anchura. Sobre su cabeza, el cielo de color uva se había ido apagando hasta adquirir un tono añil y estaban saliendo las estrellas, aunque no eran tan vigorosas y brillantes como lo serían más tarde. El camino parecía pintoresco bajo esta luz, acogedor incluso, como algo salido de un campamento de verano en el que había estado o visto por televisión. No oyó nada a su alrededor.

Quizá se estaba comportando como un idiota. Quizá la corteza arrancada de esos árboles era completamente natural, los árboles crecían así, como perros sin pelo o cualquiera de los trillones de especies raras que había visto en este planeta hasta ahora. O quizá la corteza la había hecho trizas una especie de mamífero hormiguero que hacía túneles en busca de insectos. Quizá la «sangre» de su mano (la miró otra vez bajo la luz del crepúsculo) no era más que savia. Quizá él fuera imbécil y estaba aterrado por nada. ¿Acaso había visto algún miembro descuartizado? ¿Cabezas cortadas colgadas de los árboles? No. Había visto corteza raída y una sustancia oscura y pegajosa. Coño, con esta luz, podría ser jarabe de arce.

Bajó la mano y vio a la chica.

Estaba en los árboles, sentada en una rama gruesa que le llegaba a él al pecho, contemplándolo. Tenía las piernas dobladas bajo el cuerpo, las manos delgadas se sujetaban a la rama con suavidad. Podría parecerse a un animal salvaje con aquella pose, si no tuviera un rostro tan sabio, si no fuera tan maravillosa.

Era maravillosa. Se quedó sin aliento. Se la quedó mirando. Parecía tan alarmada como él, ya que ella también se lo quedó mirando a él.

Era, sin lugar a dudas, la chica más hermosa que había visto jamás, tan exótica y exquisita como todo este lugar. Tenía el cabello largo, largo hasta las caderas y con la suave textura de la seda hilada. El color, bajo esta luz oscura, era de un blanco reluciente aunque su mente corrigió ese cálculo, sería de un rubio muy claro. Y lo más importante, era humana. Y no solo humana, sino una mujer. Y no solo una mujer sino un póster central de la edición de bañadores. Literalmente tembló de alegría. Porque hasta ese momento, a pesar de no permitirse pensar en ningún momento lo contrario, no había estado muy seguro de que llegaría a encontrar a alguien aquí.

Y sin embargo... mientras seguía mirándola, sus ojos empezaron a distinguir los cientos de pequeñas disparidades que su mente había encubierto al principio. Ahí y ahí y eso y... Cristo.

Era una hembra desde luego, al menos eso pensaba, y desde luego guapísima. Pero no era humana.

El torso era largo y tan estrecho que parecía un caramelo estirado. La parte central (con un ombligo como un hoyuelo) no era más ancha que su mano. Las caderas, cubiertas por una faldita, tenían forma de cuenco y eran anchas. Los pechos, si los tenía, estaban cubiertos por el cabello. Seguramente no era más alta que él pero incluso sobre la rama daba la impresión de tener una altura extraña. Era toda atenuación. Tenía unos miembros delgados, antinaturales. Las rodillas estaban profundamente dobladas; los dedos de los pies se aferraban a la rama. Los muslos eran tan largos como su brazo.

Y el rostro... era plano y de huesos angulosos. El caballete de la nariz apenas sobresalía de las mejillas, las aletas afiladas e inflamadas por la alarma. Tenía los ojos muy grandes y sesgados hacia arriba, la barbilla delicada y puntiaguda. Le recordaba a... ¿qué? Una modelo étnica y muy delgada, vagamente asiática salvo por el tono de la tez o... sí, a los dibujos de hadas que había visto.

—Guau. —Dejó escapar un suspiro tembloroso.

La cabeza de la muchacha se ladeó de golpe como si oyera algo; luego se desvaneció ante los ojos de Denton. Saltó con elegancia desde su rama a otra vecina y desapareció entre los árboles.

—¡Espera! ¡No te vayas! —le gritó.

Y fue entonces cuando se dio cuenta de que estaba rodeado.

La chica debió de hipnotizarlo más de lo que creía. Lo rodeaba una multitud y él ni siquiera los había oído llegar. Volvió el miedo, más por lo inesperado que por otra cosa. Emitió un breve grito y se quedó allí atrapado, con el corazón saltándole en el pecho y la boca seca.

Sus cardenales podrían haber desaparecido pero la angustia y el miedo tras la paliza no.

Había al menos treinta de aquellas criaturas a su alrededor, varones, mujeres, incluso niños. Estaban callados, todos le miraban con expresiones de lo que esperaba que fuera perplejidad más que ira homicida.

No parecían cazadores de cabezas. No parecían malos y desagradables. Aun así ellos eran treinta y él podía estar equivocado.

Eran de la misma especie que la chica, claro está. Y ahora que los veía en todo tipo de formas y tamaños, era obvio lo poco humanos que eran. Eran altos, unos treinta centímetros o así más altos que él, como media, y muy delgados. Incluso los varones crecidos tenían una cintura diminuta y el torso y los brazos estrechos de un adolescente. Los rostros eran todos planos, con narices que eran simples bultos con aletas. Los ojos eran demasiado grandes y almendrados. Los dedos de las manos y de los pies tenían un cierto aspecto arratonado. Tenían el cabello largo, salvaje y rubio, incluso los varones y la ropa era escasa y teñida con colores brillantes.

Y sin embargo eran personas muy atractivas. Quizá ninguna de las hembras de este grupo estuviera tan buena como la del árbol pero tampoco estaban tan mal. El grupo entero parecía joven, sano y limpio, buena cosa. Y llevaban ropa, lo que era un incentivo. No llevaban mucha ropa, cosa que era aún mejor. Tanto los varones como las hembras llevaban unas falditas de solapas y tiras de tela, una especie de brazaletes, alrededor de los brazos y las piernas. Ah, sí, ahora veía que tenían pechos. Las hembras tenían, si no se equivocaba, cuatro.

Uno de los varones rompió el silencio extendiendo una mano y pinchando a Denton en el pecho, como si quisiera ver lo sólido que era. Dolió.

—¡Oye! —El corazón de Denton se aceleró otra vez—. Es decir, um, hola. Encantado de conocerte.

Unos sesenta grandes ojos redondos parpadearon y lo miraron.

—Espero, tíos, que seáis amables. ¿Vengo en son de paz? ¿Significa eso algo para vosotros? ¿No? Ya sabía yo que no. Quizá tengáis un pueblo por aquí, ¿eh? —Denton esbozó una gran sonrisa. Nada.

Tenía miedo. No es que no lo tuviera. Pero, se tranquilizó, no parecían peligrosos. No llevaban armas ni nada parecido. Y probablemente podría llevarse por delante a un par de esos tíos a la vez si no quedaba más remedio, pues eran muy livianos. En cuanto a esa tontería ahí atrás con los árboles y la sangre, bueno, ya sabía él que eso era una estupidez.

Aun así, su instinto de conejo quería huir. Pero lo superó su miedo a quedarse solo. Cierto, estas cosas no eran humanas. Pero llevaban ropa y hacían hogueras. Hacían caminos y tenían hembras y, oye, si esto era lo único que tenía el planeta, estaba dispuesto a adaptarse.

—Toma —dijo mientras se quitaba el reloj. Había sido un regalo de su madre, es decir, era caro. Era de platino aunque en ese momento hubiera preferido que fuera más extravagante. De oro amarillo, quizá, con diamantes.

No se lo ofreció a nadie en particular.

—Un regalo. Cogedlo.

Miraron aquel objeto. Denton se quedó allí parado, ofreciéndolo, embargado por el miedo y una sensación de ridículo.

Entonces uno de los varones extendió la mano y lo cogió. Lo miró por todas partes, con cierta curiosidad; luego lo pasó. Se lo fueron pasando todos.

—Denton —dijo Denton mientras se señalaba a sí mismo. Sonrió aún más, aunque todavía le castañeteaban los dientes.

—*Allook saheed* —dijo uno de los hombres.

—¡*Allook saheed!* —Las palabras retumbaron llenas de alegría por todo el grupo y luego le estaban dando palmaditas, le sonreían y le ofrecían trozos de fruta que se habían materializado de la nada.

Denton Wyle había encontrado un hogar.

14.2. Calder Farris

Calder Farris abrió los ojos a una pesadilla. De algún modo, de alguna manera, se había metido en medio de un campo de batalla. Solo perdió unos segundos en la confusión. Su cuerpo ya había estado antes en la guerra y tomó el control, haciendo a un lado cualquier cosa que fuera irrelevante para la supervivencia como, por ejemplo, preguntarse qué cojones estaba haciendo allí.

Empezó a jadear y su corazón empezó a bombear sangre fresca al doble de velocidad, los nervios respondieron a la alarma de fuego y todos los sistemas se pusieron en marcha. La tensión mata pero las balas matan más deprisa todavía. El cuerpo toma la decisión más expeditiva.

Era de día pero la luz era tenue debido al humo y a una pesada capa de nubes. Había una llovizna helada que se le pegaba a la cara y las manos como diminutas astillas de hielo lanzadas con fuerza. Hacía un frío glacial. A su alrededor se sucedían las explosiones de la artillería pesada y el crujido de los rifles. No vio a nadie, no tenía ni idea de dónde estaba con relación a la línea de fuego pero el sonido de las balas que pasaban silbando por el aire le indicó que no estaba en ningún sitio en el que quisiera estar.

Se echó en el suelo cubierto por una costra de escarcha y empezó a reptar boca abajo; se detuvo. ¿Por dónde? ¿Estaba reptando hacia el enemigo o alejándose de él?

¿Quién era el enemigo?

El hecho de no saber ninguna de estas cosas le provocó un momento de pánico. Consiguió ponerlo bajo un control rígido y empezó a reptar en línea perpendicular a los disparos, con la esperanza de salir por el costado de la línea de fuego. Se ayudó de los codos para pasar al lado de un cadáver vestido con un uniforme grueso y pesado de color plateado. Hizo una pausa para mirarlo con la esperanza de conseguir información. La chaqueta estaba bien hecha y estaba decorada con elaboradas insignias que no reconoció. En absoluto. Parpadeó por un momento, como un estúpido, y entonces agarró el rifle que tenía el muerto entre las manos. Cañón largo, extranjero. No se detuvo a examinarlo, se limitó a seguir reptando.

Dos masivas explosiones le aporrearon los tímpanos e hicieron volar proyectiles de tierra, que luego le golpearon en la espalda. No era más que tierra pero se movía lo bastante rápido para hacerle un corte. Le cayeron unas gotas de sangre en el ojo.

Oyó voces gritando. No reconoció el idioma. Vio unas figuras indefinidas que se movían a su derecha. La línea estaba avanzando. Reptó más rápido.

Volvía el pánico, poco a poco, pero con toda la intención de quedarse esta vez. Sabía que no estaba soñando. El olor y los sonidos de la guerra eran demasiado reales; las sensaciones físicas del suelo y de su propio cuerpo, demasiado reales. Y no tenía ni idea de dónde estaba ni por qué. Solo estaba...

Persiguiendo a la Dra. Talcott por los bosques. ¿Había ocurrido eso años antes? ¿Acaso una herida en la cabeza le había borrado el recuerdo de acontecimientos más recientes, como esta guerra? Se atrevió a echarse un vistazo. Si su sitio estaba en esta batalla, ¿por qué estaba vestido todavía con ropa de paisano? ¿Con su trinchera negra?

Oyó un movimiento a su izquierda, la línea de avance, que ya estaba muy cerca y él justo en medio. Miró a su alrededor con desesperación y vio una especie de montículo oscuro a menos de un metro que rezó para que fuera un bunker. Extendió un brazo para tantear el perímetro y se deslizó en el interior como una serpiente. Era un agujero diminuto y gracias a Dios estaba vacío. Las tropas avanzaban arrastrándose por todos lados, furtivas, pegadas al suelo. Se encogió dentro del agujero, su aliento salía como vapor contra la tierra congelada que tenía cerca de la cara.

Oh, Dios, estaba aterrorizado. Completamente aterrorizado, joder. Sintió un impulso creciente de gritar y tuvo que utilizar toda su preparación para controlarlo. Los ojos se disparaban de un lado a otro, los oídos se esforzaban por oír algo. Era capaz de solucionar esto, maldita sea. Solo necesitaba información.

Captó dos voces cerca que hablaban en susurros ahogados. A través del humo detectó dos hombres agazapados y juntos, un destello de uniformes plateados, pesados galones en un hombro. Reconoció la escena, era un comandante dando órdenes para el avance. Pero no reconoció los uniformes ni el idioma. No era el ejército de los Estados Unidos así que debía de estar detrás de las líneas enemigas. ¿Cómo coño se había metido detrás de las líneas enemigas?

Una corriente helada de aire limpió el humo un poco y vio las dos figuras con claridad. Caucásicos, muy caucásicos, con el cabello de un color rubio casi blanco. Vestían pesadas botas negras, muy pulidas, con un diseño cuadrado. Los uniformes eran parecidos al del cadáver.

Las palabras flotaron hacia él entre explosión y explosión. Se esforzó por identificarlos. No eran alemanes. Ni rusos. Ni serbios... Ni árabes. Ni chinos.

Lo atravesó entonces el miedo, a un nivel completamente nuevo, un miedo profundo que le revolvía las tripas. Joder, lo había entrenado el puto Pentágono. Cualquiera vestido con un uniforme de aquella calidad, un ejército tan organizado, un ejército tan blanco, que llevaba artillería tan pesada como esta... tendría que reconocer el idioma, coño.

Debió de emitir algún sonido. La cabeza del oficial pivotó hacia él mientras los ojos buscaban entre las sombras.

Calder sintió pánico. Salió sin ruido del agujero y empezó a correr. Sabía que no tenía ni la menor oportunidad pero aun así fue una conmoción cuando el mortero se estrelló e hizo estallar el suelo bajo sus pies.

Y luego se vio volando por el aire como Superman, con la mente liberada de una forma muy peculiar.

14.3. Setenta-Treinta Jill Talcott

—¡Salta! —gritó Jill.

No estaban en Polonia, ni en los bosques nevados, ni en la oscuridad, sino en una meseta roja y rocosa en medio de un desierto cálido y soleado. En sí mismo eso ya era bastante raro pero es que además estaban rodeados de enormes insectos. Los insectos eran tan grandes como perros medianos, tenían antenas en la cabeza, como hormigas y eran asquerosos. Los ojos iridiscentes reflejaban a Jill y Nate como un semicírculo de espejos de la casa de la risa cuando empezaron a retroceder hacia el borde de la meseta.

Nate siguió la mirada de Jill y volvió la cabeza. Había una caída de sus buenos nueve metros hasta el desierto y él ya acunaba un brazo lesionado.

—¿Estás chiflada? Nos vamos a romper algo. Nos lo vamos a romper todo.

Pero los insectos estaban avanzando con los flancos cerniéndose sobre ellos y Jill no tenía intención de dejar que esas cosas se acercaran más.

Agarró la mano de Nate y se lanzó por el acantilado.

—¡Ese brazo no! —gritó él de dolor cuando cayeron por el aire.

Aterrizaron con fuerza en la arena, pero no con tanta fuerza.

—¿Pero qué...? —Nate incluso se las había arreglado para caer de pie, con el brazo derecho acunando protector el izquierdo—. ¿No deberíamos ser carne para la merienda? ¿Y no estábamos ahora mismo en medio de la nieve? No eres producto de mi imaginación, ¿verdad?

—¿Por qué no puedes ser tú producto de mi imaginación?

—Bien. Debes de ser tú; yo nunca diría eso.

Jill, que tenía tres tipos de *Raid* bajo el fregadero de casa, estaba muy ocupada mirando hacia arriba. Los insectos se habían asomado por el borde del precipicio para mirarlos pero ahora se retiraban, se suponía que iban a bajar por el camino fácil. Cogió a Nate por el brazo bueno para obligarlo a caminar.

—¿Cómo sabías que podíamos saltar sin matarnos? —preguntó.

—¿Es que no lo sientes? Hay menos gravedad. —Había cierto tono de emoción en su voz.

Nate agitó el brazo bueno, saltó y volvió a caer con mágica lentitud.

—¡Jesús! Creí que solo estaba mareado. Jill, ¿qué demonios está pasando? No creerás que podríamos estar... No crees que estamos...

—¿Muertos?

—Esa es la palabra que estaba buscando, sí.

La científica sacudió la cabeza con firmeza.

—No es posible. No hay vida después de la muerte.

—Ya —dijo Nate con ironía—. Se me había olvidado.

Los insectos aparecieron detrás de la esquina de la base de la meseta, moviéndose en formación. Jill empujó a Nate para que siguiera adelante, los dos tropezando con sus pies flotantes.

No demasiado lejos encontraron la razón de semejante comité de bienvenida. La meseta estaba cerca de una colonia de insectos gigantes. La estructura estaba construida con la arena rojiza, endurecida con saliva o agua. Era del tamaño de un campo de fútbol y las paredes se iban plegando hacia arriba, en bandas cada vez más estrechas, como una tarta de boda. Unos agujeros redondos en las paredes daban paso a túneles. La estructura entera tenía una precisión matemática y, al verla, Jill pensó que las criaturas debían de ser inteligentes. Luego se dio cuenta de que los nidos de insectos de la Tierra también tenían ese tipo de lógica, los hormigueros, por ejemplo. Solo que no había visto ninguno a aquella escala.

Salían cabezas de los túneles. Los insectos se bajaban de la estructura para acercarse a ellos mientras la vanguardia seguía avanzando. Jill sabía que debería moverse en lugar de quedarse mirando pero por una vez en su vida, estaba completamente perdida.

—Hmm, no creo que haya ningún teléfono ahí dentro —dijo Nate—. ¿Podemos irnos? No es que quiera presionarte.

La joven parpadeó. Los insectos se estaban acercando lo suficiente para que ella pudiera verse en sus ojos.

Nate y ella empezaron a avanzar de espaldas. Mil ojos vigilaban cada movimiento. Después de poner cierta distancia entre ellos y la colonia se volvieron y empezaron a alejarse caminando tan rápido como pudieron en aquel aire que no ofrecía resistencia. Por todos lados no había nada más que desierto abierto. Los insectos, con movimientos sigilosos, los siguieron.

El reloj de Jill se había parado. Nate no tenía. Caminaron durante lo que les parecieron horas, sin decir apenas nada. Había demasiadas cosas que absorber para intentar etiquetarlo y ordenarlo, lo suficiente para conversar sobre ello. Aunque caminar era inquietantemente fácil, tenía que haber más de cuarenta grados y no había una sombra digna de ese nombre. La conmoción hacía avanzar a Jill. Le empezó a doler el cuello de volverlo para mirar a su espalda con tanta frecuencia. Su escolta se fue quedando atrás, poco a poco, hasta que el último y determinado superviviente del regimiento se quedó quieto y los contempló mientras se iban. Mucho después de desaparecer de su vista, Jill no pudo evitar la tentación de darse la vuelta para mirar, solo para asegurarse.

Fue durante una de esas comprobaciones en busca de insectos cuando lo vio: un sol que se elevaba al otro lado del desierto. Volvió a mirar delante de ella, donde el sol que los llevaba cociendo todo el día estaba empezando a ponerse, miró a su espalda, miró delante y dejó de caminar.

Un sonido se escapó de sus labios entonces, no tanto su nombre como un suspiro.

Nate se volvió y lo vio también. El segundo sol daba la sensación de ser enorme. Se asomaba por el horizonte, maduro como una ciruela, el color dorado de yema de huevo recubierto de una capa roja reluciente y calinosa.

—Por el amor de Dios, Jill. ¿Dónde estamos?

Ella sacudió la cabeza sin decir nada. No lo sé.

Durante mucho tiempo se quedaron allí, maravillados ante aquel amanecer hasta que el sol estuvo lo bastante alto y brillando con la fuerza suficiente para hacerles daño en los ojos. Y luego, por fin, lo miró, al pobre Nate, y vio lo que debería haber visto antes si no hubiera estado tan perdida en sus propios pensamientos. Se sujetaba el brazo izquierdo y temblaba de cansancio. El rostro oliváceo estaba pálido y demacrado por el dolor.

—Dios, Nate, ni lo pensé. Vamos a hacer un descanso.

El joven no discutió, señal segura de que le dolía bastante. La científica señaló un revoltijo de rocas que había junto al camino y revoloteó preocupada mientras él se acomodaba sobre un peñasco seco y cocido por el sol.

—¿Cómo está? Será mejor que echemos un vistazo.

El joven intentó enrollar la manga pero estaba demasiado apretada. Se desabrochó la camisa azul y se tomó cierto tiempo para quitársela. Jill esperó, tratando de no mostrar su incomodidad ante la visión y la textura de la piel masculina. Se agachó a su lado y lo cierto es que echó de menos la sensación de pesadez que solía darse con el descanso. Tenía calor, estaba sudorosa y una profunda sensación de letargo se estaba apoderando de sus huesos, como si le estuviera entrando la gripe. Notó todo eso como si no fuera ella y luego notó el alejamiento. Era peligroso. La conmoción podía acabar con ellos si no lo hacía el terreno. Tenía que permanecer atenta.

No sabía lo que le pasaba al brazo de Nate pero no era visible por fuera. Con la camisa azul doblada sobre las rodillas, Nate estiró el miembro para que lo examinara.

—¿Puedes doblarlo?

—Sí. No está roto. —Se tocó los músculos con suavidad con la punta de los dedos—. Es más bien como si lo hubiera dislocado. Los músculos están muy rígidos.

La joven estiró la mano para tocarlo pero dudó. Qué estupidez. Ella no sería capaz de notar si los músculos de él estaba rígidos solo con tocarlos.

—Mira eso. —Nate señaló la mano de ella.

En el dorso de la mano derecha de la joven, alineados, había unos profundos cardenales de color violeta. Nate puso la mano herida (moviendo el brazo muy poco a poco) en la de ella. Los dedos masculinos se alineaban exactamente con las manchas. Sus ojos se encontraron con los de ella.

—Qué pasada. No te acuerdas, ¿verdad?

Ella sacudió la cabeza. La sensación de la mano de él en la de ella, cálida y húmeda, aumentó la sensación que inundaba a Jill de náuseas y calor.

—Te había cogido la mano y tú te lanzaste a por el manuscrito. Intenté tirar de ti y luego, madre, pensé que era una bomba, sentí una increíble fuerza que te arrastraba, así que me sujeté lo más fuerte que pude. Creí que me iba a dislocar el hombro.

—¿Por qué no te soltaste y ya está?

Él se encogió de hombros, mientras sus ojos esquivaban los de la mujer.

—No sé. Instinto, supongo.

Ella extrajo la mano y se frotó la humedad de la palma.

—Tendríamos que hacer un cabestrillo con tu sudadera.

Se la había quitado kilómetros antes y se la había atado a la cintura. Ella anudó las muñecas de la sudadera e hizo un soporte adecuado para el brazo. Le provocó un poco de dolor al ponérsela, torpe como siempre al tocarlo pero él pareció sentir cierto alivio cuando terminaron.

Entonces se sentaron los dos, aturdidos.

—¿Qué pasó, Jill? —Nate empezó la inevitable conversación con cierta renuencia.

Ella miró hacia atrás, al camino que habían recorrido; la ansiedad y la emoción le irritaban la tripa. Llevaba horas pensando en ello pero aún no estaba del todo preparada para compartir esos pensamientos.

Nate dijo con un tono medio burlón:

—¿Recuerdas esa sección del manuscrito de Kobinski que nos leyó Aharon en el avión? ¿Todo eso de los agujeros negros microscópicos? No creerás...

Jill asintió, completamente en serio.

—¿Qué otra cosa podemos pensar? Lo que no entiendo es esto, incluso si existen los agujeros negros subatómicos, una idea que es obvio que no podemos descartar por completo puesto que al parecer ya no estamos en la Tierra, ¿cómo podría algo así transportarnos a los dos y dejarnos enteros y vivos?

Nate lo pensó un momento.

—¿Un salto cuántico?

Jill se mordió una uña. No le gustaba la respuesta pero no tenía otra mejor.

—O bien —añadió Nate metiéndose de lleno en el tema—, dado que la materia es en esencia ondas de energía en la quinta dimensión, quizá fueron nuestras ondas de energía lo que se transfirieron y nosotros solo nos «reproyectamos» aquí. ¿Una especie de teletransportación al estilo de *Star Trek*?

Se miraron con expresión dubitativa. No había respuesta a eso, nada que no fuera embarazoso aunque solo fuera por especular. Ninguno de los dos dijo nada durante un rato.

—Estaba pensando... —Jill carraspeó con aire cohibido—. ¿Me pregunto si el agujero negro (si eso es lo que era) lo descubrió Kobinski a través del trabajo con la uno-menos-uno?

Nate no hizo ningún comentario.

—El manuscrito podría decírnoslo. Si lo tuviéramos.

—¡El manuscrito! —Nate miró a su alrededor, como si pudieran encontrarlo tirado en el suelo—. ¿Estás segura de que no está aquí? Quiero decir, allí atrás, donde, bueno, ¿entramos?

—No. Fue lo primero que busqué. —La joven sacudió la cabeza con impaciencia—. ¿Has oído lo que he dicho, Nate? ¡Utilizando la uno-menos-uno, Kobinski averiguó cómo se podía viajar a través del espacio-tiempo!

—Estaba trabajando en un montón de cosas, por lo que parece.

—¡Sí, y todo es tecnología basada en la uno-menos-uno, Nate! ¡Piensa en ello!

Nate no estaba ni la mitad de emocionado de lo que ella esperaba que estuviese. Se pasó una mano por el pelo cortado al cero, su expresión era ilegible.

—¿Y los otros...? ¿El rabino Handalman, Anatoli?

Ella se encogió de hombros.

—De vuelta en la Tierra, seguramente. —Pensó en su mano magullada y se le ocurrió: *Lo más probable es que tú también estuvieras allí, Nate, si me hubieras soltado.* Lo miró, sorprendida, pero él no parecía estar pensando nada por el estilo. El joven bostezó.

—Odio ser un aguafiestas pero las teorías no nos van a proporcionar, comida, agua ni refugio; este lugar no es exactamente un *7-Eleven*. Lo único que he visto que se parezca remotamente a algo comestible son esos bichos gigantes y la verdad...

Jill tampoco se lo imaginaba pero al mirar aquel paisaje desértico, pensó que tenían suerte de tener los bichos. El agua era un problema mayor. Ella ya estaba seca.

—Avancemos un poco más —sugirió—. Quizá encontremos algo. ¿Puedes caminar?

—Por supuesto. —Pero apretó los dientes al levantarse.

Habían recorrido una corta distancia cuando Nate habló otra vez. Adoptó un tono de voz deliberado y casual, como siempre que había algo importante para él.

—Dime, ¿crees que hay alguna posibilidad de que podamos volver a casa?

—No lo sé —respondió Jill con un tono igual de casual. Aumentó el ritmo para no tener que ver la expresión de su rostro.

El segundo sol ya estaba casi en el centro del cielo cuando vieron la ciudad. Al principio parecía un espejismo, insustancial como el polvo que formaba torbellinos sobre el suelo del desierto. Apretaron el paso, (él, luego ella) pero no dijeron nada, ambos querían ahorrarle al otro falsas esperanzas. Paso a paso, el fantasma tomó forma.

El perfil de la ciudad se extendía a lo largo de kilómetros enteros. No había nada que te llevara a ella; solo estaba allí, así de simple, en medio de una llanura desértica. No había autovías que entraran o salieran de ella, ni tráfico en las calles de la ciudad ni en el aire. Había un muro bajo que rodeaba el perímetro y que parecía estar hecho de roca roja pulida. Una brecha en el muro llevaba a una calle lisa y pavimentada. No había ninguna verja en la que la calle se encontrara con la arena; sencillamente terminaba en un borde recto que se encontraba con el desierto. Dentro y fuera: las dos caras de una moneda.

La masa de la ciudad estaba hecha de edificios; cajas blancas de alta tecnología tan inclasificables como los bloques de construcción de los niños. Todos tenían el mismo tono exacto de blanco, y no había nada que los distinguiera unos de otros salvo una cierta variación de altura y anchura. Las ventanas eran pequeñas y escasas, oscuras y vacías como los dientes de un tiburón. La distribución de las calles era de un orden extremo, como si alguien hubiese alineado los edificios con toda pulcritud, fila tras fila, con una regla y un cartabón.

La ciudad parecía prefabricada; no parecía humana.

Se detuvieron ante el perímetro. Jill tuvo que esforzarse para adoptar la cautela que sabía que era lo más apropiado. Tenía la extrañísima sensación de que la ciudad era, a la vez, tan perfecta y normal que se podía descartar por increíble. Increíble porque ella estaba segura de que los insectos del desierto serían la forma más avanzada de vida de este planeta; parecía demasiado seco y estéril para haber creado una especie superior. Increíble también por su llanura surrealista. Sin embargo, también había algo en la ciudad que le resultaba conocido, lo bastante conocido como para hacerla bajar la guardia, y eso era peligroso.

—Mira esto, Jill. Es como si la arena roja se hubiera levantado de repente y se hubiera... endurecido bajo un calor tremendo.

La doctora apartó con esfuerzo los ojos de los edificios. Nate pasaba la mano por el muro rojo del perímetro. La parte superior variaba en altura, entre los sesenta y los ciento veinte centímetros, de una forma irregular, ondulada, que contrastaba con las líneas rectas, pulcras de la ciudad. Cuando sus dedos apartaron la película de arena que lo cubría, vio que el muro no estaba hecho de roca, sino de cristal rojo.

—Tienes razón. Creo que es arena endurecida. Qué extraño.

Nate se acercó a la brecha en el muro, donde la calle se encontraba con el desierto y terminaba de forma abrupta. Enterró el dedo del pie en la arena y luego dio unos golpecitos. A la doctora no le hizo falta verlo para saber que se había encontrado con la superficie dura y vidriosa a pocos centímetros, como si el muro también hubiera estado allí y lo hubieran cortado.

—Me recuerda al *Mago de Oz* —dijo Nate con tono pensativo.

—¡Nate! —gritó Jill para advertirlo.

Una esfera redonda de metal venía volando hacia ellos calle abajo. Tenía cuarenta centímetros de diámetro, era totalmente plateada y lisa salvo por una abertura rectangular a un lado. Se detuvo delante de Nate, la abertura se ladeó de arriba abajo para examinarlo de la cabeza a los pies. El joven se quedó inmóvil.

—No te muevas —dijo Jill en voz baja.

—No te preocupes —murmuró Nate.

La esfera voló silbando hacia Jill y también la «palpó», luego se alejó con un zumbido y desapareció de nuevo entre los edificios.

—¿Un centinela? —sugirió Nate dejando escapar un suspiro de alivio—. ¿Una cámara?

—Quizá.

—Es posible que vaya a dar la alarma.

Jill y Nate se miraron. Él parecía cauto, como mínimo. Parecía asustado.

—La verdad es que no me gusta este sitio, Jill. Quizá deberíamos largarnos de aquí.

—Tendrán agua —dijo ella.

—Sí. —La expresión del rostro del joven admitía la derrota.

La boca de Jill desenterró un poco de saliva con solo pensarlo. Se hizo sombra sobre los ojos y contempló la ciudad. Pero no era el agua lo que engendraba aquel núcleo pequeño y duro de emoción que tenía en la tripa, que creaba aquella sensación de atracción, o como si buscara su destino. Era como si la ciudad la llamara, como si estuviera en casa.

14.4. Treinta-Setenta Aharon Handalman

> La ambición merece reinar, aun en el infierno:
> Mejor reinar en el infierno que servir en el cielo.
> —Satán en *El paraíso perdido*, de John Milton, 1667

Lo subían por unos bastos escalones. Aharon podía ver la piedra desgastada a través del burdo tejido de la manta que lo cubría, colgado como iba como un ancla sobre la espalda de un bicho raro y monstruoso. No tenía aliento ni espacio para recuperarlo: su estómago blando quedaba aplastado contra el hombro de aquella cosa aun cuando él se estremecía con violencia debido a un resfriado que le llegaba a los huesos. Que Dios le ayudase, ¡estaba a punto de desmayarse de dolor! Quizá eso fuese una bendición.

Se abrieron unas puertas y apenas fue consciente de que habían entrado en una gran habitación. A través de la manta entrevió imágenes borrosas de bancos de piedra y unas figuras peludas y brutales. La sala estaba llena de bestias que gruñían y espumajeaban. El corazón le dio un martillazo en el pecho. Los olía, esas... criaturas: olía el sudor y, el almizcle y algún otro hedor, oscuro, terrenal y acre como el de los muertos. Además del terror que sentía, aquel nauseabundo olor fue suficiente para ponerlo enfermo. Tuvo arcadas sin muchas fuerzas; luego el suelo se elevó para encontrarse con él cuando lo tiraron y su cabeza se estrelló contra la piedra dura. Le quitaron la manta de un tirón. Aharon se encogió cuando se elevaron aullidos y gritos animales por toda la habitación.

No quería hacerlo (¡Dios, no quería hacer esto!) pero miró; se obligó a mirar. Seguía rezando para que ocurriera algo, cualquier cosa, que le permitiera creer que esto no era real, que todo era un horrible sueño, cualquier cosa que le permitiera negar todo lo que había pasado desde que había llegado a este terrible lugar.

Había despertado, no tenía ni idea de cuántas horas antes, bajo un árbol en un yermo congelado de rocas afiladas e implacables y hierba escasa y gomosa. Estaba muriéndose de frío en aquella oscuridad y la oscuridad continuaba sin ceder un momento. Al principio había pensado que estaba muerto, por la oscuridad y por el modo en el que estaba clavado al suelo. Hubo unos minutos, escasos y horribles, en los que estuvo seguro de que estaba en su tumba. Pero el viento glacial sopló sobre él e hizo pedazos esa pesadilla. Definitivamente no estaba bajo tierra.

Luego pensó que lo habían herido, que estaba paralizado por una bala y que lo habían abandonado para que muriera en los bosques de Auschwitz. Pero cuando por fin llegó el día (tenue e insustancial como leche aguada), vio que no estaba en Auschwitz. Podría haber estado en la superficie de la luna si se guiaba por la vida que había a su alrededor. Había solo un árbol, negro y retorcido, elevándose sobre él; y rocas, rocas dolorosas. Después de horas allí tirado, indefenso, cogiendo tal frío que se le entumecieron los miembros, lo habían recogido estas... estas cosas demoníacas. Lo habían tirado en una carreta y lo habían sacudido durante kilómetros antes de alcanzar un pueblo tosco, sacado de una pesadilla, un lugar horrible; había cosas colgadas, cosas ensangrentadas, que eran tan asquerosas que había mantenido los ojos muy apretados incluso bajo la manta. Ahora estaba rodeado por estos animales. Se obligó a mirarlos de verdad, porque la verdad no podía ser peor que el terror.

No se parecían a nada que hubiera en la Tierra, claro que eso era algo que había aceptado hace ya algún tiempo. Eran unas cosas repugnantes, impías... bajas pero musculosas con grandes losas de carne, los cuellos tan gruesos como las cabezas cuadradas. Sus rostros albergaban el pelo de las bestias incluso en las sienes y en las narices, lo que les hacía parecer animales. Pero sus cuerpos iban cubiertos con las túnicas primitivas de los hombres. Tenían las manos anchas y los dedos cortos y gruesos se doblaban como los de un simio. Fuertes. Horrendos. Demonios.

Arma que libera demonios.

¿Había sido él, Aharon Handalman, transportado al Infierno? Oh, querido Dios, ¿qué había hecho él para merecer esto?

Parpadeó y miró al techo, con los ojos muy abiertos y secos. No quería sentir nada, ni siquiera admitir este lugar, pero eso era imposible. Allí hacía un poco más de calor pero estaba echado de espaldas, la peor postura posible para su corazón. Le saltaba y se estremecía en el pecho como una máquina mal ajustada. Podía oír sus propios jadeos aterrados, el silbido de cobardía en la garganta.

Señor, ¿dónde estás? ¿Dónde me has enviado? ¿Por qué yo?

A un par de metros de distancia se peleaban por él, ¡sí, como perros por un pedazo de carne! Le rodó el sudor por la cara, le entró en los oídos. Aquellas imágenes de Yad Vashem no lo dejaban en paz. Quería creer que Dios lo mantendría a salvo, que había un plan, pero su miedo era tan suntuoso como la nata y sus oraciones algo muy frágil.

Intentó volver la cabeza, hizo un esfuerzo. Necesitó un esfuerzo muy grande. Definitivamente estaba paralizado, lo había derribado la CIA o el Mossad o alguien así. Tenía el cuerpo hecho de acero inmóvil, abrazado al suelo. Pero el cuello se movía, si se esforzaba.

Al otro lado de la habitación vio a la bestia que más hablaba. No, no se le podía llamar hablar; eso sería concederle demasiado mérito. Eran ladridos o gruñidos. Una densa túnica negra le colgaba de los inmensos hombros, haciendo de su cuerpo un rectángulo bajo y desproporcionado. Su rostro, (un cruce entre simio, chacal y humano), era plano, impenetrable y cruel. Tenía el cabello retirado de la frente y los labios dejaban al descubierto los dientes. Aquel animal le gruñía a una figura que estaba sentada sobre una plataforma elevada. La figura... estaba en una silla de algún tipo, de madera quizá, y era más alta que los otros animales, aún sentada. Vestía una túnica de color púrpura y sangre estampada con oro en el cuello y los bordes. Llevaba la cabeza cubierta por una máscara dorada que tenía un morro corto, unos ojos amenazadores, una boca que gruñía y colmillos dorados.

La ferocidad de la figura enmascarada, su innegable posición (debía de ser una especie de líder), le produjo a Aharon una nueva oleada de terror mortal que lo hizo estremecerse. Esto no estaba bien, que estos animales actuaran como hombres. ¡No estaba bien! No quería mirar, ¡no pensaba manchar sus ojos con semejantes obscenidades! Volvió la cabeza de nuevo hacia el techo intentando hacerlo con suavidad. Tenía una bola de jugar a los bolos en lugar de cráneo sobre el tallo de flor que era su cuello. ¡El dolor! Que Dios lo ayudase. ¡Oh, que Dios lo ayudase!

Si ya es la hora, si se reduce a esto, mátame y acaba ya. Solo te pido, por favor, Señor, hazlo rápido. Al pensar en Hannah y los niños, que se quedaban ella viuda y ellos huérfanos, sintió que lo inundaba una oleada de desesperación. Y sin embargo, seguía sin poder creer dónde estaba.

Infierno. Estaba en el Infierno, en un abismo de castigo. De alguna manera, ese lugar, ese agujero que Kobinski había encontrado con su magia o con sus matemáticas, ese horrible agujero del mundo situado cerca de Auschwitz, lo había traído aquí, no al Cielo, no a un carro de llamas como Ezequiel, sino directamente a un lugar de abominación.

¡Las mismas estrellas deberían gritar contra este atropello de un hombre justo!

Se produjo un martilleo que reverberó por todo el suelo. Las criaturas llevaban pesados bastones y era lo que estaban usando en ese momento, la asamblea entera aporreaba el suelo con los bastones con un ritmo discorde. Aharon intentó hundirse aún más en la piedra.

En cualquier momento estos chacales caerían sobre él y lo harían pedazos, y casi podía darle la bienvenida a un final para esta pesadilla, querido y misericordioso Dios, siempre que fuera rápido.

Entonces la habitación se cayó y él creyó oír... juraría que oía...

¿Hebreo?

—¿Eres judío? —dijo una voz en hebreo. El sonido era torpe, como si la boca no estuviera acostumbrada a formar palabras.

Aharon se quedó inmóvil y escuchó.

—¡Eres judío! —le exigió la voz, aún más alto.

—Sí —susurró Aharon. Hizo un esfuerzo para volver la cabeza de nuevo y levantar la vista hacia la figura enmascarada. Se estaba inclinando en aquella especie de trono que era su silla, doblándose hacia él.

La criatura de la cara plana se metió en su zona de visión mientras ladraba airado. El enmascarado le contestó con unos gruñidos. El cuello de Aharon gritaba, le enviaba oleadas de intenso dolor pero él hizo caso omiso. Sus oídos filtraban el aire en busca de pistas; no se atrevía a respirar.

—Dime quién eres y cómo llegaste aquí —le espetó la figura enmascarada—. Hazlo ya.

—¿Quién es usted?

—¡Responde!

—Aharon... Aharon Handalman. De Jerusalén. Yo... estaba... Tengo esposa, Hannah. Hijos. Soy rabino. —Estas palabras le provocaron nuevas lágrimas.

—¡Deja de balbucear si quieres vivir!

Aharon se detuvo. Respiró hondo, tragó saliva. El miedo, que ya no podía desahogar, hundió su cuerpo en una oleada de estremecimientos convulsivos.

Entre la multitud se produjo un rumor sordo de gruñidos. El de la cara plana habló de nuevo, gritando sobre la multitud y de nuevo el enmascarado le gruñó. Continuó así durante un rato.

Aharon permitió que el cuello liberase la cabeza y se tragó el dolor. ¿Hebreo? ¿Se les concedería a los demonios el poder de hablar la lengua hebrea? Sí, desde luego. Era una lengua antigua, la lengua del pueblo elegido. ¿No le habían hablado los ángeles a Jacob? ¿No se conocería ese idioma incluso en el Infierno? Y sin embargo esta respuesta no lo satisfacía. No había habido amabilidad ni compasión en la voz de la criatura enmascarada y aun así... no era tampoco la voz de un demonio. En lo más profundo de su ser, había una pequeña chispa de esperanza.

Los bastones retumbaron de nuevo, con insistencia. Cuando callaron, Aharon oyó la caída lenta y pesada de unos pasos. Se encogió pero era incapaz de moverse mucho. Apareció la túnica púrpura en su línea de visión, se cernía sobre él. No tenía elección, solo podía mirar aquella horrenda cara.

—Escúchame bien, judío. —La voz parecía muy lejana al venir de detrás de la máscara—. Debes sentarte.

Aharon tomó una bocanada de aire.

—¿Sentarme? Yo... no puedo. Estoy herido.

—No estás herido. Aquí la gravedad es más fuerte. Moverse es difícil pero se puede hacer. Sentarse o morir, tú eliges.

¿Se había imaginado que había algo humano en esa voz? Nada humano podía ser tan cruel. Aharon creyó la amenaza por completo. Si no se sentaba, moriría. Y sin embargo... ¿significaba eso que, si podía sentarse viviría? Exhaló un suspiro tembloroso e intentó reunir todas sus fuerzas. La voz había dicho que podía moverse, que no estaba paralizado sino solo abrumado por la fuerza de la gravedad. Las implicaciones de todo eso eran demasiado insondables para proporcionarle ningún alivio, pero sí que lo hizo intentarlo. Se esforzó. Era imposible. Quizá si se lo hubieran pedido cuando acababa de llegar, antes de que aquel día de terror y el viaje hubieran agotado sus fuerzas por completo, pero ahora...

Incluso mientras se decía a sí mismo que no podía hacerlo, el deseo de supervivencia hizo milagros. Consiguió rodar sobre un hombro y hundir las palmas en el suelo. Gruñendo como un cerdo, con la saliva cayéndole de los labios, levantó la parte superior del torso un poco del suelo. Le temblaban los brazos de forma incontrolable. El corazón iba a estallarle por el esfuerzo.

—Ahora aguanta —dijo la voz.

Aharon no pudo, no respondió. Sentía que le estallaban las venas del cuello. Una puñalada de dolor le recorrió como un rayo el pecho, de un costado a otro, como un disparo de advertencia hecho con un arco.

La figura enmascarada se volvió hacia la asamblea y la multitud hizo temblar el techo con el retumbar de los bastones.

Sin advertencia, el codo de Aharon se derrumbó. Se estrelló contra el suelo, la ceja izquierda se partió sobre la piedra y la sangre le cayó en los ojos. Gimió. ¿Se había acabado? Por favor, Dios, que se termine.

El martilleo seguía reverberando en la habitación, pero la voz habló otra vez, a él solo esta vez, urgente y en voz baja.

—Escucha, debes darme algo, cualquier cosa. Una cartera, una carta, un reloj. Hazlo rápido.

Aharon abrió los ojos. La figura estaba doblada sobre él con una mano extendida. Esa mano temblaba, blanca, de dedos largos... y sin vello.

Aharon intentó ver los ojos que había detrás de la máscara pero estaban enterrados en las sombras.

—¿Quién eres?

—No importa.

—Eres... Eres humano, ¿nu?

No hubo respuesta.

—¿Yosef Kobinski?

La figura ahogó un grito de sorpresa y se retiró. Solo había una máscara y detrás, ¿qué?

—Sí. Ahora haz lo que te he dicho. ¡Deprisa!

—Atrás. Dentro de la chaqueta.

La figura extendió la mano sobre él y buscó el sitio, sintió la rigidez del manuscrito enrollado y lo liberó. Las páginas encuadernadas se lanzaron al aire con un gesto de triunfo cuando la figura se puso en pie. La asamblea rugió.

Aharon sintió unas zarpas en los brazos y las piernas. Lo estaban levantando. El terror volvió a inundarlo de inmediato.

—¡Rabí Kobinski!

La figura le había dado la espalda y seguía levantando el manuscrito para que lo viera la multitud.

—¡Rabí Kobinski!

La máscara se volvió. Aharon tuvo la extraña idea de que aquellos ojos, aquellos ojos humanos, lo contemplaron furiosos y llenos de malicia. Pero solo los vio durante un momento antes de que se lo llevaran.

Llevaron a Aharon a una habitación que, aunque oscura y maloliente, era privada. Tenía una cama que, aunque basta y áspera, no dejaba de ser una cama. Había calidez bajo las mantas, por sucias que estuviesen. Estas pequeñas comodidades, después de un día repleto de horrores, eran como maná del cielo. Agotado, se durmió.

Lo despertaron de repente, lo arrebataron del sueño las sacudidas de la zarpa de una de aquellas criaturas. Levantó la vista y vio un rostro delicado parecido al de un roedor y unos ojos inteligentes colocados sobre un torso enorme y rodeados por una masa de pelo marrón. La criatura llevaba una antorcha, de fuego grueso y bajo, que apenas iluminaba la oscura habitación. Se retiró cuando Aharon abrió los ojos e inclinó la cabeza con ademán sumiso.

Detrás estaba la figura de la máscara dorada, sentada en una silla al lado de la cama.

Aharon intentó sentarse y hablar y recordó entonces que no podía sentarse. Eso tuvo el efecto inmediato de deprimirlo, como si todo lo que había pasado volviera y se diera cuenta de que seguía perdido. Así que no había terminado. Se apoyó con pesadez en los cojines, los ojos clavados en la figura, y no dijo nada.

—Eso es todo, Tevach. Puedes irte. Asegúrate de que nadie nos molesta.

La figura enmascarada había hablado en hebreo y el animal le había contestado con un gruñido, algo parecido a «Mi Señor» en hebreo, cosa que Aharon encontró extremadamente ofensivo. La criatura arrastró los pies hasta la puerta.

Cuando se quedaron solos, la figura se quitó la máscara. Debajo estaba el rostro de un hombre anciano, pero no tan anciano como Aharon había esperado. El hombre de la silla parecía estar en forma, musculoso, incluso demasiado musculoso, como esos hombres de las revistas, algo que Aharon no podía evitar pensar que era anatema para un judío. El anciano se inclinó hacia delante y utilizó las dos manos para estirar primero una pierna y luego la otra, con el rostro arrugado por el dolor.

—Mis articulaciones. Se están desintegrando. No se construyeron para soportar la gravedad de Fiori.

—¿Fiori?

—Es el nombre de esa roca infausta. Así lo llaman los nativos. Yo lo llamo Gehenna. Y yo, yo soy el rey de Gehenna. —Había una oscura ironía en su voz.

—¿Es esto realmente el Infierno? —preguntó Aharon con la voz trémula.

—Uno de los muchos que hay. Encantador, ¿verdad? —El hombre rezumaba despego, un desdén frío que Aharon era incapaz de entender. Estudió su rostro.

—Usted no es Yosef Kobinski. Usted debe de ser su hijo, Isaac, ¿*nu?*

Una expresión de cólera cruzó los ojos del hombre.

—Yo soy Yosef Kobinski. ¿Cómo sabía nada de mi hijo? ¿O de mí, si a eso vamos?

Las palabras sonaban a amenaza. Aharon decidió hacer caso omiso del tono.

—¿Eso? Eso es una larga historia. Pero si no le importa que se lo diga, no tiene tan mal aspecto, para ser un hombre de ciento cinco años.

Los ojos de Kobinski se estrecharon.

—¿Dos mil cinco?

—Sí.

Kobinski se quedó sentado, reflexionando. Sus ojos estaban muy lejos, como si estuviera haciendo ecuaciones en su cabeza.

—Einstein demostró que la gravedad deforma la luz. También deforma el tiempo. Han pasado treinta años aquí, sesenta en la Tierra.

—Incluso durante treinta años, ¿cómo ha podido sobrevivir en un lugar como este?

—¿He sobrevivido? —preguntó Kobinski con amargura.

—¿Nunca ha intentado volver? —preguntó Aharon.

—No.

—¿No lo intentó? Entiendo que Auschwitz no era una opción. Pero debe de haber pensado, después de unos años, que quizá...

—Cállese —le ordenó Kobinski con la voz de un hombre que esperaba obediencia. Se llevó una mano a la boca—. Dijo que era de Jerusalén.

—Sí. Israel es ahora un país, una nación judía. *Eretz Israel,* ¡existe! —Era una bendición decirle eso a un judío que no tenía ni idea. Pero si estaba impresionado, Kobinski no lo demostró.

—Sin embargo —añadió Aharon—, solo para que esté preparado, quizá no sea lo que usted esperaría. Hay mucho secularismo, se ve por todas partes. Es casi imposible creer que lucháramos durante tanto tiempo por algo y la generación más joven, sobre todo, no tiene ni idea de lo que significa. No como usted y yo. En el muro...

—¿Y Auschwitz?

—¿Auschwitz? Ahora es un monumento conmemorativo. Lo llaman el *Holocausto*. Murieron seis millones.

Las manos de Kobinski se tensaron sobre los brazos de la silla hasta que la piel empalideció por el esfuerzo.

—Seis millones —susurró—. ¿Y cuándo terminó?

—Mil novecientos cuarenta y cinco. Los americanos y los rusos liberaron los campos de concentración.

Kobinski desvió la mirada, se quedó callado por un momento y luego dijo.

—Solo era cuestión de tiempo. Hasta nosotros lo sabíamos. Pero fue demasiado tarde para seis millones. Y demasiado tarde para...

—¿Sí? —Aharon frunció el ceño—. Escuche... ¿no es solo cuestión de encontrar otra vez el portal, el agujero ese, y pasar por él? Vendrá conmigo.

Kobinski ni siquiera lo miró.

—¡Por el amor de Dios! Escuche, me alegro de haberle encontrado. Dios tiene Sus razones y supongo que me envió aquí con este propósito, pero debemos volver de inmediato. Este no es mi sitio ¡y el suyo tampoco!

Kobinski se echó a reír.

—¡Por el amor de Dios! Se ha equivocado de sitio para eso, amigo mío.

Aharon apretó los labios, cada vez estaba más irritado con este hombre, que no respondía como debería a nada de lo que él decía.

—¿Qué cree? —preguntó Kobinski casi desdeñoso—. ¿Cree que hay una especie de puerta mágica que le devolverá a casa? ¿Algo sacado de un cuento de hadas?

—Escuche...

—¿Qué imagina que ocurriría si encontrara ese punto otra vez? ¿Si se colocara en el lugar justo y esperara?

—¡Volvería a la Tierra, como es natural!

—¿Natural? Déjeme decirle lo que dicta la naturaleza: se quedaría justo aquí. Como mucho se marearía por un momento, luego se encontraría con los pies plantados en el mismo sitio donde estaba antes.

Aharon lo miró con el ceño fruncido.

—¿De qué está hablando?

—Usted vino aquí porque este es exactamente el sitio al que pertenece.

—¿Qué está diciendo? —susurró Aharon, ya enfadado—. Esa cosa... ese claro cerca del campo de concentración. Vino directamente aquí.

Kobinski hizo un gesto desdeñoso con la mano, tenía una expresión de aburrimiento en el rostro.

—¿Por qué habría de molestarme? Los hombres como usted nunca lo entienden. Lo veo en su ropa, en sus ojos. Lo oigo en su voz. ¡Israel! ¿Tiene la poca vergüenza de quejarse a mí sobre secularismo? ¿Sobre la generación más joven? ¿Tiene idea de lo ridículo que es en esta realidad, en este lugar?

Kobinski se apoyó con fuerza en los brazos de la silla y se levantó del asiento con un gran gruñido de dolor. Se quedó delante de la silla, descansando, con la mano apoyada en el respaldo de la silla.

—Déjeme contarle algo de este mundo. Este pueblo, los fiori, creen... es su convicción religiosa, que son las heces de Dios. ¿Puede usted comprenderlo? ¿Puede comprender el odio que sienten por ellos mismos? Es la única forma que tienen de explicar por qué la vida es tan inexorable y cruel. Se comen unos a otros porque este planeta no les proporciona casi nada para mantenerse. Y vosotros, ¡que convertís en un asunto de vida o muerte el hecho de comer o no cerdo! Me ponéis enfermo. —Kobinski lanzó un profundo gruñido y escupió. Había adoptado algunos de los gestos y las expresiones faciales de los nativos y Aharon se sintió profundamente ofendido.

¿Quién era este hombre? Desde luego no Yosef Kobinski, el dulce *tzaddik* que Aharon había visto en una fotografía, ¡el rabino santo y mártir que se había enfrentado a los nazis! A Aharon no le importaba lo que los nativos de aquí creían o dejaban de creer, eran animales. Si este lugar era terrible, entonces debían de merecérselo. Pero sí que le importaba volver a casa.

Aharon se rindió.

—Escuche, tiene razón; no debería quejarme. Nos va muy bien en comparación con este lugar, es obvio. Pero dígame, ¿qué tiene eso que ver con que yo no vuelva a casa?

Kobinski esbozó una frágil sonrisa.

—Déjeme decirle dónde está porque es mejor que no se haga ilusiones. Se ha encontrado con su destino un poco pronto, eso es todo, Aharon Handalman. Este es el lugar al que habría llegado al morir. Este es su juicio final.

Aharon se lo quedó mirando, demasiado conmocionado incluso para ofenderse.

—¿Por qué iba a ser este mi sitio? ¡Ni siquiera tiene sentido lo que dice!

—Ha atravesado un agujero en el espacio-tiempo que le ha llevado a la quinta dimensión. O bueno, en realidad separó su energía de las dimensiones inferiores del espacio y el tiempo, las dimensiones físicas. Lo separó solo durante una fracción de segundo pero durante esa fracción de segundo, su energía, su «alma» si quiere, fue al lugar de la quinta dimensión que más se le parece. Porque la quinta dimensión está fuera del espacio y el tiempo, ¿lo entiende? En la quinta dimensión, no hay «aquí» ni «allí»; solo hay una forma de organizar los datos, a cada uno lo suyo. Esa es la ley. Después de atravesar el agujero, su energía volvió a reunirse con las dimensiones físicas. Pero cuando volvió a unirse, a usted se le vinculó al lugar físico más parecido al lugar donde su alma había ido en el continuo. Y el lugar al que lo vinculó fue este.

Aharon se había quedado con la boca abierta.

—¡Está loco!

Kobinski gruñó.

—Este mundo es *gevorah-chochmah*. Esta es su realidad física. Este es la encarnación de lo que es usted, rabino Handalman. Así que ya ve, no es tan fácil eso de «irse a casa». Ya está en casa.

Aharon estaba furioso. Nunca había estado tan enfadado en toda su vida. No se creía ni una palabra, claro está, pero que esta persona, a quien nunca había insultado, ¡pudiera pronunciar semejantes sucias mentiras y blasfemias!

—¿Entonces por qué está usted aquí? ¿Eh? —quiso saber—. ¿Rabí Kobinski? Si ese agujero no viene aquí directamente, entonces, ¿usted qué?

El rostro de Kobinski quedó desprovisto de toda expresión, fue como si se hubiera puesto de nuevo la máscara.

—¿Yo? Yo lo elegí.

—¡Es usted un malvado por decir tales cosas!

Kobinski se encogió de hombros, más una expresión que un gesto.

—Crea lo que quiera. Pero en cuanto a su forma de actuar, eso ya es otra cosa. Su comportamiento me pone en peligro a mí además de a usted mismo. Uno de los fiori, Argeh, es mi enemigo. Es también sumo sacerdote. Se lo estaría comiendo esta noche para cenar si yo no hubiera intervenido.

Aharon sabía de quién hablaba, el fiori de la cara plana, el de la sotana cuadrada negra que había estado discutiendo con Kobinski en aquella habitación.

—¿Pero quién cree esta...? —Estuvo a punto de decir «gente»—. ¿Quién creen estos animales que es usted? ¿Que soy yo? ¿Qué les dijo?

Kobinski cerró los ojos como si no quisiera hablar de ello.

—Este lugar está gobernado por la superstición y el miedo. Les dije que venía de los cielos y me creyeron. Soy un mensajero de Mahava, su Dios. Hoy les he dicho que a usted también lo enviaban de los cielos, un mensajero para mí. Para traerme, al parecer, mi manuscrito. —Kobinski dijo esto último con ironía.

—¿Les dijo eso?

—¿Preferiría estar asándose a fuego lento?

—Pero... ¿qué se supone que debo hacer? ¿Qué puedo decir? ¿Qué puede pasar?

—Lo primero que debe hacer es reunir fuerzas para poder moverse en esta atmósfera. Ahora mismo es completamente vulnerable. Delante de los fiori debe aparecer sereno y lleno de confianza. Si se pone histérico, si demuestra su miedo, nos irá muy mal a los dos. En cuanto a lo que dice, el único que entiende su hebreo es mi sirviente, Tevach. Dígale lo menos posible.

Kobinski lo midió con la mirada.

—Está gordo. Yo estaba famélico cuando llegué. Si yo me adapté, usted también puede. Debe comer la comida. Es detestable, pero le proporcionará músculos. Necesita muchos músculos para moverse con esta atmósfera. Y recuerde: si no interpreta su papel de forma convincente, morirá. Si no lo matan ellos, lo haré yo. No permitiré que me ponga en peligro. Está advertido.

Aharon solo podía mirarlo, incapaz de creer que Kobinski lo tratara de aquella manera y todavía conmocionado, también, por las mentiras de Kobinski. El hombre llamó en voz alta a Tevach. La criatura con cara de roedor entró apresurado en la habitación y Kobinski apoyó todo su peso en los amplios hombros de la criatura.

—¿Se va? —preguntó Aharon—. Espere. Vamos a olvidarnos de todo esto... de toda esta locura por un instante. Hay algo más.

—No puedo ayudarlo.

—No, *escuche*. Hay algo que tengo que decirle sobre un arma. Su manuscrito. Yo... Partes del mismo han caído en las manos equivocadas. Por eso estoy...

Iba a decir que por eso estaba allí, pero no era así y en este momento no estaba seguro si habría venido por voluntad propia a un lugar así aunque hubiera sabido que encontraría a Kobinski. El hombre lo contemplaba, su rostro expresaba algo diferente del desdén por primera vez. Parecía alarmado. Volvió la cabeza.

—¡... escuche lo que le digo! —Lo presionó Aharon mientras intentaba incorporarse—. Van a construir un arma, un arma terrible. Está en el código de la Torá. Debe volver; ¡debe ayudarnos, de algún modo, a evitar una tragedia!

Kobinski siguió con la cara oculta, sin mirar a Aharon. Estaba completamente quieto. ¡Por fin, pensó Aharon, por fin había conseguido llegarle a aquel hombre!

Pero cuando Kobinski se volvió de nuevo para mirar a Aharon, su rostro era tan pétreo como una piedra.

—Sabía que ocurriría si se encontraba el manuscrito.

—¿Entonces? ¡Debemos hacer algo!

Kobinski sacudió la cabeza.

—Los muertos no pueden volver —dijo con tono definitivo—, y nosotros estamos muertos.

15

Dios os ha construido de forma diferente. Algunos tenéis el poder del mando, y en la composición de estos ha mezclado oro, por lo cual también disfrutan del mayor honor; a otros, los ha hecho de plata, para que sean auxiliares; otros, a su vez, los que han de ser agricultores y artesanos, los ha compuesto de latón y hierro... Y Dios proclama como primer principio para los gobernantes, y sobre todas las cosas, que no hay nada que debiera protegerse con tanto celo como la pureza de la raza.

—Platón, *La república*, siglo IV A.C., traducción de Benjamin Jowett, 1871.

La condición del hombre... es una condición de guerra de todos contra todos.

—Thomas Hobbes, *Leviatán*, 1651

15.1. Cuarenta-Sesenta Calder Farris

Pol 137 y su compañero, Gyde 332, aparcaron al lado de unas furgonetas antidisturbios blindadas. No se estaba produciendo ningún disturbio. Hacía cientos de años que no había ningún disturbio en esta ciudad. Pero estaba claro que había una crisis estatal, como atestiguaba la concurrencia de personal y la presencia de un oficial Dorado.

Cuando los dos detectives salieron del sedán, Pol 137 vio la causa de tanta conmoción. En las paredes de mármol del Tribunal de Justicia alguien había pintado un *graffiti* con letras de casi un metro de alto:

HAY ALIENÍGENAS ENTRE NOSOTROS

Bajo las palabras había una firma sencilla realizada a grandes brochazos: un círculo abierto con una barra que atravesaba la parte superior.

El viento era gélido aquella mañana y Pol se estaba congelando a pesar del grueso uniforme de lana. Aun así, fue al leer el *graffiti* cuando se estremeció. Su mirada se dirigió a Gyde, preguntándose si tendría la misma reacción. Pero lo que vio en el rostro de Gyde era un patriótico escándalo, la respuesta apropiada ante aquella afrenta al estado.

El Dorado volvió los ojos hacia ellos, los labios blancos y apretados.

—Canciller Henk —lo saludó Gyde. Adelantó con un movimiento brusco el brazo derecho, el puño apretado, y luego llevó el puño al hombro izquierdo con un saludo militar. Pol imitó el gesto.

El canciller echó un vistazo somero a sus placas de identificación. Los hizo aguantar el saludo un poco más de lo acostumbrado para dejar constancia de su enojo, luego les indicó con un gesto de la cabeza que podían descansar.

—¿Son los detectives asignados a este caso?

—Sí, canciller. Yo soy Gyde 332 y este es Pol 137. Es nuevo en el departamento, pero tiene un historial de batalla excepcional.

—El Departamento de Comunicaciones quiere que se ponga fin a esto.

—Sí, canciller.

—Este tipo de cosas no se pueden tolerar. Es la tercera desfiguración. ¿Lo sabían?

—Nos han informado.

—Y el Departamento de Vigilantes todavía no ha atrapado a este terrorista.

—No, canciller. Pero ahora llevo yo el caso. Mi compañero de clase y yo lo encontraremos y lo destruiremos.

Gyde, con la espalda recta, la barbilla levantada, los rasgos llenos de cicatrices y los ojos duros, era la encarnación de la determinación de los Platas. Sabía cómo hacer que sus superiores se sintieran seguros. La ira del canciller Henk disminuyó de forma visible.

Pol observó el cambio mientras estudiaba la pericia de Gyde. También le fascinaba el Dorado. Su aspecto era inmaculado, el cabello rubio peinado hacia atrás, recto como un casco. El color azul de las sienes reflejaba una luz suave, incluso bajo la perpetua capa de nubes que cubría el cielo y su rostro, liso y atractivo, estaba cuidado y aceitado. Pol nunca había estado tan cerca de un Dorado en carne y hueso. Solo los había visto en carteles o en la teledifusión vespertina. Almacenó los detalles de forma mecánica.

El canciller Henk estaba acostumbrado a que lo miraran e hizo caso omiso de los inquietantes ojos de color azul blanquecino de Pol.

—Gyde 332, aceptaré eso como un compromiso.

—Canciller, tiene mi voto más solemne.

—Bien. Voy a elevar a este degenerado a la categoría de terrorista de estado. Recibirá un memorando hoy mismo. Mientras tanto, mi adjunto tiene toda la información. Buena suerte. El estado recompensa el buen servicio.

—¡Larga vida al estado! —lo saludó de nuevo Gyde.

El Dorado le hizo una seña a su conductor y luego se alejó en su largo coche negro. El adjunto se quedó allí esperando a Gyde. Era un Plata joven y tenía en el rostro toda la arrogancia del privilegio de aquel puesto. Mientras Gyde repasaba el caso con él, envió a Pol para que examinara el lugar del crimen.

Pol repasó con cuidado los amplios escalones de mármol que llevaban al pórtico, pero estaban limpios y lisos. Delante de los escalones estaba la zona peatonal, tampoco había nada notable. En el pórtico mismo no había pisadas, ni papel, envoltorios o colillas. Pol sacó una navaja pequeña y un sobre y rascó una muestra de pintura negra del muro. De cerca, las letras eran tan altas que era incapaz de leer el mensaje, y le ayudaba a mantener la concentración no pensar en lo que decía.

Compartió un cigarrillo con el comandante de los vigilantes y lo interrogó. El Tribunal de Justicia, el juzgado más espléndido del estado, estaba justo a la salida de la Plaza de la Victoria, en el corazón de la capital. Los vigilantes supervisaban el distrito por la noche pero, con la ruta y horarios que seguían la mayor parte de los edificios, juzgado incluido, quedaban sin vigilancia durante diez minutos seguidos. El comandante creía que el mensaje se había dejado entre la 0100 y las 0140. No habían visto a nadie en las calles, ni siquiera alguien con un pase legal para el toque de queda.

Así que, quienquiera que fuese el terrorista, escribió Pol en su libreta, era lo bastante listo como para estudiar las rutas de los vigilantes y coordinar la desfiguración de forma acorde. No se había producido ningún bombardeo la noche anterior, así que las farolas habían estado encendidas, duras y deslumbradoras, y sin embargo, había terminado su asunto sin que lo vieran. Pol tuvo que preguntarse quién sería tan estúpido para arriesgar tanto por tan poco. ¿Cuál podría ser la motivación? Un descontento. Un loco.

Los ojos del comandante se detuvieron en el rostro de Pol mientras hablaban. La mirada solo fue un segundo más larga de lo habitual, pero Pol sintió una punzada de preocupación. Gyde todavía estaba hablando con el adjunto, así que Pol entró en el Tribunal de Justicia y encontró un lavabo. Estaba en la parte posterior del lujoso vestíbulo. El cartel decía que era para Dorados y Platas nada más.

El interior era impresionante, techos altos, suelos de mármoles, elegante pero frío. Unas columnas de mármol dividían los espacios. Los receptáculos de metal pulido no reflejaban ni una huella. Un sirviente de Hierro estaba esperando para atender a Pol y para limpiar una vez que se hubiese ido. Le hizo un gesto al esclavo para que se retirase y se dirigió a la fuente. Puso la punta de los dedos en el chorro de agua y aprovechó ese momento para examinar su reflejo en el espejo. El azul de sus sienes estaba intacto. El color de sus ojos ayudaba a desviar la atención de las sienes, en cualquier caso. La zona de las cejas estaba despejada y lisa. Las pequeñas cicatrices ocultas bajo la línea del pelo, justo encima de ambas orejas, no eran visibles. Tenía un leve toque oscuro en la mejilla, pero solo se veía si lo buscabas. Aguantaría hasta que volvieran a la oficina. El comandante se había quedado mirando... ¿qué? Nada. Con frecuencia los ojos se detenían sobre él y él nunca llegaba a entender cuánto podía ver la gente y cuánto no. Se iba a volver loco si seguía preocupándose por eso.

El Hierro esperaba con una toalla. Pol se secó las manos. Estaba a punto de irse pero decidió que también podía aliviarse ya que estaba aquí. No había nadie, solo el Hierro, que estaba ocupado limpiando el metal que él había salpicado en la fuente. Los baños del Departamento de Vigilantes normalmente estaban ocupados; Pol los evitaba.

Se dirigió a los receptáculos de metal, de espaldas a la habitación.

Estaba liberando un chorro de orina cuando oyó que se abría la pesada puerta del vestíbulo. Se apresuró a terminar para abrocharse los pantalones. Creyó que tanta prisa no había resultado obvia pero al volverse, Gyde se acercó al receptáculo que había a su lado con una sonrisa en los labios.

—Me da la risa, Pol. Tímido como una chica, como si no te hubieras criado con unos cuantos cientos de hombres.

Gyde liberó su propio pene, sin circuncidar y ligeramente curvado, con un atrevimiento exagerado, ¿o era orgullo? Una sonrisa sardónica formaba hoyuelos en su rostro maduro.

—Estaré fuera —dijo Pol.

Ya de vuelta en el Departamento de Vigilantes, Pol se sentó en su escritorio contemplando las fotografías que tenía delante. Pintura negra sobre un muro blanco de mármol: HAY ALIENÍGENAS ENTRE NOSOTROS.

Gyde se plantó ante su escritorio.

—¿Vienes a comer?

—Bajaré dentro de un minuto.

La partida de Gyde abrió las compuertas. Aquella sala, gigantesca y vieja, con sus imponentes techos agrietados y estruendosos radiadores, albergaban los escritorios de otros seis detectives de clase Plata. Sus ocupantes siguieron a Gyde al comedor de forma instintiva, igual que lo habían seguido en el campo de batalla.

Pol se alegró de quedarse solo. Abrió el archivo del caso que les había dado el adjunto. El terrorista había dejado otros dos mensajes en forma de *graffiti* antes de la desfiguración de anoche.

ESTÁN AQUÍ, SON NOSOTROS, decía el mensaje más reciente.

Y el primero: ¿QUÉ ES LO QUE NO NOS CUENTA EL ESTADO?

Ese era una estupidez. ¿Qué les contaba el estado? Pero el otro mensaje le tocaba un nervio mental, igual que el mensaje de los alienígenas. ESTÁN AQUÍ, SON NOSOTROS. Pol sintió que la oscuridad de su mente se estremecía, como si respondiera, como si la perturbara un temblor secundario neurológico. No sabía lo que significaba, solo que significaba algo.

Cuando llegó al comedor y se sentó, Gyde se llevó un dedo a los labios para acallar su saludo. Le señaló con la cabeza la mesa de al lado, donde un grupo de vigilantes de Bronce, con los uniformes del color del óxido apretados y ominosos, estaban sosteniendo una conversación. Una fémina de Hierro vino para concretar su elección entre las dos opciones del menú de hoy. Pol le dio una respuesta rápida, sin saber casi lo que había pedido. Estaba escuchando a los Bronces.

—¿Dónde fue eso? —preguntó uno en voz baja.

—Saradena. Estuve destinado allí hasta la semana pasada.

—¿Cómo sabes que el cadáver era de un Plata? Has dicho que la cabeza y las manos no estaban.

—¿No reconocerías un Plata al verlo? Tenía una vieja cicatriz de entrenamiento en el muslo izquierdo, la piel era blanca, prominentes venas azules en sus partes privadas, como una estatua, y su físico era perfecto, un guerrero clásico. Por la sangre, era un Plata.

Pol sintió un torrente de adrenalina provocado por el miedo, pero no lo vigilaba nadie; nadie en absoluto lo miraba. Gyde tenía la cabeza ladeada y los ojos medio cerrados, estaba escuchando el diálogo.

—Yo reconocería a un Plata —estuvo de acuerdo otro Bronce—, aunque le faltara algo más que eso. ¿Pero quién haría algo así? ¿En una de nuestras propias ciudades? ¡Ni siquiera en batalla!

—Quizá hizo algo malo —dijo alguien en voz baja. Pol se atrevió a mirar un momento. El que había hablado era un Bronce alto que ya había visto antes, grande y grueso, de aspecto desagradable. Su voz era sombría y llena de intención.

La mesa se quedó en silencio. «Hacer algo malo» podía ser fatal, desde luego. De hecho, ni siquiera era muy inteligente hablar de ello. El Bronce de Saradena miró a su alrededor con aprensión. Vio a Gyde y a Pol mirándolo y empalideció. Empezó a cortar el filete.

—No decapitado —dijo Gyde con calma pero en voz alta—. No por el estado.

Gyde se volvió de nuevo en la silla y miró a Pol levantando el caballete desnudo que tenía sobre los ojos como si quisiera decir: *Mira cómo juego con estos niños.*

—Es cierto —aventuró alguien de la mesa de al lado, ahora envalentonado—. Si hubiera hecho algo malo, habría desaparecido, no lo habrían encontrado partido así en trocitos. Debe de haber sido un ciudadano privado el que lo hizo, un asesino, un lunático.

Pol estrelló la mano contra la mesa con un doloroso golpe.

—¡Silencio!

Los Bronces de la mesa de al lado se limitaron a ocuparse de su comida en completo silencio y, después de fingir comer, se dispersaron de inmediato rumbo a sus cubículos.

Llegó el plato de Pol. Gyde se inclinó hacia delante con la expresión pensativa y la barbilla en la mano. Estaba estudiando a Pol con esa maldita expresión inescrutable. Sus ojos eran de un suave color verde mar en ese momento pero si los mirabas más de cerca podías ver el acero, el fulgor de una lanza, incluso cuando estaba relajado.

Pol sintió la necesidad de decir algo, de justificar lo que acababa de hacer, algo como «no deberían hablar de ese modo sobre el estado» o «no me gustan esas charlas mientras como». Pero fue sabio y no dijo nada.

—¿Has oído hablar de ese caso? —preguntó Gyde poco a poco—. ¿Un Plata decapitado? Tú estabas en Saradena, ¿no? ¿Antes de que te destinaran aquí?

—Brevemente. De permiso. Y no, nunca había oído hablar de él. —El cuchillo le pesó cuando lo cogió para cortar la carne.

—Conseguirías un montón de méritos resolviendo un caso así.

Pol dirigió a su compañero una mirada fría, ociosa. Se llevó la carne chorreante a la boca.

—Está en Saradena.

—Lo sé. Es que tienen la suerte de los dioses.

—Debería haber méritos suficientes en nuestro nuevo caso.

—Sí —dijo Gyde, más animado—. Lo han elevado a terrorista de estado, sin paliativos, y es nuestro hombre. Quiero resolverlo rápido. Vamos a meter unos cuantos días en este caso desde ahora mismo, y dejamos todo lo demás. Después de comer podemos sentarnos a hacer una lista de todos los ángulos.

Después de comer. Todavía había una larga tarde por delante. Pol tenía la sensación de que su mente se estaba partiendo en dos. La verdad es que debería sentarse a examinarlo pero lo cierto es que no se creía capaz y estaba esa mejilla cada vez más oscura que tenía que atender.

—Pensaba investigar un poco después de comer. Una hora o dos. Deberíamos asegurarnos de que tenemos todos los datos antes de establecer una estrategia.

La frente curtida y sin pelo de Gyde se plegó en unas arrugas como las que deja la marea en la arena.

—¿Investigación?

—En los Archivos.

Las arrugas se profundizaron. Pol sintió que los ojos de Gyde lo taladraban pero su compañero no comentó nada.

Pol consiguió coger uno de los autobuses para Platas. El cuero grueso y la calefacción subida le proporcionaron un alivio bienvenido para el frío reinante. Lo dejó en el gimnasio de los terrenos de los Platas, cuya piscina y balneario, vacíos, se veían a través de los grandes ventanales. Dentro, solo estaban utilizando las instalaciones unos cuantos heridos convalecientes, con la carne desnuda de color rosa por el vapor. Fuera, una unidad de jóvenes Platas, de unos diez u once años, estaban practicando la lucha libre. Los cuidadores de Hierro esperaban pacientemente a un lado mientras los instructores de Plata les daban la lección. Los niños vestían la prenda de lana de una sola pieza, que les quedaba como una segunda piel. Prendas similares se llevaban bajo el uniforme de los Platas en batalla. Pol llevaba una bajo su propio uniforme negro de detective. Era uno de los muchos pequeños detalles que distinguían a los Platas de las otras clases. Hasta la calidez era un privilegio del rango. Tampoco es que nadie llegara a pasar calor en Centalia.

La lección de lucha era un pequeño nudo de actividad en los interminables terrenos grises de prácticas del complejo de los Platas. Los dormitorios estaban a ambos lados, enormes y silenciosos bajo la tenue luz de la tarde. Había pocos Platas presentes este mes. Se estaba produciendo una gran ofensiva en la frontera con Mesatona y la mayor parte de los soldados estaban en el campo de batalla. Solo los niños y los veteranos, como Gyde, destinados a tareas de funcionario, seguían frecuentando aquellos terrenos. Los Platas viejos subían los escalones y cruzaban el suelo congelado como sombras cuando el complejo se quedaba así de tranquilo, con los ojos en lejanas batallas empapadas en sangre a las que ya no podían unirse.

Y luego estaba Pol.

Empezaron a granizar grandes fragmentos helados. Apretó el paso. Tenía dos habitaciones en el tercer piso del edificio catorce. Las habitaciones eran altas y elegantes, el mobiliario espartano y no había cerrojo en la puerta. Pero ya había encontrado una forma de solucionarlo. Entró en su baño y se llevó consigo una silla pequeña que luego apoyó contra la manija de la puerta. Al fin solo.

Su rostro nudoso resultaba inhospitalario bajo la luz que entraba por la pequeña ventana. Encendió la lámpara que tenía encima. Con aquella luz parecía que no tenía sangre. Se inclinó hacia delante con las manos en el lavabo y se quedó mirando su reflejo en el espejo.

Había estado sudando y debió de tocarse sin querer. El azul de las sienes estaba corrido.

Abrió el grifo y esperó a que saliera el agua caliente. Cogió unas cuantas de las hojas de papel que se guardaban al lado del váter y se limpió las sienes. El maquillaje azul claro, casi del mismo tono que sus ojos, salió manchando de negro el tosco papel. Los limpió otra vez, mojó el papel y se aseguró de que lo había quitado todo. Luego tiró el papel por el váter. Se salpicó la cara de agua y se la echó por el pelo corto y rubio (había un rastro de negro en las raíces, tendría que teñírselo otra vez mañana por la noche). Metió la cabeza entera debajo del grifo, *ojalá pudiera desaparecer con el chorro*.

Pol 137 era el nombre del Plata muerto en Saradena cuya cabeza y manos nunca se encontraron.

Empapó un paño con agua caliente y se lo envolvió alrededor de toda la cara, luego lo sujetó con fuerza. Se sentó en el váter y se reclinó hacia atrás, esperando que el calor le ablandara la piel. Con tanto afeitado, se le estaba quedando visiblemente irritada.

Los Plata no tenían vello facial ni cejas.

Hay alienígenas entre nosotros.

Si al menos pudiera recordar.

La oscuridad que embargaba al impostor de Pol 137 cubría algo más que su piel, era algo más profundo que el vello de la cara que se afeitaba o que el pelo de la cabeza que se teñía. Había un abismo negro en su mente, un cisma que era un tormento tratar de atravesar. Sondeó ese lugar entonces, igual que la lengua sondea una muela dolorida, solo porque debía hacerlo, porque estaba en peligro. Ese lugar era como un agujero en la realidad. Podía, con esfuerzo, trasladarse al otro lado de ese agujero, de ese cisma. Y lo que vislumbraba allí tenía una lógica que no esperaría que tuviera la locura. Y sin embargo la lógica de «aquel sitio» (el otro lado del abismo) no era consistente con la lógica de «aquí», de este sitio. Y entonces se derrumbaba; todo se derrumbaba. Sus recuerdos se fracturaban y se rompían. Si lo intentaba con demasiada fuerza y durante demasiado tiempo, se tambaleaba sobre el borde y estaba a punto de caer para siempre en ese agujero y no volver a salir.

Era mucho más práctico no ir ahí. Y lo práctico era lo que importaba. Tenía que conservar la presencia de ánimo en todo momento. Pero aun así, sabía lo que era ese cisma: una herida. Había sufrido una lesión en la cabeza durante una batalla; esa era la causa superficial. En otro tiempo había creído que eso era todo. Ahora ya no estaba tan seguro.

Lo primero que recordaba con certeza era estar vagando por las llanuras grises y bombardeadas de un campo de batalla, totalmente confundido y aterrorizado. Así fue como lo encontró Marcus, el codicioso y baboso Marcus. El mercader había estado conduciendo por la zona de guerra durante un alto el fuego con el camión lleno de productos para el mercado negro.

Marcus lo había sacado de allí, le había colocado unas pulseras de sirviente y le había dado una identidad: clase Hierro, Kalim N2. Marcus había pensado que era un soldado enemigo con neurosis de guerra, un beneficio limpio de polvo y paja por la cara. Aquel codicioso bastardo había esperado poder darle la vuelta enseguida, venderlo antes de que recuperara la memoria, se rebelara, creara problemas. Pero primero Marcus tenía que parchearlo, o, más bien, hacer que sus sirvientes lo parchearan, le cosieran las heridas, le enseñaran los rudimentos del idioma, lo rescataran de los profundos escalofríos y los vómitos que lo atormentaban, de la mirada de absoluto pánico que tenía en los ojos.

Recordaba la rutina de Marcus, la casa de un Bronce de clase 2. Aquella misma tacañería, la tosquedad, habían sido un consuelo al principio. Le había ofrecido una rutina que calmaba el torbellino de su cerebro, como si al tener a alguien que le dijera qué tenía que hacer en cada momento lo despojara a él de esa carga. Poco a poco, el cisma de su mente se había separado y solidificado y empezó a captar la realidad tal y como era. Tenía un peso encima que le oprimía, que le hacía estar cansado todo el tiempo, pero cada día sentía que sus pies se acomodaban cada vez con más naturalidad al suelo, como si empezara a tocar tierra, como un ángel.

Pero había llegado al punto de funcionalidad y lo había pasado. Después de un tiempo, el trabajo de criado empezó a molestarle. Que le dieran órdenes perdió el factor de consuelo. Sintió y luego supo que no había nacido sirviente. Veía los uniformes en la calle, aquellos hombres y mujeres hermosos que relucían como diamantes militares, los carteles por todas partes de los Platas triunfadores, guapos, perfectos... musculosos, arrogantes, gloriosos, el orgullo del estado. Cuanto más los miraba, mejor sabía lo que era, lo que debió de ser en otro tiempo. Había sido un Plata en algún estado extranjero; había tenido riqueza, privilegios, poder sobre los demás. Sobre todo eso. Sobre todo poder. De alguna forma había resultado herido en la batalla y lo había capturado el enemigo, pero seguía siendo un guerrero.

Había estado seguro de eso en Saradena. ¿Todavía lo creía?

El paño se estaba enfriando. Volvió al espejo y se desenvolvió la cara. Se examinó el cráneo por centésima vez, las puntas de los dedos viajaban por la superficie para palpar las cicatrices. Estaban las cicatrices más pequeñas ocultas en la línea del pelo donde él mismo se había hecho una pequeña operación, cortando y tirando de la piel para que los ojos tuvieran esa sutil inclinación de los Platas de Centalia. En la parte posterior del cráneo estaba la cicatriz de la herida recibida en la batalla, tan pequeña e insignificante, una línea retorcida no más larga que la falange de un dedo. Debajo había un nudo huesudo. Lo sondeó, como si sus dedos pudieran descubrir sus secretos. Entendía el modo en el que la herida debía de haber rasgado, partido, sus recuerdos. Pero lo que no entendía era cómo podía haber hecho que lo que sí recordaba fuera una completa locura.

Esos recuerdos tenían que ser una locura; no podían ser reales. Se había pasado las últimas semanas confirmándolo en los Archivos. Pero había una cosa de esos recuerdos en la que sí confiaba: había estado en una misión, una misión muy urgente. E hiciera lo que hiciera, al margen de cómo sobreviviera, comiera, trabajara o soñara mientras se curaba su cerebro, era vital que recordara cuál era esa misión.

Los Platas jóvenes e impasibles de la entrada de los Archivos, rectos como flechas, esculpidos como efigies, no dieron ninguna muestra de reconocerlo, aunque él había visto a este en concreto, el que sostenía su documento de identidad, en muchas ocasiones.

—Pol 137 —escribió el Plata con meticulosidad en el libro. Levantó la vista y se encontró con los ojos de Pol por primera vez—. ¿Trabaja en otro caso, Detective?

—Sí, para el Departamento de Comunicaciones.

Pol recuperó su identificación y siguió caminando.

Estúpido. ¿Por qué había dicho eso? El Plata no tenía por qué saberlo. Le había incomodado la pregunta. *Mantén la boca cerrada. ¡Cerrada!* Había conseguido llegar hasta allí con el cerebro lesionado diciendo lo menos posible y no haciendo nunca, jamás, preguntas.

Hubo otro control de seguridad, el archivero principal. Pol tenía que dejar aquí sus cosas. El archivero copió los documentos que Pol necesitaba en un papel verde especial y apuntó el número de hojas que se le habían dado. Cuando se fuera, se devolverían para que las tiraran. No entraban papeles y no salían papeles.

Dentro de los Archivos, Pol se dirigió a una hilera de pequeñas casillas y sacó una llave del bolsillo. Se podían coger notas en este lugar, así que se guardaban aquí. Aun así, Pol sabía que en cualquier momento el estado podía decidir echarle un vistazo a sus notas y lo haría, así que las mantenía lo más crípticas posible. Se llevó la libreta del archivo y las páginas verdes a las enormes y viejas mesas que había en el centro de la habitación. Desde su asiento era visible para los archiveros, visible para los guardias armados que permanecían en el balcón. Allí no podía haber ningún secreto, allí donde se guardaban todos los secretos.

No tenía mucho en las notas. La búsqueda del idioma que recordaba no había rendido nada. Había encontrado seis idiomas diferentes en los Archivos, dos obsoletos, los otros cuatro todavía en uso en otros estados, pero ninguno encajaba con el idioma que había tenido en la cabeza cuando lo recogieron. Así que seguía sin saber de qué estado había venido. Había estado insertando sus propias palabras clave en las búsquedas que hacía para los casos siempre que podía. No había encontrado ninguna referencia a «Estados Unidos de América», «Ejército de los Estados Unidos» ni a ninguna de las otras palabras que subían a la superficie de su cerebro como los restos de un barco hundido.

Cogió las páginas verdes. Según el análisis de laboratorio del mensaje del *graffiti*, la pintura negra era de un tipo utilizado en la construcción. Los solares en construcción estaban poblados por mano de obra esclava, Hierros. El terrorista podía ser un Hierro. Pero en ese caso, arriesgaría mucho si lo cogieran en la calle después del toque de queda. Para un Hierro esa infracción se castigaba con la muerte.

Hizo una lista de palabras clave para la búsqueda. *Alienígenas. Graffiti. Terroristas de estado. Solares en construcción. Pintura negra.* Hizo una pausa. Añadió: *Washington.* La arrancó y se dirigió a una de las archivistas menores. La placa la identificaba como Bronce 3, una belleza morena. Estaba muy ocupada. Cogió la lista y la copia del círculo con el que firmaba el terrorista, miró otra vez su identificación y le dijo que esperara.

Mientras esperaba en su mesa, le cayó una mano en el hombro y consiguió no dar un salto. Era Gyde. Se deslizó en la silla de al lado. Parecía tan nervioso como un ratón enfrentado a un gato.

—No me gusta este sitio —murmuró mientras les echaba rápidas miradas a los guardias—. ¿Por qué vienes tanto aquí? No es sano ser demasiado curioso. Alguien se dará cuenta.

—No vengo tanto.

—¿Encuentras algo?

—Está mirando ahora.

Su compañero miró su reloj con intención.

—¿Todavía? ¿Cuánto tiempo llevas aquí?

—Un rato. —Pol se quedó mirando a Gyde sin parpadear. Gyde sonrió, una sonrisa ligera, ilegible, y dejó el tema.

La archivera trajo la información. Había varias carpetas grandes que había que filtrar, la mayoría, si no todas, terminarían siendo irrelevantes. Pol cogió su lista de la parte superior de la pila cuando la archivera la dejó en la mesa. Le echó un breve vistazo antes de convertirla en una bola. Washington: cero expedientes localizados.

—Vamos a empezar —dijo Pol.

15.2. SESENTA-CUARENTA DENTON WYLE

Denton rodó para apartarse de la hembra sapphiana, jadeando un poco. Se estiró y bostezó.

—Te traigo comida ahora —dijo ella.

—Gracias —respondió él en sapphiano.

Ella se levantó, se ató la faldita y lo dejó para que se aseara con el cuenco de agua templada que le había traído un poco antes.

Llevaba en la aldea... caray, tenía que hacer ya un par de meses, y hasta ahora le habían enviado una mujer diferente cada mañana. Hizo unos cuantos ejercicios calisténicos mientras se preguntaba ocioso si lo considerarían un insulto mandar alguna repetida y esperó no terminar atrapado y tirándose a las muy ancianas y a las muy jovencitas para cumplir algún extraño requisito de sus anfitriones.

Tampoco es que se tuviera que preocupar a corto plazo. Había varios miles de sapphianos viviendo en aquella garganta con forma de herradura y muchas de ellas eran jóvenes núbiles. Sí, muchas.

Se acercó al lavabo silbando. El aire era cálido y suave sobre su piel. Se salpicó el cuerpo con un poco de agua y se afeitó con un cuchillo primitivo. Una piedra afilada, una especie de pedernal, servía de hoja. Era evidente que la edad de hierro todavía no había hecho acto de presencia. El afeitado era una mierda pero de ninguna de las maneras pensaba imitar a Tom Hanks. Los sapphianos no se dejaban barba y a él ya le costaba bastante integrarse tal y como estaban las cosas.

Volvió a ponerse su propia ropa. Una cosa era encajar, pero no pensaba ponerse una de esas falditas sapphianas, así de simple.

Le habían dado su propia choza. Era como las demás: una estructura de una habitación hecha de barro seco con un tejado tejido de enormes frondas gomosas. Era acogedor, un poco al estilo de yo-Tarzán-tú-Jane. No era una suite en el Ritz. Su madre habría tenido una vaca o quizá todo un rebaño incluso. Se preguntó si ya sabría que había desaparecido. Se preguntó si habría sacado diez minutos de su ocupada rutina para derramar una maldita lágrima.

—Tu desayuno. —La hembra volvió con un cuenco de madera de fruta cortada y un grano pegajoso parecido a la tapioca.

—Gracias, Gertrude. —Le sonrió.

La hembra le ofreció la típica sonrisa vacía de los sapphianos, con los ojos en la mejilla de él, y se fue.

La aldea sapphiana se extendía por toda la herradura de la garganta. Unos senderos conectaban los grupúsculos de chozas, cada uno de los cuales estaba alrededor de un círculo central. La choza de Denton estaba en el círculo comunal más grande, el lugar donde todo el mundo hacía la comida vespertina y disfrutaban de los subsiguientes bailes y jarana. Era, se podría decir, una propiedad de primera clase. Durante la siesta de la tarde el círculo se utilizaba para haraganear y visitar a amigos y familiares y por las mañanas estaba lleno de mujeres y niños. Las mujeres mojaban y teñían las telas de seda que utilizaban para hacer ropa, mientras los niños pequeños gateaban por allí como pequeñas ratas lustrosas.

No es que a Denton no le gustaran los niños. No tenía una opinión formada en uno u otro sentido. Pero es que estos no eran exactamente niños, ¿verdad? Y, de todas formas, antes se moriría que pasar otra mañana viendo telas que se volvían rojas. A tan temprana hora, con el cielo sapphiano de un color verde agua fresco y ligero, los hombres y los niños se reunían para formar comités de trabajo. Denton se acercó y se unió a un grupo de hombres.

—A *allook saheed* no le hace falta trabajar —le dijo uno de los hombres mientras le hacía un gesto para que se fuera, de una forma, oh, tan educada.

—Lo sé. — Denton Sonrió—. Pero quiero trabajar.

El hombre pareció sorprenderse, como si Denton hubiera dicho que le gustaría realizar trabajos forzados.

—Si *allook saheed* lo desea...

—Sí, gracias, pero quiero trabajar.

El hombre llevó a Denton con un grupo de hombres jóvenes. Lo recibieron como si fuese el segundo advenimiento del salvador. Él inclinó la cabeza y saludó a cada uno de ellos.

—*Ta zhecta. Ta zhecta. Ta zhecta.* —El cuello se le había quedado rígido de tanto saludar. Seguramente se había dislocado una vértebra o dos.

Los ocho se dirigieron a la selva por un sendero. Denton se encontró emparejado con un joven en el que ya se había fijado antes.

—¿Qué hay, John?

El muchacho lo miró, confundido.

—¿Zhohn?

—No sé decir tu nombre. ¿Verdad? ¿Cuál es?

El joven dijo algo con un repique de al menos tres *ks*. Denton había aprendido un poco de sapphiano básico porque de ninguna manera podría vivir sin ser capaz de engatusar a alguien. Pero los nombres eran más difíciles que el discurso diario y, además, llamarlos por un nombre humano era una ilusión bastante insignificante.

—¿Ves? No sé decir eso. Yo digo «John», ¿vale?

—Zhohn —repitió el chico. Parecía complacido—. Me gusta este nombre.

Como todos los sapphianos, John era una criatura hermosa. Tenía los pies largos y delgados, de aspecto inhumano, con unos dedos ratoniles y pegajosos. Le recordaban a Denton a pies de ángel, salvo por la suciedad y el borde interior rojo y basto donde la piel se había encallecido. John apenas acababa de llegar a la edad adulta y parecía Peter Pan, o Puck, el niño eterno. Bueno, más o menos. Podría haberlo parecido si no fuera por un defecto de nacimiento: la mano derecha encogida. Denton ya se había fijado porque ese tipo de cosas eran extrañas entre los sapphianos. Lo sorprendente es que fuera raro, dado que no había un cirujano plástico en un par de millones de años luz a la redonda.

—¿Qué vamos a hacer hoy? —le preguntó Denton.

—Recogemos fruta.

—¿No me digas? —No parecía demasiado difícil. Y tampoco para quitarte el aliento de puro emocionante.

—La verdad es: yo la arranco. Tú la coges —A John le brillaron los ojos.

—Así es como funciona, ¿eh?

—Sí.

—¿Se te da bien arrancar fruta?

—Tan bien que la fruta viene a mí. Ni siquiera trepo al árbol.

Denton se dio cuenta de que le estaba tomando el pelo. Y John lo miraba a los ojos, sin más. Denton se sintió ridículamente agradecido a que lo trataran... bueno, como a una persona. Se le hizo un nudo en la garganta.

—Me gustaría verlo.

—Lo verás. Yo soy el Poderoso John. —El muchacho se golpeó el pecho con gesto de macho. Al oírse utilizar el nombre falso lanzó una risita infantil. Denton también se echó a reír.

La vista que tenían al caminar era muy bonita. Pasaron por un arroyo en el que chispeaba el agua y reflejaba el verde de la selva con destellos de esmeraldas. Un musgo delicado, como un helecho, cubría las orillas del arroyo como si fuese encaje. Pasaron al lado de un árbol que se curvaba como una mujer y tenía una enredadera que subía por su tronco con flores de un color rojo brillante del tamaño de la cabeza de Denton.

Jesús, qué bonito era. No era Los Ángeles y nunca lo sería. Le empezó a palpitar el nudo de la garganta.

—Escucha, John. ¿Hay otras cosas que ver lejos de aquí? Quizá... —Denton se devanó los sesos en busca de vocabulario—. ¿Quizá agua grande? ¿U otras aldeas? ¿Otra gente?

John desvió la mirada, que dirigió a lo lejos mientras la sonrisa se desvanecía de su rostro.

—¿Lejos de aquí? No he dejado la garganta en mi vida.

—¿No? Quizá has oído historias...

—Ninguna persona deja la garganta. Nunca. —El tono de John indicaba que solo la idea ya era inconcebible. Miró a los otros con aire nervioso.

Denton comprendió que aquel no era un tema de conversación bien recibido pero todo aquel asunto lo dejó perplejo. La garganta era un lugar maravilloso, desde luego. ¿Pero qué clase de personas no explorarían su propio planeta? Por puro aburrimiento, aunque no fuera por otra cosa.

—¿Por qué, John? ¿Por qué la gente no deja nunca la garganta?

John se dio la vuelta y se encontró con sus ojos. Parecía asustado y habló en voz baja y con tono urgente.

—No es seguro. Es muy peligroso ahí fuera. No debes salir allí, amigo.

—Ah —dijo Denton—. De acuerdo.

John no se había jactado demasiado. De los ocho que eran, él era el único que trepaba a los árboles, y al parecer ese trabajo era su especialidad. Escogió primero un árbol *paava*, con el tronco liso y recto, cubierto de unas espinas duras, parecidas a agujas. John se envolvió unos trapos alrededor de las muñecas y los pies y se subió al árbol. Ágil como un artista de circo.

Denton trabajaba con dos de los otros varones manejando una gran red. La manipulaban para atrapar la fruta cuando John la tiraba. Cada pocos minutos volcaban el contenido al suelo y el resto de los varones reunía la fruta y la ponía en montones.

Fue un día de trabajo corto. Ningún sapphiano trabajaba más allá del mediodía, cuando más calor hacía. Los otros lo mimaron al principio pero al poco tiempo parecieron olvidar que era *allook saheed* y todo fue bien. No fue exactamente un día lleno de emociones internacionales y aventuras pero fue mil veces mejor que sentarse fuera de la choza a ver cómo le crecían las uñas de los pies. Y eso era un poquito patético.

Toda la mañana, mientras trabajaba con la red, no hacía más que recordar lo que John le había dicho: *No es seguro*. Pensó en todos los terrores que había sentido durante aquellos primeros días, antes de encontrar la garganta, cuando caminaba solo y se preguntaba qué formas de vida letales existirían en este planeta. Recordó aquella cosa grande que había oído muy lejos, en la selva, y la sangre en los árboles.

Después de todo quizá no fuera tan importante averiguar si Molly Brad o algunos de los otros había estado allí alguna vez.

Denton echó la cabeza hacia atrás para mirar las estrellas.

Las estrellas de Sapphia eran increíblemente brillantes y había trillones de ellas. Formaban una red por el cielo mucho más densa que el dibujo que recordaba que formaban las estrellas en casa. Era como... como mirar el centro de Nueva York desde el aire.

Le dolía el nudo de la garganta. Se estaba haciendo crónico, el maldito nudo. Era como un ardor de estómago fuerte, solo que más alto y... más nudoso. Dejó de mirar las estrellas.

Ojalá empezara la fiesta ya. Estaba sentado en un tronco en el círculo comunal. El lugar estaba atestado de sapphianos, al igual que cada noche. Y cada noche, en cuanto se acercaba a un tronco, la gente se levantaba y le hacía un gesto para que ocupara su lugar. En el metro en Nueva York o París eso se consideraría comportamiento sospechoso pero aquí... bueno, los sapphianos se sabían eso de la generosidad de memoria. Sí, señooor. Sonrió y saludó con la cabeza a la gente que pasaba hasta que creyó que se le caería la cabeza.

—*Ta zhecta. Ta zhecta. Ta zhecta.*

Estaba esperando a que apareciera lo bueno, *gancha*, un zumo de fruta fermentado que era de un dulzor enfermizo pero lo bastante embriagador como para justificar cualquier insulto al paladar. El *gancha* era efectivo sobre todo para disolver los nudos. Pero antes de poder ponerle las manos encima a eso tenía que soportar el ritual semanal. Por fin, uno de los varones más maduros, con el pelo rubio apenas salpicado de plata, se levantó y anunció la lista.

Era algo que hacían cada siete días; Denton los había contado. En un mundo sin la Noche de Chicas de los jueves ni la Noche de Fútbol de los lunes, era agradable tener un modo de marcar tu lugar en el tiempo. Había terminado por llamar a esta noche «el Especial del Sábado Noche» y había nombrado los otros días de la semana de la forma correspondiente.

El Especial del Sábado Noche consistía más o menos en lo siguiente: Alguien se levantaba y hacía un breve anuncio. Luego había una hora o poco más en la que los sapphianos lloraban, gemían, daban patadas al suelo y en general se comportaban como si el mundo estuviera acabándose.

La primera vez que Denton lo había visto, se había quedado atónito. Estaba seguro de que algo catastrófico iba a ocurrir. Pero los llantos se fueron atenuando poco a poco y lo que siguió fue el mayor banquete de la semana, montones de bebida y montones de sexo. Y la verdad es que ahora le vendría bien un viajecito al país de las trompas. Pero primero tenía que aguantar los llantos.

Tenía a una hembra a su derecha que vertió unas cuantas lágrimas de cocodrilo hasta que consiguió echarse a llorar con pena sincera. No era nada especial. Denton lo intentó, pero por Dios que era incapaz de recordar si aquella chica lo había visitado por las mañanas o no. Al darse cuenta le empezó a doler el nudo.

—*Ta zhecta* —le dijo a la joven—. ¿Te encuentras bien?

—Sí. Es triste.

Se inclinó hacia ella intentando conseguir que lo mirara.

—¿Por qué es triste? Lo que dijo el hombre... ¿era una lista de nombres, sí?

Ella no parecía entender la pregunta.

—¿Son...? —No sabía la palabra para «ancestros»—. ¿Padres? ¿Padres de padres de padres? ¿Y madres de madres de madres? ¿De hace mucho tiempo?

La joven contemplaba la mejilla de Denton totalmente confundida.

—No.

Denton no sabía cómo plantear la pregunta de forma diferente. Él creía más o menos que el ritual era un recuerdo, un relato de algún acontecimiento trágico ocurrido en la comunidad, una plaga o un meteorito o algo así.

—Les decimos adiós ahora —dijo ella.

—Sí, ya veo —dijo él aunque no tenía ni la más remota idea.

—¿Quieres llevarme a tu choza?

Denton estaba molesto.

—No, quiero hablar.

—Oh.

Ella esperó. Había algo en la forma que tenía de esperar que lo hizo sentirse como un estúpido.

—¿Qué haces durante el día?

—Recojo grano en el río.

¡Vaya! ¿Viajas mucho en tu trabajo? ¿Muchos beneficios?

—¿Tienes hijos?

—He dado a luz tres veces.

Parecía joven pero no le sorprendió. Por mucho que le gustara aquella actitud hacia el sexo en plan «viva la virgen» que tenían los sapphianos, tenía que admitir que la abundancia de mocosos y hembras embarazadas era un resultado bastante menos atractivo. A veces, parecía que había más niños que adultos en la aldea.

Todavía le miraba la mejilla.

—Bueno. ¿Quieres... esto... ir a mi choza?

Cuando Denton volvió al círculo un poco después, la fiesta había empezado. Parpadeó ante aquella claridad nocturna, una combinación de la luz de las estrellas y la de las hogueras. Antes de haber dado más de tres pasos, una hembra madura le trajo un plato repleto de carne asada y grano. Le dio las gracias tres veces, ya que la mujer no dejaba de asentir e inclinarse ante él. Miró el plato y suspiró.

Lo que de verdad quería, y con todas sus fuerzas, era algo de beber. Pero lo que prefería aún más era alguien comprensivo con quien beberlo. Y el único que cumplía los requisitos era John. John y él habían pasado mucho tiempo juntos últimamente.

Examinó la multitud de sapphianos y vio al muchacho en el borde exterior de la luz de una hoguera hablando con una joven. Se dirigió hacia allí pero para cuando llegó, John y la hembra ya habían tomado un sendero que los llevaba a la selva. Denton los siguió.

No había mucha luz en el sendero. Anduvo con el plato caliente en las manos; se sentía un poco inquieto. Algo se precipitó hacia él desde los árboles y le arrebató el plato.

Gritó y dio un tropezón hacia atrás. Pero cuando la figura se volvió a meter como un rayo entre los árboles, Denton vio qué, (o quién) era. Era la chica del cabello largo dorado blanquecino, la primera que había visto la noche que encontró la aldea.

—¡Oye! ¡Espera! —Corrió tras ella.

A esta chica, lo sabía con seguridad, nunca se la habían enviado a su choza por la mañana. Lo sabía porque siempre le desilusionaba que no fuera ella. Algo le pasaba a aquella hembra. No la aceptaban en la aldea. La había visto un par de veces, rondando fuera del círculo, siempre por las mañanas. Se sentaba en los árboles y contemplaba a las mujeres y los niños con una expresión de resentimiento y deseo. Le había recordado un poco a un perro que había tenido de niño, al que los sirvientes cerraban fuera de la casa y se sentaba ante la puerta de atrás absorto y desesperado porque lo dejaran entrar.

Debía de haber hecho algo para que le dieran la patada pero él no sabía qué y, en ese momento, no le importaba mucho.

Cuando la alcanzó estaba sentada encima de un árbol. Bajó la vista afable y comió del plato. Cogía la carne con los dedos, con delicadeza.

Denton hizo una pausa bajo el árbol, jadeando.

—¿Cómo te llamas?

Ella ni siquiera lo miró.

—Déjame pensar. —Se dio unos golpecitos en la barbilla—. Te llamaré... Mary. ¿Por qué no comes con la otra gente, Mary?

La chica suspiró, con la boca llena, pero no levantó la vista de la comida.

Los ojos del hombre se estaban acostumbrando a la luz de las estrellas y ya podía distinguir bastante bien a la joven, perfilada por distintos tonos de azul. Dios, era hermosa. Aquel rostro... Le gustaba mucho su rostro.

Los sapphianos no eran gigantes mentales por regla general. Quizá solo era la simplicidad de su estilo de vida y la falta de educación. Después de todo, ¿de qué se podía hablar? No había *Frasier* ni *Friends* para comentarlos, ni Howard Stern. Y las hembras... Con solo pensarlo ya le zumbaba el nudo pero tenía que admitir que ya empezaban a parecerle todas iguales, que hacerles el amor estaba empezando a dar la sensación... caray... estaba empezando a darle la sensación de que estaba teniendo relaciones sexuales con animales, muy monos pero nada más.

Y eso no era algo en lo que quisiera pensar. Porque si lo pensaba de verdad, quizá al final tuviera que parar y eso sí que sería una mierda.

El rostro de esta, sin embargo... había algo diferente en ella. Había algo en sus ojos que no era la afable cooperación de las otras; había tristeza, algo profundo. O quizá solo se lo estaba imaginando, coño.

—¿Quieres bajar para hablar conmigo, Mary?

—Me llamo Eyanna.

Él sonrió. Era un poco maleducada pero al menos se estaba comunicando.

—Pero «Mary» es fácil para mí...

—Eyanna.

Sí, maleducada sin lugar a dudas. Denton esbozó una amplia sonrisa.

—De acuerdo. I-yaa-ña. —Lo dijo un par de veces—. ¿Quieres bajar para hablar conmigo, Eyanna? No te haré daño.

La joven se echó a reír, como si dijera que no podría hacerle daño aunque lo intentara.

—¿Crees que no podría cogerte, eh? Seguramente tienes razón. Soy demasiado grande para trepar a los árboles.

Se devanó los sesos. Quería atraerla, que bajara, pero no llevaba muchas cosas encima. Sacó la cartera. Tenía dinero de sobra pero no le parecía que eso le fuera a interesar. Rebuscó en un bolsillo y sacó unas fotos viejas.

Había un primer plano de una ex novia, una actriz. Era rubia, con una gran melena, una chica muy mona. Se guardó las otras.

—Esto es para ti. —Se la ofreció.

No bajó pero la miró. Él la sostuvo tan alta como pudo y la ladeó para que le diera la luz de las estrellas.

—Una hembra, ¿ves? Muy bonita. Ven a verla.

La joven se terminó la comida, se tomó su tiempo. A él se le cansó el brazo de sujetar la maldita foto pero pensó que estaba funcionando. La chica tiró el plato al suelo y poco a poco, sin apartar los ojos de él empezó a bajar trepando.

En la base del árbol se quedó plantada, mirándolo, como si le dijera con los ojos que no pensaba tolerar ningún truquito.

Él le ofreció la foto.

—Cógela.

Ella dio un paso adelante y estiró el largo brazo. Cogió la foto pero se quedó lo más lejos que pudo. Se la quedó mirando por delante, luego por detrás, luego por delante otra vez, con los ojos muy abiertos.

—Quiero ser tu amigo —sonrió Denton—. Ven.

Estiró la mano hacia ella. Solo quería cogerla de la muñeca y atraerla un poco más hacia la luz para que pudiera ver mejor la fotografía. Pero con ese movimiento ella desapareció, rápida como un gato, con un salto que la metió entre los árboles.

Era miércoles, según las cuentas de Denton. John, él y los otros varones con los que trabajaban estaban en la catarata dándose un baño. Era un día maravilloso y el baño era un cambio agradable, pero Denton no estaba tan contento. El nudo de la garganta estaba peor.

Doctor, me duele cuando hago esto.

Pues no lo haga.

Solo que no estaba seguro de lo que estaba haciendo ni de cómo podía parar.

La catarata era muy ruidosa tan de cerca. Los sapphianos lo habían traído a un sitio perfecto, cerca de la catarata pero no justo debajo. El agua bajaba rápido en el medio del arroyo pero a los lados todavía había estanques y unas cuantas rocas grandes para haraganear un poco. John y él estaban haraganeando en una justo ahora. Los tres varones nadaban sin prisa en el agua. Denton agitó la mano.

—Oye, John.

—¿Sí, Denton?

A Denton le encantaba la forma que tenía John de decir su nombre, sonaba igual que *downtown*, «el centro de la ciudad» en inglés, y siempre lo hacía sonreír.

—Hace mucho tiempo que quiero preguntarte esto. ¿Qué quiere decir *allook saheed*? *Saheed* es dios, ¿verdad?

El muchacho estaba echado de espaldas, con la mano derecha en el agua como si consciente o inconscientemente, quisiera ocultar su deformidad. Pero ahora se incorporó. La mano derecha salió del agua y la contempló chorrear en su regazo como si se lo pensara un poco.

—Sí. Y *allook* es una cosa que una persona da a otra persona, algo bonito.

—¿Como un «regalo» o un «presente»? —Denton intentaba explicar las palabras inglesas con gestos.

—Sí —dijo John—. Eso es.

Allook saheed. Regalo de Dios. Qué bonito.

John se miró en sus ojos con timidez.

—Sabes... A mí también me llaman *allook saheed*.

—¿Sí? ¿Quieres decir que todos los sapphianos son *allook saheed*? ¿Regalos de Dios? —Denton se sintió un poco desilusionado.

—No, para nada. —Ahora parecía humillado, como si reconocerlo fuera importante; levantó la mano encogida—. Pero a mí me llaman *allook saheed* por esto.

—Oh.

Denton creyó entenderlo. John era único por su mano y Denton también era único. Los sapphianos reconocían que eran especiales y eso era, ya sabes, como una forma muy madura de ver las cosas. Era igual que algunas tribus indias, que pensaban que la locura era una bendición de Dios. *Mundo misterioso* había hecho un artículo sobre eso una vez.

Y ahora que lo pensaba, a John los otros lo trataban bastante bien. Nunca le gastaban bromas sobre la mano ni lo aislaban de los juegos ni nada. Y parecía tener tanto acceso a las hembras como cualquier otro varón. Qué guay.

Nunca había visto a los sapphianos maltratar a nadie. Salvo a Eyanna.

—Oye, John. Hay una hembra llamada Eyanna. Es muy hermosa. Nadie del pueblo le habla y siempre se queda en los árboles.

—Sí, la conozco.

—¿Por qué no le habla nadie?

John miró a los otros, como si quisiera ver si estaban escuchando. No estaban tan cerca y la cascada era ruidosa. Se volvió hacia Denton y dobló sus largas piernas debajo del cuerpo. Se puso muy serio.

—Es mejor olvidar a esta hembra, amigo.

—¿Por qué?

—Porque es mejor seguir las costumbres de la gente. La gente no habla a esta hembra, ni siquiera dicen su nombre.

—¿Por qué?

John sacudió la cabeza. En sapphiano eso no significaba «no» sino «eres obstinado» o algo así; era una censura suave.

—¿Por qué quieres a esta hembra cuando puedes tener a todas las demás?

—Porque puedo tener a todas las demás.

A John le llevó un minuto entenderlo; luego empezó a reír a carcajadas. Parecía encontrarlo muy gracioso. Denton también se echó a reír, pero no dejó el tema.

—¿Por qué no le habla la gente a Eyanna? ¿Qué hizo?

Las carcajadas de John disminuyeron. Adoptó una expresión de mala gana y sacó una pierna para meter los dedos en el agua.

—Es una mujer fantasma. —Puso una expresión de falso llanto y se frotó una lágrima invisible del rostro.

Denton no lo entendió al principio pero solo había una situación en la que había visto llorar a los sapphianos.

—Te refieres... ¿se dijo su nombre en el círculo y la gente lloraba por ella?

John hizo el gesto con la mano para asentir.

—Pero, ¿qué son esos nombres? Hace tiempo que quiero preguntártelo. Pensé que eran los nombres los de gente... —Denton fingió asfixiarse y se tiró hacia atrás como si estuviese muerto.

Cuando abrió los ojos, John se había apartado sin bajarse de la roca y había empalidecido. Y los otros, los nadadores, nadaban hacia ellos a toda velocidad, aterrados. Jesús, habían pensando que de verdad se había asfixiado.

—Lo siento —le dijo a John profundamente avergonzado—. Estaba jugando.

Pero John parecía perturbado de verdad y los otros se habían subido a la roca y lo examinaban con cuidado, muy serios y bruscos.

—Lo siento —les dijo Denton—. Estaba jugando. Estoy bien. Todo va bien.

A espaldas de los otros, John lo miró con los ojos aterrados y le hizo el gesto con la mano que indicaba «no» y puso una expresión que solo se podía interpretar como una advertencia.

Y Denton supo que no entendía nada de estas personas, nada en absoluto.

15.3. Setenta-Treinta Jill Talcott

La ciudad era como una maqueta de plástico sin terminar, como un plató de una película antes de que se añadiera la pintura y la utilería, antes de que llegaran los extras para el rodaje de ese día. El gran tamaño era más aparente desde el interior; sus calles se alejaban de ellos, los edificios blancos sin rasgos distintivos a ambos lados se iban haciendo cada vez más pequeños hasta que se fundían con el horizonte. La quietud era absoluta.

No era que aquel lugar pareciera desierto, pensó Jill; era más como un sueño medio recordado de algo que no había existido jamás.

No habían encontrado agua el día anterior. Los edificios no estaban cerrados con llave, y su interior estaba lleno de habitaciones que parecían cubículos, las ventanas ensombrecidas por una película oscura para moderar la fuerza del sol. El único contenido era unos cuantos muebles mohosos que no se adaptaban a sus proporciones humanas. Algunas de las habitaciones tenían platos en el muro que podrían ser mecanismos electrónicos o mostradores con muescas cóncavas que quizá fueran lavabos. Pero los platos del muro estaban oscuros y los agujeros de los que se podría concebir que quizá saliera agua estaban secos como el polvo. El agotamiento y la inutilidad de tanta repetición, edificio tras edificio, se habían apoderado de Nate y Jill a medida que buscaban. Se habían echado sobre el suelo duro de uno de las habitaciones y se habían quedado dormidos.

Jill no estaba segura de cuánto tiempo había pasado, pero el más grande de los dos soles estaba más o menos en las tres en punto y ellos estaban de vuelta en las calles, pasando despacio por edificio tras edificio bajo aquel calor deslumbrador. Una sensación de lasitud estaba dificultando cada vez más la marcha y Jill estaba empezando a preocuparse de verdad. Si no encontraban agua pronto, morirían.

A su lado, Nate dejó de caminar. Apenas si se habían dicho más de dos palabras desde que habían despertado, para no forzar la garganta. Ahora parecía pensativo.

—Ya sé lo que pasa. Jill... Todas estas calles y edificios y no hay anuncios. No hay carteles, ni pósteres, ni cafés, ni anuncios de neón, ni direcciones, ni tiendas... Jesús.

—Esta es una cultura alienígena. No puedes esperar que sea como la nuestra. —La voz de Jill sonaba igual que la tiza sobre la pizarra, y esa era también la sensación que tenía.

—Ni sonidos. Ni música ni nada. Incluso dentro de los edificios, no hay arte, ni adornos, ni recuerdos, no hay nada en absoluto.

Era cierto que no había nada de eso. Jill lo había aceptado de la misma forma que había aceptado que las calles eran rectas y que las ventanas tenían una película. Pero oírselo decir a él de aquella manera resultaba bastante inquietante. No habían visto ninguna representación visual de nada desde que habían llegado. Ni siquiera, ahora que lo pensaba, escritura.

—¿Sabes qué? —dijo Nate al darse cuenta de algo más—. Me recuerda a tu casa.

—¿Qué?

—Sí. Siempre he pensado que tu casa era un poco extraña. Ahora ya sé por qué: nada de fotografías ni pósteres en las paredes ni...

—¡No se parece en nada a mi casa! —A pesar de tener la garganta seca, Jill consiguió transmitirle bastante fuerza a su voz—. Tengo un póster enmarcado en la pared. Es del Louvre.

—Me dijiste que estaba allí cuando te trasladaste.

—¡Podía haberlo quitado!

—Bueno. Creo que no me importa lo bastante para quitarlo, no es exactamente un sentimiento artístico.

—¿Y, exactamente, qué es lo que quieres decir?

Antes de que Nate pudiera responder, un objeto volador pasó a toda velocidad sobre sus cabezas con el zumbido y el descenso súbito de un raudo insecto. Se detuvo en el aire a poca distancia, calle arriba, y aterrizó con suavidad con una maniobra vertical. El objeto era un vehículo, mucho más grande que la esfera que habían visto en el muro. Era largo y estrecho, redondo, con el morro puntiagudo, tan liso y pálido como los edificios. Se abrió una puerta y surgió un ser que salió con ligereza a la calle y se desplegó hasta alcanzar toda su altura.

Jill tuvo la inconfundible idea (acompañada por más asombro que miedo) de que estaba, con toda franqueza, viendo una especie alienígena inteligente, que Nate y ella eran quizá los primeros seres humanos que los veían. La científica que había en ella estaba asombrada.

La criatura era alta, más de dos metros, con cuatro miembros largos y un torso recto fino como el papel. Tenía la piel pálida con cierto matiz verde. Los ojos eran enormes. El resto de los rasgos, incluidas las orejas y la nariz, eran simples agujeros en el cráneo. La parte superior de la cabeza era una cúpula redondeada que lucía unos cuantos pelos duros, como cerdas. La ropa era inclasificable, un conjunto unitario suelto hecho con una tela de aspecto ligero y del mismo color pálido que la piel del alienígena. Tenía un aire vagamente parecido al de un empollón, quizá porque tenía una gran dentadura y los dientes superiores le sobresalían por encima de la débil barbillita.

Jill estaba aguantando el aliento, a la espera del momento en que se produjera el reconocimiento mutuo. Nate le había puesto la mano en el brazo, justo por encima del codo, y la agarraba con fuerza. El alienígena tenía que verlos, había volado justo por encima de ellos y ahora se volvía en su dirección al rodear el coche. Pero sus ojos los atravesaron. Estaban tan cerca que podían ver las venas oscuras bajo la piel traslúcida. No hubo ninguna reacción a la presencia de los dos humanos. Entró con paso apresurado y desgarbado en un gran edificio que había delante del vehículo y desapareció.

Nate y Jill se miraron. Nate había abierto tanto los ojos que era casi cómico. Parecía que se acabara de tragar un bicho. Jill estuvo a punto de lanzar una carcajada, por la expresión del joven y por la sensación de asombro e incredulidad que burbujeaba en su interior, pero no pudo reunir la saliva suficiente para reírse.

—Jill, no nos ha visto.

—¿Cómo los sabes? —Ella se encogió de hombros sonriendo.

—Bueno... ¡habría hecho algo!

—No, tú habrías hecho algo, Nate. Esta es una especie alienígena, ¿recuerdas? No tenemos ni idea de lo que harían.

Nate y Jill esperaron en la calle, por si acaso resultaba que el alienígena hacía algo, mandar algún tipo de fuerzas de seguridad o volver a salir con cestas de bienvenida, pero no salió nada. La ciudad estaba tan silenciosa y vacía como siempre.

Nate fue el primero en moverse. Impulsado por las hormonas masculinas se acercó a inspeccionar el vehículo. Jill lo siguió de mala gana. Se asomó al edificio en el que había entrado el alienígena en busca de señales de actividad, de luz. Las ventanas oscuras no se distinguían de todas las demás que habían visto.

—No tiene volante —dijo Nate al asomarse al vehículo—. Parece un panel de control y... —La puerta se abrió sobre sus bisagras con un sonido neumático.

—¡Nate, no!

—¡Que no he hecho nada! Debe de tener los sensores puestos. —Metió la cabeza dentro, presionó con los dedos un asiento de aspecto duro tan estrecho que parecía más adecuado para un plátano relleno que para un trasero humano. Toqueteó imprudentemente el panel de control.

—Nate, todo esto es súper chachi, pero tenemos que encontrar agua. Ahora mismo.

—¿Sí? ¿Y dónde propones...? —empezó a decir Nate al tiempo que se incorporaba.

Entonces se detuvo al ver la dirección de su mirada. La entrada del edificio era tan modesta como cualquier otra. No había ningún cartel en la fachada, nada escrito que indicara su propósito, pero era más alto que la mayor parte de los edificios. Al menos treinta pisos. En un costado había un tubo que parecía un ascensor.

—Hmm... —empezó a decir Nate con tono dubitativo.

—Electricidad. Estaba desconectada en todos los edificios que hemos probado hasta ahora. No vamos a encontrar agua hasta que encontremos electricidad.

No le hizo falta elaborar más. Dado que el alienígena había entrado en ese edificio concreto, había al menos alguna posibilidad de que allí hubiera electricidad.

Nate suspiró.

—¿Y si hay un montón entero de alienígenas ahí dentro? ¿Y si es una trampa?

—Pues que lo sea —respondió Jill mientras se dirigía a la puerta.

Dentro, la distribución se parecía mucho a la de los otros edificios que habían visto, un vestíbulo sencillo, cuadrado, con unas puertas extrañísimas, altas y estrechas, sin ningún distintivo, en la pared plana del otro lado. Entre las puertas, un largo pasillo recorría en línea recta el centro del edificio. El pasillo carecía también de distintivos, salvo que había más puertas sin carteles. El ascensor del otro lado del vestíbulo estaba abierto de par en par, sin puertas, solo una plataforma dentro de un tubo redondo que desaparecía directamente por el techo. El único color era el blanco.

Aquella arquitectura alienígena tenía un extraño efecto sobre el cerebro de Jill. Estaba tan vacía que parecía absorber las impresiones, la sensación, por ejemplo, de estar en un estado hipnótico en el que te piden que te imagines un pasillo con puertas. Ese tipo de pasillo, estas puertas, sería lo que el subconsciente de Jill conjuraría.

—¡Jill! —Nate señalaba un soporte ovalado de la pared. Estaba emitiendo luz.

La boca de Jill se secó más todavía al verlo. Siguió a Nate por el pasillo. Las puertas, como ya habían aprendido, se abrían por proximidad, incluso en los edificios que carecían de electricidad. Ahora Nate dio un paso decidido hacia una puerta y esta se deslizó en silencio para dejarle paso. Jill sabía que se estaba haciendo el valiente al acercarse a una puerta así y tuvo una sensación desagradable antes de que la puerta se hubiera abierto del todo.

Pero no había nadie dentro; solo era otra habitación que parecía una caja. Nate hizo una especie de reverencia para dejarla pasar primero.

Ella se dirigió a un mostrador largo y estrecho que había en la esquina. Era como los que habían visto en otros edificios. El mostrador tenía una depresión cóncava con agujeros dispuestos alrededor de un aro. Le recordaba de un modo muy tentador a un desagüe con espitas.

—Por favor, por favor, por favor, por favor, por favor... —murmuraba Nate mientras se acercaba por detrás.

El lavabo empezó a funcionar en cuanto se puso delante de él. El agua brotó del aro de agujeros que había alrededor del lavabo.

Jill ya había sobrepasado el punto de preocuparse de si el agua era potable para los humanos o no. Metió las manos dentro para formar una tosca taza y bebió con ansia. Tenía un sabor maravilloso, a agua buena, limpia. La boca y la garganta se le relajaron y empezaron a parecer algo así como tejido blando. Cuando le llegó el turno a Nate, este metió toda la cabeza en el lavabo. El pelo muy corto le chorreaba con arroyos errantes mientras bebía. Luego intentó subirse la manga.

—¿Te importa si me lavo el brazo? —preguntó. Parecía avergonzado—. Todavía me duele bastante.

—Pues claro que no.

La manga no se podía doblar lo suficiente, así que se quitó la camisa y metió el antebrazo en el lavabo, y a continuación se salpicó con agua hasta el bíceps y el hombro mientras hacía muecas de dolor.

—Ojalá fuera agua caliente —dijo Nate al tiempo que forzaba una sonrisa incómoda—. Espera, ahora se está calentando.

Ella dio unos pasos para alejarse, no quería quedarse allí mirándolo y empezó a moverse por la habitación. El agua (tanto el hecho de beberla como el alivió que sintió al encontrarla) había hecho que se sintiera un mil por ciento mejor. Volvió su curiosidad. Ya no estaban en peligro inminente de morir y, por Dios que si no lo estaban, ella iba a echar un buen vistazo a su alrededor, faltaría más.

Había dos sillas sencillas con unos asientos de una estrechez imposible y una larga cama, parecida a una cuna, contra una pared. La cama estaba coronada con un cojín duro y surgía de la pared de una forma muy parecida al mostrador mohoso. Cerca de la puerta había una placa de metal que había visto en muchos edificios. Se parecía a la tapa de una caja de fusibles pero no se abría, no cedía bajo sus dedos entrometidos. Había unos diseños en relieve en la placa que Jill comprendió (por fin) que eran escritura alienígena. Movió los dedos por encima con una sonrisa expectante en las comisuras de los labios. Los caracteres eran de una simplicidad parecida al código Morse, líneas horizontales y puntos en una amplia variedad de direcciones y agrupamientos. Presionó la escritura, intentaba captar la esencia a través de las puntas de los dedos. Hubo un golpe seco y apagado tras la placa, *pum*.

Jill había cenado en demasiadas residencias de estudiantes como para no reconocer ese sonido. Le gruñó el estómago y los dedos sondearon hambrientos la superficie de metal en busca de lo que sabía que había allí. En la parte inferior, el metal se doblaba con pulcritud hacia dentro y revelaba un receptáculo con una barra gruesa y sólida del tamaño de un ladrillo.

—Comida —suspiró; lo recogió y lo olisqueó. Se pasó unos cuantos minutos intentando desenvolver una película brillante hasta que empezó a derretírsele entre los dedos y se dio cuenta de que era comestible. Estaba a punto de darle un pequeño mordisco cuando se acercó Nate.

—¡Has conseguido que funcione!

—No era tan difícil —dijo ella. Como toda una profesional volvió a presionar el texto para obtener otra barra y se la ofreció—. Pruébalo.

—Ah, ya veo. Yo soy el conejillo de indias.

—¡No! Yo... —Le dio un mordisco apresurado. La barra se desmigajó bajo sus dientes. Hizo una mueca.

—¿A qué sabe?

—Miel, cartón y aceite de motor.

—Ñam, ñam. Mi favorito. —El joven le dio un mordisco e hinchó los carrillos de asco—. La buena noticia es que podemos lubricar una junta con el aliento.

—No deberíamos comer mucho. No hasta que veamos lo que le hace a nuestro organismo.

—Está bien. De verdad. Solo me siento... —Jadeó Nate, se dobló, se contorsionó de dolor y cayó al suelo con pesadez y una máscara de agonía en la cara.

Jill parpadeó y lo miró durante un momento, luego se hundió en el suelo y dobló las piernas para sentarse al lado del cuerpo postrado del joven. Dio otro mordisco. Él abrió un ojo para ver si la había engañado.

—Eso es lo que me gusta de ti, Nate. Tu madurez.

Sacaron un alijo de barras e hicieron un paquete con la sudadera de Jill, pero no encontraron forma de llevar el agua. Al menos sabían dónde encontrarla si la necesitaban.

—¿Y ahora qué? —preguntó Nate cuando volvieron al vestíbulo.

—Quiero probar el ascensor.

—Y, bueno, ¿por qué querríamos hacer eso?

—Porque necesitamos un plan mejor que limitarnos a caminar por ahí. Porque este es un edificio relativamente alto. Porque si podemos llegar al tejado, quizá podamos tener una vista estratégica del lugar. ¿Alguna pregunta más?

—Me gustaba más cuando tenías la boca tan seca que no podías hablar —dijo Nate mientras se subía a la plataforma a su lado.

Había más texto alienígena en un panel de la pared. Jill y Nate estaban debatiendo qué debían apretar cuando el ascensor empezó a subir solo.

Al tiempo que ascendía para revelar el piso siguiente, vieron unos pies alienígenas esperando, luego unas piernas. Nate y Jill se retiraron al otro lado del ascensor. Jill buscó, y encontró, la mano de Nate. Apareció un torso, luego esos ojos, grandes, como los de un insecto. El ascensor se detuvo y el alienígena se subió a la plataforma.

No era el mismo que habían visto en la calle, de eso Jill estaba segura. No tenía la misma dentadura. Este tenía una boca diminuta que era perfectamente plana. Pero, de nuevo, se los quedó mirando sin verlos y sin mostrar ni una pizca de interés, luego se volvió para mirar el panel. Movió los dedos por el panel durante un momento y el ascensor empezó a descender.

Nate le estaba apretando la mano con tal fuerza que le dolía.

—¿Hola? —aventuró Jill con voz hueca. Nate la estrujó con fuerza—. ¡Au! Ella lo miró furioso y el joven sacudió la cabeza en silencio, rogándole.

Pero el alienígena había oído algo. Miró por el ascensor y sus ojos pasaron rozándolos. Examinó el techo, unos párpados translúcidos que se cerraban

318

sobre unos ojos gruesos, gelatinosos. El ascensor se detuvo en el piso bajo. El alienígena, después de echar una última mirada alrededor, salió.

Nate se lanzó hacia el panel de control y le dio un par de golpes. El ascensor empezó a subir.

—Jill —siseó Nate—. ¿Has visto eso? Te lo dije, ¡no pueden vernos!

Tenía los ojos grandes y oscuros, ojos alucinados. Jill sabía lo que estaba pensando: algo extraño, sobrenatural, como que quizá eran fantasmas después de todo. La científica sintió una punzada de irritación.

—Quizá esta especie es ciega. ¿Cómo íbamos a saberlo?

—¿Con esos ojos? Sería un auténtico desperdicio.

—De todos modos, al menos pueden oírnos. ¿Por qué no querías que hablara? Vamos a tener que ponernos en contacto antes o después.

—¿Y si son peligrosos?

—¿Por qué vamos a suponer que son peligrosos?

El joven le lanzó una mirada como si estuviera siendo increíblemente estúpida.

—Hmm... coño, ¿pues porque es mucho más seguro que suponer que no lo son?

Ella puso los ojos en blanco pero tenía que admitir... que se alegraba tanto como él de que el alienígena del ascensor no los hubiera visto. Había algo en aquellos enormes ojos y en aquellos cuerpos que parecían vainas que no resultaba demasiado agradable.

El techo era una superficie plana, llena de polvo y hecha de lo mismo que el resto de la ciudad, un material denso, blanco, que era difícil de distinguir, no se sabía si era sintético o piedra. Nate miró por el tejado en busca de más alienígenas antes de dignarse a salir del ascensor. Caminó hasta el borde.

—Bueno... ¿qué estamos buscando?

—No lo sé todavía. —Jill estudió la distribución de las calles. No había plazas, ni rotondas, ni variación en la anchura de las calles, solo una serie infinita de hileras y columnas. El aire era muy limpio, asombrosamente limpio para un paisaje de ciudad, lo que significaba que no quemaban combustibles fósiles. Y el planeta parecía no tener muchas precipitaciones. El cielo no tenía ni una nube.

—¿Crees que esos son indicadores de electricidad? —preguntó Jill mientras señalaba una luz en un tejado un poco más abajo.

Nate se animó un poco.

—¡Guay! No creo que sean para eso, pero desde luego funcionan así, ¿no?

Cada edificio tenía una gran luz en el centro del tejado, incluido el suyo. El propósito original de la luz era seguramente para comunicarse o para poder aterrizar en los tejados. Pero al contemplar ahora el paisaje, estas luces de los tejados eran una indicación ideal de los edificios que tenían electricidad. Los habían diseñado para que fueran visibles incluso en este mundo perpetuamente brillante y relucían con una decidida luz roja. Jill contuvo el aliento cuando comprendió todo lo que eso implicaba.

Estaban contemplando una ciudad tan gigantesca que eran incapaces de ver los límites más alejados. Y de todo lo que veían (de todos los edificios que los rodeaban a lo largo de manzanas, manzanas y manzanas), el 90 por ciento estaba muerto, apagado, desierto.

—Oh, Dios mío. Mira eso —murmuró Nate.

Se encontraban en una bolsa de luces rojas, quizá veinte edificios en total. Unas cuantas manzanas más allá había una calle que se dirigía del norte al sur que tenía que ser una arteria principal. Las luces de esa calle eran rojas hasta el horizonte. Había otra arteria, perpendicular a la primera, que también era roja en toda su longitud. Aparte de esta cruz roja, solo había unas cuantas manchas rojas que salpicaban el paisaje. El resto de la ciudad estaba a oscuras.

—¿Qué le ha pasado al resto? —preguntó Nate con la voz débil.

—No lo sé.

—¿Crees que pudo haber sido una enfermedad? No pudo haber sido un arma atómica ni un meteorito... no hay daños.

—No.

—Y yo diría que una guerra habría dejado algún daño también, a menos que tengan algún arma bastante peculiar.

Las manos de Jill flotaron hasta la clavícula y tamborilearon con gesto pensativo. No respondió.

—¿Entonces, tú que piensas? Este sitio debía de tener millones de habitantes, ¿dónde se han ido todos? —insistió Nate. Jill sabía que en realidad no le estaba preguntando a ella, solo preguntaba.

—Creo que encontraremos más pistas si tenemos paciencia —suspiró Jill—. Esto podría llevarnos algún tiempo.

Era una idea en cierta forma satisfactoria. Nate le lanzó una mirada a la que ella hizo caso omiso. Se había concentrado en aquellos parches rojos.

—¡Allí! —señaló.

Al este, más o menos a kilómetro y medio, había un edificio redondo en medio de una mancha de luces rojas. Tenía una forma abovedada, incongruente en aquel campo lleno de cuadrados. Pero aún más interesante era lo que había al lado de la cúpula, un enorme campo de antenas.

—Comunicaciones —supuso Nate.

—Quizá. —Jill guiñó los ojos para ver mejor las antenas. Se le acababa de ocurrir algo, una posibilidad que, durante todas las horas que habían pasado en este lugar, había eludido. A medida que la idea se fue desenvolviendo en su cerebro, casi como avergonzada debido a su enormidad, se encontró con que tenía la boca seca otra vez. Comprendió entonces arrebato inicial de emoción que había sentido en el muro. Hubo un momento, de pie al borde de aquel tejado, en el que aceptó por completo la ciudad. No solo la aceptó sino que la abrazó como su derecho, como parte de su propósito en la vida, su destino.

—¡Jill! —La voz de Nate, ansiosa, interrumpió el momento. Se había ido al otro lado del tejado y estaba señalando, tan nervioso como un niño ante el escaparate de una juguetería.

Allí, en el límite sur de la ciudad, a varios kilómetros de distancia, había otra estructura abovedada. Esta parecía incluso más grande que la primera. A su alrededor había un mar liso de alquitrán. Y aparcado en un extremo del pavimento había una nave, algo parecido a un avión que, a pesar de lo pequeño que era desde aquí, tenía que ser enorme de cerca.

—¡Es una nave espacial! —chilló Nate, exultante—. ¡Hacen viajes interplanetarios! ¡Yuhuuuu!

Jill sonrió, no muy convencida.

—¡Ay la vieja Tierra! Cristo, ¿a qué estamos esperando? —Nate se dirigió al ascensor.

—Un momento. ¿Qué pasa con las antenas? —Los ojos de Jill flotaron como un imán hacia la otra cúpula.

—¿Qué pasa con las antenas? ¿Qué pasa con las antenas?

Su voz captó la atención de la chica. Aquel rostro juvenil, tan candoroso y expresivo, mostraba incredulidad y una juventud desesperada.

—Jill, ¿hola? Yo no sé tú, pero yo quiero irme a casa.

Estaba acostumbrada a diagnosticar el humor de Nate dentro del marco racional de sus experimentos. Una sola mirada le indicó que para discutir con él iba a necesitar más energía y tacto de los que podía reunir en ese momento. Lo intentó de todas formas.

—Pero, Nate —dijo con dulzura—. Tenemos una ciudad entera que explorar.

Él cruzó los brazos sobre el pecho. Sus ojos oscuros se la quedaron mirando, como retándola a decir algo más.

—Vale —suspiró ella—. De acuerdo. Le echaremos un vistazo al aeropuerto primero.

El joven esbozó una gran sonrisa.

—Es un astropuerto.

—Bueno. Lo que sea. Supongo que no hará ningún daño. —Se asomó al paisaje de la ciudad—. ¿Qué tal si bajamos por la arteria principal? Eso nos proporcionará comida y agua la mayor parte del camino. Podría llevarnos cierto tiempo. Tengo la sensación de que está más lejos de lo que parece.

—¿Por qué no mangamos uno de esos coches aéreos? Podemos estar allí en una hora.

—De eso nada. Ya no me vuelve loca volar cuando el piloto sabe lo que hace.

—¡Seguro que son fáciles de usar! ¡Seguro que se conducen solos!

Jill le lanzó su más gélida mirada.

—¿Y cómo lo sabrías antes de que estuvieras en el aire y no pudieras bajar? Vamos andando.

—¡Vale! Como tú quieras. —Nate contempló la distancia que los separaba del astropuerto y entró en el ascensor con una expresión decidida en la cara.

15.4. Treinta-Setenta Aharon Handalman

¿En qué momento perdemos nuestra conciencia? ¿En el que oímos la llamada de lo divino? Hay cosas, quizá, que son diferentes para todo el mundo, pero hay otras... y de esas experiencias ningún hombre puede volver.

— Yosef Kobinski, *El libro del tormento*, 1943

Todo lo que había contenido o se había guardado alguna vez, todo lo que había apartado, refutado, discutido con vigor digno del Talmud, todas esas dudas, temores y sombras, atestaban ahora la mente de Aharon. Había sido orgulloso y fuerte bajo el viento; había sido un roble poderoso, un muro, infranqueable, como los muros de Sión. Pero Kobinski había tocado la trompeta y el muro que era Aharon Handalman se había derrumbado.

El peso que sentía en el pecho, en los miembros, era una presencia burlona. No era la gravedad: la Muerte se sentaba allí sobre él. Satán se sentaba sobre él: desesperanza y desesperación y un vacío absoluto y completo allí donde Dios había morado en otro tiempo, eso era lo que lo presionaba. La tienda en el yermo de su corazón, donde el sacerdote tenía que quitarse los zapatos, donde hacían los sacrificios, donde la presencia viva de Yavé refulgía como algo terrible y brillante, ese lugar estaba vacío. El espíritu de Dios lo había abandonado.

El Holocausto, ¿qué le había hecho a un hombre como Yosef Kobinski? Y si le había hecho eso a un hombre tan culto, ¿quién era Aharon para decir «no me doblegarán»? ¿Quién era él para negar que los elegidos de Dios se habían llevado el extremo podrido del trato? ¿Que quizá Él no tuviera ningún plan? Si Él sabía lo que hacía, ¿por qué se le había concedido a Aharon el don de saber lo que podría ocurrirle a la Tierra y luego le había sellado los labios para siempre? ¿Para estar allí echado, indefenso, sabiendo que su amada Hannah, sus Devorah, Yehuda y Layah estaban todos en peligro, a la espera de ser víctimas de la peor arma, quizá, conocida por el hombre? ¿Y este lugar? Este terrible infierno: ¿era de verdad la recompensa para los fieles? Para todos los que se erguían y decían: «¡No, yo no aceptaré un compromiso! ¡Yo no haré chapuzas con las enseñanzas de Dios! ¡Yo no...!»

La antorcha que tenía al lado de su cama parpadeaba y lo llamaba. Pasaba largas horas contemplándola. O bien sollozaba y lágrimas de sangre surgían de las profundidades de su alma. Se llenaba la boca, temía quién podía venir a responder. Pero no venía nadie. Quería morir, de verdad, ¿pero qué podía hacer? ¿Intentar salir rodando de la cama? ¿Estrellar la cabeza contra el suelo con la esperanza de salpicar todo de sesos antes de perder la conciencia? ¿Podría conseguir subir el brazo para agarrar la antorcha y soltarla sobre la cama en la que yacía? Por mucho que quisiera morir, quemarse vivo mientras era incapaz de moverse carecía de atractivo.

Porque si no te doblas, te romperás; Dios te enseñará, te enseñará a doblarte.

Lo dejaron solo demasiado tiempo. Ensució la cama. Eso, también, resultaba muy apropiado. ¡Era un símbolo literal del horror en el que vivía! Kobinski no vino. No vino nada humano. Lo limpiaron aquellos animales, le dieron comida, y cuando no la comió, se la metieron a la fuerza en la boca. Era inmunda, inmunda, como la hiel que bebía de su propio corazón.

Vino Argeh, el «enemigo» que había mencionado Kobinski. ¿Y dónde estaba Kobinski cuando apareció esa cosa? En ninguna parte. Argeh olió a Aharon, le gritó con ladridos y gruñidos. Por mucho que Aharon quisiera morir, que no fuera a manos de esta horrible criatura. Aharon se quedó mirando la antorcha, aterrado, deseando que se fuera la bestia. Argeh abandonó la habitación.

Tevach, el sirviente de Kobinski con cara de ratón, era lo único que no era del todo horrible. Había algo en sus ojos, algo dulce, que hacía que Aharon sintiera cierta anticipación, no mucha, ante sus visitas. Y las visitas de Tevach no eran ningún paseo por el campo. Venía a trabajar los músculos de Aharon. Empujaba y pinchaba, le daba a Aharon la vuelta con manos de hierro y de una forma muy poco digna. Y por mucho que quisiera morir, un exceso de ejercicio tampoco era la idea que tenía Aharon de irse al otro mundo. Durante la tercera visita de Tevach la necesidad de quejarse superó incluso su depresión y Aharon rompió su silencio.

—¿Quieres matarme? —dijo Aharon mientras Tevach le empujaba la cabeza hacia las rodillas. No llegaba tan lejos, ni siquiera con la gravedad de la Tierra—. Sigue así y tu deseo se cumplirá.

Tevach se encogió, pero un segundo más tarde echó otra vez de un golpe a Aharon en la cama y lo animó a que hiciera un abdominal.

—Debe ponerse fuerte. Debe caminar. Mi señor así lo desea.

—¿Dónde está «Mi señor»? ¿Por qué no ha vuelto? ¿Por qué me deja aquí?

Tevach se limitó a morderse los labios con gesto nervioso, como el ratón al que tanto se parecía.

—¿Qué importa? —dijo Aharon con amargura—. ¿Qué importa nada?

Tevach se atrevió a mirar a Aharon por un momento, luego desvió la vista.

—Usted es de Mahava. ¿Por qué triste como los fiori?

Aharon puso gesto de *nu*. No respondió.

Tevach gruñó.

—El trabajo es bueno para uno cuando está triste.

—No tengo ningún trabajo.

Tevach le subió una pierna al aire y le ordenó a Aharon que la aguantara así. Cosa que hizo, con un poco más de energía que la que había demostrado con anterioridad, pensando, *¡Si me pongo fuerte, al menos podré salir de esta cama y encontrar un cuchillo decente con el que cortarme las venas!*

—El trabajo es bueno —dijo Tevach cuando bajó la pierna.

—¡No tengo ningún trabajo!

Hicieron la otra pierna.

Cuando Tevach terminó, le limpió a Aharon el sudor con un paño frío y volvió a apoyarlo en las almohadas.

—¿Hay algo que pueda traer? —le preguntó al prepararse para irse.

Aharon miró la antorcha y suspiró. Estuvo a punto de no decir las palabras; luego, casi las dijo, y luego no. Al final decidió que no era importante, en uno u otro sentido. ¿Qué importaba ya nada?

—Sí, Tevach. ¿Querrías preguntarle a Kobinski si podría leer el manuscrito?

Mi señor estaba tan agitado por la presencia del judío en la Casa de las Divinas Ordenanzas que, aun invisible, aun evitándolo como lo estaba evitando, al final le dijo a Tevach que le pidiera el carruaje. Se puso unas túnicas limpias y Tevach lo ayudó a bajar las escaleras hasta el inestable medio de transporte.

Como todo lo demás en aquel infausto lugar, el carruaje no funcionaba la mitad de las veces. Entre la presión de la gravedad y el suelo rocoso muy pocas cosas seguían moviéndose durante mucho tiempo, incluidas, al parecer, las articulaciones de sus rodillas. Se acomodó entre los almohadones rellenos de hierba, respirando profundamente, esperando que pasara aquel dolor atroz. Tevach, a su lado, rezumaba preocupación.

Mi Señor había tenido muchos sirvientes a lo largo de los años, pero solo se había acercado más a unos cuantos. Estaba Decher, el macho al que había ascendido a capitán de su guardia (una unidad más pequeña y bastante separada de la unidad de sacerdotes parecida a la Gestapo que controlaba Argeh); Erya, una hembra que actuaba como niñera y guardiana; y Tevach, su constante compañero y punto de apoyo. Había aprendido mucho sobre los fiori, se había pasado los primeros diez años de su presencia aquí reuniendo teorías sobre ellos y este planeta. La parte de él que todavía formulaba teorías había seguido vinculada de alguna forma al hombre que había sido en

Auschwitz y que era algo muy distinto al hombre que sobrevivía ahora aquí a toda costa, el rey de Gehenna.

Lo que Decher, Erya y Tevach compartían era una chispa de curiosidad, una inclinación hacia la libertad de prejuicios de la que carecía la mayor parte de la especie. Como es natural, habían aprendido a ocultarlo bien. Al principio a Mi señor solo le habían parecido un poco más suaves. Le llevó tiempo descifrar por qué, y entonces lo entendió. Eran almas que empezaban a subir. Si Fiori era una lección sobre los peligros del *gevorah*, ellos la habían aprendido, habían aprendido el precio de la restricción y estaban reaccionando, quizá poco a poco, pero aun así, reaccionaban, iban otra vez hacia la franqueza, *chesed*, de vuelta al centro de la Escalera de Jacob. Estaban más avanzados que los judíos en ese aspecto.

El planeta entero, por supuesto, no iba a ninguna parte.

Tevach, aquel pequeño ratón, era en realidad fuerte como un buey y disfrutaba de una familia abundante, cosa rara en aquel planeta, la mayor parte de la cual evitaba la inanición gracias al sueldo de Tevach. Era tímido pero brillante y había demostrado una inclinación impresionante hacia el estudio. Pero aún a pesar de todo eso, no dejaba de ser un fiori y había un abismo insondable entre ellos.

—Está disgustado a causa del mensajero divino, Mi señor —dijo Tevach con tono adulador y nervioso—. Espero que no le haya traído malas noticias.

Mi señor suspiró. ¿Cómo podía responder? Cerró los ojos a medida que el carruaje avanzaba a saltos hacia el mercado.

¿Qué iba a hacer con el judío? En el calor del momento, lo había llamado mensajero de Mahava, y nadie esperaría que un mensajero se quedara por allí mucho tiempo. Argeh había aprovechado la inesperada aparición de Handalman en medio de la asamblea: *Muchos años atrás nos llegaron dos criaturas parecidas a Fiori; ahora hay otra. ¿Es otro enviado de los cielos?* Y a Mi señor no se le ocurrió nada que decir salvo que el mensajero había venido a entregarle un mensaje. Argeh había preguntado, *¿Pero no está Mi señor en contacto con Mahava en todo momento? Por supuesto,* respondió Mi señor; sabía qué pensaba Mahava en cuanto Mahava lo pensaba. Pero los objetos físicos no se podían entregar con tanta facilidad. (El cerebro humano de Kobinski todavía le ofrecía a Mi señor alguna ventaja, aunque sus articulaciones no sirvieran para nada.)

Había sido una suerte extraordinaria que el judío llevara papeles encima, y además un fajo tan bonito y convincente. Pero en Fiori jamás habría que fiarse de ningún tipo de suerte. Aun así, la asamblea se había quedado impresionada, parecía mejorar la inestable posición que tenía entre ellos. Argeh, por otro lado, no se había creído ni una palabra.

Mi señor llevaba luchando con Argeh treinta años, desde que había visto aquella cara plana en su celda, de pie tras el hombro del anciano (Ehlah).

Ehlah había declarado que Mi señor era un enviado de Mahava, no porque lo creyera sino porque los fiori estaban pasando por uno de sus momentos típicos de crisis y necesitaban una distracción. Habían convertido a Mi señor en esa diversión, una nueva esperanza... en realidad una marioneta. Argeh había sustituido con el tiempo a Ehlah como sumo sacerdote y desde entonces había estado intentando utilizar y desacreditar a la vez a Mi señor. Argeh jugaba a este juego sin piedad.

El carruaje se detuvo y Tevach lo ayudó a bajar soportando todo el peso de Mi señor en sus hombros redondos. Mi señor sentía unos dolores atroces con cada paso pero entró erguido en la Casa de la Pureza. Ante él los fiori se humillaban; tras él besaban las piedras que habían tocado sus pies. Pasó al lado de los sirvientes y de aquellos que esperaban en fila una paliza purgatoria ocultando su cojera lo mejor que podía.

Recorrió largos pasillos y bajó tramos de escaleras de piedra. El dolor de las rodillas era la razón por la que ya no venía con frecuencia. Gritos y atroces sollozos recibieron sus oídos, rebotaban por la piedra, y también los sonidos de latigazos, el apagado golpetazo de las piedras y la madera sobre la carne, incluso, ahí está, el sonido del hueso que se rompe. Hacía falta mucho para romper los huesos de los fiori, duros como varas de hierro, condensados por la gravedad. Pero los sacerdotes tenían mucho talento y además eran artesanos. La tortura era una de los pocos desahogos creativos de Gehenna.

Fuera de la puerta de la celda especial esperaba Gehvis, el médico.

—¿Qué quieres? —le soltó Mi señor, impaciente por el dolor.

—Mis disculpas por mi indignidad, Mi señor, pero me temo...

—Date prisa y habla.

—Hemos sustentado al malvado durante muchos años, pero el final está próximo. —Gehvis se inclinaba tanto que más bien parecía que miraba las rodillas de Mi señor, al cual le apetecía darle una patada.

—Te he oído. Ahora déjame pasar.

Dentro de la celda, los sirvientes se apresuraron a encender las lámparas y a retirarse de la habitación. Mi señor se volvió hacia el cuerpo que yacía en la mesa. Tevach lo ayudó a sentarse en la única silla que había. Se quedó mirando aquello mucho tiempo, con profundos suspiros.

—¿Y cómo nos encontramos hoy, Wallick? —le preguntó en voz baja, en alemán.

Se oyó un sonido húmedo cuando la figura intentó pasarse la lengua por los labios.

—Agua, Tevach.

Tevach cogió una taza y vertió un poco en la boca de Wallick. Pareció revivirlo.

Mi señor había venido en busca de tranquilidad, pero ahora que estaba aquí se dio cuenta de que había sido un error. *Por qué se había quedado*, había preguntado Handalman. Aquí estaba la razón. Lo encadenaba a este sitio esa odiosa masa de la mesa, una fuerza más poderosa incluso que la gravedad fiori, el odio. Pero había algo nuevo en su percepción de los restos amoratados, rotos y parcialmente desollados que tenía delante. Era como si lo estuviera mirando a través de los ojos de otra persona, el judío de la barba, sin duda. Y esa visión no lo tranquilizó en absoluto.

Cerró los ojos. *Por mi hijo, Wallick. Por todos los demás también pero sobre todo por mi Isaac.*

Los fiori destacaban en pocas cosas. Si estuvieras en un universo donde, por ejemplo, existía una tecnología superior y los seres podían ir de compras de planeta en planeta (que no era el universo treinta-setenta, desde luego), habría pocas cosas que querrías exportar de Fiori. El planeta no producía demasiados metales preciosos, ni gemas, aparte de unas cuantas onzas sueltas de oro. No tenía grandes obras de arte, solo unos artefactos religiosos francamente horrendos. No había platos nativos apetitosos. Sus habitantes jamás habían desarrollado un saber o un talento envidiable y aun teniendo un físico fuerte, su esperanza de vida era tan corta que su valor como mano de obra esclava era cuestionable. Pero los fiori eran maestros de la mutilación. Era algo entrelazado con los propios cimientos de su cultura, de todo su sistema cosmológico. Su libro sagrado contaba la historia a través de palabras e imágenes morbosas.

Había dos fuerzas en el universo: Dios, el bien, llamado *Mahava* y el demonio malvado, *Charvah*. Mahava estaba muy ocupado creando maravillas, como el sol y los cielos, pero Charvah, una entidad menos poderosa, era rencoroso y celoso, así que escupía impurezas con regularidad y manchaba las creaciones de Manhava. La esposa de Manhava, Magehna, tenía la tarea de ir recogiendo y absorbiendo todas esas impurezas, que luego defecaba en una esquina concreta del universo donde se aislaban y se volvían a purificar.

Esa sentina era Fiori.

Dado que nada divino, ni siquiera un trocito de creación, podía destruirse, jamás, estas impurezas, estas heces que eran los fiori, tenían que trabajar para volver a purificarse y ser por tanto dignos de entrar de nuevo en la parte gloriosa de la creación cuando murieran. La purificación se lograba a través del fuego, el dolor, la humillación y la mortificación.

Era asombroso presenciar que en un planeta donde la vida ya tenía un 70 por ciento de maldad (ese había sido el cálculo de Kobinski poco después de su llegada, basado en sus cálculos de la gravedad existente), los habitantes habían construido una cultura en la que se infligían aún más mal. Y sin embargo ¿qué otro ejemplo tenían? La vida los golpeaba a cada oportunidad; así pues debía de ser voluntad divina que los golpearan. Kobinski había formulado una vez la hipótesis de que su propensión a la mortificación formaba parte de ese 70 por ciento de maldad. Depresiones masivas, el odio suicida hacia uno mismo, esos eran problemas reservados para los desafortunados de la Tierra. Aquí eran la norma.

No todos los fiori se creían este esquema. Había unos cuantos, muy pocos, como Tevach, que en secreto detestaban la tortura. Pero también estaban aquellos, y no eran tan pocos, que la paladeaban. En cuanto a las masas famélicas, se limitaban a hacer lo que les mandaban, igual que ayunaban los católicos. Los fiori eran muy duros. Wallick también era duro. Había durado treinta años.

Mi señor se frotó los labios con un dedo al mirar a su enemigo.

Aquel judío gordito y piadoso, ¿qué sabía él del sufrimiento? Yosef Kobinski, él lo entendía, él solo, que había conocido la mayor de las bondades, la mayor de las dulzuras, y lo había perdido todo; que había experimentado de primera mano los estragos y la burla de vida que era el régimen nazi; que luego había llegado a conocer de forma íntima este infierno que Dios había creado para Sus amadas criaturas. Él había entendido a Dios de una forma profunda, como no lo había entendido ningún hombre jamás; había visto Su rostro de la forma más clara y más horrible también, de la forma cabalística: la cabeza negra y la blanca, los largos rizos negros de pelo y los blancos, mal y bien, dos cabezas y un cuerpo, destrucción y creación. Dos rostros, y él había agitado los puños contra las dos.

Su viejo compañero se lamió los labios e intentó hablar. Mi señor se inclinó hacia delante, esperaba, contemplaba la dolorosa lucha.

—*Bitte* —dijo Wallick después de un gran esfuerzo. Por favor.

Mi señor volvió a sentarse, qué gracioso. Wallick nunca había sido muy original.

—Déjame, Tevach —dijo Mi señor.

Después de que Tevach se fuera arrastrando los pies, Mi señor empezó a recitar los crímenes de Wallick. El alemán era una lengua muy adecuada para recitar aquello, apropiada por lo dura y lo literal. Hablaba en voz baja y con el tono sereno, como siempre lo hacía: *Esto es lo que le hiciste a mi hijo.*

LA HISTORIA DE ISAAC

En 1941, los aldeanos habían venido a él y le habían dicho: «El viejo rabí está muerto; ahora es cosa tuya. Dinos qué debemos hacer sobre estos alemanes ¿Qué deberíamos pensar? ¿Deberíamos huir o quedarnos aquí?»

Y con la gigantesca sabiduría de su conocimiento, Kobinski había respondido. «Las cosas solo empeoran hasta cierto punto antes de mejorar» y «El péndulo siempre se balancea hacia el otro lado».

Un año más tarde, Anna, reina de su alma, yacía en el *ghetto* con neumonía, debilitada por su segundo embarazo, por el frío, por la escasez de comida. Murieron ella y el feto. Y aun así Kobinski se puso el chal sobre la cabeza y dijo el *kaddish*, vertió su dolor en Dios y sintió que Dios compartía su sufrimiento sin fin.

Ni siquiera en Auschwitz perdió su fe en que Dios sabía lo que estaba haciendo, ni siquiera allí.

Hay cosas.

¿Quién puede medir el amor de un hombre por su hijo? ¿Quién puede definir el más tierno de los momentos del alma humana, cuando mira a un joven prometedor joven con su mismo rostro y constitución, aún húmedo y fresco sobre la tierra? ¿Quién puede desentrañar la sensación de protección que engendra un hijo?

Los cristianos tienen este mito: *Pues Dios tanto amaba el mundo que envió a Su único hijo unigénito.*

¿Dios amaba al mundo? Mi señor no estaba tan seguro pero al menos los cristianos habían acertado con la analogía, la idea clave, entregar a tu propio hijo. No podía haber un sacrificio más grande. Y lo habían torturado también, a este Jesús, y Dios lo había soportado todo sentado, salvo quizá unos cuantos truenos y rayos vitriólicos. Sí, los cristianos habían dado con algo. ¿Qué podría ser más difícil? Y allí estaba Dios, lo bastante grande para permitir que ocurriera, solo para demostrar lo mucho que amaba al mundo.

Yosef Kobinski no era tan grande.

¿Cuándo se le había ocurrido a Wallick la idea? Mi señor se lo había preguntado miles de veces. ¿Qué había hecho él, cuál había sido el pecado mortal en su conducta, para provocar semejante plan? ¿Debería haberse tirado al suelo antes? ¿Debería haber gimoteado, debería haberse humillado y rogado como los otros? ¿Habría mantenido eso a Isaac con vida? Sí. Quizá.

Era entonces cuando tenías que preguntar: ¿qué parte de su negativa a someterse a los horrores de Auschwitz había sido una verdadera fe religiosa... y qué parte orgullo arrogante, ostentación de misticismo? Esos eran los pecados que el alma de Kobinski llevaba en su interior, y solo eran el principio.

Yosef Kobinski se había ido con el destacamento un día, había salido marchando del campo de concentración con otros internos para descargar materiales de construcción de un tren, tablas pesadas, una tarea dura bajo la lluvia helada. Sin embargo, era una tarea ligera comparada con el trabajo al que normalmente lo sentenciaban: limpiar las letrinas. Incluso dijo una plegaria de gratitud por el respiro, no le asombró; no hasta esa tarde, cuando volvió al barracón y se enteró de que Wallick se había llevado a su hijo.

Eso sí que lo había afectado, lo había apuñalado. Estaba desconcertado, perturbado, era incapaz de rezar, incapaz de escribir. Quería ir a buscar al muchacho, lo necesitaba como necesitaba el aire, pero era inútil. Los alojamientos de los oficiales estaban en una parte diferente del campo; no podía acercarse.

A la mañana siguiente, cuando pasaron lista, Isaac no estaba por ninguna parte. Después, Kobinski se atrevió a acercarse a Wallick. ¿Qué has hecho con mi hijo?

Wallick estudió su rostro, astuto y satisfecho, leía la medida del miedo que había allí. «Lo estoy cuidando bien», le dijo, «muy bien».

La noche siguiente Kobinski estaba enfermo de preocupación, sentía, por fin, lo que significaba ser impotente ante algo, y entonces Wallick lo mandó a buscar, lo trajo a su propia casita, lo sentó en una esquina. Hizo que Kobinski mirara mientras él violaba a su hijo.

—Violaste a mi hijo. —susurró Mi señor a la masa que había sobre la mesa.

La boca trabajó, pero no salió nada. Años antes, Wallick había aceptado que estaba en el Infierno. Encajaba con aquel mito germánico, antiguo, o quizá con el bávaro católico. Cuando habían llegado, Kobinski tenía la ventaja del conocimiento previo; había caído de pie. Wallick se había limitado a ponerse histérico. Así que cuando Kobinski había descubierto lo suficiente del idioma para proclamarse a sí mismo divino, había proclamado al mismo tiempo que Wallick era un demonio. Wallick ni siquiera había entendido lo que estaba pasando; y mucho menos pudo defenderse. Creyó que había muerto aquella noche en los bosques y había aceptado que estaba en la otra vida, siendo castigado, que Kobinski era su torturador. Antes le rogaba a Dios que tuviera misericordia, pero al parecer ya había renunciado a esa esperanza.

Hay cosas.

—Salvo... que ni siquiera se acerca a la verdad decir «violaste a mi hijo», ¿verdad?

La barbilla de Wallick se ladeó un poco hacia abajo. Seguramente no era un asentimiento pero podía tomarse como tal y eso fue lo que hizo Mi señor. Aun sin la voz de Wallick, Mi señor ya se sabía su texto. Habían tenido este diálogo muchas veces, en tiempos mejores.

—Un crimen no es un acto único. Es una serie de indignidades contra las almas vivas. Y no puedes ver el crimen, no es posible siquiera que lo castigues, a menos que comprendas cada herida en su nacimiento.

Yo no... Estaba solo actuando... Nos dijeron...

—Ahora calla —dijo Mi señor en voz baja—. Y siéntelo: Allí estaba yo, un hombre, un padre, sentado en una silla. ¿Recuerdas la silla? Era pesada, caoba tallada, una vieja silla de comedor con el asiento forrado. Y esa primera noche me hiciste sentarme allí y me ataste las muñecas a los brazos de la silla, la silla tenía los brazos curvados, ¿te acuerdas? Y los tobillos a las patas. La silla misma la habías clavado al suelo poco antes.

»No habla muy bien de ti el que clavaras la silla, Wallick. Demuestra que entendías mucho más de lo que admites. Comprendías que un padre daría patadas, que lanzaría su propio cuerpo para ponerse delante de lo que amenazara a su hijo, que no habría coacción capaz de impedírselo. Y esa primera vez que me ataste supe que sería algo malo, y quise saber lo que estabas haciendo y dónde estaba Isaac. ¿Recuerdas lo que me dijiste?

Wallick parpadeó. Sus ojos no tenían buen aspecto, en absoluto. El izquierdo estaba hinchado y rojo, casi cerrado. Curioso. Una de las ventajas de la tortura en Fiori era la relativa falta de microbios. Ni siquiera ellos medraban aquí. Fuera como fuera, había algo en ese ojo. El otro no estaba hinchado, pero derramaba de forma constante lágrimas llenas de mucosidad.

—Me dijiste que si no cooperaba, matarías a mi hijo. Y en ese momento yo no sabía que podía haber cosas peores.

Wallick empezó a jadear, se ahogaba. Hubo un cierto revuelo mientras se llamaba a los sirvientes. Mi señor esperó paciente. No perdió el hilo de la narrativa. En cuanto volvieron a quedarse solos, recogió la horrenda hebra.

—Y entonces, cuando ya estaba atado, lo sacaste. Esa primera noche, Wallick, ¡qué listo eras! Esa primera noche, aún era inocente, aún era mi Isaac. Vaya, me di cuenta de que incluso habías sido amable, le habías dado comida. Se mostraba cauteloso pero tenía aquella expresión en su carita tan seria, como si quisiera tranquilizarme de que todo iba bien. Todavía intentaba ser fuerte, ¿te lo imaginas? Todavía intentaba ser fuerte por mí.

Mi señor suspiró. La gente pensaba que pecar era fácil; eso era un mito. Handalman, ¿qué sabía él del pecado? Era lo más difícil que Mi señor había hecho jamás, sentarse aquí y pasar por esto, revivirlo una y otra vez. ¡Qué bendición sería olvidar! ¡Dejarlo a un lado! Pero si se permitía un respiro, Wallick también tendría un respiro y eso no podía suceder.

—No me amordazaste, otra cosa en tu contra. Te gustaría que creyera que eras un rufián estúpido, un bruto, cruel solo por instinto, no de forma deliberada. Pero eras más listo que todo eso. Nada de amordazarme: Lo he pensado muchas veces. En primer lugar, a nadie le parecería tan extraño oír gritos en tu casa. Cierto, corrías el peligro de que yo gritara algo embarazoso, de que pudiera nombrar el acto que estabas cometiendo, pero sabías que no lo haría, ¿verdad? Lo sabías. Porque, saliera lo que saliera de mi boca para que lo oyeran tus vecinos nazis, ¡Isaac, mi hijo, también lo oiría!

Otro suspiro. Los recuerdos lactaban de su ser como niños demoníacos, se agarraban con las uñas a su garganta y a su pecho. Las partes más cuerdas de su ser le rogaban que los apartara. No. Hacía falta una voluntad muy grande para pecar así.

—Al principio sí que hablé, esa primera noche. Cuando le agarraste las dos muñecas con la mano izquierda y lo forzaste encima de la mesa...

Mi señor describió los acontecimientos de esa noche con una perfección fruto de la larga práctica. Era la única manera de hacerlo cuando acusabas: tenías que deletrearlo. Había que sacar el crimen a la luz, con todos sus nauseabundos detalles, porque los criminales vivían en la oscuridad y creían que nadie los veía. La vergüenza venía con la luz. Pero incluso él solo estaba escuchando a medias. Sus ojos se detuvieron en el brazo izquierdo de Wallick, donde le habían arrancado la piel a tiras. Las puntas de los dedos estaban en carne viva y sin uñas. Ponía a Mi señor enfermo y sin embargo también se sentía satisfecho, sobre todo cuando volvió a ver aquellos brazos blancos y musculosos estirando los de Isaac, delgados y frágiles por encima de la mesa.

—Te dije: «Cógeme a mí». Te dije que hicieras lo que quisieras conmigo, torturarme, violarme, matarme. Te lamería las botas, limpiaría tus hece, soportaría cualquier humillación. Pero te limitaste a sonreír.

Sobre la mesa, Wallick estaba llorando, al parecer. El pecho le subía y bajaba. La mucosidad de un ojo se hizo más acuosa y el otro ojo, rojo e hinchado, también derramó gotas ardientes. Habían pasado años desde la última vez que Wallick había llorado. Había agotamiento en aquello, un dejarse ir por completo. Mi señor recordó lo que había dicho el médico. *No,* pensó, *aún no.*

—Pero eso no fue lo peor, lo que le hiciste a su cuerpo. Lo peor fue lo que le hiciste a su corazón, a su alma. Se sentía humillado, ya ves. Y por eso yo no podía hablar, aun cuando no me amordazaste. Porque sabía que lo único que podía aliviarlo un poco a él era olvidar que yo estaba allí, fingir que yo no lo estaba viendo. Así que me quedé callado como una tumba. Pero lo recordé. Durante treinta días en total le hiciste eso a mi único hijo y yo recuerdo cada una de ellas. Me quedó grabado cada movimiento que hiciste.

Mi señor se quedó quieto durante mucho tiempo. Estaba cansado y muerto de frío. Su propio sudor, que enfriaba su cuerpo, lo hacía estremecerse. Quería irse a la cama. Pero aún no había terminado. Todavía tenía que recorrer el peor trecho.

—Por esas treinta noches estás pagando ahora, Wallick. Y la última, la trigésimo primera, te costará otra eternidad cuando se acabe este castigo. En la trigésimo primera, debiste de pensar que mi dolor se estaba amortiguando o quizá ya te habías cansado de tu pequeño juego. Porque cuando terminaste con él esa noche, te llevaste su vida. Te la llevaste, como si fuera una fruta que podías arrancar de un árbol y desechar con un movimiento de muñeca.

Eso era lo peor, lo peor de todo: los últimos dos minutos más o menos de la vida de Isaac Kobinski. Había durado tanto, una eternidad. Wallick, su gran mano cubriendo la nariz y la boca del muchacho, e Isaac... apenas había luchado. Su muchacho, hermoso, angelical, magnífico, su propio David... morir de aquella manera, ¡de aquella manera! Dios había librado a Abraham. Un ángel había detenido el cuchillo alzado. ¿Quién podía creerse semejantes cuentos de hadas cuando no había habido misericordia para Isaac Kobinski?

—He intentado imaginar un castigo adecuado para tus crímenes, Wallick, pero ni siquiera al mejor de los artesanos de este lugar, ni siquiera a ellos se les ocurrió nada que los igualara. Lloré entonces, ¿verdad? Grité y rogué.

Mi señor se detuvo. Hubo silencio durante un tiempo.

—Si piensas en ello, Wallick, quizá puedas escuchar de nuevo el llanto de Kobinski. Sé que para ti solo era un judío y tú ya habías oído llorar a muchos judíos. Pero era algo personal entre nosotros, ¿verdad? Porque cuando terminaste, te volviste para mirarme y había una mirada triunfante en tu rostro. Sabías que me habías vencido.

Sí, lo sabía. Wallick lo había dicho muchas veces a lo largo de los años. Mi señor lo dijo por él entonces.

—Sí, lo sabías. Y te diré algo: sé que hiciste muchas cosas horrendas durante la guerra, muchas cosas. Pero lo que le hiciste a mi Isaac, eso fue lo que te ha condenado para siempre jamás, Wallick. Por los siglos de los siglos.

Wallick lloraba de nuevo y Mi señor estaba muy cansado. Las rodillas lo estaban matando con este frío y por la rigidez de permanecer sentado. Llamó a Tevach con un grito.

16

La doctrina del Karma es aquella en la que todo el universo de los fenómenos tal y como nosotros los percibimos se entiende que es un efecto, que se corresponde a pensamientos, discursos y acciones físicas previos del individuo y de todos los seres vivos, que son la causa.

—Ashvaghosah, *Buddhacarita*, siglo I a.C.

16.1. Cuarenta-Sesenta Calder Farris

Unas nubes grises y espesas cubrían el cielo de horizonte a horizonte cuando Pol dejó la residencia. Esta mañana eran del color de las perlas, lo que significaba que podría nevar. Se habían oído varias sirenas avisando de un bombardeo por la noche y Pol había dormido mal. En sus sueños intentaba encontrar cierto registro en los Archivos que tenía que ver con su misión, la importante misión que no conseguía recordar. Al despertar, casi podía agarrarlo con las manos, pero se escapó de nuevo, dejándolo frustrado y enfadado.

En el Departamento de Vigilantes, Gyde ya estaba allí. Tenía el rostro rubicundo tras su excursión matinal al gimnasio. No habían encontrado nada significativo en los Archivos y Gyde estaba resentido por eso. Si había algo que no se le hacía a un viejo guerrero como él era frenarlo, no cuando había méritos que ganar.

—Buen día para servir al estado —lo saludó Gyde con frialdad.

—Buen día para servir al estado.

Pol se dirigió a su escritorio y vio un sobre blanco con el sello oficial del estado colocado en el centro, como un regalo de cumpleaños.

—Eso llegó para ti esta mañana.

Pol cogió el sobre y lo tiró a un lado, con los dedos fríos. Se sentó y cogió el expediente del caso.

Gyde se apoyó en el borde del escritorio de Pol y cogió el sobre.

—Departamento de Salud. Será la notificación de tu examen físico anual.

Pol mantuvo el rostro impasible.

Gyde sonrió.

—¿Cuántos años tienes, treinta y ocho? Espera a cumplir los cuarenta. Entonces sí que te empiezan a sondear de verdad. Esperan que tengas los intestinos tan en forma como los bíceps, y ya puedes echarte a descansar sobre tus trofeos como no sea así.

Pol cambió de tema.

—¿Algo nuevo sobre el caso?

—Bueno, desde luego no vamos a ir a los Archivos.

—No —dijo Pol con ligereza—. Lo siento.

Gyde se frotó con la mano los rizos de color rubio grisáceo de su pelo. Había un brillo en los ojos.

—Algo asustó a nuestro amigo anoche.

—¿Qué? ¿Dónde?

—Estaba intentando distribuir panfletos por el centro. Solo consiguió dar un puñado antes de rendirse, los vigilantes encontraron una bolsa llena. Debieron de estar cerca de esa carroña, porque lo soltó todo y echó a correr. Deberíamos darle gracias a los dioses. Nos habrían cortado la cabeza si se hubieran repartido esos panfletos por ahí.

Los ojos de Pol barrieron el escritorio de Gyde.

—¿Dónde están?

—En el laboratorio. —Los ojos de Gyde se detuvieron, lentos y pesados, en el rostro de Pol. O quizá eran imaginaciones de Pol. Conocía bien el uso casi inconsciente de esas tácticas que hacía el viejo soldado para intimidar a la gente, como el ocasional brillo de acero que había en sus ojos. Entonces Gyde cogió a Pol por el hombro, como un padre—. Pensé que podíamos comprobar unos cuantos solares en construcción mientras esperamos los resultados.

Pol sonrió y se deshizo con suavidad del brazo de Gyde para recoger el sobre. Se lo metió en el bolsillo.

—Excelente idea, compañero de clase. Adelante.

El solar en construcción estaba en el centro, a doce manzanas de la Plaza de la Victoria. El capataz, un Bronce 2, cobró vida de pronto cuando aparecieron, ansioso por contarle a dos distinguidos Platas como ellos cualquier cosa que quisieran saber.

La pintura negra se almacenaba con el resto de los materiales en una jaula de cadenas que se cerraba con llave por la noche. El capataz jamás había oído hablar jaulas de forzadas. Pol tomó nota para hacer que Investigaciones comprobara ese tipo de incidentes por toda la ciudad.

Pero la mirada que le echó Gyde, y su propio razonamiento, le dijo que no encontrarían nada. Si no se había forzado ninguna jaula, entonces su terrorista estaba largándose con la pintura durante el día. Vieron por sí mismos que bajo los vigilantes ojos de los supervisores, cualquier intruso resultaba obvio de inmediato. ¿Quién, entonces, tenía acceso normalmente al material? Solo alguien que trabajara en una obra así.

—Un Hierro no va a salir con una lata de pintura sin que lo detecten —le dijo Gyde a Pol.

—Los Hierros no se llevan nada de la obra —les aseguró el capataz—. Se les vigila cuando se van.

—Podría ponerlo en un contenedor más pequeño —sugirió Pol—. Algo fácil de sacar de contrabando.

—No es probable. No son tan listos. —Gyde se volvió de nuevo hacia el capataz—. Además de los Hierros, ¿quién más trabaja en una obra?

—Los capataces son Bronces, al igual que los arquitectos, los albañiles y los inspectores.

Pol estaba observando a algunos de los Hierros. Utilizaban poleas para levantar pesados bloques de piedra. Un trabajo duro. Ya estaban acostumbrados: tristes, morenos, malolientes, peludos. No veía este tipo de Hierros con frecuencia. Los que había en el servicio público eran los más agradables. Casi un tercio de estos pobres animales tenían algún tipo de deformidad menor: una oreja torcida, un paladar partido, un ojo caído. Mestizos.

Pol apretó los puños al costado. Él no era uno de estos.

Cuando se quedaron solos, Pol dijo:

—No creo que podamos eliminar del todo a un Hierro. Todavía no.

Gyde frunció los labios.

—Los Hierros no saben leer ni escribir. Estos no, por lo menos. Los sirvientes domésticos, quizá, pero no estos.

—¿Y si nuestro sospechoso fuera un esclavo doméstico al que degradaron? Es posible, sobre todo dado que nuestro amigo tiene problemas con la autoridad.

—¿Qué sugerirías, mi tenaz compañero?

—Allí. —Pol señaló un edificio de apartamentos, largo y poco atractivo. Estaba claro que era alojamiento para los Hierros, pues era tan modesto e institucional como todos los que producía el estado, pintado de un color gris plomizo como las nubes. La expresión de Gyde era de sufrimiento.

—Deberíamos echarle un vistazo ya que estamos aquí —dijo Pol con determinación—. Podría desencadenar alguna idea.

Gyde le lanzó una mirada que decía que para él aquel era un uso del tiempo tan fértil como el pasado en los Archivos.

—Le daré veinte minutos. ¿Te das cuenta de que podemos pedirle a Investigaciones que compruebe si hay algún Hierro que trabaje en la construcción en la ciudad y que sepa leer y escribir?

—También deberíamos hacerlo. —Pol se dirigió al edificio.

¿Qué estaba buscando? ¿Los treinta y pico años que le faltaban a su cerebro? No estaba seguro pero había aprendido a no hacer preguntas y esta era una forma de evitarlas. Si bien había pasado cierto tiempo en una casa de Hierros, lo cierto es que sabía muy poco de esta clase. En lugar de preguntar, lo vería por sí mismo. La meticulosidad era una buena tapadera para la ignorancia.

Por la expresión del rostro de Gyde cuando entraron en el edificio, a Pol se le ocurrió que su compañero quizá supiera menos de los Hierros que él.

El interior olía a putridez. Era esa clase de hedor al que Pol se había desacostumbrado durante el corto periodo de tiempo que llevaba en el privilegiado mundo de los Platas. Olía al sudor de la desesperación, al odio que sentían por sí mismos los que no se lavaban. Los estrechos pasillos de cemento estaban vacíos salvo por unos bultos harapientos aquí y allí que resultaron ser niños. Algunas de las puertas de los apartamentos estaban abiertas y a medida que Pol y Gyde se movían en silencio de piso en piso, Pol comprendió por qué. Los apartamentos eran cajas diminutas, llenas de la basura que otros tiraban y que los Hierros utilizaban como ropa, muebles o utensilios caseros y atestadas de cuerpos, aún ahora, que la mayor parte de los Hierros estaba en el trabajo.

Pol, que insistía en atravesar las puertas abiertas y echar una mirada, no vio señales de alfabetización, ninguna señal de una mentalidad que pudiera calcular, planear, escabullirse de los guardias o formular oscuras teorías dignas de escribirse en las paredes. A juzgar por la inteligencia que allí se veía, podrían muy bien haber sido monos. Y había otra cosa que lo molestaba.

—Niños —le dijo a Gyde con tono de desaprobación. Se asomaban en ese momento a un apartamento donde un bebé moreno estaba pegado al pecho de una sobresaltada hembra. Otros dos, de uno o dos años, jugaban con indiferencia en el suelo.

Truco número dos para evitar la detección: si tienes que hacer una pregunta, no la plantees como tal; sencillamente saca el tema a discusión.

—Asqueroso, ¿verdad? Los dejan reproducirse a placer, a estos. Es por su índice de mortalidad. Ni siquiera saben procrear como es debido. —Gyde, al que, para empezar, no le hacía gracia tener que estar aquí, desahogó todo su aborrecimiento—. He oído que la mitad de ellos son monstruos al nacer. Tienen que matarlos en cuanto salen del útero. Basura racial. Además, ya conoces al estado, siempre necesita más esclavos.

Habían subido cuatro pisos cuando saltaron las sirenas de ataque aéreo; un sobresalto, como siempre, por muchas veces que las oyeras. A veces Pol las oía incluso cuando no estaban allí.

—¡Escarpa! —maldijo Gyde.

Por todas partes los Hierros inundaron los pasillos. A Gyde y Pol los sorprendió aquella estampida aterrada. No había tiempo para salir del edificio y buscar otro refugio. Estaban atrapados en medio de una multitud que los empujaba por los estrechos pasillos y las escaleras como una marea a través de un túnel, una marea que bajaba sin parar.

Las bombas empezaron a caer cuando llegaron al sótano. Alguien encendió un farol.

Pol sentía a Gyde a su lado, con los músculos tan rígidos como una baqueta. Bajo la luz parpadeante, el viejo guerrero tenía los ojos cerrados; cerrados contra aquella visión, ansiosamente cerrados contra el olor de cien Hierros aterrorizados que jadeaban, apestaban, rebuznaban, gruñían, gemían. La luz se apagaba y se encendía. Las bombas estaban cerca. Luego se acercaron más. El edificio se estremeció. Había polvo en el aire, del techo, de las paredes, del pasillo; cubría la garganta de Pol.

Con qué facilidad podría ocurrir: un techo se hundía y quedabas atrapado bajo una tonelada de escombros. Si tenías suerte, morías durante los primeros minutos. Si no la tenías, vivías durante días inmerso en la asfixiante oscuridad hasta que acababan contigo las heridas, el hambre y la sed. Ocurría cada día en Centalia. Era tan normal como la lluvia.

Atrapado con cien Hierros en un sótano atestado durante un bombardeo seri, era la peor pesadilla de un Plata.

Las bombas siguieron acercándose y Pol se encontró tirado en el suelo. A través del polvo opresivo que era la primera ronda de licuefacción del edificio en el que estaba, Pol vio a una hembra no muy lejos de él. Estaba acurrucada sobre un fardo de ropa, dirigía el rostro hacia arriba con una expresión lastimosa, como si quisiera sujetar el techo. El fardo que tenía entre los brazos cambió de posición y se estiró. Se dividieron las mantas y revelaron a un niño pequeño, desnudo de la cintura para abajo, que luchaba contra las manos asustadas de su madre, que lo aferraban con fuerza. Estaba llorando, pero los oídos de Pol zumbaban por el sonido de las explosiones.

Debían de estarse estrellando allí al lado. Al enemigo le encantaba bombardear los solares en construcción. Por eso casi nadie salvo los Hierros trabajaban en ellos y quizá por eso el estado tenía tal escasez de esclavos.

El pie derecho del niño era zopo, una masa de carne. Si el estado lo había dejado vivir es que estaban desesperados por cuerpos calientes. La madre sintió los esfuerzos del niño, bajó las manos, le llevó los brazos al cuello para que la abrazara y lo sentó. Tenía dos o tres años. Se aferraba a su madre y miraba a Pol. Se metió el pulgar en la boca. Los ojos muy abiertos. *Madre*.

Algo surgió de golpe de la sima. En otro tiempo a él también lo habían abrazado así, ¿verdad? Había tenido una madre. Ella... Ella lo había dejado antes de que fuera muy mayor, estaba bastante seguro, porque los recuerdos que tenía de ella eran muy débiles, pero había tenido una madre. En una casa, en un hogar privado, lo había abrazado de aquella misma manera. Y luego, más tarde, había habido un padre. El odio se inflamó en su corazón. Sí, estaba muy seguro de que había habido un padre.

Pero las vidas de los Platas estaban dedicadas al estado: no tenían esposa, ni casa, ni hijos, ni madres ni padres.

Enterró el rostro en los antebrazos. Si aquel escarpado ruido no terminaba, ¡iba a matar a alguien!

—¡Levántate! —dijo Gyde. Pol sintió un pie en el costado, un apretón—. ¿Qué te pasa? ¿Estás herido?

Pol levantó la vista. Los Hierros salían de la habitación arrastrando los pies. El bombardeo había terminado. Gyde quería salir de allí a toda costa, iba a dejarlo allí en menos de un minuto si no se movía.

Fuera, había una calima de polvo en el aire. Gyde podría haber reprendido a Pol por haberlo hecho meterse en aquel lugar infernal de no ser por el hecho de que justo delante de ellos el solar en construcción (donde se encontraban unos minutos antes) era una pila humeante de vigas y acero y algún que otro miembro ensangrentado de un trabajador de la construcción.

Gyde miró la obra durante un momento y luego se frotó los ojos enrojecidos.

—¡Si ese escarpado terrorista muere antes de que lo cojamos y pierdo mis méritos...!

Con solo pensar eso, (que el terrorista pudiera morir en un ataque aéreo parecido, que quizá nunca llegaran a saber nada más de él, que quizá nunca pudieran resolver el caso), Pol también se sintió muy perturbado.

Hay alienígenas entre nosotros.

—Vamos a lavarnos y a salir de aquí —dijo Gyde, muy malhumorado. Se dirigió a un grifo que había en el costado del edificio.

—El agua quizá esté cortada. Volvamos a la comisaría.

Gyde abrió el grifo. Salió agua. Le lanzó a Pol una mirada y se quitó el abrigo.

—Vamos. Estamos cubiertos de roña de ese lugar. No quiero que te metas así en el coche.

Estaban asquerosos. El polvo oscurecía el agua que se escapaba entre las manos de Gyde. Pol lo sentía tapándole los poros, cubriéndole el cabello, hasta las pestañas. *Maldita sea.* Debía de estar revistiendo el maquillaje azul de las sienes.

Gyde se subió las mangas y reveló los antebrazos, fibrosos y sin vello. Se frotó las manos y la cara en el chorro.

—¿A qué estás esperando? ¡Vamos!

Pol se acercó al grifo de mala gana. Puso las manos en el agua.

—Te vas a mojar las mangas —dijo Gyde exasperado.

Pol se sacudió el agua de los dedos, el rostro duro.

—Es el olor de la sangre, demasiados recuerdos. Solo quiero salir de aquí.

A los Ciudadanos de Centalia
Algunos secretos llevan a la destrucción.

Ha de saberse entonces: Hay otras realidades más allá de este planeta.

He estado en contacto con alienígenas, seres de otros mundos. Me han llevado a esos mundos.

Estos alienígenas tienen tecnología avanzada. Si así lo deciden (quizá debería decir, cuando así lo decidan...) nos arrebatarán el poder y nos esclavizarán (a cada ciudadano...).

Esto es una advertencia. Ya están aquí. Sus espías se han infiltrado en nuestra sociedad, desde los niveles más bajos hasta los rangos más altos de nuestro gobierno. Estos alienígenas están disfrazados y son casi imposibles de detectar. (Yo sé cómo, pero no puedo hablar por razones obvias).

Debemos unirnos, en secreto, para salvarnos. No confiéis en el Estado. NO CONFIÉIS EN NADIE.

El panfleto estaba firmado en la última página con el círculo abierto y la barra arriba, la «firma» que habían visto en la pared.

Gyde estaba encantado.

—Cuánto más atrevida sea esta escoria, ¡más fácil será encontrarla y más méritos conseguiremos cuando la derribemos!

Pol estuvo a punto de decir, «si la derribamos», pero se contuvo. La confianza de Gyde lo irritaba. No sabía por qué. Quería encontrar al terrorista, pero eso no era lo mismo que querer que Gyde lo encontrara.

—Tiene acceso a una fotocopiadora y material de oficina. El laboratorio está comprobando ahora el papel...

Gyde siguió hablando. Pol desconectó. También se desconectó de la cólera que sentía y de su propia confusión. Cada cosa a su tiempo. Cuando tu mente estaba herida tenías que percibir la realidad poco a poco. Intentó concentrarse en el mensaje del panfleto. Lo leyó varias veces, con la esperanza de entenderlo. De repente, le temblaba el papel entre las manos.

Le llevó un momento darse cuenta. Mientras tanto se quedó allí quieto, estremeciéndose. Puso el papel en la mesa con cuidado y pasó al lado de Gyde con lo que creía que era un rostro pétreo, rumbo a los servicios que había en el pasillo. Por una vez estaban vacíos, gracias a los dioses.

Eran sus escarpadas manos. Estaban temblando, las muy traidoras. Se las metió bajo las axilas, dobló la cintura y se inclinó hacia delante, apretándolas con fuerza, y los ojos también.

Sus espías se han infiltrado en nuestra sociedad.

Había abierto la carta del Departamento de Salud. Gyde tenía razón. Era su examen físico anual, programado para un mes después. No, era el examen físico de Pol 137, programado para un mes después. Pol 137 no iba a aparecer.

¿Sabía algo de los exámenes físicos cuando mató al Plata? No. Había pensado en muchas cosas: en el color del pelo y de los ojos, en eliminar la cabeza y las manos. El Plata había sido justo lo que necesitaba. Pol 137 había acudido a Marcus en busca de un poco de licor del mercado negro y había mencionado que se iba al día siguiente a Centalia. ¿Había estado Marcus alguna vez allí? Kalim N2 se había escabullido de la casa y había seguido al gallardo oficial, más tarde se había colado en la habitación de su hotel y había encontrado las cartas de nombramiento. Lo habían retirado del servicio activo y lo habían nombrado vigilante, clase detective, en Centalia. Kalim se había decidido al instante. Sabía que era peligroso y que había muchas posibilidades de que lo cogieran. Pero en ese momento prefería morir que seguir siendo un sirviente. Quizá no pensaba con mucha claridad después de todo. Con astucia, pero no con claridad.

No había contado con los exámenes físicos. Pero aun si hubiese pensado en ellos, ¿habría supuesto alguna diferencia? Intentó pensar en aquel momento. Recordó que se había preguntado si Pol 137 y él tendrían el mismo grupo sanguíneo.

Le apeteció echarse a reír mientras se agarraba el estómago. ¡El mismo grupo sanguíneo! ¡Ni siquiera podía subirse las mangas o sacarse el pito en público! ¿Qué encontrarían en sus escarpadas venas?

En la cafetería, durante la comida, Gyde seguía hablando del panfleto. Se devanaba los sesos con una copia delante mientras comía la sopa.

—He estado en contacto con alienígenas, seres de otros mundos —citó—. Menudo lunático.

—Quizá ese sea el ángulo —dijo Pol—. ¿Podemos comprobar los registros de cualquiera con trastornos mentales conocidos?

Gyde le lanzó una mirada bastante peculiar.

—No son muy tolerantes con eso.

Lo que significaba, comprendió Pol, que los enfermos mentales sencillamente «desaparecían». No existirían esos registros.

—¿Alguna otra idea? —lo animó Gyde.

—Hemos eliminado a los Hierros. ¿Y si es alguien superior a un Bronce?

—¡Escarpa! Ningún Plata ni Dorado va a andar por un solar en construcción. Además, este sociópata está demasiado enfermo como para provenir de las clases superiores.

Pol no respondió pero no debía de parecer demasiado convencido.

—¡Ningún Plata ni Dorado va a pensar escarpa como esta! Cuando escribió los otros mensajes pensé que hablaba de espías extranjeros. ¿Pero alienígenas de otros planetas? Por toda la sangre, ¿qué significa eso?

Pol miró el panfleto mientras, con un dedo pensativo, se acariciaba el labio.

—¿Quién ha oído hablar de semejante cosa? —insistió Gyde, quería una respuesta.

Los ojos azules y fríos de Pol se miraron en los de Gyde. Sentía cómo cambiaba la arena bajo sus pies.

—¿Has oído hablar alguna vez de algo así? —preguntó Gyde.

—No.

—Todo el mundo sabe que solo hay cuatro planetas y el nuestro es el único capaz de albergar vida.

El dedo que acariciaba los labios de Pol titubeó.

—Tú... —Gyde bajó la voz—. Tú nunca has oído que a los Bronces se les enseñara algo diferente, ¿verdad? —Su tono confuso sugería que el estado era desde luego capaz de enseñarle a la clase Bronce otra cosa, cualquier cosa, si eso fomentaba sus intereses.

—No que yo sepa.

Gyde sacudió la cabeza, asqueado.

—Tuvo que venir de alguna parte. Esta escoria no puede ser tan original.

—No había nada sobre alienígenas en los Archivos. —Y entonces Pol se dio cuenta de lo extraño que era eso. La búsqueda de «alienígenas» no había producido ni una palabra sobre extraterrestres en los Archivos, ni siquiera una declaración del estado diciendo que algo así no existía.

—Vino de otra parte. —Los calculadores ojos de Gyde brillaron.

La biblioteca comunal de la residencia estaba vacía. Solo unos cuantos Platas más maduros pasaban la tarde en la sala que había al otro lado del arco abierto. Pol examinó las estanterías de libros aprobados por el estado y encontró lo que estaba buscando, un libro de astronomía.

Se lo llevó a un gran sillón de cuero y se sentó. La lámpara que había a su lado emitía un fulgor rosado. Pasó unas cuantas páginas y encontró una gran gráfica a color en el centro del libro.

Allí: el sol y alrededor de sus órbitas elípticas... cuatro planetas. Recalia, este planeta, era el más cercano al sol. Más allá, fríos y sin vida, había tres planetas más pequeños. Ninguno de los planetas tenía lunas. Y alrededor de este pequeño sistema solar había una cúpula negra que lo rodeaba todo, fijada con unos puntos de luz que se suponía que eran las estrellas. Y eso era todo.

En aquella cómoda biblioteca, con un fuego no muy lejos, Pol se estremeció. *Chorradas*, pensó, una palabra de su antiguo lenguaje. *Chorradas*.

¿Por qué iba a enseñar el estado algo así? Estaba mal, todo mal. No sabía cómo lo sabía pero lo sabía. Era parte del conocimiento embebido en su interior. Era como una extraña convicción que tenía él, que el sol debería de brillar, que debería de ser capaz de levantar la vista y ver el cielo azul al menos de vez en cuando. Durante mucho tiempo había pensado que el tiempo era horrible, así de simple, seguía esperando que se abriera una brecha en la densa capa de nubes. Al final le había preguntado a uno de los Hierros de la casa de Marcus: «¿está siempre así?» Habían pensado que estaba loco cuando dijo que el sol era visible desde donde él procedía, que había cosas como días soleados. Estaba también la certeza de que las cosas eran más pesadas de lo que deberían ser. Al principio, lo tomó por un síntoma de su enfermedad, pero después de recuperarse, seguía teniendo la certeza de que, a veces cuando tenía que subir a un autobús o coger algo sencillo, como un bolígrafo, todo pesaba más de lo que se suponía que debía pesar.

Y ahora esto. Se quedó mirando la gráfica durante mucho tiempo, como si se fuera a disparar algo en su cerebro, algo, no importaba lo pequeño y olvidado que fuera, con lo que él pudiera encajar las piezas y conseguir un dibujo razonable. Pero en su lugar, cuanto más miraba la gráfica, más se solidificaba el abismo en su cerebro, se profundizaba, bostezaba, amenazaba con absorberlo en su oscuridad helada hasta que al fin cerró el libro de golpe.

Una vez en su baño apoyó la silla contra la puerta y abrió la ducha. Se quitó la ropa y se metió bajo el agua. El polvo del ataque aéreo desapareció por el desagüe. Podía sentir algo duro en su interior; quizá era su voluntad o quizá algo que ni siquiera podía nombrar, pero sintió que cambiaba, se rompía, se derrumbaba y desaparecía como la suciedad por el desagüe. Y por primera vez desde que Marcus lo había recogido del campo de batalla, lloró, con unos sollozos profundos, estremecidos y tembló hasta que la calidez le ablandó los músculos y lo dejó lacio.

16.2. Sesenta-Cuarenta Denton Wyle

Denton soñó con gente gritando en plena noche. Cuando despertó, la aldea sapphiana estaba en silencio a su alrededor. Estaba lo bastante espantado como para levantarse y salir de la choza al terreno común de la aldea. Todo estaba en silencio. Todo parecía tranquilo. La gran hoguera de madera del centro del círculo estaba baja y caliente como un lecho de brasas. Volvió a la cama.

Por la mañana durmió hasta tarde y no asistió a los equipos de trabajo. El día fue largo y aburrido y ni siquiera pudo encontrar a John por la tarde para dispararle a la brisa o para ir a nadar. Y lo buscó. Y preguntó. Nadie lo había visto.

Esa noche, en el Especial del Sábado Noche, el nombre de John estaba entre los anunciados en el círculo.

Denton estaba de pie en medio de la multitud cuando lo oyó. De hecho, acababa de examinar la multitud en busca de John y no por primera vez esa noche. Se quedó inmóvil, con las manos plegadas como un niño bueno delante de él.

Denton sabía que era el nombre de John, el nombre verdadero de John. Sabía que los sapphianos pocas veces, si es que lo hacían alguna vez, compartían el mismo nombre. Y la ausencia de John cobró entonces un significado ominoso. Nunca había visto al chico perderse una reunión de estas. Había pasado algo muy grave.

Y entonces Denton recordó que en realidad él no sabía el propósito de la lista. Había intentado averiguarlo pero quizá no lo suficiente, porque, de repente, el hecho de no saberlo le pareció una muestra de pereza y una cosa horrible, horriblemente estúpida.

Denton volvió a examinar la multitud, como si quisiera cambiar el mensaje que habían escuchado sus oídos. Su mirada se detuvo sobre un grupo de hembras al parecer inconsolables, la madre y las hermanas de John. Se abrió camino hasta allí mientras intentaba mantener la calma. Se sujetaban unas a otras en una especie de bola de miembros y lágrimas. Denton tiró de una y la desenganchó con más fuerza de la que había pretendido utilizar, pero estaba disgustado, maldita sea. La obligó a mirarlo.

—¿Dónde está John?

Ella lo miró con la boca abierta, con una mirada herida y confusa, como si él fuera desagradable a propósito. Luego empezó a sollozar de nuevo y volvió con su familia.

Denton lo habría intentado de nuevo pero era inútil. Se llevó las manos a los labios, se sentía muy, muy desgraciado. Respiraba con dificultad. Se estaba poniendo furioso. Se volvió y se paseó a grandes zancadas entre la multitud, en busca de alguien que le pudiera dar una respuesta. *¡Una simple respuesta, coño!*

Entonces vio a uno de los jóvenes con los que John y él trabajaban casi todos los días. Estaba de pie, quieto, viendo cómo se acercaba Denton, mirándolo. Denton sintió una punzada de alivio, fue hasta él y lo agarró del brazo.

—¿Sabes lo que le ha pasado a John?

Pero el varón (Denton lo había llamado Pete), solo se limitó a mirarlo, lo miró, se miró en sus ojos, demonios. Fijamente, en realidad. Después de meses de que aquel tipo le mirara la mejilla, era como desconcertante. Y sus ojos... no eran en absoluto tan lerdos y obtusos como Denton siempre se había imaginado. De hecho, eran unos ojos bastante crueles. ¿Cuándo había pasado?

—¿John? ¿Qué l-le ha pasado? —Denton oyó un graznido en su voz y se dio cuenta de que estaba muy asustado.

Pete sonrió poco a poco.

—*Allook saheed.* Se le echará de menos.

Denton se abrió camino hasta la selva, sonriendo y saludando con la cabeza a los pocos sapphianos que hacían una pausa en su dolor para reconocer su presencia al pasar. Le latía con fuerza el corazón. La palpitación de su corazón se unía al nudo que tenía en el cuello en un dueto de sangre.

Tenía las manos húmedas. Se dijo que tenía que calmarse. Parecía muy importante que se calmara.

Llegó a la selva. Nadie parecía vigilarlo. Intentó deslizarse entre los árboles pero se convirtió en algo más parecido a abrirse camino a manotazos. Sin embargo, eso lo alejó del círculo y a eso iba.

Anduvo a ciegas por la selva iluminada por las estrellas durante un rato, sus miembros avanzaban a tirones, sudaba a chorros. Era como un conejo atrapado en una red y, como un conejo, luchaba con cada músculo y cada nervio y al final, como era inevitable, se agotaba solo.

Se detuvo jadeando y escuchó. No oyó nada. Estaba solo. Sólo estaba él, nadie más, volviéndose chiflado en la selva nocturna. No lo había seguido nadie. Nadie venía a por él. Se había perdido un poco y le llevó diez minutos encontrar una senda sapphiana. Estaba desierta. Se hundió en ella y se sentó en la tierra compacta. Tenía que tranquilizarse.

Después de todo, no sabía lo que Pete había querido decir. Podría haber querido decir «*Allook saheed* (refiriéndose a Denton), sí, echaremos de menos a John». No se había referido necesariamente a que John fuera *allook saheed*. Y de todas formas, el hecho de que a John también lo llamaran *allook saheed* no tenía nada que ver necesariamente con su desaparición. Y Denton seguía sin saber lo que significaba la lista. Aunque le hubiera pasado algo malo a John (la muerte, por ejemplo) quizá había muerto por causas naturales. Quizá había una especie de virus súper rápido en este planeta, un virus al que él, gracias a sus genes terráqueos, sería inmune por completo. Incluso si esa lista significaba que las personas se habían ido para siempre o incluso que estaban muertas, eso no significaba que su nombre fuera a estar en ella, al menos no a corto plazo.

Solo que así era. Su estómago, que en aquel momento era una masa estremecida y enferma de tripas de conejo, así se lo decía. Había estado cubriéndolo, pasando por encima de un montón de cosas que lo molestaban. Había muchas cosas que no tenían tan buen aspecto. Como por ejemplo, que con todo lo solícitos que eran, los sapphianos nunca lo dejaban solo. Ni a John, recordó. Incluso al ir a nadar, siempre estaban rodeados. Y había otras cosas. Si hubiera estado en un cine, a estas alturas ya le estaría gritando al idiota de la pantalla: ¡*Sal de ahí, gilipollas!* Pero lo había estado disimulando porque en la vida real, al contrario que en las películas, en realidad nunca pasaba nada dramático. Nunca había un hombre del saco bajo la cama, aun cuando sería como guay y dramático si lo hubiera. Y sobre todo, había hecho caso omiso de muchas cosas porque era un puto cobarde. Porque no tenía ningún otro sitio al que ir. ¡Porque necesitaba tanto que todo esto fuera verdad...!

Sí, necesitaba que fuera verdad. Estaba perdido. Estaba tan, tan lejos de casa... Y aquella apariencia de pertenecer a algún sitio le ayudaba a olvidar. Sorbió por la nariz, sintió pena por sí mismo.

Y luego pensó: *aún podría salir bien*. La verdad es que no tenía certeza de lo contrario. Podría estarse dejando llevar por su imaginación. Le pasaba, como aquella vez con Carter y lo del ladrón escalador. Sabía que tenía tendencia a hacerlo y...

Crujió una rama.

Denton se levantó, moviéndose aterrado. Antes de que pudiera echar a correr, una forma bajó de los árboles. Era la chica del cabello dorado y blanco, Eyanna. Lo miró con cautela. Seguro que lo había oído antes corriendo a lo loco entre los árboles. Era probable que la Tierra entera lo hubiera oído.

—*Ta zhecta* —dijo él.

—*Ta zhecta.* —Ella dudó, cauta, luego le ofreció algo. Era la fotografía que le había dado—. ¿Tuya? —Su rostro era intenso, curioso.

—No... Te la di a ti. Guárdala.

Ella frunció el ceño, frustrada.

—¿Tuya? —preguntó de nuevo, más alto ahora, mientras sujetaba la fotografía como si él no la estuviera mirando bien—. ¿Es tu hembra?

Él no tenía ni idea de a qué se estaba refiriendo ella y no podía importarle menos. La fotografía, su protagonista, la historia de la fotografía y su ciencia entera, si a eso iba, era lo último que tenía en mente en esos momentos, la verdad.

—Sí, es mi hembra —respondió, más para hacer callar a Eyanna que por otra cosa. Y entonces recordó lo que John había dicho. ¿Qué había llamado a Eyanna? ¿Una mujer fantasma? ¡Eso era! Se había dicho su nombre en el círculo... y allí estaba, con buen aspecto y, si bien no parecía feliz, desde luego estaba viva.

—¡Eyanna, escucha! El nombre de mi amigo se dijo en el círculo esta noche. ¿Qué significa eso? ¿Qué les pasa?

Eyanna dio un paso atrás con muy poca elegancia. Un ruidito temeroso se escapó de su boca.

Esa no era la reacción que Denton esperaba. Intentó mantener la voz serena.

—¿Eyanna? ¿Por favor? Es importante. Dime lo que le pasa a esas personas. Nadie quiere decírmelo.

Ella miró al cielo. Le castañeteaban los dientes por los nervios. Le temblaban las piernas, como si quisiera huir desesperada. Estiró un brazo hacia atrás y buscó algo. Encontró un árbol y los dedos se hundieron en él. Apretó los ojos con fuerza.

Denton tuvo de repente la convicción, por desagradable que fuera, de que la chica estaba reviviendo algo, la forma de ladear la cabeza, la inclinación del cuerpo. Esa idea le dio escalofríos, porque fuera lo que fuera, no era un recuerdo bonito y feliz. Oh no. Ella sabía muy bien dónde había ido John. Ella había estado donde John había ido. Y no era un buen lugar, en absoluto.

La joven susurró algo pero él no entendió la palabra.

—¿Qué? Eyanna, ¿qué has dicho?

—¡Skalkit! —dijo en voz alta. Abrió los ojos, tenían una mirada salvaje—. ¡Skalkit! ¡Skalkit! —Lo miró, con intensidad, como si acabara de revelar un gran secreto.

A Denton le apetecía dar patadas de frustración.

—No conozco esa palabra. ¡Maldita sea! ¿Qué es skalkit?

Ella hizo el gesto de «no» y dio unos pasos atrás, hacia los árboles.

—¡Eyanna!, ¿qué es skalkit?

La chica se detuvo, apenas visible tras el follaje, los ojos muy abiertos, pero no habló.

Denton respiró hondo. Se obligó a contar hasta diez. Si no tenía cuidado, la iba a asustar y entonces nunca lo sabría. Habló con un suave tono histérico.

—Aquellos cuyos nombres se dicen, están... —Volvió a hacer una pantomima de la muerte porque no tenía alternativa. Esta vez se agarró el pecho y cayó al suelo, lo hizo como en broma para no asustarla. Levantó la vista para ver si ella lo había entendido.

Lo había entendido. Se lo notó en la cara que lo había entendido. Hizo el gesto de «sí». Denton se levantó, el corazón le saltaba en el pecho. De acuerdo. Entonces estaban muertos. Era terrible pero ya lo había supuesto.

—¿Pero cómo? ¿Qué es skalkit, Eyanna? ¿Cómo?

El rostro de la joven tenía una expresión inerte bajo la luz de las estrellas, las aletas de la nariz se disparaban al respirar tan rápido. Estaba traumatizada, se dio cuenta de eso, pero no le importaba. Le importaba un pimiento asado lo que ella sintiera, siempre y cuando se lo dijese. Tenía que decírselo.

La chica levantó poco a poco las manos. El joven no tenía ni idea de lo que ella estaba haciendo hasta que sus manos llegaron a sus propios hombros y poco a poco se transformaron en algo parecido a garras. Retiró los labios y enseñó los dientes. Luego rugió.

Tres horas más tarde, Denton huía. Se las había arreglado para calmarse lo suficiente para volver a la aldea y actuar como el encantador *allook saheed* que era. Se había ido a la cama temprano. Y luego, cuando todos los sonidos se habían apagado, cuando estuvo bastante seguro que toda la raza sapphiana estaba borracha y muerta para el mundo, se escabulló de su choza y se dirigió a los árboles.

Se llevó muy poco con él, un par de mantas que había enrollado en un fardo, junto con un poco de grano cocido. Podía vivir de la tierra con facilidad. Lo único que en realidad necesitaba era alejarse más o menos un millón de kilómetros.

Entró en la selva por un camino que pensaba que llevaba al fondo de la garganta con forma de herradura, a la boca, a la salida. No había estado allí desde el día que había llegado y había estado tirado en su choza un buen rato intentando elaborar un mapa en su cabeza. Nunca se le había dado bien orientarse, pero pensó que podía lograrlo. Tenía que lograrlo.

No sabía qué cojones de animal había intentado describir Eyanna, pero sabía que no quería ver ninguno, ni oír ninguno ni oler ninguno, ni siquiera verlo en la tele. Porque ahora que se había enfrentado a la verdad, ahora que había tomado la decisión firme de irse y había renunciado al cuento de hadas (incluso a la parte sexual) todo este asunto del *allook saheed* le parecía cada vez más el trozo más grande de cebo para ratones que había visto en su vida. ¿Qué pasa, que lo estaban engordando como a Hansel y Gretel? ¿Es que estaba a punto de convertirse en un Especial Azul de los Aztecas o qué?

No, si él tenía algo que decir al respecto.

Bajó por el camino oscuro que pensaba que era la forma de salir de la garganta. Caminó durante mucho tiempo. Demasiado. Estaba a punto de admitir que se había equivocado de camino cuando los árboles se despejaron y vio un trozo del muro de color salmón. Tenía que ser la salida de la garganta. Apretó el paso.

No era que no tuviera miedo. Lo tenía. Pero una vez que había puesto cierta distancia entre el círculo principal de chozas y él, se sintió mejor. Y se sentiría mejor aun cuando estuviera fuera de la garganta, pero en realidad no le preocupaba conseguirlo. Quizá fuera esa vieja negativa, esa convicción de que nada serio le iba a pasar en realidad, que el hombre del saco al final no estaría debajo de la cama cuando mirase; que se asustaría, incluso mucho, pero que al final todo iría bien porque siempre había sido así.

Así que cuando el camino que tenía ante él se oscureció y las sombras se convirtieron en sapphianos, tres o cuatro varones, su sorpresa fue legítima.

Se detuvo y ni siquiera reaccionó demasiado. Luego, con una sensación repentina tanto de irritación como de miedo, se puso en marcha de nuevo. Trotó, luego corrió, preparado para abrirse camino entre ellos como pudiera y, joder, salir de allí como un tiro. Después de todo, era más grande que ellos, con mucho. ¿No había pensado una vez que podía vérselas con ellos sin problemas si alguna vez se llegaba a eso?

Cogió velocidad al ver, incluso mientras corría, que había más de tres o cuatro allí, que había muchos, quizá una docena y con toda probabilidad más detrás, también. Pero con todo él iba a atravesarlos, ¡desde luego que sí! Los esparciría como bolos y...

Se estrelló contra ellos. Habían formado una línea que atravesaba el camino. Consiguió derribar un par, los que tenía justo delante. Pero él también se cayó y antes de que pudiera levantarse otra vez, tenía las manos encima, muchas manos y eran más fuertes de lo que parecían.

Siguió luchando, un americano ultrajado. No gritó pero salieron de su boca gruñidos atléticos. Sus pies pedalearon sobre algo blando, tratando de conseguir tracción. Le agarraron las piernas. Alguien le estaba atando los brazos, con fuerza, a la espalda y ya no había más asentimientos de cabeza ni más *allook saheed*, ni una sola palabra.

Y no fue hasta que estuvo seguro, un cien por cien seguro de verdad, de que no iba a escapar, que lo habían capturado y que no estaban siendo agradables con él, hasta entonces no entendió que el hombre del saco estaba debajo de la cama esta vez.

Y empezó a gritar.

16.3. Setenta-Treinta Jill Talcott

El campo de aterrizaje del astropuerto era gigantesco, como tres o cuatro manzanas de la ciudad juntas. En el centro se encontraba la cúpula, que parecía la cabeza redonda de un gigante surgiendo de la tierra. Y en el límite del campo de aterrizaje, al lado del muro de vidrio rojo que marcaba la frontera sur de la ciudad, estaba la nave espacial.

Les había llevado más tiempo llegar allí de lo que Jill había anticipado. De hecho, tenían tanto calor la noche anterior y estaban tan cansados que habían acampado en uno de los edificios con electricidad que había en la arteria este-oeste. Podían disponer de cierto número de habitaciones pero Nate había querido que no se separaran por si acaso aparecían los alienígenas.

Así que Nate había dormido en el suelo al lado de la estrecha cama de Jill. Ella encajaba en las camas alienígenas, si se ponía de lado. Apenas. Se había despertado en cierto momento y se había quedado allí echada, escuchándolo respirar durante mucho tiempo, pensando. *Así que esto es no estar sola por la noche.*

No estaba mal. Pero no quería terminar dependiendo de eso.

Nate se fue derecho hacia la nave espacial. Tenía la misma forma aerodinámica y funcional que los coches de aire pero era enorme, más grande que un zepelín y de un profundo color marrón oxidado de popa a proa. Al acercarse, Jill se dio cuenta de que no era pintura sino el polvo de la arena roja del desierto.

A ella no le interesaba en absoluto aquella cosa. Hacía mucho calor y ella no podía quitarse de encima la sensación de lasitud, por mucho que descansase. Bostezó mientras veía a Nate recorrer nervioso toda la longitud del aparato y luego agacharse debajo para poder tocar el tren de aterrizaje. La panza de la nave formaba un tejado cóncavo sobre su cabeza. El joven frotó el polvo, que el calor había cocido y había convertido en un barniz duro.

—Hace siglos que no mueven esta cosa —dijo, desilusionado.

Jill contuvo un ruego para que saliera de ahí. No le gustaba verlo metido debajo de la enorme máquina como un bicho debajo del pie de un gigante.

—¡Guau! —Nate levantó la mano todo lo posible para tocar el costado de la nave.

—Vamos dentro —dijo Jill. Una uña encontró el camino a la boca para que la mordisquearan. Miró a su alrededor. Se sentía expuesta en este vasto campo abierto, a los rayos del sol, si no a otra cosa.

—¿Dentro de la nave? —Nate pareció emocionarse.

—Dentro del edificio, Nate, el astropuerto.

—Pero, Jill... —Se retiró un poco para verlo mejor, las zapatillas deportivas se arrastraban por el campo de aterrizaje—. Esto es... o sea, una *nave espacial*.

—Sí, quizá más tarde, Dr. Who. Vamos.

De cerca, la cúpula redonda era como la concha de algún insecto de gruesa coraza. Había un hueco en el que encajaban las puertas principales y la profundidad de ese hueco (sus tres metros largos) era en realidad la anchura de las paredes del astropuerto. Las paredes eran de metal y pesadas y tenían largas manillas verticales. No había ninguna ventana.

Nate miró a Jill con la ceja ladeada y tiró de una manilla. La puerta cedió con facilidad, la habían diseñado para alguien más ligero. Se abrió con un ruido de succión gutural. Dentro había un pesado sello de goma de setenta centímetros de grosor.

Nate silbó.

—Interesante, no creo que sea para el aire acondicionado, ¿verdad?

Jill sacudió la cabeza. Sentía un cosquilleo de emoción en el vientre, pero no estaba lista para discutir con Nate la idea que había tenido en el techo del otro edificio. Todavía no.

La electricidad parecía estar cortada en el edificio pero cuando entraron se encendieron las luces. Se oyó el sonido de la maquinaría que se conectaba.

—Podría ser peor —dijo Jill—. La electricidad podría estar cortada por completo.

Nate no dijo nada, pero parecía preocupado.

El astropuerto no se parecía en nada a un aeropuerto normal. No había puertas de salida, ni sillas para los parientes que esperan, ni carteles anunciando las salidas y las llegadas... y desde luego no había viajeros. Los pasillos tampoco eran tan grandes, como si nunca se hubieran esperado grandes multitudes.

—Próximo vuelo a Milwaukee, diez minutos —fingió Nate con una voz estática y hablando a través de la mano. Miró a Jill con una expresión de asombro falsa: *¿Has oído eso? ¡Vamos!* Ella puso los ojos en blanco.

Siguieron el pasillo hasta el centro del edificio. Allí el pasillo se abrió a un gigantesco hangar vacío. Había una repisa de quince metros de ancho alrededor de toda la cavernosa dársena, y esta repisa terminaba de forma abrupta en una caída al vacío. El espacio era lo bastante grade para acomodar varias docenas de naves del tamaño de la que había en el campo de aterrizaje, pero no había ninguna.

—¿Dónde están? —Nate parecía francamente decepcionado.

Jill no respondió. Aquello tenía un aspecto cada vez peor. El astropuerto parecía difunto, del todo.

—Mierda, Jill, este sitio es una tumba.

—Debería haber alienígenas aquí. La ciudad no está deshabitada por completo.

—Supongo que cuando tu mundo se está muriendo, la gran prioridad no es explorar el espacio —respondió él con amargura.

—No sabemos si su mundo se está muriendo. Además, todavía tienen que moverse por este planeta.

—¿Quién lo dice? ¿Y si esta ciudad es todo lo que hay?

Jill se dio unos golpecitos en la clavícula y frunció el ceño pensativa.

—Todavía está la nave de fuera —dijo Nate con un tono de voz tan dubitativo como esperanzado—. Podría estar operativa.

—La sala de control está por allí. Vamos. Veamos lo que tienen.

La sala de control se encendió cuando atravesaron la puerta, las pantallas pasaron del negro a lecturas verdes en cuestión de segundos. Nate se animó un poquito al ver todos aquellos ordenadores. Acercó dos de las estrechas sillas a una mesa y se sentó en las dos. No había teclado. Pasó los dedos por la pantalla para experimentar. El texto alienígena cambió bajo sus manos.

—Estoy manejando un ordenador alienígena. —Lo dijo con el mismo tono que utilizaría un niño al mostrarle un renacuajo campeón a su madre.

—Sí, ya lo veo, Nate —respondió Jill con una sonrisa.

Jill lo vio trabajar durante unos minutos, luego acercó dos sillas más para ella. Ya era hora de confesar lo que había estado pensando pero parecía tan trascendental decirlo en voz alta que se apoderó de ella una repentina torpeza.

—Nate... ¿te acuerdas de los sellos que acabamos de ver ahora, en la puerta del astropuerto?

Nate la miró.

—Sí.

—¿A qué te recuerdan?

El joven dejó de enredar con la pantalla y se volvió para mirarla, esperando.

—¡A la cortina de goma que teníamos en nuestro laboratorio, Nate! Es aislamiento. *Tecnología de ondas.*

Él no parecía muy sorprendido.

—¿Y?

—Bueno... ¡tenemos que averiguarlo! Tenemos que averiguar si están usando tecnología de ondas. Porque si es así... —Tamborileó con los dedos en la mesa. Era muy importante que lo explicara bien. Se obligó a respirar hondo y a tranquilizarse—. Nate, ¿y si Copérnico hubiera tenido la oportunidad de verse lanzado al futuro, trescientos años después, para ver todas las implicaciones de sus ideas?

Nate levantó una ceja pero su expresión seguía siendo cautelosa.

—Eso sería guay. Suponiendo que pudiera entenderlo.

—Bueno, ¡eso es exactamente lo que nos han dado a nosotros! Tenemos la oportunidad de ver lo que puede hacer de verdad la uno-menos-uno, si es de verdad tan importante como nosotros pensamos y cómo y de qué maneras se puede utilizar. ¡Piensa en las posibilidades! El manuscrito de Kobinski... quiero decir, el manuscrito no es nada. Nos están ofreciendo ver el futuro, ¡nuestro futuro! Podemos adelantar nuestra investigación en varios cientos de años, ¡quizá más!

Se obligó a parar, aunque podría haber continuado. Su padre había sido un mercachifle tan grande que ella, por inclinación, odiaba la idea de lanzar peroratas para vender algo. Esperó a que Nate se enganchara solo al concepto, pues no tenía ninguna duda de que lo haría. Después de todo, ¿no llevaba dos años a su lado? ¿No era la uno-menos-uno su bebé, tanto como de ella? Pero sus ojos oscuros parecían inquietos. Era incapaz de leerlo.

—Lo que queremos saber —dijo ella mientras señalaba con un gesto los ordenadores—, es si su tecnología espacial utiliza la onda uno-menos-uno. ¿Alguna sugerencia sobre cómo hacerlo?

Nate se volvió poco a poco hacia el monitor.

—Quizá podamos encontrar algo de matemáticas.

—No. Ya he pensado en eso. Estamos acostumbrados a que las matemáticas sean una herramienta de lenguaje universal porque la mayor parte de las culturas de la Tierra utilizan los símbolos matemáticos griegos. Pero, como es lógico, eso no se aplicaría aquí.

—No, tienes razón. ¿Quién sabe cómo representan el número cuatro?

—Exacto. Pero los *diagramas* podrían ser útiles. ¿Crees que te puedes meter en las tripas de esta cosa?

El joven contemplaba la pantalla con la mirada vacía.

—¿Nate?

Parpadeó y se sentó más recto.

—Puedo intentarlo. —Movió los dedos por la pantalla—. Voy bastante a ciegas sin conocer el lenguaje; todo lo que puedo hacer es meterme por ahí. Pero podría levantar algo. —Por muy distraído que pareciera estar, no podía dejar pasar una frase como esa sin comentar algo. La miró y agitó las cejas—. Je, je, je, je.

Ella dejó escapar un bufido que era en parte risa y en parte vergüenza. Nate procedió a navegar por allí durante un buen rato. En general las pantallas no tenían ningún sentido para ellos, ninguno en absoluto. Después de unos veinte minutos apareció un diagrama.

—¿Qué es eso? —preguntó Jill estudiándolo.

—Parece un diagrama del astropuerto. —Nate señaló la forma de la cúpula—. Está marcada una de las salas. ¿Lo ves? Está parpadeando.

—Umm —dijo Jill sin mostrar mucho interés—. Veamos qué más podemos encontrar.

Encontraron unos cuantos diagramas más pero nada que se pareciera a la física, nada que les proporcionara alguna respuesta. El día se fue alargando sin fin. Jill estaba empezando a sentirse muy frustrada al darse cuenta de la profundidad de su ignorancia. Aquí estaba, con la tecnología más asombrosa imaginable en la punta de los dedos y no podía leer ni una maldita palabra. Era una pesadilla de *La dimensión desconocida*, como el episodio en el que el tipo al que le encanta leer se queda solo en el fin del mundo con todos los libros y la eternidad para leerlos... pero se le rompen las gafas.

¿Cómo iban a ser capaces de aprender el lenguaje?

El diagrama del astropuerto apareció unas cuantas veces más; hicieron caso omiso de él.

Jill gruñó y se frotó los ojos.

—Lo que de verdad necesitamos es algo así como el código Hammurabi, una clave que nos ayude a descifrar sus símbolos matemáticos. ¿Crees que hay alguna posibilidad de que hayan desarrollado algo así para su programa espacial?

Nate empezaba a responder cuando comenzó a salir un papel de una ranura que no habían visto en el costado del ordenador. Se deslizó hasta la superficie de la mesa y lo siguió otro. Nate le lanzó a Jill una mirada confusa y recogió la página. Ella la estudió por encima de su hombro.

—¡Hostia! —suspiró Nate—¡Es un descifrador de códigos!

—Déjame ver. —Jill estaba segura de que el joven le estaba tomando el pelo. Intentó quitarle la página pero él se negó a dársela. Terminaron inclinándose juntos sobre ella con las cabezas compitiendo por el espacio.

En una cara de la página, en letra muy pequeña, había una simple serie de líneas. A su lado había un carácter de la escritura alienígena. Las líneas iban de una línea a dos líneas y luego a tres, aumentando en pulcras filas.

—¡Esos son sus símbolos numéricos! —dijo Nate poniendo el dedo en la escritura alienígena que había al lado de las líneas—. ¡Ese es el símbolo de «uno», luego «dos», tres, cuatro, cinco... Cristo!

Jill atrajo la página un poco hacia ella. No quería permitirse el lujo de esperar nada, y se obligó a mirar las líneas una y otra vez. El ordenador, mientras tanto, seguía imprimiendo páginas. Ella y Nate las estudiaron. A la cuarta página, los ideogramas estaban describiendo símbolos de la suma y de la resta, a partir de ahí se iba haciendo cada vez más complicado. Tardarían días, si no meses, en averiguar el significado de algunos de los ideogramas. Pero no le cabía duda de que podían descifrarlos, con el tiempo. Los ideogramas estaban muy bien diseñados.

—Jill —dijo Nate con la voz forzada—. Lo pediste y lo imprimió.

—Debes de haber apretado algo.

—Sí, claro —se burló Nate—. Sabía cómo hacerlo, desde siempre. Solo que me lo estaba guardando. —Miró por toda la habitación, paranoico, como si esperara que en cualquier momento se revelara una cámara oculta alienígena.

—Quizá era un detector de idiotas —sugirió Jill, el corazón le latía muy rápido—. Como... no sé, una pantalla de ayuda que aparece cuando está claro que no sabes lo que estás haciendo.

—Eso espero. —Nate arriesgó una mirada bajo la mesa—. Porque el asunto es: aunque el ordenador entienda el discurso hablado, que no es para tanto, ¿cómo sería capaz de entender nuestro idioma?

—No lo sé. —Jill también se sentía incómoda y luego se sintió molesta por sentirse así—. Mira, ¿de qué nos quejamos? Esto es lo mejor que podría haber pasado. ¡Deberíamos estar bebiendo champaña!

Nate le dedicó una mirada peculiar y se levantó. Se rascó la cabeza.

—Bueno... es una suerte increíble, aunque sea de lo más extraño.

—Desde luego.

El joven le dio un abrazo de felicitación un poco tosco y se apartó antes de que ella pudiera devolvérselo.

—Um, vuelvo enseguida. Necesito un pequeño descanso.

—Vale. —Jill le sonrió pero ya estaba concentrada en el siguiente ideograma.

Perdió la noción del tiempo después de eso. Nunca había sido especialmente emotiva y la sorpresa del descubrimiento quedó de inmediato reemplazada por la exaltación, que fue a su vez sustituida enseguida por una discreta satisfacción y la determinación de ponerse a trabajar. Identificó los símbolos de la multiplicación y de la división, y la forma de anotar los exponentes. El trasero la estaba matando, sentada a medias en estas ridículas sillas que parecían diseñadas para un *banana split*. Se le estaba quedando dormido. No le importó. Con cierta impaciencia se saltó unos cuantos ideogramas y buscó las ecuaciones complejas.

Podría estar aquí, pensó. Quizá esté. Pero cuando por fin localizó lo que pensó que eran ecuaciones más largas, se dio cuenta de que le llevaría semanas traducir laboriosamente cada una, símbolo tras símbolo tras símbolo. Puso los papeles a un lado y se levantó para estirar su cansada espalda. Nate no había vuelto, lo que en sí mismo era extraño. Dio unos cuantos paseos para deshacerse de los calambres y le echó un vistazo al ordenador.

Descartó la idea la primera vez que se le ocurrió pero un momento después había vuelto. Y por tonta que fuera, merecía la pena intentarlo. Así que volvió al ordenador, un poco avergonzada y empezó a hablarle.

Nate entró unos minutos más tarde. Se acercó a ella por detrás sin ruido y saltó sobre ella con unas enormes gafas de buceo negras que le cubrían la mayor parte de la cara.

—¡Buga-buba!

Jill chilló como una posesa. Le soltó una conferencia sin mucho entusiasmo sobre los peligros de un ataque al corazón o de sufrir una lesión grave aquí, donde no había hospitales, pero fue incapaz de desinflar el buen humor de él, ni el de ella.

—Encontré la habitación que parpadeaba en el diagrama del astropuerto —dijo Nate al tiempo que se quitaba las gafas. —Es un almacén de suministros. Súper guay. Hay todo tipo de trajes espaciales alienígenas, cascos, estas gafas de sol, creo que son como buscas o mecanismos de señalización... una tonelada de cosas. No tengo ni idea de lo que es la mayor parte. Cogí un puñado de estos... —Rebuscó en el bolsillo y sacó unas pequeñas cápsulas de metal. Las sacudió—. Pensé que tú podrías tener alguna idea de...

—¿Nate?

—¿Eh?

Ella le entregó una hoja de papel.

A él le llevó un minuto. Volvió al código, donde Jill había marcado lo que había descifrado de los símbolos. Él se puso serio.

—Dios, Jill, esto es tu ecuación.

—Lo sé.

—¿Cómo conseguiste esto?

—Del ordenador —dijo Jill sin muchas explicaciones—. Pero mira esto... —Señaló la página—. Esto es una ecuación de la onda uno-menos-uno, al menos se supone que lo es. Pero los números están mal.

Nate la estudió entrecerrando los ojos. Después de un momento dio un paso atrás de forma tan brusca que se golpeó con la hilera de mesas que tenían detrás. El rostro se le quedó sin sangre.

—¿Nate? —Por un momento Jill pensó que lo habían envenenado o que lo había invadido algún parásito alienígena, que algo le había pasado cuando había salido de la habitación, tan extrema fue la respuesta física del joven. Pero estaba mirando horrorizado la página.

—La ecuación de la uno-menos-uno...

—¿Qué?

—¿No lo ves? —Levantó la vista con los ojos ardiendo—. Esta función de onda presupone una onda con una cresta del setenta por ciento y un seno del treinta por ciento. ¡Kobinski tenía razón, Jill! No solo estamos en otro planeta. Ni siquiera estamos ya en nuestro propio universo.

16.4. Treinta-Setenta Aharon Handalman

Kobinski no volvió a asomar la cara otra vez hasta el primer día del Festival. Aharon estaba sentado en una silla cuando entró. Un ama estaba terminando de vestirlo y de ponerle unas sandalias duras en los pies, aún muy pesados. La túnica fiori que le había dado olía mal y era incómoda, por no mencionar un tanto inmodesta, ya que no llevaba nada debajo.

Aharon mantuvo la boca cerrada al ver la máscara dorada. Había deseado tanto el regreso de aquel hombre y ahora no tenía nada que decir. Estaba enfadado con Kobinski, su anfitrión, por dejarlo solo y vulnerable tanto tiempo. Le maravillaba Kobinski, el cabalista, cuyo trabajo se había apoderado en los últimos días de la llanura atormentada y vacía del alma de Aharon y le había susurrado hasta conseguir que germinara algo allí. El hombre, el cabalista, el místico, el escritor del manuscrito no parecía formar parte del ser que tenía ante él y Aharon decidió que era mejor, por su propia cordura si no por otra razón, divorciar a los dos seres en ese mismo momento. Necesitaba el manuscrito de la misma forma que un hombre que se ahoga necesita una balsa. No podía arriesgarse a que su autor lo desilusionara.

El rey de Gehenna esperó hasta que el ama terminó y luego la mandó salir a ella y a Tevach de la habitación. Estaba vestido con una túnica púrpura decorada con hilo de oro. El cinturón era de oro forjado; la máscara relucía cruel. Pero cuando se la quitó, Aharon se dio cuenta de que debajo de todas aquellas galas salvajes, el ser humano sudaba.

—Debería explicarle lo que va a ver hoy.

—Sería muy útil. —Aharon se retorció las manos en el regazo.

—Esta es la fiesta sagrada más importante de Fiori. Habrá ídolos, discursos, jaeces religiosos... La religión fiori pone énfasis... —Kobinski dudó un momento— son extremadamente estrictos con aquellos que cuestionan la fe. Su sistema de creencias es muy rígido, de una forma absoluta. Después de todo, por eso están aquí.

Aharon no dijo nada pero sintió una profunda repulsión. Dios querido, ¿qué iba a tener que presenciar?

—El castigo para los herejes es brutal. Será sangriento, incluso grotesco. No puede reaccionar.

Aharon movió el brazo con lentitud para aferrarse a la silla.

—¿Debo ir? ¿Por qué?

—Porque —dijo Kobinski con frialdad—, me beneficiará a mí. Y yo, a su vez, soy su única posibilidad de supervivencia. Ya le he dicho que mi posición es tenue. Al verle, las masas quedarán impresionadas si no hace ninguna estupidez. No demuestre sus emociones. No haga nada en absoluto. Si no puede soportar lo que ve, mire hacia abajo, al regazo. ¿Lo entiende?

Aharon asintió. Quería negarse pero sabía que no era una opción.

—En cierto modo tiene suerte de haber llegado tan cerca del Festival. Significa que Argeh ha estado demasiado ocupado para molestarse con usted... todavía. Aprenda a ordeñar la buena fortuna en todo lo que vale en Fiori. —Kobinski esbozó una fina sonrisa.

—Lo tengo a usted —dijo Aharon—. Esa es la mejor fortuna de todas.

—¿Lo es? Ya veremos.

Abandonaron la ciudad en un carruaje, una cosa basta y pesada que hizo que Aharon se sintiera como si hubiera viajado atrás en el tiempo y estuviera dirigiéndose a un *shetl* del helado campo polaco durante la Edad Media. La carroza tenía unas ventanas pequeñas recortadas en la puerta. No había cristal y el viento helado aullaba al entrar. La gravedad clavaba a Aharon al duro asiento. Apretó las manos contra el banco para mantenerse erguido, una tarea monumental y agotadora, mientras las ruedas traqueteaban sobre el suelo rocoso. Tenía enfrente a Kobinski con su máscara y a su lado estaba Tevach. Los grandes ojos oscuros del fiori iban de él a Kobinski, como si intentaran averiguar cuál era su relación. No era tan tonto.

La ciudad consistía en poco más que unos cuantos grandes edificios de piedra, numerosas casuchas, lodo y rocas, mendigos mugrientos. Aharon desvió los ojos de los cadáveres de carne colgados en la plaza del pueblo, restos que parecían bajos y musculosos y terriblemente conocidos. Intentó no pensar en la comida que le habían obligado a comer desde que había llegado.

No habían llegado muy lejos cuando algo golpeó el carruaje. Algo duro se estrelló en la puerta seguido por tres o cuatro proyectiles más pequeños. Mi señor se puso rígido y agarró el borde del asiento. Fuera, Aharon oyó los gruñidos de los guardias de Kobinski que se metieron cabalgando entre la multitud para encontrar a los culpables. La máscara no reveló nada.

—¿Amigos suyos? —preguntó Aharon.

—Ya le dije que había problemas. Se han producido ciertos... actos vandálicos contra mis imágenes. Organizados, al parecer.

—¿Argeh?

—No. —Kobinski hizo una pausa—. No creo.

Tevach tiraba de la manga de Kobinski sin parar.

—¿Qué pasa, Tevach? —Kobinski se volvió hacia él irritado.

—Perdóneme, Mi señor, pero... hay... hay un prisionero... un hereje...

—Antes de que el temeroso Tevach pudiera expulsar toda la frase o de que Kobinski pudiera ofenderse como al parecer se estaba ofendiendo, el carruaje fue frenando y uno de los guardias se asomó por la ventanilla. Se dirigió a Kobinski en los gruñidos del lenguaje fiori.

Lo que significaba, supuso Aharon con un profundo horror, que habían llegado.

Mi señor hizo su aparición en el palco oficial con la fanfarria habitual. Lo saludaron con gritos y aplausos, si bien era más débiles de lo que habían sido el año anterior. Argeh estaba presente, su silla unos escalones más abajo y a la derecha de Mi señor. Se giró con un reto en los ojos. Mi señor no le hizo caso.

Mi señor esperó hasta que el público se distrajo con uno de los eventos, y entonces le hizo un gesto a Tevach para que entrara con Aharon y lo colocara en el asiento de al lado. Cuando los fiori se fijaron en el «mensajero», una tensión electrificada atravesó la arena a toda velocidad, una especie de suspiro en masa. Pronto todos miraban al palco y se levantaban para ver por encima de las cabezas de los demás.

Aharon, al sentir todas las miradas puestas en él, se puso a temblar.

—Todo va bien —dijo Mi señor poniendo una mano en el brazo de Aharon.

Era un gesto de dominación y lo hizo para la multitud. Para conseguir el máximo efecto, había dejado que Aharon no utilizara máscara. Años antes, cuando había llegado, había sido idea de Ehlah enmascararle para que su rostro no provocara excesiva alarma. Funcionó, pero no por esa razón. Lo que los fiori imaginaban detrás de la máscara era más asombroso que lo que realmente había. Pero ese miedo se había disipado. Necesitaban un recordatorio. Y como le había dicho a Aharon, cuando vivías con los fiori, ordeñabas a la buena fortuna hasta la última gota que pudieras conseguir.

Mi señor se levantó y alzó los brazos.

—Habéis oído que Mahava me ha enviado un mensajero del Cielo. —Hablaba en voz muy alta—. ¡Hoy le damos la bienvenida a nuestro Festival y le mostramos la profundidad de nuestra devoción!

La multitud no respondió con el júbilo histérico que había esperado pero hubo un modesto martilleo de bastones. Mi señor se sentó. Miró a Argeh, que se puso en pie y, sin hacer ningún comentario sobre el visitante, sin mirarlo siquiera, hizo un gesto para que continuaran las ceremonias.

Aharon habló en voz baja a su lado.

—¿Por qué lo hace? ¿Por qué engaña a estas personas para que piensen que es una especie de ser divino?

—Silencio —dijo Mi señor—. A menos que quiera que nos maten a los dos.

Estaba enfadado consigo mismo por no haber pasado más tiempo preparando a Aharon. Sería peligroso que el judío hiciera el ridículo hoy. Pero había evitado a aquel hombre, no quería ni verlo, con su barba larga y orgullosa, la cadencia de la *yeshiva* que había en su voz, esos ojos ardientes y santurrones; todas esas cosas despertaban demasiados recuerdos, eran una ventana demasiado inmediata a un tiempo y un lugar que estaban muertos y enterrados. Al evitar a Handalman, Mi señor evitaba a Kobinski.

Sin embargo, el judío parecía hoy diferente, más suave. Quizá solo fuera que no hablaba tanto.

Abajo, en la arena, trajeron las grandes estatuas de Mahava y Magehna. Magehna estaba agachada, en la divina posición de la eliminación, y Mahava estaba de pie, con gesto imperioso, dominándolo todo. Se parecían a los fiori, como es natural, si bien eran más altos y ligeros, con los rasgos lisos y redondeados que Mi señor había aprendido a reconocer como canon de belleza. Las estatuas estaban hechas de piedra y las grandes carretas que las transportaban gruñían bajo aquel peso aplastante. Alrededor de las estatuas se habían apilado muestras de la magra cosecha de los fiori: gavillas de su cultivo principal, *gha*, moras y animales recién sacrificados, entre ellos varios cadáveres de fiori vestidos. En la Tierra habría sido inconcebible que todos los comestibles posibles estuvieran presentes, pero aquí podían conseguirlo, si bien no era fácil. Parte de los alimentos se habían traído del otro lado del mundo, y habían viajado hasta varios años para llegar allí. Los mares de Fiori eran tristemente famosos por los peligros que albergaban y la tierra, siempre sombría e incapaz de mantenerlos. La multitud se levantó y aclamó la abundante exhibición de productos.

Mi señor, más para tranquilizar a Aharon que por otra cosa, le explicó a su invitado el ritual. Le contó la historia de Mahava y Magehna, su esposa, que excretó a los fiori.

Aharon lo interrogó con el ceño fruncido.

—Me dijo que pensaba que las almas encarnadas aquí eran...

—*Gevorah / chochmah*.

—Sí. Lo leí en su manuscrito.

A Mi señor le sorprendió la mención de su obra. Siempre se olvidaba de que estaba allí. Era otro trocito incongruente de su pasado que no encajaba con el presente.

—Si los religiosos estrictos de la Tierra se reencarnan aquí... —dijo Aharon.

—No solo de la Tierra, de toda la escala.

—Sí, pero algunos son de la Tierra.

—Es probable.

—¿Entonces cómo pueden adorar a estos ídolos? Si su fe fuera tan rígida, ¿no es más probable que adoraran al Único Dios Verdadero aquí también?

Mi señor bufó incrédulo.

—¿Qué espera? ¿Que Lo llamen *Yahvé*? ¿Que le den el aspecto de un patriarca humano de larga barba?

El judío parecía avergonzado.

—No... pero... pero hay dos, y uno es una mujer. ¿No deberían ser al menos monoteístas?

—¿Deberían? ¿Según quién? Las hembras son extremadamente valiosas en Fiori. La tasa de mortalidad en el parto es de alrededor del cincuenta por ciento. Y los fiori dependen unos de otros para vivir. Nadie sobrevive aquí solo, ni siquiera Dios.

Mi señor se dio cuenta de que los fiori del palco los estaban mirando. No tenía sentido para ellos que discutiera con su mensajero, aun cuando no entendían ni una palabra. Y además estaba Tevach, que sí lo entendía... Era mejor que no hablara con Aharon en absoluto.

Con las estatuas en su sitio, Argeh se levantó y pronunció una larga plegaria en su honor rogando a Mahava que tuviera misericordia incluso con las partes más odiosas e indignas de Su creación. Entonces dejó el palco y bajó a la arena, donde estaban jurando su cargo cincuenta nuevos miembros del sacerdocio. Era una posición muy codiciada en Fiori. No se rompían la espalda cultivando el suelo, no se morían de hambre. Solo los candidatos más fervientes superaban el proceso de selección. Hasta a Mi señor, que, después de treinta años, apenas apreciaba un poco la visión de los fiori, le conmovía el porte fiero del grupo. Para la multitud, los nuevos sacerdotes se desnudaron hasta la cintura y se golpearon con azotes mientras canturreaban en un tono gutural y bajo que parecía un gruñido continuo.

Un acto era muy suave en comparación con lo que venía después. Mi señor le echó una breve mirada a Aharon para ver cómo lo llevaba. El judío tenía los ojos clavados en las manos y le temblaba el pecho. Al principio, Mi señor pensó, asqueado, que eran lágrimas, pero luego se dio cuenta de que era el esfuerzo de permanecer erguido, incluso en l silla. Mi señor se preguntó cuánto tiempo podría aguantar Handalman y cuando sería conveniente hacer que Tevach lo sacara de allí. Un ser celestial que se derrumbara en el suelo no impresionaría a nadie.

Mi señor le hizo un gesto a Tevach y el ratoncito se acercó en silencio. Le susurró unas instrucciones al oído y Tevach se sentó detrás de Aharon, le puso las fuertes zarpas en los hombros para clavarlo al asiento y ahorrarle algo de esfuerzo. Aharon le lanzó a Mi señor una mirada agradecida y luego volvió a mirarse las manos.

Los nuevos sacerdotes ayudaron en el interminable servició que siguió, oraciones con las que se humillaban y los ruegos habituales contra el pecado, sobre todo contra las casas de mala reputación, contra aquellos que desobedecían a los superiores o a la iglesia y los que devoraban a los propios hijos. La multitud lo aguantó todo impaciente, esperaban «lo bueno»: el derramamiento de sangre.

La arena se había preparado días antes. Los mecanismos llamados *hechkih* ya estaban en su sitio, largas estructuras con forma de X y bases piramidales que funcionaban como emplazamientos de los cuerpos para la tortura y la exposición a los elementos y luego servían como espetones para asarlos. Anticipándose a esto último, habían pintado las bases con brea inflamable.

Ahora se hizo entrar a los prisioneros, desnudos salvo por las prendas interiores, los rostros miserables y petrificados. Se acurrucaban como los animales aterrados que eran... todos salvo un grupo de varones que miraban a la multitud con expresión desafiante.

Argeh había vuelto al palco. Le lanzó a Mi señor una mirada sospechosamente satisfecha antes de dirigirse a la multitud.

—¡El Libro Sagrado dice que debemos ser siempre diligentes en nuestra batalla contra la corrupción! Nacemos corruptos y a menos que nos redimamos a través de las fatigas necesarias, ¡morimos corruptos! Debemos buscar sin piedad la corrupción y expulsarla de nuestra sociedad. Si no lo hacemos así, ¡el Libro Sagrado nos dice que todos nos hundiremos en la inmundicia por toda la eternidad!

Mi señor quería que el judío lo oyera. Si lo oía, quizá entendiera donde estaban en realidad, por qué estaba justificada cualquier mentira. Le hizo un gesto a Tevach y le ordenó que le susurrara al oído una traducción del discurso a Handalman. Tevach parecía distraído. Tenía una mirada desesperada al mirar los ojos de su amo y Mi señor recordó el episodio de aquella mañana, algo sobre uno de los herejes. Sacudió la cabeza para negarse con fuerza y decirle a Tevach que no era el momento, que hiciera lo que le mandaban.

—¡Todos los prisioneros que hay aquí hoy han violado la santidad de Mahava! —Argeh escupió en el suelo para mostrar su disgusto—. Han desobedecido a Sus profesores y Sus pronunciamientos sagrados. En lugar de esforzarse para elevarse, se han manchado aún más, y en el proceso nos han manchado a nosotros y a Fiori...

Mi señor miró a Aharon, que estaba temblando otra vez. Tenía la cara roja por el esfuerzo de mantenerse erguido, incluso con la ayuda de Tevach. Pero empezó a parpadear cuando comprendió las palabras de Tevach. Mi señor volvió su mirada de nuevo hacia la arena, satisfecho.

Que rumie la mentalidad de Argeh un rato. Que se asfixie con ella.

El grupo de prisioneros que Mi señor había visto antes empezó a luchar con sus guardias. No tenían ninguna esperanza de escapar, claro está, esposados como estaban, pero consiguieron hacer una escena. El varón al mando del grupo levantó las manos atadas en un gesto de dominio.

—¡Exijo hablar! ¡Pido que me oigan!

Mi señor esperó a que Argeh, con un gesto, les ordenara a los guardias que lo devolvieran a la fila de un empujón. Pero en su lugar, Argeh dudó, con la cabeza ladeada hacia un lado en ademán pensativo.

—Estoy tan conmovido que te permito hablar —dijo Argeh y se sentó.

Todos callaron asombrados. Por toda la arena, la multitud estaba sumida en el más absoluto de los silencios. ¿El sumo sacerdote? ¿Le permitía hablar a un prisionero? Mi señor se sujetó con fuerza a los brazos del sillón, sabía que había algo que no iba nada bien. Recordó la mirada retadora que Argeh le había lanzado antes. *Es sobre mí, de alguna forma esto es sobre mí.*

Mi señor estuvo a punto de levantarse pero no se le ocurrió ninguna excusa para interrumpir aquello y luego el hereje empezó a hablar en voz alta y fiera.

—¡Mis amados compañeros de clan! ¡Muero hoy porque me atreví a enseñar un mensaje que difiere del que nos han obligado a aceptar durante tanto tiempo! Me atreví a preguntar, ¿por qué nos castigamos unos a otros? ¿Por qué asistimos a espectáculos de terror como este? ¿Por qué infligimos heridas a nuestros compañeros y a nosotros mismos? ¿Puede Mahava pretender eso de verdad de nosotros? ¡Nuestros sacerdotes nos dicen que sí, Mahava quiere aplastarnos contra el suelo! Pero yo digo que no. Digo que deberíamos aliviar el sufrimiento de los demás, ¡no añadir más! Digo que deberíamos trabajar juntos para arrancar nuestro pan de la roca. Digo que hay lugar en Mahava para la amabilidad, ¡incluso para nosotros, incluso para los fiori!

El mundo se movió bajo los pies de Mi señor. Estaba conmocionado, hasta el alma. Había visto a unos pocos fiori, como Tevach, que relajaban el típico temperamento fiori en privado, pero jamás había oído a ninguno hablar contra la norma de una forma tan radical, y en público. Miró a Argeh, maravillado de que el sumo sacerdote permitiera que semejantes palabras se pronunciaran en voz alta, ¡y en la arena del Festival! Si había alguna herejía que Argeh persiguiera con especial saña, era esta. Pero Argeh miraba al hereje con una expresión cerrada. Insondable.

—Pero, compañero mío —dijo Argeh con una formalidad nauseabunda—. ¿Cómo puedes creer que nos equivocamos en nuestro juicio de la voluntad celestial cuando tenemos, en nuestro propio trono, a un enviado del Propio Mahava? ¿Negarías acaso que Mi señor conoce los deseos de nuestro Hacedor?

Mi señor se aferró a los brazos del sillón. Allí estaba. El cuchillo.

—¡Lo niego! —aulló el atrevido fiori—. ¡Miradlo, todos! ¡En nuestro trono se sienta una... criatura que afirma proceder de los cielos! Pero si es divino, ¿dónde está la prueba? ¿Qué bien le ha hecho a los fiori desde que vino? ¿Qué bien nos hace ahora? Seguro que si Mahava se sentara entre nosotros nuestras cosechas serían buenas; nuestros vientres no estarían roídos por el hambre; nuestras mujeres e hijos no morirían en medio de la sangre y la suciedad.

Mi señor se puso en pie tembloroso. El dolor de sus rodillas no era nada ante aquello.

—¿Te atreves a hablarle así a tu Señor? —gruñó mientras señalaba con el brazo largo y recto y la mano sin vello al prisionero.

—¡Me atrevo! Yo digo: ¡Tú no nos quieres! ¡No te importamos! ¡Y nos mantienes encadenados a este sacerdote malvado! ¡Los dos nos mantenéis atados a la miseria y a la muerte en nombre de Mahava!

—¡*Silencio!* —rugió Argeh. El hereje había ido demasiado lejos. Argeh les hizo un gesto a los guardias.

Mi señor, aterrado y sudando, contempló cómo los guardias golpeaban al fiori con los bastones y lo dejaban en el suelo. En la multitud había unos cuantos, quizá hasta cincuenta repartidos por todo el recinto, que se pusieron en pie y levantaron una palma abierta en un gesto de solidaridad mientras siseaban su desaprobación. Argeh hizo un gesto rápido, airado, y los que habían levantado la mano desaparecieron de la arena cuando los guardias se dirigieron hacia ellos.

Argeh miró por encima del hombro con los labios torcidos.

—¿Sus órdenes para el prisionero, Mi señor?

Mi señor dudó. No era su papel juzgarlos. Argeh nunca le había preguntado hasta ahora. Pero sabía que no tenía alternativa. La arena entera lo miraba.

Se cruzó el pecho haciendo el signo de la muerte.

La multitud retumbó como un terremoto, si lo aprobaba o no era difícil de distinguir. Luego los bastones empezaron a golpear dando su consentimiento con un ritmo bajo, creciente.

—¡Mata al hereje! —se alzó el grito.

Mi señor se estremeció de alivio, una marea que le indicó que había estado más aterrado de lo que había pensado. Había escapado a la traición de Argeh... por ahora. Gracias a Dios que al menos siempre se podía contar con la sed de sangre de los fiori.

—¡No! —exclamó Aharon.

Mi señor se volvió, sorprendido. Tevach lo miraba furioso detrás de Aharon. ¡Aquel gato reservado lo había traducido todo! Enfadado, le hizo un gesto a Tevach para que se apartara. Por primera vez sintió ira contra su sirviente, y lo habría azotado si hubiera tenido un arma a mano.

—Yosef, no —le rogó Aharon con los ojos húmedos.

Mi señor le hizo un gesto para que desistiera, volvió a mirar a la multitud, que hervía de cólera. Argeh los contemplaba a los tres, calculándolo todo sin parar. Cada vez era peor.

—¿La sentencia? —preguntó a Mi señor al sumo sacerdote.

Argeh se lamió los labios con un gesto de falsa sumisión. Se volvió hacia la multitud.

—¡El hereje será ejecutado el último día del Festival!

Mi señor se hundió en la silla cuando las rodillas le fallaron. Las articulaciones gritaban; el corazón le golpeaba en el pecho sin tino. Estudió los rostros de la multitud. ¿Cuántos conocían a este hereje? ¿Podría ser él la fuente del sentimiento que había contra él, la semilla del vandalismo? Tenía que hacer que Decher llevara a cabo una investigación completa en cuanto pudiera.

Se llevaron al hereje y a sus hombres. Uno por uno, los prisioneros que quedaban fueron acusados, llevados al *hechkih* y colocados encima. Todavía quedaban varias horas interminables y Mi señor ya estaba agotado. Pero un pequeño consuelo: a partir de ahora todos los ojos de la multitud estarían clavados en el derramamiento de sangre.

¿Qué lo había poseído para pedirle a Tevach que le tradujera el discurso a Aharon... en público? ¿En qué había estado pensando?

Lo sabía: quería que Aharon lo entendiera. Quería la aprobación del judío y eso lo había convertido en un necio. Estaba furioso consigo mismo. Estaba caminando por el filo de la navaja en este planeta, donde la mínima brisa podía ser su ruina. Supo, en ese mismo momento, que Aharon sería esa brisa. Había traído consigo demasiado del pasado. Y el pasado no se podía reconciliar con el rey de Gehenna.

Mi señor le hizo un gesto a Tevach para que se llevara al judío medio derrumbado al carruaje.

Aharon cayó en un sueño febril en cuanto lo metieron en la cama. Estaba exhausto tras aquel festival de pesadilla, por el esfuerzo de intentar controlar su cuerpo. Soñó con fioris bestiales que lo hacían pedazos.

Cuando despertó alguien lo estaba sacudiendo. Parecía bastante tarde, una sensación que tenía más que ver con los ojos enrojecidos e hinchados de Tevach (cuya zarpa era la que lo sacudía) que con la negrura del exterior de la ventana. Kobinski estaba esperando. Estaba vestido con una sencilla túnica sin teñir que quizá fuera la ropa que utilizaba para irse a la cama.

Tevach ayudó a Kobinski a sentarse en una silla y los dejó a los dos solos. La antorcha ardía entre chispas en el soporte que tenía en la mesa, esa vieja y conocida antorcha. Parpadeó al ver el rostro arrugado del anciano cuando se quitó la máscara. Era por su misma estructura un rostro profundamente dolorido, pero la expresión en sí era impasible, desprovista de toda emoción.

Abrió los labios y estuvo a punto de hablar, pero no lo hizo. Aharon presentía que Kobinski estaba de un humor muy diferente a cualquiera que hubiera demostrado antes. Esperó.

—Aquí soy tan prisionero como tú, Aharon. Crees que tengo poder; no lo tengo.

Aharon suspiró por dentro. Sentía de forma instintiva que no debía decir nada; era ese ángel que le llevaba los dedos a los labios, *shhh*. No dijo, por ejemplo, *Eso es lo que los capos decían*. Vio, incluso al tiempo que Kobinski decía esas palabras, la culpa en sus ojos.

—Argeh me utiliza para asustar al populacho, como un perro amenazador encadenado a su lado.

Aharon no dijo nada, aunque Kobinski esperó a que hablara.

Aquel enorme hombre se puso las piernas delante, intentaba estirar las rodillas y apretaba los dientes de dolor.

—Ven a sentarte en la cama —dijo Aharon—. Puedes estirar las piernas.

—Estoy bien.

—¡Ven aquí! —Aharon utilizó aquel tono irresistible que había sido la especialidad de su madre. Era una cama grande, aunque dura y áspera por el relleno de hierba seca, y aun así ofrecía un apoyo muy de agradecer en aquella pesada atmósfera. Aharon obligó a sus doloridos músculos a unir esfuerzos y se hizo a un lado para dejar más espacio.

Kobinski sacudió la cabeza, se frotó las rodillas pero un momento después se irguió con esfuerzo. Consiguió subirse a la cama, con las piernas estiradas y la espalda apoyada contra el muro. Se estremeció. Aharon intentó darle la manta; Kobinski se negó.

—El frío no está en la habitación. —Kobinski giró la cabeza y por un momento Aharon vio los demonios que le torturaban el alma. Luego Kobinski desvió la mirada para mirar al techo, como si aquel contacto hubiera revelado demasiado.

—Lo... intenté. Al principio. Cuando llegué. Intenté mejorar las cosas para los fiori. Pero... —Buscó las palabras—. Este sitio se te mete dentro. Acaba contigo. ¿Cómo puedes cambiar una cultura entera? ¿Una forma de vida, una historia, un pueblo, un mundo? Y yo venía de Auschwitz, donde las cosas no eran mucho mejores. Después de un tiempo te limitas a seguir adelante sin más, a sobrevivir día a día. Estaba destrozado cuando llegué aquí.

Hizo una pausa. Aharon sintió ese dedo en los labios y no dijo nada. Kobinski se estaba confesando. Aharon no sabía por qué pero sabía lo suficiente para no interrumpirlo.

—No podía desafiar de forma abierta sus Escrituras. Si hubiera hablado contra su visión de la religión, habría desaparecido así. —Sacudió los dedos en lugar de la tarea más dura de chasquearlos—. Sí que intenté mejorar algunas cosas, agricultura, tecnología. Mi educación no resultó tan útil. ¿De qué sirve el cálculo en un mundo que aún lucha con la suma y la resta? ¿O la química en un lugar donde no hay laboratorios, ni fábricas, ni microscopios? Pero lo intenté.

»Es este planeta, Aharon. Todas las máquinas se rompen, es así de sencillo. Solo sobreviven los mecanismos más básicos y duros. El suelo es rocoso y estéril, no responde ni a la irrigación ni a la fertilización. Los mares están en su mayor parte deshabitados. La medicina es digna de bárbaros y está atrapada en la superstición religiosa. —Hizo otra pausa—. Acaba contigo. Sencillamente acaba contigo.

Levantó una mano y se frotó los labios temblorosos.

Cuando pareció que ya no iba a continuar, Aharon dijo con dulzura:

—Y, además, quizá ya te habías rendido antes de llegar aquí, ¿*nu?* Ya no eras el hombre que habías sido cuando escribiste *El libro del tormento.*

Kobinski no respondió.

—Quizá por eso viniste aquí. Habías renunciado a la esperanza.

Kobinski lanzó una amarga carcajada.

—Odiaba; por eso vine aquí. Quería llevarnos a los dos al Infierno, así que aquella noche, cuando luchaba con Wallick, dejé que me llenara. El odio es también una forma de restricción.

Aharon estudió el rostro de Kobinski con los ojos medio cerrados, pensativo. Esta tarde, él había odiado. Había odiado a Kobinski por su participación en estas atrocidades, odiaba que un judío (uno de los elegidos y en especial, uno tan «elegido» como Yosef Kobinski) pudiera hacer algo así. ¿Y cómo había podido cuando había escrito... cuando era el autor de esa obra increíble que Aharon estaba leyendo? Parecía una doble blasfemia.

Pero ahora Aharon sentía... compasión. No tenía ni idea de dónde venía. Era una compasión tan grande que ni siquiera podía aceptar el mérito. Era como si alguien estuviera abriendo su corazón y llenándolo.

—¿Qué le paso al nazi? ¿Al tal Wallick?

Kobinski aguantó un momento el aliento; su pecho subió y cayó. Una vez más sus labios formaron palabras que querían salir pero que se contuvieron en el último momento; al fin las liberó.

—Le dije a los fiori que era de *Charvah,* el diablo. Está... está muerto.

—Entiendo —dijo Aharon. Y así era. Recordaba Yad Vashem, recordaba la sensación de desolación absoluta y el vacío que había sentido aquí, en esta habitación, cuando todas sus viejas ideas se habían calcinado.

Kobinski se frotó el labio; el rostro le temblaba de emoción.

—Violó a mi hijo, Aharon. Durante treinta noches y me obligó a mirar. Luego lo mató delante de mí.

Un profundo pozo de comprensión y dolor se elevó entre ellos. Aharon murmuró palabras sin sentido, contempló al anciano que luchaba por recuperar el control de sus emociones, vio como su cara se volvía pétrea de nuevo. Ver la emoción resultaba difícil pero ver la dureza, la disociación, era peor. Aharon estiró los dedos y tocó el brazo de Kobinski como si al tocarlo pudiera mantener al cabalista con él.

Kobinski se estremeció como una hoja bajo aquella caricia y su rostro se relajó un poco.

¿Quién soy?, se preguntó Aharon. *Porque yo, Aharon Handalman, jamás he sido así de generoso en mi vida.*

Kobinski se limpió la nariz.

—No sé por qué debería molestarme pero me molestó lo que dijo, el hereje. No podía dormir. Porque tiene razón, ¿sabes? No quiero a los fiori, nunca los quise.

—Los fiori son difíciles de amar —asintió Aharon.

—La mayor parte me asquea. Pero lo que más me asquea es que este lugar exista siquiera. Dios me asquea.

Aharon se encabritó ante tal afirmación e intentó encontrar una forma de volverse hacia algo positivo.

—He estado leyendo *El libro del tormento*. Hay tanta sabiduría allí, Yosef... Quizá tú también deberías mirarlo otra vez.

—No tiene sentido, ¿es que no lo ves?

—¿Por qué? ¿No crees que hay lugares mejores que este? ¿No crees que existe el bien?

—Oh, existe. ¿Pero qué significa eso para los fiori? ¿Qué significó para mi hijo? No hay bien que pueda justificar de alguna manera el mal.

Aharon suspiró. Su corazón le pesaba por la responsabilidad, el deseo, de decir algo adecuado. Pensó en las viejas historias, en cómo los israelitas, cuando conquistaban a un enemigo, mataban a todo ser vivo, mujeres y niños incluidos, quemaban casas, campos y ganado, no dejaban nada en pie. Eso era lo que Dios había hecho con Aharon, lo había arrasado. Y Aharon entendió que era la única forma de que algo realmente nuevo pudiera volver a arraigar en su corazón. Lloró por Kobinski, lo habían diezmado de forma parecida pero nunca había encontrado esa nueva semilla. Su corazón había permanecido estéril todos estos años.

—Lo que el hereje dijo hoy, lo de ayudarse unos a otros, ¿es un sentimiento común entre los fiori? —preguntó Aharon.

—Oh, no.

—Y su alma: Si entiendo bien tu libro, cuando muera volverá hacia el centro de la escala, ¿es así?

Kobinski se aferró a eso.

—Sí. Así que ya lo ves, la muerte no es un gran castigo para él.

—¿Pero y si necesita más tiempo para desarrollar sus ideas? ¿O para enseñar a los otros? ¿Y si pudiera ayudar a otros fiori, Yosef?

Kobinski enrojeció pero habló con amargura.

—Eso podría ocurrir. Y también podría ocurrir que si tuviera más tiempo aquí, se *desilusionara* en este lugar infernal. O adquiriera poder y se corrompiera. Este sitio encuentra la forma de retorcerlo todo y darle un mal fin. No permitas que te engañe el sentimiento. Este hereje no es ningún mesías, ni un mártir. Solo es un fiori con un mínimo sentido común y quizá cierto talento de liderazgo, nada más.

—¿*Nu*? Quizá eso sea todo lo que haga falta.

—¿Lo que haga falta para qué?

Aharon suspiró. Meditó durante largo rato sobre esa pregunta. Su brazo ya estaba lo bastante fuerte para subir a acariciarse la barba, ¡cuánto había echado de menos su mano la barba!

—¿Sabes lo que sentí cuando habló? Esperanza. Solo con que alguien, cualquiera, pudiera hablar de amor y caridad aquí...

Kobinski no respondió pero Aharon percibió que su voluntad se endurecía. Había dicho lo que no debía, quizá; lo estaba perdiendo. Sabía que no era tan sencillo. No era, que Dios lo librase de admitirlo, blanco o negro. Cambió de tema.

—¿Y qué te pasará a ti, Yosef? ¿Cuando mueras?

Eso tampoco habría debido decirlo. Kobinski luchó por erguirse. Aharon le puso una mano en el brazo pero esta vez el anciano se la quitó. Sacó las piernas de la cama de un empujón y se sentó en el borde, jadeando por el esfuerzo.

—Lo siento —dijo Aharon—. No puedo imaginar lo que pasaste con lo de tu hijo. ¿Y quién soy yo para intentar excusar a Dios? Pero de eso se trata. No importa si yo (o tú) Lo excusamos o no. A mí me parece que en esta batalla, en esta batalla no puedes ganar. Puedes patalear, gritar y agitar los brazos todo lo que quieras, pero igual podrías montar en cólera contra una tormenta, ¿nu? No puedes ganar.

Kobinski se bajó de la cama y apoyó todo su peso dolorido sobre los pies.

—El *Midrash* dice que Dios llora cuando pierde el corazón de uno de Sus amados. Eso habría sido suficiente para mí, Aharon, haberlo hecho llorar. Pero lo peor es que ya ni siquiera estoy seguro de eso.

17

... ese ha sido para mí el misterio del domingo, y es también el misterio del mundo. Cuando veo la espalda horrible, estoy seguro de que el rostro noble no es más que una máscara. Cuando veo el rostro pero apenas por un instante, sé que la espalda es solo una broma. Lo malo es tan malo que no podemos sino pensar que el bien es un accidente; lo bueno es tan bueno que estamos seguros de que se podría explicar el mal.
—G.K. Chesterton, *El hombre que era jueves*, 1908

17.1. Cuarenta-Sesenta Calder Farris

Pol llegó otra vez temprano a la oficina, pero una vez más, Gyde ya estaba allí. Siempre estaba allí; siempre estaba allí su rostro cuando te dabas la vuelta. Pero ese rostro era tan inocente que seguro que era paranoia suya pensar que había en él algo más que la ligereza y astucia de un viejo guerrero.

Esta mañana Gyde estaba absorto en un grueso expediente cuando Pol entró en la sala. Lo metió en el cajón de su escritorio, sin prisas pero de inmediato. Pol se encontraba entre las perchas y se tomó su tiempo mientras escuchaba a Gyde cerrar con llave el cajón. Podría ser cualquier cosa, ese expediente: registros personales sobre algún vigilante que le había llamado la atención a Gyde, cualquier cosa.

—No te pongas muy cómodo —dijo Gyde con tono agradable—. Tenemos una pista, el informe de un ciudadano. Un Bronce piensa que su vecino podría ser el terrorista.

—¿Quieres ir ahora?

—¿Tienes alguna idea mejor, compañero de clase?

Durante el viaje de treinta minutos al barrio de los Bronces 2, Pol preguntó:

—¿Qué decía el informe? ¿Ese vecino tiene alguna vieja cuenta que saldar?

El brillo de acero relució en los ojos de Gyde. Sólo Gyde podía parecer satisfecho consigo mismo y mortal al mismo tiempo.

—El informe mencionaba libros ilegales. He estado pensando... esas locuras sobre las que escribe nuestro amigo tienen que salir de algún sitio y no es de *Las vidas de nuestros nobles ancestros*.

Pol asintió. Bien pensado.

—¿Trabaja ese sospechoso en la construcción?

—No, es un empleado del archivo del Departamento de Transporte.

Pol pensó que eso no sonaba muy prometedor pero no expresó su opinión.

—¿Puedo preguntarte algo? —dijo Gyde y le echó una mirada mientras conducía.

—Sí.

—Has estado actuando de forma un poco extraña con este caso. ¿No te interesa?

Pol sonrió con frialdad.

—Me interesa. Me interesa mucho.

—Bien. Debería interesarte. Tienes que querer méritos más de lo que aparentas.

Pol miró por la ventana. Si saltara una alarma antiaérea (como tenían la tendencia de hacer dos o tres veces al día), Gyde y él tendrían que abandonar el coche y encontrar un refugio. Pol siempre pensaba en eso cuando atravesaban la ciudad en coche y comprobaba los edificios por los que pasaban en busca de firmeza estructural, como si estuviese evaluando pólizas de seguros de vida.

—Todavía no te has emparejado —dijo Gyde—. Después de este caso tendrás los méritos suficientes para solicitarlo. Tienes que estar emocionado.

Pol volvió sus ojos de color azul blanquecino hacia Gyde. Parecía que cada día salía algo de la boca de Gyde que Pol nunca le había dicho. ¿Cómo sabía que Pol no se había emparejado nunca?

—¿Tú te has emparejado? —preguntó Pol dándole la vuelta a la conversación.

Gyde dudó, con una expresión extraña en el rostro.

—Tengo un hijo.

—¿Un chico?

—Te lo dicen después del parto, si está sano o no, si lo han aceptado en la clase y el sexo. Mi hijo es un Plata.

—Felicidades.

El rostro arrugado de Gyde brilló de placer.

—Es algo muy importante y lo haces por el estado. Estarías orgulloso si te ocurriera a ti.

Pol se encogió de hombros. No veía qué diferencia podía haber en saber que tenías un hijo por ahí.

—Y aparearse con una hembra de Plata —dijo Gyde con un rumor sordo—. No se parece en nada a las putas de Hierro de la sala de descanso. Nada en absoluto.

Las hembras de Plata eran hermosas, eso era cierto. Cubrían los carteles de toda la ciudad, igual que los varones. Con sus apretados uniformes de batalla representaban la perfección: frías, de un color blanco marmóreo, fuertes, atléticas, lejanas... Inalcanzables. Pol se había enterado por los cotilleos que había entre los esclavos de Marcus que las Platas eran famosas por su lesbianismo. El estado no les permitía tener amantes varones, no hasta que se les asignaba una pareja, ni siquiera los equivalentes masculinos de las putas de Hierro esterilizadas que se concedía a los varones de Plata.

A Pol no le interesaban las putas de Hierro. Y tampoco sentía ningún interés por las hembras de Plata, la verdad. Tenía bastantes más problemas.

Gyde dejó escapar un largo suspiro.

—La Plata que yo tuve... era como leche. Como un río de leche templada.

—¿Qué le pasó?

—Después del emparejamiento oí que la transfirieron a la zona Gefferdon. Por un momento ninguno de los dos hizo ningún comentario.

—Vi a mi hijo una vez —dijo Gyde en voz baja.

—Creí que eso no estaba permitido.

Gyde echó un vistazo por el espejo retrovisor, como si quisiera confirmar que no había nadie allí.

—Lo vi en los terrenos de los desfiles hace tres años. Sabía que tendría unos quince años y resulta que pasé al lado de una clase de chicos de quince años. Había un chico; te juro por los dioses que era mi vivo retrato salvo por el pelo, eso era de su madre.

Había en su voz una tensión muy poco característica en él. Pol volvió la cara hacia la ventanilla y sonrió. Le satisfacía ver una grieta en aquel viejo y duro molino. De alguna forma lo hacía sentirse más seguro. Intentó pensar en algo para continuar.

—¿Y tú? —preguntó—. Ya te has emparejado. Estás en la clase Plata superior y estás a punto de jubilarte. ¿Y tú por qué sigues persiguiendo méritos?

A lo lejos se oyó la alarma antiaérea. Se callaron los dos y se asomaron a las ventanillas mientras Gyde dejaba que el coche se fuera deteniendo poco a poco. Pero los elevados altavoces que había a ambos lados de la calle permanecían en silencio. Los bombarderos no se dirigían hacia aquí. Gyde aceleró.

—¿Has visto alguna vez las comunidades para jubilados de los Platas? —preguntó Gyde con ligereza.

Pol dudó. ¿Cuál era aquí la respuesta correcta?

—No.

—Yo tampoco. De hecho, no sé de nadie que las haya visto.

—Están abajo, en las Tierras del Sur, ¿no?

—Se supone que sí. —Gyde contempló con atención la carretera por un momento, con las dos manos en el volante, como si las condiciones fueran difíciles. Pero el tráfico era ligero y las carreteras estaban limpias de hielo—. Creí que iba a oír algo más, dado que me voy dentro de seis meses ya. Pero no he oído nada.

—Seguro que oirás algo.

—Seguro que sí.

Por una vez, Pol sabía lo que esperar. El barrio de los Bronces 2 no era muy diferente del barrio en el que había vivido Marcus, salvo que él tenía más sirvientes de los que llegaría a tener ninguna de estas personas. Marcus había hecho mucho dinero en el mercado negro pero eso no lo cambió de rango ni le consiguió permiso para vivir en un alojamiento más grande o mejor, así que su casa había estado atestada de cosas y de esclavos.

Los hogares eran unidades pequeñas, muchas de ellas con un solo dormitorio y todas apoyadas en la de al lado. Los céspedes delanteros, que lucían montones desiguales de nieve, no medían más de dos metros y medio. En las calles jugaban unos cuantos niños de Bronce. Al contrario que a los Platas, a los Bronces se les permitía casarse. Se necesitaba una aprobación genética previa, pero nada como el escrutinio que se realizaba cuando se emparejaban las clases superiores. Una vez casado, un Bronce todavía tenía que conseguir un permiso para procrear y, como regla general, solo recibían uno de esos permisos a lo largo de su vida.

Los niños de la calle no tenían nada especial, rostros planos y rubicundos, pelo negro. Dejaron de jugar al balón al ver pasar el coche. Hubo susurros cuando intentaron mirar en el interior. Pol vio las palabras que se formaban en sus labios. ¡*Platas!* Ansiosos. Luego, asustados: ¡*Vigilantes!*

A los pocos segundos los niños habían desaparecido.

Pol y Gyde encontraron la dirección. Según la ficha del sospechoso, vivía solo y a esa hora del día debería estar en el trabajo. Nadie respondió a su llamada. Se franquearon la entrada con sus llaves de vigilantes.

Dentro se dividieron. Pol registró la cocina mientras Gyde bajaba por el pasillo. A los pocos minutos Gyde lo llamó. Pol lo encontró en un pequeño dormitorio. Gyde le había dado la vuelta a un estrecho colchón y miraba un escondite oculto con asco, como si estuviera contemplando un nido de arañas.

—Libros ilegales —dijo pinchándolos—. *Secretos del estado, La verdad sobre las razas, Cuestionar la ley de familia...* Esta escoria de Bronce está acabada.

—No veo ninguna señal de que sea nuestro terrorista.

—Sigue mirando. Si no es nuestro terrorista, podría serlo, con la escarpa que lee.

Pol no tenía inconveniente en ser escrupuloso. De hecho, buscaba de forma obsesiva. Estudió los detalles de la cocina, abriendo cada lata y buscando en cada recipiente señales de pintura negra, una dirección, un nombre, cualquier cosa. Esperaba poder encontrar algo, aunque fuera la pista más pequeña de que este tío era la persona que estaban buscando o, mejor aún... sí, mejor aún, una insinuación de que no era su terrorista pero lo conocía (y formaba parte de algún tipo de asociación clandestina de disidentes). Y Pol se guardaría esa insinuación (ese nombre, dirección, contraseña secreta) en un bolsillo y no se lo enseñaría a Gyde.

Pol terminó en la cocina y estaba examinando los productos de limpieza que había bajo el lavabo del baño cuando oyó que se abría la puerta principal y, un segundo después, un disparo. Sacó su arma con los sentidos en alerta máxima y corrió al salón. Gyde se encontraba de pie, al lado de un cuerpo inerte con el arma relajada en la mano. El cadáver era el de un Bronce: delgado, de tez rubicunda y prematuramente calvo. Llevaba el uniforme naranja de un oficinista. Un charco oscuro se extendía como agua por el suelo. Pol se quedó mirando la sangre. Sufrió uno de esos extraños cambios. Era demasiado negra, ¿no? ¿No se extendía demasiado rápido? Había visto un montón de sangre cuando había decapitado al Plata pero había sido de noche y había tenido otras cosas de las que preocuparse. Ahora lo recordó... incluso en la oscuridad, la sangre del cuello corría como el vino...

—¿Qué te pasa? —le preguntó Gyde mientras guardaba la pistola—. ¿Nunca habías visto un muerto? ¿Qué clase de guerrero eres tú?

—¿Qué ha pasado?

—¿Qué ha pasado? Que entró.

La lengua de Pol jugueteó contra el paladar, justo detrás de los dientes. *No preguntes. No hagas preguntas como «¿Se supone que les tienes que disparar así?»* En lugar de eso encendió un cigarrillo y le pasó uno a Gyde.

—¿Estás seguro de que era él? ¿El Bronce que vivía aquí?

—Usó una llave, ¿no? Además, vi una foto en su expediente esta mañana. Es él.

—Podríamos haberlo interrogado.

—¿Para qué? No lo hizo él. No encontraste nada, ¿verdad?

—No.

Los ojos verdes de Gyde se pusieron de inmediato a la defensiva.

—Tenía libros ilegales. Me darán diez méritos por sacarlo de la lista.

—Sí. Bien hecho.

Pol dio unas cuantas caladas más a la espera de que la hierba calmara a Gyde. Así fue. Gyde terminó y tiró en la sangre el cigarrillo, que se apagó con un siseo. Luego volvió al dormitorio.

—Voy a coger el contrabando —se ofreció Pol—. ¿Por qué no llamas por radio a la morgue? Es tu presa.

Los ojos de Gyde se estrecharon y por un momento Pol pensó que sospechaba de él. Pero luego esbozó una de sus amplias y encantadoras sonrisas, le guiñó un ojo y salió al coche pasando por encima del cuerpo con mucho cuidado.

Pol se sentó en el baño de la residencia hojeando *La verdad sobre las razas*. Algún tiempo antes había quitado el espejo de la pared de allí dentro para asegurarse de que no lo estaban vigilando. Se dio cuenta de que por alguna razón sabía de micrófonos y cómo buscarlos, aunque no estaba seguro de cómo o dónde lo habían entrenado para eso. En cualquier caso no había encontrado nada. Pero en el proceso había hecho un agujero detrás del espejo en el que podía guardar unas cuantas cosas: el maquillaje, el tinte del pelo, cuchillas... y ahora el libro.

El autor discutía con detalle las características físicas de las razas, Dorada, Plata, Bronce y Hierro. Pol no se encontró en ninguna de ellas, nada sobre un rostro de tez clara, pelo oscuro, ojos azules y redondos, con cejas y barbas. ¿Se dejaba el libro en el tintero las razas de otras partes del mundo, de otros estados? ¿Y qué pasaba con el estado enemigo, Mesatona? Pero el libro estaba mal escrito y no encontró ninguna definición de su aspecto. Como todo lo demás en este mundo, el libro pintaba una imagen que era irredimiblemente polémica y, para él, una mentira mal imaginada.

Tenía que haber otras razas. No podía ser un bicho tan raro.

Todo el mundo sabía que los Hierros sufrían daños genéticos y que con frecuencia producían monstruosidades, escribía el autor. Pero lo que mantenía oculto el estado era que las monstruosidades también nacían de los Platas y los Dorados, debido a que se reproducían demasiado entre sí para conseguir ciertos rasgos, como unas sienes más azules. Por eso el estado había instituido la política de los méritos. Ascender de Bronce a Plata o de Plata a Dorado era una tarea que no estaba al alcance de la mayor parte de los ciudadanos pero cuando un ciudadano subía por los méritos conseguidos, la raza superior se beneficiaba de la sangre fresca de uno de los mejores ejemplares de las clases inferiores.

¿Se podía ascender de Bronce a Plata o de Plata a Dorado? Pol releyó el párrafo con atención. ¿Cómo es que no lo sabía? Era lógico entonces que todo el mundo se viera empujado a conseguir méritos a toda costa. Era una de esas suposiciones básicas que toda esta sociedad daba por hecha, una suposición de la que él nunca se había enterado. Se levantó, se echó agua fría en la cara y se miró al espejo.

Había visto sus ojos azul blanquecino chillar de rabia, como cuando había matado al Plata. Los había visto confusos y cautos, como cuando llegó a vivir con Marcus. En los últimos tiempos habían sido unos ojos duros, determinados y firmes. Ahora parecían asustados e inseguros. Débiles. Eran débiles. La vulnerabilidad lo conmocionó profundamente.

La inferioridad genética de la raza de Hierro, según el libro, era debida a una gran calamidad ocurrida al menos dos mil años antes. El estado tenía pruebas secretas de la existencia de una civilización anterior. Esta primera cultura había inventado un arma de destrucción masiva, una bomba que podía destruir ciudades enteras con un solo estallido y envenenar el aire durante siglos. Se había producido una Gran Guerra con estas bombas. Los miembros más ricos de la sociedad y los jefazos del ejército habían sobrevivido en búnkeres subterráneos. El resto de la población había quedado en el exterior y habían tenido que arreglárselas solos. Así habían nacido las razas Dorada, Plata y Hierro; de ahí la propensión a la deformidad entre los Hierros, su cadena genética, contaminada para siempre por las bombas. El origen de la raza de Bronce, con su piel rojiza, o eso afirmaba el autor, había sido un pueblo nativo que habitaba en esta tierra antes de que empezara la guerra. Este continente era uno de los lugares menos devastados por la guerra, así que los supervivientes se habían asentado aquí. Más allá de las Tierras del Sur, el resto del planeta seguían sin ser habitable y en ese inmenso desierto había monumentos que podrían indicar que esta Gran Guerra ni siquiera fue la primera de su tipo, que la belicosa gente de este planeta podría vivir ese ciclo una y otra vez.

Pol casi podía verlo en el espejo como una imagen en movimiento. Ya había oído esta historia antes, ¿no? ¿No había habido la amenaza de una guerra así en el lugar del que procedía? Y también estaba esa sensación que siempre tenía, otro de esos lugares en los que las costuras no se encontraban, que faltaban; aquí había cosas: que su tecnología iba por detrás de lo que debería ir, que él siempre buscaba mecanismos que no existían, como el pequeño teléfono que no hacía más que imaginarse que tenía en el bolsillo cuando en realidad solo los había grandes, como el que había sobre el escritorio de Gyde.

Al mirarse en el espejo aquellos ojos de un color azul helado, de repente estuvo casi seguro de que procedía de un lugar donde existían estas bombas, estas armas de destrucción masiva. De hecho, tenía la sensación de que él había estado relacionado con ellas de alguna forma fundamental y no tenía la menor idea de qué podía hacer con eso.

Había planeado esconder el libro detrás del espejo pero cambió de opinión. Rompió las páginas en pequeños fragmentos y los tiró por el váter; luego quemó la portada en el lavabo. Vio cómo giraba la ceniza negra cuando el agua se la llevó por el desagüe.

Las hojas impresas del código matemático estaban metidas en una mochila blanda y plateada que habían encontrado en el astropuerto. Nate la llevaba a la espalda y las enormes gafas de bucear le colgaban de los vaqueros. Jugueteaba con las cápsulas de metal del almacén de suministros, las tiraba al aire con una mano con ademán pensativo.

Parecía el decorador de una película de ciencia-ficción, sobre todo con los edificios vacíos y silenciosos que pasaban a su lado mientras volvían del astropuerto con la caída del sol menor. Jill ya había pensado en esos accesorios antes, de todas formas... de una forma efímera. Pero el cerebro le daba vueltas a su trascendental descubrimiento y le costaba prestar atención al aspecto de Nate, o incluso a los alrededores.

—Setenta-treinta —dijo—. Aún... no sé.

—No es tan increíble. Sabemos que salimos despedidos de nuestro espacio y tiempo. ¿Por qué no a otro universo completamente diferente?

—¿Pero qué significa, que sea un universo setenta-treinta?

—Yo tengo una idea. En nuestros experimentos vimos que la cresta de la onda se correspondía con una fuerza positiva y el seno con una negativa, que podríamos llamar «bien» y «mal». Si la vida en la Tierra es un equilibrio entre el bien y el mal (mitad y mitad) eso significa que este planeta y probablemente todo el universo en el que estamos, es un setenta por ciento bueno, impulso creativo y treinta por ciento malo, impulso destructivo.

—Aún me cuesta aceptar que la Tierra tenga un cincuenta por ciento de «maldad» —discutió Jill, sacudiendo la cabeza con impaciencia—. Desde luego esa no es la experiencia que yo tengo de ella. ¿Y quieres dejar de jugar con esas cosas? Podrían ser peligrosas.

Nate sonrió avergonzado y se volvió a meter las cápsulas de metal en el bolsillo.

—¿Por qué? Las cosas se deterioran y mueren, ¿no? ¿Quién dijo eso de «El que no está ocupado naciendo está ocupado muriendo»?

—Nixon.

Nate lanzó una carcajada burlona.

—En cualquier caso, todo lo que tienes que hacer es mirar nuestra historia. La mayor parte ha sido un baño de sangre, incluido el siglo XX. ¿Y Hitler? ¿Nagasaki? ¿Vietnam? ¿Los Jemeres Rojos? ¿Bosnia? Y no es solo el hombre, es la naturaleza también. ¿«La naturaleza roja con garras y dientes»? Todo indica que los dinosaurios tuvieron una existencia bastante perversa antes de que los borraran del mapa para siempre. De hecho, la mayoría de las especies se extinguen.

—Eso es cierto, pero...

—Lo sé; lo sé. Nuestra vida parece muy cómoda. Pero tenemos una perspectiva deformada. Resulta que nosotros vivimos (¡ja! vivíamos) en un lugar y época especialmente benignos de la Tierra. Pero aun así, aunque los americanos modernos no se vean invadidos por los hunos ni vivan temiendo a la peste o a la Inquisición, ¿es que la mayor parte de la gente vive una vida cómoda? No creo. Cada vez inventamos más «cosas» y aparatos y entretenimientos estúpidos, sin embargo la mayor parte de la gente que conozco está estresada. La gente tiene que hacer pasar a sus hijos por dieciséis años de un sistema educativo muy caro y luego tienen que seguir reeducándose cuando llegan a la edad adulta. Tenemos que mantener los coches, las casas y «todo» lo demás, comprar comida, dar de comer a los niños, pagar las facturas, preocuparnos por la jubilación, bla, bla, bla, bla. Y mientras tanto está el IRPF, las enfermedades mentales, las enfermedades coronarias, el SIDA, el cáncer, amenazas terroristas, las bajadas de la bolsa y tiroteos en los colegios. Lo que explica por qué hay tantos tipos que se desploman de un ataque al corazón. Así que ni siquiera los americanos nos podemos escapar de la ley del mitad y mitad.

Jill lo miró incrédula.

—¿De dónde sacas todo eso? Eres estudiante, no te preocupas por nada.

Nate meneó las cejas.

—Tengo seis hermanos mayores, ¿recuerdas?

—Bueno, mi vida no es tan complicada, (no era tan complicada). En la Tierra, quiero decir. Puedes decidir que tu vida no sea tan complicada.

—Ya, puedes quedarte soltero y no tener niños. ¿Pero a qué estás renunciando con eso? Porque yo creo que de eso se trata. No importa las decisiones que tomemos para intentar hacernos la vida más fácil, siempre hay algo negativo o algún reto en el nuevo camino. No puedes escapar de ello. Esa es la ley del bien y del mal.

Jill hizo una mueca con expresión obstinada.

—No estoy de acuerdo. Para mí no hay ninguna desventaja en no tener hijos.

—Pues claro que la hay. Es solo que tú, como individuo, no le das mucho valor a los aspectos positivos de tener hijos. Ni te preocupan demasiado los aspectos negativos de no tener hijos. Pero examinemos el tema desde un punto de vista completamente desapasionado.

Jill se encogió de hombros.

—De acuerdo. Entonces tener niños, aquí está el lado bueno: criarlos, educarlos, amar, tener una familia a tu alrededor, transmitir tus genes...

Jill bufó.

—A: no son tan buenos en lo que a genes se refiere. B: ya hay demasiada gente en el planeta.

—Bien. Esa es tu opinión. Solo estamos haciendo una lista de los pros y los contras, ¿recuerdas? El lado negativo de tener hijos es que pierdes tiempo y espacio personal, la carga financiera, las limitaciones en el estilo de vida, el «factor exasperación» de tener que tratar con un niño todo el tiempo...

—Exacto.

—Así que a ti, personalmente, te asusta más lo negativo de lo que valoras lo positivo. Pero para alguien al que le pone criar a alguien o que en realidad no se puede imaginar la vida sin una gran familia, podría ser al revés. Pero, objetivamente hablando, tener hijos supone por igual una recompensa y una mierda. De hecho, yo diría que, como con cualquier cosa, cuanto mayor es la recompensa, mayor es el factor mierda. Así es como funciona la tierra del mitad y mitad. Y no tener niños tiene aspectos positivos y negativos. Solo que es una serie diferente de trampas.

Jill cruzó los brazos, a la defensiva, mientras caminaba.

—¿Qué tiene de negativo no tener hijos?

—No recibes todo lo bueno de tener hijos, para empezar, todo eso de criar a alguien y tener una familia. Además, ¿no quieres tener a alguien que te cuide cuando seas vieja?

—Si no puedo cuidarme sola, preferiría no andar por aquí, la verdad.

—¿De veras? —Nate le lanzó una mirada valorativa—. Vale, a ver qué te parece esto: recuerdo que mi madre nos hablaba de mi tía abuela. Era una vieja amargada y mi madre decía que era porque nunca había tenido hijos, nunca había aprendido a tener paciencia o a poner a otra persona por delante. Sin amor en su vida, como que se endureció, sin más. Las emociones son como los músculos, los usas o los pierdes. Y desde luego los niños te obligan a usarlas.

Jill se encogió de hombros, indiferente, pero un nudo de dolor se le disparó en el pecho. Aquella púa iba dirigida contra ella personalmente y eso era bastante cruel, coño.

Por un momento no dijo nada. Luego, como no quería que él supiera cuánto la había herido, le preguntó:

—Supongo que esa teoría tuya tiene otros ejemplos.

El joven se encogió de hombros mientras jugueteaba con las cápsulas en la mano.

—Claro. Todo es mitad y mitad. Mira volar, por ejemplo. Los aviones introdujeron una forma rápida de viajar casi a cualquier parte del mundo. Lo cual supone un progreso asombroso si lo comparamos con lo que tenían nuestros ancestros. Pero nunca es así de sencillo y de bueno, para nada. Ahora tenemos todas esas bonitas ciudades, en Europa por ejemplo y todas esas islas hermosas, tal que en Grecia, y todas tan atestadas de turistas que ya ni siquiera puedes disfrutarlas. La gente secuestra aviones y los utiliza como armas o son objetivos de misiles. Y los aeropuertos se han puesto cada vez más intolerables. También está el pequeño detalle de que aunque los aviones se estrellan muy pocas veces, cuando lo hacen tus probabilidades de supervivencia son nulas. De hecho, es una especie de punto interesante. Es como si, porque los aviones no se estrellan con frecuencia, cuando lo hacen tiene que ser una catástrofe, como si la maldad del mal cuando pasa tuviera que ser así de mala para equilibrar todo lo bueno.

—¡Pero los aviones son increíblemente prácticos!

—Pues claro. Así que inventamos cosas así, intentamos que la vida sea práctica. Pero siempre traen cosas que no nos gustan, porque no hay nada que pueda ser solo bueno.

—¿Pero cómo puedes negar que la vida en la Tierra es muchísimo mejor ahora que en la Edad Media? Si todo fuera siempre mitad y mitad, por ley, ¿cómo iba a progresar nada?

Nate lo pensó un momento.

—Pero progresa porque es mitad y mitad, porque siempre intentamos mejorar las cosas pero nunca terminamos de conseguirlo. Quiero decir, así es como funciona la evolución, ¿no? Pero entiendo lo que dices. Las cosas quizá sean mejores para todos, en general, de lo que lo eran para nuestros antecesores que vivían en cuevas. Quizá sea que las cosas mejoran de forma gradual con el tiempo, aunque aún sea mitad y mitad. Ya sabes, es más como si la gráfica entera subiese a base de pequeños incrementos.

Jill emitió un gruñidito de apreciación. No se alejaba tanto de la teoría de Darwin, en realidad. Las especies, en general, sí que mejoraban pero las cosas pocas veces se estabilizaban. Siempre había nuevos retos que superar, nuevas formas para que las especies intentaran adaptarse.

—Aun así —continuó Nate—, nada sale gratis. ¿La vida es de verdad mucho mejor en el siglo XX de lo que lo era en el XIV? Sí, tenemos tecnología moderna. Pero con ella vino la bomba atómica, los accidentes de tráfico y de avión, los piratas informáticos, el calentamiento global y los zombis que se sientan delante de la tele. ¿No estamos perdiendo algo en el plano emocional ahora que ya no vivimos cerca de la tierra, que no cultivamos nuestra comida ni vivimos en comunidad? La sociedad moderna quizá sea superior en ciertas cosas pero estás muy aislado y lejos de otras personas, incluso de personas de nuestro propio planeta. Nada sale gratis. Ahí tienes el mitad y mitad.

A pesar de sí misma, Jill tuvo que sonreír ante sus cojones.

—¡Dame un respiro! Delante de la tele eres tan zombi como cualquiera, y no sabrías cultivar una patata ni aunque en ello te fuera la vida.

Nate extendió la mano.

—Pues claro. Soy un producto de mi cultura. Así que dame otro ejemplo.

—¿Y la medicina moderna?

Nate ni siquiera tuvo que pensarlo.

—Nada. La medicina moderna es muy guay, sobre todo si eres tú el que tiene el ataque al corazón. Pero el abuso de antibióticos ha provocado microbios inmunes, las transfusiones de sangre transmiten el SIDA, nuestro sistema sanitario está en crisis, ahora tenemos un trillón de ancianos que aguantan, bueno, para siempre, y que se comen los recursos de sus hijos y del gobierno, y la tecnología médica nos ha permitido crear unas plagas nuevas muy refinadas, como el ántrax... Es decir, ¿no te parece de una elegancia increíble? No importa lo que hagamos, no importa lo que inventemos para hacernos la vida más fácil, siempre va a haber una trampa en alguna parte. Es de lo más guay. Joder si asusta, pero guay.

Jill ya se lo empezaba a tomar como un reto personal. Se devanó los sesos.

—¿La madre Teresa? ¿Gandhi?

—¿Por cada uno de ellos hay un Ted Bundy? —El chico sacudió la cabeza y entrecerró los ojos—. No. Quita eso. Tengo una respuesta mejor. Me criaron en una familia griega ortodoxa, ¿vale? Así que mira Jesucristo. Durante toda su vida predicó el pacifismo, la igualdad, la caridad... Sin embargo la religión que se creó en su nombre provocó algunos de los siglos más sangrientos e ignorantes jamás vividos. E incluso Gandhi... buena parte de la hostilidad entre Pakistán y la India procede de todo ese periodo.

—Hmm.

Nate se giró de golpe para caminar de espaldas, enfrente de ella. Exhibía la misma presunción y energía que un niño de doce años, incluso con este calor.

—¿Algo más? Vamos. Tienes más.

Jill levantó las manos.

—No. Eres demasiado listo para mí, Sócrates.

—¡Venga!

—Nada. Yo ya he terminado.

—¿Por favor? ¿Por favor, por favor, por favor? —la engatusó con un pucherito diseñado para matarla de irritación.

Era agradable verlo volver otra vez a la vida, aunque fuera un pelín obsesivo. Jill suspiró.

—Está bien, de acuerdo. ¿Y qué pasa si eres una gran celebridad? ¿Me estás diciendo que la vida como Nate Andros, estudiante de física, es igual, mitad y mitad, que ser, digamos, Keanu Reaves?

Nate hizo un gesto desdeñoso, *bah*.

—¿Keanu Reaves? ¿Estás de broma? Ah, claro, está el dinero, el glamour y las tías, pero por otro lado no puedes salir en público sin que te avasallen, los críticos te ponen como un trapo, tienes que mantenerte en una forma increíble y competir con unos mil advenedizos que son incluso más maravillosos que tú, luchas contra la egolatría, te cuestionas tu identidad, te aterroriza envejecer y poco más o menos no te queda otro remedio que salir con actrices que son incluso más vanidosas ¡y están más chaladas que tú! Bah, eso ni siquiera era difícil.

Jill se echó a reír.

—¿Te ha dicho alguien alguna vez que eres un pesimista?

—*Na*, no soy pesimista. Todavía conservo la esperanza sobre nosotros, ¿no?

De repente dejó de caminar hacia atrás y desvió la mirada, cosa que Jill le agradeció. Caminaron en silencio durante un rato. Fue Jill la que lo rompió, con voz neutra.

—Es una teoría muy inteligente. Pero no estoy segura de cómo la cuantificas. Y si no la puedes cuantificar, no es...

—Lo sé. No es ciencia. Vale, dispárame. —Nate jugueteó con las cápsulas de metal en la mano—. Pero lo que no entiendo es este lugar. Habiendo un setenta por ciento de bien, ¿por qué está muriendo esta civilización? ¿No debería ser el paraíso? No es consistente.

Jill sintió una chispa de emoción.

—Pero es que sí lo es. Acuérdate de los ratones, ¿qué pasaba cuando aplicábamos demasiado impulso positivo? ¿No se ponían letárgicos? Es posible que hagan falta ciertos... retos y estrés para que la vida sea trascendental e interesante.

—Bueno, yo me estoy muriendo de aburrimiento y solo llevo aquí unos días. —Nate dio un inmenso bostezo e hizo juegos malabares con las cápsulas, como si fueran fruta.

—¡Deja eso! —Jill agarró una y la miró. Tenía forma de aspirina salvo que era más delgada y unos agujeros diminutos perforaban el metal como una parrilla—. No sabemos qué es, podría ser una bomba.

—Creo que es algo que tragas —dijo Nate acercándosela a la cara.

—¡Ni te atrevas!

Pero Nate solo la olisqueó.

—No huele a nada.

—Esos agujeros me recuerdan a un auricular de teléfono. —Jill le dio la vuelta entre los dedos.

—¿De verdad? —Nate se la llevó a la oreja para escuchar. Luego empezó a chillar.

—Nate, ¿qué pasa? ¡Nate!

Gritaba y se retorcía, doblado por la cintura y con la cabeza ladeada hacia un lado se hurgaba en la oreja.

—¡Oh, Dios mío, sabía que esas cosas eran peligrosas! ¡Nate, háblame!

—¡Se me ha metido en la puta oreja, joder! —gritó él.

—¡Déjame ver!

—¡No!

Estaba intentando meterse un dedo en el canal auditivo como si así pudiera sacarla.

—¡Nate, déjame ver!

El joven por fin dejó de sacudirse aterrorizado pero siguió doblado por la cintura, con la oreja herida inclinada hacia abajo y respirando con dificultad.

Jill le puso una mano en el brazo.

—Déjame mirar.

—No quiero mover la cabeza —dijo él con los dientes apretados.

—¿Te duele?

No estaba muy dispuesto a decirlo.

—No.

—¿No? ¿Qué sensación tienes?

Él sacudió la cabeza, con cautela al principio, luego más fuerte. Seguía inclinado.

—Ahora no la siento, pero he sentido cómo se metía.

—¡Bueno, déjame ver!

—Si muevo la cabeza, ¡va a entrar más!

Jill puso los ojos en blanco.

—¿Así que te vas a quedar con la cabeza así para el resto de tu vida?

Con muy pocas ganas, Nate se fue irguiendo, milímetro a milímetro, haciendo pausas para ver lo que sentía. Cuando ya estaba casi erguido, se acercó Jill, le colocó una mano en la mandíbula y la otra en el pelo, cerca de la oreja.

—No veo nada.

—Um, eso es porque está dentro de la oreja. —Se puso los dedos en la base de la oreja y presionó con cuidado—. No la siento. Pero, Jill, la tengo en la cabeza. Eso no puede ser bueno.

La chica no sabía qué decir. No podía decir, «bueno, la sacaremos» porque ella no tenía ni idea de cómo y no es que hubiera exactamente una sala de urgencias calle abajo. De hecho, estaba tan alarmada como Nate.

—Volvamos a la avenida principal, podemos encontrar un apartamento con electricidad y descansar, ¿de acuerdo? ¿Puedes llegar? —Le puso la mano en el brazo para darle su apoyo.

El joven no contestó pero empezó a caminar. Con cuidado, como un viejo, no hacía más que mover la mandíbula para intentar sentir la cápsula.

—Solo la estás metiendo más —comentó ella.

Él dejó de hacerlo.

Nate había rodeado con el brazo a Jill y ella lo cogía por la cintura para ayudarlo a caminar. El joven no parecía sufrir ningún mal concreto y ya no sentía el objeto en la oreja. La chica se dio cuenta y admitió que aquel contacto era del todo innecesario, pero siguió aferrada a él de todas formas.

Era agradable tener una excusa para tocarlo, para permitirse estar cerca sin preocuparse por lo que él pudiera pensar. Le gustaba la forma que tenían de caminar juntos, lo bien que encajaban. Le gustaba que él hiciera una mueca de vez en cuando para que pudieran mantener la farsa. Y en realidad estaba lo bastante asustada por lo que le había pasado como para no querer soltarlo. Los dedos de su mano izquierda sentían los músculos de la cintura masculina, que trabajaban al caminar. El brazo que tenía sobre los hombros era cálido y pesado, incluso con aquella escasa gravedad.

Estaba tan distraída con estas inusuales sensaciones que le llevó un rato darse cuenta de que había algo molestándole los oídos. Había empezado como un ruido sordo pero tenían que estar acercándose a la fuente porque se hizo más fuerte. Sonaba igual que el ruido agudo de un acoplamiento electrónico, crujidos y graznidos.

—¿Qué es eso? —Jill puso una mueca—. Suena igual que si se acoplara algo o...

Nate se detuvo, de repente. No, no solo se paró sino que se echó hacia atrás con un movimiento brusco que los soltó. Ella se volvió para mirarlo. Se había puesto tan pálido como la leche.

—¿Nate? ¿Qué pasa? ¿Te duele algo? —Solo podía pensar en la cosa que tenía el joven en el oído y rezaba para que no se estuviera enterrando en el cerebro o haciendo algo igual de espantoso.

—¡Nate, respóndeme!

Él la hizo callar. Estaba escuchando y ella se dio cuenta de que era al sonido a lo que estaba respondiendo. Ella también escuchó, pues se le ocurrió que los crujidos y los graznidos solo podían ser un idioma alienígena. Lo estaban emitiendo desde algún lugar cercano. Cosa que podría haber sido interesante si no estuviera tan preocupada por si Nate caía redondo a sus pies en cualquier momento.

—¿Qué oyes? —le preguntó él manteniendo la emoción a raya de forma deliberada.

—Um... un ruido muy agudo. Casi como una radio que se acopla. Estaba pensando que podría ser el idioma alienígena.

—Oh, Dios mío. —La frente masculina se alisó y levantó las cejas en un gesto de asombro.

—¿Qué?

Con una sacudida ella supo lo que iba a decir él. Lo supo. Le dio un vuelco el corazón y empezó a latirle más deprisa. Esperó a que él se lo dijera. El joven avanzó despacio, como un hombre en sueños. Una sonrisa surgió primero en sus ojos oscuros, luego se extendió a los labios. Echó la cabeza hacia atrás y lanzó un grito triunfante.

—¿Nate? —preguntó ella sonriendo también—. ¿Nate? ¿Es...?

La agarró por los brazos y la atrajo hacia sí.

—¡Dios mío, Jill! ¡Estoy oyendo inglés!

La fuente de la voz era una hoja de metal colocada en un poste clavado en un lado de la calle. Estaba en blanco hasta que se acercaron; entonces la hoja se hizo transparente y reveló un texto alienígena en una pantalla.

Jill contemplaba a Nate con una mezcla de emoción e incredulidad. Era difícil aceptar que en realidad estaba oyendo algo diferente de lo que oía ella, ese horroroso estrépito. Pero si estaba fingiendo, era una actuación tremenda. El joven se acercó al poste con una expresión de confusión feliz en el rostro, como alguien que intentara situar una música conocida.

—¿Qué dice, Nate?

—Um... «Recuerden su obligación, ciudadanos. Diríjanse a la clínica de fertilidad hoy».

—¿Qué?

—«No es una actividad opcional. Se inspeccionará su identificación. Se impondrán penalizaciones a cualquier ciudadano del que... um... no se advierta que ha pasado tiempo suficiente en la clínica, de acuerdo con la Norma 10-39714, algo algo algo...» Luego empieza otra vez.

Jill se mostraba escéptica.

—¿Clínica de fertilidad? ¿Estás seguro?

—Es lo que dice.

—¿Y de verdad que lo estás oyendo en inglés?

—¡Sí! —Esbozó una sonrisa juguetona—. Esa cosa de mi oreja, ¡es un traductor!

La joven se mordió el labio.

—Ya, ya me he dado cuenta. ¿Pero cómo suena?

Él prestó atención, como si quisiera clasificarlo.

—Como, bueno, una voz muy aguda, extraña, pero es que lo estoy escuchando formar palabras en inglés. Es decir, suena raro, porque desde luego no es una voz humana, pero lo entiendo.

—¿Y no te duele el oído?

—No. —Pero no parecía muy entusiasmado con el recordatorio de que tenía un cuerpo extraño en la cabeza. Relajó el ceño—. Qué suerte tan asombrosa.

Tocó la hoja de metal y los caracteres alienígenas cambiaron. Luego el rostro masculino se cerró, ella lo vio, pasaba de la expresión de júbilo a una pensativa y luego se puso serio. Jill creyó que el joven estaba sintiendo la magnitud de lo que acababa de pasar. Ella también la sentía.

—Esto lo cambia todo, Nate. —Jill empezó a pasearse emocionada—. Ahora será más fácil ponerse en contacto con los alienígenas. Maldita sea. En cuanto a su tecnología, ¿me pregunto si podremos encontrar un ordenador que nos hable? ¿Te lo imaginas? Si podemos conseguir que lea en voz alta, ¡podríamos entenderlo todo! Y aunque no sea eso, después de ponernos en contacto los alienígenas podrían...

—Jill —dijo Nate en voz baja—. Eso no será necesario.

Ella dejó de pasearse.

—¿Por qué no?

—Porque también veo inglés. —Tenía la voz aturdida.

—¿Qué?

Nate estiró un dedo indeciso y presionó la pantalla. La pantalla cambió de nuevo y mostró un diagrama. El joven se echó a reír con la voz ahogada y se alejó un poco del monitor.

—¿Nate?

El chico reía y lloraba al mismo tiempo, apenas era capaz de decir nada.

—A-apreté un botón marcado... «direcciones» y s-saqué un callejero. Nuestra posición actual... —Se dobló de risa con la cara roja—. Nuestra posición actual está... marcada: «Usted está aquí». ¡Oh, Dios mío! ¡«Usted está aquí»!

—Nate, cálmate.

Jill no se lo creía, no podía creerlo. Tenía que estar en un error. Y se estaba poniendo histérico y eso sí que la asustaba.

Tenía la cápsula de metal que le había quitado a Nate en el bolsillo y había sabido, desde el mismo momento en que quedó claro lo que pasaba, lo que iba a hacer con ella. Sin pensarlo más, la sacó y la miró. Los ojos del muchacho se abrieron de par en par.

—¡Jill, no!

Ni siquiera tuvo que meterse la cápsula. En cuanto acercó la mano a la oreja, la cápsula se deslizó por sus dedos y entró en el canal auditivo como si fuera un ser vivo. La sobresaltó y ahogó una exclamación. Entrelazó las manos al sentir la desagradable sensación de la cápsula adentrándose, hurgando. Casi no pudo contener un grito. Entonces el momento se detuvo y a ella le quedó una sensación de tener la oreja llena que poco a poco empezó a desvanecerse.

Nate la estaba mirando con los ojos como platos.

—¿Por qué has hecho eso? No tenemos ni idea si estas cosas son seguras o no, Jill. ¡Por el amor de Dios!

Le lanzó una mirada de desafío y levantó una mano. Se esforzó por escuchar algo.

Al principio no cambió nada, luego empezó a oír inglés. Era extraño, como si se hubiera apretado un interruptor, como si su cerebro siempre hubiera escuchado inglés solo que ella no lo había reconocido como tal. Nate tenía razón, la voz tenía un tono agudo pero las palabras eran inconfundibles. Sintió una oleada de alegría y de horror al oírlo, lo sencillo que era, con qué limpieza funcionaba. Eso sí que era tecnología.

—«Recuerden su obligación, ciudadanos. Diríjanse a la clínica de fertilidad hoy».

—¡Funciona! —Le costó mucho mantener las piernas quietas. Se agarró al hombro masculino para sostenerse y se acercó más al monitor. Nate señaló la pantalla. Al principio solo vio los incomprensibles caracteres alienígenas pero en apenas un abrir y cerrar de ojos estaba viendo inglés. Fue algo tan abrupto e integral como las frases habladas y por mucho que forzara los ojos, ahora ya no veía nada más que inglés. Increíble. Fuera lo que fuera la cápsula, estaba alterando las percepciones sensoriales de su cerebro.

Nate apretó un botón que decía: DIRECCIONES y salió un mapa. La clínica de fertilidad estaba a unas manzanas de distancia, marcada en verde. Y había un punto rojo que decía: USTED ESTÁ AQUÍ y que marcaba su posición actual.

—¿Lo ves? —preguntó Nate.

Jill asintió, aturdida.

Nate ladró de risa.

—Explícalo, Jill. Explica eso. Esto es una especie de chiste de locos, coño.

—Nate...

—¿Que no? Quiero decir, ¿es que... estamos muertos, después de todo?

—No estamos muertos.

—¡Pero este sitio es como un mundo de ensueño! Todo lo que decimos, todo lo que queremos y ale, pasa, así de simple. ¡Me siento como una rata en un laberinto! Me refiero a todo este mundo vacío, esta sensación de estar vigilado... —Se alejó de la máquina y examinó los edificios que tenían a ambos lados, en busca otra vez de la cámara oculta alienígena o quizá de Joseph Mengele.

Jill intentó conservar la calma pero ella también se sentía desequilibrada. Recordó que le había pedido al ordenador del astropuerto que localizara su ecuación, la ecuación de la onda universal y basándose únicamente en esa información, la había impreso. Y el vacío absoluto de la ciudad, casi como... ¿en qué había pensado el primer día? Un plató de cine.

Ella sacudió la cabeza enfadada.

—No, ¿por qué iba alguien a molestarse en hacernos recorrer un laberinto? Esta Ciudad no existe para nosotros, Nate; es decir, coño, es bastante presuntuoso por nuestra parte pensarlo. «Cualquier tecnología lo bastante avanzada parecerá magia», ¿te acuerdas?

—Ya lo sé. Y puedo aceptar la traducción auditiva e incluso, aunque Dios sabrá cómo lo hacen, la escrita. ¿Pero «Usted está aquí»? Es decir, ¿qué es esto, un planeta alienígena o un centro comercial?

La científica se tragó el nudo que tenía en la garganta.

—Bueno... «Usted está aquí» significa más o menos lo que dice, ¿no? Quizá solo sea una coincidencia.

—¿Y por qué no «Esta es su ubicación actual» o algo así? ¡Es una coincidencia bastante grande!

A Jill también le parecía muy raro pero nunca lo admitiría.

—Bueno... cualquier programa bueno de traducción utiliza expresiones coloquiales. ¿Verdad? Así que debe de estar familiarizado con esa expresión, eso es todo. Nosotros no tenemos una tecnología capaz de hacer algo así, pero eso no significa que no sea posible.

Sus palabras parecían tener cierto efecto sobre Nate. Dejó de intentar encontrar cámaras escondidas en las ventanas y se derrumbó contra una pared, agachado, con la cabeza en las manos.

—¿Y por qué este sitio me da escalofríos? —Se estremeció.

—Es que no estás acostumbrado a él. —Jill se agachó a su lado.

Se quedaron callados durante un minuto pero incluso en inglés, la voz alienígena resultaba irritante. Jill dirigió sus pensamientos a la placa de metal, le dijo que cerrara el pico y para ella fue un alivio ver que no le prestaba ni la menor atención.

—La verdad es que es todo demasiado fácil, Jill. Necesitábamos comida y agua, las encontramos. ¿Qué probabilidades había de que la comida que consumen los alienígenas fuera adecuada para nosotros? Encontrar refugio no ha supuesto ningún problema. Es decir, resulta que hay cientos de apartamentos abandonados en esta Ciudad, sin cerrar, sin ningún tipo de vigilancia.

—Nate...

—Y luego están los alienígenas, ¿no? Podrían ser peligrosos. Podrían ser muy peligrosos. Pero no solo no nos han amenazado; ni siquiera pueden vernos. O el astropuerto, se conectó la electricidad cuando entramos, incluido todo el equipo de la sala de control. No tenía que pasar. Está claro que ya no se está usando. Le pides al ordenador un código matemático Hammurabi y ¡ale!, te lo da. Pero ni eso es suficiente. —Volvía a levantar la voz—. Ese mismo día, encuentro un traductor en el almacén de suministros y decido quedármelo y me lo llevo a la oreja como un idiota. ¡Presto, cambio, ya oigo el discurso alienígena! Entonces tú dices...

—Te entiendo.

—No, entonces tú dices que quizá podamos conseguir que los ordenadores nos hablen y venga, puedo leer la escritura alienígena. Ahora tenemos acceso a todo, Jill... a absolutamente todo, joder.

—Lo sé.

—Quiero decir... ¿Has oído eso de «demasiado bueno para ser verdad»? Jamás ha habido nada tan «demasiado bueno para ser verdad» como esto. Esto es el paradigma, la quintaesencia, el ideal platónico del «demasiado bueno para ser verdad».

Jill no sabía qué decir. A pesar de sus valientes palabras tenía el estómago hecho un nudo. Era una científica, no creía en las coincidencias ni en el destino. Y a ella no le gustaba más que a Nate que la vida pareciera amañada.

Los dos se quedaron allí sentados un momento. Luego Jill estiró el brazo y le dio a Nate un gran pellizco.

—¡Oye!

—A mí me parece real. —Suspiró—. Hemos tenido suerte. Pero si estás sugiriendo que alguien está vigilando cada uno de nuestros movimientos y apretando botones... no puedo creerlo igual que no me lo creí cuando los cristianos afirmaron en la Tierra que era Dios el que lo hacía.

Nate frunció el ceño como si se le acabara de ocurrir algo.

—¿No hemos tenido ya esta conversación?

Jill se dio cuenta de que el joven iba tras algo. Esperó. Un momento después, el rostro del chico se aclaró y abrió mucho los ojos.

—Ya sé lo que es. ¡Caray!

—¿Qué?

Cambió de posición para mirarla con el rostro ávido.

—Jill... ¡estamos en un planeta setenta-treinta!

Ella lo estudió con los ojos entrecerrados.

—Continúa.

—Estábamos hablando de que este lugar debería ser un paraíso. Bueno, es obvio que no lo es, pero lo que sí podría ser... —Soltó un suspiro tembloroso—. Lo que sí podría ser es fácil. ¿Es eso posible? ¿Que las cosas vayan como tú quisieras por ley de la naturaleza? ¿Que haya una brecha menor entre el hecho de querer algo y el hecho de conseguirlo? ¿Que la lucha constante que para nosotros es una parte fundamental de la realidad de la Tierra aquí sencillamente no exista? Quizá nos parece tan siniestro porque nosotros, la gente del mitad y mitad, estamos acostumbrados a tener que trabajar como locos por cada cosa, por pequeña que sea y aquí una cuarta parte del esfuerzo produce el doble de resultados. ¿Podría ser eso?

A veces la asombraba. Tenía un instinto para pergeñar teorías que la hacían sentirse muy inferior, aunque no confiaba del todo en él. Ella prefería avanzar despacio, el trabajo metódico en lugar de las tormentas de inspiración, pero en lo que a tormentas de inspiración se referían, las de este chico eran huracanes de clase A.

—Si nuestra teoría sobre la onda uno-menos-uno es correcta —dijo ella con lentitud—, un cambio en ella afectaría a todo prácticamente. La forma fundamental que tienen las cosas de funcionar.

—¿Recuerdas la conversación que tuvimos hace meses, sobre que las crestas de la uno-menos-uno no fabricaban necesariamente cosas buenas pero podría provocar que se estuviera en el sitio correcto en el momento adecuado, una especie de fenómeno parecido? Ya sabes: aumentar las posibilidades de que te llegue a pasar una cosa buena. Así que quizá estos traductores no los inventó para nosotros algún maestro alienígena de los laberintos. Quizá los utilizaban en el programa espacial alienígena de aquellos tiempos. Pero la suerte, nuestra suerte, fue que los encontramos antes en lugar de después o quizá nunca. Podríamos habernos pasado toda una vida en este planeta y no haberlos descubierto.

—Desde luego son lo bastante pequeños. Pero, Nate, ¿importa tanto saber por qué hemos tenido suerte? Lo que importa es que podemos leer. Antes tenías razón, ahora tenemos acceso a absolutamente todo. ¡A toda la tecnología alienígena!

—Y esa ni siquiera es la mejor parte. —Contraatacó Nate con una amplia sonrisa—. La mejor parte es: podemos volver a casa.

El júbilo de Jill hizo una pausa, como un coche que tropieza con un bache en la carretera.

—¿De verdad? ¿Y cómo es eso?

Los ojos de Nate bailaban.

—¿No lo ves? ¡Porque este planeta da buena suerte! Porque todo lo que tenemos que hacer es querer algo de verdad y ¡lo conseguiremos! Y yo quiero... ¿Me oyes, planeta? —gritó—¡Yo quiero irme a casa!

Jill sintió un repentino antagonismo contra las palabras del muchacho. Su mente le respondió: *yo no.*

Pero eso no era cierto, ¿verdad? No se sentía así exactamente. Iba a volver a la Tierra en algún momento, eso era obvio, e iba a ser la próxima Einstein. Pero no estaba lista para volver a casa, todavía. Había demasiado trabajo que hacer aquí. ¿Cómo es que Nate no lo veía? ¿Qué clase de científico se apartaba de una oportunidad como esta?

Además, estaban en otro universo. Solo porque quisieran irse a casa, eso no significaba que existiera alguna probabilidad de llegar allí, coño.

—Recuerda, Nate —le dijo con suavidad—, que aunque esto sea un mundo setenta-treinta, sigue sin ser un cien por cien, ¿de acuerdo? No todo lo que ocurre es bueno y, como tú dices, hemos tenido bastante suerte hasta ahora.

—¿Estás diciendo que vamos a recibir un culatazo?

Lo dijo en broma pero a Jill no le hizo ninguna gracia y se estremeció.

—¿Tienes frío? —La rodeó con un brazo.

Ella se puso en pie de repente y se sacudió los pantalones.

—¿Por qué no volvemos a la avenida principal? Todo este sol es engañoso. Tenemos que obligarnos a descansar, Nate. No podemos permitirnos el lujo de estar agotados.

—De acuerdo. —Se levantó con lentitud. La emoción que se reflejaba en el rostro masculino se atenuó un poco, una respuesta a la reaparición de la «Jill estratégica». La científica sintió una especie de alivio perverso.

Eso era lo que pasaba cuando bajaba la guardia y se permitía tocarlo, como había hecho mientras hablaban. Le hacía pensar que tenía derecho a ponerle las manos encima en cualquier momento. Mira quién habla de peligro. Alguien tenía que mantener aquí el control.

—¿Estás segura de que estás bien? —preguntó Nate.

—Estoy genial —dijo ella con brío—. No podría estar mejor. Después de todo, tú mismo lo has dicho, Nate: estamos en el paraíso.

17.3. Sesenta-Cuarenta Denton Wyle

Denton Wyle estaba perdido en el paraíso y estaba metido en un gran lío, muy, muy grande. Tenía la espalda apoyada contra la corteza basta y arañada de uno de los árboles ensangrentados de la boca de la garganta con forma de herradura, tenía las manos atadas a la espalda y la boca amordazada. Había cuatro sapphianos con él en un apuro parecido. Sus captores los habían instalado allí a primera hora de esta mañana y se habían largado sin ni siquiera darles las gracias ni un regalo de despedida, un *Valium* por ejemplo.

Denton hubiera deseado de verdad tener alguna droga decente o haber luchado más con sus captores y que lo hubieran dejado inconsciente de un golpe. Estar inconsciente con una herida en la cabeza sería genial en estos momentos. Pero... no. Estaba bien despierto y completamente consciente y al parecer lo iba a estar durante cada uno de los largos y asquerosos minutos que iba a durar aquello.

Intentó soltar las ataduras. El árbol era grueso y lo habían obligado a echar los brazos hacia atrás, lugar donde no podían hacer nada para proteger el vientre blandito y la garganta. La liana que le rodeaba las muñecas estaba súper apretada y ni siquiera podía intentar frotar la liana contra la corteza porque no podía moverse así. Tenía los pies desatados pero no había nada delante de él que pudiera patear y si los apoyaba contra el tronco e intentaba empujar el cuerpo para soltarse, solo conseguía abrasarse los brazos. Aun así lo intentó, llorando de frustración y dolor hasta que ya no pudo más.

Los *skalkits*, fueran lo que fueran, seguían sin venir. Después de renunciar a la huida, Denton tuvo tiempo de sobra para saborear el miedo, para que el terror hiciera lo que quisiera con él. Se pensará que no se podía sostener ese nivel de miedo durante mucho tiempo, pero sí, se podía. No ayudaba mucho el que todo lo que había que ver eran los otros sapphianos. Eran ecos visuales de su propia muerte. Ponían los ojos en blanco, lloraban y les temblaban los delgados cuerpos. Creyó ver que una de las chicas se había orinado. Se preguntó por un momento qué habrían hecho para que los mandaran aquí pero no podía disponer de demasiado espacio en la cabeza para ellos porque estaba demasiado consumido con su propia pérdida, tan trágica.

Salvo que enfrente de él estaba una joven que había sido una de sus visitantes matinales, una inusualmente tímida y nerviosa. Le rogaba con unos ojos castaños enormes. Como si él pudiera hacer algo, joder. Como si para empezar la culpa no fuera de su estúpida sociedad.

Podría haber hecho las paces con el mundo con tanto tiempo libre pero en lo único en lo que podía pensar era en lo terrible que iba a ser, cuánto le iba a doler, lo aterrado que estaba, cómo odiaba esta situación, lo injusta que era, que lo daría todo por estar muy lejos, que no podía creerse que esto le estaba pasando a él, Denton Wyle. Lloró por sí mismo con grandes lágrimas de conejito. Era tan injusto que a un tipo tan agradable, blanco, digno representante del siglo XXI, como él, lo trataran así. No estaba bien. Y lo peor era que ni siquiera le harían un funeral decente en Los Ángeles ni podrían ir todos sus amigos a llorarle. Nadie sabría jamás lo que le había pasado; eso era lo peor.

Y una mierda. Lo peor iba a ser el dolor.

Y justo cuando ya estaba convencido de que no iba a pasar, pasó. Los oyó llegar entre los árboles.

Denton pensó que ya estaba tan asustado como era humanamente posible. Se había equivocado. El sonido que venía de los árboles hizo que su cuerpo le disparara unas puñaladas agudas y frías de sangre aterrada por las venas. Le dolían las venas por la fuerza de la sensación, como una inyección del tétanos. Habría gritado salvo que no le quedaba aliento y todo su sistema respiratorio se había puesto en huelga.

Lo que venía entre los árboles era grande. Y ansioso, también; se notaba. Esas cosas, los *skalkits*, hacían crujir los matorrales a una velocidad asombrosa. No sabía lo que eran, pero tenían que ser enormes para atravesar la selva así. Denton oía crujir cosas y romperse y parecían troncos de árboles, no solo ramas. Esas cosas eran como putas apisonadoras.

Cada vez más alto.

Todavía no había conseguido respirar y sintió que se le salían los ojos de las órbitas, clavados en los matorrales. Empezaba a ver puntos rojos. Su cuerpo entero luchaba contra las ataduras en una auténtica reacción de huida automática y ni siquiera los había visto todavía.

Entonces entraron las dos cosas en el claro.

Lo primero que se le ocurrió cuando vio a los *skalkits* fue: *Tarzán y su puta madre*. Eran casi peores que sus temores más paranoicos. El último retazo de esperanza de que todo esto terminara por no ser tanto como parecía se atragantó y murió.

Los *skalkits* eran un poco más grandes que los hipopótamos o los rinocerontes. Tenían la piel gris y correosa, sin pelo y arrugada. Sus inmensos miembros estaban repletos de músculos y se movían con rapidez. Tenían grandes cabezas con unos ojos diminutos, como cuentas negras, y unas bocas enormes de dientes puntiagudos y protuberantes. Dos mandíbulas inferiores se curvaban hacia arriba, similares a grandes colmillos y el resto de los dientes estaban colocados de forma caótica. Los miembros delanteros terminaban en tres dedos con unas garras enormes.

Algo estaba apretando con ganas algún botón situado en los escondrijos más profundos de su cerebro de reptil y ese botón decía DEPREDADOR. Denton por fin encontró aliento y gritó detrás de la mordaza. Gritó como una mujer. Gritó como una niña.

Los *skalkits* se detuvieron al borde del claro y olisquearon el aire. Uno de ellos se levantó sobre las patas traseras con las garras delanteras a pocos centímetros del suelo, las aletas de la nariz disparadas y sacando la lengua como si saboreara el aroma de los prisioneros.

No había duda de que aquella cosa lo estaba mirando directamente a él, a él, Denton Wyle. Había algo en sus ojos, algo homicida, Denton jamás se había imaginado que ningún animal pudiera mirar así. Era como la mirada de su viejo perro, Lucky, cuando Denton alzaba en el aire su pelota favorita y la movía de un lado a otro para provocarlo antes de lanzarla. El *skalkit* lo estaba mirando con la misma intensidad con la que Lucky miraba la pelota. No, como Lucky hubiera mirado esa pelota si hubiera sido un come-hombres voraz en lugar de un perrito indolente y si la pelota hubiera sido un pedazo de carne repleto de sangre. O quizá un conejito.

Denton luchó contra las ataduras como un salvaje. Y ahora que lo pensaba, gritar no era tan buena idea, (estaba atrayendo la atención), pero eso no significaba que pudiera parar. Lo que estaba saliendo de su boca estaba por completo fuera de su control y sonaba como un largo «¡*Waaaaaaaaaaaa!*»

El otro *skalkit*, el que no lo estaba mirando, se acercó a uno de los sapphianos. Había agachado el cuerpo, casi como una maniobra de acecho, pero su sigilo era una burla en este caso ya que su presa no solo podía verlo sino que estaba inmóvil por completo. Los ojos del *skalkit* relucieron de anticipación. A Denton le pareció que abría más la boca, que le sonreía a su víctima.

Se detuvo cerca del hombre y lo olisqueó. El sapphiano luchó contra las ataduras, parecía patéticamente vulnerable. El *skalkit* dio una sencilla barrida con la garra delantera y abrió una bonita brecha, muy larga, en el pecho del hombre. No era profunda pero era la primera sangre del día y los *skalkits* se emocionaron mucho. El que se había concentrado en Denton antes quedó hipnotizado por la sangre y soltó un chorro de baba que podría haber llenado un caldero.

—¡*Waaaaaaaaaa!* —chilló Denton.

—¡*Waaaaaaaaaa!* —chillaron los sapphianos.

Y entonces, ante los ojos de Denton, el *skalkit* ladeó la cabeza, casi con delicadeza y colocó las mandíbulas abiertas a ambos lados de la caja torácica del sapphiano y...

Denton dejó de gritar. Cerró los ojos e intentó con desesperación fingir que no estaba pasando nada de esto. Pero no podía evitar oír y el sonido... Estaba el crujido de los huesos, el grito agudo y mortal del sapphiano que terminó con un gorgoteo y el burbujeo del aire, un sonido de tirones y algo que se rasgaba, era indescriptible y luego el único sonido del claro era el que hacían los *skalkits* al masticar.

Denton estaba enfermo. Se iba a desmayar. La sangre se le cayó a los pies. Tenía el cuerpo cubierto de sudor, le flotaba la cabeza. Le subió la bilis y le quemó la parte posterior de la garganta, ácida y amarga. Se le cayó la cabeza hacia delante, era incapaz de sujetarla. Vio estrellas rojas en los párpados.

A través de unos oídos que le zumbaban y parecían llenos de algodón oyó que los *skalkits* se terminaban al sapphiano. Oyó que la carne se rasgaba junto con la corteza, el *crunch, crunch* de unas mandíbulas poderosas que rompían los huesos. Ya no había más gritos, nadie gritaba.

Denton se echó a llorar. Eran lágrimas silenciosas, le salían a borbotones y seguramente eran las primeras lágrimas de verdad que había derramado en toda su vida. Hundió la barbilla en el pecho, con la cabeza colgando. Y supo, con una negrura que era absoluta, que estaba a punto de morir. Era como si todo su terror se hubiera reducido, como un caldo que hierve en la cocina, a esto: completa debilidad, miseria, conmiseración, desesperación.

Y entonces sintió algo. Algo le estaba dando tirones a las muñecas. Gimió, seguro por un instante que era el *skalkit*, pero cuando abrió los ojos los vio a los dos olisqueando el suelo, recogiendo trozos sueltos de carne del primer plato.

Y entonces sintió algo frío... ¡Alguien estaba cortando la liana que le rodeaba las muñecas con un cuchillo!

La cabeza de Denton se aclaró al instante. Con esperanza renovada, corrió a su encuentro cada átomo de cobardía e instinto de huida de su personalidad (y Denton tenía montones). Se sacudió para intentar separar las lianas debilitadas pero una mano serena en el antebrazo le rogó que parara. Era duro pero se le ocurrió que quizá consiguiera quedar libre antes si ayudaba a la persona que estaba detrás del árbol, así que se quedó quieto.

Esperó. ¿Por qué tardaban tanto, coño? Tiraron de la liana de las muñecas, la apretaron de una forma atroz, la aplastaron, la mutilaron y él seguía sin ser libre.

Miró los *skalkits* y rogó en silencio que no se volvieran hacia él antes de quedar libre. El árbol en el que había estado su primera víctima estaba húmedo de sangre, así como el suelo que rodeaba y que había bajo el árbol. Ojalá hubiera visto este claro a plena luz del día, pensó Denton, jamás habría entrado en la garganta. Si hubiera llegado unas horas antes, no estaría metido en este apuro ahora.

El suelo ya había quedado limpio de los trocitos de cuerpo que quedaban y el *skalkit* que lo había mirado antes levantó la cabeza y lo miró directamente, con los ojos llenos de codicia. El otro se animó un poco más y se acercó con aire casual al árbol siguiente, esta vez ni siquiera fingió sigilo. La mujer del árbol intentó dar una patada pero el *skalkit* le cogió la pierna con toda facilidad entre las mandíbulas y tiró, un poco primero, luego con fuerza, con un latigazo de la cabeza. La pierna de la chica se desprendió a la altura de la cadera. Saltó la sangre.

Denton emitió un quejido y tiró todo lo que pudo de las muñecas. Las lianas se soltaron. Se habría ido entonces, al instante, pero el *skalkit* de los ojos codiciosos los tenía clavados en él, la cabeza alerta. Si echaba a correr ahora, tendría a esa cosa encima en menos de dos segundos.

—Socorro —graznó con voz aguda tras la mordaza.

No hubo respuesta detrás del árbol.

El *skalkit* de la pierna soltó lo que le quedaba y fue a por la pierna número dos. La chica del árbol estaba... Bueno, era demasiado real y demasiado horrible y Denton no podía mirar. Se quedó mirando al otro *skalkit*, rezando para que mirara a otro sitio, ¡aunque solo fuera un segundo! Pero el animal se lamió los labios y empezó a moverse hacia Denton, agachado, listo para saltar sobre su presa.

Denton levantó la mano libre y se arrancó la mordaza.

—¡Socorro! —gritó.

Se oyó un silbido, estridente y gutural.

Era Eyanna. Denton la vio al otro lado del claro, en el borde de la selva. Ella emitió algo parecido a un grito tirolés y sacudió los brazos. Denton se dio cuenta, *vio*, que estaba aterrorizada (tenía la muerte en la mirada enferma) pero se mantuvo firme. Les chilló y aulló a los *skalkits*, una especie de cántico nativo y empezó a saltar.

Denton la contempló con la boca abierta. Los *skalkits* la contemplaron con las bocas abiertas. Luego se volvieron, como una manada enloquecida de *paparazzi*, atraídos por aquel cebo irresistible. Eyanna se metió corriendo en la selva. Los *skalkits* salieron como truenos tras ella.

Denton los vio irse y sintió una punzada de horror y pena. Pobre tontita. No tenía ni la menor oportunidad. Estaba perplejo, lo había hecho por él y él no tenía ni idea de por qué. De hecho, estaba tan embargado por la pena que le llevó un momento darse cuenta de que aquel era su billete de lotería. Tenía las manos libres. Los *skalkits* habían desaparecido.

Hubo un breve momento en el que pensó, *debería ayudar a los otros*, pero fue una aberración momentánea. Echó a correr.

Denton corrió durante mucho tiempo. Se alejó de la garganta y del lugar donde los *skalkits* habían perseguido a Eyanna. Era selva, simple selva, tosca y basta y resultaba difícil avanzar, pero no por eso dejó de correr. Chocó, tropezó y se cayó muchas veces pero siempre se volvió a levantar. Al principio se oían ruidos a lo lejos: rugidos. No oyó más gritos aunque la verdad es que puso empeño en no oír ninguno. Y después de un rato ya no se escuchó nada.

Cuando ya no pudo correr más, caminó. Y por fin llegó al río grande. Era el mismo río que había seguido cuando había llegado a este mundo. A lo lejos, a la izquierda, vio la enorme catarata desde cuya cima había visto humo en la garganta de herradura. A la derecha tenía la insinuación violeta de las montañas.

En el río se sentía seguro porque si venía algún *skalkit*, los dos que había conocido o alguno de sus parientes, podía meterse en el río y dejar que lo llevara la corriente río abajo. Cosa que no carecía de inconvenientes porque era un nadador mediocre pero en comparación con los *skalkits*, parecía una buena idea.

Le fallaron las piernas y cayó a la orilla del río. Empezó a estremecerse. Volvió a revivir varios trozos y fragmentos de toda aquella horrible mañana. Y lo que no podía dejar de ver, una y otra vez, no era al *skalkit* rodeando con las mandíbulas la caja torácica del sapphiano, ni siquiera el desprendimiento de la pierna de la mujer. Lo que no se podía sacar de la cabeza era su propia imagen... corriendo.

La dejé morir.

Era algo horrible y si se hubiera sentido mejor, quizá nunca se hubiera permitido pensar en ello. Pero una vez allí, el pensamiento era tenaz. Se sentía mal por ello. Eyanna había arriesgado su vida para salvar la de él. Incluso sabiendo lo que eran los *skalkits*, incluso sabiéndolo, había venido a salvarlo. Y a cambio él ya la había dado por muerta en cuanto estuvo libre y había huido corriendo.

—No hay nada que pudiera haber hecho —dijo en voz alta—. Y, además, tampoco es que la conociera de verdad. —Y unos minutos más tarde—. Eyanna es rápida. Quizá haya conseguido escapar.

¿Y la chica? ¿Esa a la que le había hecho el amor? ¿La que estaba atada en el árbol que había justo enfrente de él? ¿Podía correr muy rápido atada al árbol? ¿Qué posibilidades tenía ella?

Se echó sobre el musgo fresco. Aquellos pensamientos eran insoportables, así que se durmió. Cuando abrió los ojos otra vez, había caído el crepúsculo. Las estrellas se dejaban ver de forma tenue contra un cielo color magenta. El mundo que lo rodeaba había adquirido un color violeta.

Se sentó. No se había movido ni un milímetro del sitio donde había caído y tenía el cuerpo rígido y dolorido. Se levantó, se estiró y se acercó al río para beber un poco. Oyó un ruido suave tras él y se dio la vuelta como un tiro, con el corazón en la garganta.

Era Eyanna. Estaba sucia y agotada y tenía unos cuantos arañazos pero aparte de eso estaba ilesa. Se dejó caer con un ruido sordo sobre el musgo.

—¡Eyanna! ¡Cielo! ¿Cómo escapaste de los *skalkits*?

—Corrí. Me escondí. —El rostro de Eyanna estaba exhausto. Sin expresión.

—Bueno... um, me alegro de que estés bien. Eres... eres muy valiente. Gracias. —Las palabras deberían haber convertido su lengua en sal.

La chica no se dio por enterada. Irguió la espalda con gesto determinado. Era un gesto extraño e indicó un cambio en ella, una nueva solidez y fuerza. Ya no era la chica que acechaba entre los árboles.

Aquel gesto lo apartó con una palabra y le hizo sentir lo pequeño que era.

17.4. Treinta-Setenta Aharon Handalman

Aharon había disfrutado de varios días tranquilos de estudio con *El libro del tormento*. Bueno, disfrutar quizá fuera una palabra demasiado fuerte. El trabajo espiritual era duro y la tensión existente en la Casa de las Divinas Ordenanzas era como electricidad enjaulada. Sentía que estaban pasando cosas más allá de su guarida, engranajes dentro de engranajes. Anhelaba hablar con Kobinski pero desde la noche que le había abierto su corazón, el cabalista no había vuelto. El último día del Festival era pasado mañana y matarían al hereje. Aharon se sentía también como un condenado a muerte, a la espera de que los poderes de este planeta percibieran su presencia de nuevo y que lo barrieran en su corriente. Y como un hombre condenado, intentó ponerse en paz con Dios.

Veía la belleza del sistema que presentaba el manuscrito: los *sephirot*, la escala, la idea del equilibrio. Intuía que aquello era lo correcto, y eso en sí mismo ya era inquietante. Era algo tan completamente diferente de sus antiguas creencias, del mundo blanco y negro de la *yeshiva*... Y aunque le habían arrancado esas antiguas creencias, el recuerdo aún permanecía, el recuerdo de lo que se sentía cuando eran inviolables. La inviolabilidad siempre había sido el principio más importante por y en sí misma, ¿no es así? Porque una vez que dejabas que las cosas se abrieran un poco, ¿adónde iban a parar luego?

Ahora se daba cuenta de por qué pensaba así en realidad: era una manera de mantener la mente cerrada e inmóvil. Pero aun así costaba tanto soltarse. ¡Era una espada de doble filo! Decidió poner el asunto en manos de Dios. El manuscrito esbozaba unos ejercicios (oraciones y meditación) para equilibrar los *sephirot*. Aharon estaba dispuesto a admitir, como mínimo, que podía soportar un poco más de compasión. Así que probó con los ejercicios de *chesed* y le pidió a Dios que lo llenara de misericordia, que llenara su corazón.

Recordó lo que había sentido aquella noche, al hablar con Kobinski, cuando su corazón se había abierto y algo más grande que él mismo había derramado compasión por todo su ser. Quería sentirlo otra vez. Rezó por llenarse de *chesed* y pensó en Hannah. Pensó en todas las veces que había sido frío y duro porque ella no había estado a la altura de lo que debería ser una buena esposa ortodoxa. Ahora no eran esas cosas las que recordaba, ni las veces en las que había sido obediente o callada. Lo que recordaba era a Hannah riendo burlona, como una niña, a Hannah haciéndose la lista o tozuda, incluso, sí, ese puchero sexy y rebelde, como una Greta Garbo judía. Al esperar de ella un ideal se había perdido la oportunidad de disfrutar de lo que era en realidad su mujer; un crimen y una vergüenza para los dos.

En respuesta a esos pensamientos sintió que la sangre se agitaba en su pecho, la hinchazón casi física de su corazón. *Lléname de amor*, pidió y fue llenado. Había hecho caso omiso de su corazón durante mucho tiempo, lo sabía, porque los temblores del amor y la compasión eran como la resurrección de los muertos. Y aunque era un milagro (y él sabía reconocer un milagro cuando lo veía) su corazón no estaba tan seco como para no poder levantarse otra vez.

Oyó la puerta, unos ruidos suaves, callados y cuando abrió los ojos se encontró a Tevach al lado de la silla. Aharon se había obligado a salir de la cama durante los últimos dos días, a luchar para llegar a la silla y a volver luego. Tenía los músculos rígidos y doloridos pero le resultaba más fácil caminar.

—Tevach —dijo; su alegría al verlo era sincera—. ¿Y cómo está Ko...? ¿Cómo está Mi señor?

—No habla con nadie. —La nariz del fiori se contrajo como la de un roedor. Parecía tener que obligarse a hablar—. Vine... vine a ver las nuevas Escrituras. Esperaba que durmiera.

Aharon no estaba seguro de que le gustara la palabra Escrituras pero tenía el manuscrito en el regazo y se lo ofreció a Tevach. Este bajó los ojos y lo contempló en sus manos con asombro.

—Leí un poco. La noche que llegó, cuando Mi señor dormía.

A Aharon le sorprendió que Tevach lo admitiese y le sorprendió aún más que supiese leer hebreo además de hablarlo.

—A él no le importan las Escrituras. —Tevach escupió en el suelo.

—Tevach, Mi señor las escribió.

Tevach parecía confuso.

—Él...

—Hace mucho tiempo.

Tevach contempló el manuscrito aún más perplejo.

—No entendí lo que leí.

Aharon hizo un gesto, *nu*.

—No es fácil, a mí también me cuesta.

—¿Querría enseñarme? —Tevach se encogió como si esperara que lo castigara por pedir algo tan indignante. Pero sus ojos tenían vida propia y se asomaron a los de Aharon sin miedo.

Sintió la respuesta en su corazón.

—Intentaré enseñarte, sí. Si así lo deseas.

Tevach parecía muy contento. Miró nervioso la puerta.

—¿Querría...? ¿Querría también por favor... sí? ¿Hablar con otro fiori sobre esto? Muy importante. Podría llevarlo esta noche.

Eso era otra cosa muy diferente. Aharon supo de inmediato que era una idea traicionera, ¿dejar su habitación? ¿Hablar con otro fiori sobre algo que Argeh consideraría una herejía? Y sin embargo la respuesta estaba en su corazón con la misma claridad y a la misma velocidad que la respuesta anterior.

—Sí, Tevach. Creo que sí.

Tevach volvió mucho después de caer la oscuridad. Aharon había pasado aquel tiempo meditando, luchando contra las oleadas de incertidumbre y miedo. Pero no se sentía mejor cuando llegó Tevach. Este traía consigo uno de los mantos de Kobinski y una máscara dorada.

—Es una máscara vieja que no echará de menos —dijo Tevach como respuesta a la expresión de Aharon—. Mi señor duerme ahora.

—Pero, Tevach...

—Los fiori pueden vernos en los pasillos. —Tevach le lanzó el disfraz—. Póngase esto.

Aharon cogió las cosas de mala gana. Él se había imaginado un corto trayecto hasta el carruaje mientras casi todo el mundo dormía. Ahora ya no estaba tan seguro. Pero Tevach no le dio tiempo para cambiar de opinión. Ayudó a Aharon a ponerse la túnica y la máscara, como había debido de ayudar a Kobinski miles de veces; luego puso la mano alrededor de la cintura de Aharon para ayudarlo a salir al corredor.

Los guardias que Kobinski había apostado en su puerta no les prestaron atención. Se preocuparon muy mucho de no mirar a Aharon y contemplaban el techo, las paredes, se rascaban la barbilla o se hurgaban los dientes. Habría sido divertido si Aharon no tuviera tanto miedo. Se preguntó si Kobinski sabía lo influyente que era su pequeño sirviente. Recorrieron los pasillos con el brazo de Aharon colgado del hombro de Tevach mientras sus piernas se esforzaban por mantener el ritmo. No vieron a nadie al dejar la Casa, una bendición por la que Aharon dio gracias; luego salieron a la noche helada.

Estaba esperando un carruaje. Una vez dentro, Aharon era incapaz de distinguir el rostro de Tevach en la oscuridad aunque lo tenía enfrente. De nuevo le falló el valor. De repente tenía miedo de estar solo con esta extraña bestia, desafiando a Kobinski, su único protector humano. Tenía miedo de volver a salir a las calles ensangrentadas, miedo del lugar al que iba. Había aceptado hablar, Dios misericordioso. ¿Qué le haría Argeh si lo cogían? ¿Moriría en la arena sobre uno de aquellos aparatos negros?

Cerró los ojos y se aferró a la basta plancha que servía de asiento dentro del carruaje, que no dejaba de mecerse. ¿Dónde se había ido aquella voz suave y tranquila? Rezó de nuevo para ser *chesed*, lléname de amor, pero esta vez el miedo mantuvo el corazón apretado como un puño.

No fueron muy lejos. Cuando el carruaje se detuvo estaban a las puertas de un gran edificio. Las piedras oscuras y las líneas escarpadas le hicieron dar varios vuelcos al corazón. Era un lugar terrible, lo sentía, el mal puro. Aunque era muy tarde, había guardias delante de la puerta.

—Tevach, ¿qué es esto?

—Vamos a ver a Ahtdeh.

—¿Ahtdeh?

—El del Festival... recuerda. Usted dijo «no».

Una sensación terrible inundó a Aharon cuando lo comprendió. Empalideció.

—¡Pero...! ¡No me dijiste...! ¡Esto es una cárcel!

—No se preocupe. Mi señor viene aquí todo el tiempo.

—¡No puedo! —Aharon sacudió la cabeza mientras miraba aquel horrible lugar—. No, no puedo.

Tevach se quedó callado. El carruaje aguardaba delante del edificio. Los guardias se encontraban fuera y los miraban de vez en cuando. Llevaban antorchas y sus rostros parecían más bestiales, más demoníacos que los rostros de cualquier otro fiori que Aharon hubiera visto jamás. No dejaba de sacudir la cabeza. Por fin miró a Tevach. El fiori miraba por la ventana a la nada, con los ojos secos, con el rostro de ratón derrotado por completo. Era un rostro acostumbrado a la derrota y eso solo hacía que Aharon se sintiera aún más culpable.

¡Pero el hereje va a morir!, quería gritar Aharon. *¿Por qué tendría que enseñarle a él? ¡Es inútil!*

¿Había dudado de la existencia de Dios? ¡Jo, jo! ¡Ja, ja, ja! Desde luego que Dios estaba allí y cuando quería ponerte a prueba para ver si los «grandes cambios» de los que presumías eran solo palabras u algo más, ¡entonces sí que sabía cómo echártelos en cara!

—Sí, Tevach —suspiró Aharon—. De acuerdo, sí, está bien, ¿a qué estamos esperando?

Tevach lo ayudó a bajar del carruaje, lo guió por las escaleras de la prisión soportando su peso, de la misma forma que había soportado el de Mi señor. Kobinski debía de ir por allí con frecuencia, porque los guardias no los pararon. Cayeron al suelo en cuanto vieron la máscara y se quedaron así hasta que entraron los dos. Bueno. Todo bien, entonces. Quizá hasta consiguiera sobrevivir a esta noche.

Dentro, el lugar estaba iluminado por antorchas. Los exiguos pasillos de piedra, de techos bajos y muy sucios, estaban vacíos. Solo se escuchaban gemidos y llantos, suficientes para helarte la sangre. Tevach lo ayudó a bajar varios tramos de escalones y se metió por un pasillo arqueado, tan bajo que Aharon tuvo que agacharse. Estaba repleto de celdas. Aharon mantuvo los ojos clavados en el suelo, sabiendo que no quería ver lo que había en ellas. La celda del hereje, situada al final del pasillo, disponía de una puerta muy pesada con una ventana de rejas. Esta celda tenía guardias, dos duros sacerdotes fiori. Pero la máscara era fiera y segura de sí misma, aunque Aharon no lo fuera, y Tevach (gracias a Dios, ¿quién hubiera dicho que el ratón era capaz?) habló con autoridad y los guardias los dejaron pasar sin decir nada.

—Soy listo —susurró Tevach alegremente en la celda oscura—. Les dije que Mi señor deseaba interrogar al hereje sobre los actos vandálicos contra sus imágenes. ¿No soy listo?

—Sí, Tevach, —suspiró Aharon. *Lo bastante listo para que nos maten a los dos.*

—Aquí está Ahtdeh.

Cuando los ojos de Aharon se acostumbraron a la luz de la celda, empezó a distinguir una forma echada en una esquina. Parecía un montón de harapos manchados de sangre pero cuando Tevach se acercó a él y le dio la vuelta con dulzura, mientras las zarpas acariciaban, tranquilizaban y unos sonidos suaves le salían de la garganta, Aharon reconoció en el fardo al fiori de la arena. Por el aspecto que tenía, ya debería estar muerto, pero no lo estaba. Respondió a la llamada de Tevach y se fue levantando poco a poco del suelo. Cuando vio a Aharon se puso rígido, con una expresión de odio en la cara.

Tevach gruñó y gimoteó en esa lengua de bestias; luego se acercó y le quitó la máscara. Se miraron, Aharon y el hereje, hombre a hombre, sí, hombre a hombre. Si te mirabas en los ojos del hereje, sabías, sin lugar a dudas, que era un hombre.

El hereje le hizo un gesto con los ojos a Tevach y Aharon tuvo la inconfundible sensación de que lo había aceptado. Sintió que el corazón se le volvía a remover con ese sencillo acto de confianza.

—Enséñele lo que dice el manuscrito, mensajero —dijo Tevach—. Yo lo intento, pero yo entiendo poco.

—¿Cuánto tiempo tenemos?

—Horas. Casi hasta la mañana. Yo le avisaré.

Aharon asintió. Sintió que la carga de miedo y ansiedad se deslizaba de sus hombros, como si estuviera en un lugar seguro, aunque nada podía haber más lejos de la realidad. Vio con claridad los riesgos que estas pobres criaturas estaban dispuestas a correr y ¿para qué? Por la verdad. Por amor, todavía tenían fe en la idea del amor de Dios. Su corazón se había conmovido.

No entendía lo que había pasado, por qué estaba en realidad allí ni si supondría una diferencia algo de lo que él pudiera decir o hacer. Pero cuando empezó a hablar, mientras buscaba en el interior de su comprensión de principiante las palabras adecuadas, supo que nada de eso importaba. Solo podía dejar que la compasión fluyera a través de su cuerpo y que las consecuencias cayeran donde quisieran.

Hablaron durante más tiempo del que tenían. El hereje era lento pero sus pensamientos eran profundos. Sus preguntas eran con frecuencia básicas y en ocasiones hostiles pero tenía el corazón de un verdadero estudiante. ¡Ojalá hubiera tenido Aharon a alguien así entre los chicos de la *yeshiva*!

Tevach se paseaba ante la puerta y ya estaba literalmente gimoteando cuando consiguió que Aharon dejara la celda. Los guardias apostados fuera no los molestaron pero Aharon sintió sus ojos clavados en la espalda cuando Tevach y él se agacharon para llegar a las escaleras.

Antes de subir un tramo de escaleras, se encontraron de repente a un fiori delante, un fiori que miraba a Aharon y se inclinaba repetidamente por la cintura. Hablaba con rapidez, hacía gestos y a Aharon no le hacía falta entender las palabras para saber que lo estaban llamando. Se quedó inmóvil; Tevach también. Por desgracia, el astuto intrigante que tenía bajo el brazo había vuelto a quedar tragado por el ratón. Aharon no sabía qué hacer.

—Debemos ir abajo —susurró Tevach.

—¿Qué? ¿Por qué?

—¡Tenemos que ir!

Y abajo fueron. Mientras se movían por los intestinos de aquel vil lugar, Aharon tuvo la sensación de estar descendiendo a una tumba y que nunca podría volver a salir. Cada paso que daba y que lo alejaba de la noche (si todavía era de noche fuera), lejos de la relativa seguridad del carruaje, apretaba un poco más la soga alrededor de su cuello.

Al final de las escaleras había solo un pasillo muy corto con una puerta gruesa y dos guardias. Y también... Argeh. Tevach se echó a temblar, con los ojos en el suelo, incapaz de hacer nada. Aharon podía oler su propio y hediondo sudor. Su corazón... en fin, lo único bueno que se podía decir del dolor que tenía en el pecho era que lo iba a matar antes de que lo hiciera Argeh. Pequeños favores. Había temido lo peor y lo peor había terminado por ocurrir. Había abandonado su habitación, tenía que admitirlo, y comprendía muy bien el peligro. No podía culpar a nadie salvo a sí mismo. Los sabios dicen, «El que coge el pan debe pagar al panadero».

El sumo sacerdote le ladró algo, le echó extrañas miradas de lado. Estaba pasando algo pero Aharon no tenía ni idea de qué. Así que probó a quedarse callado. Argeh ladró otra vez. Aharon hizo un gesto imperioso con la mano. Argeh le echó una mirada como si se hubiera vuelto completamente chiflado pero subió a grandes zancadas las escaleras mientras gruñía para sí.

Los otros fiori inclinaron la cabeza casi hasta el suelo y también se retiraron. Los dos guardias los siguieron. Luego solo quedaron Aharon, Tevach y la puerta.

La Casa de la Pureza apenas estaba empezando a despertarse cuando llegó Mi señor al amanecer. Un carruaje se apartaba de los escalones principales cuando el suyo llegaba. Mi señor lo miró con el ceño fruncido. Los carruajes eran muy escasos en Fiori, eran demasiado caros de mantener. Entonces se dio cuenta de que debía de ser Gehvis, que iba a recoger alguna medicina. El mensaje del médico había sido urgente y sucinto: *Está muriendo. Venga.*

Con las articulaciones pegando gritos, Mi señor entró en la cárcel. La muerte inminente de Wallick parecía haber infectado el lugar entero. Los guardias de la puerta se humillaron, incluso más asustados y confusos de lo habitual. Dentro, los fiori se dispersaron ante su presencia. Bajó las traidoras escaleras de piedra, cada nivel más frío que el anterior. Y con cada paso maldecía a Tevach, aquel ingrato. Cuando Mi señor más lo necesitaba, el fiori había desaparecido, obligándolo así a confiar en Decher. Por muy competente que fuera Decher como guardaespaldas, era un báculo penoso, jamás seguía el paso y vacilaba a la hora de sostener el peso de Mi señor.

A medio camino, Mi señor se tropezó con Argeh. El sacerdote se envaró en las escaleras con una mirada de confusión en el rostro. Mi señor le soltó, nada contento de verlo cerca de la celda de Wallick, sobre todo ahora.

—¿Qué pasa, Argeh? ¿Qué haces aquí?

Argeh se quedó con la boca abierta. Entonces la expresión más extraña apareció en su rostro: una mirada tortuosa, horrible, maravillada. Mi señor no sabía qué pasaba y eso lo asustaba. Apartó a Argeh con un brusco empujón y siguió adelante.

—Se requiere mi presencia.

Al final de las escaleras no había sirvientes, ni guardias, fuera de la puerta de Wallick. Mi señor suspiró frustrado. Disgusto tras disgusto, como si no fuera suficiente tener que enfrentarse a lo que estaba esperando en esa habitación.

—Entraré solo —le dijo a Decher con tono tenso.

Kobinski podía oler la presencia de la muerte. La celda parecía sombría y había una extraña sensación de respeto. La respiración desigual y áspera de Wallick era como una máquina rota que realizaba sus últimos ciclos. Lo habían dejado completamente solo pero todavía estaba vivo. Mi señor se sintió muy aliviado. Aquella mirada de Argeh... Mi señor casi esperaba que Wallick ya estuviera muerto.

Mi señor cojeó hasta la mesa y bajó la mirada para contemplar la devastada masa de tejidos. La última vez que estuvo allí, había vislumbrado la desolación que podía inundarlo si se permitía ver esta situación de una forma un poco diferente nada más, si giraba el espejo solo un milímetro a la derecha o a la izquierda y lo miraba con otra perspectiva diferente a la de los dos hombres, dos enemigos, que se enfrentan en esta habitación a lo largo de los años. Esta vez, allí de pie, el espejo ya estaba ladeado y no había nada que pudiera hacer para devolverlo a su posición. Recordaba con claridad cómo se sentía antes, por qué lo había hecho, que se había tratado de justicia, que había sentido que se estaba sacrificando para hacerle justicia a su hijo. Pero esa lógica parecía ahora tan endeble como (y miró a Wallick) la vida de un hombre.

Mi señor cerró los ojos, llamaba al vengador. *Isaac*, pensó, conjurando el rostro de su niño. Pero el rostro se había desvanecido mucho tiempo atrás. Todo lo que quedaba era el odio que había envuelto alrededor de aquel nombre, y eso también lo vio con toda claridad.

—Ko-binski —dijo Wallick. Tenía la lengua pequeña y dura en la boca, las sílabas le salían distorsionadas.

Mi señor abrió los ojos. Wallick, con solo un ojo visible ahora, había levantado la vista hacia él. Esa única órbita brillaba, relucía, era casi incandescente. Forzó el buche enrojecido para formar palabras porque recordaba que en otro tiempo eso había sido una boca.

—... muriendo... —consiguió decir Wallick— lo sé...

El buche hizo una pausa para tragar saliva, para intentar hidratar las encías y volver a convertirse en algo capaz de hablar. *Lo sé. ¿Saber qué? ¿Que aún no estaba muerto y que esto no era la otra vida? ¿Que le habían hecho esto a su carne viva? ¿Que el Dios que lo había juzgado no era otro que Yosef Kobinski?*

—Per-dóname, —jadeó Wallick— como yo te... per-dono.

Mi señor se mordió la lengua para detener las lágrimas de indignación que le llenaban los ojos.

El único y brillante ojo lo miraba desesperado, como si pudiera aferrarse a él, obligarlo a ceder.

—Per-dóname... —lo intentó Wallick otra vez—, como yo te per... —Esta vez, a su discurso se le concedió un momento de claridad, solo por un instante y las palabras salieron bien definidas— Tú, Yosef... —Luego el ojo se clavó en el espacio y la luz que había dentro se desvaneció.

Mi señor contempló aquel rostro durante mucho tiempo. El de Wallick había sido en otro tiempo un rostro atractivo, el ideal ario, perfecto pero cruel. Ahora no era ninguna de las dos cosas. El cuerpo ya se estaba poniendo rígido y convirtiéndose en algo objetivo; adquirió un aspecto crudo, ensangrentado, orgánico y terrible, terrible y frío, como un animal atropellado y abandonado en la cuneta, como las zancas de carne de la plaza del mercado.

Por sorprendente que fuera, Mi señor no sintió una sensación de triunfo, ni satisfacción, ni ira, ni remordimiento. Mientras Wallick se iba enfriando, era como si la chispa de vida que había en su interior también se enfriara; estaba muriendo una era, una razón para continuar; una historia entera tan densa y asfixiante como una manta estaba desapareciendo. ¿Y qué había debajo? Podredumbre. Nada. Se sentía tan vacío como una cáscara hueca, quedaba quizá el resentimiento contra Wallick por morir, por escapar y dejarlo solo, enfrentándose al vacío.

Perdóname, había dicho Wallick.

—No puedo, hijo de la gran puta —dijo Mi señor en voz baja—. Porque si te perdonara a ti, ¿cómo podría perdonarme a mí mismo?

Al salir de la celda para subir, con Decher metido bajo el brazo, Mi señor oyó algo. Había un murmullo que rebotaba por los muros de piedra. En ese piso, la ausencia de gritos y llantos era poco habitual; solo se oía la voz que murmuraba algo.

Mi señor hizo una pausa en las escaleras, le temblaban las rodillas de dolor, la axila empapaba el hombro de la tosca túnica de Decher. Estaba a punto de preguntarle a su sirviente qué (o quién) era, pero la expresión que vio en el rostro de Decher lo detuvo, así que se limitó a escuchar durante un momento y luego lo supo.

Era el hereje. Lo tenían encerrado en algún lugar de ese pasillo, a la espera de su ejecución, y estaba hablando, (quizá para sus seguidores, quizá para sus compañeros de cárcel, quizá para sí mismo) y el ala entera había dejado de sollozar el tiempo suficiente para escuchar sus palabras.

Su voz, gutural pero tranquilizadora, barría las piedras como una corriente de agua.

18

Alrededor de los piadosos irán los jóvenes eternos, con copas de vino fluyendo. En adelante ya no sentirán dolor de cabeza, ni se apagará su ingenio. Tendrán las frutas que consideren más adecuadas y la carne de las aves que deseen y doncellas de ojos grandes y brillantes como perlas ocultas, una recompensa por lo que han hecho.
—Mahoma, *el Corán*, siglo VII

18.1. Sesenta-Cuarenta Denton Wyle

Sentada a la orilla del río bajo aquel cielo crepuscular de un color violeta rojizo, Eyanna era tan hermosa y fiera que parecía una Diosa, algo superior a la raza humana, a los sapphianos y a las leyes del espacio y del tiempo. Denton se quedó allí sentado, más o menos babeando por ella, con la esperanza de que tuviera una mejor opinión de él de la que él tenía de sí mismo en ese momento y suponiendo que debía de caerle muy bien para haberse enfrentado a los *skalkits* por él.

La joven sacó algo de una saquita que llevaba bajo la falda. Era la fotografía otra vez. No volvió a insistir para devolvérsela sino que se sentó con las largas piernas levantadas y la imagen entre ellas. Habló con lentitud, como si no hubiera hablado tanto desde hacía mucho tiempo.

—Yo también tenía un hombre.

—¿Qué quieres decir?

—Mi hombre. Él me quería solo a mí y yo lo quería solo a él. La gente no lo entendía. No entendían por qué no queríamos ir con otros. Por eso nos mandaron a los *skalkits*.

Denton no sabía qué decir. No es que él fuera muy aficionado a la monogamia pero esa no era razón para condenar a dos amantes a la muerte, sobre todo cuando uno de ellos era alguien tan hermoso como Eyanna. Claro que, quizá se trataba de eso. La monogamia de esta chica debía de haber cabreado bastante a los sapphianos.

—Siento que la gente te hiciera eso, Eyanna.

—Te ayudé por ella. —Eyanna le dio la foto.

—Oh.

Si eso era posible, Denton se sintió aún más pequeño. No merecía la pena desengañarla de la idea de que la mujer de la foto era su gran amor o que al salvarlo a él le había hecho a esa mujer un favor. Y luego pensó en lo extraña que era la vida. Le había dado aquella fotografía sin pensar, por impulso. Y si no lo hubiera hecho, hubiera tenido una muerte horrible, horrenda.

Volvió a meterse la foto en la cartera, le temblaban tanto las manos que casi la tira.

—¿Cómo pueden hacerlo, Eyanna? ¿Cómo puede tu gente enviar a los suyos a los *skalkit* así?

Ella estudió el agua con el rostro apagado.

—Todo el mundo está de acuerdo porque la persona que envían no son ellos.

—¡Pero podrían ser ellos!

—Nadie piensa que será él.

—Sí, pero algún día será él.

Eyanna hizo un gesto de indiferencia.

—Nadie piensa en eso.

Denton pensó que era inútil. Luego pensó en lo educados, amigables y serviciales que eran todos, no solo con él sino entre ellos también. ¡Qué hipócritas! ¡Todo era mentira!

Pero no era mentira, comprendió. Era una pista... o lo habría sido si hubiera prestado atención. Nadie podía ser tan agradable todo el tiempo, no a menos que la alternativa fuera bastante severa. Y para los sapphianos lo era.

—¿Eligen a los viejos y los enfermos sobre todo o...?

Eyanna hizo el gesto de «quizá».

—Sí, esa es la forma. Pero las féminas también tienen muchos hijos. Se sabe que algunos irán. Las madres eligen a los que irán. Los niños que se eligen así se mandan en cuanto han crecido.

Denton la miró con la boca abierta, conmocionado. ¿Criaban niños para los *skalkit*? Pobre John, con su mano deforme. Nunca le habían dado la menor oportunidad.

—¡Eso es terrible! ¿No entienden lo que significa morir de esa manera?

Eyanna no respondió pero Denton lo sabía. Los sapphianos no querían entender.

Eyanna se envolvió las largas piernas con los brazos largos y se acurrucó.

—Si no les damos de comer, los *skalkits* entran en la garganta en busca de carne. Eso es peor.

Se lo podía imaginar. Oh sí. Sentados alrededor del círculo comunal y oyéndolos venir entre los árboles, la gente corriendo y gritando, perseguidos por la selva, los *skalkits* haciendo pedazos las cabañas, destrozando los caminos...

Miró a su alrededor, incómodo. Estaban sentados a la orilla de un río. Los *skalkits* podrían venir aquí a beber. ¿Podrían? Seguro que venían. Lo más probable es que vinieran aquí a beber y la opción del agua parecía menos tranquilizadora que unos momentos antes.

—Caminaremos —dijo él mientras se ponía en pie. Señaló hacia las montañas—. Hacia allí.

Ella se levantó pero tenía una expresión inquieta. Volvió el rostro y miró la garganta.

—Eyanna, no podemos vivir en la garganta. Tu gente nos atrapará y nos mandarán otra vez a los *skalkits*. Yo no puedo esconderme en los árboles como tú.

—*Ta zhecta* —dijo la joven mientras se alejaba. *Adiós.*

—Eyanna, no.

Iba a dejarlo y entonces se quedaría completamente solo. Una cosa era encontrarse fuera de la garganta con la maravillosa Eyanna y todo su desparpajo nativo a su lado y otra muy diferente ser un extranjero indefenso y aislado, con noches largas y frías y los *skalkits* acechando.

—Si vuelves a la garganta, te cogerán, Eyanna, y te enviarán a los *skalkits* y no volverás a ser libre. Si vienes conmigo, encontraré un lugar seguro, te lo prometo.

Eyanna sabía que lo que estaba diciendo era verdad, lo veía en sus ojos, pero hizo el gesto de «no».

—No puedo abandonar la garganta.

—Claro que *puedes*. Sé que tienes miedo de...

—Mis hijas están allí.

Lo dijo en voz baja, como condenada a algo y él lo supo al instante, pues claro que era eso. Había pensado que Eyanna se quedaba por la aldea por algún miedo sapphiano a lo desconocido o quizá por una necesidad desesperada de estar cerca de los suyos. Pero recordó que todas las veces que la había visto había sido por la mañana, cuando las mujeres y los niños estaban solos en el círculo. Y los había contemplado desde los árboles con aquella mirada tan intensa y anhelante, no porque quisiera formar parte del grupo... sino porque estaba vigilando a sus hijas.

Mierda. Qué putada. Incluso sabía cuáles eran. Eran dos niñas pequeñas con el cabello de un dorado blanquecino, como el de Eyanna, unas cositas muy bonitas y tímidas. Denton gimió de frustración y se frotó los ojos. ¿Y qué le importaba de todas formas? Al parecer las madres sapphianas tampoco es que rebosaran instinto maternal exactamente.

Como, por ejemplo, su propia madre, que no solo lo empaquetaría con los *skalkits* para salvar su propio pellejo sino que encima mandaría con él al perro y al hámster.

No, Eyanna tenía que ser diferente. Él tenía que terminar con la única sapphiana que era una santa.

—Tus hijas están a salvo en la aldea hasta que sean adultas. Tú lo has dicho.

—Sí.

—Entonces ahora no te necesitan. Y si estás allí, la gente recordará siempre que son tus hijas y quizá las manden a los *skalkits*. Pero si no estás allí, Eyanna, si tú no estás allí, la gente quizá olvide que son tuyas.

Pareció conmocionarle la lógica masculina. Casi se avergonzó de manipularla, pero oye, era por su propio bien. No podía seguir viviendo como lo había hecho hasta ahora y desde luego él era incapaz.

—Tus hijas están a salvo en la aldea. Y fuera de la aldea —agitó la mano para indicar la zona que los rodeaba—, hay *skalkits*. No puedes sacarlas de allí. No puedes ayudarlas, Eyanna.

Se le llenaron los ojos de lágrimas y le temblaron los hombros dorados.

—Y siempre puedes volver. —Le recordó él—. Cuando quieras.

Seguir la orilla del río con Eyanna era un ejercicio en frustración y miedo digno de un adiestramiento de agentes de Operaciones Especiales para misiones en territorio enemigo. El terreno era desigual y los días, y las caminatas, eran interminables. Al contrario que aquellos primeros días en este mundo, Denton ahora sabía lo que acechaba en aquellos árboles. Estaba siempre tenso y se le cansaron los ojos de vigilar la selva a cada paso. Y luego estaba la rienda constante que tenía que mantener sobre Eyanna, que parecía cada vez más renuente con cada kilómetro que andaban. La mayor parte del tiempo parecía un gato al que hubieran arrastrado a dar un paseo bajo la lluvia. Tenía que mantener una cortina de cháchara continua para obligarla a continuar.

Solo había una cosa que lo hacía seguir a él: el cuerpo de Eyanna, que se movía con elegancia delante de él. Y en sí mismo también era una forma de tortura. Con *skalkits* o sin ellos, no se había sentido tan rabiosamente cachondo desde que tenía quince años. Tenía que haber algo en el aire. Era eso o Eyanna.

—¿Cuánto más tenemos que andar? —le preguntó una noche ante la hoguera.

—No lo sé. No mucho.

Había dicho «no mucho» porque eso era lo que ella quería oír pero lo cierto era que no tenía ni idea. Estaba buscando algo, una cueva, un barranco, cualquier cosa que pareciera segura.

—¿Cómo escapaste de los *skalkits*, Eyanna? La primera vez que tu gente te mandó allí.

La joven estaba comiendo una gran pieza de fruta pero al oír su pregunta perdió el apetito y la dejó a un lado.

—Mi hombre ocultó un cuchillo y se liberó. Luego me liberó a mí también.

—Jugó con los dedos en la tierra, el rostro cerrado.

—¿Qué...? ¿Qué le pasó a tu hombre?

—El *skalkit* lo cogió cuando huíamos.

—Lo siento.

Ella levantó la mirada sorprendida, como si no supiera qué pensar de aquella amabilidad.

—No... —Se sintió como una especie de canalla por decirlo, pero no podía seguir así para siempre—. ¿No echas de menos tener un hombre?

Ella se levantó para atender el fuego. Denton estaba empezando a reconocer su lenguaje corporal. Siempre que intentaba evitar una conversación trabajando, significaba que no estaba de acuerdo o que no quería hablar de ello. Supuso que los sapphianos aprendían desde muy pequeños a no discutir.

—Eyanna... —La presionó con dulzura—. No es bueno para una mujer estar sin un hombre.

La chica hurgó entre las ramas.

—Cuando se llevaron a mi hombre, prometí que jamás habría otro.

Genial. Eso sí que era molesto. Y también era una estupidez, así de simple, sobre todo para una sapphiana. Por lo que él había visto, eran unas auténticas putas y se tomaban las relaciones sexuales casi como el comer. Que Eyanna fuera célibe era como si el árbol de Navidad más grande y más perfecto de todos quedara sin vender. Un desperdicio.

—Tu hombre se ha ido, Eyanna. Y eso no le va a servir de ayuda. Estar sin un hombre no es bueno para ti, cielo.

Ella lo miró directamente a los ojos a través del fuego que arrancaba chispas doradas de su cabello.

—Ya veo, quieres una mujer. Pero yo no estaré nunca contigo, Denton. Nunca.

—Oh. Bien. —Denton le dio un mordisco a la fruta. Sabía amarga.

Al día siguiente, cuando llegó el momento de hacer un alto para pasar la noche, él dijo:

—Deberíamos hacer un fuego pequeño. Creo que los fuegos grandes podrían atraer a los *skalkits*.

Así que hicieron una pequeña hoguera con un puñado de ramas. Intentó medirla bien porque tampoco quería que se le congelaran las pelotas. Cuando se acostaron, tenía el tamaño justo, hacía frío pero no le castañeteaban los dientes.

Fingió intentar dormir, luego se sentó y se frotó los brazos.

—Eyanna, ven aquí. Si dormimos más cerca, estaremos más calientes.

La chica dudó, miraba aquel fuego patético como si quisiera que creciera por arte de magia. Pero ella también tenía frío. Al cabo de un minuto se acercó. Dejó que se acostara más cerca del fuego y luego se acurrucó contra ella.

La chica estaba rígida, en guardia, pero él no hizo nada más, solo se quedó tendido a su lado. Después de un buen rato, se quedó dormida y él oyó que su respiración se profundizaba.

Denton se había quedado despierto durante horas la noche anterior, excitado y hosco, y se le había ocurrido este plan. Pero solo había planeado hasta ahí. Se sentía satisfecho de haberlo llevado a cabo con éxito, que ella se hubiera creído lo de «los fuegos grandes quizá atraigan a los *skalkits*». Pero ahora que estaba allí acostado, apretado contra su cuerpo en la oscuridad, se dio cuenta de que debería haberlo pensado un poquito mejor. ¿Se había imaginado que solo con el poder de tenerlo al lado la joven cambiaría de opinión? ¿Que empezaría a ponerse toda sexy en sueños, se daría la vuelta y lo agarraría? Pues no era así.

Podía implantar eso como rutina. Podrían hacer eso cada noche y quizá, con el tiempo...

Pero Denton sabía que no iba a pasar. Porque era esta noche y a Denton ya se le había acabado la paciencia. Estaba sin paciencia. Y también estaba a punto. Había soportado demasiada mierda durante los últimos días y necesitaba ganar con todas sus fuerzas. Y su tierno trasero estaba apoyado contra él y él estaba justo allí, y era tan egoísta por parte de la chica negarle aquel gusto. Después de todo, ¿no la estaba cuidando? ¿No le estaba ofreciendo una vida mejor que la que había vivido como paria en la garganta? ¿No se lo debía? ¿Y, además, qué le costaba a ella ser agradable con él? Las otras sapphianas, todas aquellas fans del *allook saheed* no se lo habían pensado dos veces. ¿Por qué tenía que ser ella tan mezquina, coño?

Permaneció allí despierto durante mucho tiempo, toda la noche en realidad, pensando en esta y en otras muchas excusas. Lo cierto es que no pensaba hacer nada. Solo estaba jugando consigo mismo, y enfadándose. Pero fue como aquellos días en Zurich, cuando debatía si iba a comprar el manuscrito o no. En el fondo, en el único lugar, quizá, en el que Denton era en realidad honesto consigo mismo, sabía cómo iba a terminar esta noche, cómo estaba destinada a terminar desde el mismo momento en el que había sugerido hacer un fuego pequeño y ella había aceptado.

Y así terminó. Antes del amanecer, le retiró con cuidado la faldita. Luego rodó sobre ella, la sujetó contra el suelo y la tomó.

Fue asombroso. Debería haber sido asombroso. Pero aunque cerró los ojos y fingió con todas sus fuerzas, seguía siendo consciente de la lucha que sostenía ella. Y aunque intentó moverse de manera que ella también sintiera placer, aunque se convenció y quiso creer que ella entraría en el asunto una vez comenzado, tenía la sensación de que sus propios movimientos eran falsos. Y ella no entró en el asunto. Y cuando terminó, una sensación pesada, contaminada, acompañó a la gratificación.

Rodó al suelo.

—Guau. Creo... estaba soñando, Eyanna. Tuve un sueño: que nosotros... Lo siento.

La joven se levantó y se apartó un poco, fue a la orilla del río, se sentó y se quedó mirando fijamente el agua, le temblaba la barbilla.

—Estaba soñando —dijo él otra vez—. Buf, qué cosa tan rara.

Y aún nada. Él volvió a echarse con los ojos clavados en el cielo. Un color rosa fosforescente se apoyaba en una ranura del horizonte, como la tapa de una caja que se abre para dar acceso a tesoros sin fin. Este mundo era tan hermoso, coño, que a veces le hacía llorar. Y ahora mismo lo odiaba a muerte.

—Eyanna, lo siento. Eres tan hermosa y te deseo tanto... Ahora solo estamos tú y yo. Tenemos que ayudarnos.

Ella se levantó, se metió en el agua para lavarse, y lo dejó allí solo con su conciencia.

18.2. Cuarenta-Sesenta Calder Farris

Gyde estaba hablando con alguien en las escaleras, fuera del despacho. Era el Bronce de Saradena, el que había estado hablando sobre el caso del Plata muerto en la cafetería.

Pol se quedó inmóvil, con la mano en la barandilla, al final de las escaleras. Por un segundo estuvo a punto de dar media vuelta e irse por otro lado, quiso huir del Departamento de Vigilantes y de Centalia y no volver nunca más. Pero Gyde lo vio y sonrió y la mano de Pol rodeó la barandilla y se impulsó hacia el piso de arriba porque era lo más lógico.

—Esta mañana tenemos una cita —dijo Gyde con tono agradable.

—¿Qué cita?

—Un experto en libros prohibidos. Un Dorado. Es coleccionista.

—¿Un coleccionista de libros prohibidos?

—Es un *Dorado*. Puede hacer lo que quiera.

—¿Dónde lo encontraste?

—Tengo mis métodos, compañero de clase. —Gyde le guiñó un ojo.

Cruzaron toda la ciudad hasta uno de los grandes y antiguos edificios imperiales. El Dorado tenía una suite de lujo con vistas a la Plaza Gorenten, con un balcón con asientos de primera fila para los desfiles de estado. En el ascensor, Gyde preguntó:

—¿Has estado alguna vez en la casa de un Dorado? ¿No? Menudo estilo de vida. Pero son muy reservados, así que no hagas muchas preguntas.

Que no haga muchas preguntas. Pol casi se echó a reír.

Resultó que el Dorado era un experto en libros raros, no prohibidos. Y no era viejo, unos treinta y cinco años, quizá. A Pol le sorprendió. Todos los Dorados que había visto en los carteles u oído en la radio eran viejos, los consejeros de estado, canosos distinguidos. Pero, claro está, también tenía que haber Dorados más jóvenes, ¿no? No se reproducían mucho, los Dorados; «Para dar ejemplo a las clases inferiores», era la versión oficial. «Porque el sitio es limitado en la cima», estaba sin duda más cerca de la verdad. El ático de este Dorado era la exhibición de dinero más sutilmente pródiga que Pol había visto jamás; la moqueta parecía un elaborado mosaico y los muebles eran pesados, recargados y negros.

Y su esposa... La mujer Dorada flotó por la habitación como si su cuerpo estuviera hecho del mismo material insustancial que el vestido que llevaba. Los ojos, de un color azul claro, estaban bordeados por una sombra más oscura que hacía juego con sus sienes y el cabello de un color rubio blanquecino estaba enroscado y rígido en un elaborado tocado. Las hembras de Plata estaban entrenadas para el combate. Esta hembra era diferente, delicada y blanda, un bien escaso, como una orquídea. Hizo una breve aparición para darles la bienvenida y luego desapareció de nuevo, como un sueño. El experto en libros en sí no era atractivo. Tenía los signos de clase requeridos (el cabello rubio y las sienes de un suntuoso color azul) pero una constitución baja y regordeta. Y los ojos saltones.

—¿Cómo puedo servir al estado? —preguntó el canciller Tyches cuando se acomodaron en su biblioteca.

El rostro de Gyde estaba muy serio y preocupado.

—¿Ha oído hablar del terrorista de estado que ha estado escribiendo mensajes en los edificios públicos?

—Lo he oído mencionar. —Tyches se recostó en la silla. Sacó un cigarrillo *Balsala* de una caja que tenía sobre el escritorio y les ofreció uno a cada uno. El costoso cigarrillo sabía de maravilla.

—Lo último fue un panfleto. —Gyde le entregó al canciller Tyches una copia—. Contiene varias ideas curiosas. Esperaba que usted pudiera reconocer la fuente.

—¡Ah! —El canciller Tyches se hundió en la silla con una expresión de complaciente arrogancia y examinó las páginas—. Una locura.

Pol se inclinó hacia delante.

—¿De verdad lo cree?

—Oh, sí.

—¿Por qué?

—Creo que lo que queremos saber —lo interrumpió Gyde con suavidad—, es si usted reconoce alguna de las ideas del panfleto. Pensé que podría haberlas cogido de un libro prohibido.

—¿En concreto, qué?

—Mis disculpas, no me estoy expresando con claridad. Lo que me parece extraño es esta referencia a la existencia de «alienígenas de otros planetas».

—Um, ya veo. Sí, es una idea extraña. Sabe, admiro de verdad a la clase Plata. De veras que sí.

—Gracias, canciller.

—Realizan un servicio tremendo al estado. Admiro su... sentido de la gloria. Es tan gallardo. Cuando era joven incluso deseé ser guerrero. —Tyches y Gyde lanzaron una suave carcajada por aquella ingenuidad.

—¿Disfrutaron de su educación?

—... Desde luego, canciller Tyches. —Pol nunca había visto a Gyde azorado.

Los ojos de Tyches se dirigieron a Pol.

—Sin duda —asintió Pol. Debía de haber algo inesperado en sus ojos porque Tyches olvidó que Pol carecía de importancia y sus miradas se entrelazaron. Pol quería apartar la mirada pero tenía miedo de que eso revelara demasiado. La sostuvo y sonrió.

—Deben disculpar mi curiosidad, pero son tan pocas las ocasiones que tengo de conocer a Platas.

—Es un placer contarle lo que quiera saber, canciller. —Gyde se había recuperado y su tono indicaba que estarían a disposición del canciller durante horas si eso es lo que quería, que le contarían cada detalle íntimo que quisiera saber: cómo se cepillaban los dientes, qué sentían al cagar.

—Bueno, no importa. —Tyches perdió interés—. Déjenme pensar.

Gyde se fumó la mitad del *Balsala* y lo colocó en un platito que había en el escritorio. Pol hizo lo mismo con el suyo, pero de mala gana. De inmediato le apeteció encender otro.

—Lo que les diga no sale de esta habitación —dijo Tyches con lentitud—. Y tendrá que constar en sus fichas que lo han oído.

—Estamos en sus manos.

—Muy bien. Hay libros prohibidos que formulan la teoría de que hay... otros soles y otros planetas, arriba entre las estrellas.

Pol sintió que el corazón se le aceleraba. El Dorado estaba mintiendo. Él sabía muy bien, lo sabía, que había otros sistemas solares ahí fuera. Al parecer, el estado había decidido que a los Platas no les hacía falta saberlo. Pero a los Dorados, a ellos les habían enseñado la verdad sobre el universo, la verdad que él, Pol, también sabía.

—¿Podría obtener estos libros un Bronce? —preguntó Gyde.

—Nooo, —dijo Tyches, pensativo—. Los dos libros que yo conozco son más bien... obras técnicas, que probablemente no comprenda la mayor parte de la gente. Se me acaba de ocurrir otra cosa, sin embargo...

Se acercó a un armarito negro brillante y lo abrió con una llave muy pequeña. Dentro había pulcros montones de expedientes repletos de papel.

Volvió a cerrar el armarito con llave tras sacar uno de los expedientes y llevarlo al escritorio. Volvió varias páginas escritas a mano.

—Hay un libro prohibido llamado *Misterios celestiales*. Basura religioso-ocultista. Afirma que hay todo tipo de mundos habitados por extrañas criaturas, algunas de las cuales son inteligentes. —Tyches cerró el archivo, satisfecho—. No me sorprendería que esa fuera la fuente de su terrorista.

Gyde escribió el título en su bloc de notas.

—¿Tiene idea de dónde se podría tener acceso a ese libro?

—La ciudad de Madamar. Ahí fue donde se encontró el libro, en cualquier caso. Se confiscaron tres ejemplares hace años.

—¿Hay alguna posibilidad de que podamos ver el libro en sí? —preguntó Pol.

El canciller Tyches dirigió sus ojos saltones hacia Pol. Había desdén en ellos.

—Por eso son libros prohibidos. Se supone que nadie puede leerlos.

—No importa, canciller Tyches, —dijo Gyde de inmediato.

—No tengo el libro. Como ya he dicho, es basura religioso-ocultista; pero incluso si lo tuviera, no podría permitir que lo vieran.

—No nos hace falta verlo, gracias —dijo Gyde con humildad.

Pol inclinó la cabeza con ademán de disculpas.

—Lo siento. Por supuesto que tiene razón, canciller Tyches.

En el coche, el silencio de Gyde era escalofriante.

—Nos dejan entrar en los Archivos para investigar los casos —dijo Pol—. Pensé...

—¿Estás chiflado, escarpa? ¿De verdad crees que te dejan ver algo en los Archivos que no sea lo que ellos quieren que veas?

Las palabras se secaron en la lengua de Pol. De repente se sintió suspendido en el tiempo, como si lo hubieran engañado para dar un paso en falso por nada. Jamás debería haber dicho nada, ni una palabra. Se puso a mirar por la ventanilla.

—Por toda la sangre, Pol, ¡a veces me pregunto dónde has pasado toda tu vida!

Pol estudió los edificios que pasaban a su lado.

Gyde carraspeó.

—¿Dónde serviste?

—Sachiasus, Ephiphron, Mona Res. —Pol regurgitó los nombres del archivo de Pol 137 manteniendo el tono neutro de la voz.

—Tenía amigos en Ephiphron. Tengo entendido que allí hacía frío.

Pol lanzó una mirada furiosa, una mirada que tanto podía significar, «pues claro que hacía frío» como «¿frío, estás loco?» y que desde luego significaba «déjame en paz, escarpa».

Hacía un calor asfixiante en el coche. Pol intentó pensar. ¿Sospechaba Gyde algo? Si era así, ¿podía acabar Pol con él? Aun si conseguía matar a Gyde y quedar impune, ¿luego qué? Aún quedaba pendiente el examen físico. Tendría que huir. ¿Huir adónde?

Pero Gyde no siguió interrogándolo. En su lugar empezó a hablar de una batalla en la que había estado, la Gran Batalla, la Batalla del Cruce de la Llanura.

—Allí sí que hacía frío, te lo juro. Por las mañanas había hielo colgando de las armas. Fue la peor batalla que he visto jamás, en veinticinco años de combate.

—He oído hablar de ella, ¿cómo fue? —A Pol le importaba una escarpa la Batalla del Cruce de la Llanura, pero prefería que Gyde hablara de sí mismo y llenara el silencio.

—Yo era ayudante del comandante. Me obligó a pegarme a él; solo por eso sobreviví. Diezmaron unidades enteras. —Gyde hizo una pausa—. Cuando plantamos la bandera no nos quedaban hombres suficientes para enterrar a los muertos. Había cuerpos tirados a lo largo de kilómetros enteros. Tuvimos que pedir una tregua para ocuparnos de aquello. Durante dos días trabajamos codo con codo con el enemigo haciendo hogueras con los cuerpos. Igual crees que hubo peleas, pero no se produjo ni un solo incidente. Ya había demasiados muertos a nuestro alrededor. No teníamos estómago para más batallas.

—Parece que fue una gran gloria.

—Lo fue. Gané cien méritos por esa batalla.

Pol se lo quedó mirando, asombrado.

—¿Cien?

—Hubo muy pocos supervivientes —dijo Gyde con un guiño de golfo y una sonrisa.

Siguieron conduciendo en silencio durante un rato. Pol se imaginó la batalla, o lo intentó. No había estado en esa batalla, estaba seguro, aunque podría haberlo estado. Había sido quince años antes y él ya era entonces lo bastante mayor para luchar si hubiera sido un Plata de verdad. No creía haber estado allí, ni siquiera del lado del enemigo. Pero sí que recordaba haber estado en combate, de forma vaga. Tuvo una breve impresión de haber estado en un desierto, y tanques. ¿Desierto?

—Mi mejor compañero de clase de la infancia cayó herido —dijo Gyde con aire casual—. El fémur de su pierna derecha quedó hecho pedazos. Lo visité en la enfermería. Me di cuenta, al mirarlo, de que nunca se recuperaría del todo. No podría conservar la pierna. Y él también lo sabía.

Había algo extraño en la voz de Gyde. Pol se volvió a mirarlo.

—Me despedí un día y al día siguiente, cuando volví, la cama estaba vacía. —Gyde miró por el espejo retrovisor y luego se asomó a los ojos del pasajero—. Un guerrero existe para servir al estado y cuando ya no puede servir...

Pol lo comprendió; y por fin entendió las insinuaciones de Gyde sobre la jubilación de los Platas. Miró la mandíbula apretada de Gyde y con un escalofrío de terror, lo supo.

Debía de ser verdad. Si alguien tenía que saberlo, sería Gyde.

—El estado recompensa el buen servicio —dijo Pol.

—Larga vida al estado —respondió Gyde.

—No hay Hierros de la construcción con lectura y escritura en su perfil, por lo menos no los hay trabajando en esta ciudad. —Gyde arrancó la hoja del teletipo. Los resultados de Investigaciones habían llegado mientras ellos estaban fuera.

—Ya lo sabíamos; no es un Hierro. —Pol se apoyó en el escritorio con las manos metidas en los bolsillos por si le empezaban a temblar—. Es un trabajador Bronce de la construcción, lo más probable es que sea un capataz o un guardia.

—Que procede de Madamar.

—Veremos. ¿Cuánto tiempo tardaremos en recibir los resultados de la investigación en Madamar?

Gyde acababa de sellar la solicitud. Salió al pasillo y le hizo un gesto a un corredor Hierro para que la bajara a Investigaciones.

—Le he puesto «urgente», así que el turno de noche trabajará en ello. Deberíamos recibirlo por el teletipo a lo largo de esta noche. Para mañana por la mañana, amigo mío... —Gyde le guiñó un ojo—. Ven temprano.

—Cogeré el primer autobús.

Gyde dio unos pasos y se acercó a Pol, se acercó mucho. En ocasiones Gyde tenía tendencia a hacer cierto alarde de afecto filial, incluso paternal, algo muy común entre los Platas. Pero esto parecía... diferente. Pol se puso tenso.

—¿Y qué tal esta noche? ¿Qué vas a hacer? —La voz de Gyde era un murmullo.

—Lo habitual. Cenar, irme a la cama temprano. ¿Necesitas que haga algo?

—Estaba pensando que podíamos ir al gimnasio juntos. Liberar algo de tensión. Mañana será un gran día.

Pol se quedó por un momento sin habla. Las palabras de Gyde eran seductoras pero el brillo de sus ojos contradecía su sonrisa, era la sonrisa de bienvenida que daba una daga.

—¡Vamos! Puede que sea un viejo pero todavía puedo librar un combate con un macho de mediana edad como tú.

—He estado entrenando esta mañana. Estoy... cansado.

—De eso nada. Nunca te veo en el gimnasio. —Gyde envolvió el bíceps de Pol con la mano—. Tienes que mantenerte en forma. No hay nada más deforme que un Plata flácido.

Aquella mano fue una conmoción. Agarró con fuerza el brazo de Pol y lo amasó. Había algo calculado en él, algo que lo sondeaba, que lo ponía a prueba. Pol sintió una oleada de asco y de terror y se zafó con violencia.

Se levantó y se quedó quieto, jadeando y mirándose en los ojos entrecerrados de Gyde. Todo lo que veía en esos ojos era un mercenario frío y peligroso.

—Quizá la semana que viene —dijo Pol, muy rígido.

—Claro. Claro. —El rostro de Gyde se relajó. El momento había pasado.

Todo iba mal, muy mal, pero no había forma de salvarlo. Pol murmuró una despedida y se fue.

18.3. SETENTA-TREINTA JILL TALCOTT

La clínica de fertilidad era un monstruo de cinco pisos que se extendía por toda una manzana de la ciudad. No había nada notable en el edificio aparte de su tamaño. Era cuadrado y anodino, con alguna que otra ventana pequeña y vacía. No parecía menos desierto que todos los demás edificios de la ciudad.

—No ha funcionado muy bien, ¿verdad? —comentó Nate cuando se detuvieron en la calle y lo miraron.

—¿El qué?

—La fertilidad.

Jill asintió con aire ausente. No había querido venir aquí esta mañana. Ella quería ir al campo de antenas, el que todavía no habían llegado a ver. Pero Nate tenía el corazón puesto en el astropuerto y esta había sido la única alternativa sobre la que se habían puesto de acuerdo. Y ahora que estaba allí, sin embargo, empezaba a sentir un poquito de curiosidad.

—Si el problema es la fertilidad —dijo ella—, entonces debe de hacer mucho tiempo que es un problema. Las especies no se extinguen de la noche a la mañana.

—Lo harían si tuvieran tu libido.

—¡Qué!

Él esbozó una amplia sonrisa.

—He dicho: «Vamos dentro, ¡qué bonito!»

Ella lo miró furiosa pero no pudo evitar lanzar una carcajada.

—Uno de estos días, Nate...

—Qué más quisiera yo.

Dentro, la electricidad estaba conectada. Unos paneles de luz iluminaban una habitación grande y sencilla con varios pasillos que partían de allí. Quizá fuera una sala de espera, aunque solo había dos de aquellas estrechas sillas, las dos vacías.

—No esperan ninguna multitud —comentó Nate.

Jill miró por la habitación pero no había mucho que ver, paredes blancas y sencillas, sin carteles ni direcciones ni nada. Todos los pasillos parecían iguales. Se dio unos golpecitos en la clavícula, preguntándose qué dirección sería la mejor apuesta.

Si la fertilidad era la causa de la extinción de esta especie, sería un punto interesante para su informe. Tenía que haber datos en alguna parte y con la ayuda del traductor que tenía en el oído quizá fuera capaz de leerlos. Lo que necesitaba era un ordenador. Eligió un pasillo y le hizo un gesto a Nate para que la siguiera.

Las zapatillas deportivas del joven chirriaban un poco sobre el futuro pariente del suelo de linóleo. A cada lado del pasillo había puertas a intervalos regulares y al final había otro pasillo que se dividía. Jill probó una puerta a la derecha y encontró una pequeña sala de observación, de un metro veinte de anchura aproximadamente que consistía en un mostrador y un ordenador enfrente de una ventana de gruesos cristales. Se acercó con cautela.

La ventana se asomaba a la sala vecina. Ahí tenía que ser donde se producía la parte «clínica» de la clínica. Había una cama, al menos eso supuso que era. Era una enorme fusión de ropa de cama, acero y lo que parecía relleno todo mezclado entre sí. Se parecía a un nido. Al lado de la cama había una mesa con unos brillantes instrumentos de metal de diseño estremecedor. Un brazo mecánico con una protuberancia parecida a una aguja colgaba del techo.

Jill torció el labio, asqueada y fascinada al mismo tiempo.

—Aggg —dijo, y luego, como eso no era muy científico, continuó—. No tiene un aspecto muy atractivo, ¿verdad?

—Ya —Nate lanzó una risa temblorosa—. Si esta es su idea de un marco romántico, no me extraña que les cueste ponerse sexy. Ahí dentro hace falta un poco de James Brown y una luz suave.

Jill intentó no pensar en Nate en el contexto de James Brown y luz suave y se sentó ante el monitor. Era el primer ordenador al que tenía acceso desde que habían probado los traductores y estaba ansiosa por comprobar qué pasaba.

—A ver si puedo encontrar algún archivo. Deberían tener datos sobre las tasas de natalidad, población, cosas así.

—Vale. Yo quiero echar un vistazo aquí al lado.

La dejó sola. Un minuto después, por su visión periférica, lo vio entrar en la habitación de al lado. Miró. Él cogió uno de los instrumentos de la mesa, se volvió y la amenazó con ademán hostil. Jill pronunció otro «Aghhh» y volvió a la pantalla.

La desilusionó ver que, aunque las palabras del monitor ya estaban en inglés, todavía no tenía ni idea de lo que veía. Había muchos términos que al parecer eran intraducibles y permanecían en escritura alienígena. Decidió probar el acercamiento oral.

—Ordenador —dijo; se sentía un poco ridícula—, muéstrame las tasas de natalidad de los últimos doscientos años.

El ordenador la entendió a la perfección. Aparecieron los datos pero estaban en una gráfica que podría haber diseñado Escher. Le hacía daño al cerebro el mero hecho de mirarla. Guiñó los ojos ante aquella confusión de líneas y símbolos. Los números de la pantalla eran increíblemente bajos. Si de verdad eran tasas de natalidad, se encontraban con simples docenas al... ¿qué? ¿Mes? ¿Año? ¿Década? Todavía estaba intentando averiguarlo cuando oyó un ruido ahogado y levantó la vista.

A Nate lo estaba sacando a rastras de la sala clínica... un alienígena. Por un momento Jill se quedó demasiado sorprendida para responder. Luego encontró sus pies y salió corriendo por la puerta.

El alienígena empujaba a Nate pasillo abajo, lo había agarrado por la muñeca con unos dedos largos y verdosos.

—¡Vamos, ciudadano! —decía el alienígena—. ¡Cumpla con su obligación!

La voz, la primera vez que Jill oía a un alienígena vivo, parecía sacada de un álbum de *Alvin y las Ardillas*. Y había algo cómico en la forma que tenía el alienígena de hacer marchar a Nate a su lado. Parecía frágil pero severo, como un anciano decidido. Nate estaba intentando liberarse sin hacer daño a aquella cosa.

—Espere un minuto. Creo que se ha equivocado...

—¡Cumpla con su obligación!

Nate miró por encima del hombro a Jill e intercambiaron una mirada confusa.

—¡Oiga! —dijo Jill—. ¡Hola!

El alienígena no le prestó ninguna atención. Se paró ante una puerta y la puerta se abrió. Sin más, el alienígena metió a Nate dentro de un empujón y se cerró la puerta.

Detrás de la puerta, Nate dejó escapar un chillido que le heló la sangre. La situación pasó de desconcertante a muy grave en un abrir y cerrar de ojos. Jill lo llamó y corrió hacia ellos. El alienígena no le hizo ningún caso y desapareció tras una segunda puerta. La joven dudó un momento, y luego fue a la puerta por la que había entrado Nate. La aporreó pero no pasó nada. Nate volvió a gritar. Parecía aterrorizado.

Jill aporreó la puerta con más fuerza, le gritó que se abriera pero no cedía. Volvió corriendo a la puerta por la que había entrado el alienígena y esta se abrió de inmediato. Dentro había una sala de observación idéntica a la sala en la que había estado ella. El alienígena estaba sentado ante el ordenador y hacía bailar los dedos sobre la pantalla. Se asomó a la otra habitación por la ventana. Jill se adelantó un poco para mirar.

Nate había dejado de gritar. Estaba apretado contra la puerta con una expresión de terror en la cara. No estaba solo. El nido-cama de esta habitación estaba ocupado por algo; Jill no había visto nada parecido en toda su vida. Era un alienígena, o eso pensó ella, pero tenía un cuerpo enorme, de una gordura zafia. Estaba desnudo, con toda una hilera de pezones y un pubis oculto en parte por unas piernas que no dejaban de agitarse. A través de unos rollos de piel traslúcida, Jill distinguió unas burbujas o sacos.

A medida que sus ojos recorrían aquella masa corpulenta, atraídos por una fascinación enfermiza, se dio cuenta de que uno de los sacos tenía algo dentro. Supo de inmediato lo que era y por tanto lo que eran los sacos. Eran óvulos. La mayor parte estaban vacíos pero este tenía un embrión diminuto. Cuando cambió de posición la masa de la cama, el rostro del embrión rodó con pereza y quedó de cara a Jill. La cabeza grande y los ojos se parecían a los de cualquier otro embrión que había visto, pero algo iba mal. Aquella cosa estaba inmóvil, con una postura calcificada. Estaba muerto.

—Oh, Dios mío —susurró Jill.

El alienígena de la cama era una hembra, la primera que había visto en este planeta. Y era horrenda. La criatura yacía allí, estremeciéndose, apenas le quedaba un soplo de vida. Poco a poco volvió sus enormes ojos nublados hacia Nate, que pegó más la espalda a la puerta, temblando.

—Nate, ¿me oyes? —lo llamó Jill. El joven no respondió. La científica golpeó el cristal pero era duro como el diamante y apenas transmitía una vibración, mucho menos un ruido.

Oh, Dios, pensó Jill. *Dime que las hembras no se comen a los machos en este planeta. Eso explicaría su renuencia a reproducirse.*

Pero la hembra no se lanzó a por Nate, ni mucho menos. Parecía completamente inmóvil. Al lado de Jill, el alienígena del ordenador apretó algo y transmitió su aguda voz de ardilla a la otra habitación.

—¡Cumpla con su obligación, ciudadano! ¡Cumpla con su obligación!

—¡Tiene que dejarlo salir de ahí! —exigió Jill a gritos. El alienígena hizo caso omiso de ella.

—¡Hola! —Se agachó y agitó la mano delante de él para atraer su atención. Pero una vez más estaba concentrado en la pantalla del ordenador.

—¡Mal! —murmuró el alienígena y llevó aquellos dedos largos a una batería de controles.

Jill, sin entender nada, vio que el brazo mecánico empezaba a moverse. Nate se retiró, seguro de que iba a por él, pero el brazo se dirigió a la hembra. Esta emitió un agudo quejido de pánico y protesta cuando se acercó el aparato. La sonda-aguja no se detuvo sino que se incrustó en la piel sobre el embrión muerto y lo absorbió, con saco y todo. Jill apretó los ojos y sintió que se le revolvía el estómago. En la otra habitación, Nate chilló y volvió a aporrear la puerta.

—Cumpla con su obligación, ciudadano —dijo el alienígena por el intercomunicador—, o daré parte de usted. ¡Cumpla con su obligación!

En la cama, la hembra desplegó débilmente una invitación. Nate echó un vistazo por encima del hombro y aporreó la puerta con más rabia todavía. La expresión de su rostro... Jill no podía soportarla.

Y no le gustaba que estuviera solo con esa... esa cosa.

Volvió a salir corriendo al pasillo y empujó la puerta de la sala donde estaba él, la empujó por donde encajaba en la pared intentando deslizarla. Nada.

—Nate, ¿me oyes?

—¡Jill! ¡Sácame de aquí!

—¡Lo intento, pero la puerta no cede!

—Bueno... ¡pues oblígala!

Antes de poder averiguar cómo, el alienígena salió a grandes zancadas de la sala de observación. A pesar de sus rasgos tan poco humanos, tenía un aire inconfundiblemente malhumorado. Se habría llevado a Jill por delante si esta no se hubiera apartado. Quizá fuera capaz de ver a Nate pero al parecer seguía sin poder verla a ella. La puerta se abrió cuando la tocó.

Al otro lado se encontraba un aterrorizado Nate.

—¡Nate!

—¡Mal! ¡Atrás! —le ordenó el alienígena.

Nate esquivó al alienígena y salió al pasillo. El alienígena entró a grandes pasos en la habitación y con un murmullo se dirigió al nido.

—¿Estás bien? —le preguntó Jill cuando Nate le cogió la mano.

—Lo estaré. ¡Salgamos de aquí!

Jill se resistió al tirón.

—¡Espera!

No pudo resistir la tentación de echar un último vistazo en la habitación. La hembra hacía esfuerzos, como si quisiera levantarse. Parecía estar asfixiándose, con la boca muy abierta y el rostro cambiando de color, del gris al púrpura. El pequeño y frágil alienígena se paseaba impotente a su lado como si no estuviese muy seguro de lo que debía hacer. No dejaba de murmurar pero parecía no poder o no querer tocarla.

Nate volvió a tirar de Jill y esta vez corrieron, bajaron por el pasillo, atravesaron la sala de espera y salieron a la calle, al sol cálido y brillante.

Volvieron caminando en silencio al apartamento y tampoco hablaron cuando se sentaron en el suelo a comerse las barras de comida. Jill se dio cuenta de que Nate estaba sintiendo el efecto letárgico del planeta y parecía cansado. Ella misma lo estaba sintiendo. Y la clínica... la clínica los había afectado a los dos.

—¿Jill? —dijo él por fin con un carraspeo.

—¿Sí?

—He estado pensando en lo lejos que estamos de la Tierra. —Nate miró su barra, a medio comer—. Y estaba pensando que... Tenías razón. Quizá no volvamos a casa jamás.

Jill suspiró.

—Este lugar tiene toda la tecnología que podríamos necesitar jamás para hacer cualquier cosa. Incluso volver a casa. Quizás nos lleve un tiempo encontrarla.

El joven la miró, los ojos salvajes con la mancha violeta del agotamiento debajo.

—Un tiempo.

—Bueno. Bastante tiempo, en realidad. —Sonrió—. ¿Qué te preocupa? Tú eres el que dijiste que este sitio daba suerte.

—No se la da a los alienígenas —murmuró el joven mientras volvía a mirar su comida.

Jill se dio cuenta de que Nate se encontraba en el fondo del pozo. Intentó entonar con su voz más animada.

—Míralo por el lado bueno. Tenemos agua, comida y refugio y por lo que vemos de forma indefinida. Podemos establecer un sitio más permanente para vivir, un campamento base, si quieres. Y podríamos utilizar un coche de aire o dos para ahorrar tiempo. Eso será divertido. Quizá dentro de unos días puedas ver si puedes encontrar uno.

Nate no respondió.

—Sé que esto es duro, Nate. Pero lo importante es el trabajo. Ya deberíamos poder tomar notas en el ordenador. Recuérdame que pruebe mañana por la mañana. Por supuesto, lo más importante es enterarse de cómo utilizan la tecnología de las ondas, sobre todo para cosas como los viajes espaciales y la producción de energía, quizá incluso en medicina o en la producción de bienes de consumo. Tenemos que ir sin falta a ver esas antenas mañana.

Nate apretó la mandíbula. No conseguía llegarle. La clínica había sido horrible, tan alienígena y desgarradora también, en cierto modo. Pero no les serviría de nada obsesionarse. Decidió hablar de algo que se había estado guardando, del mismo modo que una madre le ofrece al hijo enfurruñado un juguete nuevo.

—Escucha, has estado muy preocupado por si el gobierno conseguía la uno-menos-uno, por si se podía utilizar como arma. Bueno, es cierto, existe el potencial de que sea un arma devastadora, si emitieras el impulso negativo. Pero ¿y si emitieras el impulso positivo? Podría crear un clima de benevolencia, ¿no? ¡Imagínate las posibilidades! Todo lo que decías sobre que «siempre hay un pero», bueno, quizá eso haya sido verdad hasta ahora. Pero si pudiéramos incrementar la cresta de la uno-menos-uno con un impulso positivo, quizá en todo el mundo, ¡ese ya no sería el caso! Piensa en lo que podría significar eso para nosotros, para toda nuestra especie. Por eso me interesan esas antenas. Mañana podríamos...

—¡Jill, qué te pasa? ¿Estás loca o solo eres estúpida? —Los ojos de Nate ardían bajo un ceño profundamente fruncido.

Ella lo miró parpadeando, con la boca todavía abierta para hablar.

—¿Qué importa nada de eso ahora? Supón que nos pasamos los próximos diez o veinte años investigando este lugar y rellenamos un montón de libretitas con nuestros hallazgos. ¿Y qué? ¿Para que esas libretas puedan yacer al lado de nuestros huesos, amarilleando al sol? Si no podemos volver a casa, lo demás no importa. Al parecer no lo entiendes. Y francamente —una llamarada de vergüenza le coloreó las mejillas—, francamente, no estoy tan seguro de que para la Tierra no fuera mejor que no volviéramos jamás a casa.

—¿Qué se supone que significa eso?

—Significa... —Respiró hondo—. Es igual que esta situación, Jill. Todo lo que ves es ciencia, no la ecuación humana, no el lío en el que estamos metidos. ¡Dios! ¿No crees que sé que estabas planeando trabajar para el DD? ¿Incluso después de irnos a Polonia?

La científica apretó los labios y desvió la mirada.

—Ni siquiera ahora puedes renunciar a eso. ¿No ves que sea lo que sea lo que esta especie sabe, no les ha hecho ningún bien? ¿Por qué lo deseas tanto?

Ya no parecía estar enfadado, solo intentaba expresarse, de verdad, suplicarle. Pero eso solo hacía que sus palabras fueran mucho más insoportables. Se hundió en un pozo de resentimiento.

—¡Soy científica, por eso! Ese es mi trabajo. Y, dado que estamos siendo honestos, ¿por qué no puedes hacer tu trabajo en lugar de quejarte todo el tiempo? ¡Si estamos atrapados aquí, pues estamos atrapados aquí! ¿Qué quieres hacer? ¿Tirarte ahí y rendirte? Eres un hombre, no un niño. ¿Por qué no actúas como tal?

Él se echó a reír.

—¿Un hombre? ¿De verdad? Creí que no lo habías notado. ¿Y en qué sentido no estoy siendo un hombre? ¿Porque estoy reaccionando, por el amor de Dios? Tú puedes decir eso tan alegremente: «Estamos atrapados aquí». Para ti no supone ningún problema, ¿verdad? Estarías encantada de enterrarte en el trabajo otra vez. Dios mío, ni siquiera es la fama, ¿verdad? Siempre pensé que eras increíblemente ambiciosa. Pero aquí no ha posibilidad de hacerse famosa. Es solo el puro trabajo. ¿Y qué es eso? Escapismo, ¿es eso lo que es para ti? ¿Trabajas para no tener que sentir?

La joven empezó a protestar pero no sabía por donde empezar. Aquellas palabras eran tan maliciosas e injustas...

Su ayudante se levantó y se apartó de la mesa de un empujón.

—Bueno, pues a mí, por lo menos, no me gusta este sitio. Quizá tú te conformas con pasarte el resto de tu vida comiendo barritas blancas de comida y estando sola, con no volver a ver a tu familia ni... —Se notaba el borde colérico de las lágrimas en su voz—. Te olvidas de que no hay nadie con quien hablar, ni televisión, ni libros, ni noticias, ni comida, ni cerveza, ni música, ni nada... Está muerto, Jill. Los alienígenas... todo este lugar, ¡es estéril, sin vida, muerto! ¿Es que no has visto lo que yo hoy? ¿No lo entiendes? ¡Este sitio es una tumba!

Jill no lo miraba a propósito, le daba vergüenza el estallido emocional del joven. Ella no sentía nada salvo ira, pero ya se estaba tranquilizando y había decidido que no iba a darle lo que quería, no iba a montar una gran escena ni a permitir que la disgustara. Era la tensión, se dijo, los efectos que producía la uno-menos-uno alterada en su sistema.

—Entiendo que sientas nostalgia —dijo ella con un tono tranquilizador, en plan vamos a ser razonables—. Pero no tenemos ni idea de lo que podría pasar más adelante. Quizá encontremos la forma de volver a casa. Quizá incluso nos rescaten. Mientras tanto, no veo ninguna excusa para desperdiciar esta magnífica oportunidad. Si pensaras con claridad, opinarías lo mismo, así que creo que deberíamos...

—¿Rescatarnos? —se rió él—. ¿Quién?

—Te sentirás mejor por la mañana —dijo ella con un profundo suspiro.

Nate, al parecer, no estaba de acuerdo. Se levantó de repente y salió, tras tirar la silla de un manotazo. Con aquella puerta no se podían dar portazos pero Jill oyó el ruido en su cabeza de todas formas.

Aunque llevaba horas cansada, Jill no pudo dormir. Lo que de verdad quería era estar sola; sola, tanto como no tener que preocuparse por dónde estaba Nate o por lo que estaba pensando o por cuándo volvería. Quería un respiro de todo aquello, de la carga de la relación, de sentirse como si fuera culpa suya que él estuviera aquí, que tenía que cuidar de él. Pero no iba a poder descansar de esa responsabilidad. Más para evitar otra discusión cuando volviera que por otra cosa, se fue a la cama. Podría haberle apartado el colchón aún más de su camastro, o incluso haberlo llevado a otra habitación, pero no quería que se disparara de nuevo, así que lo dejó donde estaba.

Se acostó e intentó dormir pero algo estaba creciendo en su interior. Sintió un vacío cada vez mayor, a pesar de su determinación de no hacerle caso. Era una duda insignificante: ¿Y si Nate tenía razón? ¿Y si no podían volver a casa, no carecía entonces todo de sentido? ¿Y de verdad sería lo mejor para la Tierra perderla para siempre, y a la uno-menos-uno con ella?

No. Eso era la bazofia idealista de Nate. El progreso nunca era malo. El saber, incluso si terminaba en una libreta al lado de sus huesos amarillentos, nunca era para nada. Era su único dios y tenía que creer en él.

Pero el vacío de su vientre se agudizó y ahogó su entusiasmo como carbones abrumados por un agua oscura y mugrienta. No se le iban de la cabeza las imágenes de la clínica. La pobre hembra, encadenada a una cama y sin un macho dispuesto a acercarse a ella. ¿Cómo había llegado a eso esta sociedad? ¿Cómo era posible que unos seres que habían tenido la suficiente chispa de vida para evolucionar de la nada, de unos microbios metidos en ese desierto hasta llegar a ser una sociedad altamente tecnológica, que de repente perdieran el impulso de reproducirse para vivir?

Nate entró. Las luces se encendieron de forma automática al sentir sus movimientos. Ella estaba echada de espaldas y ahora pensaba que ojalá estuviera de cara a la pared. Apretó los ojos. Lo oyó quitándose los zapatos, en silencio, preparándose para acostarse. La científica quería decir que lo sentía pero no lo sentía y no sabía por qué debería sentirlo. No se oía nada en la habitación. El joven se acostó y aumentó el silencio. Las luces se apagaron.

El vacío reverberó en su interior en medio de la quietud, como un lugar donde debería estar su nombre y no lo estaba. Entonces apareció su nombre. Al principio pensó que solo estaba en su cabeza pero era Nate. La había llamado, «Jill». El tono masculino, que permanecía en su oído, le provocó un escalofrío por la columna.

—Jill.

De nuevo. El vacío, la desesperación, también estaban en su voz. Decía muchas cosas. Decía que sentía haber discutido con ella, no como si se disculpara sino como si ya no importara, no ante aquel abrumador vacío. Sabía lo que necesitaba él, un contacto humano. Una caricia, consuelo, algo real, algo de su hogar, algo que aliviara el frío. Y ella también quería lo mismo.

Podía extender la mano en la oscuridad y cogerle la mano. Incluso se imaginaba rodando de la cama en la oscuridad y acostándose a su lado, poniendo su cabeza en el pecho de él. Estuvo a punto de hacerlo. Pero entonces se le ocurrió: ¿Y luego qué? ¿Adónde llevaría eso? ¿La besaría otra vez? ¿Y luego qué? Había pasado tanto tiempo desde la última vez que había estado en una situación íntima con un hombre, nada desde la época de la facultad e incluso entonces había sido un desastre. Se había sentido sexualmente atraída por Nate, bien lo sabía Dios, pero la idea de estar desnuda, vulnerable, allí, en aquel lugar, ¿exponerse de una forma tan íntima física y mentalmente hablando en este preciso momento? Eso la aterrorizaba.

—Jill —dijo él otra vez, esta vez en voz más alta, más oscura, exigiendo una respuesta.

Y ella fingió dormir. El silencio era tan incómodo que añadió un pequeño ronquido, solo para asegurarse de que él estaba convencido, para rellenar de una vez por todas aquella horrorosa quietud.

19

Amado y honrado habéis yacido
Al lado de los muertos que con nobleza cayeron,
En el inframundo de nuevo,
Donde son coronados los reyes del infierno,
Altivos en esa ciudadela
—Esquilo, *Los portadores de la libación*, 458 A.C., traducción de
E.D.A. Morshead

19.1. Setenta-Treinta Jill Talcott

Cuando Jill despertó, Nate se había ido. Apenas podía creerlo. Miró por fuera del apartamento, incluso fuera del edificio para confirmarlo. ¿Por qué querría ir a ningún sitio sin ella? Esa no era una idea muy inteligente. Ahora tenía que quedarse sentada allí a esperar a que volviera.

Las dudas que había tenido la noche anterior se habían desvanecido. Estaba lista para ponerse otra vez a trabajar, pensó que les sentaría bien (que le sentaría bien a él) si pudieran empezar de nuevo ese día, hacer algún progreso, mantener la mente ocupada. Intentó estudiar el montón de hojas impresas que se habían traído del astropuerto, pero su mente no dejaba de vagar, estaba pendiente de los sonidos que anunciaran el regreso del joven.

Cuando volvió, una hora o así más tarde, dijo que había ido a dar un paseo, que no había dormido bien. Sus respuestas eran cortas y rígidas. Jill estaba decidida a no perder la paciencia.

—Nate, por favor, no te vayas así, solo; no sin decírmelo.

—¿Sabes qué? —Nate esbozó una sonrisa helada—. No eres mi madre, ni siquiera mi jefe, si a eso vamos, aquí no.

Jill se lo quedó mirando consternada.

—¿Pero qué te pasa?

—Sé que anoche estabas despierta. Pero bueno, ¿te crees que soy estúpido?

Jill se sentía avergonzada. El ronquido quizá había sido llevar las cosas un poco lejos.

—Lo... lo siento. Solo quería...

—Ya da igual. —Empezó a doblar las mantas con tirones bruscos.

—¿Qué estás haciendo?

El joven no respondió.

—Nate, por favor. Yo... a mí me importas, de verdad. Es solo que en este momento creo que deberíamos concentrarnos en lo más importante.

—¿Sabes qué? Cuando dices «deberíamos concentrarnos en lo importante», lo que en realidad estás diciendo es «esto es de lo que yo he decidido ocuparme». De esa manera puedes barrer todo aquello a lo que no puedes enfrentarte, todo «lo no importante», como las emociones, el amor y tu humanidad, y lo puedes meter debajo de la alfombra. ¿Y sabes con qué te deja eso?

Ella lo miró parpadeando, incapaz de hablar.

—¡Te deja con una alfombra muy gruesa!

Jill se sentía perdida. Nunca lo había visto así. Tenía una expresión de dureza en la cara, estaba rabioso y dolorido. Sus palabras no le hacían tanto daño como aquella mirada.

—Nate... Yo...

—Olvídalo. Haz lo que quieras. Para mí se acabó. —Salió enfadado y la dejó sola.

Jill corrió a la puerta del edificio y lo llamó, le dijo que se estaba portando como un niño, le dijo que no podía irse solo. Solo Dios sabía todo lo que le dijo pero no le dijo lo que *tenía* que decirle. Nate desapareció tras una esquina y ni una sola vez volvió la cabeza.

Jill esperó en el apartamento durante varias horas. Era una situación estresante, se dijo. Lo sería para cualquiera. Tendía a olvidar que Nate tenía una gran familia griega, amigos y que quizá nunca más los volviera a ver. Pues claro que estaría llorando esa pérdida.

Intentó entender, imaginar lo que él sentía, pero era difícil. Lo cierto es que a ella este lugar no le parecía tan mal. Le gustaba bastante su quietud, la sensación de ser la dueña de la ciudad que le permitía su abandono. Y estaba esa sensación de algo conocido que había sentido desde el comienzo. Ella no echaba de menos todas aquellas cosas que le faltaban a Nate, la tele, la radio, ni siquiera la comida. La verdad es que no, no cuando tenía su trabajo, el potencial de la tecnología alienígena que se presentaba ante sus ojos. Era la oportunidad más excitante que se podría imaginar cualquier científico.

Y ella no dejaba a nadie atrás. Si había alguna persona de su antigua vida que habría echado de menos, era Nate y estaba aquí. Nate estaba aquí.

¿Y si Nate no estuviera aquí? ¿Le gustaría entonces estar aquí? No, no aceptaría ni la mitad de bien esta situación si Nate no estuviera aquí.

Aun así, fuera cual fuera la presión que estaba soportando, se estaba comportando de una forma escandalosamente poco profesional e irresponsable al irse así. Podría pasarle algo allí fuera, solo. ¿Cómo volvería entonces? ¿Cómo lo sabría ella? ¿Volvería alguna vez?

Pues claro que volvería. Claro que sí.

Tenía las hojas impresas en el regazo. Intentó volver a concentrarse en ellas pero no pudo. Suspiró. ¡Cuánto tiempo estaba llevando todo aquello! Deberían estar trabajando, no perdiendo el tiempo en discusiones. Pero en lo único que podía pensar en ese momento era: ¿cómo podía conseguir que la perdonase? ¿Cómo podía solucionar la situación?

Si no podían salir del planeta, tenía sentido permitir que su relación con Nate se... desarrollase. El joven tenía sus necesidades, incluso allí, al parecer, incluso en un mundo setenta-treinta. Como mínimo tenía unas necesidades emocionales. Ella debería ser más comprensiva, aunque solo fuera por la misión.

Aquel cubículo de habitación, plana, monótona, estaba muerta, asombrosamente vacía. Jill jamás había oído un silencio tan profundo. De repente se dio cuenta que desde que Nate se la había llevado del hospital, había estado con él cada segundo. ¿Cuántas horas habían pasado? ¿Setenta y dos? Más tiempo. Más de cien horas. Al menos una semana sin que ella no supiera dónde estaba él, sin que él no estuviera tan cerca que pudiera oírlo, y eso cuando no estaba justo a su lado.

Y sí que lo deseaba, no se trataba de eso. Era... ¿qué? Era ella, su cuerpo, su propio ser. Tenía miedo de... de no ser lo bastante atractiva, de comportarse como una tonta en la intimidad, de ser absurda. ¿Cómo podría soportarlo? Era mejor no dejar que se acercara.

Y por fin lo vio tal y como era: uno de los mecanismos de defensa más antiguos. Se preguntó cuándo había decidido que no era posible que la quisieran. ¿Cuándo había decidido que el rechazo era tan inevitable que era mejor no intentarlo?

—Esto es ridículo —dijo al tiempo que se levantaba. Cuando Nate se digne a volver podrían discutirlo como seres humanos racionales. Estaba dispuesta a... a hacer concesiones, aunque la simple idea la convertía en un flan. Sí. De acuerdo. Sí. ¡Muy bien! ·

Pero hasta entonces, ¡iba a ir a ver esas malditas antenas!

La caminata le llevó varias horas. La cúpula redonda era más pequeña que la del astropuerto pero tenía las mismas paredes gruesas. Se oyó el mismo sonido de succión de un sello que se rompe cuando tiró de las puertas para abrirlas. Dentro, se dividía en unos pasillos interminables con una etiqueta con números en la parte superior, seguramente coordenadas. Las salas individuales constaban de enormes paneles en hileras parecidas a librerías, paneles con millones de diminutos indicadores luminosos, la mayor parte apagados. Era la central eléctrica de la ciudad.

El lugar estaba vacío. Pensó buscar la sala de control de la central para intentar aprender algo más sobre su fuente de energía pero no quería pasarse horas aquí dentro, no ella sola. Además, lo que de verdad la había atraído eran las antenas. Dejó el edificio para ir a ver el campo que había al lado.

El campo de antenas estaba en el lado occidental de la central eléctrica. Era el momento más fresco del día. El sol más grande se estaba poniendo y el más pequeño todavía estaba demasiado bajo para iluminar el cielo. Exploró el campo bajo las sombras. Era una llanura enorme, el equivalente a diez o doce manzanas de la ciudad y casi igual de ancho. También era una antigüedad; mucho, mucho más antiguo que la central eléctrica en sí. Las antenas se elevaban solo unos cuatro metros sobre el suelo y al acercarse se dio cuenta de que estaba viendo solo la parte superior. La mayor parte de la mole estaba enterrada. Y no, y de eso estaba bastante segura, porque hubieran rellenado el terreno de forma deliberada: las habían cubierto las arenas que se movían por la ciudad; las había cubierto el tiempo. Los tubos de metal, como la nave que Nate y ella habían visto en el astropuerto, se habían fosilizado, cubiertos por una capa de polvo rojo endurecida por el calor, capa tras capa. Incluso los finos alambres de la parte superior de las antenas tenían esta capa. Parecían palillos chinos barnizados.

Jill los tocó, como si pudiera saber el tiempo que había pasado por la densidad de las capas. Mucho tiempo. ¿Cuánto? No tenía ni idea pero tenía la sensación de que era como encontrar unas pirámides antiguas en el medio de una ciudad moderna.

Este lugar era una adivinanza pero no lo que ella esperaba. Si esta civilización estaba manipulando la onda, lo harían con este tipo de campos de antenas. ¿Habían utilizado esta tecnología mucho tiempo antes? ¿Desde entonces habían desarrollado formas más sutiles de influir en la onda? Y si es así, ¿por qué no se habían deshecho de todo esto?

Se había adentrado bastante entre las antenas y ahora dio la vuelta y se dirigió de nuevo a la central eléctrica mientras le daba vueltas a varias cosas en la cabeza. No había visto el búnker la primera vez que había pasado por allí pero esta vez le llamó la atención, un tramo de escalones de cemento que bajaban al subsuelo del campo de antenas. Lo contempló, y se acercó un poco sin demasiadas ganas.

El búnker también parecía que llevaba años sin usarse. Al final de las escaleras había una puerta. ¿Se atrevía? ¿Había alguna razón para hacerlo? Suspiró. Lo que quería era volver al apartamento y ver si Nate ya estaba allí. Pero estaba aquí y había sido una larga caminata. Podría amortizarla al menos.

Bajó el escarpado pozo de la escalera y sintió que el aire se enfriaba. La puerta que había abajo parecía pesada y antigua. No se abrió automáticamente.

Metió los dedos para probar una estrecha ranura y encontró un pestillo. La puerta saltó hacia dentro.

Dentro, las escarpadas escaleras seguían bajando. Un frío túnel de una escalera·se arqueaba sobre ella, iluminado por unas luces que sobresalían de la pared. Estaban a baja potencia y eso hacía que los escalones proyectaran sombras unos sobre otros y murieran juntos. La saludó también el olor a aire viejo, sorprendentemente rancio para un planeta tan seco. Dudó un momento y miró hacia atrás, luego decidió que solo bajaría un poquito.

Empezó a descender manteniendo el equilibrio con una mano en la pared.

Las escaleras siguieron bajando durante un buen rato. Hubo varios puntos en los que estuvo a punto de dar la vuelta pero al final bajó los escalones porque estaban allí, porque el fondo, por definición, tenía que existir. Se sentía como si estuviera descendiendo al inframundo. Había un olor metálico, como el hedor de un sistema subterráneo.

Las escaleras se nivelaron y se hicieron cada vez más estrechas. Luego se terminaron las escaleras.

Se introdujo en un gigantesco complejo subterráneo. Era tan cavernoso que los lados más lejanos estaban perdidos en la oscuridad. Tenía que ser enorme porque lo habían construido para alojar una máquina, una máquina con largos brazos curvados que se extendían a lo largo de kilómetros y kilómetros. Aquella escala le recordó a un superconductor, pero no era un superconductor. No, sabía lo que era: era un generador, un generador de ondas. Había encontrado lo que estaba buscando.

Se quedó allí admirándolo, y sintió que el corazón le saltaba en el pecho al absorber·su tamaño, al comprender el simple hecho de su existencia. Las antenas estaban en la superficie, justo encima. En un principio, supuso ella, la máquina se había construido bajo el suelo, aunque ni mucho menos a tanta profundidad como estaba ahora. Se había construido en el subsuelo para aislar la onda que estaba generando. Las antenas de arriba transmitían el impulso resultante.

·Pero esta máquina era tan antigua como las antenas. Estaba cubierta de varios centímetros de polvo y el tiempo la había oxidado. Con todo, se sintió extraordinariamente esperanzada. Esta tecnología estaba más cerca del mundo que Nate y ella entendían, más cerca de lo que la Tierra podría lograr. Se encontraba en el medio, entre lo que los alienígenas eran ahora y lo que eran los humanos antes de la uno-menos-uno. Era la conexión, el eslabón perdido.

Encontró una puerta en una de las paredes curvadas, una puerta con una manilla no muy diferente de las de la Tierra. Tiró de ella, cedió un poco pero estaba atascada por el abandono. Empezó a tirar poco a poco y consiguió ir abriéndola milímetro a milímetro.

Dentro de la máquina, los pasillos estaban tan oscuros que tuvo que ir tanteando el camino. Un poco agitada se apartó de la puerta, ya no estaba

430

dispuesta a renunciar a aquello. Palpó sillas, paredes e instrumentos nudosos. Creyó distinguir un débil fulgor un poco más adelante y se dirigió hacia él entre tropezones.

El fulgor, ya de cerca, procedía de una pantalla colocada entre una confusión de cables e interruptores, una pantalla que se parecía mucho a la pantalla de un ordenador o de una televisión. Había un botón bajo la pantalla y lo tocó. El fulgor quedó sustituido por un video de un hombre. No era exactamente un hombre sino un humanoide, algo más cercano a su propia especie que a los alienígenas. El traductor que llevaba en la oreja se conectó con un chasquido y empezó a descifrar sus palabras.

Estaba explicando el uso de la máquina. Su voz era grave y lenta y le pasaba algo. Había algo extraño en su voz, en el frenesí de los ojos grandes y acuosos. Pero no terminaba de distinguir lo que estaba diciendo sobre la máquina porque se estaba repitiendo. No hacía más que hablar sobre que «solo quería ayudar» y los muertos, los muertos, los muertos.

La pantalla cambió a unas imágenes de una carnicería bajo el sol del desierto, de arena empapada en algo rojo y fragmentos de miembros y partes inidentificables de cuerpos, de una ciudad en ruinas, abrasada con partes extrañamente deformadas y distorsionadas. En una imagen surrealista, la cámara cogió un primer plano y Jill vio unos dedos sobresaliendo de una pared como una horrenda obra de arte *avant-garde*.

Explosión, pensó Jill mientras su mente y su corazón se ponían enfermos. Fue lo único que se le ocurrió. ¿Pero dónde estaba esta ciudad y quiénes eran estas personas? ¿Por qué estaban allí estas imágenes, en los intestinos de esta máquina, en las cámaras subterráneas de aquella lugar?

Y luego, en la pantalla, vio la pared cuando la cámara hizo un zoom y enfocó el desierto. Allí... la pared ondulada de vidrio rojo. Era nueva y afilada y la arena que había detrás estaba abrasada, ennegrecida y en varios lugares salpicada de sangre. El muro marcaba los límites de los escombros, como si la arena se hubiera levantado...

... en una gigantesca «salpicadura». Como si hubieran colocado en el suelo la ciudad intacta, como la casa de El mago de Oz.

La ciudad en ruinas que veía era esta ciudad o, al menos, su predecesora. Y el planeta en el que había tenido lugar aquel cataclismo era aquel planeta.

El hombre había vuelto, su voz subía y bajaba por la emoción. Intentó explicar lo que había ido mal, pero en realidad, ni él parecía saberlo. Solo sabía que habían conectado la máquina, la habían conectado y al principio todo había ido bien pero luego, a las nueve horas, veintitrés minutos y dieciséis segundos después de apretar el interruptor...

¡Idiotas! Pensó Jill, furiosa. *¡Hicieron un arma! Hicieron una máquina que emitía impulso negativo. Y la máquina... la máquina... explotó. O... ¡por el amor de Dios!*

Tenía las manos pegajosas y se encontraba mareada. Iba a desmayarse; se estaba desvaneciendo como si fuera mercurio. Era el aire rancio de este lugar, esas horribles imágenes.

Tanteó en la oscuridad en busca de una silla pero sus manos no encontraron nada. El hombre estaba diciendo que habían desconectado la máquina y que nunca, nunca debía volver a conectarse, al menos no hasta que encontraran una forma de invertir el efecto, de volver a casa. Pero Jill no hacía más que pensar, *Fabricaron un arma; ¡fabricaron una puta arma!*

La oscuridad era irrespirable, asfixiante y quería salir de allí. La histeria apenas contenida del hombre de la cinta la estaba afectando; estaba hundiendo unos ganchos en su interior que probablemente nunca salieran de allí. Pero si daba la vuelta ahora e intentaba llegar a tientas hasta la puerta, quizá no la encontrara, aterrorizada como estaba, ¡quizá no encontrara la puerta y se pasara horas vagando por esta gigantesca máquina en la oscuridad!

Se obligó a desplomarse en el suelo y a poner la cabeza entre las piernas. Allí dentro el aire era pésimo, era como respirar el aire de un ataúd. Pero las náuseas se fueron desvaneciendo poco a poco. A medida que se le despejaba la cabeza, no hacía más que oír al hombre que repetía una y otra vez, *Solo queríamos ayudar*, y esas palabras y una docena más de insinuaciones en su discurso por fin encajaron.

Dios querido. Oh Dios querido. Esto no es una máquina para emitir impulsos negativos. No se creó como arma. Esta máquina se hizo para enviar un impulso positivo.

Jill lanzó un enorme grito ahogado, levantó la cabeza de golpe y clavó los ojos en la pantalla. Era verdad. Le acababa de contar a Nate su idea, que podían emitir el impulso positivo en lugar del negativo y convertir la Tierra en un auténtico paraíso. Creyó que se convertiría en una diosa, una leyenda, alguien inmortal por inventar algo así, que cambiaría la suerte de la humanidad para siempre. Y esta misma máquina era eso precisamente (una «productora de ambiente benéfico») y los alienígenas la habían construido. Y había hecho eso.

—Levántese —dijo una voz.

Miró a su alrededor, confusa. Por un momento pensó que era otra televisión la que hablaba. Pero el origen de la voz se puso delante del monitor y la luz de la pantalla le dio forma. Era un alienígena, un varón, una de aquellas criaturas altas y pálidas que habían visto varias veces en este planeta. Apretó el botón para poner fin a la transmisión de video.

—Me estoy poniendo enfermo con este aire —dijo el alienígena con tono neutro—. Y no puedo dejarla sola dentro de la máquina. Debe abandonar este lugar de inmediato.

Jill no se movió, demasiado asombrada para conectar esas palabras con su persona.

—Por favor, levántese y abandone la máquina —repitió el alienígena con voz aguda y moviendo los largos dedos.

Ella se levantó obediente y empezó a volver por donde había venido. No sintió al alienígena pasar a su lado pero pocos minutos después oyó que la puerta que tenía delante se abría y vio la luz de la cámara exterior. El alienígena estaba en la puerta y la sujetaba. Jill se deslizó por la abertura, ansiosa por mantenerse a distancia de aquella cosa y no se volvió hasta no estar a seis metros largos de distancia. Cuando se volvió, el alienígena estaba de pie ante la máquina con los brazos a los lados y el rostro inexpresivo.

Era alto y delgado como un palo, como todos los varones. Era asombroso tener aquellos enormes ojos negros y gelatinosos clavados en ella. Habló:

—No hay muchas probabilidades de que usted sea capaz de conectar la máquina, pero prefiero que no vuelva a entrar.

—Puede verme —dijo Jill.

—Es obvio que sí.

Lo dijo de una forma tan seca y objetiva que resultó casi gracioso. Jill comprendió de repente lo extraño de la situación (estar hablando de verdad con una de estas criaturas) y por un momento lo apartó todo de su mente, incluso la máquina.

—La mayor parte de los alienígenas de este planeta no parecen capaces de vernos. Al menos no han reconocido nuestra presencia de ninguna forma.

—No les ven porque no esperan que estén ustedes ahí. Yo mismo la vi a usted y al varón hace unos días. He estado analizando los beneficios que puede producir una toma de contacto y había decidido no realizarla. Fue solo para pedirle que abandonara la máquina por lo que hablé.

—¿Qué quiere decir que no esperan que estemos allí?

Le respondió con paciencia, como si hablara con un imbécil.

—El cerebro de la mayor parte de las especies está diseñado para interpretar las pautas de energía en forma de materia sólida de tres dimensiones. Si una pauta de energía no se anticipa, el filtro la puede descartar como ruido aleatorio.

Jill lo pensó un momento. Desde luego ella era capaz de filtrar un montón de cosas cuando estaba absorta en algo, incluso cosas grandes y esperables como, digamos, Dick Chalmers.

—Pero nosotros los vimos a ustedes. ¿Es que sus cerebros son diferentes de los nuestros?

El alienígena parpadeó dos veces con lentitud antes de responder.

—Su cerebro en concreto es muy parecido al nuestro. Estaban en un sitio extraño y por tanto esperaban recibir pautas inusuales. Lo mismo no se produce en los que viven aquí. Yo mismo fui capaz de verlos por la naturaleza de mi trabajo. Se me ha programado para pensar en otras especies. Tengo diagramas de muchas especies y por eso mi cerebro está familiarizado con ese concepto.

—Oh. —Jill pensó que solo comprender todo lo que le acababa de decir ya podría llevarle el resto de su vida.

—Sin embargo, hay una cosa interesante que he observado mientras los estudiaba: el cerebro del varón es diferente al nuestro, más que el suyo. Cuando usted y el varón se separaron hice el cálculo para seguirla a usted por esa razón. No entiendo el cerebro del varón. Usted es hembra, ¿no es así?

—Sí.

—Curioso —dijo el alienígena con tono neutro.

A pesar de su elección de vocabulario, no parecía haber ninguna emoción en él, ni sorpresa ni demasiada curiosidad. Se quedó allí inmóvil, mirándola con unos párpados traslúcidos que subían y bajaban sobre la capa gelatinosa que le cubría los ojos. Era un poco asqueroso.

—No tienen muchas hembras, ¿verdad? —dijo Jill—. ¿Es eso lo que le pasa a su planeta?

—¿Pasarle?

—La ciudad está casi desierta.

—Usted se refiere al hecho de que nuestra especie pronto cesará de existir. Hemos terminado por aceptarlo como algo inevitable. De la misma forma que las máquinas se hacen obsoletas, igual ocurre con las especies. Yo soy un especialista en post-especies. Mi trabajo es prepararme para nuestra extinción, para los que puedan venir después.

Lo dijo de una forma flemática. Era deprimente pero Jill no pudo evitar pensar que si estaban esperando a alguien, es que habría viajes espaciales, quizá incluso un rescate.

—¿Quiénes son «los que puedan venir»?

—Desconocidos. Existen muchas probabilidades de que con el tiempo vengan otros. Su aparición se produjo mucho antes de lo predicho. Sin embargo, he llegado a la conclusión de que ustedes no son receptores apropiados. Algún día vendrá alguien y ellos serán receptáculos adecuados para nuestro legado.

—¿Su legado? ¿Se refiere a su tecnología? ¿Su saber?

—Sí.

—¡Pero a mí me gustaría mucho aprender lo que ustedes saben!

—¿Usted y el varón son reproductores? ¿Pueden repoblar este planeta?

—No —admitió ella—. Nuestro banco de genes no podría sobrevivir sin otros seres humanos con los que reproducirnos.

—Entonces ustedes no pueden utilizar nuestro legado. Ahora debo volver al trabajo. Por favor, regrese a la superficie y nunca más vuelva a entrar en la máquina. —El alienígena se dirigió a las escaleras, con toda la intención, al parecer, de dar por terminado el contacto.

Jill fue tras él.

—¡Espere! Ustedes tienen tecnología espacial. Si pueden ayudarnos a volver a nuestro planeta, nuestro pueblo estaría muy interesado en su legado.

El alienígena se detuvo y lo pensó por un instante.

—He observado su interés en el astropuerto. Quizá lo estén considerando como medio de transporte. Es imposible. He detectado en su estructura física que ustedes provienen de un universo oscuro. Nuestras instalaciones para viajes espaciales intergalácticos se cerraron hace cuatrocientos años. El interuniversal se interrumpió hace mil años.

Jill intentó comprender lo que estaba diciendo. Mil años atrás tenían la tecnología necesaria para viajar entre diferentes universos. Mil años atrás... pero ya no.

—Pero... si en otro tiempo tuvieron la tecnología, ¡seguro que se puede resucitar!

—Restituir sería una palabra más exacta en su idioma. En este momento, la mayor parte de nuestras instalaciones energéticas se han destinado a nuestro programa de mantenimiento. No podemos prescindir de esa energía. Además, el sistema de cierre del programa espacial no se diseñó para ser reversible.

Jill absorbió la noticia. El astropuerto había quebrado, justo lo que Nate temía.

—Y es más, una especie procedente de un universo oscuro no sería un recipiente adecuado para nuestro legado.

—¿A qué se refiere con «universo oscuro»?

—Un «universo oscuro» es cualquier universo con un porcentaje superior al cuarenta por ciento de fuerza negativa. Es difícil de creer pero nosotros mismos procedemos de un mundo así. Antes de eso. —Señaló la máquina y se estremeció, su rostro mostraba aversión, aunque Jill no podría haber dicho cómo—. Pero eso fue hace más de doscientos mil años. Nos quedan algunos archivos de cómo eran las cosas en el mundo oscuro.

Jill se quedó mirando la máquina y luego lo volvió a mirar a él. Estaba desconcertada, primero por el increíble marco de tiempo del que estaba hablando, *doscientos mil años*, y luego por la imagen que poco a poco iba tomando forma en su mente.

—¿Su pueblo vino de un universo como el mío? ¿En ese... ese desastre? ¿Cómo? ¿Cómo ocurrió?

—Ese no es mi campo de trabajo.

—¿Pero esos de ahí eran su gente, sus ancestros? ¿Los del video?

El alienígena parpadeó despacio mientras procesaba la información.

—Eran gente oscura. Sí, eran nuestros progenitores, pero muchas especies evolucionan a partir de seres inferiores. Así son las cosas.

Jill se dio la vuelta y volvió a mirar la máquina con la mano en la boca. Sabía que era antigua pero ¿doscientos mil años? El antiguo Egipto había existido solo tres mil años atrás. El ordenador llevaba entre los humanos unos sesenta.

—La máquina manipula la uno-menos-uno... es decir, ¿la onda universal?

—Sí. Era una tecnología nociva. Este lugar se dejó aquí para que no se volviera a tocar jamás. Yo supe de ello a través del legado. Repito mi solicitud de que no vuelva a entrar en la máquina. En este momento debo regresar a la superficie.

El alienígena se dirigió de nuevo a las escaleras. Jill lo siguió.

—¿Existen archivos de lo que hizo la máquina, lo que pasó?

—Nuestros archivos son excelentes, pero estaría desperdiciando su tiempo. Era una tecnología nociva.

Pero lo que Jill quería saber, y lo quería saber con todas sus fuerzas, era por qué, por qué era nociva.

Nate tenía razón, siempre la había tenido. Si se hubiera quedado en la Tierra se habría ido a trabajar para el DD y es muy posible que hubiera hecho una máquina como esta. Y quizá lo que había visto en esa cinta habría ocurrido en la Tierra. Tenía un hierro de marcar en el estómago y un ancla en el pecho. Era como tener una pesadilla terrible, soñar que has cometido un asesinato solo para despertar y darte cuenta aliviado que no lo has hecho. Salvo que ella no estaba segura de si había escapado de verdad a su destino o no.

Para cuando empujaron la puerta del búnker, el alienígena estaba exhausto tras la larga escalada. Era una criatura frágil y su cuerpo jadeaba por el esfuerzo. Parecía incluso más insustancial que antes.

—Debo regresar a mi trabajo —dijo entre jadeo y jadeo—. Adiós.

—Voy con usted.

Como si estuviera demasiado agotado para discutir con ella, el alienígena se limitó a agitar los dedos en el aire y fue hasta su coche.

19.2. Sesenta-Cuarenta Denton Wyle

Denton y Eyanna viajaron durante otros tres días. Después de la noche del... del incidente, él se puso enfermo. Seguramente era algún horrible virus local pero tenía el estómago fatal, temblaba y lo que tenía en la garganta le ardía como un trozo de carbón radioactivo. Y tenía miedo de que Eyanna fuera a dejarlo en cualquier momento.

Entre eso y la preocupación constante por los *skalkits*, era un flan con patas. Para intentar sentirse un poco mejor, bombardeó a Eyanna con disculpas, se ceñía a la historia del «estaba dormido». Recogía fruta para los dos, hacía el fuego, intentaba ayudarla a superar los obstáculos (cosa que no la joven no le permitía) y en general era la viva imagen de la más vil miseria cuando estaba con ella. No volvió a tocarla ni a dormir cerca de ella.

Al principio la chica no quería hablarle. Pero al final su persistencia la agotó. El tercer día, por la mañana, Eyanna comentó asombrada lo grande que eran las montañas ahora que estaban cerca y él sintió que había recibido el indulto. Quizá, a su manera, Eyanna también necesitara compañía. Aunque fuera la de un conejito rastrero como él.

Siete días después de dejar Sapphia, por la tarde, Denton y Eyanna encontraron otra aldea. Estaban en las estribaciones de las montañas y había unos picos pequeños y extraños en la tierra, como montañas diminutas o vértices de un monitor cardiaco. Estaban pasando al lado de uno de estos abruptos picos cuando Eyanna se detuvo y señaló hacia arriba.

Allí arriba había brillantes puntos de color, como los tintes que utilizaban los sapphianos en las telas nativas. Y cuando Denton guiñó los ojos vio movimiento, unas personas diminutas. Había una aldea en la cima de la colina.

Eyanna estaba nerviosa, no quería acercarse a los extraños. Y tampoco le gustaba el aspecto de aquel lugar.

—Es un mal sitio para vivir —dijo con desdén—. Mira lo lejos que tienen que ir para conseguir comida.

Tenía razón. Incluso desde el fondo del valle se dieron cuenta de que la cima del pico era un lugar rocoso y estéril. Los habitantes de la aldea tenían que recorrer una distancia considerable para subir y bajar hasta la selva en sí y conseguir los alimentos que los sapphianos daban por sentados.

Denton estudió la disposición del terreno protegiéndose los ojos del sol con la mano; luego esbozó una amplia sonrisa.

—¡Sí, pero eso es bueno, Eyanna! ¡Los *skalkits* no pueden subir ahí arriba! ¡Por eso pusieron la aldea en la colina!

Eyanna no parecía muy segura pero Denton estaba convencido de que tenía razón. Le resultó un poco difícil pero al final la convenció para ir a echarle un vistazo al lugar. Estaba cansado, enfermo y dar por finalizada aquella juerga de viaje le parecía perfecto.

Fue una escalada difícil. La colina no era tan escarpada como para que no pudieran subirla caminando, pero casi. A medio camino, más o menos, la vegetación daba paso casi por completo a la roca. Denton empezó a cambiar de opinión al acercarse a la cima. Ya le habían tomado el pelo una vez en este mundo. Pero esta era exactamente la clase de refugio físico que había estado buscando y si encima venía con algunas personas para tener compañía, personas que no jugaban a las monjas como Eyanna y que, además, no alimentaban a unos depredadores enormes con los miembros de su tribu, entonces miel sobre hojuelas.

La aldea de la cima de la colina era pequeña y modesta. Consistía en no más de treinta chozas alrededor de un único círculo comunitario. Los vieron de inmediato y pronto tenían delante unos cuarenta habitantes que los miraban fijamente.

Eran un grupo más harapiento que los sapphianos, no iban tan arreglados ni eran tan uniformemente atractivos y entre ellos había varios que parecían muy viejos. Denton se sintió feliz al ver a los ancianos. Si no hubiera estado todavía un poco tenso, los habría abrazado.

Se adelantó un anciano. Tenía un cabello abundante y blanco y el rostro, largo y estrecho, estaba arrugado. Inclinó la cabeza a modo de saludo.

—Este lugar se llama Khashta. Sed bienvenidos. ¿De dónde procedéis?

Eyanna miró al suelo. Denton respondió sonriendo con todas sus fuerzas.

—Somos de Sapphia.

El anciano observó los arañazos ya casi curados de Eyanna con mirada perspicaz.

—Descansad tranquilos. Aquí no se os hará daño.

Denton lo creyó. El anciano tenía un rostro comprensivo y sus ojos eran cálidos. Parecía diferente de los sapphianos. Daba la sensación de ser... sincero. Denton sabía que podía estar viendo lo que quería ver, otra vez, y desde luego se mantendría en guardia, pero por primera vez en varios días, las cosas empezaban a mejorar.

Le apretó la mano a Eyanna.

—Creo que este es un buen lugar.

Aún parecía nerviosa pero Dios sabía que era una chica valiente. Dudó un momento pero hizo el gesto sapphiano de «sí».

Esa noche compartieron la cena comunitaria. Había carne, que no habían comido desde que abandonaron Sapphia, fruta, grano y una bebida fermentada. Denton asintió y le sonrió a todo el mundo para congraciarse con ellos. Decidió abstenerse del licor hasta que estuviera más seguro de aquel lugar pero se puso contentísimo al ver que lo había. El anciano que los había recibido se llamaba Yulehulha o algo así (Yule, decidió Denton). Incluso les ofreció unos cigarrillos hechos a mano. Denton pasó.

A medida que transcurría la noche, su sensación de alivio y gratitud al haber encontrado un nuevo lugar, que le expresó con toda libertad a cualquiera que quisiera escuchar, se moderó un poco. No había exactamente el ambiente festivo al que se había acostumbrado en la garganta. Había más o menos una docena de jóvenes atractivas pero desde luego no el tesoro que tenían los sapphianos. Y no se observaba el libertinaje que había llegado a apreciar tanto como incentivo de todo aquel viaje interestelar. Los khashtanos eran más tranquilos, cosa que supuso que se debía al trajín de subir y bajar la montaña todo el día llevando comida y agua, algo a lo que él también se tendría que dedicar. Yupiii.

No pudo evitar sentir una chispa de resentimiento contra los sapphianos.

Después de la comida, Yule se levantó. Se llevó la mano a la espalda y sacó un pequeño huevo marrón. Se lo mostró a Denton y Eyanna con ademán solemne.

—*Khashta* significa «lugar del huevo». Nuestro pueblo venera al huevo porque simboliza toda la creación.

Denton sonrió y asintió, luego miró a Eyanna para asegurarse de que estaba siendo educada. La chica escuchaba en silencio.

—Toda la creación es como este huevo cuando se concibe dentro de la madre. El huevo tiene vida dentro, pero blanda y sin formar. Al crecer, todo lo que hay de malo e impuro en el huevo se endurece y se traslada a los bordes hasta que se convierte en una cáscara sin vida. Y todo lo que hay de bueno en el huevo se ha convertido en otra cosa.

Abrió una grieta en el huevo con un papirotazo de la uña y lo rompió con mucho cuidado. En el centro había una cría de ave con las plumas de un color azul brillante. Desplegó las alas, las sacudió, y luego emitió un penetrante *pío*.

Eyanna sonrió radiante. El anciano le dio la cría de pájaro y Eyanna lo sujetó en la delgada palma de la mano con una sonrisa.

—¿Y qué tipo de «bebé» crea este mundo? —preguntó Denton con educación. Medio esperaba una leyenda nativa sobre un zorro o un cuervo gigante o algo así. Pero la respuesta no fue esa.

—El «huevo» no es solo este mundo, sino toda la creación, todas las estrellas, todos los mundos, incluso los mundos que hay más allá de los mundos. Y toda la creación sigue siendo nueva. Incluso ahora, no es más que un huevo blando dentro del útero. Pero algún día, poco a poco, muy poco a poco, lo malo quedará separado de lo bueno y se endurecerá en los bordes, que se convertirán en algo parecido a una cáscara. Y dentro del huevo nacerá una vida nueva.

—¿Pero qué tipo de vida? —volvió a preguntar Denton.

—*Sahee* —respondió Yule. Dios.

Esa noche, en la choza, Denton estaba muy inquieto. Eyanna permanecía en la puerta, contemplando la noche mientras él se paseaba de un lado a otro sin dejar de hablar.

—Esto está muy bien. Aquí estaremos a salvo. La gente es agradable y les creo cuando dicen que no ofrecen sacrificios a los *skalkit*. Son un poco aburridos, quizá, y habrá mucho trabajo pero es mejor eso que verte atado a un árbol. ¿No te parece, Eyanna?

Quería que ella lo admitiese. De hecho, sería muy agradable que ella cayera a sus pies y reconociera en él a su salvador. Más o menos. Pero en lugar de eso, la joven se limitó a contemplar la noche.

—¿No te parece?

Ella se volvió para mirarlo. Tenía los ojos brillantes con lo que a él le parecieron lágrimas de alegría. Eso estaba mejor.

—Podría traer aquí a mis hijas —dijo a plena voz.

Él dudó un momento y se detuvo en medio de la choza. Estaba un poco molesto. Acababa de llegar aquí, por el amor de Dios. ¿Qué carajo quería de él? Y, además, sus hijas estaban en Sapphia, la bonita, lejana y, nunca más me acerco allí, Sapphia.

—Quizá. Algún día. —Empezó a pasearse de nuevo—. Por ahora, tenemos un sitio para vivir y creo que aquí podemos ser felices. Sobre todo si... si somos agradables el uno con el otro. ¿No te parece Eyanna?

Ella le lanzó una mirada que le recordó, por extraño que pareciera, a Dave Banks.

—¿Eyanna? Es decir... ¡Venga, mujer!

—Sí, Denton. Es un buen lugar.

Él le sonrió, satisfecho.

A la mañana siguiente, Eyanna había desaparecido. Denton lo supo en cuanto abrió los ojos y vio que no estaba en la choza. Pero aun así, no estaba del todo seguro. Salió y la buscó por la aldea pero no era un sitio muy grande y era obvio que no estaba por allí.

Algunos de los aldeanos, incluido Yule, estaban sentados ante la hoguera del centro de la aldea y lo vieron buscar sin hacer ningún comentario. Por fin se reunió con ellos.

—Se ha ido, —observó Yule cuando Denton se sentó.

—Sí. Se fue.

Alguien le ofreció una taza de agua. La cogió. Le gruñó el estómago.

—¿Irás tras ella?

Denton lo pensó un momento. Le había costado mucho saber siquiera lo que sentía, por no hablar ya de expresarlo.

—Eyanna no era mi chica. Puede hacer lo que quiera. —Quería decirlo de una forma más cortés de lo que parecía, en plan feminista, pero sonó bastante mal—. Volverá. —Intentó arreglarlo.

Y quizá lo hiciera. Denton creía que esas eran sus intenciones. Claro que él sabía dónde iba, y pensó que las probabilidades que tenía de agarrar a esas niñas y salir de Sapphia viva eran poco mayores que las que tenía él de conseguir una hamburguesa con queso, patatas y un batido para cenar.

En cualquier caso, él no iba a salir detrás de ella. La chica no se lo había pedido y no era asunto suyo. De hecho... quizá fuera un poco duro pero tampoco era tan mala noticia su desaparición. Ahora podía empezar de cero. No tendría que acordarse de... de las cosas que no habían ido tan bien entre ellos. Y sin ella allí, puede que las khashtanas se mostraran un poco más amables y es posible que él no tuviera que vivir en un estado perpetuo de frustración. Eyanna era muy hermosa pero no cabía duda de que tenía problemas de co-dependencia.

Era una mañana cálida, pero de repente él tuvo un escalofrío. Yule lo vio toser, una tos atroz, seca y encendió un cigarrillo.

Denton estuvo tres días enfermo. Se sentía culpable. Estaba ocupando la choza de alguien y no estaba ayudando a recoger comida. Si estuviera en Sapphia, ya sería bocata para los bichos. Pero no podía evitarlo. Tenía las piernas hechas de agua y aquella cosa que le ardía en la garganta se había extendido hasta el estómago y los intestinos. Tenía un dolor de cabeza terrible y no podía recuperar el aliento. Era algún bicho nativo, lo sabía, algo horrible, como la viruela o la malaria. Se quedó tirado en su choza con ganas de morir.

A la tercera mañana lo visitó Yule. Palpó la cabeza y los miembros de Denton, le hizo abrir la boca y le miró los ojos. Luego se sentó sobre los talones.

—Es una enfermedad de la cabeza —le dijo.

Ya empezamos con la medicina nativa, pensó Denton.

El anciano encendió un poco de hierba.

—Esta noche hago una bebida especial. Con esta bebida tú puedes ver a Dios. Si tomas esta bebida conmigo, quizá veas lo que le pasa a tu corazón.

—No, gracias —dijo Denton.

Yule sonrió.

—Puedes seguir enfermo también. Es cosa tuya.

Esa noche Denton se deslizó hasta la choza del anciano. Por fuera no era muy diferente de las demás de la aldea. Dentro, el humo era espeso y tenía un sabor penetrante, amargo. Sobre el fuego del hogar hervía una olla. Yule estaba agachado a su lado, con las piernas largas y delgadas dobladas como las de una grulla. Vestía una túnica sin teñir. Solo había otra persona presente, un joven varón que se ocupaba de la olla, le echaba pizcas de hierbas secas y la revolvía con cuidado.

Era más o menos lo que Denton se esperaba pero estuvo a punto de volverse atrás. No tenía nada en contra de los alucinógenos. Estaban muy bien si se tomaban en el sitio y momento adecuados. Pero tomar drogas duras cuando ya estaba enfermo como un perro no le atraía demasiado.

Yule lo miraba.

Denton carraspeó para intentar desprenderse del nudo de la garganta. Maldita sea, le dolía mucho, coño.

—¿De verdad crees que esto me va a ayudar?

—Sí.

—De acuerdo.

A Denton le temblaban las piernas, estaba sin fuerzas. Se sentó en una manta y apoyó la espalda contra la pared, jadeando.

Se recitaron unas palabras sobre la poción; se hicieron gestos en el aire. Todo muy al estilo Carlos Castaneda. En la poción se echó el zumo de varias frutas negras puntiagudas. Se revolvió un poco más. Ahora salía vapor de la olla y junto con el humo creaba una miasma en el aire. Se vertió la poción en una taza y era espesa como el aceite sucio y solo un poco más verde. A Denton le llegó una vaharada con la brisa; olía mal, a levadura, a algo que había yacido en un mausoleo durante varias semanas.

Pero por alguna razón ya no importaba. El humo estaba asentando su estómago, le calmaba la garganta, se sentía... soñoliento. Guay. Se apoyó mejor en la pared y se relajó cada vez más, le pesaban los miembros. Era el primer momento de alivio que tenía en días.

El ayudante había preparado una manta para el anciano al otro lado del fuego. Yule se sentó en ella y luego se estiró de espaldas. Una vez colocado, levantó el torso, lo apoyó en un codo y estiró la mano. El ayudante le colocó una taza en ella. Yule murmuró una última plegaria o encantamiento y luego dio un gran trago. Le devolvió la taza al ayudante, se acostó y cerró los ojos. El ayudante se levantó y se acercó a Denton. Este lo vio acercarse desde muy, muy lejos, desde el otro lado de la luna y cuando la mano se estiró hacia él ofreciéndole la taza, su propia mano se elevó y la cogió.

Lo que tenía la copa dentro sabía mal, mal mal. Era un sabor que decía: *de verdad que no deberías beberme*. Era un sabor que decía: *esta cosa no está diseñada para los seres vivos*. Con semejante asquerosidad salió de golpe de aquel estado caliente, agradable y borroso. Tuvo que tragar varias veces para mantenerlo en el estómago. Examinó el lugar en busca de agua, cualquier cosa, pero no había nada a la vista.

El tiempo dejó de tener significado. ¿Cuánto tiempo llevaba buscando agua? No lo sabía. Pero la taza había desaparecido y el ayudante estaba al otro lado del fuego. Denton miró el rostro de Yule. El anciano estaba cambiando. Denton vio un temblor que atravesaba el cuerpo magro de Yule. Parecía más reluciente a la luz del fuego. Un velo de sudor le había cubierto la piel de todo el cuerpo. Estaba completamente inmóvil. Denton no lo veía respirar. Parecía muerto.

El suelo empezó a girar. Denton reptó hasta quedarse de espaldas en la manta. La tela era basta y áspera contra la piel de los brazos. La textura del techo nadaba, como si estuviera cubierta de insectos. El aire se hizo más espeso y caliente.

Había hechos lejanos, de los que apenas tomó nota, como un copiloto que asimilase el estado de ciertas palancas y luces antes del despegue. Denton cerró los ojos e intentó dormir, pero era como intentar volar por el aire después de que te atropellase un camión. No tenía elección ni control alguno. Estaba cayendo...

Yacía clavado a la manta, muy, muy dormido, profundamente dormido. Ya llevaba cierto tiempo inconsciente. Fue consciente de que alguien hablaba en la choza, palabras en voz baja, palabras murmuradas que parecían tener significado aunque no las distinguía. Abrió los ojos.

No veía nada. La choza estaba como la boca de un lobo. Sentía la textura basta de la manta bajo el estómago y el pecho, sintió el sello fibroso en la mejilla, oyó su propia respiración. Se volvió de espaldas y justo en ese momento, vio una figura que se escabullía por la puerta de la choza. La figura estaba vestida con un extraño atuendo, descalza y un camisón de lana, como los popularizados en las pinturas cristianas. Era de un color blanco reluciente. Y sabía quién era ese hombre, incluso de espaldas: Kobinski.

Denton pronunció su nombre pero no salió nada de su boca. Quería levantarse, seguir a Kobinski pero no podía moverse. El fuego, allí cerca, se había convertido en brasas ardientes. ¿No estaba todo oscuro un momento antes? ¿Dónde estaba todo el mundo? ¿Estaba despierto de verdad? ¿Antes había estado soñando? ¿Solo había soñado que había visto a Kobinski?

Estaba a punto de llamar pidiendo ayuda cuando sintió un ruido, sutil y callado pero desde luego el sonido más aterrador que había oído jamás. Se quedó inmóvil, escuchando... Ahí estaba. Un sonido parecido al de un resoplido pesado, enorme. Era el sonido de un animal extraordinariamente grande que olisqueara el aire, y estaba justo al otro lado de la pared.

Un *skalkit*. Había un *skalkit* fuera de la choza. En cualquier momento sus mandíbulas arrancarían el tejado de hierba, con delicadeza, como quien le quita el papel de aluminio a una pechuga de pollo y Denton sentiría los dientes hundiéndose en él como cuchillos de dos centímetros cuando lo agarrase por la caja torácica, lo lanzase por el aire y lo partiera en dos de un mordisco. Casi podía sentir la textura viscosa de la garganta de la bestia al bajar por ella, ahogándose.

Se estaba ahogando. ¿Dónde estaba? Estaba en la manta. El *skalkit* estaba a solo unos centímetros de distancia, al otro lado de un tejado hecho de unas malditas frondas. ¿Se atrevía a susurrar socorro? ¿Se atrevía a moverse? Denton se obligó a girar la cabeza y entonces vio al anciano. El ayudante se había ido; solo estaba allí el anciano. Estaba flotando a casi un metro por encima de la manta, con los ojos completamente cerrados a este mundo y sin respirar.

Ahora la bestia palpaba los troncos de la pared, muy arriba, casi al lado del tejado. Denton creyó ver el techado rielar y estremecerse cuando la enorme nariz lo empujaba, lo ponía a prueba. El corazón se le había disparado de tal forma que le dolía. Nunca había estado tan aterrorizado en toda su vida; bueno, sí que lo había estado, cuando había visto a los *skalkits* comerse a los sapphianos. Nunca había querido volver a estar tan asustado y ahora lo estaba. Estaba así de asustado. Estar muerto y enterrado sería mejor que esto. El terror era nauseabundo. Era insoportable. Podía morir solo de miedo.

Pero era él el que estaba creando el terror. Podía elegirlo, tenía ese poder, ¿no? Un conejo arrinconado por un perro no tiene más elección que el miedo. Pero un hombre puede elegir, ¿no es así? Un hombre puede elegir.

Cerró los ojos.

Kobinski. Él era la clave de todo esto. Denton casi lo había olvidado. Había leído el manuscrito de Kobinski pero no lo había entendido, no del todo. Le había resbalado por la piel aceitada como casi todo lo que hacía. Pero ahora casi podía ver la carpeta delante de él, sintió que eso era lo que necesitaba, que eso era lo que había estado ardiendo en su interior y lo que podía proporcionarle un alivio.

¿Qué era lo que había dicho Kobinski sobre estos otros mundos? ¿Sobre atravesar la luz?

Se abrió la carpeta. Y de repente, la choza y el *skalkit* habían desaparecido. Y Denton estaba contemplando el cielo nocturno, estaba suspendido de él.

Era imponente, tan crujiente y real. Vio millones de estrellas delante de él y luego universos enteros que llenaban el cielo oscuro. Las galaxias eran simples puntos y nubes de puntos, con un color ardiente, un blanco primario pero salpicado de azul, púrpura y rojo, brazos diminutos que dibujaban espirales como bailarinas.

Parpadeó y todo cambió. Ahora el universo estaba muy lejos, no era más grande que la luna de la siega. Y no estaba solo. Había cientos, miles de universos llenando el cielo y luego parpadeó otra vez y entonces vio la escala. Aquellas bolas deslumbrantes y sutiles estaban sobre un continuo ladeado, formando un rectángulo en el vacío. En el extremo derecho de la escala, los universos se iban haciendo cada vez más pequeños y más apagados hasta que la punta del continuo era una negrura oscura como la tinta sin mitigar. En el extremo izquierdo de la escala los universos estaban cada vez más bañados de luz hasta que todas las estrellas individuales se perdían de vista en medio de aquel brillo reluciente.

La Escalera de Jacob.

Denton lloró ante su belleza y su misterio, ante la inconcebible vastedad de su tamaño en el tiempo y el espacio. Cerró los ojos, incapaz de soportar la visión y cuando los abrió otra vez vio el Libro cabalístico de la Vida, donde relucían los nódulos redondos de los *sephirot*. La Escalera de Jacob había desaparecido y aun así permanecía allí. Denton comprendió que el árbol de los *sephirot era* la escala, que de algún modo era incluso más grande que eso, que, en cierto modo, *era* Dios.

Toda aquella visión era demasiado abrumadora así que intentó contemplar cada *sephirot* uno por uno. Nombró cada uno junto con sus atributos, *chesed, chochmah, binah, gevorah, hod, netzach,* mientras los veía danzar ante él.

Y entonces lo entendió.

Chesed, chochmah. Se había identificado de inmediato la primera vez que había leído esas descripciones. Él era *chesed, chochmah, netzach* y este mundo al que había venido... eso era lo que era, de lo que estaba hecho, lo que eran estas personas. Lo entendió. Lo entendió todo.

Oh, Dios. Lo entendió.

Él era los sapphianos. Había odiado su superficialidad, su falsedad, su deslealtad y egoísmo, su frivolidad, su crueldad que era incluso más inexcusable por irreflexiva... Y por primera vez se vio como era.

Encontrarás una forma de hacer lo que quieres, Dent. Como siempre.

E, incluso ahora, si hubiera tenido la oportunidad, sí, si supiera con certeza que se salvaría, volvería a la vida en la garganta sin dudarlo un instante. Sin pensarlo dos veces, joder.

No había palabras, ni siquiera imágenes mentales para describir la profundidad de lo que sentía, la profundidad con la que entendía los paralelismos o lo espantosos, lo exactos que eran, la profundidad tan devastadora a la que llegaban. No había palabras para expresar lo mucho que se odiaba o la desesperación de saber que no había forma de escapar, que aunque se matara no podría escapar de su propia alma. Estas cosas eran *chochmah*, la sabiduría que no tiene forma.

Y sin embargo llenaban el universo. Sintió como si su ser, su esencia, fuera una vela diminuta que se podría apagar sin más ante semejante escala de las cosas. En el esquema de las cosas, en aquel multiverso casi infinito de la escala, él era menos que insignificante. Relativamente hablando, no existía. Y sin embargo, el hecho de que sí existía parecía implicar que había un fallo en la tela de ese cosmos, una terrible imperfección que lo amenazaba todo.

Entendió entonces lo que significaba mirar el rostro de Dios, ver de verdad el bien y el mal en todo su esplendor. Por un momento se balanceó en el borde de la no existencia. Luego, la diminuta vela de Denton se apagó.

19.3. Treinta-Setenta Aharon Handalman

Dentro de unas pocas horas comenzarían las ceremonias de clausura del Festival. El hereje sería ejecutado y lo que tuviera que pasar, pasaría.

Mi señor no podía dormir. Su cerebro era incapaz de renunciar a la lucha y seguía debatiéndose como un hombre en el mar. Conocía las técnicas de meditación que darían paz a su mente pero no las utilizaba desde hacía años y hacerlo ahora le parecía una hipocresía. Con esas técnicas se acudía a Dios. ¿No había él rechazado cualquier ayuda de Dios años antes? Así que los pensamientos hicieron lo peor que le podían hacer: Tevach, Aharon, Argeh, el hereje, Wallick, *El libro del tormento.*

Aharon le había preguntado: *¿Qué te pasará a ti, Yosef? ¿Cuando mueras?*

Jamás había contemplado esa posibilidad con anterioridad. Oh, siempre había sido consciente de que se estaba condenando. Se había condenado con toda premeditación. Pero ahora que Wallick había desaparecido, la idea de su propia muerte se hizo mucho más concreta. Había sido Job maldiciendo a Dios. Y eso había sido suficiente para su ira y su desesperación; ese era el papel que había escogido para sí.

Limítate a maldecir a Dios y a morir, Job.

Eso le habían aconsejado a Job sus amigos y, en esa afirmación había un final implicado, una ansiada finalidad.

El problema era que no era el final. Tan seguro como que el sol salía, aun aquí pálido y distante, él también volvería a levantarse. Y no tendría, en su nueva reencarnación, el beneficio de la ira. Ni siquiera reconocería el nombre: *Isaac Kobinski.* Todo llegaba a su final, incluso nuestros más mimados tormentos. Esa era la ley. Como era también la ley que nada terminaba en realidad. Su alma, su energía, permanecería en la escala mucho después de que las penas de esta vida se hubieran hundido en un pasado tan antiguo que la vida entera del multiverso hasta ahora no era más que el primer aliento estremecido.

Quizá en su próxima vida se reencarnara en Gehenna, un diminuto niño fiori, condenado a este mundo de dureza rocosa sin el beneficio de sus recuerdos para darle a esa vida un sentido diabólico. Y pensar que lo condenarían a este lugar, sin saber que había lugares mejores que este, sin la esperanza de una educación, sin profundas razones teológicas para rechazar a Dios, eso sí que era el verdadero horror. Una cosa era elegir rebelarse, haberlo elegido desde un lugar de saber superior, como había hecho él. Otra muy distinta revolcarse en el infierno de la rebelión inmerso en la ignorancia.

Aharon tenía razón. Igual podías enfadarte con el fenómeno de la fotosíntesis. *No se puede ganar.*

Mi señor se asomó a la ciudad. Ya casi había amanecido y reinaba el silencio. Pero durante la noche había sentido agitación, sombras en las calles: ratones que se escabullían y ratas que se escurrían, se ocultaban y susurraban, hacían planes. Estaba sentado en el hueco profundo de un alfeizar y la piedra fría que lo rodeaba era mullida y caliente gracias a una manta. Era una de las ventanas más grandes de la Casa de las Divinas Ordenanzas y si bien el cristal no era transparente para los estándares de la Tierra, podía ver el pueblo que había más abajo, iluminado por la conjunción de las lunas de Gehenna. Volvió la cabeza para mirar la cama donde dormía Erya, no por motivos carnales, ni siquiera podía imaginarse algo así con una fiori, sino para proporcionarle un poco de calor a sus doloridas articulaciones. Miró también a Tevach, que roncaba en su colchoneta a los pies de la cama de Mi señor. Ese ratoncito se había escabullido, cuando pensó que Mi señor estaba dormido, y había vuelto escurriéndose una hora antes. Mi señor había observado ambas acciones fingiéndose dormido y no había dicho ni una palabra.

Podía despertar a cualquiera de los dos, hablar, recibir un masaje para el dolor, cualquier cosa que lo librara de estos pensamientos. Pero no despertó a nadie y los pensamientos siguieron su marcha. Era como si Wallick hubiera sido el apoyo negro que sostenía la torre medio podrida de su alma y ahora ese apoyo había desaparecido. Su alma se asomaba al abismo y empezaba a caer sobre sí misma y él no podía detenerla.

Por ejemplo, ¿y si hasta los fiori fueran demasiado buenos para su alma suelta? Cuando había descubierto los cielos y los infiernos en su física, había intentado establecer modelos de lo que serían. Había anticipado una mayor gravedad; la gravedad es *gevorah*. Y aunque no había tenido ni idea de cómo serían en realidad los fiori o el paisaje, no se había equivocado sobre el principio general. También se había imaginado un mundo *peor* que este, un auténtico Gehenna, los peldaños más alejados del extremo derecho de la Escalera de Jacob. Se había imaginado un mundo en el que la gravedad era tan densa que la vida no era más que burujos de carne clavados a la superficie del planeta como piedras. No habría ningún tipo de movilidad en ese mundo, como el odioso castigo del noveno círculo de Dante, donde los hombres estaban enterrados hasta el cuello en un lago de hielo. Y estos burujos se congregarían como las burbujas de la espuma o como los cristales, ¿de qué otra forma podrían reproducirse? Y para aquellos que vivían en esta masa de burbujas de sensibilidad básica, no habría casi nada que los redimiese, casi no habría luz ni calidez, poco alimento y ninguna de las bendiciones de la familia, la música, el hogar. Haría que Fiori pareciera un paraíso. Y Dios (*Yahweh*) ese mago esquivo, ni siquiera tendría que condenar a Yosef a un destino así. Así de simple era la naturaleza del universo: a cada uno lo suyo, a cada uno lo suyo, a cada uno lo suyo. Podría terminar allí.

Mi señor estaba tan perdido en sus pensamientos que al principio no oyó los ruidos. Se puso rígido cuando por fin los percibió: pisadas sigilosas, el crujido de la puerta. Había algo demasiado silencioso en aquella manera de moverse, ni siquiera Tevach cuando se escabullía hacía tan poco ruido, y Tevach estaba dormido en su colchoneta.

Kobinski se inclinó hacia delante mientras las rodillas le protestaban a gritos para mirar detrás de la pared.

Había un fiori que se acercaba furtivo a su cama. La forma oscura levantó el brazo (vio un cuchillo en las manos peludas) y lo hundió entre las ropas de la cama.

Mi señor ahogó un grito. El sonido quedó cubierto por el golpe seco y húmedo del cuchillo al hacer contacto con algo. De la cama salió un gemido suave. El intruso dio unos pasos atrás con los brazos muy abiertos, asustado, y la daga, larga y ensangrentada, en una mano. Emitió un sonido animal, aterrado y se volvió hacia Tevach. Cuando se inclinó sobre el ratón dormido, el rostro del intruso quedó bañado por la luz de la luna que entraba por la ventana: era Sevace, el guardaespaldas de Argeh. Sevace habría visto a Mi señor en la ventana si hubiera vuelto la cabeza, pero no lo hizo. Dejó caer la hoja al lado de Tevach y huyó. Hasta el brutal Sevace tenía miedo, había asesinado a un Dios.

Durante unos momentos, Mi señor se quedó allí sentado, aturdido. Argeh por fin lo había intentado. Casi fue un alivio que lo hiciera, que los largos años de espera hubieran terminado. Se bajó del alfeizar de la ventana, le dolían las rodillas. Veía la forma bajo las mantas al acercarse a la cama. Vio, también, la sangre que se extendía por las pieles. *Erya.* Apartó la manta y vio que estaba muerta, la puñalada por la espalda le había atravesado el corazón. Al menos había sido una muerte rápida. La cubrió con la manta. Tevach seguía roncando aunque los espasmos de los miembros indicaban sueños perturbados. Mi señor recogió la daga que habían dejado cerca de la mano de su leal sirviente.

Esto es lo que te destinan, Tevach. Esto es lo que pasa cuando juegas con la traición. Tu alianza con el hereje, tus escapadas, lo hizo todo más simple... Se deshacían de mí y te culpaban a ti.

La naturaleza estratégica de este pensamiento despejó la conmoción.

Sus guardias estaban tumbados delante de la puerta. Comprobó el pulso de Decher... era firme. Quizá los habían drogado, pero estaban vivos. Intentó despertar a su capitán y este se lo agradeció con un gruñido adormilado.

—Levántate —susurró Mi señor con brusquedad—. Vete a ver al mensajero y asegúrate de que está a salvo.

Decher le informó de que Aharon Handalman estaba dormido e ileso y sus guardias alerta y preparados. A Mi señor no le sorprendió. La noche que murió Wallick había visto que Argeh había comprendido algo aunque en ese momento no sabía qué. Y lo que había comprendido era: siempre y cuando hubiera una máscara, ¿a quién le importaba en realidad qué (o quién) estaba detrás?

Argeh acudió a los aposentos de Mi señor con las primeras luces del alba. Lo recibieron Decher y cuatro de los guardias de Mi señor. Este oyó las palabras sorprendidas pronunciadas en el pasillo; luego Argeh irrumpió en el cuarto. Mi señor estaba sentado en la cama, esperando. Con Argeh estaba Sevace, su supuesto asesino. Los dos lo miraron horrorizados.

—¿Por qué irrumpes así en mi presencia? —Mi señor cogió la máscara de una mesa que tenía cerca de la cama y se la puso mientras los guardias desviaban los ojos.

Argeh se quedó quieto, sin habla. A los pies de la cama, Tevach roncaba.

—Mis disculpas... Mi señor. Solo quería... Nos habían dicho que estaba en peligro.

Mi señor echó la cabeza hacia atrás al estilo irónico de los fiori; el vacío de la máscara le daba un aire más cruel todavía.

—Tu consideración me conmueve, Argeh. Que tengas un buen Festival. Ahora vete.

Mi señor se asomó a las calles, nervioso cuando se acercaron a la arena. Sus ojos recayeron en los rostros, en las manos, en busca de indicios de rebelión. Vio que un macho fiori le hacía una señal a otro por encima de la multitud. ¿Seguidores del hereje?

Se recostó en el asiento del carruaje con un suspiro. Los ojos del judío estaban clavados en él.

—Esperaba que volvieras a visitarme —dijo Aharon—, y que pudiéramos hablar un poco más.

Mi señor sacudió los dedos con un gesto de indiferencia.

—No hay nada que decir. —No había transmitido la profundidad de la respuesta así que lo intentó otra vez—. Solo verte ya ha sido suficiente. Tu presencia ha significado más de lo que piensas. Ha pasado mucho tiempo desde la última vez que vi a uno de los míos.

Aharon inclinó la cabeza para aceptar el cumplido pero tenía un aire un poco culpable.

—Yo... tengo algo que confesar. Tevach me llevó a ver al hereje a la cárcel.

Mi señor ya lo había supuesto. Lo había sabido la noche que se había detenido y había oído las enseñanzas de *El libro del tormento* resonando por la Casa de la Pureza.

—Y también viste a Wallick —dijo, tenso, Mi señor—. No sé lo que le dijiste pero estaba bastante cambiado.

Aharon abrió mucho los ojos. Dos manchas ardientes aparecieron en sus mejillas.

—No, no entré en esa habitación, Yosef. Ni siquiera miré. Porque lo que es tuyo, es tuyo. Quería que lo supieras. Quería que supieras que no te juzgo, sea lo que sea. No tengo ningún derecho.

Los lugares más duros de Kobinski rechinaron agónicos. A Mi señor le llevó un momento sosegarse.

—Gracias —se limitó a decir. Metió la mano en la túnica y sacó un trozo de pergamino—. No podrás quedarte aquí después del Festival. Te he preparado este mapa. Muestra el camino a un pequeño pueblo llamado Chebia. La familia de Tevach está allí. Es un lugar muy modesto pero los fiori son honrados. Te ayudarán.

—Pensé que quizá... el portal. Lo que dijiste antes... —Aharon parecía avergonzado.

Mi señor apoyó la cabeza en el asiento basto mientras estudiaba el rostro del judío. Era extraño cómo se podía *ver* el *chesed*. Como el agua, suavizaba las líneas provocadas por la amargura de la vida, hacía de los ojos algo más húmedo y más abierto, como si los hubieran inundado. Fiori había hecho su trabajo con Aharon como nunca lo había hecho con Mi señor, como nunca le había permitido que lo hiciera. A Mi señor le dolía verlo, igual que la esperanza hace daño al que está desesperado, igual que el ver a un recién nacido le duele a alguien que no tiene hijos.

—Has cambiado, Aharon. Quizá lo suficiente para disparar el portal; no lo sé. Es necesaria una diferencia significativa entre tu propia onda y la del planeta para disparar un portal. Pero incluso si lo traspasaras, no hay forma de saber dónde terminarías. Incluso si llegaras al universo central, tienes que entender que hay miles de mundos. Las probabilidades de que aparezcas en la Tierra son infinitesimales. Lo siento. Aun así, también he marcado el lugar en el mapa. Eres tú el que debe decidir si quieres probarlo algún día o no.

Los ojos de Aharon brillaron y se hicieron más sombríos al comprender la noticia. Suspiró.

—Ya veo. He sentido... Tu libro me ha ayudado mucho, Yosef, pero todavía me queda mucho trabajo por hacer. Quizá tú y yo podríamos trabajar juntos. Quizá podríamos ir los dos con la familia de Tevach.

—El tiempo no es un río, Aharon; es un tapiz. Todos los hilos que hemos entretejido a lo largo del tiempo crean el presente. Ojalá pudiera volver y cambiar esos hilos, pero no puedo.

Aharon parecía confuso.

—A mí ya no me queda tiempo —le aclaró Mi señor.

—¡No digas eso! Tienes tanto que dar... ¿Qué pasa con tu mente, con tu trabajo?

Mi señor cerró los ojos, asombrado de lo pintorescas que sonaban esas palabras.

—Créeme cuando te digo que para mí el momento de ser Yosef Kobinski, profesor y erudito, llegó y pasó hace mucho tiempo. Lo que tenía que darle al mundo, se lo di en ese libro. Lo que queda... lo que queda es entre Dios y yo, y nadie más.

—No puedo aceptar eso.

Mi señor miró a Aharon y sonrió.

—Si hay algo que puedes hacer por mí es aceptarlo, aceptar que Kobinski murió en Auschwitz. Porque eso es lo que ocurrió de verdad y eso es lo que quiero.

—Tenemos una alternativa —insistió Aharon con la voz suave de un rabino—. En todos y cada uno de los momentos. ¿Nu? Tú me lo enseñaste.

—Entiendo las alternativas que tengo en este momento muy bien, Aharon. Y si tengo suerte, si Dios es misericordioso, escogeré la correcta.

Mi señor examinó la arena, intentando juzgar qué parte de aquel ambiente ominoso procedía de la multitud y cuánto de su propia mente. Las ceremonias de clausura eran el momento culminante del Festival, así que no era inusual que estuviera lleno. Pero la masa de fiori estaba agitada, literalmente en el canto de los asientos. Los fiori eran capaces de una violencia voraz y la amenaza flotaba sobre la multitud como una bruma. Mi señor estaba inclinado hacia delante, erguido en el asiento para ver mejor y cuando notó que Argeh estaba exactamente en la misma posición una sonrisa irónica le subió a los labios.

Argeh también estaba sudando. Muy bien. Que sude.

Detrás de Argeh, Sevace estaba equipado para cualquier cosa, con pesados guantes en las manos, la hoja curvada de piedra afilada y lista en el costado. Cuando sintió la mirada de Mi señor, echó un vistazo con una mirada de miedo inconfundible y desvió la vista de inmediato. Mi señor volvió a sonreír. Sevace estaba pensando, quizá, que estaba seguro de haber sentido entrar el cuchillo, que había visto la sangre...

—¿Qué pasa? ¿Por qué hay tantos guardias? —preguntó Aharon, nervioso.

Abajo, en la horripilante arena, donde todavía colgaban los cuerpos de aquellos a los que habían colocado en el *hechkih* a principios de semana, Argeh había aumentado las tropas decorativas del Festival. Compañías enteras formaban cerca de las entradas del piso bajo y se extendían por los muros. Iban bien armados.

—Es la ejecución del hereje. Argeh espera que se produzcan problemas —dijo Mi señor en voz baja—. Si las cosas se ponen feas, debes irte de inmediato. Mi carruaje está en la parte de atrás... Cógelo y abandona la ciudad.

—¿De qué estás hablando? ¿Qué va a pasar?

Mi señor levantó la mano para evitar las preguntas. Se limpió la cara. Se volvió y fingió mirar la multitud que tenía detrás, pero en su lugar miró a Tevach. El ratoncito estaba más alerta que nunca, con las aletas de la nariz muy abiertas y los ojos disparados por toda la arena. Le hizo un gesto a alguien con la cabeza.

Mi señor puso el codo en el brazo de la silla y apoyó la cabeza en la mano. Estaba muy asustado. *No tengo poder*, decía una voz en su cabeza. Y otra respondió, *Pero sí que lo tengo; tengo el poder de cualquier hombre. Incluso un hombre que está atado y amordazado tiene este poder: el poder de elegir quién es. Y ese es el único poder que existe* en realidad. *Cualquier otro no es más que ilusión.*

El estrépito de las fanfarrias del comienzo.

Kobinski rezó, *Señor, Wallick no tuvo piedad de mí, de Isaac, y Tú no le detuviste. Yo no tuve piedad de Wallick y Tú no apartaste mi mano. Si tengo piedad ahora, ¿tendrás Tú piedad de mí?*

Pero ya sabía la respuesta: la piedad que él tuviera con otros era la piedad de Dios con él; al ser misericordioso se convertía en misericordia. A cada uno lo suyo, a cada uno lo suyo, a cada uno lo suyo.

En la arena, las primeras plegarias de los sacerdotes retumbaban por todo el recinto. Mi señor se obligó a levantarse al tiempo que le decía a sus articulaciones que soportaran el peso, les gustara o no. Recorrió con lentitud el pasillo y bajó un escalón. Sevace lo vio acercarse cada vez más incómodo. Tiró de la manga de Argeh.

El rostro aplastado que se volvió hacia él llevaba mucho tiempo acosándolo. Mi señor le susurró a Argeh al oído.

—Me han informado de una rebelión.

El sacerdote gruñó, no estaba impresionado.

—Los seguidores del hereje están planeando marchar contra la Casa de la Pureza durante la ejecución. Han renunciado a rescatar a Ahtdeh, saben que la arena estará bien vigilada. Así que van a asaltar la Casa en su lugar, matar a los sirvientes y vaciarla de prisioneros, como protesta.

Ahora Argeh se mostró interesado. Se le dispararon las aletas de la nariz mientras olisqueaba, como si intentara oler la verdad dentro de la máscara.

—¿Dónde ha oído eso?

Mi señor se volvió para mirar a Tevach.

—Mi sirviente. Algo lo asustó anoche. Me lo confesó todo esta mañana.

Argeh gruñó enfadado y susurró unas órdenes al oído de Sevace. Mi señor volvió con gesto de dolor a su asiento. Se acomodó poco a poco en el sillón y sintió la mano del judío que le agarraba el brazo. Puso su mano sobre la de Aharon para sentir su calidez. A los pocos minutos, las tropas de la arena habían formado y salido del recinto para ir a proteger la Casa de la Pureza; habían dejado menos de tres docenas de guardias. Mi señor contempló la reacción de la multitud. Vio que varios fiori se levantaban y se quedaban mirando la marcha de los guardias, vio que otros susurraban amenazadores. ¿Es que Argeh no lo veía?

Pero Argeh no estaba mirando. Sevace había vuelto al palco y los dos se susurraban algo.

Los rituales insensibilizadores de los días anteriores del Festival estaban por fortuna ausentes de ese día. Hubo otra larga exhortación por parte de

Argeh. Como cualquier evangelista, no podía resistirse a la oportunidad de taladrar con sus propias obsesiones los cerebros de un recinto lleno. Mi señor rezó para que terminase rápido. Miraba nervioso las entradas de la arena. Si los guardias volvían demasiado pronto y decían que no había ningún ataque contra la Casa de la Pureza... Argeh seguía hablando sin parar.

Al fin, justo cuando Mi señor estaba considerando la posibilidad de actuar antes de que terminara el discurso, este terminó. Argeh levantó los brazos. Hubo una leve ronda de golpes de bastón en la arena. Al tiempo que dejaba caer las zarpas, Argeh dio la orden:

—¡Que traigan a los herejes!

Abajo salió del arco de los prisioneros el grupo harapiento y ensangrentado, guiado como un rebaño por los guardias. Habían pasado varios días en la Casa de la Pureza y eran una visión lastimosa. Incluso el propio Ahtdeh tenía la cabeza inclinada y tiesa por la sangre. Los sacerdotes de Argeh lo habían colmado de afectuosos cuidados.

La multitud entera contuvo el aliento, estaban demasiado callados para un grupo de fiori de este tamaño. Por toda la arena se levantaron varios fiori, luego unos cuantos más. El silencio era tan grande que se podía oír el tintineo de las armaduras de los guardias cuando se movían para empujar a los prisioneros, que arrastraban los pies.

Argeh parecía nervioso. Cogió el pergamino de los condenados con aire cohibido y lo examinó. Mi señor se dio cuenta de que su mente seguía trabajando y volvía a calcular su estrategia.

—¡Primer prisionero! ¡Ahtdeh, hijo de Hehchah, acusado de herejía contra Mahava y de blasfemar contra nuestro bienamado Mi señor!

Bienamado Mi señor. Argeh estaba asustado. Y había cambiado el orden de la ejecución. En circunstancias normales habría guardado al pez gordo para el último.

Aharon apretó el brazo de Mi señor.

—¿No podemos hacer algo? —susurró.

—Shhh —dijo Mi señor.

Los guardias desataron a Ahtdeh de los otros prisioneros y empezaron a llevarlo (medio arrastrando el cuerpo debilitado) por la arena hasta el *hechkih*. Los ojos de Mi señor parpadearon y se dirigieron a Sevace. Este permanecía justo detrás del sumo sacerdote, con la mano colocada en el mango de la hoja curvada y los ojos examinando con atención la arena. Pero estaba buscando los problemas en la dirección que no era. Argeh, con las manos rígidas sobre la barandilla del palco, se inclinaba hacia delante para contemplar el ritual.

Mi señor estaba sudando. Siempre hacía un frío glacial en Fiori pero el interior liso de la máscara estaba empañado por la transpiración. Le daba vueltas la cabeza y sin embargo, al mismo tiempo, era dueño de una notable claridad de pensamientos. Se sentía como si todo el tiempo y todo el significado de su vida se hubieran amalgamado y condensado en este único momento, más bien un agujero negro. Presionó las palmas de las manos contra los brazos de la silla y volvió a levantarse sin hacer caso del dolor de rodillas. Se volvió, una última vez, para mirar aquel rostro humano, la barba, los ojos, de un judío. Aharon sintió la mirada y se la devolvió sin palabras pero con una profunda aceptación que conmovió el alma de Mi señor. Y todo seguía en silencio.

Como había hecho antes, Mi señor dio unos cuantos pasos por el pasillo hacia Argeh. Sus pies presionaban con fuerza la piedra lisa y pulida. Como entonces, el pie izquierdo descendió el único escalón que había entre ellos y la mano izquierda se dirigió al respaldo de la silla de Argeh para descansar, para que le sirviera de apoyo a las rodillas. Argeh seguía con el cuerpo inclinado hacia la arena, con la cabeza al nivel de la cintura de Mi señor. A poco más de un metro de Mi señor, Sevace se volvió y por un momento retrocedió ante la presencia de Mi señor.

Mi señor quitó del bolsillo de la túnica la daga que Sevace había tirado al lado de Tevach esa mañana. Su mano, fría e inerte, no parecía suya. Sacó la daga de la túnica y la hundió en el centro de la espalda de Argeh con una poderosa puñalada. Mi señor tenía los brazos fuertes por haber soportado el peso de este mundo. La daga entró hasta la empuñadura.

La arena estaba envuelta en un silencio asombroso. Mi señor se sentía suspendido en el espacio y el tiempo hasta que Argeh, al exhalar su último suspiro, arqueó la espalda alrededor del cuchillo. Luego se dobló hacia delante, se inclinó sobre el borde del palco y cayó tambaleándose a la arena. Su cuerpo aterrizó con un golpe seco y se quedó quieto.

La multitud emitió una exclamación ahogada colectiva.

Kobinski, que permanecía con las piernas abiertas entre dos escalones, levantó al aire la mano ensangrentada con la palma abierta.

—¡Liberad a los prisioneros! —gritó.

Por un momento no se escuchó nada; luego la multitud de fiori se puso en pie, rugiendo, histérica. Kobinski vio que aparecían armas ocultas bajo las túnicas, aquí y allí, por toda la arena. Otros empuñaban los bastones y aullaban. Un grupo que había cerca de la arena saltó por encima de la balaustrada para enfrentarse a los sobresaltados guardias.

—¡Yosef! —gritó Aharon tras él.

Al volver la cabeza hacia el judío, Kobinski, estremecido, sintió un gran estallido de alegría. Se sentía como si la puerta de alguna celda horrible en la que hubiera estado encarcelado por fin se hubiera abierto y hubiera revelado la luz y el calor del mundo. Y luego vislumbró una hoja de piedra que oscilaba hacia él desde la izquierda, oyó el zumbido y sintió el impacto penetrante y devastador que le partió el cuello. Su cabeza dio vueltas y más vueltas por el aire, una y otra vez, y pudo sentir el movimiento del viento en el pelo, contra la garganta cortada. El sonido de Aharon gritando su nombre atravesó los gritos de todos los fiori y luego ambos sonidos se desvanecieron en el vacío. La cabeza aterrizó en la arena, a menos de un metro del cadáver de Argeh. Con el impacto, la máscara que había pertenecido al rey de Gehenna se desprendió y se alejó rodando y con eso se reveló el rostro humano de Yosef Kobinski, los ojos cerrados y la expresión pacífica.

La arena estaba sumida en un caos absoluto. Aharon había contemplado incrédulo cómo asesinaba Kobinski a Argeh. Había visto a Sevace, intimidado y perplejo al principio, recuperarse y desenfundar su terrible hoja.

Si Aharon se hubiera movido, si hubiera tenido un arma, si hubiera sido lo bastante rápido... Pero no lo había sido.

Todavía contemplaba horrorizado el cuerpo decapitado de Kobinski cuando Tevach le dio un empujón.

—¡Váyase! ¡Salga! —le chilló el fiori. El enorme sirviente tenía una hoja también en la mano. Le dio a Aharon otro empujón y luego se desentendió de él, se lanzó por el costado del palco y se abrió camino entre la multitud frenética hasta la arena.

Aharon se quedó allí parado, aturdido. Sevace dio un paso hacia él, con la espada ensangrentada todavía en la mano, luego hizo una pausa, de repente tenía miedo. Cambió de opinión y dejó a Aharon para seguir a Tevach y unirse como él al alboroto lanzando un grito de pura cólera. Y aun así Aharon no se movió.

La sangre corría por los escalones tras él y le empapaba los bordes de las sandalias y fue eso lo que lo hizo moverse por fin. Se puso la capucha del manto para ocultar su cara y a pesar de su peso se forzó a subir los pesados escalones equilibrándose con los respaldos de las sillas de piedra. Consiguió llegar a la puerta trasera del palco.

El rugido de la arena se intensificó ahora que estaba fuera. Un tramo largo y estrecho de escaleras de piedra bajaba a la calle. Ninguna barandilla protegía el borde. Vio unos cuantos fiori que salían corriendo de la arena horrorizados pero ninguno miró en su dirección. No podía bajar solo las escaleras, no era posible. Terminaría cayéndose por el borde y se mataría. Pero dio un paso, luego otro al tiempo que se aferraba a la pared de piedra lisa que tenía a la izquierda. De algún modo consiguió llegar abajo.

El carruaje de Mi señor estaba esperando. El conductor aguardaba nervioso, alarmado por los sonidos de la multitud. Le dijo algo a Aharon y este se dio cuenta de que ni lo entendía ni se podía hacer entender. Hizo gestos con las manos, inseguro; no tenía ni la menor idea de cómo proceder; entonces recordó lo que le había dicho Kobinski.

—Chebia —le dijo al conductor. Sacó el pergamino del bolsillo y le enseñó al conductor el mapa. Este parecía confuso. Volvió a mirar otra vez hacia la parte superior de las escaleras, al palco.

Aharon se bajó la capucha para enseñarle la cara.

—Chebia —exigió al ver que el conductor se echaba atrás con miedo. Aharon señaló la carroza con un gesto, abrió la puerta y entró.

Los sonidos que salían de la arena ya eran con toda claridad ruidos de batalla. Los gritos de los moribundos hendían el aire. El conductor tenía la expresión de un perro dividido entre el deseo de permanecer al lado de su amo y el deseo de huir de una situación peligrosa. Aharon fue la excusa para huir. Trepó a la parte superior del carruaje y, una vez que echó a rodar, se movió a toda velocidad. La arena quedó tras ellos, cada vez a más distancia.

Chebia estaba en el medio de ninguna parte, unas cuantas chabolas en un yermo estéril. La comunidad de veinte miembros aceptó a Aharon sin hacer preguntas. A los pocos días estaba trabajando en el campo al lado del padre de Tevach, intentando convencer a las rocas para que salieran del suelo fino y polvoriento.

Su nueva vida era dura, amarga como la bilis. Se sentía como un judío de la antigüedad que debía afanarse en alguna tierra lejana, Egipto quizá, perdido para su gente, vendido como esclavo. Pero el trabajo físico liberó su mente y le permitió reflexionar sobre muchas cosas, se alegró de estar lejos de la ciudad. Ahora era solo un hombre, un hombre cumpliendo con su castigo y eso... bueno, eso quizá fuera lo que debía ser.

Pasaron tres semanas antes de que un carruaje se acercara a la aldea. El carruaje traía a Tevach. Su familia dejó el trabajo para recibirlo, para abrumarlo con caricias toscas y miradas tiernas. Tevach parecía contento de verlo, se acercó, lo olió y frotó la cara contra el brazo de Aharon.

—Doy las gracias a *Adonai* por haberlo mantenido a salvo —dijo Tevach.

A Aharon le sobresaltó oír aquel nombre hebreo. Asintió.

—Y yo te lo agradezco a ti, Tevach. Ya veo que sobreviviste a la lucha del Festival.

La nariz de Tevach se crispó de la emoción.

—Los guardias de Argeh ganaron una sangrienta batalla y Ahtdeh está oculto, ¡pero vive! Y ahora hay muchos seguidores de Ahtdeh. Todo irá bien.

Aharon tenía la sensación de que aquella era una afirmación desesperadamente optimista para los fiori, pero deseaba que así fuera.

Más tarde, después de una magra comida, Tevach se lo llevó a un lado para despedirse. Le entregó a Aharon el manuscrito.

—Lo cogí de la habitación de Mi señor. Es para usted.

Aharon pasó la mano por la cubierta pensando en Kobinski. Pensó por un instante en darle la obra al ratoncito, a los fiori. Pero con todos los problemas que había provocado en la Tierra, supuso que a la larga sería más una maldición que una bendición. Además, Tevach y Ahtdeh ya entendían el núcleo de todo ello.

—Gracias —dijo tragándose un nudo que tenía en la garganta. Se metió el libro en el bolsillo.

—Mi mente piensa con frecuencia en Mi señor —dijo Tevach con una expresión sincera en aquel pequeño rostro—. Ayudó a liberar a Ahtdeh, ¿lo vio?

—Sí, Tevach. Lo vi.

—Cuando pensé que no haría nada, nos ayudó. Nos demostró que Dios se preocupa, incluso por los fiori. —Tevach colocó la mejilla en la manga de Aharon otra vez y la sostuvo allí por un momento. Cuando se apartó parecía triste—. ¿Se queda aquí?

Aharon asintió.

—Creo que es lo mejor.

—¿Cuánto tiempo? —Los ojos de Tevach estaban llenos de luz y curiosidad, todavía le interesaba de dónde había venido Aharon y a dónde podría ir.

Aharon miró por encima de la cabeza de Tevach, al yermo frío que formaba la granja. Luego suspiró.

—Eso, Tevach, está en las manos de Dios.

20

Sigue el Camino del Cielo
Y lo conseguirás sin luchar.
Sabrás la respuesta
Sin hacer la pregunta.
Todo lo que necesitas vendrá a ti
Sin que nadie lo exija.
Te sentirás satisfecho
Sin conocer el deseo.
El Camino del Cielo es como una red inmensa.
Aunque la malla es ancha, lo atrapa todo.
—Lao-tzu, *Tao Te Ching*, siglo VI A.C.

20.1. Cuarenta-Sesenta Calder Farris

Esa noche la habitación de Pol era insoportable. Tenía un ataque de paranoia tan fuerte que se encontró abriendo de un tirón la puerta del pasillo y mirando fuera tres o cuatro veces. Por mucho que intentara convencerse de lo contrario, no podía desprenderse de la sensación de que venían a por él, que lo sabían todo. Volvió a buscar micros y esta vez no le importó los daños que pudiera provocar: abrió de un tajo la cañería que había debajo del lavabo del baño, arrancó el espejo de la pared y se hizo sangre en los nudillos al sondear el desagüe de la ducha. Solo se encontró a sí mismo, reflejado en el vidrio.

Alienígena.

Tenía los ojos cansados. Ya no era solo que estuviera loco o que tuviera una lesión en el cerebro... ¿cerebro? Había demasiadas cosas que no encajaban.

Salió a mirar al pasillo otra vez y luego volvió al espejo.

¿Quién soy?

Gyde quería averiguarlo. Había palpado el brazo de Pol, que, por lo que Pol sabía, se parecía al brazo de cualquier Plata. Le había pedido que fuera al gimnasio con él. Y una mierda. Gyde tenía amigos de juventud con los que entrenaba cada día. Jamás habían invitado a Pol a unirse a esa pandilla y nunca lo invitarían. No, Gyde quería verlo sin envoltorios, desnudo o quizá solo había querido ver lo que haría Pol al sentirse amenazado, lo rápido que saldría corriendo. Y había salido corriendo.

Agarró el abrigo, incapaz de quedarse en esa habitación más tiempo. No fue al club de descanso del campus de los Platas sino que tomó un autobús que lo llevó al centro, donde unos cuantos clubes nocturnos mixtos seguían abiertos después del toque de queda para aquellos que tuvieran pases de méritos.

No se había producido ningún bombardeo ese día y la multitud que atestaba el club estaba inquieta, nerviosa y demasiado ruidosa. Pol reconoció a unos cuantos Bronces del Departamento de Vigilantes. Se sentó solo en la barra y pidió un licor fuerte.

Iba por el segundo cuando un joven Plata con uniforme de batallón se sentó con cautela a su lado. El joven estaba bien formado, con una mandíbula cuadrada y una cara alegre.

—Saludos, compañero de clase. ¿Eres detective?

—Así es.

—¿Qué te parece, comparado con el combate, claro? —El chico estaba ansioso por saber.

—Me gusta.

—¿Mucho?

Pol se quedó mirando su copa.

—Pregunta idiota. Oye, tengo entendido que tu compañero es Gyde 332.

—Cierto.

—¡Por toda la sangre! Estuvo en el Cruce de la Llanura, ¿verdad? Es una leyenda. He oído que tiene tantos méritos que prácticamente...

—Disculpa. —Pol se levantó y se fue a una mesa privada. Pidió dos copas más.

Desde el sillón medio oculto que ocupaba podía contemplar con impunidad a una hembra de Plata que había al otro extremo del bar. Era una belleza y los hombres revoloteaban a su alrededor como los planetas alrededor del sol. Tenía una figura esbelta y musculosa, el cabello suave y lacio enmarcaba un rostro perfecto como borlas de seda del tono de la yema de huevo. Los ojos de la joven se volvieron hacia los suyos, brillantes como pececitos.

Intentó sentir algo por ella pero todo lo que sintió fue vacío. ¿Había tenido una mujer en el lugar del que venía? Se esforzó por recuperar algún recuerdo pero solo encontró aquel doloroso hueco. Sacó el panfleto del bolsillo y lo alisó sobre la mesa.

Es posible viajar a otros mundos. Yo mismo lo he hecho.

Pol nunca había intentado entrar en el Departamento de Vigilantes por la noche. Ya era tarde pero, para su sorpresa, no había burocracia. Las puertas permanecían abiertas para los arrestos de madrugada y le bastó con presentar la identificación. Era bien pasada la medianoche.

Arriba, en la oficina, fue directamente al teletipo pero aún no habían llegado los resultados de Investigaciones. Mientras esperaba, sus ojos no dejaban de vagar por el escritorio de Gyde. Lo intentó con el cajón de arriba, donde Gyde había puesto el expediente. Estaba cerrado con llave.

El escritorio, igual que la mayor parte de las cosas que hacía el estado, era pesado, construido para cumplir con la máxima funcionalidad durante un largo periodo de vida. La cerradura era del tamaño de un ratón pequeño y el pasador, Pol lo sabía por su propio escritorio, penetraba con profundidad en la madera y el metal. Pero se dio cuenta de que sabía forzar cerraduras de la misma forma que sabía buscar micros. Sacó una navaja de bolsillo, la militar que le había quitado a Pol 137 y empezó a trabajar con cuidado con la punta dentro de la cerradura.

Estaba a punto de conseguirlo cuando se disparó el teletipo. El ruido metálico, estrepitoso, le hizo dar un salto. Cerró la navaja y se acercó a ver el papel.

Investigaciones había encontrado a alguien que encajaba con la descripción: un capataz de la construcción, Bronce 2, originario de Madamar. El nombre y la dirección estaban allí y no estaba lejos, en los alojamientos para Bronces del lado oeste de la ciudad. Pol se metió la navaja en el bolsillo y agarró el abrigo.

20.2. SESENTA-CUARENTA DENTON WYLE

Para cuando Denton llegó a la garganta de la herradura llevaba caminando seis duros días con sus noches, solo. El viaje en sí lo había cambiado. Ya había hecho cosas, y pensado cosas, que no se parecían en nada a lo que Denton Wyle había hecho o pensado jamás.

Después de salir de la visión de la Escalera de Jacob, su enfermedad había desaparecido, como le había prometido el anciano. Y estaba la certeza innegable de lo que tenía que hacer. No le había hecho mucha gracia pero eso ya no importaba. Así que había tomado prestados varios cuchillos de la tribu Khashta. Uno de ellos se lo metió en el cinturón. El otro lo ató con una liana a una rama larga, con lo que hizo una tosca lanza. Luego empezó el largo camino a Sapphia.

Había apretado el paso porque tenía la pertinaz sensación de que Eyanna ya estaba metida en algún lío. La última noche solo durmió unas horas y luego siguió la orilla del río en la oscuridad. Pero cuando se acercó a la entrada de la garganta de la herradura, ya era demasiado tarde. A través del follaje se oían los gruñidos de las bestias y los gritos ahogados de los sapphianos.

Denton se detuvo en la selva, los sonidos que oía le estaban helando la sangre. Qué suaves eran para lo que estaba pasando en realidad, y qué horripilantes.

El recuerdo que tenía de los *skalkits*, de lo que había pasado aquella mañana en el claro, volvió con vívidos y hediondos colores. Con qué facilidad habían consumido las bestias a los sapphianos, qué enormes eran, qué inteligentes, qué fuertes. Cuando había dejado Khashta ni siquiera se había permitido pensar que las cosas llegarían a esto. Si Eyanna estaba allí, si estaba entre las víctimas del claro, no había nada que él pudiera hacer. Jamás podría enfrentarse a los *skalkits*.

El impulso que lo había llevado hasta allí (asco de sí mismo más que nada) lo abandonó entonces. Lo inundó una sensación de futilidad e insignificancia. Tendría que dar la vuelta y marcharse. No era como si no lo hubiera intentado, ¿verdad?

Entonces recordó la sensación de tener a alguien detrás, cortando las ataduras cuando él pensaba que se había perdido toda esperanza. Eyanna lo había hecho. Se había enfrentado a los *skalkits*.

No se sentía menos aterrorizado pero levantó la lanza en una mano temblorosa y el cuchillo en la otra. Parecía algo estúpido, no estaba en consonancia con su carácter, como una muñeca de trapo con armadura. ¿A quién pensaba que estaba engañando? No podía hacer esto. Y sin embargo siguió adelante, furtivo, paso a paso. Y de repente pudo ver el claro a través de los árboles.

Había dos *skalkits*, los mismos que casi se lo habían comido a él y había tres árboles ensangrentados y vacíos, con las lianas colgando arrancadas y usadas como si fueran hilo dental. Uno de los *skalkits* estaba lamiendo el suelo bajo uno de los árboles. El otro estaba chupando un miembro superior.

Dos de los árboles seguían ocupados. En uno había un muchacho sapphiano, apenas un hombre. En el otro estaba Eyanna.

Denton sintió un genuino alivio al verla y, para vergüenza suya, también desilusión. No era demasiado tarde para salvar a Eyanna. No estaba, por ejemplo, muerta. Eso significaba que tenía que hacerlo de verdad. Cogió aire mientras su estómago comenzaba a revolverse y empezó a bordear el claro. Se acercaría a ella por detrás del árbol. Los *skalkits* no podrían verlo. Haría lo mismo que había hecho ella. Cortaría las ataduras, se mantendría fuera de la vista de los *skalkits* y se alejarían sin que los vieran. Podía funcionar.

Pero a medida que se movía, el instinto conejil de su cerebro tuvo algo más que decir sobre el tema.

¿Y si los *skalkits* lo olían? ¿O lo oían? ¿O si Eyanna no podía alejarse? ¿Y si los *skalkits* iban tras ella? ¿Podía Denton hacer lo que había hecho ella, atraer su atención? No, coño, de ninguna de las maneras. No tenía ni su velocidad ni su sigilo, sería un suicidio.

Siguió adelante.

Desde los árboles que había detrás de Eyanna vio que le habían atado los brazos, que estaban rojos e hinchados; las lianas estaban muy apretadas. Se metió la lanza bajo el brazo para dejar las manos libres y salió al claro en completo silencio. Era un ataque de nervios andante cuando llegó hasta ella. Le temblaban las manos y dos veces le resbaló el cuchillo por la liana gomosa. Cortó, cortó y cortó, le zumbaban los oídos con el retumbar de su propia sangre. No veía a los *skalkits* pero los oía. No parecían estar acercándose. Le llevó una eternidad cortar aquellas malditas lianas.

Y mientras cortaba, Denton no se sentía valiente. Había pensado que se sentiría así una vez en acción, que se dispararía algún tipo de testosterona latente pero no. Estaba petrificado, sudaba, tenía náuseas y no se sentía nada varonil. Detestaba aquello.

Las lianas se rompieron. Eyanna era libre.

Denton quería dar la vuelta de inmediato y huir pero se obligó a rodear el árbol para asegurarse de que se encontraba bien. Los *skalkits* aparecieron entonces. Uno de ellos estaba dando un enorme bostezo pero el otro, el listo, el malvado, ya estaba mirando a su próxima víctima. Estaba acechando al muchacho con una expresión absorta. El sapphiano estaba atado al árbol, con la cabeza apoyada en el pecho, ya fuera inconsciente o resignado.

Por un momento, Denton quedó hipnotizado. Luego recordó que estaba, bueno, en peligro y se volvió para mirar a Eyanna, que había desaparecido. Buscó por todas partes, aterrado... y vio su cabello dorado, blanco, como un faro. Estaba al otro lado del claro, justo entre los árboles. Estaba allí parada, mirándolo y Denton supuso que debía de haber echado a correr al encontrarse libre y luego se había acordado de preocuparse por él y había vuelto para asegurarse de que él también huía.

La buena de Eyanna. ¿No era un cielo?

Le hizo un gesto para que se fuera y él mismo empezó a dirigirse de espaldas hacia los bosques, en silencio, muy callado. Y por un momento pensó que lo iban a conseguir de verdad. Los *skalkits* estaban llenos y no estaban prestando atención y, además, el muchacho parecía ser el próximo plato del menú. Iban a sobrevivir a esto ilesos, y luego solo tenía que encontrar la manera de llevarse a sus...

Eyanna entró en el claro. No se iba. Se dirigía hacia el chico.

Denton lanzó más o menos un millón de tacos en su cabeza. Pues claro que no podía ser así de fácil. ¡Oh, no! Todavía tenía que pagar por muchas cosas. Allí arriba, en alguna parte, alguien estaba partiéndose de risa.

Se metió corriendo entre los árboles, todavía maldiciendo. Corrió durante un buen rato antes de darse cuenta de lo que estaba haciendo en realidad. Se estaba alejando del claro. Estaba abandonando a Eyanna.

Se detuvo, abrumado por la frustración. Se quedó allí, debatiendo consigo mismo. El viejo Denton y el nuevo se estaban poniendo verdes. El viejo Denton se mostraba inexorable, y tenía razón en ciertas cosas. Ya había arriesgado mucho para liberar a Eyanna. No era culpa suya si la chica quería volver a meterse en la sartén. Él no era el responsable.

Mierda.

Vislumbró partes del claro a través de las hojas al volver con movimientos furtivos, la lanza en una mano, el cuchillo en la otra y ninguna de ellas sintiéndose menos ridícula. Vio que el *skalkit* husmeaba la liana que sostenía los brazos del muchacho inconsciente, el animal tenía los labios abiertos y los dientes roían algo. Vio que Eyanna se acercaba a hurtadillas desde un lado del claro, totalmente expuesta.

Denton se detuvo al borde del bosque, no sabía qué hacer ni si sería capaz de hacer algo. Todo parecía ocurrir con gran lentitud. El hociqueo del *skalkit* soltó al muchacho y este cayó con pesadez hacia delante. El *skalkit* lo cogió y lo levantó con delicadeza en la boca. Eyanna, ya cerca del *skalkit* y todavía invisible para el monstruo, salió disparada y agarró uno de los brazos del muchacho.

Tío. Era una puta lunática.

El *skalkit* vio a Eyanna entonces, cómo no. Rugió con la boca llena, libidinoso. Eyanna tiró del brazo del chico. El *skalkit* echó la cabeza hacia atrás. Un minuto después se habían enzarzado en un auténtico tira y afloja. El *skalkit* podría haberse limitado a cerrar las mandíbulas y aplastar al muchacho pero al parecer no quería porque lo sujetaba solo con la fuerza suficiente para evitar que Eyanna se lo llevara.

Los inusuales sonidos atrajeron la atención del segundo *skalkit*, que levantó los ojos y dejó escapar un bramido tan alto y tan colérico que le puso a Denton todos los pelos de punta. Pero Eyanna no parecía oírlo. Seguía jugando al tira y afloja con el chico y ahora estaba chillando y dándole patadas a las patas delanteras del *skalkit*. No vio venir al segundo *skalkit*, que llegó por su lado ciego y la levantó del suelo con un latigazo de la cabeza.

El *skalkit* tenía el brazo izquierdo, el hombro y la parte superior del pecho de la joven en la boca y no estaba mostrando demasiada delicadeza. Eyanna pateaba y se sacudía. Aporreó al *skalkit* en la nariz con los puños.

Y Denton ya no pudo más. Se encontró saliendo a la carga de los árboles. Atravesó corriendo el claro con la lanza levantada en una mano mientras de su boca salía un alarido apenas unos decibelios más bajo que el del *skalkit*. Le salía el grito de algún lugar en lo más profundo de su ser y parecía... por Dios, parecía cabreado.

Por un momento, mientras salvaba la distancia que los separaba, se vio a la vez en su cuerpo y fuera de él, observándose, estupefacto, desde algún lugar de las alturas. Luego llegó hasta Eyanna y el *skalkit* y tenía la lanza en la mano, así que la lanzó con todas sus fuerzas contra el costado de la bestia. El cuchillo penetró en la carne, y se hundió. Denton estaba asombrado. Había conseguido perforar a aquella cosa y la había herido. El animal dejó escapar un bramido de dolor. Denton agarró la lanza y tiró. Tenía miedo de que el cuchillo se hubiera perdido en la gruesa piel del *skalkit* pero salió, todavía atado a la rama. El *skalkit* gruñó y soltó a Eyanna. Dio unos pasos atrás, levantó las patas delanteras del suelo y Denton vio la carne blanca del vientre. Volvió a arrojar la lanza, pretendía alcanzarle el corazón.

El grito del *skalkit* se hizo más profundo, más colérico, pero no cayó ni se rindió. No, todavía estaba muy vivo y era más peligroso que nunca. Atrapado ahora por la pura necesidad (matar o morir), Denton hundió aún más el mango de la lanza, revolviendo en el interior del *skalkit* en busca del corazón. Resultaba difícil. El *skalkit* no dejaba de agitarse. El mango de la lanza se partió.

Luego algo le dio un golpe gigantesco desde atrás. Voló, como un guijarro lanzado por un niño, y chocó contra el suelo. Casi se quedó sin aliento. Jadeó y se dio la vuelta. Sobre él, el segundo *skalkit* se había desentendido del chico y ahora se concentraba con entusiasmo en hacerlo pedazos a él. Agitaba las garras en su dirección al tiempo que dejaba escapar un gañido de codicia, glotonería e ira.

Denton se quedó allí echado, mirando aquella cosa letal y horrible. Y se echó a reír.

Jo, jo, jo. Ja ja ja ja ja. No tenía ni idea de dónde venía. No era una sensación que hubiera experimentado antes. Pero de repente se sintió genial, carajo. No tenía miedo. Incluso con esa cosa revoloteando sobre él, no tenía miedo. Por primera vez en su vida se sentía libre, poderoso y brillante, maravillosamente satisfecho de sí mismo.

Él, Denton Wyle, estaba luchando contra dos enormes *skalkits*. Y le encantaba.

—¡Denton! —chilló Eyanna.

Se apartó rodando justo cuando las patas delanteras del *skalkit* se estrellaban contra el suelo para aplastarlo. Se levantó de un salto y cogió el cuchillo que llevaba en el cinturón.

A tres metros de distancia veía a Eyanna, que lo miraba con una expresión de triunfo en los ojos. Estaba sujetando el extremo de la lanza, que todavía estaba clavada en el *skalkit* y se las había arreglado para encontrar el corazón. La sangre brotaba de la herida en enormes chorros que lo salpicaban todo y el *skalkit*, que se estaba muriendo, tenía los ojos medio cerrados por la agonía y las mandíbulas llenas de sangre y saliva.

El *skalkit* que lo estaba atacando a él bramó y cargó otra vez. Denton no tenía miedo pero le desconcertó un poco su velocidad. Intentó esquivarlo pero no fue lo bastante rápido y el animal le atrapó el brazo izquierdo. Los dientes se enterraron en la carne y le dolió, pero sobre todo le molestó que lo hubiera cogido. Levantó el cuchillo con la mano derecha y lo hundió una y otra vez en la cabeza del *skalkit*.

La mayor parte de los golpes rebotaban en los dientes y el grueso cráneo pero le cortó la piel y lo hizo sangrar; el *skalkit* estaba sorprendido por la resistencia que ofrecía. Gimió y estuvo a punto de soltarlo. Luego pareció recordar que él era grande y Denton muy pequeño y volvió a enterrar los dientes en el brazo de Denton con la intensidad de un molinillo.

Carajo que si dolía. Estaba al mismo nivel que aquella cosa y su enorme cabeza era fea, maloliente y carnosa. Lo miraba un ojo lleno de maldad, ciego, frío como las entrañas del espacio, le molía la carne, aplicaba la presión de forma deliberada y estaba a punto de romperle el brazo.

Denton chilló, con todas sus fuerzas mientras se apoyaba en la cara del *skalkit*. Luego hundió el cuchillo en el ojo de la criatura. No una vez, sino varias, sin parar, incluso cuando la cosa lo soltó aullando de dolor, incluso mientras el animal trató de escapar.

Se agarró al cuello de la bestia con el brazo mordido y herido cuando el animal levantó la cabeza, no estaba dispuesto a dejarlo escapar. El *skalkit* levantó las patas del suelo y aun así él aguantó. Y siguió hundiendo el cuchillo en la cuenca ensangrentada y abierta del ojo.

El *skalkit* sacudió la cabeza con fuerza para intentar soltarse. Denton se aferró aun más fuerte. El otro ojo estaba rodando y también fue a por ese; se lo sacó de una única puñalada.

Y entonces la criatura lo derribó de un latigazo.

Aterrizó de nuevo en el suelo con una fuerza que lo magulló entero. El brazo mordido le enviaba oleadas de dolor al hombro pero lo hizo a un lado. Las heridas no eran graves. Todavía podía utilizar el brazo y lo haría.

El *skalkit* se tambaleaba por el claro, con los dos ojos sacados y chorreando sangre. Emitía unos sonidos capaces de helarle la sangre a cualquiera y no lejos de allí los sapphianos tenían que estar oyéndolos. Denton se alegró. Se levantó bombeando adrenalina por todo el cuerpo. Eyanna se acercó a él y lo abrazó. Vio en el rostro femenino que algo también había cambiado para ella. Le tiró del brazo, quería acercarse al chico, estaba lista para irse.

Pero él no estaba preparado para dejarlo así. Aquel era el mejor momento de su vida, maldita sea, y lo iba a aprovechar hasta el final.

—Un minuto, Eyanna.

Recogió el cuchillo de donde había caído cuando lo habían tirado al suelo y se dirigió al *skalkit* ciego.

El muchacho revivió y aparte de unos cuantos cortes, unos golpes y de estar un poco traumatizado, en general estaba bien. Lo dejaron en el claro para que los esperara allí y Denton y Eyanna entraron en la garganta. Denton llevaba una pesada carga en la mano sana.

Al acercarse, vieron a varios sapphianos a través de los árboles. Desaparecieron de inmediato con los rostros horrorizados. Pero para cuando Denton y Eyanna llegaron al círculo principal, ya se había corrido la voz y la aldea entera estaba apiñada allí en una masa apretada y silenciosa.

Denton y Eyanna entraron en el claro. Cruzaron el espacio que los separaba del fuego central. Los sapphianos, con los ojos muy abiertos, se retiraron a su paso.

Denton tiró la cabeza del *skalkit* delante de la hoguera. Todavía estaba cubierto de sangre, al igual que Eyanna. Quería que la vieran.

—Esto es un *skalkit*. Esta es la terrible muerte a la que enviáis a vuestros hijos y a vuestras hijas cada semana. Pensé que deberíais saberlo.

Nadie dijo nada. Algunos de los sapphianos desviaron los ojos, miraron al bosque, al cielo, a cualquier cosa.

—Y nos llevamos a las hijas de Eyanna.

Estaban allí, entre la multitud, aferradas a dos mujeres sapphianas. Eyanna se acercó a ellas con una mezcla de impaciencia y ansiedad. Denton sabía que quizá las niñas estuvieran asustadas y no quisieran irse. Pero Eyanna les habló en voz baja, arrodillada y a los pocos minutos había conseguido que la abrazaran. Se levantó con las dos en brazos, cada una contra un hombro.

Denton miró a su alrededor, a los sapphianos, por última vez. Vio ira en unos cuantos ojos, estaban enfadados con él.

—Vámonos, Eyanna. Este es un sitio terrible.

Cogió a la más pequeña y juntos se alejaron de Sapphia.

20.3. Setenta-Treinta Jill Talcott

El alienígena se metió en el coche de aire que estaba aparcado fuera del campo de antenas y Jill también entró, con el trasero medio dentro, medio fuera del estrecho asiento. Como con el ascensor, casi no se percibía la elevación. El coche flotó entre los edificios como un susurro de aire. Jill contempló las calles con atención y solo se dio cuenta después de que estaba buscando a Nate. No lo vio pero tampoco había razón para que lo viera. Seguramente ni siquiera estaba en esta sección de la ciudad.

—¿Cómo puedo llamarlo? —preguntó para intentar establecer algún tipo de contacto personal.

—Mi designación no tiene traducción. Si le parece necesario dirigirse a mí, puede utilizar «Cargha».

—Cargha. Yo me llamo Jill Talcott.

—Sí. No le encuentro ningún sentido a su nombre en su idioma.

—Solo es un nombre. ¿Cómo se llama este planeta?

—Difa-Gor-Das.

Hizo flotar el coche con suavidad hasta que aterrizó. A Jill le resultaba difícil juzgar la distancia que habían recorrido, aunque había estado prestando atención. La ciudad era absurdamente parecida y la velocidad del coche de aire muy superior a lo que ella estaba acostumbrada.

Siguió a Cargha a un edificio alto y luego al ascensor, con el que subieron una docena de pisos. Salieron a una gran habitación llena de ordenadores y enormes máquinas con forma de cajas.

—¿Son unidades de almacenaje? —aventuró Jill mientras cruzaba el espacio hasta una de ellas.

—Sí. Es el aislamiento lo que las hace tan grandes. Estas unidades están protegidas contra altos niveles de radiación. Esa almacena diez billones de datos.

El alienígena se sentó ante el ordenador y sus dedos empezaron a flotar por la pantalla. Los datos de la pantalla cambiaron con tanta rapidez que Jill fue incapaz de captar ni una sola palabra. Era como si estuviera dirigiendo una orquesta. Tenía una expresión vidriosa en los ojos.

Jill acercó una silla y se sentó. Aunque todavía la ponía incómoda estar físicamente cerca de un ser tan extraño, estaba decidida a ver cómo manejaba el ordenador.

—¿Qué está haciendo?

—Calculamos que faltan solo tres punto cuatro siglos antes de que el planeta quede completamente despoblado. El legado debe estar listo para entonces, así que no tengo tiempo que perder, si bien, estadísticamente hablando, yo estaré entre los últimos supervivientes. Por eso se me eligió para este cargo.

—Ya veo.

A Jill le parecía inquietante la tranquilidad con la que Cargha se tomaba la desaparición de su especie. De hecho, ahora que había vuelto al trabajo (sus dedos volaban mientras conversaba), Cargha parecía dispuesto, incluso ansioso, por hablar de ello.

—Estadísticamente hablando, es probable que los receptores adecuados lleguen para recuperar el legado dentro de un millón de años. Sin embargo, el legado estará bien protegido durante el doble de tiempo, dos punto dos millones de años. La probabilidad de que los receptores adecuados lo encuentren durante ese tiempo es de un noventa y tres por ciento. Nos sentimos cómodos con ese porcentaje. Para conseguir el cien por cien, tendríamos que proteger el legado durante veinte punto seis millones de años, una franja de tiempo que está fuera de nuestra capacidad.

—Aun así... ¡dos millones de años! ¿Qué hay con exactitud en el legado? ¿Tienen grandes obras maestras? ¿O quizá libros escritos por grandes científicos?

Cargha reflexionó sobre eso mientras sus dedos no dejaban de volar por la pantalla. Ladeó la cabeza como si buscara entre los conceptos mentales de la chica alguno con el que él pudiera identificarse.

—No entiendo.

—Nosotros tenemos grandes obras de arte, por ejemplo cuadros de batallas históricas famosas o retratos...

Con eso no iba a conseguir ninguna respuesta.

—De acuerdo, ¿y los libros? Por ejemplo, nosotros tuvimos un científico llamado Charles Darwin que escribió un famoso libro sobre la evolución de las especies. Seguro que tienen obras parecidas. Quizá sobre la tecnología de ondas —añadió, esperanzada.

—Los datos sobre la evolución de las especies están en los archivos del legado junto con el resto de nuestro saber. Pero nosotros no definimos ese tipo de cosas por el individuo que las descubrió. Todos los ciudadanos contribuyen con un trabajo muy valioso al avance de nuestra especie.

Por alguna razón a Jill eso no le sonaba muy atractivo.

—Sí que archivamos información sobre nuestros individuos —continuó Cargha—. El legado incluye datos sobre todos los individuos que han vivido durante los últimos ciento cincuenta mil años, que es el periodo de tiempo que cubren nuestros archivos con una exactitud del cien por cien. Tenemos archivos parciales de antes de ese momento y se han almacenado en nuestro legado aunque son imperfectos. Por ejemplo, el legado contiene la designación de nacimiento de cada individuo, un mapa de su ADN genético, sus campos de experiencia y vínculos con su labor concreta en el legado.

—¿Qué clase de labor?

Cargha abrió un archivo de un varón que había nacido 603 años antes y que había «cesado» 300 años atrás. Se había especializado en la microestructura de los minerales. Su trabajo sobre el tema se extendía a lo largo de páginas y páginas (ecuaciones y gráficas químicas) pero Jill no vio ninguna señal de individualidad, de personalidad.

—El trabajo de este varón consiste en mil páginas que forman parte de la base de datos de los minerales, de la cual hay seis millones de páginas.

Una vez más Jill se quedó parada, su mente era incapaz de comprender ese tipo de números. ¿Seis millones de páginas? ¿Sobre minerales? Por el amor de Dios, ¿cómo iban a hacer falta seis millones de páginas para describir nada, y mucho menos minerales? Guiñó los ojos y miró la página que tenía delante, una página de logros realizados por aquel varón de 300 años. Eran datos. Solo datos.

Con un estremecimiento de horror, Jill tuvo una visión muy clara de lo que contenía el legado. Desde luego que habría alguna tecnología interesante en todo esto. ¿Cómo podría no haberla? Pero tenía una sensación más profunda, las resmas y resmas y resmas de información recopilada con todo cuidado, horrible y carente de sentido que nadie, y desde luego no otra especie, ni siquiera los «receptores», se iba a molestar en hojear.

Quizá fue el susto que había recibido antes en la máquina, o quizá ya había perdido su fe en la ciencia en algún nivel fundamental pero de repente sus paradigmas básicos cambiaron. En un momento, esta fascinante cultura altamente tecnológica que tanto inducía a la envidia se había convertido en un auténtico desperdicio, aterrador por su tamaño. Se sintió físicamente enferma.

—Nuestra base de datos está casi completa —dijo Cargha—. Dentro de cien años estará finalizada, salvo los últimos doscientos punto cuatro años de nuestra existencia. Pero se calcula que entonces solo quedarán vivos veinte miembros de la especie. En ese momento empezaré a hacer copias de los datos. Realizaré dos mil treinta y tres copias de los datos en veinte formatos de almacenamiento diferentes, incluidos el holográfico, el digital, el óptico...

Sus dedos se movían de forma obscena por la pantalla del ordenador, con los ojos clavados en ella, muy abiertos.

Jill tuvo una imagen repentina, se vio a sí misma trabajando, completamente concentrada, igual de ciega. ¿Qué le había dicho Nate? ¿Que no tenía sentido recoger datos sobre este planeta si no podían volver a casa? ¿Si no se podían utilizar para nada? Y aquí estaba esta criatura, tan ocupado, trabajando en su guarida en cosas de las que nadie se iba a preocupar jamás mientras su civilización moría a su alrededor. Tocando el arpa mientras Roma ardía. ¿Así era ella en realidad?

Dios bendito.

—Cargha —le dijo con suavidad—. Necesito que me muestre los antiguos archivos que hablan de la máquina del campo de antenas. Ahora mismo.

Cargha dejó escapar un poco de aire que ella hubiera jurado que era un suspiro.

—Si es necesario.

—Oh, desde luego que es necesario.

Jill se pasó horas estudiando los archivos que tenía el ordenador sobre la máquina. Por suerte, al traductor no le costó mucho trasladar la información a su idioma, quizá porque los conceptos no estaban muy alejados de los conceptos que ella sabía y entendía. Y alguien de aquella lejana época había esbozado con todo cuidado las teorías sobre lo que había pasado, de la misma forma que un farmacéutico responsable indica los peligros de una medicación. Había construcciones detalladas que utilizaban su ecuación, la ecuación del centro, la del mitad y mitad; los ancestros de Cargha procedían de su universo, del de Nate y ella, lo que mostraba un peligro oculto que ella jamás había sospechado. Los ancestros de Cargha tampoco lo habían sospechado hasta que ya fue demasiado tarde. Cuando terminó, se quedó allí sentada durante un largo rato, pensando. Sus dedos tamborileaban sobre la clavícula mientras, al otro lado de la habitación, ante su monitor, las manos de Cargha bailaban delante del ordenador un aria silenciosa. Por fin, la joven se levantó y se acercó a él al tiempo que cogía una de aquellas sillas que parecían más dignas de un *banana split*.

—Cargha, necesito que me escuche.

—Estoy escuchando —dijo él sin mirarla ni dejar su trabajo.

—No, míreme y escuche.

Los dedos del alienígena vacilaron y luego se detuvieron. Se volvió para mirarla, la expresión vacía de su cara le daba la impresión de que igual podía dirigirse a un muro.

—Nate y yo tenemos que volver a la Tierra. Tenemos que advertir a nuestra gente sobre la máquina; porque si no lo hacemos, es muy probable que nos ocurra lo que les ocurrió a ustedes.

Cargha la miró y parpadeó con suavidad.

—Me doy cuenta de que su programa espacial está cerrado pero tiene que haber alguna otra forma. Llegamos aquí a través de una especie de agujero negro microscópico. Tiene que haber algún modo de invertirlo.

—Quizá. —Se volvió otra vez hacia la pantalla y volvió el baile de dedos—. Hay tres millones de páginas sobre agujeros negros y su función, pero ese no es mi campo.

Jill suspiró, ya se imagina a Nate y ella examinando tres millones de páginas.

—Y el mío tampoco, amigo. Pero vamos a tener que convertirlo en nuestro campo.

—La ayudaré a localizar los datos relevantes. Sin embargo, debo continuar con mi propio trabajo.

—Si no le he entendido mal, tiene otros trescientos años para hacer su trabajo. Tiene tiempo de ayudarnos. No creo que podamos hacerlo sin usted.

—Es cierto. Dispongo de un margen de error en mi programación. Sin embargo, es imposible anticipar todas las contingencias. Por ejemplo, me acabo de dar cuenta de que es necesario modificar el programa de los centinelas.

Hubo algo en eso que le sonó conocido. Jill se irguió un poco más.

—¿Son las cosas redondas de la puerta de la ciudad?

—Los centinelas funcionan por todo el perímetro de la ciudad. Su función es evitar que los *zerdots* entren en la ciudad y desmantelen el legado.

—¿*Los zerdots?* ¿Se refiere a esa especie de hormigas grandes que hay en el desierto?

Cargha analizó su vocabulario.

—Sí. Son nativos de este planeta. Son inteligentes pero no es una especie tecnológica. Nunca hemos disfrutado de una relación de cooperación con ellos.

Jill frunció el ceño al recordar la mañana que habían llegado a la ciudad, la forma en la que la esfera de metal los había «percibido» a ella y a Nate.

—¿Los centinelas matan *zerdots*?

—Sí.

—¿Solo matan *zerdots*?

—Esa es la anomalía que me acaba de llamar la atención.

Las palmas de las manos de Jill empezaron a sudar.

—¿Podría ser un poco más específico?

Cargha parpadeó ofreciéndole una visión de aquellos párpados dobles y gelatinosos.

—Sí. Estaba examinando el programa de los centinelas cuando me interrumpió. Para el legado tuvimos en cuenta la posibilidad de que los *zerdots* mutasen. Los centinelas responden a un perfil de ADN que se desvíe del nuestro en más del uno por ciento y que tenga una altura inferior al uno veinte.

—Pero... ¡eso es muy amplio! ¿Y si los receptores que están esperando miden menos de uno veinte?

—Los centinelas solo operan en las fronteras de la ciudad, donde van a encontrarse los *zerdots*. Los receptores no provendrían de fuera de la ciudad. Tenemos un faro en el astropuerto. Además no hay nada de interés en este planeta aparte de nosotros mismos.

Jill se lo quedó mirando asombrada. ¿Podía haber perdido esta especie tanto el contacto con su medio ambiente que ni siquiera era capaz de concebir que una nave espacial aterrizara en algún sitio que no fuera su preciosa Ciudad?

—Pero nosotros no estamos en peligro, ¿verdad? ¿Nate y yo? Porque nosotros medimos más de uno veinte.

Cargha se volvió de nuevo hacia la pantalla y agitó los dedos antes de volver a examinar el código de los centinelas.

—Esa es la anomalía que me acaba de llamar la atención. La comprobación de altura es espacial, no estructural. Curioso.

—Oh, Dios.

—Si un sujeto que mide más de uno veinte se inclinara, o sentara, como hace usted...

—¿Y cómo es que eso le ha llamado la atención, justo ahora? —preguntó Jill; su voz sonaba un poco histérica.

—He recibido una transmisión. Uno de los centinelas le ha disparado al varón.

20.4. Cuarenta-Sesenta Calder Farris

La puerta del apartamento fue fácil. La llave de vigilante de Pol funcionó a pedir de boca. Las luces del pasillo ardían en el techo pero faltaba mucho para el amanecer y no había nadie despierto para verlo cuando se metió en el piso.

El apartamento estaba oscuro y en silencio. Pol se quedó quieto un momento y escuchó para ver si había despertado a los residentes. No oyó nada. Encendió una linterna.

El apartamento era diminuto pero más digno que la vivienda de Marcus o la cajita que le había pertenecido al Bronce de los libros prohibidos. Era un edificio más antiguo y tenía cierto encanto, techos altos, molduras. Al lado del salón comedor se veía una cocina pequeña y había un pasillo corto y una puerta abierta detrás. Pol entró en el dormitorio, silencioso como una serpiente y dirigió la antorcha hacia la figura de la cama. El hombre estaba dormido, emitía un ligero resuello con la garganta. Era un Bronce especialmente poco atractivo, Mestido 1123. Pol dio un paso más, le apuntó la luz de la linterna a la cara y se inclinó para mirar.

No tenía cejas ni la menor insinuación de barba. Ni un pelo en el rostro, solo la tosca cara rubicunda y con la nariz chata de un Bronce. El aliento le apestaba a orín, una carne acre. El resuello de la garganta sonaba igual que una cañería con goteras.

Pol lo dejó dormir. Quería confirmación. Buscó por la cocina y encontró una lata de pintura de construcción negra y una brocha de tamaño industrial debajo del fregadero. Se sentó sobre los talones y lo miró. Gyde habría estado encantado.

Tras volver al dormitorio, Pol colocó una silla sencilla al lado de la cama y desenfundó el arma. Le cubrió la boca a Mestido con la mano. Los ojos marrones se abrieron de golpe.

—No te muevas —dijo Pol mientras le mostraba la boca del arma—. Tienes un libro, *Misterios celestiales*.

La cabeza de Mestido se movió bajo la mano de Pol y lo negó. La sensación del movimiento de esa boca carnosa era de lo más desagradable. Pol quitó la mano poco a poco, preparado para volverla a poner allí si Mestido gritaba. No lo hizo.

Pol se limpió la mano en los pantalones de lana del uniforme.

—Sí, lo tienes. No mientas.

—Lo he leído, pero no lo tengo.

Pol esperó. El Bronce era un charlatán nervioso y estaba petrificado. Se incorporó hasta quedar sentado.

—En Madamar, cuando trabajaba en el Departamento de Encuestas. Un Bronce con el que trabajaba lo tenía. Puedo darle su nombre.

—¿Eres un alienígena?

—¿Yo? ¡No! ¡No, claro que no!

—¿Pero has conocido a alienígenas?

Mestido miró a su alrededor y estiró la cabeza para asomarse al pasillo. Por el miedo y la confusión que se reflejaban en su rostro estaba claro que no sabía qué pensar. Era obvio que Pol era vigilante, ¿pero estaba solo? ¿Cuánto sabía? Pol comprendió que examinaba mentalmente todas las alternativas.

—No sé de qué está hablando —respondió Mestido con aire inocente.

Pol le estrelló un puño contra la cara. El golpe, que provenía de detrás de la luz de la linterna, sacudió al Bronce sin previa advertencia y le destrozó la nariz. Salió la sangre a borbotones, una sangre que era demasiado oscura y demasiado suelta. Fluyó por la ropa interior y acre de Mestido. Este lanzó un grito ahogado por el susto, la inhaló y se atragantó.

—No me escarpes. Respóndeme o te meteré una bala en la cabeza. —Pero Pol ya se estaba arrepintiendo del golpe. Había cosas que quería de esta escoria, cosas que quería con desesperación. Esperó hasta que Mestido se puso unas sábanas en la cara mientras se retorcía de dolor.

—Sé bueno —dijo Pol, tanto para calmarse a sí mismo como para calmar a Mestido—. Sé bueno.

—Lo seré. Le contaré lo que sea. —El tono de Mestido era humilde pero sus ojos estaban llenos de odio.

Pol se alegró. Empezaba a dudar que aquel fuera el mismo hombre que desafiaba al estado y arriesgaba la vida pintando *graffitis*.

—¿Has conocido alienígenas?

—Sí.

—¿Y has estado en su planeta?

—Muchas veces.

—¿Podrías volver allí?

El ceño de Mestido se ensombreció. La piel parecía de un color marrón oscuro por encima del blanco ensangrentado de la sábana que se había puesto contra la cara. Pareció sopesar la respuesta.

—Quizá. —Retiró la sábana y sonrió con los dientes machados de sangre—. Usted no me cree.

—Quizá sí.

Pol sacó un pañuelo del bolsillo. Se limpió las sienes, escupió en la tela y se limpió otra vez. Mestido, que no lo veía muy bien detrás de la luz de la linterna, lo contemplaba con cautela.

Pol dirigió la linterna a su propia cara, iluminándola desde abajo. Con la otra mano apuntó el arma de forma deliberada al estómago de Mestido.

—¿Soy... soy yo un alienígena? —preguntó Pol con la voz espesa.

Mestido abrió mucho los ojos. Miró a Pol durante un buen rato al tiempo que le examinaba la cara con mucho cuidado.

—Me he operado los ojos. Antes eran más redondos. Y si no me lo quito, tengo un vello espeso sobre los ojos y en las mejillas y la barbilla.

Debería haber un poco de barba a estas alturas. ¿Cuándo fue la última vez que se había afeitado? ¿A última hora de la tarde? ¿Esta mañana? Ni siquiera se acordaba. Escarpa, había salido a un club nocturno y ni siquiera se acordaba de cuándo se había afeitado por última vez.

Mestido se inclinó hacia delante con la cara inerte por el asombro.

—¡Eres un alienígena! ¡Lo sabía! ¡Se lo dije!

Pol sintió júbilo y terror al mismo tiempo. En la mano, el arma osciló y apuntó a la nada. Si Mestido hubiera sido un poco espabilado, podría haberlo derrotado. Pero sonreía como un loco.

—¿Cómo lo sabes? —preguntó Pol cuando por fin pudo confiar en su voz.

—Se nota.

—¿Cómo lo sabes? —gritó Pol.

—Bueno... ¡mírate! —Los ojos de Mestido lo midieron de arriba abajo—. Enciende la luz.

—Cállate de una vez —dijo Pol; pero se levantó. No había ventana en la habitación, así que cerró la puerta y encendió la luz. Había más sangre de lo que había pensado; la cama estaba empapada y Mestido parecía una enfermería con patas. Pero su expresión era taimada. Sus ojos, muy separados, bailaban como locos.

—Les dije que estabais aquí pero no me creyeron. ¡Ahora verán!

—¿Has visto alguna vez a alguien con el mismo aspecto que yo?

Mestido había esbozado una amplia sonrisa y llevaba la cabeza de un lado a otro.

—¡Responde! Vello en la cara, piel clara, ojos azules. Oh... y el pelo, en realidad tengo el pelo oscuro, como el tuyo.

—Desde luego.

—¿Has visto a otros como yo?

Mestido se llevó un dedo a la boca ensangrentada.

—Cuando vienen —dijo bajando la voz como si fuese un secreto—, pueden adoptar cualquier forma.

—¿Qué? ¿Pero qué aspecto tienen en su planeta? Has dicho que has estado allí.

—Algunos quizá sean así.

Pol sintió la necesidad de estrangular al Bronce.

—¿Sabes algo de su idioma?

—No.

—¿Ni siquiera una palabra?

—No, yo...

—¿Y su planeta? ¿Cómo es? ¿Sabes el nombre de alguna de sus ciudades?

—Se lo he estado diciendo. Este mundo será destruido, entero. Salvo yo. Me han prometido que yo estaré a salvo.

Pol se apretó los ojos con los dedos. La ira empezaba a inundarlo, una ira tan viciada y abrumadora que el cuerpo le temblaba por la fuerza con la que venía.

—Eres un escarpado mentiroso —dijo con tono funesto.

Lo que había en su cara debía de ser aterrador porque Mestido se acurrucó un poco más en la cama, entre gañidos.

—¡Eres un escarpado mentiroso!

—¡No!

Lo habían engañado. Este Bronce no sabía nada, no conocía a ningún alienígena de verdad. No era más que un loco de atar, otro pedazo de mierda con una lesión en el cerebro. Un sollozo de ira y frustración sacudió a Pol y antes de darse cuenta se había saltado la cama, tenía el cuello de Mestido entre las manos y lo ahogaba, lo asfixiaba sin parar. Había una furia en su interior, una furia que lo había ayudado a matar al Plata meses antes en Saradena. Últimamente la había reducido el miedo pero ahora había vuelto con un terrible abandono. Se fundió en sus dedos para darles la forma de un garrote. Se sentía como si pudiera arrancarle la cabeza a aquel gusano de un tajo. Mañana no existía. Ayer no existía. Solo este momento, esta venganza. Solo sus manos y esta garganta.

Mestido consiguió pronunciar una palabra.

—Verde.

Al menos Pol entendió verde. Sus dedos lo soltaron. Mestido tosía y resollaba para recuperar el aliento como si le hubieran aplastado el esófago. Era un sonido terrible. Pol ya veía la piel del cuello oscureciéndose. Esperó respirando por la nariz como un toro lleno de rabia.

—¿Qué?

—Su planeta... era verde.

Se rompió algo dentro del corazón de Pol. Sintió un sollozo en lo más profundo de su pecho. Verde. Era lógico, ¿no? Todo este lugar era gris: cielo gris, piedra gris, polvo gris, bombas grises, campos de batalla con un suelo tan helado y gris como los uniformes de los cadáveres que yacían allí. Incluso las plantas tenían una palidez enfermiza. Pero él recordaba el color verde.

Mestido luchaba por incorporarse.

—Enséñamelo —dijo Pol.

Fue después del amanecer cuando llegaron a su destino. Había cogido uno de los primeros autobuses de la mañana que llevaba a Hierros y a Bronces de bajo nivel a un proyecto de construcción situado más allá de los límites de la ciudad. Desde el punto en el que los dejaron había que andar algo más de un kilómetro.

Hasta... nada que Pol pudiera ver. Habían llegado a un barranco, una garganta con forma de V que en otro tiempo quizá hubiera sido un río pero que ahora solo era fango oscuro, un arroyo medio atascado por tierra, cenizas y otros contaminantes innombrables. Los costados del barranco estaban repletos de zarzas tenaces. Mestido se detuvo al borde del barranco con los brazos cruzados.

—¿Dónde? —Pol se pasó la lengua por los labios y sacó el arma. Allí no había nada pero quizá de eso se trataba precisamente. Los alienígenas escogerían un lugar aislado, un lugar donde no hubiera nadie, ¿verdad? —. Enséñamelo.

Mestido empezó a bajar la pendiente de la orilla. Pol lo siguió moviéndose con cuidado. Las zarzas tenían una configuración única para aferrarse a la lana de su uniforme.

Se movieron así durante unos quince minutos hasta que Pol se dio cuenta de que Mestido estaba dando la vuelta y dibujando un círculo. Se detuvo y liberó el brazo y el arma de la vegetación con un tirón.

—¡Para!

Delante de él, Mestido dudó, como si sopesara la opción de no parar, pero un vistazo por encima del hombro le mostró que el arma seguía demasiado cerca.

—¿Dónde coño está?

—Aquí. Por aquí en algún sitio. —Mestido empezó a caminar otra vez.

Pol se adelantó de inmediato de un violento tirón mientras las zarzas le rasgaban la ropa. Agarró al Bronce por el brazo.

—¡Te he dicho que te pares!

Mestido se quedó inmóvil.

—¿Qué es? ¿Qué estamos buscando?

Mestido se volvió para mirar al otro lado del barranco.

—Los vi aterrizar aquí. Fue justo aquí.

Pol entrecerró los ojos, intentaba leer algo, cualquier cosa, en la cara de Mestido. No parecía mentir pero tampoco parecía muy cuerdo.

—Cuéntame lo que pasó.

Mestido hizo rodar la lengua por la boca. Tenía la garganta hinchada por donde Pol lo había estrangulado y se le había inflamado hasta que la cabeza y el cuello le parecían una bola.

—Estaba buscando piedra de mineral. —Le dio una patada al suelo—. Lo puedes vender en la calle. Un día vi una nave...

—¿Una nave?

Mestido se volvió para mirar el barranco mientras hacía un gesto con la mano.

—Un aparato volador. Era como un balón y relucía, relucía todo. Flotó sobre el barranco con las luces relampagueando por todos lados. Luego salieron y...

—¿Salieron?

—Los alienígenas. Parecían bichos verdes gigantes, pero solo es su forma nativa; pueden adoptar cualquier forma que quieran. Tenían armas y me metieron en su nave y...

El estruendo del arma resonó por el barranco y despertó ecos por toda la zona, ecos ahogados por los matorrales.

Mestido cayó de rodillas. Las zarzas se aferraron a la carne del rostro y quedaron atrapadas en su cabello. La sangre oscura, suelta, le chorreaba por la espalda de la camisa. Se precipitó hacia delante, muerto. Las zarzas no le permitieron alcanzar el suelo sino que lo sujetaron en escorzo, permitiendo que la sangre se bajara por la espalda e hiciera un túnel hasta el suelo por la cadera derecha.

El arma todavía estaba estirada en la mano de Pol cuando los insectos empezaron a reunirse para dar cuenta del pegajoso festín. Los miró fijamente.

Idiota. Estúpido, escarpado idiota con el cerebro dañado.

—¡Kalim N2! —La voz procedía de arriba, como la voz de Dios.

Pol respondió por instinto, se precipitó entre las zarzas justo cuando un disparo zumbó a su lado. Recorrió un difícil metro refugiado en la vegetación y solo cuando estuvo seguro de que ya no lo veían, se permitió alzar la vista.

No había nadie en el borde del barranco. Todos ellos, o solo él, Pol aún no estaba seguro, habrían dado unos pasos atrás y no presentarían un blanco para su arma.

—Sé quién eres. —La voz de Gyde bajó flotando.

Pol sintió ganas de reírse. Ni siquiera él lo sabía.

—¡El estado te quiere vivo! Quieren interrogarte. Dudo que nadie se haya atrevido a hacer lo que tú has hecho. Matar a un Plata. Adoptar su personalidad. Eso está muy mal, Kalim. Muy, muy mal.

Pol estaba echado en el suelo, entre las zarzas y haciendo caso omiso de las punzadas de dolor. Se dio cuenta de que no estaba sorprendido, ni enfadado, ni tenía miedo. Hacía mucho tiempo que se acercaba este momento. Aun así, la pistola le tembló entre las manos. Se sentía... profundamente triste. Quería decirle a Gyde: *tú no lo entiendes. Le hicieron algo a mi escarpado cerebro.* Pero el hombre que estaba en la parte superior del barranco no era amigo suyo.

—Sin embargo, te concederé algo ya que eras mi compañero. Si sales ahora y rindes tu arma, te daré muerte, una muerte limpia y rápida, aquí, en este momento. Piénsalo, Kalim. Piénsalo bien.

Lo hizo. Se quedó echado en el suelo helado, estremecido. Su mente era la de un soldado, fuera cual fuera su rango o su clase y comprendía bien sus opciones. El error de Gyde había sido decir su nombre. Quizá Gyde no estaba seguro al cien por cien. Quizá había querido sorprender a la presa, ese momento de reconocimiento conmocionado, una última confirmación antes de matar a Pol de un disparo. Pero en su lugar, el nombre había servido de advertencia y Gyde había errado el tiro. Ahora Pol tenía la oportunidad de abrirse camino hasta la cima a través de las zarzas e intentar engañar y dominar a Gyde. Estaba bastante seguro de que Gyde estaba solo. No le habría hecho «concesiones» si no estuviera solo. Gyde estaba solo porque quería llevarse todos los méritos de la captura de Pol. Las probabilidades que tenía Pol de vencerlo eran de un cincuenta por ciento. Pero ni siquiera quería intentarlo.

Padre. Una voz en la cabeza de Pol había hecho ese ruego. Lo desechó con gesto cínico. El hombre de la cima del barranco tampoco era eso.

Pol tenía los dedos rígidos cuando empezó a quitarse el uniforme. Estaba enredado con las espinas fibrosas que lo rodeaban con lo que la tarea le resultaba más difícil.

—No me hagas ir a por ti —relució la voz de Gyde, peligrosa, como sus ojos.

Ahora Gyde podía pedir refuerzos o bajar como pudiese al barranco e intentar capturarlo solo. Lo de pedir refuerzos seguramente dependería de cuántos méritos necesitase para lograr su objetivo. Pol no creía que necesitara muchos.

Las zarzas ya le estaban destrozando la piel de los brazos y la espalda cuando Pol levantó las caderas para quitarse los pantalones. Se dejó las botas puestas. La superficie no atraería las espinas y le protegería los pies. Por último se quitó la ropa interior de lana que llevaban los Platas.

—Te quedan pocos minutos, Pol. Es la última oportunidad que tienes de rendirte. Si no lo haces, te aconsejaría que utilizaras ese arma contigo mismo antes de que te saquen de ahí.

Pol, desnudo, con las ropas desechadas en el suelo tras él, empezó a reptar por los matorrales rumbo al fondo del barranco.

Gyde también entendía todas las opciones.

—Pol. —Ahora suavizó el tono—. Hazle un favor a tu viejo compañero de clase y ríndete. Ya te lo he dicho, una muerte rápida. Si estás pensando en escapar, olvídalo. Aunque lo hicieras, te cazarían. No puedes vivir sin nombre, lo sabes. No puedes comprar comida ni nada y si te cogen en la calle te dispararán. Ríndete ahora.

La piel de Pol se movía entre las zarzas con más facilidad que la tela del uniforme. Aun así, se le enganchaba la piel y quedaban arrancados trocitos diminutos de carne aquí y allí mientras gateaba sobre el vientre por la tierra helada. El dolor era punzante y empeoraba cuando el sudor le cubría de sal las heridas. Pero el dolor que sentía en su interior eclipsaba cualquier otro, como la guillotina eclipsa una cuchilla.

Apareció ante él el agua salobre y contaminada del arroyo.

Llevaba las manos y los brazos por delante mientras reptaba. Al borde del agua se detuvo y se quedó mirando sus manos, sus brazos ensangrentados. Menudo cuadro presentaban con el suelo helado y el agua sucia.

—Pol. —La voz de Gyde era una caricia.

Pol se deslizó en el agua y se dejó llevar.

20.5. SETENTA-TREINTA JILL TALCOTT

Jill consiguió que Cargha la llevara al astropuerto en el coche de aire. El alienígena no toleraba demasiado bien los ruegos. La pista estaba caliente y llena de luz, con el sol en el centro del cielo cuando aterrizaron. Nate era una figura diminuta al lado de la enorme nave. Estaba echado justo debajo de aquel monstruoso vientre barnizado de rojo. No se movía.

Jill corrió hacia él y consiguió llegar a pesar de que apenas era capaz de respirar. El joven tenía la camiseta blanca quemada a la altura del estómago y debajo había una herida blanca y roja, más o menos del tamaño de un pomelo, centrada en la carne blanda del vientre.

Tenía el rostro inmóvil y muy pálido. Las pestañas largas y negras eran dos medialunas que reposaban con dulzura sobre las mejillas. Aquella visión le partió pulcramente en dos el corazón a Jill.

Cayó de rodillas al lado del cuerpo del joven y comprendió sin lugar a dudas que su vida se había acabado, que una parte vital de sí misma, una parte que era mucho más interesante, importante y maravillosa que cualquier otra, acababa de cerrarse para siempre. Una sensación de presión, intensa, dolorosa y asfixiante, empezó a crecer sin parar en su interior. Luego aspiró una enorme bocanada de aire y lo expulsó con un gemido ahogado que se convirtió en unos sollozos intensos que la estremecían entera. Los sollozos sacudían todo su ser, y cada uno de ellos salía con tal fuerza y a tal velocidad que empujaban al que tenían delante con violencia, como un ejército de guerreros abandonando el útero.

Los dedos femeninos se aferraban ciegos a la destrozada camisa. Era incapaz de ver a causa de las lágrimas y tampoco podía oír por los gemidos que se le escapaban de la boca. Por fin se había roto algo en el interior de Jill Talcott y ahora sí que empezó a sentir las emociones; lo sentía todo. Demasiado tarde.

O quizá no. Alguien le tocaba el brazo, una mano fría (pero viva), una mano humana. Nate.

Intentó secarse los ojos con furia. A través de los velos de agua salada y los párpados hinchados, vio que había alzado los ojos y la miraba, pálido y obviamente dolorido, pero vivo a pesar de todo y al parecer bastante perplejo ante la escena.

—Jill. *Shhh*. Todo va bien.

Ella se quedó mirando sorprendida el estómago ensangrentado y empezó a arrancarle la tela de la camiseta. La herida del láser era grande y fea pero no era tan profunda. Vio lo que parecía piel cauterizada e incluso músculo. Era una herida terrible pero era posible que no hubiera penetrado en los órganos internos. Quizá viviera.

Cargha estaba de pie a su lado, contemplándola con la expresión absorta y ligeramente asqueada de un científico que estudia los rituales de apareamiento de unos bichos raros.

—Punto cero cinco siete milímetros —dijo—. Es la profundidad requerida para matar a un *zerdot*. No se puede considerar fracaso, porque debe de ser estadísticamente imposible que los *zerdots* muten dentro de los próximos dos punto dos millones de años hasta el punto de...

Jill desconectó. Los sollozos se habían calmado y ya casi podía volver a respirar pero había un peso en lo más profundo de su corazón. Nate le estaba frotando el brazo con los dientes apretados por el dolor.

—Sabes —le dijo entre temblores—. La gente siempre se pregunta qué se sentirá al ir a tu propio funeral. Bueno, supongo que yo lo acabo de averiguar. Es una sensación muy rara. —A pesar de sus palabras, había algo nuevo en sus ojos, comprendía lo que significaban aquellas lágrimas y había una pregunta en su mirada.

—¡Oh, Nate!

La científica se derrumbó a su lado, se echó allí mismo, en el asfalto. Él volvió la cabeza para mirarla.

—Duele como una cabrona —le confió él.

—Oh, cielo, ya lo sé.

Ella levantó una mano para acariciarle la cara, aquel rostro asombrosamente hermoso. La expresión del hombre cambió cuando ella lo acarició, se le oscurecieron los ojos. Jill no podía soportar aquella mirada, jamás había podido aguantarla, pero esta vez, en lugar de apartarse, se sumergió en ella. ¡Qué libertad, poder al fin sumergirse en aquellos ojos! Lo besó.

—Nate. —Lo dijo solo por el placer de reconocer que era él de verdad. Tenía unos labios tan suaves que era como ahogarse y sus besos eran tan dulces como recordaba... ¡Dios! ¡Cuántas noches se había quedado despierta sin querer recordar! Lo besó con tanta intensidad y abandono como el que había sentido en su dolor.

Cuando por fin le soltó la boca, él gruñó y la apartó con una risa estremecida.

—Jesús. ¿Has intentado alguna vez meterte mano con alguien con un agujero de centímetro y medio en el estómago? Definitivamente hay un conflicto de intereses debatiéndose por ahí abajo.

—¡Oh, Dios, lo siento! —Sintió que se ponía roja—. Cargha, necesitamos llevar dentro a Nate, ahora. Y vamos a necesitar calmantes y antiséptico.

Cargha seguía observándolos con una suave expresión de asco. Los párpados descendieron sobre la gelatina de los ojos.

—«Calmantes». Curiosa idea. Es un concepto muy propio de un planeta oscuro. Nosotros no requerimos ese tipo de cosas. Esta herida se remedia con toda facilidad volviendo a reunir la energía de los tejidos. Hay instrumentos de reparación en la mayor parte de las instalaciones. Si van...

—Nos vas a llevar en coche a la instalación más cercana. Ahora.

Ella empezó a levantarse y a prepararse para ayudar a Nate a ponerse en pie. Él la detuvo poniéndole una mano en el brazo.

—Jill. Solo quiero que me prometas una cosa.

—Te vas a poner bien. —Lo tranquilizó ella ofreciéndole una sonrisa valiente. Y ahora que le había impedido que se pusiera en pie, los dedos femeninos fueron incapaces de resistirse a la textura de su cabello—. Ya lo has oído. Y no te olvides de que este planeta da suerte.

—Ya, dímelo a mí —dijo Nate mientras le lanzaba una mirada significativa—. Pero no hablaba de eso. Prométeme...

—No me importa la tecnología de ondas —insistió ella—. De verdad, Nate, siempre has tenido razón en todo este asunto. Creo que podemos volver a la Tierra, pero cuando lo hagamos...

—¡Jill! —la interrumpió él, impaciente.

—¿Qué, Nate? —Sus dedos, para los que jugar con el pelo masculino era mucho más satisfactorio que jugar entre sí, exploraban ahora la piel suave, como de bebé, del cuello del joven. ¿Cómo demonios se había resistido a esta tentación durante los últimos dos años? ¿Qué clase de masoquista hacía algo así? Era como estarse muriendo de hambre en una habitación en la que hay un festín digno de un gourmet... un festín digno de un gourmet que estaba haciendo todo lo que podía y más para metérsete en la garganta. Debía de estar loca.

—Quiero que me prometas —dijo Nate—, que en cuanto arreglemos este agujero de mi estómago, que esperemos que sea en los próximos cinco minutos porque escuece como una perra, me vas a besar así otra vez. En privado. Durante un año más o menos.

—Mmm —dijo Jill, sintiendo que se derretía.

Cargha suspiró.

Libro Tres

SÍNTESIS

21

La palabra *emet* àíú, que significa «verdad», empieza con una *alef*, à , la primera letra del alfabeto y termina con una *tav*, ú, la última letra. Así pues, «el final está incrustado en el principio». Eso se logra a través de la *mem*, í, la letra que ocupa el lugar central del alfabeto. [tesis, antítesis, síntesis]

— el sabio Abulafia, citado en *Sefer Yetzirah*, antes del siglo VI, traducción de Aryeh Kaplan, 1990.

Auschwitz
Finales de octubre

El bosque estaba en silencio. La única luz eran los restos escasos de una media luna. Si hacía poco que allí había habido actividad, hombres con largos abrigos que entraban y salían (raspaban la corteza, estudiaban la tierra, tomaban muestras del suelo), ahora ni se notaba. Los árboles, de un color gris plateado, dormían el largo sueño de las cosas fibrosas. Los insectos nocturnos atrapaban insectos menores; los pequeños mamíferos dueños de ojos relucientes y nocturnos los cazaban a su vez y eran dueños de su propio y profundo miedo a las garras y las alas que bajaban silbando. El orden superior del hombre estaba ausente, lo que dejaba al bosque en paz para tocar ritmos más simples, si bien no necesariamente más inocentes.

Pero no por mucho tiempo. Sin previo aviso, un sol en miniatura irrumpió en el medio del claro. Cobró vida con una explosión y un ruido como el crujido de un trueno y un relámpago de luz tan intensa que cegó a varias criaturas que por la causalidad lo miraron.

Todo huyó en los alrededores. Solo quedaba el silencio cuando se desvaneció la luz, haciéndose cada vez más azul y fundiéndose con la oscuridad. Se materializó el perfil de cinco figuras.

Jill parpadeó en medio de la luz mientras intentaba orientarse. No estaba muerta, al menos no creía estarlo y no tenía la sensación de que las piernas le hubieran sustituido a los brazos ni que los pulmones se le hubieran vuelto del revés ni nada parecido.

Tanteó alrededor y encontró una mano, Nate. Se aferró a ella, por un momento tuvo un ataque de pánico. Pero él se la apretó con fuerza, tranquilizándola, estaba entero. El alivio hizo que le temblaran las rodillas. Sentía los pies clavados al suelo.

La gravedad. Parecía tan fuerte, ¿demasiado fuerte para ser la Tierra? ¿O solo era que ya no estaba acostumbrada a ella?

Cerró los ojos para defenderlos de aquella luz intensa y cuando los volvió a abrir se sintió mejor. A la izquierda distinguió la silueta de Nate, con la cabeza vuelta hacia ella. Un poco más allá, en un amplio círculo, había otros tres. Era como ver revelarse el negativo de una película. Ahí estaba... sí, el rabino, a su derecha, con toda la barba y frotándose los ojos. Y luego estaba... Denton Wyle, alto y delgado, con los brazos extendidos como para sujetarse y ya lo bastante consciente como para estar sorprendido. Y el último...

La última figura era la más alejada y ella apenas podía distinguir poco más que una figura masculina bien proporcionada, tensa, ropas pesadas. ¿Quién...?

—Por el amor de Dios, ¿qué ha pasado? —El rabino fue el primero en encontrar la voz.

Jill intentó hablar y tuvo dificultades para mover la boca. Era como si su cerebro estuviera intentando volver a conocer el motor que tenía bajo su control.

—Rabino Handalman —consiguió decir—. Soy Jill Talcott.

—¿Dra. Talcott? —dijo una ligera voz masculina—. ¿Es Nate el que está con usted? Soy Denton.

—Sí, soy yo, Nate.

Y la quinta figura seguía sin hablar.

La luz había seguido atenuándose, minuto a minuto, y Jill ya podía distinguir los rasgos de Nate. Miraba a su alrededor y luego la miraba y sonreía, no era una gran sonrisa, todavía no controlaba su cuerpo lo suficiente para eso, pero la intención era grande. Decía: *lo conseguimos. Estamos en casa.*

Intentó verificarlo por sí misma y guiñó los ojos para mirar más allá y distinguir unos árboles, altos y negros contra la luz azulada. Miró por encima de su cabeza y vio una luna conocida. La frialdad y el aroma del aire penetraron en sus sentidos. Respiró todo aquello, las aletas de la nariz se ensancharon y exhalaron un penacho de bruma.

—¿Es la Tierra? —Les llegó la voz del rabino, llena de esperanza, temblorosa—. No es posible... ¿Lo es?

—Hemos vuelto al lugar donde empezamos, rabino —dijo Nate—. Al menos, esa era la idea.

—¿Vosotros habéis hecho esto? —Denton parecía encantado.

Jill apretó la mano de Nate con fuerza. Estaba mirando la quinta figura del otro lado del claro. Al principio había tenido la idea irracional de que se habían cruzado algunos cables en el tiempo y que por accidente habían arrancado a algún extraño del éter. Pues allí estaba, se le veía cada vez con más claridad, una forma musculosa con ropas oscuras y pesadas, el pelo rubio cortado al cero y un rostro severo, cuadrado, nudoso.

El hombre la estaba mirando a ella, fijamente. Estaba rígido, con los brazos a los lados y el rostro luchando con... ¿el miedo? ¿La confusión? ¿La rabia?

Denton encontró sus piernas y dio un paso tembloroso, se acercó al rabino y lo agarró con un abrazo de oso ante el que el rabino dijo:

—¡Auuu!

—¿Jill? Ese no es Anatoli. ¿Quién es? —preguntó Nate en voz baja.

Aquella pregunta, al fin, desencadenó un recuerdo, un recuerdo ayudado por los fríos ojos de un color azul blanquecino que empezaba a percibir. Solo que ya no eran fríos; ardían y la miraban fijamente.

—Oh, Dios —murmuró la doctora.

Vio que él también la reconocía, en ese mismo instante. Y luego el hombre se movió, con fluidez, dio un paso atrás y adoptó una postura militar. Denton y el rabino Handalman estaban charlando, ajenos a todo, cuando el hombre levantó las manos y reveló la presencia de una pistola antigua y pesada. Apuntó a Jill.

—¡Quietos! —chilló con la voz muy alta y repleta de emoción. Los fue apuntando con el arma a todos, uno por uno, cuando Denton y el rabino se volvieron para mirarlo con sorpresa—. ¡En fila... muévanse! —Les hizo un gesto con el arma.

Jill compartió una mirada con Nate, una mirada de frustración y desesperación, habían vuelto desde tan lejos y solo para que los capturaran con tanta facilidad y tan pronto. Pero los cuatro hicieron lo que les mandaban y se pusieron en fila. Tenía al rabino Handalman a su derecha.

—¿Quién es este? —Quiso saber el rabino—. ¿Qué pasa?

Jill sacudió tensa la cabeza y le habló al pistolero.

—Todo va bien. Ya está en casa.

—Sí, tómeselo con calma —dijo Denton con tono tranquilizador.

Nate todavía le agarraba la mano e intentaba atraerla hacia él, colocarla detrás, protegerla. Se resistió. Si esta batalla era de alguien, era de ella.

El hombre de la pistola seguía balanceándola de uno a otro; la miraba sobre todo a ella y a Nate. Las piernas, muy separadas, le temblaban tanto que era un milagro que aún lo sostuvieran. Los bosques empezaban a adquirir presencia a su alrededor tras el deslumbramiento y los ojos del hombre se disparaban a todas partes como si intentara orientarse. Bajo los últimos rayos de la luz, que ya se desvanecía, estaba muy pálido, cubierto de una fina película de sudor. Jill se dio cuenta de que estaba aterrorizado, total y completamente chiflado. Podría hacer cualquier cosa. Y por primera vez se asustó de verdad.

—¿Teniente Farris? —dijo en voz alta y tranquilizadora—. ¿Se encuentra mal? ¿Podría por favor bajar el arma?

Con gran parsimonia estiró el cuerpo y con la mano extendida la apuntó directamente a la cabeza. La intención de aquel rostro era asesina. Y luego, aquellos ojos de un color azul blanquecino se quedaron en blanco y Calder Farris se derrumbó, desmayado.

Discutieron lo que debían hacer con el cuerpo inconsciente de Farris durante varios minutos. Denton tenía frío, se le estaba congelando el culo y sabía que tenían que encontrar algún refugio pronto. Nate y Jill querían llevarse a Farris con ellos. Al parecer, era un agente del Departamento de Defensa, alguien a quien Jill ya conocía. Denton no estaba seguro de por qué querrían arrastrar por ahí a un hombre que quería cargárselos pero desde luego cabía la posibilidad de que si lo dejaban solo, se muriese congelado.

Los cuatro formaron un cuadrado y transportaron al hombre como si llevaran un féretro. La estatura de Jill inclinaba la carga en su dirección y Denton tenía que caminar con las rodillas dobladas. Y estaba vestido para una temperatura de treinta grados, así que no había nada entre él y el aire glacial, solo unos vaqueros y unas sandalias. En general, estaba horriblemente incómodo, por no mencionar una bonita y penetrante dosis de realidad al cincuenta por ciento. ¡Bienvenido a casa!

Y sin embargo no había nada (ni el dolor de las rodillas, ni el hielo que se le estaba formando entre los dientes) que pudiera empañar la alegría de Denton. Habían vuelto; estaban en casa, por Dios que sí, y no había vuelta atrás, coño. No sabía cómo había pasado pero se imaginaba que había una explicación, técnica como pocas, y que en su momento la escucharía. Por ahora, estaba muy ocupado calculando la cantidad de cosas buenas que iba a poder hacer de forma inminente, como comer helado y ver la tele durante una semana entera. Y luego estaban, oh Dios, las mujeres.

Al pensar en eso sintió una punzada en la conciencia. Eyanna y él no habían terminado juntos y él había permanecido célibe durante los últimos meses que había pasado en Khashta. No quería volver a sus antiguas costumbres pero sabía que eso no iba a pasar, nunca más volvería a ser esa persona. De hecho, sería interesante descubrir quién iba a ser ahora que volvía a terreno conocido.

Se equivocaron de dirección más de lo necesario. Y justo cuando todos estaban completamente agotados, vieron luces entre los árboles. Siguieron las luces hasta que vieron una casa diminuta. Hicieron una pausa al borde del bosque y dejaron caer la carga sin demasiada dulzura.

—¿Es la casa de Anatoli Nikolai? —empezó el rabino, respirando con dificultad—¿Lo recuerda alguien?

—Podría ser —dijo Nate mientras guiñaba los ojos para examinarla en la oscuridad.

Había pasado mucho tiempo, para todos. Pero Denton había pasado más tiempo en la casa que cualquiera de los otros.

—Iré a ver —se ofreció. Se alejó rumbo a la casa y oyó que alguien venía tras él. Se volvió y vio la cabeza oscura de Nate. El joven sonrió.

—Unidad de apoyo —susurró.

El corazón de Denton se regocijó y le devolvió la sonrisa. Había vuelto entre los suyos y la sensación era más bien... asombrosa. Le dio a Nate un apretón en el hombro.

En el lado derecho de la pared de atrás había una ventana iluminada. Se acercaron un poco más, dos furtivos que se pegaban a las sombras y se asomaban al interior. Era la cocina de Anatoli. Denton recordó la mesa diminuta y las sillas más diminutas todavía, los fogones tan viejos que tenían un tanque de propano a un lado, el reloj de madera deslustrado en la pared con la imagen de la pequeña *Mädchen* polaca.

Sentados a la mesa, tomándose unas tazas de té, había dos hombres. Uno era de estatura media, con el pelo oscuro y un rostro joven y conservador. El otro era un tipo inmenso que podría haberse vendido como luchador profesional. Los dos vestían unas sencillas camisas blancas, pantalones oscuros y corbata. Llevaban el pelo muy corto y tenían los zapatos de suela gruesa limpios como espejos. Nate apartó a Denton e intercambiaron una mirada ceñuda.

¿Anatoli? Vocalizó Nate sin palabras y Denton asintió.

Rodearon la casa y se asomaron a las ventanas oscurecidas. En la segunda ventana a la que se asomaron, algo les bloqueó la vista, una X hecha de tablas clavadas al interior del marco de la ventana. Nate se asomó a una de las aberturas dejadas por las tablas y Denton a otra. Habían dejado la puerta del pasillo abierta unos milímetros, con lo que entraba un poco de luz en la habitación. Justo debajo de la ventana había una cama que parecía ocupada pero la luz y el ángulo hacían que fuera imposible saber quién o qué podría ser.

Aun así, Denton supo que era Anatoli y sintió una oleada de ira. Sería mejor que aquellos gorilas no le hubieran hecho daño al anciano.

Nate le tiró de la manga y los dos se ocultaron entre las sombras para volver con los otros. El tipo grande seguía tirado en el suelo, tan pesado como un maniquí hecho de cemento.

—¿Y bien? —preguntó el rabino.

—Es la casa de Anatoli, sí —respondió Denton—. Y creo que está ahí dentro. Pero tiene compañía. Hay dos militares en la casa. Lo tienen encerrado en uno de los dormitorios.

Nate asintió, un poco falto de aliento.

—Son del DD. Reconocí a uno de los hombres de Seattle. —Miró a Jill—. Es el tipo que vino al restaurante a verme.

El rabino Handalman se tiró de la barba.

—¿Por qué están aún aquí? Han pasado meses. Anatoli solo tenía una copia del manuscrito, ¿sí?

—En realidad —dijo Jill distraída—, solo han pasado cinco días. Al menos, eso era lo que pretendíamos.

—¡Guay! —dijo Denton, que no tenía ningún problema con el concepto.

—¿Cinco días? ¿Cinco días desde cuándo? ¿Qué están diciendo?

—En la Tierra solo han pasado cinco días desde que desaparecimos. —Jill se estremeció y Nate le frotó los brazos. Al igual que Denton, los dos llevaban solo su propia ropa, sin abrigo ni otro tipo de indumentaria que los defendiese del frío—. Me encantaría explicárselo pero primero necesitamos encontrar algún sitio caliente.

—¿Cinco días? —repitió Handalman; parecía ansioso—. ¿Dejé a Hannah hace menos de dos semanas?

—Solo hay dos en la casa. Quizá podamos hacernos con ellos. —Denton esbozó una gran sonrisa, le encantaba saber que lo decía en serio. Hostia, ¿por qué no? Si pudieran hacerse con un par de grandes pedruscos o incluso unas ramas pesadas, quizá lo consiguieran. Era mejor que congelarse.

—No, lo último que nos hace falta es llamar la atención —dijo Jill—. Por ahora tendremos que encontrar otro sitio. Tiene que haber más casas por la carretera. O quizá encontremos un granero o algo.

—No podemos llevar a este muy lejos. —Aharon señaló lo obvio, aquel enorme tipo tirado a sus pies.

—Bueno, no podemos dejarlo aquí —dijo Jill con voz neutra.

—¿Y si volvemos a por él? Podríamos encontrar un coche —sugirió Denton.

—¿Y si despierta y se larga mientras no estamos? —Jill sacudió la cabeza, le castañeteaban los dientes—. Lo n-necesitamos. Además, ahora también sabe lo del portal. ¿N-nate?

Nate seguía frotándole los brazos.

—Jill tiene razón. Quizá podríamos turnarnos para llevarlo. Yo iré primero.

Denton odiaba ser un aguafiestas pero no le parecía que Nate fuera a ser capaz de llevar a aquel tipo solo. Se hubiera ofrecido pero no tenía muchas más probabilidades. Incluso los cuatro juntos habían tenido dificultades.

Antes de que Nate pudiera siquiera intentarlo, aparecieron los faros de un coche por la carretera, a lo lejos. Vieron cómo se acercaba, rápido al principio, luego ya fue frenando.

—Yo digo que vayamos a por él —dijo Denton.

—¡Ni siquiera sabemos quién es! —protestó Jill.

A Denton le importaba muy poco quién era, necesitaban ese coche. Pero a este paso iba a desaparecer antes de que pudieran llegar a la carretera. Ahí era donde te perdían las decisiones tomadas en comité. Discutirían sobre ello y el coche se iría. Pero... no, el coche estaba frenando. Daba la sensación de que iba a acercarse a la casa de Anatoli, pero la pasó a buen ritmo y luego dio un frenazo. Se detuvo por fin en un lado de la carretera, cerca de los árboles, a unos doscientos metros. Se apagaron los faros.

—Muy bien —dijo Denton alegremente—. Yo digo que secuestremos el coche. ¿Está alguien conmigo?

—Iré yo. —gruñó Aharon—. Siempre que no matemos a nadie. Me niego a que se cometa un asesinato.

Jill asintió.

—Nate, vete con ellos. Yo me quedo aquí con Farris.

—No, tíos, id vosotros —le dijo Nate a Denton—. No quiero dejarla sola con él.

—Pero tengo su arma. —Jill se palpó el bolsillo.

Nate no respondió pero Denton sabía que no iba a dejarla con un comando de la muerte como Farris, con pistola o sin ella.

—Vamos, rabino —dijo Denton.

Aharon intentaba mantener el paso del *goy* (Wyle) pero todavía tenía problemas para asimilar la situación actual. La verdad es que comprendía muy bien al hombre del suelo, el de ahí detrás, aunque fuera un agente del gobierno. Sería fácil, (sí estaría muy bien) poner los ojos en blanco y darse el piro. Porque, oye, mira, el cerebro no estaba diseñado para manejar tanta información. Y su cerebro, y quizá fuera debido a la edad, pero ya había sufrido demasiadas sorpresas y no le apetecía enfrentarse a más.

Había una cosa que lo mantenía en un estado de relativa coherencia y moviéndose: que si de verdad había vuelto a la Tierra, si no le iban a arrebatar todo esto en cualquier momento, entonces existía una posibilidad de que pudiera volver a casa, de que su mujer y sus hijos solo estuvieran a medio mundo de distancia. Caray, estaban a su alcance con un simple viaje en avión. Dios le había dado otra oportunidad. Mira quién habla de milagros.

Apretó el paso para alcanzar a Wyle. Aharon se sentía asombrosamente ligero, su cuerpo casi botaba tras la presión de Fiori, que le había machacado los huesos y el corazón también se le aligeraba con cada paso.

Había alguien saliendo del coche un poco más adelante, una figura pequeña. Denton y él, bueno, no eran lo más discreto del mundo. Si la sutileza formaba parte del plan, estaban fracasando de una forma miserable. Pero reinaba la oscuridad y la solitaria figura no se volvió en su dirección. Por lo poco que Aharon veía, tampoco había nadie más en el coche.

Recordó entonces que no tenían ningún plan. ¿Qué iban a hacer, hablarle a la persona hasta matarla de aburrimiento? ¿Pedirle por favor que les entregara el coche? A Aharon no le hacía gracia la idea de emplear la violencia ahora que veía que la figura no era grande ni amenazadora. Quería decírselo a Wyle, salvo que ya casi estaban encima de esa persona. Y Aharon se dio cuenta de que sí, Wyle iba a tirarse encima del conductor. ¿Qué le había pasado a este retraído joven?

Pero antes de que Denton le saltara encima, la figura los oyó y se volvió. Llevaba una sudadera con una capucha y la cara apenas era visible bajo la apagada luz de la luna. No era mucho pero, claro, ¿cuánto necesita un hombre después de quince años de matrimonio?

—¡Hannah!

Creyó que había gritado pero salió como un susurro. La mujer abrió mucho los ojos y se lo quedó mirando. Y luego él la agarró y ella estaba en sus brazos.

Durante apenas un momento, Aharon la abrazó, sintió su peso suave apretado contra él (¿vaqueros?), su rostro apretado contra la extraña capucha de algodón, el corazón saltándole de alegría e incredulidad. Y luego ella lo apartó, su bonito rostro fruncido en una mueca de enfado.

—Aharon Handalman, ¿dónde has estado? —Estaba muy irritada, con ganas de pelea. Pero cuando por fin le echó un buen vistazo, abrió aún más los ojos, asustada—. Oh, cielo bendito, Aharon, ¿qué ha pasado?

El rabino vestía una pesada túnica fiori, que sin duda tenía su propio aroma. Y sabía que había cambiado mucho, físicamente hablando. Debía de tener un aspecto imposible, quizá como un fantasma. Pero no pensaba dejar que lo apartara de ella. Le envolvió el rostro con las manos y la tranquilizó con susurros hasta que se calmó. Solo entonces dejó él que su mirada la contemplase.

¿Y ella se quejaba de él? Hannah Handalman, una respetable *rebbetzin* ortodoxa, madre de tres hijos, vestía vaqueros, zapatillas deportivas blancas y una sudadera gris con capucha. No había visto nada tan maravilloso en toda su vida.

Ella le echó un vistazo a Wyle y se apartó.

—No empieces conmigo, Aharon. Ya sé, ya lo sé, lo que piensas. Es terrible que haya venido, una horrible invasión de tu privacidad, de tu trabajo y todo eso. Pero, ¿qué se suponía que debía hacer cuando vino un hombre a casa y dijo...?

—¿Quién? —preguntó Aharon con brusquedad.

—El s-señor Norowitz —dijo Hannah nerviosa—. Me dijo que te habían seguido hasta aquí y luego que te habían perdido. Quería saber dónde estabas, si había sabido algo de ti. Cuando me di cuenta de que habías desaparecido... que ellos tampoco tenían ni la más remota idea de dónde estabas... ¿qué iba a hacer? Tenía que venir a ver por mí misma si podía ayudar o... algo. ¡Aharon!

El rostro de su mujer parecía consumido y él se dio cuenta, con una horrible sensación, que el alivio que había sentido al verlo, e incluso la furia, quedaban atenuadas por algo más, el miedo al castigo. Ella, su propia mujer, le tenía miedo. ¿Qué clase de persona había sido?

—Hannah. —La atrajo hacia sí y volvió a darse cuenta, al sentirla bajo sus manos, de lo pequeña que era su mujer, la verdad, lo ligera, lo tierna, lo valiente que era—. ¿Crees que podría estar enfadado? Nunca me he alegrado de nada tanto como de verte. ¿Cómo podría sentir otra cosa que no fuera alegría? ¡Te quiero, Hannah! ¡Mi joya más valiosa!

Le besó el rostro, aquella carita sorprendida. Tenía esa mirada decidida en las cejas, la mirada de una esposa que sabe con seguridad que un alienígena se ha apropiado del cuerpo de su marido. La judía le lanzó una mirada furtiva a Wyle, como si se preguntara cómo es que Aharon se atrevía a tocarla, a besarla así delante de otra persona, y encima un extraño. Lo devolvió un poco a la realidad. Dejó caer las manos al tiempo que con los dedos rozaba la capucha algodonosa que le colgaba a la espalda.

—Claro que por qué te tienes que vestir como una adolescente *goyisher* para venir a buscarme es otro asunto.

Estaba bromeando, casi. Pero ella alzó una ceja, como si dijera, ¡ya empezamos!

Y luego lo asaltó otro pensamiento.

—Y, si bien estoy encantado, luz de mi vida, de verte, y sería un honor para mí que compartieras cada detalle de lo que me ha pasado, mi rosa de Sharon, mi gran ayuda, francamente, resulta un poco preocupante que te hayas lanzado al camino del peligro. Después de todo, tenemos tres hijos. Estoy seguro de que se sentirían destrozados si perdieran a su madre. ¿Sabe Norowitz que estás aquí? ¿Sabes que hay agentes de los Estados Unidos carretera abajo, en esa casa? ¿Qué estás haciendo conduciendo un coche por ahí, por los bosques y en plena noche, Hannah?

Pero su mujer acababa de recuperar aquella mirada, la mirada rebelde y torció los labios en una sonrisa pícara.

—¿Podríamos volver a la parte del «te quiero»?

Y luego... bueno, ¿qué excusa podría tener? Un rabino, un hombre de cuarenta y tantos años y ni siquiera estaba solo, y él también se estaba comportando como un... como un adolescente *goyisher*; se puso a besar a su mujer allí mismo y no le importó nada.

—¿Rabino Handalman? —Denton, en voz muy alta.

Aharon se apartó de su mujer con las mejillas encendidas.

—Un hombre que ha estado separado de su mujer durante tres meses, ¿qué espera?

—¿Tres meses? —preguntó Hannah, confusa.

Wyle se dedicaba a dar saltitos.

—Oiga, me alegro de que se arroben mutuamente, ¿pero podríamos irnos de aquí, que hace frío? Es decir, me doy cuenta de que en este momento ustedes no tienen mucho frío, pero estoy yo, Jill, Nate y un tipo inconsciente y nos estamos convirtiendo todos en polos.

—¡Oh! —dijo Hannah como si recordara algo—. ¡Dios mío, Aharon, tenemos que sacarte de aquí! Hay agentes americanos carretera abajo y también está aquí el Mossad.

—Gracias, Hannah. Me alegro mucho de que estés al día de todo esto.

Hannah se alojaba en un diminuto hostal de la ciudad de Monowice, no demasiado lejos. Se apretaron en el coche y luego extendieron a Farris sobre las piernas de las tres personas que iban detrás y de esa manera consiguieron llegar de una pieza. Estaban en temporada baja y pronto estuvieron en posesión de toda la planta superior de la casa, que consistía en tres habitaciones de invitados. Al dueño del hostal solo le interesaba la tele así que pudieron llevar a Farris arriba sin que los viera nadie.

Jill estaba infinitamente agradecida de haber abandonado el frío. Nate y ella compartían en silencio el asombro que les producía aquel pico tan benevolente del impulso positivo que suponía haberse encontrado con Hannah. Una coincidencia como esa quizá fuera normal en el mundo setenta-treinta pero aquí era más de lo que hubieran podido esperar. Al menos, eso era lo que Jill se figuraba. Nate se limitó a sonreír con gesto pensativo y se guardó su opinión.

Arriba, Hannah se afanó en encontrarles mantas y toallas y los atendió y los arropó con la calidez de una madre. A Jill le cayó bien de inmediato. Era eficiente y extrovertida, tenía una mirada inteligente y perspicaz en los ojos brillantes y escuchaba las sugerencias de Aharon solo cuando le convenía; a pesar de lo cual, Aharon parecía estar profundamente enamorado, cosa que mejoró de forma considerable la opinión que tenía Jill de él.

Pusieron a Farris en la habitación más pequeña y dejaron la puerta un poco abierta para oírlo si se levantaba. Los demás se apiñaron en la habitación de Hannah, se sentaron en el suelo con las mantas alrededor del conducto de la calefacción y compartieron un paquete de galletas de fruta. Era el primer momento de paz que tenían y cuando Jill miró los rostros, se dio cuenta de que todos estaban aún conmocionados, en mayor o menor grado. A ella misma estaba costándole aceptar que estaba de verdad sentada en un suelo duro de madera comiendo un paquete de galletas polacas. Nate gimió al sentir el sabor del azúcar en la lengua y se concentró en la galleta, como si fuera la primera comida que se había tomado jamás. Pero Jill estaba demasiado nerviosa para hacer otra cosa que no fuera mordisquear la pasta. No dejaba de mirar los marcados cambios producidos en el rostro de Denton, en el de Aharon, e incluso en el de Nate.

Aharon era el que más había cambiado. Hannah no podía dejar de mirarlo tampoco. La túnica que llevaba era tosca y maloliente. Había perdido peso y añadido músculos. Aun así, parecía agotado y maltratado, como si se hubiera pasado tres meses a bordo de una galera romana. Denton, por otro lado, relucía por lo bronceado que estaba, con el cabello más rubio todavía a causa del sol. Lo rodeaba una nueva sensación de calma y de fuerza. Aun así, tenía en los ojos una expresión asombrada que a Jill le hacía pensar que la transición no había sido tan fácil como parecía.

Nate, si intentaba mirarlo con objetividad, se había transformado, el color oliváceo había pasado a ser un color marrón rojizo desde que habían salido de la Udub y había perdido peso hasta el punto de estar muy flaco. Sabía que probablemente ella misma parecía anoréxica. Se tiró de un mechón del pelo para estudiarlo. Se había quedado casi rubia platino gracias a la potencia del sol de Difa-Gor-Das. Incluso su delicada tez blanca se había bronceado.

—Aharon —dijo Hannah—no es posible que hayas cambiado tanto. Has dicho algo sobre tres meses, pero solo han pasado un par de semanas. ¿Qué está pasando?

Aharon miró al resto con expresión culpable.

—Tengo miedo de que, si te lo cuento, Hannah, harás que me encierren; es una locura.

—Quizá aquí yo sea la loca pero en este momento te creería si me dijeras que los cerdos pueden volar.

Aharon gruñó.

—Comparado con esto, Hannah, unos cerdos voladores no son nada. ¿Y bien? ¿Hago yo los honores o hay alguien aquí que sepa en realidad de lo que está hablando?

Jill aceptó el reto e intentó explicarle a Hannah, en términos científicos populares, lo del agujero negro. Hannah escuchó con atención pero tenía una media sonrisa febril en la cara, como si no pudiese creérselo del todo... y no pudiese no creérselo.

—¿Eso fue lo que te pasó, Aharon? —le preguntó a su marido con incredulidad—. ¿Te fuiste a otro mundo?

—Por mi vida, Hannah, eso es lo que pasó. Me pasé meses allí. —Aharon se volvió entonces a Jill—. Así que dígame, ¿por qué aquí solo han pasado cinco días?

—Usted estuvo allí tres meses —le aclaró Nate—. Nosotros estuvimos nueve en Difa-Gor-Das. El tiempo se extiende por el continuo de universos. Durante el tiempo que estuvimos fuera, pasaron unos seis meses en la Tierra.

—¿Pero ha dicho que solo han pasado cinco días?

Nate miró a Jill en busca de ayuda.

—Vamos a volver por un momento para explicar cómo nos trajimos de vuelta. Nate y yo estábamos en un mundo con una tecnología altamente avanzada. De hecho, estaba unos doscientos mil años por delante de la Tierra... un par de revoluciones importantes arriba o abajo.

Nate y ella intercambiaron una mirada.

—Encontramos datos antiguos sobre cómo usar los agujeros negros, aunque ellos habían dejado de necesitarlos siglos antes. Para decirlo de la forma más sencilla posible, cuando algo atraviesa un agujero negro, crea una firma característica de energía. Utilizamos su tecnología y fuimos capaces de localizar la firma en el universo central que marcaba el momento en el que habíamos atravesado el portal. Con el tiempo fuimos capaces de aislar cada uno de los cinco dibujos que lo atravesaron; esos serían ustedes. Después de eso no fue difícil averiguar dónde habían ido los dibujos para poder localizarlos más concretamente. Es difícil de explicar, pero es una tecnología asombrosa y alarmantemente sencilla de manipular.

—Bueno, tampoco es que sea sencilla —dijo Nate—. Nos llevó siete meses.

—De acuerdo, no es sencilla. —Sonrió Jill—. Pero es posible, cosa ya bastante asombrosa en sí. Imagínense como si fueran dibujos de energía entrelazados en un enorme tapiz. Nosotros pudimos... cortarlos de donde estaban y volverlos a insertar en el dibujo de la Tierra.

Denton, Aharon y Hannah la miraban con la expresión vacía.

—Todavía no entiendo el cambio de tiempo —dijo Denton.

—Cuando se reinserta un dibujo como este hay que decidir cuándo además de dónde —le explicó Nate—. ¡Es guay! Existe un dibujo energético de la vida increíblemente complicado y cuando lo miras así, desde la quinta dimensión, como simple energía, hasta puedes ver el tiempo.

La expresión de sus rostros cambió de vacía a aturdida.

—Lo que Nate está intentando decir es que podríamos haber vuelto en cualquier momento del tiempo, incluida la marca de seis meses que creíamos que habían pasado en la Tierra. Pero al final nos decidimos por cinco días. Queríamos que hubiera pasado el tiempo suficiente desde nuestra desaparición para no correr el riesgo de encontrarnos con un montón de polis ni agentes, pero que no hubiera pasado demasiado tiempo porque... —Dudó un momento y miró a Nate—. Bueno, digamos solo que el tiempo es esencial.

—¿Pero no es eso una especie de paradoja? —dijo Aharon al tiempo que agitaba las manos—. ¿Está diciendo que estamos aquí y al mismo tiempo en otra parte? ¿Puede ser?

—Puede ser, porque el momento en el que estamos ahora no es el mismo momento en el que estaba usted, o en el que estábamos nosotros o en el que estaba Denton, en los otros universos —dijo Nate—. El espacio-tiempo es como una hoja. Los otros universos son como hojas completamente diferentes.

Aharon se frotaba la frente mientras intentaba comprender todo eso. Denton se limitó a encogerse de hombros y a esbozar una amplia sonrisa.

—Guay. Pero en ese caso, ¿por qué no traernos antes de que empezara todo este jaleo?

Nate tenía una chispa de emoción en los ojos.

—Lo pensamos. El problema es que nosotros, (nuestros antiguos yo) existían entonces. Por lo que entendimos de las notas de los alienígenas sobre este tema, eso no habría sido una gran idea.

—Y para ser sinceros —añadió Jill—, después de lo que habíamos visto sobre la mala utilización de otros aspectos de la onda, preferimos enredar lo menos posible con algo que no entendíamos.

Hablaban con un tono tan prosaico que Hannah abrió los ojos como platos. Volvió la cabeza para contemplar los cambios que había sufrido el rostro de Aharon como si buscara una confirmación.

—No sé cómo han conseguido que volvamos, pero solo puedo estarles agradecido —dijo Aharon mientras le cogía la mano a su esposa.

—Por mí, vale —asintió Denton—. Me habría muerto de aburrimiento, allí metido donde estaba, durante otros cuarenta o cincuenta años.

—Bien —dijo Jill bastante aliviada—. Porque no podríamos devolverlos allí aunque quisiéramos. No tenemos la tecnología para hacerlo y, francamente, Nate y yo nos alegramos.

—Oh, sí. —Nate estaba de acuerdo.

—Quizá deberíamos describir todos lo que pasó —dijo Aharon—. Dónde fuimos.

Denton estiró sus largas piernas.

—Desde luego. Ya que ya nos habéis picado la curiosidad con ese Difa-Gor-Das, Jill, ¿por qué no empezáis vosotros, chavales?

Pol 137 despertó en una cama, en una habitación cálida. Durante mucho tiempo intentó reunir los fragmentos de su mente para defenderse de la oscuridad de la misma forma que un hombre al viento intenta envolverse con los restos de un abrigo hecho jirones.

La puerta de su habitación estaba abierta varios milímetros, lo que dejaba pasar un poco de luz y el sonido de las voces. Pol no tenía ni idea de dónde estaba. Escuchó y escuchó aquellas voces pero había algo en ellas que lo asustaban aún más. Su miedo se hizo tan intenso que superó cualquier posible riesgo, buscó a tientas y encontró una lámpara cerca de la cama. La encendió. La habitación que reveló no le resultaba conocida. Pero había un millar de pequeños detalles, las cortinas de encaje en la ventana, los domésticos almohadones de cuadros, una colcha de ganchillo, una alfombra tejida a mano en el suelo; todo eso le hacía daño.

Ya no estaba en el mundo de Centalia.

Era un pensamiento tan inquietante que saltó de la cama. Estaba completamente vestido, llevaba unas ropas que había desechado algún Bronce y que había robado durante los días que había pasado en la carretera, huyendo de Gyde y sus vigilantes. Verlas, allí, parecía completamente fuera de lugar. Pero su talento para la supervivencia se puso en marcha y se fue de reconocimiento. Se acercó a la puerta de su habitación con todo sigilo, listo para revelar los colmillos, listo para luchar. No había nadie en el pasillo pero las voces eran más altas y provenían de una habitación que estaba unas cuantas puertas más allá. La puerta que daba a esa habitación estaba abierta, como la suya. Volvió a la lámpara que tenía al lado de la cama y la apagó. Luego bajó por el pasillo en silencio, cauto y peligroso.

Llegó a la puerta de los otros y no pudo evitar asomarse a la habitación iluminada. Se adentró en las sombras todo lo que pudo y se apretó contra la pared contraria. Desde ese punto solo podía ver a tres, pero uno de ellos era la mujer, la mujer rubia. Se la quedó mirando, hipnotizado. Absorbió su rostro, salpicado de cabello rubio, los ojos marrones, el pelo castaño que tenía en el puente sobre los ojos. Igual que el suyo.

Cerró los ojos. El dolor le rebanaba la cabeza como si el cerebro se estuviera partiendo literalmente en dos, un poco más. Estaba empezando a recordar a esa mujer... Estaba en la cama y él la estaba interrogando. En aquel momento la chica tenía un aspecto diferente pero aun así la conocía.

Y también sabía, con absoluta certeza, que había vuelto al lugar del que había venido. Había vuelto al otro lado del abismo. Antes de irse a Centalia, este había sido su mundo y él la había estado persiguiendo a ella. No como un hombre persigue a una mujer, sino como un detective persigue a un criminal, igual que había perseguido al terrorista de estado.

¿Le había hecho ella esto?

Se obligó a concentrarse en las palabras que estaban diciendo, palabras de su antiguo idioma. El muchacho que estaba con la mujer estaba describiendo una ciudad... edificios vacíos... dos soles. Y luego otro, el hombre con todo ese pelo en la cara, pelo como el que tenía Calder en las mejillas, empezó a hablar de otro lugar, frío... oscuridad... mucha gravedad... un nombre, Kobinski.

El dolor de cabeza de Pol se hizo más helado. Empezó a atontarlo a medida que el torrente de palabras lo inundaba y la mayor parte ni siquiera las comprendía. No era que no pudiera entender las palabras individuales, era que lo punzaban como cuchillos y su cerebro herido era incapaz de mantener el ritmo, como un hombre cojo que quisiera correr para coger un tren. Y siempre estaba la oscuridad, que amenazaba con anegarlo. Pero de repente la acumulación de palabras alcanzó una masa crítica y al menos entendió algo, se estaban describiendo mutuamente otros mundos, los mundos que habían visitado.

Igual que había hecho él.

Se le disparó el pulso al cielo y se sintió horriblemente enfermo. Sabía que debería seguir escuchando, reunir pruebas. Las respuestas que necesitaba con tanta desesperación estaban en esa habitación. Pero se sentía tan débil... Podía sentir la negrura que reptaba por su columna y tiraba de él hacia la inconsciencia. Por un momento se planteó la posibilidad de escapar. Había unas escaleras pasillo abajo, a poca distancia, y la gente de la habitación jamás lo vería irse. Pero es que no tenía las fuerzas necesarias, así de simple. Lo máximo que podía hacer era arrastrarse a la habitación que había ocupado antes, subirse a la cama y dejar que su mente se deslizara en la inconsciencia.

Aharon escuchaba la historia de Denton un tanto mortificado. Los horrores a los que él había tenido que enfrentarse ¿y el *goy* rubio había conseguido sol, jardines y hermosas mujeres? A Aharon le picó un poco el orgullo, ¿qué pensarían estas personas? ¿Por qué clase de monstruo lo tomarían con el sitio al que había ido? Y además, a pesar de todo lo que había aclarado mientras estaba en Fiori, volvía a estar confuso. Intentó asimilar lo que les había pasado a los otros con esa nueva comprensión de Dios por la que había luchado tanto.

Pero a medida que Denton continuaba su historia, Aharon lo comprendió por fin. El mundo que Denton describía era hermoso y hasta fácil, pero también era superficial, sin moral ni tradiciones y cruel de puro egoísta. Sí, encajaba con ese hombre, o al menos con el hombre que había sido en otro tiempo. A cada uno lo suyo. Era lo último en libre albedrío. Si querías tomar cierta dirección, por muy equivocado que estuvieras, Dios no iba a detenerte. Podías seguir adelante, sin parar, hasta que por fin tenías el buen sentido de dar la vuelta tú solo. O no. A Aharon le gustaba más cuando creía que Dios tenía algo más que decir sobre el tema.

Después de contar todas las historias, el grupo se separó por un tiempo. Jill y Nate se fueron pasillo abajo para ver cómo estaba Farris y lo encontraron durmiendo. Hannah hizo té. Denton se acercó a Aharon y esbozó una sonrisa que le ofrecía su amistad. Aharon la aceptó y le devolvió otra.

—Con el tiempo me encantaría oír todo lo que recuerde sobre Kobinski —dijo Denton—. Me siento mal por su muerte, como si lo conociera de verdad.

—Yo también me siento mal. Pero creo que la muerte de Kobinski fue una especie de redención para él, descanse en paz.

—Eso espero, rabino.

Cuando todos tuvieron tazas de té humeante entre las manos, Jill miró a su alrededor de mala gana.

—Supongo que ya es hora de darles a todos la mala noticia. Si están listos. Aprendimos muchas cosas sobre la tecnología de ondas cuando estábamos en Difa-Gor-Das —dijo Jill—. Pero lo principal es que existe un peligro real, el peligro, Aharon, que creo que estaba buscando usted por lo que encontró en el código. Y todavía existe una gran posibilidad de que si mi trabajo se filtra, el mío o el de Kobinski, la Tierra tenga que enfrentarse a un desastre. Por eso teníamos que volver.

—Tenía la sensación —dijo Aharon con un suspiro—, de que esto no se había acabado todavía.

—Se llama rebote —dijo Nate—. Ocurre cuando se ejerce demasiada tensión sobre la onda universal.

—La onda universal, la ley del bien y del mal, la uno-menos-uno, es todo lo mismo —explicó Jill—. La uno-menos-uno es una parte integral del tejido del espacio-tiempo. Quizá alguno recuerde una analogía que hizo Einstein a propósito de la gravedad. Dijo que el espacio-tiempo es como una hoja de goma y los planetas son como bolas de jugar a los bolos colocadas sobre esa hoja. El peso dobla la hoja de goma y así es como la gravedad dobla el espacio-tiempo. Un agujero negro es un lugar en el que la gravedad pesa tanto que hace un agujero en el espacio-tiempo.

—Sí, lo sé —dijo Aharon, hablando por experiencia.

Jill esbozó una breve sonrisa.

—Con eso se protege la integridad del espacio-tiempo porque solo puede soportar una cantidad determinada de gravedad. Lo mismo ocurre con la presión que se ejerce sobre la onda universal.

—¿Y eso es lo que ocurriría? —preguntó Aharon empalideciendo—. ¿Alguien podría construir una máquina que hiciese un agujero en el espacio tiempo?

Jill asintió.

—En cierta forma, sí. Si presionas la onda universal y la alejas demasiado de su estado natural, creará un efecto parecido al del agujero negro. La zona que esté fuera de sincronía con las leyes naturales termina rebotando por el espacio-tiempo y entra en la quinta dimensión.

—Algo parecido a lo que nos pasó a nosotros —dijo Nate—. Pero en este caso, en lugar de un rebote individual que te lleva a la quinta dimensión, se rebota una sección entera de la superficie del planeta.

—Por desgracia —añadió Jill—, el resultado es mucho más violento que cuando atravesamos nosotros el portal. Es... bueno, es apocalíptico. Y luego está la cuestión de dónde terminaría la sección rebotada. Depende del estado exacto de la onda presionada cuando ocurre el rebote, pero la sección podría terminar en cualquier universo, y alguno quizá sea hostil a la vida humana. Por ejemplo, algún lugar donde no hay oxígeno ni luz. En ese caso, incluso si la gente sobreviviera al rebote, moriría de todas formas.

Aharon estaba enrojeciendo minuto a minuto mientras miraba a la joven, luego a Nate y volvía a ella.

—¿Y esto podría ocurrir? ¿A qué? ¿A una ciudad entera?

—Bueno... —Nate miró a Jill—. Podría ser una zona más pequeña que una ciudad... o podría ser mucho más grande.

—¿Hasta qué punto más grande?

Jill se mordió los labios con ademán nervioso.

—Es imposible de predecir. Es tan peligroso porque hay un efecto que se produce cuando se empieza a enredar con la onda universal, algo parecido a lo que ocurre en una cámara con eco. La onda está tan entrelazada con todo que... los cambios se pueden escalar de forma exponencial en cuestión de milisegundos y es entonces cuando es probable que se produzca un rebote. En teoría, la sección rebotada podría ser pequeña o podría ser inmensa. Incluso del tamaño de un continente. Quizá incluso más grande.

En el círculo todo el mundo guardaba silencio.

—¿Pero cómo iba a ser alguien tan estúpido? —preguntó Aharon de repente—. Hace sesenta años que disponemos de la tecnología nuclear y nos las hemos arreglado para no volarnos en pedazos. Seguro que nuestros científicos no serían tan idiotas.

—Sí que utilizamos la bomba atómica —le recordó Jill—. No aprendimos a respetar esa tecnología hasta que no vimos lo que podía hacer. Con la onda es posible que no sobrevivamos a los primeros experimentos. Y el caso es que, vivir un rebote así... bueno, les ocurrió a los ancestros de los habitantes de Difa-Gor-Das y tengo la sensación de que hay muchas probabilidades de que le ocurra a la mayor parte de las culturas que descubran la uno-menos-uno.

—Entonces vamos a evitar que se descubra —dijo Denton.

—Sí —dijo Hannah. Se incorporó, como si se acabara de reponer—. Tengo familia. Estoy segura de que todos tienen familia. ¿Y bien? ¿Qué hay que hacer?

—Tengo que creer... —Aharon sacudió pensativo la cabeza—. Quizá Dios no interfiera tanto como yo pensaba. Pero tengo que creer que el hecho de que yo encontrara los códigos Kobinski fue por algo, que por alguna razón hemos pasado por todo esto. Se nos ha permitido ver el peligro. Tiene que haber algo que podamos hacer para evitarlo.

—No tenemos más alternativa que intentarlo por todos los medios que podamos —asintió Nate.

—Desde luego. Y por eso estamos aquí. —Jill no lo dijo pero sentía que tenía una responsabilidad personal. La catástrofe que los acechaba era, en un sentido muy real, culpa suya.

Hablaron de estrategias durante un rato pero los rindió el agotamiento. Jill lanzó un enorme bostezo que se contagió por toda la habitación.

—¿Alguien más está listo para dormir un poco? —Denton apenas era capaz de mantener los ojos abiertos.

—Buena idea —dijo Nate mientras se estiraba—. No creo que pueda seguir despierto mucho más.

—¿Y ese? —dijo Aharon—. El de la otra habitación. Deberíamos vigilarlo.

—Yo lo haré —dijo Hannah—. Después de todo, yo solo vengo de Israel y eso fue hace unos días.

—Hannahleh —murmuró Aharon, preocupado.

—Es la que más despierta está —observó Denton.

—¿Sabe manejar el arma? —preguntó Jill—. O quizá podamos encerrarlo.

—Encerrarlo, sí —dijo Aharon—. Arma no. Y si oyes cualquier ruido dentro de la habitación, gritas mucho.

Todos salieron de puntillas para ir a ver a Farris. La suya era una habitación pequeña bajo el alero. El único cerrojo que había se pasaba desde el interior así que sacaron un armario de la habitación de Hannah y lo arrastraron por el pasillo. Bloqueaba por completo la puerta de Farris.

—Ahí está —dijo Aharon—. Ahora ya no hace falta que se quede nadie levantado.

—¡No seas tonto! —dijo Hannah con tono maternal—. ¿Y si se pone enfermo por la noche? No podemos dejarlo ahí dentro solo.

—Hannah tiene razón. —Bostezó Jill—. No queremos matar a ese hombre. Si se despierta y necesita ayuda, llámenos.

—Pues claro —asintió Hannah.

Hannah no estaba cansada. Su mente estaba tan sobrecargada de pensamientos e ideas que seguro que no volvía a dormir nunca más. ¿Quién creería una sola palabra de lo que se había dicho esa noche? Nadie, desde luego, y los israelíes, incluso los que antes eran neoyorquinos, no eran famosos por su credulidad. Pero la cuestión es que su propio marido, Aharon Handalman, un hombre que ni mentía ni bromeaba, estaba en el medio de todo.

Se oyó un sonido tras la puerta.

Hannah se había llevado una silla al pasillo para poder sentarse cerca de la puerta de Farris. Allí estaba pasando algo. Se apoyó en el armario y escuchó. Había un murmullo, como si el hombre estuviera hablando en sueños, y unos quejidos.

—Agua.

La palabra, ahogada por la puerta, se dijo en voz baja pero audible. El hombre parecía medio dormido. Hannah contuvo el aliento y escuchó.

—Agua.

¿Ni siquiera habían puesto una jarra con agua y un vaso ahí dentro? No se acordaba. O quizá estuviera tan enfermo que no podía encontrar el vaso. Quizá se volviese a dormir.

—Por favor —se oyó un suave gruñido.

Hannah se apartó de la puerta y estiró la espalda. Bajó por el pasillo y volvió a su habitación. Gracias a la escasa luz que entraba por la ventana distinguió el rostro de Aharon en la almohada... demacrado e inquieto. ¡Estaba tan delgado! ¡Tan pálido y exhausto!

Estiró la mano para despertarlo pero la esposa que había en ella no pudo hacerlo, no después de todo lo que había pasado. Dudó y se volvió hacia el hombre que dormía en el jergón del suelo. Denton Wyle también estaba profundamente dormido, echado de espaldas, con los brazos abiertos sobre la cabeza y roncando un poco. ¿Podría despertar a un extraño? ¿Un hombre extraño en plena noche?

Suspiró y volvió por el pasillo a la habitación donde dormían Nate y Jill. No estaban casados, no se lo parecía, pero era obvio que eran pareja. Habían dejado la puerta también un poco abierta y, al no oír nada, se asomó. Estaban tan monos juntos, como cucharas encajados uno en otro, profundamente dormidos. De hecho, estaban tan dormidos que daba la sensación de que podrían atravesar la cama, era una impresión extraña.

No, era incapaz de despertar a nadie.

Volvió a la puerta bloqueada por el armario y oyó gemidos, en voz baja y dolorida. Pero bueno, por el amor de Dios, ¿y si ese hombre se estaba muriendo? Si se estaba muriendo, debería despertar a los demás. Sí, vale, ¿pero y si no se estaba muriendo?

Hannah había cuidado de niños enfermos por la noche muchas veces. Te levantabas, les dabas un poco de agua, escuchabas sus terrores adormilados, les acariciabas la frente, quizá un poco de aspirina infantil y ya estaba. Volvían a dormirse.

Y siempre podía gritar.

Tras tomar una decisión, Hannah fue a coger una aspirina y un vaso de agua. Lo colocó en el suelo del pasillo y, con tanta discreción como pudo, apartó el armario milímetro a milímetro. Cuando quedó libre el espacio suficiente para entrar, hizo una pausa con la aspirina y el vaso en la mano y escuchó. Escuchó otro suave gemido dentro de la habitación. Abrió la puerta.

La puerta se abrió poco a poco. A la luz del pasillo Pol vio a una mujer, una mujer morena, que caminaba sin ruido hacia la cama. Poco antes había colocado la almohada debajo de la manta para que pareciera ocupada. Ahora se obligó a esperar detrás de la puerta hasta que ella puso el vaso en la mesa. Entonces saltó sobre ella.

Con la mano le cubrió la boca antes de que pudiera siquiera jadear. La mujer luchó como una loba para ser una cosa tan pequeña. Él la sujetó con toda la fuerza de sus músculos y la sacó de la habitación.

Tenía un plan. Era peligroso. Eran más que él. Pero no les tenía miedo a estas personas; eran débiles. Su plan era muy sencillo. Iba a escapar y a llevarse a la mujer rubia con él.

Arrastró a la morena por el pasillo. También le gustaría encontrar su pistola, pero a menos que la viera no habría tiempo para buscarla. Se las arregló para mantener los pies de su cautiva lejos del suelo y la mayor parte de las patadas y golpes de la mujer aterrizaron en silencio sobre su persona. Con la mano le tapaba la boca, pero estaba emitiendo sonidos con la garganta.

La mujer que quería no estaba en la habitación que había espiado antes, sino en una habitación diferente pasillo abajo, lejos de las escaleras y de la libertad. Estaba acostada en una cama, entrelazada con el muchacho, dormida.

Algo en aquella escena, que estuviera cómoda y disfrutara de la calidez de otro, lo puso furioso. Rodeó la cama y los pies de la mujer morena entraron en contacto con el borde de la misma y dieron un golpe. Pero ya era demasiado tarde. Con un solo movimiento soltó a la mujer morena y atrajo el peso cálido y dormido de la rubia contra su pecho. Estaba demasiado atontada para resistirse siquiera. Le rodeó con un brazo la garganta, bien apretado y el otro lo entrelazó entre sus brazos y la cogió por la espalda.

La joven sofocó un profundo suspiro de dolor, ya estaba despierta.

—No te resistas o te mataré. —El brazo se tensó alrededor de la garganta para demostrarle cómo lo haría.

—¡Denton! ¡Aharon! —El chico se había levantado de la cama y pedía refuerzos. Se metió como pudo bajo el colchón y Pol supo que iba a por el arma. Muy bien. Eso significaba que Pol no tendría que perder el tiempo buscándola.

Se retiró hacia la puerta. El muchacho lo apuntaba con la pistola. Su pistola. La pistola de un vigilante de Plata, clase detective. Pero la mujer estaba entre Pol y la pistola. El hombre del pelo en la cara vino corriendo por el pasillo y la mujer morena se derrumbó en sus brazos.

—¡Aharon, es culpa mía! Lo oí pedir agua y pensé que en lugar de despertaros...

—*Shh*, Hannah. No pasa nada.

Había tres y debería haber cuatro. ¿Dónde estaba el cuarto? Calder aún estaba a cierta distancia de la puerta que llevaba al pasillo, a la salida y su huída. El hombre y la mujer la bloqueaban. El muchacho lo apuntaba con la pistola pero por la expresión de su cara, Pol sabía que no la iba a utilizar.

—Muévanse —le dijo Pol a la pareja de la puerta mientras con la cabeza les indicaba que se reunieran con el muchacho.

Obedecieron. El hombre dijo:

—Suéltela y hablemos, por el amor del cielo. Nadie quiere hacerle daño.

Pol se dirigió de espaldas hacia la puerta. Miró por encima del hombre. La puerta estaba vacía. ¿Dónde estaba el otro hombre?

—Suéltala —le ordenó el muchacho moreno. Levantó la pistola y apuntó a la cabeza de Pol. Este sonrió. No se arriesgaría.

—Nate —le advirtió el hombre maduro—. Mire, si quisiéramos hacerle daño, habríamos dejado que se congelara en los bosques. Hable con nosotros.

Pol dio un paso atrás y arrastró a la mujer rubia con él; ya estaba en la puerta. Quería decir: *¿dónde está el otro hombre?* Quería decir: *deme el arma o la mato.* Pero cuando las frases iban desde el cerebro a la boca se disolvían y se convertían en un trabalenguas. Eso lo asustaba.

El pulso del brazo le vibraba contra la garganta de la mujer. Tenía un nudo enredado que le crecía en el estómago. No dejaba de asombrarle lo incapacitado que estaba, quería utilizar varias funciones y siempre se las encontraba desconectadas. Había pensado que podía hacerlo. Había pensado que sería fácil. Pero de repente estaba muy confuso.

La mujer empezó a emitir un sonido leve, ahogado. Pol lo oyó pero no terminó de comprenderlo. Solo tenía que dar unos cuantos pasos más, salir de espaldas al pasillo y entonces tendría la posibilidad de llegar a las escaleras. La arrastró hacia atrás.

El chico moreno estaba diciendo algo, el rostro contorsionado y aterrado. Pol sintió que se desvanecía su control sobre la situación. ¿Por qué tenía aquella cara? ¿Qué pasaba?

Se obligó a ir más rápido, dio dos pasos y se retiró por el pasillo. Echó un vistazo rápido por encima del hombro; el camino hasta las escaleras parecía despejado. Cuando volvió de nuevo la cabeza, los tres de la habitación habían salido al pasillo tras él y estaban a solo unos pasos de él, con los rostros disgustados y chillando.

Y por fin oyó los sonidos ahogados que estaba haciendo la mujer. *Escarpa.* Había apretado el brazo alrededor de la garganta y la estaba ahogando.

Aflojó el brazo justo cuando algo le golpeó en los riñones. Se dio cuenta de su error (el cuarto hombre) casi antes de doblarse por el dolor y soltar a la mujer. Le agarró la camisa pero la chica ya había desaparecido. Sus manos extendidas se estrellaron contra el suelo.

Se puso de lado con esfuerzo y un grito de dolor. El cuarto hombre, el rubio alto, estaba sobre él con una escoba por encima de la cabeza. Pol gateó hasta las escaleras con las manos en la cabeza, preparado para recibir otro golpe.

El cuarto hombre no lo golpeó otra vez. Bajó la escoba, en sus ojos una mezcla de ira y piedad. Pol llegó a las escaleras y se detuvo arriba. Dirigió la mirada al chico, ya podía disparar. En un segundo la pistola estallaría y él estaría muerto.

Pero el chico no disparó. Siguió apuntando a Pol con ademán torpe. La mujer rubia estaba al lado del muchacho y le decía algo en voz baja. Pol ya no podía descifrar las palabras. Estiró poco a poco una rodilla hacia atrás y encontró el primer escalón.

—No se vaya —dijo la mujer rubia. Entendió las palabras. La mujer dio un paso hacia él mientras se frotaba la garganta. Estaba afónica.

Él bajó un escalón, y luego otro. En realidad lo único que quería era a la mujer, pero supuso que ya no podría llevársela. Si no podía llevársela, se iría de todos modos.

Se detuvo, preparándose para darse la vuelta y echar a correr. Estaba listo para hacerlo si cualquiera movía aunque fuera un pelo pero no lo hicieron; se limitaron a contemplarlo. Y él pensó, pensó con todas sus fuerzas. Luchó y le dolió el cerebro por el esfuerzo, como si estuviera rescatando los recuerdos célula a célula. Tenía que preguntarlo. No iba a poder llevársela y no podía irse sin preguntar al menos esto. Se concentró en ella, solo en ella, para que ella se lo dijera.

—¿Quién soy?

El rostro de la mujer era tan triste... Lo puso furioso.

—Se llama teniente Calder Farris.

Intentó leerlo en su rostro, ver si estaba mintiendo. Ya había dicho ese nombre antes pero no significaba nada para él. Sacudió la cabeza.

Ella asintió, como si reconociera que eso no era suficiente.

—Trabaja para el gobierno de los Estados Unidos, en el Departamento de Defensa, en Washington D.C. Investiga la tecnología aplicada a nuevas armas.

Se agarró a los escalones con las manos, las palabras rebotaban por su cerebro como una pelota de goma. Farris. Departamento de Defensa. Armas.

Se volvió y huyó por las escaleras.

Jill se paseó unos minutos por el pasillo con la camisa rasgada y el rostro todavía oscurecido por la presión que había ejercido Farris sobre su cuello. Miró al silencioso grupo.

—Tengo que ir tras él.

—No —dijo Nate. Se pasó una mano por el pelo—. De eso nada. *Nanay*.

Ella estuvo a punto de sonreír. Era tan extraño en Nate que le intentara decir lo que tenía que hacer...

—Sé que no es lógico. Pero... no sé. La intuición me dice que podemos convencer a Farris.

—¿Es el mismo Farris que estuvo a punto de asfixiarte hace unos minutos? —preguntó Nate con sarcasmo. Luego resopló—. Jesús, Jill, si eso es lo que dice tu intuición, yo diría que la tienes un poco oxidada.

Jill miró a los otros en busca de apoyo.

—Farris estaba a cargo de la investigación en Seattle. Es el único que sabe lo que tiene o no tiene el DD. Es obvio que ha sufrido un trauma, pero creo que se puede llegar hasta él.

—¿Un trauma? —Resopló Nate—. Está como una chota, Jill. Ese hombre es peligroso.

—No creo que tuviera la intención de hacerme daño —dijo, dubitativa.

Miró a los otros en busca de una respuesta. Les gustara o no, estaban todos juntos en esto.

—Nate tiene razón —dijo Aharon con parte de su antigua arrogancia—. Ese hombre es peligroso. ¿Y si le ocurriera algo?

Denton se encogió de hombros.

—Personalmente, yo creo que debería seguir su instinto.

Jill miró a Hannah.

La mujer de Aharon parecía sorprendida de que le preguntaran su opinión. Dudó.

—Creo... creo que está más bien perdido, no es peligroso. Necesita ayuda.

Nate soltó un gruñido.

—Voy a necesitar el abrigo —dijo Jill, sabía muy bien que no tenía tiempo.

Hannah corrió a cogerlo mientras Nate se acercaba y la cogía de la mano.

—Jill. —Había una mirada furiosa en sus ojos oscuros.

—Confía en mí —dijo ella acariciándole la mejilla—. Volveré. Te quiero.

El joven puso los ojos en blanco y sacó la cartera. Aquella cosa había viajado a otro universo y había vuelto en el bolsillo de los tejanos. Sacó una tarjeta de crédito y se la dio.

—Gracias, cielo.

Aharon le entregó un billete de cien dólares.

—Tome, cójalo.

—Yo no tengo ni un chavo —dijo Denton con pesar mientras le daba la vuelta a los bolsillos.

—Cuento con todos —les dijo ella. Le dio a Nate un beso rápido y se fue antes de cambiar de opinión.

22

El proceso intrínseco, extramundano del *Tikkun*, simbólicamente descrito como el nacimiento de la personalidad de Dios, corresponde al proceso de la historia mundana. El proceso histórico y su alma más profunda, el acto religioso del judío, prepara el camino para la restitución definitiva de todas las luces y destellos repartidos y exiliados... Cada acto del hombre tiene relación con esta última tarea que Dios le ha encomendado a sus criaturas.

—Gershom Scholem, *Tendencias principales del misticismo judío*, 1946

Por la mañana, el coche alquilado de Hannah estaba aparcado enfrente de un hotel de Auschwitz. Denton y Nate tenían las rodillas aplastadas en el asiento trasero y Nate se sentía como una mierda. Todavía tenía esa sensación asombrada y medio aturdida de alguien que examina el dolor que le produce un cuchillo clavado en la espalda.

—Le irá bien —dijo Denton dándole a Nate un golpecito en la rodilla.

—Claro, se largó en plena noche. A pie. En medio de la Polonia rural. Con cien dólares, sin identificación y mi tarjeta de crédito.

—Se las arreglará. Es un cerebrito.

—Eso pensaba yo —dijo Nate, disgustado.

Hannah y Aharon estaban en el asiento de delante hablando en voz baja. Nate los miró para asegurarse de que no los estaban escuchando antes de dirigirse a Denton, bastante sonrojado.

—No nos hemos separado en nueve meses. Me comporto como si estuviera encoñado, ¿verdad?

Denton esbozó una amplia sonrisa.

—Quizá un poco.

—Es que cuando Jill quiere algo puede ser tan... inconsciente. Estoy preocupado por ella.

—Si te sirve de ayuda, creo que tiene razón sobre Farris. No creo que vaya a hacerle daño.

—Vaya, entonces fueron imaginaciones mías cuando ayer estuvo a punto de matarla—dijo Nate con sequedad pero hablaba como si quisiera creerlo.

—¡Ahí! —susurró Hannah muy alto.

Salían del hotel un hombre y una mujer. Nate los miró, ojalá pudiera verlos más de cerca. La mujer llevaba un sombrero de lana, un abrigo verde oscuro y una bufanda para el frío, el resto de la ropa era normal. Era delgada y atractiva. El hombre llevaba la cabeza desnuda. Habló con la mujer, luego miró por la calle con aire casual y se dio la vuelta para mirarlos de frente.

Denton dejó escapar un gruñido. Se hundió en el asiento y arrastró a Nate consigo.

—¡Conozco a ese tío! Se hace llamar «señor Smith».

—¡Lo ves! —exclamó Hannah triunfante—. ¡Te lo dije! Aharon, ¿no te dije que era del Mossad? Te dije que el Mossad estaba aquí.

—Sí, Hannah, y estoy encantado de que te hayas pasado el rato siguiendo a gente así.

Nate estaba aplastado por los brazos de Denton.

—Oye, tíos, tiene que parecer que estáis haciendo algo —les urgió en susurros Denton a Aharon y a Hannah—. Tenéis que parecer naturales.

—Tranquilo. Se van por el otro lado, ni siquiera están mirando —dijo Aharon sin darle importancia.

Nate se sentó con cautela y echó un vistazo él mismo.

—Tiene razón. Acaban de doblar la esquina.

Denton se incorporó, parecía un poco mortificado.

—Lo siento. Últimamente estoy intentando no ser una nenaza; pero es que mi cuerpo tiene un recuerdo muy claro de la paliza que le dio ese tipo.

—¿Entonces es del Mossad? —preguntó Nate.

—Bueno, en realidad nunca se presentó como tal pero creo que sí.

—¿Y la mujer? —le preguntó Aharon a Denton—. ¿La has reconocido?

—No.

—Está aquí para que parezcan una pareja —explicó Hannah—. Es una *katsa*.

—Sí, gracias, Mata-Hari —dijo Aharon con burlón entusiasmo—. ¿Y ahora qué?

—Alguien debería coger una habitación en ese hotel —sugirió Hannah—. Fingir que está de vacaciones. Quizá podamos oírlos o incluso meternos en su habitación.

Nate asintió.

—Muy inteligente. Somos cuatro. Deberíamos separarnos. Dos pueden cubrir a estos tipos y los otros dos pueden ocuparse de los tíos que hay en casa de Anatoli.

Aharon se encogió de hombros como si dijera que no podía discutir con eso.

—De acuerdo, alguien reserva una habitación aquí. Pero tú no, Hannah.

—¿Entonces, quién? —preguntó ella.

—Yo no puedo —dijo Denton con pesar—. Smith me reconocería en un abrir y cerrar de ojos.

—Yo lo haré —se ofreció Nate.

—¿Habla hebreo? —le preguntó Hannah.

—Bueno... no la última vez que miré.

Le lanzó a su marido la típica mirada: «te lo dije».

—Hannah, no vas a entrar ahí.

—Sola no... —dijo ella, sugerente—. Resultaría más convincente si cogiera la habitación un matrimonio.

Aharon gruñó.

—Decidido entonces. ¡Mírame! —Se pasó la mano abierta por la cara—. ¿No crees que sospecharían un poco? ¿No crees que deben de tener mi foto?

Hannah estudió el rostro de su marido.

—Sabes, estoy deseando ver qué aspecto tienes debajo de esa barba después de todos estos años.

—Hannah, ¿estás loca? —Aharon se quedó pasmado.

Nate no pudo evitar esbozar una sonrisa. *Bienvenido a mi mundo*, pensó.

Eran las once de la mañana y Pol esperaba fuera del aeropuerto bajo el frío. Estaba muy quieto, casi como si estuviera en posición de firmes. Pero su mente no estaba igual. La mayor parte estaba desconectada. Funcionaba con el absurdo automatismo de un soldado mortalmente herido que se arrastra intentando alejarse de la bayoneta del enemigo. Odiaba aquel lugar, con la nieve, los árboles y aquellas aldeas extrañas. Ni siquiera la gente le resultaba conocida. No reconocía el idioma. Estaba más perdido allí de lo que jamás lo había estado en Centalia.

Y eso podía abrumarlo si se dejaba; así que, en su lugar, se permitió tener un objetivo: encontrar lo conocido. Tenía que encontrar al teniente Calder Farris.

La noche anterior había seguido los carteles de la carretera hacia Cracovia porque era el nombre más grande de los carteles y por tanto debía de ser una ciudad de buen tamaño. Lo habían recogido un camión y se había sentado en el asiento de delante con un granjero que tenía la caja del camión llena de aves en jaulas. Al acercarse a Cracovia, Pol había visto un avión comercial en el aire. Lo había reconocido al instante, entendía hasta los principios básicos de la aerodinámica (proporciones de envergadura de alas y cantidades de combustible), aun cuando sabía muy bien que este tipo de nave concreta no existía en el mundo del que acababa de llegar. Apartó a un lado todo aquello con lo que quería comerse el coco. El avión podía llevarlo a Washington D.C. Se montaría en la cola del mismísimo diablo si lo llevase a Washington D.C.

Pero no recordaba cómo se subía a un avión. Así que se quedó sentado en el aeropuerto hasta después del alba observando a los guardias de seguridad, observando la compra de billetes, pasándolo todo por un pesado filtro y descartando todo lo que no era imprescindible.

Imprescindible: necesitaba documentos de identificación y dinero para subirse a un avión.

Ahora esperaba fuera del aeropuerto. Hacía frío, casi tanto como en Centalia. Después de mucho tiempo salió un hombre de un coche. Era rubio, tenía la edad adecuada y estaba solo. Antes de que el hombre pudiera entrar en la terminal, Farris se le acercó.

—¿Puede decirme cuál es la carretera de Budapest? —le preguntó Pol en su antiguo idioma.

El hombre intentó conversar con él. Señalaba hacia la ciudad y hablaba inglés con precisión. Pol lucía una sonrisa helada. Agarró al hombre por el brazo y le puso el cuello de una botella que llevaba en el bolsillo.

—Venga conmigo —dijo Pol.

El hombre miró a su alrededor en busca de ayuda, pero nadie estaba prestándoles atención.

—¿Qué quiere? Por favor...

Pol alejó al hombre de allí, con rapidez, antes de que pudiera sobreponerse a la sorpresa. Rodearon la terminal, hasta un lugar que había elegido por adelantado, un pequeño parque.

Entre los árboles, el hombre sucumbió a la desesperación. La expresión de su rostro se tensó a medida que le cruzaban por la mente las imágenes de lo que Pol podría querer hacerle. Pol se movía con rapidez y una precisión letal. Parte de él sentía curiosidad, parte de él deseaba que el hombre se le enfrentase. Pero estaba claro que esta criatura no era ningún guerrero. Su primera reacción no fue luchar sino ofrecerle dinero. Y eso hizo: sacó un paquete lleno de billetes y los documentos de identificación que necesitaba Pol. El hombre le rogó que le perdonara la vida en polaco y en inglés.

Era hora de actuar. Pol dudó. Dudó durante tanto tiempo que el hombre percibió su debilidad e intentó huir. Pero antes de que hubiera dado dos pasos, Pol sacó la botella del bolsillo y la estrelló con fuerza en la parte posterior de la cabeza del hombre. Este dio un grito de sorpresa y se derrumbó en el suelo, inconsciente.

Pol cogió la cartera del hombre, el pasaporte y los billetes de avión. Se lo metió todo en los bolsillos. Le quitó al hombre la camisa y la corbata y se las puso, y luego se llevó también el pesado abrigo del hombre. Sacó el contenido de la bolsa del hombre y metió allí su antigua ropa. Suponía que no la volvería a necesitar pero no quería que la encontraran aquí.

Se arrodilló, envolvió la bufanda alrededor de la garganta del hombre y la apretó; se preparó para apretarla aún más. Y se quedó allí arrodillado.

Debería matar a este hombre. Si lo dejaba vivo, podría describir a su atacante. Podría dar el nombre de los nuevos documentos de identidad de Pol, un nombre que, de otra forma, a las autoridades les llevaría días rastrear. Y aun así, Pol dudó.

No podía sacarse las imágenes de la cabeza, imágenes de la noche que mató al Plata, Pol 137, cómo había tenido que golpearlo una y otra vez para cortarle la cabeza, cómo había fluido la sangre, como vino de Borgoña. Ni las imágenes de Gyde de pie sobre el cuerpo del Bronce que tenía libros raros, apagando el cigarrillo en la sangre.

El sudor chorreaba por la espalda de Pol, debajo de la camisa nueva. Sus manos aferraron con fuerza los dos extremos de la bufanda. Le temblaban, como si una corriente diera vida a la bufanda.

No podía hacerlo. Soltó la bufanda.

Oyó un crujido tras él. Se giró de golpe con un gruñido en los labios, perseguido por la culpa y la furia por su propia debilidad.

—¿Teniente Farris?

La mujer rubia se acercó un poco más. Por un momento estuvo seguro de que ahora sí que estaba sufriendo alucinaciones y sus debilitados sentidos por fin se estaban rindiendo a la locura. Pero la mujer parecía nerviosa y también parecía tener frío. Un brillo de humedad en la nariz roja daban fe de lo real que era.

Miró al hombre del suelo y luego a él. Pol odió la mirada de aprobación que vio en sus ojos. Debería tenerle miedo. Él haría que le tuviera miedo.

La chica se frotó los brazos para calentarse.

—¿Ha cogido su pasaporte?

Pol lo sacó de su bolsillo y lo miró.

—¿Tarjetas de crédito?

Le entregó la cartera y los billetes. Le entró un ataque de pánico cuando aquellos objetos abandonaron sus dedos. ¿Qué coño estaba haciendo?

Era terrible no poder confiar en uno mismo, no ser capaz de adivinar el razonamiento de tus propios miembros. Se dijo a sí mismo que la estaba poniendo a prueba. Que le estaba dando la cuerda suficiente para que se colgara sola. Si decía, o hacía, lo que no debía, le rompería el cuello. Esta vez se echaría encima de su cuerpo, pesado y mortal, y la miraría a los ojos mientras arrebataba la vida de aquel cuerpo.

—París —dijo ella al leer los billetes—. ¿Adónde quiere ir usted, teniente?

—Si se estaba riendo de él, era incapaz de verlo en sus ojos verdes.

—Washington D.C. —Se oyó decir. Se puso rígido de horror.

La mujer asintió.

—Podemos coger un enlace en París, pero voy a necesitar billetes. Parece que aquí hay dinero suficiente. —Sacó unos cuantos billetes de la cartera—. Y necesitaremos un pasaporte para mí. —Miró otra vez al hombre del suelo y su rostro se suavizó—. Preferiría robar uno sin dejar a nadie inconsciente, si es posible. ¿Quizá en el aseo de señoras? No se me da muy bien este tipo de cosas. Tendrá que aconsejarme.

Apretó los puños en los muslos para mantenerlos bajo control. Por dentro estaba retorciéndose como el ojo de una tormenta. No entendía lo que estaba pasando. La mujer parecía estar sugiriendo que se iba con él. Era un truco. Lo estaba enredando.

Pero lo más aterrador era lo mucho que lo tentaba aquella treta. La idea de contar con ayuda (esa simple idea) lo llenaba de una nostalgia desesperada. Le hacía darse cuenta de lo pesada que era la carga que llevaba, lo cerca que estaba de derrumbarse por completo. Pero al mismo tiempo estaba furioso. Era un guerrero. No pensaba dejar que lo mimaran, maldición, y sobre todo no ella.

—Que te jodan —dijo él, satisfecho de recordar las palabras. Se le curvaron los labios en un gesto de desdén lo bastante amplio para llenar los mares.

La mujer se apartó un poco de aquella mirada y se pasó la lengua por los labios, nerviosa, pero no huyó. Volvió a mirar el pasaporte.

—Lo ha escogido... en fin, bastante bien. El pasaporte tiene cuatro años. Los guardias de seguridad simplemente supondrán que se ha cortado el pelo. Aparte de eso encaja bastante bien.

¡Vete a la mierda, he dicho!

—¿Teniente Farris? —dijo ella con cautela.

—Haga lo que quiera —le gruñó. Le quitó los papeles de un manotazo y se dirigió al aeropuerto.

Esa tarde, a las ocho en punto, el señor y la señora Goldman, de Nueva Jersey, estaban instalados en la habitación de arriba de la pequeña posada, justo al lado del señor y la señora Dolman, el nombre que Aharon había vislumbrado en el registro al firmar.

Hannah, es decir, Ruth Goldman, había charlado con la posadera, una matrona polaca de rostro sonrosado; le había dicho que querían estar arriba y que querían algo que se asomara a aquella encantadora vista de la parte de atrás, y la señora Sochetzchi les había dado la habitación que estaba al lado de los Dolman. Eran los únicos huéspedes de la posada aparte de ellos.

Hannah le había sonreído a Aharon con expresión triunfante y él, Aharon Handalman, se había pasado una mano por la cara. Llevaba dos horas siendo incapaz de evitarlo, todavía avergonzado y asqueado por la falta de pelo en las mejillas. Se sentía como Sansón. Se sentía menos hombre. Hannah por fin lo había conseguido.

¿Qué demonios iba a decir cuando volvieran a Jerusalén?

Y ahora estaban echados sobre un suelo de madera, con una simple alfombra de nudos entre sus cuerpos y la dura superficie. Hannah estaba echada de lado, de cara a él, con un vaso de cristal transparente en la oreja y el otro extremo del vaso en la pared.

Qué tontería, pensó Aharon otra vez con un bufido mental. Eso de los vasos apoyados en la pared funcionaba en los dibujos animados, quizá, pero no en la vida real. Aharon mismo lo había intentado pegando la oreja a la pared pero, aunque oyó unos murmullos, no distinguió nada de lo que se decía.

—Eso no va a funcionar —le dijo en voz baja a Hannah mientras contemplaba su rostro concentrado—. Vamos a tener que hacer un agujero cuando salgan. Mañana compraré un taladro. —Lo pensó un poco más—. O quizá funcionase una de esas cosas de los médicos, ¿sabes a qué me refiero? Podría ir a ver al médico del pueblo y me quejo de algo. No es como si no tuviera males de sobra.

—¡Shhh! —dijo Hannah.

No podía creerse que estuviera hablando de hacer agujeros y robar instrumentos médicos. No podía creerse que él, él y su mujer, estuvieran en Auschwitz espiando al Mossad.

Por otro lado, después de sus experiencias en Fiori, nada le parecía tan aterrador ni tan absurdo como debería. Hasta era capaz de sentirse encantado de estar echado en el suelo de la Tierra espiando al Mossad.

Suspiró contento y contempló a su mujer.

—¿Y qué están diciendo? —le preguntó, provocador.

—Están hablando de los americanos. —susurró ella.

Pues claro. ¿De qué otra cosa iban a estar hablando?

Era ridículo. Porque ahora mismo estaban en una situación de vida o muerte. Y no solo se trataba de su vida o muerte, y esta última era una opción muy probable, sino de un acontecimiento potencial enorme, apocalíptico, y aun así empezaba a tener pensamientos muy cálidos sobre su mujer.

Pero había aprendido en Fiori que en ocasiones no merecía la pena pensar demasiado en lo que tenías que hacer. Era mejor quedarse allí, echado de lado, contemplando a Hannah, que fingía que podía oír algo y dejar que su mente vagara por pastos más verdes. Estaban en el hotel, habían entrado, él y la señora Goldman, y con eso era suficiente por esta noche. Después de todo, tampoco es que pudiera hacer agujeros en la pared con sus vecinos en la habitación, aunque tuviera un taladro, que no lo tenía. Y si el Mossad estaba allí, en la habitación de al lado, no estaban fuera haciendo algo peor.

—Hannah —dijo en voz muy baja para que no lo oyeran en la habitación de al lado y también un poco ronca—. Esta es la primera vez que estamos solos, tú y yo.

—Están discutiendo sobre si la mujer puede meterse o no dentro de la casa —dijo ella con tono conspirador.

—Pues claro que sí. —Aharon cogió los dedos diminutos de su mujer y se los llevó a los labios.

Hannah se sonrojó y lo miró bien por primera vez, como si por fin comprendiera en qué estaba pensando él. Sonrió y frunció el ceño al mismo tiempo, un rechazo poco entusiasta, y sin embargo desplegó la mano para cerrar la breve distancia que la separaba de la mejilla de su marido. Frotó con los dedos la suavidad de la piel y sus ojos se encendieron juguetones.

—Se me ocurren algunas ventajas de estas mejillas tuyas tan suaves y desnudas. —Le susurró.

—¡Hannah! —jadeó él mientras cambiaba de posición en el suelo—. ¿Estás intentando matarme?

—¡Shh! —La voz de su mujer volvió a alejarse cuando se esforzó en oír por el vaso. Hasta él oyó que habían levantado la voz, aunque seguía sin distinguir las palabras. Seguramente porque tenía los oídos llenos del rugir de la sangre. Sus dedos se estiraron por propia voluntad y alisaron esa locura de sudadera que llevaba su mujer.

Hannah abrió mucho los ojos.

—¡Aharon, esto es importante! Están hablando de formas de entrar en la casa, para ella. —Hizo un gesto con la mano: *para y déjalo ya*.

—Bien —murmuró Aharon mientras le levantaba el borde de la sudadera—. Escucha tú por los dos.

Denton se acercó a la parte posterior de la casa de Anatoli observando con recelo la luz de las primeras horas de la mañana. Hannah había dejado parte de su «equipo de espía» en el hostal, incluidos un par de pequeños prismáticos. Denton tuvo que lanzar una risita al acordarse de lo loco que volvía a Aharon su mujer.

Justo ahora Denton había visto que la única persona que parecía despierta en la casa era el más joven de los dos agentes, o marines, o lo que fueran. El grande y pesado debía de estar dormido. Aunque el grande y pesado era quizá el que menos luces tenía de los dos, Denton se tranquilizó un poco. Hoy se dedicaría a vigilar la casa un buen rato, envuelto como un muñeco de nieve en cada jirón de ropa que pudiera encontrar. Pero su plan más inmediato era hablar con Anatoli.

El agente más joven se encontraba en la pequeña cocina tomando café. No estaba lo bastante lejos de la habitación de Anatoli para hablar tranquilo, claro que en la casa de Anatoli ninguna habitación lo estaba.

Denton se deslizó hacia la ventana.

Veía mejor bajo la tenue luz del día. Habían dejado una ventana a prueba de huidas clavando dos grandes maderos en forma de cruz en el interior del marco de la ventana. Cosa que dejaba unos huecos para que entrara la luz y el aire pero apenas lo suficiente para que se metiera un gato por allí. La ventana en sí estaba separada del marco de la ventana y no la afectaban las tablas. Y no estaba pasado el cerrojo. Cedió bajo los dedos de Denton y se quedó atascada a casi medio centímetro.

—¿Anatoli? —susurró Denton—. ¡Anatoli!

Una forma se cernió sobre el cristal procedente del suelo. La cama de Anatoli se encontraba justo debajo de la ventana y cuando se sentó apareció su rostro como si fuera un fantasma. Parecía más frágil que nunca, con el cabello delgado bailando una danza estática alrededor de la cabeza y los ojos grandes y saltones, como los de un marinero ahogado.

Denton tenía la sensación de que aquel anciano estaba a punto de gritar y se llevó los dedos a los labios con insistencia.

—¡*Shhhhhhh!*

La boca del anciano se abrió y formó un grito pero no salió ningún sonido. Parpadeó y miró a Denton.

—Anatoli, soy yo, ¡Denton Wyle!

La boca se cerró. Los dedos huesudos de Anatoli se metieron por debajo de las tablas y llegaron al alfeizar. Denton contempló aquellos pobres miembros retorcidos, se quitó un guante y los cubrió con los suyos.

—Denton... —Los ojos de Anatoli tenían una expresión confusa.

—Sí. Shhh. Tenemos que hablar en voz baja.

—¿Está contigo? ¿Ha vuelto contigo?

La confusión de Anatoli se había fundido con el fanatismo de un loco, lo miraba con ansia. Denton sintió una oleada de desilusión y la cubrió con una sonrisa.

—No, el rabí Kobinski no ha venido. Pero, esto, nos ha hecho volver para ocuparnos de unas cuantas cosas.

—¿Qué cosas? ¿Qué ha dicho el maestro?

Mierda, menuda tontería había dicho.

—Verá, tiene miedo de que se haya filtrado parte de su trabajo. Tenemos que asegurarnos de que ese no sea el caso.

—Pero... yo desenterré toda la obra del maestro y la quemé. ¡Hice lo que me dijo! —Los ojos de Anatoli se llenaron de lágrimas.

—¡*Shhhhh!* —lo tranquilizó Denton—. Lo sé. Sé que lo quemó. —Pero Anatoli no lo había quemado, gracias a Dios. Denton se alegraba de que no lo hubiera hecho, por egoísta que fuera—. Escúcheme, Anatoli. Necesitamos saber algo de los hombres que lo retienen. ¿Saben lo del rabí Kobinski? ¿Han dicho algo sobre él?

A Anatoli pareció disgustarle la pregunta, como si lo aturdiera. Por un momento Denton pensó que todo aquello era absurdo. Los ojos de Anatoli eran como ventanas que se asomaban a un torbellino caótico. Pero se estaba producing una lucha en esos ojos, que poco a poco se despejaron. Denton vio la tensión que se aferraba a aquel frágil cuerpo, sabía que Anatoli estaba luchando con todas sus fuerzas por un momento de claridad. Denton podría haberlo besado, tanta era su gratitud.

—Creo que no... No, nunca han mencionado al rabí Kobinski. Y yo no he pronunciado su nombre.

—Eso está bien —dijo Denton, aliviado—. Anatoli, eso está muy bien.

—Preguntaron por la Dra. Talcott y por Nate Andros y... y por el rabino Handalman. No preguntaron por ti.

—Eso está bien, Anatoli; todo va bien. ¿Qué dijeron sobre lo que pasó en el claro aquella noche?

Un estremecimiento atravesó a Anatoli cuando la batalla de la cordura perdió terreno en sus ojos.

—Luces, ruido. No hacen más que preguntar. Preguntan si vi... si la Dra. Talcott tenía algo en la mano, si hizo algo. Yo... fingí estar loco. —Anatoli esbozó una sonrisa triste, trémula, como si dijera: *¿quién está engañando a quién?*

—¿Ha escuchado sus conversaciones? ¿Sabe...?

Apenas tuvieron unos segundos. Anatoli se puso rígido y apartó de un empujón las manos de Denton. Se dejó caer en la cama justo cuando se abrió la puerta del pasillo. No había tiempo para volver corriendo a la seguridad de los árboles. Denton tuvo que limitarse a agacharse bajo la ventana y aplastarse contra el costado de la casa. Bajó los ojos y vio que le sobresalían las largas rodillas, visibles para cualquiera que se asomara a la ventana. Dio un giro para meterlas contra el muro.

—¿Qué cojones? —Oyó una voz masculina dentro de la habitación, que parecía molesta.

—¿Qué está intentando hacer, viejo? —dijo una voz más profunda, los dos hombres estaban dentro de la habitación—. ¿Suicidarse por hipotermia? Hay diez putos grados ahí fuera.

Denton oyó el ruido que hacía alguien al intentar cerrar la ventana... al parecer sin mucho éxito. Se quedo inmóvil, esperando.

Debería haber cerrado la maldita ventana. ¿Era siquiera posible abrir la ventana desde dentro con esos tablones allí puestos? ¿Se les estaba ocurriendo a los agentes del DD en ese mismo momento?

Como si quisiera confirmar sus peores temores, oyó que uno de los hombres decía en voz muy baja.

—Vete a mirar fuera.

Denton sintió un momento de pánico. Estuvo a punto de levantarse de un salto y echar a correr por el patio, aunque sabía que los hombres de la ventana lo verían seguro. Pero se quedó allí quieto e intentó pensar en otra opción. Luego oyó la voz de Anatoli, fina y temblorosa.

—¿Me dan un poco de té?

—Vamos. —Se oyó la voz del hombre más joven, rápida, impaciente.

—¡Pero necesito té!

Y luego una exclamación de auténtico asco.

—¡Oh, por el amor de Dios!

Al principio Denton no sabía lo que había pasado, solo que Anatoli estaba intentando distraer a los hombres... y al parecer lo conseguía.

—¡Davis! ¡Coño, ya! Cógelo y llévalo al baño, ¿quieres?

Un olor flotó por la ventana y se estrelló contra la nariz de Denton, acre y picante.

Denton esbozó una gran sonrisa y le apuntó un par de puntos a aquel viejo zorro. Se arrastró pegado al muro y rodeó la casa, luego pudo echar una carrera hasta los árboles.

Nate compró una entrada en la puerta y entró en los grandes terrenos cercados del museo del Holocausto. Era un frío día de invierno y el sol brillaba. Se quedó allí parado mirando los barracones originales y la explanada, la tierra desnuda escarchada por el frío y desprovista de cualquier tipo de planta. Todo estaba en silencio, inmóvil. Era un mausoleo que insinuaba los horrores solo por lo que uno sabía lo que había pasado allí. Aparte de eso no era más que un montón de barracones viejos de aspecto cutre.

Pero lo sabía. Y se le puso el pelo de punta en la nuca. *Dios*, la raza humana era muy rara, mira que conservar algo así.

El hombre al que Nate seguía, el señor Smith, se estaba haciendo el turista. No resultaba difícil vigilarlo mientras paseaba por los terrenos y entraba y salía de los barracones. Era un día más bien tranquilo y seguramente no había más de una docena de turistas por allí. El señor Smith no parecía fijarse mucho más en Nate que en el resto.

Smith se dirigió al largo edificio que era el museo en sí y a los pocos minutos entró Nate con aire casual tras él. Vestía una cazadora vieja y un gorro de lana. Intentó mantener la cara desviada la mayor parte del tiempo. Tenía miedo de que si Smith le echaba un buen vistazo, lo reconociera. El tipo del Mossad al que Nate le había atizado en la cabeza quizá lo hubiera descrito y si hurgaban en el pasado de Jill, quizá tuvieran su foto y su nombre.

Mientras el señor Smith se paseaba entre las piezas a Nate le daba tiempo para pensar. En circunstancias normales, le habrían interesado bastante las piezas mostradas pero hoy tenía otras cosas en la cabeza.

Jill. Maldita fuera por hacerlo pasar por aquello. Jamás había estado enamorado. Era una locura la forma que tenía de abrir un agujero en tu interior. Lo único que se le ocurría era que quería una vida entera con ella, un rincón para los dos, acogedoras veladas de charlas y abrazos, un trabajo que les gustara a los dos, noches de explorar el cuerpo del otro con un entusiasmo carente de inhibiciones.

Era una locura. Lógico que tan pocos filósofos tocaran el tema del instinto de apareamiento... era completamente irracional. Pero tío, cuando te agarraba... Saber que su chica estaba por ahí fuera, en peligro, y no ir tras ella era como poner la mano en un tajo a la espera de que te la corten. Era igual de duro.

Lo que le preocupaba de verdad era que a pesar de que Jill decía que Farris no le haría daño, él estaba bastante seguro de que ella se habría ido, con peligro o sin él, que estaba dispuesta a arriesgar su vida porque pensaba que todo era culpa suya. Había visto esa mirada de cordero de pascua en sus ojos. Y todo lo que él podía hacer era esperar hasta que le dijeran si estaba viva, muerta o qué.

Mierda, había perdido de vista a Smith. Nate se apresuró a recorrer el museo pero el hombre había desaparecido. Salió justo a tiempo para ver cómo desaparecía Smith detrás de unos edificios al otro lado del campo de concentración. Nate echó a correr para alcanzarlo. Se detuvo al lado del crematorio y vio que Smith miraba a su alrededor y luego se metía por un agujero de la cerca.

Nate estaba casi seguro de que Smith iba a la casa de Anatoli. Se tomó su tiempo para seguirlo, dar rodeos y acercarse por el norte. Los bosques que había detrás de la cerca no le resultaban del todo conocidos. Solo los había recorrido un par de veces y no era Daniel Boone precisamente. Pero gracias a la suerte o al instinto, llegó a la casa de Anatoli como pretendía.

Encontró a Denton agazapado detrás de un gran grupo de peñascos, más o menos donde habían acordado encontrarse. Se había metido las manos enguantadas debajo de los brazos para calentarse un poco. Tenía la cara roja por el frío. Nate se agachó a su lado y se asomó por encima de los peñascos para ver a través de los árboles. Smith estaba allí, desde luego. Estaba a unos cuatrocientos o quinientos metros, al borde del bosque más cercano al campo de concentración, vigilando la casa con unos prismáticos. Denton asintió; él también había advertido la presencia del hombre.

—¿Has hablado con Anatoli? —preguntó Nate en voz baja.

Denton asintió y le contó la conversación.

—¿Cómo saben lo de Handalman? —susurró Denton.

—Probablemente porque él y yo viajamos con Jill.

—Ah, claro. Está bien. Así que es probable que el DD no sepa lo del manuscrito.

—Esperemos que no.

Se agazaparon en los bosques fríos y esperaron. Hannah estaba segura de que los agentes del Mossad iban a intentar meterse hoy en la casa y la presencia del señor Smith indicaba que estaba pasando algo.

No tardó mucho tiempo en aparecer su compañera. La mujer que Nate y Denton habían visto con el señor Smith en la posada apareció pronto bajando por la carretera, cojeando por culpa del tacón roto de una bota. Parecía una refugiada de un anuncio de moda, con un abrigo de piel falsa de leopardo, pantalones apretados negros y botas negras de tacón. Llevaba un peinado tan alto como un soufflé y se distinguía el maquillaje a noventa metros.

—Puta *du jour* —susurró Denton.

Nate estuvo de acuerdo aunque pensaba que la chica tenía el gusto suficiente para atraer a un par de machos alfa.

—Apuesto a que se le ha estropeado el coche —sugirió Denton, estaba claro que se lo estaba pasando bien—. Y necesitará utilizar el teléfono. —Apuntó los prismáticos de Hannah sobre la mujer.

Nate pensó que era lo más probable. Le preocupaba lo que la mujer tenía en aquel enorme bolso de cuero negro que llevaba colgado del hombro. Aunque Hannah estaba segura de que la *katsa* y el señor Smith habían estado hablando de entrar en la casa, no había conseguido oír lo que planeaban hacer allí. Nate esperaba que no fueran a llenar aquello de micros. Si lo hacían, quizá escucharan algo sobre su trabajo y el de Jill y eso sería mortal.

La mujer desapareció delante de la casa y Denton le pasó los prismáticos a Nate para que él también mirara. Nate asomó la cabeza por el peñasco para ver a qué se dedicaba el señor Smith. Todavía estaba dentro del límite del bosque, apuntando a la casa con los prismáticos. Nate se giró él también en esa dirección.

Durante un buen rato no vio nada en las ventanas. Tanto que terminó por convencerse de que o bien no iban a permitir la entrada de la mujer o lo que esta fuera a hacer allí, lo haría en las habitaciones delanteras, una posibilidad que Denton y él habían discutido. Pero justo cuando estaba a punto de sugerir que rodearan la casa hasta la parte delantera, le llamó la atención un movimiento en la ventana de la cocina.

La *katsa* entró como un suspiro en la pequeña habitación, todavía cojeando. Hinkle entró como una mole tras ella. La mujer parecía estar intentando ligárselo, charlaba alegremente pero Hinkle se limitó a acercarse al teléfono de la pared, cogió el auricular y se lo entregó como si quisiera decir: *hágalo y lárguese.*

La chica tenía que estar interpretando el papel de imbécil porque hizo caso omiso del mensaje más obvio y siguió charlando como si nada.

Los ojos de Nate estaban clavados en ella, buscando cualquier pista que indicara que iba a poner un diminuto mecanismo auditivo en el auricular o en cualquier otro sitio de la habitación. Por fortuna, Hinkle parecía estar observándola con la misma atención. Nate casi lanzó un grito de alegría.

Cuando la mujer por fin se puso al teléfono, dio un pequeño giro. Movía mucho las manos, como si estuviera conversando con alguien al otro extremo. Pero había algo en su cara, sobre todo cuando al dar la vuelta se quedó de espaldas a Hinkle, que indicaba que estaba estudiando el entorno con gran cuidado.

Cuando se quedó de cara a la ventana, levantó los ojos y los clavó más allá del cristal. Por un instante, Nate pensó que lo estaba mirando a él pero luego se dio cuenta de que estaba mirando al señor Smith, aunque lo más probable es que en realidad no lo pudiera ver desde allí. La mano que no sujetaba el teléfono se movió hasta quedarse delante de ella, donde Hinkle no podía verla y señaló con fuerza a la izquierda.

Nate viró los prismáticos y vio que señalaba a la diminuta mesa del comedor. Sobre la mesa había una gran bolsa negra, una especie de maletín. A Nate se le doblaron los dedos de los pies.

—Tienen los papeles en un maletín —le dijo a Denton en voz baja—. Lo acaba de ver.

Denton le puso a Nate una mano en el hombro y se lo apretó para tranquilizarlo.

La mujer colgó el teléfono y volvió a adoptar una expresión insípida antes de girarse hacia Hinkle. Empezó a charlar otra vez pero Hinkle la cogió por el codo para escoltarla a la salida.

Ella se resistió un poco y tiró del bolso. Por un momento Nate pensó que iba a sacar un arma. Pero lo que sacó de aquel voluminoso espacio fue una botella de licor.

Intentó metérsela en la mano a Hinkle. Este sacudió la cabeza. Ella lo intentó con más fuerza, apoyándose en él. Al ver que Hinkle seguía sin cogerla, la colocó en el mostrador de la cocina y le permitió que la sacara de la habitación. Unos minutos más tarde escucharon el sonido casi inaudible de una puerta que se cerraba y la *katsa*, aún cojeando, se volvió a la carretera.

—¡Joder! —dijo Nate. Volvió a enfocar los prismáticos a la ventana de la cocina y rezó para que volviera a aparecer Hinkle y tirara esa cosa por la ventana. No lo hizo. La botella se quedó allí sentada—. ¡Mierda!

—¿Qué pasa? —susurró Denton.

Nate se dio cuenta de que había estado acaparando los prismáticos y Denton no había podido ver nada. Los giró el tiempo suficiente para ver que el señor Smith se volvía a internar en el bosque, hacia el agujero de la cerca y el museo del Holocausto, luego se los devolvió a Denton.

—Se va. Ya se debe de haber acabado todo. La chica usó el teléfono, como tú dijiste. Y luego le dejó una botella. Parece vodka o ginebra.

Denton no parecía muy preocupado.

—¡No ves que esa sería la forma perfecta de meter un micro en la casa! —insistió Nate.

Denton levantó los prismáticos para mirar la cocina. Nate guiñó los ojos. Por lo que él veía, seguía sin haber nadie allí.

Denton habló sin alterarse.

—¿Para qué iban a poner un micro en una botella de licor? Lo más probable es que la tiren dentro de un día o dos, se la beban o no.

En eso tenía razón.

—¿Y para qué si no les iba a dar alcohol? —preguntó Nate.

Denton bajó los prismáticos.

—Esperemos que Aharon y Hannah lo averigüen.

Aharon no se podía creer que iba a entrar en las habitaciones del Mossad, de verdad. Bueno, cosas de Hannah. Esa mujer sola podría haber puesto de rodillas a todo el Imperio Romano.

Miró por el pasillo otra vez (nada todavía, ni un asomo) y metió la llave en la cerradura. Hannah había cogido la llave, la había trincado del mostrador de recepción con tanta facilidad como si hubiera mamado el arte del robo con la leche de su madre. Aharon sacudió la cabeza pero tenía que admitirlo, estaba impresionado. La puerta se abrió hacia dentro.

¿Podría haber escondido el Mossad cámaras en la habitación? ¿Sensores infrarrojos? ¿Trampas explosivas? Pues claro. Por eso había insistido Aharon en entrar él en la habitación mientras Hannah vigilaba abajo para asegurarse de que no volvía su presa. Pero ahora que había ganado esa batalla concreta y estaba aquí, no le parecía una victoria tan grande.

Aharon no había mamado el arte del robo con la leche de su madre y no estaba seguro por dónde tenía que empezar.

No vio nada parecido a una trampa explosiva, ni cámaras. Miró en las maletas e intentó volver a colocarlo todo exactamente igual que lo había encontrado, pero se sentía bastante torpe. ¡Mira que tener que revolver entre ropa interior de señora! Y encima sin barba. Increíble.

En un cajón del tocador, debajo de una pila de pantalones de hombre, Aharon encontró unos expedientes. Por esto había venido y aunque lo único que quería hacer era salir de esta habitación lo antes posible, sacó los expedientes y se sentó con ellos en el suelo.

Había media docena de carpetas de color manila y el tamaño de un documento legal sujetas con gomas elásticas. La que estaba encima era la suya.

Aharon contuvo el aliento, exhaló un siseo y, fascinado, se puso a leer lo que contaba de él otra persona. Una fotografía suya, bastante buena, tomada en un exterior, aparecía al principio del expediente. La habían hecho sin que él lo supiera, al parecer en Jerusalén. Lo calificaban de «fanático ortodoxo».

Aharon contempló la imagen del hombre que había sido y sintió una extraña tensión detrás de los ojos. Al mirar la foto se diría que era un hombre duro, un hombre que creía tener todas las respuestas, un hombre que, de hecho, sabía muy poco.

Dejó su expediente y hojeó los demás. Había un expediente sobre la Dra. Talcott, otro sobre Nate y otro sobre Denton. No había ningún expediente, menos mal, sobre su mujer. El último expediente era el de Anatoli.

Aharon sabía que Anatoli había estado usando un pseudónimo durante cierto tiempo. En Polonia utilizó el nombre de Solkeski, no Nikiel. Lo que asustó a Aharon cuando abrió el expediente fue la primera imagen, era una ampliación de ocho por diez del brazo de Anatoli. Había un trozo de piel que mostraba el lugar donde le habían subido la manga del abrigo negro de lana, se la subía una mano pesada, carnosa, que le agarraba con fuerza el brazo. La fotografía debió de tomarse cuando los agentes del DD escoltaban a Anatoli hacia algún lugar, pensó Aharon. Y debió de tomarse con una lente automática. Los números del brazo de Anatoli eran tan patentes como el día.

Aharon pasó la foto. Claro, allí estaba, en la hoja biográfica había una fotografía de Anatoli, con unos veinte años por lo menos, y su verdadero nombre. El expediente era grueso, incluía hojas impresas de algunas de las «páginas de testimonio» de Yad Vashem que mencionaban a Kobinski y Anatoli y también registros del campo de concentración.

Aharon quiso acariciarse la barba y se encontró el aire vacío. Chasqueó la lengua con aire pensativo y se meció un poco con el expediente en el regazo.

El Mossad, Norowitz, sabían quién era Anatoli, que era el aliado más íntimo de Kobinski y su discípulo. Aharon pensó en el hombre que se había limpiado jugo de cecina de los dedos para mirar la carpeta del código, el hombre que lo había llamado con tanta frecuencia durante los últimos meses.

Rabino, ¿ha averiguado algo más del manuscrito de Kobinski?

¿Qué sería Norowitz capaz de hacer para ponerle las manos encima a Anatoli? ¿Qué es lo que no haría? Pero el DD tenía a Anatoli, al menos de momento. Claro que, también había tenido a Jill y eso no había evitado que el Mossad intentara raptarla.

Un pitido sobresaltó a Aharon e interrumpió sus reflexiones. Se puso en pie con esfuerzo y corrió a la ventana con el corazón golpeándole en el pecho. Luego se dio cuenta de que el sonido no procedía de fuera sino de un aparato que había en el tocador y que parecía un teléfono portátil demasiado grande. El aparato volvió a pitar.

Se acercó y lo cogió. Probablemente era un teléfono vía satélite; era del tamaño de uno de esos grandes receptores pasados de moda, no se parecía en nada a los teléfonos móviles modernos. Bajo los botones para marcar había una pantalla LED. Había un mensaje en la pantalla. Su llegada debió de ser lo que provocó el pitido. Estaba en hebreo, Aharon supuso que eso era lo bastante críptico en la mayor parte del mundo. Decía:

PLAN DE ESTA NOCHE APROBADO. ID CON DIOS.

23

«Yaakov bautizó el lugar: Peniel / Rostro de Dios,
pues: Yo he visto a Dios,
cara a cara
y mi vida se ha salvado».
— Génesis 32:31, Everett Fox, *Los cinco libros de Moisés*, 1995

Calder se arrastraba por la faz del globo terráqueo. Esa era la sensación que tenía. Mentalmente se arrastraba, agarraba puñado de tierra tras puñado de tierra, movía una rodilla ensangrentada de cada vez. Era como arrastrarse para entrar en su propio cerebelo. Cada hora, cada momento, traía nuevos recuerdos, y pocos eran agradables.

Una vez, mientras dormía sentado en el avión, había tenido un sueño-recuerdo. Se recordó a sí mismo, Calder Farris, gritándole a su padre. Calder recordó que había crecido con aquel hombre duro y que le habían pegado con frecuencia. En este caso concreto ya se había hartado y en un ataque de rabia indecible había empujado a su padre contra la pared y le había estrellado el puño en la cara una y otra vez. Luego había echado atrás la cabeza y había aullado. Despertó con las sacudidas que le daba la mujer y un gemido murmurado todavía en los labios.

Se le ocurrió que el muchacho del sueño, Calder Farris, él, había vivido con ese aullido en su interior durante mucho tiempo. Eso era lo que le había permitido hacer ciertas cosas, como estar a punto de matar a su padre y asesinar a aquel varón Plata y luego trocearlo como si fuera un animal. Quizá era el daño que se había producido en su mente, pero en algún sitio del camino había perdido el aullido.

No quería sentir esa ira pero al perderla se debilitaba.

La mujer lo estaba debilitando solo con su presencia. Traerla había sido un error. Ya era bastante duro intentar enfrentarse a todo, intentar mantener la calma contra una inundación de recuerdos que eran tan agudos y dolorosos como los alfileres y las agujas de un miembro dormido que despierta.

¿Qué quería de él? ¿Por qué no lo dejaba en paz? Tenía la sensación de que su antiguo trabajo, su antigua vida, se lo estaban encajando todo y aún no estaba preparado. Estaba enfermo; ¿es que no lo veía? Había intentado hablar con él, al principio, mientras estaban en el restaurante del aeropuerto, en Polonia. Le había hablado de unas armas y sus palabras lo habían perturbado de tal modo, habían provocado unas olas tan negras que le quemaron la mente, que había permitido que se le cayera un vaso de la mano y se hiciera pedazos en el suelo. Entonces se había callado.

Después de abandonar Polonia, tenía tanto a lo que enfrentarse que había dejado de fingir que era su prisionera. Incluso había intentando dejarla plantada pero la chica se le había pegado como cola. Lo miraba con tal preocupación, le preguntaba qué tal la cabeza, le daba pastillas para aliviar el dolor. No tenía ni idea de por qué estaba haciendo aquello pero se sentía demasiado confuso para resistirse.

Lo único que podía hacer era intentar aguantar a medida que lo asaltaba la información. Los aviones, por ejemplo. Al principio le habían parecido algo exótico, casi espectral, aunque sabía lo que eran. Pero viajar en ellos, sentarse en los asientos apretados, estar molesto por la calidad de la comida, incluso la sensación que tuvo en los oídos al aterrizar, todas esas impresiones le resultaban muy conocidas.

Y el sol... ¡el sol! En Polonia estaba nublado y ni siquiera se había acordado del sol hasta que salió al amanecer durante el vuelo a París. Se lo quedó mirando por la ventanilla, sintió su calor en la cara y supo lo que era la verdadera alegría.

No era que le hubiera gustado Centalia. Había sobrevivido allí, nada más. Pero en cuanto vio el sol sintió una sensación de posesión, de felicidad, se sintió orgulloso de este mundo y supo que estaba en casa.

Lo más difícil de entender era la gente. ¡Cuánta gente había en este mundo, de todas las formas y tamaños! No había ningún tipo de uniformidad. Y todo el mundo se movía sin pases, a nadie le importaba a dónde iban, nadie apuntaba los nombres en un registro ni hacía preguntas. Había una seguridad básica en los aeropuertos pero aparte de eso, nadie vigilaba sus pasos. Aquella indisciplina lo asustaba. ¿Cómo podía funcionar una sociedad con semejantes libertades, sin que nadie la controlara? ¿Cómo se evitaba que todo se desintegrara?

Él no era como ellos. Al mirarlos se sintió duro y rígido donde todo a su alrededor era un torbellino. Era como un tronco rígido en la corriente viva de un río. Igual que el sol lo había hecho sentir que estaba en casa, la gente le hacía dudar de haber pertenecido alguna vez a este mundo.

Para cuando llegaron a Paris, se había vuelto a enamorar de las galletas de chocolate. Y estaba empezando a sentir que quizá hubiera una especie de fascinación en el caos. Mientras observaba a la gente en el aeropuerto durante su larga escala, casi fue capaz de apreciar la flagrante voluntariedad del desorden, le embrujó aquel truco de magia, que todas las idas y venidas, los emparejamientos y aquel pulular pudiera funcionar sin ninguna estructura visible. Era como un juguete que recordaba, un kaleidoscopio, que siempre dibujaba unas imágenes asombrosas cayeran como cayeran las piezas al azar.

Cuando subieron al vuelo de Washington D.C., la idea, que pronto estaría en casa, le produjo una tremenda ansiedad. Sabía que allí habría muchas respuestas... y que volver a entrar en su antigua vida significaba que tenía que estar al cien por cien. En el avión, la mujer se sentó a su lado, como siempre hacía. Pero no había intentado hablar con él otra vez.

Si era una auténtica estúpida quizá lo siguiera directamente hasta el despacho de su superior y se entregara. De hecho, cuando aterrizaran en Washington, pensó que quizá ya estuviera lo bastante bien para agarrarla por el brazo y asegurarse de que eso era lo que ocurría. La chica había perseguido al cazador herido. Muy divertido. Ya era hora de que se enterase de que todavía tenía dientes.

Estaba mirando a una pareja que estaba al otro lado del pasillo, una fila más allá. Eran jóvenes y atractivos, enteros y sin deformidades. Los dos tenían la tez pálida y el pelo oscuro. El varón había rodeado a la fémina con el brazo y se miraban a los ojos. Había una emoción que giraba a su alrededor y que Farris no terminaba de entender. No la entendía pero no por eso dejaba de sentir envidia.

—¿Teniente Farris? —lo llamó la mujer. Volvió los ojos y le lanzó una mirada fría—. A veces ayuda hablar de las cosas. ¿Le gustaría contármelo? ¿Lo que le pasó cuando fue a... a otro lugar?

Él soltó una sonrisa desdeñosa.

—No voy a contarle nada.

—Entiendo. No confía en mí. En ese caso, ¿le gustaría oír lo que me pasó a mí?

No. No quería hablar. Pero bueno, prácticamente le estaba ofreciendo una confesión completa. Y luego recordó que esta mujer podría ofrecerle las respuestas a sus experiencias. Había tenido que enfrentarse a tantas cosas durante el viaje que se había olvidado de por qué había querido llevársela en un principio.

—Hable entonces.

Y ella le habló con palabras sencillas. Le explicó que habían estado en los bosques aquella noche y que cinco de ellos habían atravesado una especie de agujero negro. Empezó a contarle la historia del mundo que había visto ella. Calder intentó quedarse con ella, escucharlo todo sin emoción, pero era difícil. Había tantas cosas en qué pensar, tantas direcciones que podía tomar la mente, como una autopista con salidas resbaladizas, remolinos oscuros que tiraban de él hacia abajo. Agujero negro. Y luego el campo de batalla.

La joven llegó a un momento de su historia que debía de pensar que era importante porque le puso la mano en la manga para acaparar su atención. Él se quedó mirando aquella mano.

—¿Teniente Farris, ha oído lo que acabo de decir? Le hablaba sobre el arma que descubrimos en Difa-Gor-Das. —Ella repitió muy despacio la información sobre una máquina, con los ojos clavados en los de él para que no se distrajera.

Lo absorbió. Todavía estaba intentando comprender lo del agujero negro pero absorbió esta nueva información. La científica le explicó sin prisas lo que era la tecnología de ondas y lo que ocurriría si se intentaba manipular la onda. Volvieron a él fragmentos de un antiguo saber, lo suficiente para comprender el sentido de lo que le decía la mujer. Incluso le pareció recordar que esto, esto, era lo que había querido de ella tanto tiempo atrás. La mujer estaba revelándole secretos pero no parecía inquietarle ese hecho. Lo describió todo de forma deliberada.

—¿No lo ve? —dijo ella con los ojos verdes iluminados—. La tecnología en la que yo estaba trabajando, la tecnología que usted estaba buscando, hay que enterrarla, teniente Farris. Porque si no lo hacemos, hay una posibilidad muy real de que alguien del gobierno la use, para algo bueno, quizá ignorando las consecuencias, o de algún otro modo. No podemos arriesgarnos.

Parecía querer algún tipo de respuesta por parte de él. Le apretó el brazo.

—No tenemos que estar en lados opuestos. Los dos hemos visto cosas que nos han hecho darnos cuenta de lo valioso que es este mundo y... —suspiró—, y que somos responsables de lo que elegimos. No es demasiado tarde, teniente Farris.

Por fin cayó en la cuenta de lo que estaba haciendo la mujer, por qué había venido con él, por qué se preocupaba tanto por él, ¡qué útil había sido! ¡Estaba intentando convertirlo, a él, en una especie de recluta de la causa verde!

Una risa desagradable le cruzó los labios. La chica no tenía ni idea de lo poco que le importaba aquello. Solo sentía aturdimiento ante lo que le había dicho; no sentía nada en absoluto. No la creía, para empezar. Y además era un soldado, incluso allí, y jamás traicionaría sus juramentos de lealtad. Y, por último, ni siquiera era responsabilidad suya tomar ese tipo de decisiones de las que ella hablaba. ¿Es que no lo entendía? Estaba intentando manipular al eslabón equivocado de la cadena de mando.

De hecho, le sorprendía lo poco que le importaba lo que acababa de decirle la mujer. Ni siquiera le ponía furioso la idea de que ella quizá le estuviera mintiendo o intentando manipularlo. E incluso mientras lo pensaba sentía el sudor que le chorreaba por la cara y un dolor cálido, ardiente, en el abdomen.

—Disculpe —dijo mientras se levantaba a toda prisa.

Apenas consiguió llegar al baño. Hubo un rugido en sus oídos y un velo cada vez más espeso que descendía por sus ojos. Pasó el cerrojo de la puerta y se hundió contra la pared, con las rodillas encajadas contra el lavabo, y la negrura de su mente lo cubrió como una manta.

Ed Hinkle se quedó mirando la oscuridad. No estaba nevando pero el suelo desnudo del exterior crujía como el hielo y el aire te hacía daño cuando lo metías en los pulmones. Estaba harto de Polonia.

Y hoy seguía sin saber nada. Había enviado su informe esta mañana, como siempre, y no había recibido nada, como siempre. No pudo resistir la tentación de darse un paseo por el bosque esta mañana, solo para ver con sus propios ojos que no había cambiado nada. Y no había cambiado nada.

Ojalá supiera los resultados de las pruebas realizadas a las muestras tomadas del bosque, si el DD había encontrado algún rastro de un arma o no. Pero ya sabía por el modo en que lo trataban que en este caso él era los ojos, los oídos y los músculos, pero nada más. La mayor parte del tiempo se conformaba con hacer su trabajo y ya está. Pero en este caso sentía curiosidad, coño. Había estado en el bosque aquella noche y había visto el relámpago de luz.

No sabía cuánto tiempo más podría quedarse allí con aquel asqueroso viejo sin matarlo. Era su único testigo y estaba demasiado chiflado para decirles una mierda.

La botella de vodka ruso que había en el mostrador no dejaba de llamar a Hinkle.

Le había dicho a la fulana que no lo quería. Estaba en una misión, lo que significaba que estaba de guardia veinticuatro horas al día, siete días a la semana. Pero aquella boba rusa había insistido en dejarlo ahí, de regalo. Le había dicho que iba a tirarlo por el desagüe pero ella se había echado a reír y lo había dejado de todas formas.

No estaba tan mal la chica. Si hubiera sido en otro momento...

Cogió la botella. Tenía el sello original de fábrica, era igual que las otras botellas de la misma marca u otras parecidas que había visto en los escaparates del pueblo. Una pena. Tuvo una breve fantasía, ¿no sería gracioso que la boba aquella hubiera sido en realidad una espía rusa y que hubiera puesto veneno en la botella? O mejor aún, un narcótico, para poder entrar luego sin que nadie la viera y montarlo vivo mientras su socio robaba el producto. Volvió a poner la botella en el mostrador con una carcajada.

No iba a tener tanta suerte. Los rusos ni siquiera estaban en el mapa en estos tiempos. Además, ¿quién iba a querer a un viejo que se meaba en la cama?

Sintió la presencia de Davis antes de verlo. Bueno, coño, ¿dónde más iba a estar? Era una casa pequeña.

—¿Quieres jugar a las cartas?

Ed suspiró.

—Joder, sí.

Se hallaban inmersos en una mano de cinco cartas, utilizando un enorme tarro de peniques que tenía el viejo para las apuestas, cuando les llamó la atención el inconfundible sonido de unas puertas de coche que se cerraban.

Hinkle y Davis se miraron y se levantaron para investigar. Al principio Hinkle no se alarmó, pero estaba alerta. Quizá por fin se había dejado caer alguien para ver al viejo chiflado, quizá alguien con una pizca o dos de información real. Pero no había oído el sonido de un motor.

Antes de llegar a la puerta principal, oyó un motor, un coche que arrancaba. Le sonó conocido. Davis y él salieron corriendo por la puerta principal y vieron los rostros de dos sobresaltados jóvenes en su coche de alquiler. El coche retrocedió después de dar una sacudida al meter la marcha atrás y salió disparado por el camino de entrada.

Por un momento, Hinkle se quedó completamente perplejo. Unos mierdecillas del pueblo y encima idiotas les estaban robando el coche. Estaban robando el coche del DD, ¿se puede tener peor suerte?

Luego Davis y él empezaron a correr tras el coche... a pie.

Desde el refugio de los bosques al norte de la casa de Anatoli, Nate, Denton, Aharon y Hannah vieron cómo salía el coche dando tumbos por la carretera y a los dos hombres corriendo tras él con las pistolas en la mano. El coche se apagó, volvió a arrancar y dio otro tumbo, lo suficiente para evitar que Hinkle y su socio se rindieran.

—Bueno, yo diría que esa es la distracción —comentó Denton. Se frotó las manos como si quisiera defenderlas del frío pero lo cierto es que estaba demasiado tenso para sentir algo tan insignificante como el tiempo. Sus tres compañeros también parecían un poco nerviosos.

Aharon y Hannah no habían podido enterarse de nada sobre el plan del Mossad, pero habían oído un poco de todo y entre los cuatro habían interpretado un guión básico que tenía sentido. Si ese era el guión que tenía el Mossad en mente, eso ya era otra cosa.

—Allá van —susurró Hannah.

Desde la oscuridad de los bosques que había justo detrás de la casa de Anatoli surgieron dos figuras de negro que corrieron hacia la puerta de atrás. Hannah y Aharon les lanzaron a Denton y a Nate una última mirada de apoyo y siguieron el borde de los bosques. Denton y Nate se escabulleron para acudir a una cita propia.

El hombre que en ocasiones se hacía llamar señor Smith y su compañera, Hadar, se metieron sin ruido en la casa. La puerta de atrás estaba cerrada con llave pero el señor Smith tenía una ganzúa que la abrió en cinco segundos. Ni siquiera tuvo que poner el cadáver en el suelo. Una vez abierta la puerta, se deslizó en el interior con Hadar detrás.

No era lo ideal. Los hombres que habían llegado esa mañana de Checoslovaquia, los que ahora mismo estaban jugando al gato y al ratón con los agentes de los EE.UU., podrían haber estado allí ayudándolo. Y podrían haber tenido todo el tiempo del mundo en lugar de andar con prisas... si los americanos hubieran consumido el vodka aliñado con somnífero. Pero no lo habían hecho; estaban demasiado bien entrenados.

El cadáver que llevaba al hombro no le había parecido pesado cuando lo había vuelto a coger en el coche pero ahora sí pesaba, después de llevarlo medio kilómetro por el bosque. Dejó que Hadar pasara delante y abriera la puerta de la habitación del viejo. Las luces estaban apagadas y dejaron la puerta del pasillo abierta en lugar de encender las linternas.

El viejo estaba despierto y se incorporó; su rostro, incluso en las sombras, era una mueca de miedo. Hadar era rápida. Le metió la mordaza en la boca antes de que pudiera gritar y lo levantó y lo sacó de la cama en un instante. Ni siquiera luchó contra las ataduras que le sujetaron los brazos a los lados y le ataron las pantorrillas. Por el aspecto del viejo, sería un milagro si sobrevivía a aquella experiencia.

Una vez sometido el señor Nikiel, Hadar lo levantó y lo quitó de en medio, le rodeó la cintura con los brazos y lo sacó al pasillo. El anciano gimoteaba con la garganta.

Ya solo, el señor Smith soltó su carga en la cama y le quitó la cubierta negra. Dentro había un viejo muy muerto que tenía más o menos la misma edad y tamaño que Anatoli Nikiel. El cadáver era una carga torpe y el olor y el tacto eran desagradables pero el señor Smith había hecho cosas peores. Tiró la manta sobre el cadáver. Luego se sacó una botella del bolsillo y lanzó un chorro de líquido de olor fuerte en la manta, el rostro y las manos del cadáver, el suelo, la mesita. El líquido, altamente inflamable, se disiparía en unos minutos, así que no había tiempo que perder. Encendió una cerilla.

La cama, la mesa, el suelo y el cadáver estallaron en llamas. Salió al pasillo, tomó a Nikiel de los brazos de Hadar, lo envolvió un poco en la cubierta negra y se colocó el peso vivo en el hombro derecho. Hadar ya estaba pasillo abajo.

En la cocina tenía el maletín en la mano y lo movía a la mesa. Él le hizo un rápido gesto con la mano, se verían en el punto de encuentro, no era necesario pero sí reconfortante, y se escabulló con su carga por la puerta rumbo a los bosques.

Hadar estaba sola en la casa. Tenía muy poco tiempo. Abrió el maletín y cogió todo lo que había dentro, (no mucho, al parecer, solo una carpeta de papeles), y se lo metió en la mochila negra que llevaba. Luego sacó una bolsa de plástico del bolsillo y depositó dentro del maletín una cantidad de cenizas parecida al tamaño y contenido de la carpeta.

Cerró el maletín y lo volvió a apoyar en la pared, como lo había encontrado. En el bolsillo tenía un frasco de líquido parecido al que tenía el señor Smith y lo distribuyó alrededor de la cocina, sobre todo encima del maletín y de la pared que tenía detrás.

La casa ya se estaba llenando de humo del fuego que ardía pasillo abajo cuando encendió este. Mientras las llamas lamían los armarios, cogió la botella de vodka del mostrador y la estrelló contra el suelo para asegurarse de que no se podía recuperar el contenido y analizarlo. No hizo más que avivar el fuego. Luego, con una última mirada al maletín, (ardía muy bien) salió por la puerta de atrás y tuvo el cuidado de cerrarla con llave.

Aharon estaba agazapado al otro lado de la casa y vio que la segunda figura de negro salía disparada hacia los árboles. Miró por encima del hombro a Hannah. Estaba al otro lado de la casa, vigilando la carretera. Su mujer le hizo una señal, luego corrió agachada para reunirse con él. Oyó el motor en ese mismo instante. Los agentes de los EE.UU. habían recuperado el coche y volvían a casa.

—¡Vamos! —dijo su mujer cuando llegó a él y, acto seguido, le dio un empujón para obligarlo a moverse. Se le había disparado el corazón de tal modo que no tenía aliento para hablar, pero sus piernas obedecieron la orden de su mujer. Era demasiado viejo para estas locuras.

Cuando rodearon la casa, Aharon oyó el crujido del fuego y vio las llamas que se levantaban. Le dio unos golpecitos a los papeles que llevaba en el abrigo para asegurarse de que todavía estaban allí, los papeles que había cogido del maletín mientras los agentes del Mossad estaban en la habitación de Anatoli. Luego Hannah lo cogió de la mano y echaron a correr.

Sintió una oleada de triunfo cuando entraron en los bosques, a pesar de todos los soplidos y resoplidos. El truco de Hannah con el vaso había funcionado, después de todo. ¿Y qué pensaría el Mossad, se preguntó, cuando se encontraran con que lo que guardaban los agentes estadounidenses en el maletín era una carpeta llena de canciones populares polacas?

El señor Smith había dejado el coche en una carretera de mantenimiento cerrada, que era más un camino de tierra que otra cosa. Cuando salió del bosque con Anatoli al hombro, Denton y Nate lo estaban esperando.

El aliento de Denton era visible, salía a bocanadas a través del verdugo de lana que le cubría la cara. Sintió una oleada de miedo y anticipación. Sostenía con firmeza la pistola de Calder Farris. Smith se quedó inmóvil al verlos.

—No se mueva —dijo Denton.

Nate rodeó el coche sin ruido y alivió al señor Smith de su carga, acunó la saca negra con cuidado y la depositó en el suelo.

—Ahora levante las manos. —Denton hizo un gesto con el arma.

El señor Smith levantó las manos poco a poco, casi con sarcasmo. En sus ojos relucía una mirada asesina.

Nate luchó con la cubierta negra durante unos minutos antes de encontrar la abertura y quitarla con un movimiento brusco para alejarla del rostro de Anatoli. El señor Smith solo tenía ojos para Denton, a la espera de que lo distrajeran las manipulaciones de la cubierta. Denton lo miraba fijamente, en absoluto distraído.

Nate bajó el sudario negro a los pies de Anatoli. El anciano parecía frenético. Denton oyó que Nate le murmuraba algo para tranquilizarlo. Le soltó la mordaza para intentar aliviar el dolor hinchado del rostro del anciano.

—Métalo en el coche y luego registra aquí, a Papá Noel, a ver si tiene algún arma —dijo Denton mientras intentaba cambiar la voz. Quería que Nate se diera prisa. Se dio cuenta por la tensión del cuerpo del señor Smith de que iba a intentar algo. Los ojos de Smith decían que de ninguna manera iba a dejar que se salieran con la suya. Aquellos ojos hablaban de muerte antes que rendición.

No es que Denton estuviera demasiado preocupado, pero el suspense lo estaba matando.

Nate intentó llevar a Anatoli al coche, sin mucho éxito. Siguió intentándolo antes de darse cuenta de que el anciano tenía los tobillos atados.

Al estudiante de filosofía-física no se le daba muy bien aquello, concluyó Denton. Los movimientos de Nate eran nerviosos y torpes. Debería haber alejado a Anatoli más del señor Smith antes de hacer nada, debería haberlo cogido y haberlo llevado en brazos si fuera necesario. Pero en lugar de eso, Nate parecía empeñado en conseguir que Anatoli caminara. Se agachó para intentar soltar las ataduras de los pies de Anatoli.

—¡Nate! —gritó Denton para avisarlo.

Demasiado tarde. El pie del señor Smith salió disparado y le propinó una patada furiosa a Nate en toda la barbilla. Denton hizo un disparo, un disparo provocado no por el pánico sino por la rabia. Incluso podría haberle dado al señor Smith, salvo que el hombre se agachó y se alejó rodando para desaparecer delante del coche.

La situación, en ese instante, era pésima. Nate estaba tirado de espaldas, en el suelo, frito. Anatoli estaba de pie, atado, con el saco negro a los pies, la boca abierta y chillando como un cerdo. Y no veía al señor Smith, que estaba al otro lado del coche, y sin duda con una pistola. No lo habían desarmado. Eso había sido un error.

Denton lanzó una risita.

Sentía una extraña sensación de comodidad. Era como si pudiera ver todas las posibilidades extendidas ante él, partiendo de este momento como cordones de luz resplandecientes. Podría vencer al señor Smith y en ese caso una banda de luz reluciría aún más y el resto se irían apagando y la vida continuaría en cierta dirección. Y si no lo vencía, otro camino brillaría y se extendería ante él. Es posible que, en unos minutos, estuviera tirado en el suelo, muerto. O... no. La vida, esa vida imparable, inmutable, continuaría en cualquier caso. A la vida no le preocupaba qué dibujo salía de allí como tampoco podía decidir qué diseño tenía un copo de nieve concreto.

Denton, sin embargo, quería ganar con todas sus fuerzas.

Más que oír, percibió que Smith se acercaba, rodeaba agazapado el lado derecho del coche. Denton cambió de posición, giró y se fue hacia la izquierda para rodear el maletero y dirigirse al lado izquierdo del coche. Estaba alerta, sereno pero electrificado como un cable suelto. Pensó con rapidez. Podía seguir rodeando el coche, apostando su vida a su capacidad de sigilo, con la esperanza de poder escabullirse detrás de Smith mientras Smith intentaba de la misma forma saltar sobre él.

O podía hacer lo que estaba haciendo ahora, despojarse sin ruido de los zapatos y subirse al capó.

Era una locura. En esa posición, encima del coche, sería vulnerable. Si hacía ruido con los pies, si el metal del coche cedía un poco y emitía un simple crujido, Smith sabría dónde estaba y Denton sería un objetivo abierto y visible. Pero en caso contrario...

Lo acompañaba la suerte. Parecía ligero como una pluma cuando se subió al capó. El coche aceptó su peso sin un ruido. Cuando se echó de bruces sobre el techo, tuvo una visión clara del señor Smith. El hombre que le había dado una paliza en Los Ángeles con tanta frialdad estaba agachado cerca del maletero, con el arma levantada en la mano y concentrado mientras se asomaba, con cuidado, por el extremo del coche.

El aliento de Denton creó una bruma delante de sus ojos, haciendo que la imagen del agente del Mossad adquiriera un aspecto nebuloso. Apuntó con el arma.

En una película del oeste, dispararle a un hombre por la espalda era una deshonra. Denton, sin embargo, sabía que sin lugar a dudas era él el que llevaba las de perder en este partido y que tenía que meter los goles como pudiera. También sabía que no tenía el talento necesario para herir a aquel hombre o, como en las películas, desarmarlo de un solo disparo y dejarlo con los dedos quemados pero sin daño permanente.

No, eso no era la vida real. La realidad era que con un arma era un incompetente y probablemente ya debería estar muerto. Denton apuntó lo mejor que pudo a la espalda de Smith y disparó.

Cuando aterrizaron en Washington, la Dra. Talcott estaba callada. Durante las últimas horas había hablado hasta agotarse, sin dejar de susurrarle misterios al oído como una especie de Lilit. Y él no se había dado por enterado de ninguno.

Cuando se bajaron del avión, parecía desanimada y agotada. Farris la agarró con fuerza del brazo, atravesó con ella la terminal y salió al exterior. Cogieron un taxi hasta su apartamento. A estas alturas ya había recordado muchas cosas y pudo darle la dirección al taxista. Incluso parecía una persona normal.

Cuando llegaron allí, cuando se quedaron parados delante de la puerta, de repente no soportó que ella viera todo esto. No sabía cómo iba a reaccionar a lo que había dentro pero tenía que hacerlo solo. Pensó atarla o meterla en algún sitio pero solo... lo cierto es que no quería joderla. Le dijo que esperara en el pasillo.

Tuvo que forzar la puerta, hacía mucho que había perdido las llaves. Una vez dentro, echó una rápida mirada de reconocimiento pero aquel sitio estaba vacío. Cerró las persianas, echó el cerrojo, empujó una silla contra la puerta y encendió la luz. Pasó un buen rato registrando el lugar en busca de micros pero lo hizo sin mucho entusiasmo, solo para satisfacer una especie de paranoia.

No había micros. Las puertas y las ventanas estaban cerradas a cal y canto. Por un momento le maravilló la privacidad que implicaba todo eso. Aquí dentro como en las calles y en los aeropuertos, Calder Farris era invisible.

El apartamento era frío, sin apenas muebles. Le resultaba conocido pero parecía algo separado de su ser. No removía nada en su interior.

Por fin atrajo su atención una caja. Era de cartón blanco y él sabía que contenía el pasado. La abrió y encontró fotos, la mayor parte en color, algunas en blanco y negro. Eran imágenes de Calder Farris, de la niñez, su padre, el instituto, unas cuantas de la Tormenta del Desierto y otras experiencias militares. No había muchas, considerando lo larga que había sido aquella vida. A Farris no le gustaba que le sacaran fotos. Estaba solo en casi todas y siempre tenía el mismo aspecto, miraba a la cámara fijamente con unas gafas que le disfrazaban los ojos.

Como una inundación llena de fango e ingobernable, recordó toda su antigua vida, y el torrente se llevó los trozos de recuerdos y se convirtió en una certeza sólida. Lo vio todo, no de forma objetiva (estaba muy lejos de ser objetivo) sino con la crudeza de alguien que había esperado algo con todas sus fuerzas... y se veía abogado a una tremenda desilusión.

Desde que había salido de Polonia había albergado la esperanza, sin ni siquiera saber que esperaba, de que hubiera algo cálido en su vida, algo que no sabía siquiera definir. Quizá había esperado que para Calder Farris hubiera... ¿qué? Una mujer, un compañero, amigos al menos... un refugio, algún significado, un final brillante para tanto dolor, un amparo, un hogar. Y no había nada.

La Dra. Talcott había intentado explicarle lo del portal y cómo elegía a dónde iban. Había fingido que no la creía. Pero siempre había sabido que, de alguna forma, en Centalia, había entrado en la parte más oscura de su mente, que Centalia era una pesadilla que solo él podía soñar. Y quizá eso había formado parte de la locura.

Este apartamento vacío también era Calder Farris. Su vida había estado dedicada a su trabajo y solo a eso, al gobierno, al ejército de los Estados Unidos. Había creído en eso con una fe airada y brutal.

El estado recompensa el servicio. Larga vida al estado.

—Fue una falsa alarma, señor.

Calder Farris estaba sentado en una mesa de conferencias delante del general Franklin Deall. En la reunión también estaba el Dr. Alan Rickman, el director del DSO. Los dos lo miraban con una expresión de incredulidad y cólera.

—¡Una falsa alarma! —El general Deall consiguió humillarlo con esa simple frase—. Avisa de un XL3, se gasta una fortuna en Seattle, arrastra a un equipo de hombres hasta Polonia para perseguir a la tal Dra. Talcott, luego desaparece y no hace ningún tipo de contacto durante nueve días, ¿y ahora dice que era una falsa alarma? Será mejor que se explique, teniente. Y me refiero a ahora.

El Dr. Rickman dejaba que fuera el general Deall el que dirigiera el espectáculo mientras él lo miraba y disfrutaba con los labios apretados. Farris recordó que Rickman siempre le había tenido un poco de miedo. A Rickman nunca le había gustado la parte más escabrosa de la adquisición de armas nuevas.

—La explosión del campus de la Universidad de Washington se debió a un hornillo defectuoso —dijo Calder.

—Eso ya lo sabemos. ¡Tenemos ese encantador informe! Y en ese momento, el Dr. Rickman intentó apartarlo del caso y usted insistió en que era algo importante.

—Ese era mi criterio en ese momento, señor. Acababa de empezar a interrogar a la Dra. Talcott cuando se escapó del hospital. Su huida me pareció altamente sospechosa. Pensé que lo más prudente era ir tras ella.

—A mí aún ha de convencerme de la prudencia de cualquiera de sus actos en esto —comentó Deall con disgusto.

—¿Qué ocurrió en Polonia? —El Dr. Rickman se inclinó hacia delante con los codos sobre la mesa—. Los otros agentes dijeron que usted iba por delante en los bosques, persiguiendo a la Dra. Talcott y a los demás. Pero los perdieron a ellos... y a usted.

—Me adelanté a mis hombres sin darme cuenta. Estaba intentando no perder a la presa. Cuando los alcancé, habían dado media vuelta y se dirigían al campo de concentración y a un camino de tierra. Estaban a punto de escaparse en un jeep. Salté a la parte posterior para pegarme a ellos. Fue entonces cuando perdí a mis hombres.

El general Deall hojeó el informe que tenía delante.

—Los otros agentes no mencionan nada de un vehículo. Dijeron que la persecución tuvo lugar en lo más profundo del bosque.

—En parte sí, pero los bosques bordean los terrenos de Auschwitz. Yo estaba lo bastante cerca de la presa para conseguir quedarme con ellos cuando dieron la vuelta. Los otros agentes deben de haberse perdido entonces.

—¿Por qué no los avisó por radio?

—Lo intenté en un momento determinado pero estaba corriendo demasiado rápido. Y una vez que estuve en el jeep ya no pude alcanzar la radio.

—Siempre hay tiempo para hacer contacto por radio, Farris. ¡Por Dios!

—Sí, señor.

—Hubo una luz brillante, según sus hombres —lo interrumpió Rickman—. Un enorme destello. ¿Qué fue eso?

Farris sacudió la cabeza poco a poco, la cara asombrada.

—No... los sospechosos tenían linternas. O quizá vieron los faros del jeep.

Deall y Rickman intercambiaron una mirada.

—¿Y bien? ¿Qué pasó una vez que estuvo en el jeep?

—Tenía la cubierta dura y pensé que no me habían visto. Me subí al parachoques de atrás y me agarré a los lados. Me hacían falta las dos manos y no podía coger la radio. Mi plan era esperar hasta que hubiéramos llegado a nuestro destino y luego arrestarlos. Tenía mi pistola y no creía que estuvieran armados. Pero condujeron durante kilómetros. Hacía un frío glacial, se me durmieron las manos y el jeep me tiró en una curva pronunciada. Me di un golpe en la cabeza.

Farris lo recitó con rigidez, yendo al grano. Levantó la mano para señalar una venda que llevaba en la cabeza, donde una cicatriz de varios meses de antigüedad se había vuelto a abrir con todo cuidado esa mañana.

—No recuerdo mucho después de eso. Caminé por los bosques durante mucho tiempo y por fin conseguí encontrar un pueblo.

Deall y Rickman lo observaban con suspicacia.

—¿Por qué no utilizó la radio después de caerse del jeep? —Quiso saber Deall.

—No lo sé. Creo que ni la llevaba encima. Debí de perderla cuando me caí.

—¿Por qué no llamó cuando llegó a un teléfono? —preguntó Rickman.

—Creo que tenía una conmoción. Durante un tiempo... no estaba seguro de quién era ni de dónde estaba.

—¿Ha visto a algún médico del centro desde que ha vuelto?

—Aún no, señor.

—Bueno, ¡será mejor que lo haga! —le ordenó Deall—. Vaya directamente después de esta reunión y que me envíen un informe.

—Sí, señor.

—Desde luego da la impresión de que ha pasado usted por un exprimidor —señaló Rickman. No lo dijo por simpatía, sino que se limitó a establecer el hecho.

Farris se había vuelto a teñir el pelo esa mañana a un color que se aproximaba al color de sus raíces pero todavía lo tenía más corto que antes. Aún no le habían crecido las cejas del todo. Estaba demacrado y no había nada que pudiera hacer para remediar la pequeña operación que se había hecho para alargarse los ojos.

—Lo que no entiendo es por qué cree ahora que este caso carece de interés cuando hace menos de una semana insistía en que era un asunto de vital importancia para la seguridad nacional.

—Revisé el caso mientras volvía y de nuevo anoche para prepararme para hacer el informe. Ahora me doy cuenta de que me... excedí un poco. No creo que la Dra. Talcott estuviera trabajando en nada de interés para nosotros. De hecho, creo que es simplemente... un fraude, señor.

Ricker alzó una ceja con ademán paternal.

—Eso ya podría haberlo supuesto antes, teniente, si le hubiera mostrado a nuestra gente el proyecto en el que estaba usted trabajando. Hice que varios físicos le echaran un vistazo al escaso material que nos proporcionó y no se mostraron muy impresionados. El Dr. Everett dijo que sin ver la supuesta ecuación de la Dra. Talcott, solo podía llegar a la conclusión de que los resultados del simulador estaban falsificados y que sus breves notas sobre una «onda universal» eran o bien delirios de grandeza o un intento de perpetuar el engaño.

—No entiendo cómo pudieron engañarle de esa manera, teniente. Su entrenamiento le preparaba para algo más —dijo Deall, decepcionado.

—No tengo excusa, salvo decir que permití que mi trabajo me obsesionara demasiado. Ha pasado mucho tiempo desde la última vez que me tomé unas vacaciones. Si deciden permitirme continuar con mi trabajo, es probable que un pequeño permiso sea lo más adecuado.

Deall resopló.

—¿Permitirle continuar? ¿Sabe la alarma que ha provocado? Permítame decirle, teniente...

Durante el resto de la reunión le soltaron una charla. Farris la aceptó con los hombros rectos y las manos juntas sobre la mesa. Suponía que no lo decían en serio cuando hablaban de asignarle a otro puesto. Calder Farris no caía bien pero sin lugar a dudas había sido muy útil a lo largo de los años. Se haría un gran énfasis en los resultados de los exámenes médicos pero a Farris no le preocupaban. Sabía que podía convencer a cualquier médico, dado el bulto más que real que tenía en el cráneo, de que había tenido recientemente un accidente que le había producido alteraciones mentales.

Deall fue el primero en dejar el despacho, aún muy cabreado. A Rickman le llevó más tiempo recoger sus cosas, y no dejaba de mirarlo. Farris se quedó sentado, con la espalda recta, mirando por la ventana, al sol.

Rickman se inclinó de repente sobre la mesa y lo miró fijamente. Aquella vieja sensación de ser diferente, de que lo habían descubierto, volvió a asaltar a Farris. Su expresión seguía siendo impasible.

—Míreme —dijo Rickman.

Farris lo miró. Rickman lo contempló, y buscó algo detrás desde detrás de sus gafas de John Lennon.

—Dios mío, Farris, ¿qué le ha pasado a sus ojos?

Farris apretó los dientes.

—Me he sometido a una pequeña operación de cirugía estética. Ya hace meses.

Las cicatrices estaban allí, detrás de las orejas si alguien le pedía que lo demostrara. Era algo extraño, lo bastante extraño como para que apareciera en su expediente como cuestionable pero no lo bastante extraño como para que lo encerraran.

Rickman parecía confuso mientras su mirada no dejaba de alternarse entre los ojos de Farris.

—¿Ah, sí? ¿Pero para qué? Pero... no, no es eso. —El rostro de Rickman se despejó—. Ya veo, lleva lentillas de colores. Son una gran mejora, si me permite decirlo. Le dan un aspecto más... cercano. —Rickman se sonrojó, como si se avergonzara de haber sacado el tema—. Bien, buena suerte con el médico.

—Gracias, señor.

Antes de dirigirse al Departamento Médico, Calder se detuvo en el aseo de caballeros. Un hombre con un pene notablemente parecido al suyo estaba utilizando el servicio. Terminó y se fue sin apenas dirigirle a Farris ni una mirada. Cuando se quedó solo, Farris estudió su rostro en el espejo.

Rickman tenía razón. No estaba seguro de cuándo había pasado pero sus ojos de color azul blanquecino, aquellos ojos que siempre habían asustado a los demás, se habían oscurecido. Ahora tenían un tono parecido al color azul de los cielos iluminados por el sol.

24

Entre los dos lados de estos ramales divididos (los rostros blanco y negro de Dios) se encuentra el sendero de la iniciación, el camino central, el sendero de los contrarios en armonía. Allí, todo se reconcilia y se comprende. Allí, solo triunfa el bien y el mal ya no existe. Este sendero es el del equilibrio supremo y se llama el último juicio de Dios.

—Eliphas Levi, *El libro de los esplendores*, 1894

Cuando la materia y la antimateria chocan, se neutralizan entre sí y liberan una enorme cantidad de energía.

—Michio Kaku, *Más allá de Einstein*, 1987

La mañana del día que volvió a Aish HaTorah, Aharon llegó temprano. Los pasillos y el despacho estaban en silencio cuando fue a trabajar. Recogió su carpeta de los impresos del código y luego la de Binyamin. Arrancó las cubiertas de las carpetas y las tiró a la basura. Cogió el rimero de sesenta centímetros de hojas que quedaban y las llevó por el pasillo a la oficina de la escuela, donde colocó los papeles en el suelo y empezó a destruirlos. Meterlos en la máquina era como darle tus hijos a un dragón, pero cuando terminó se había quitado un enorme peso de encima. Recogió los montones de papel hecho jirones y volvió al pasillo.

Binyamin estaba en el despacho. Estaba delante de la papelera sujetando las cubiertas rasgadas y con una expresión de auténtico pánico en los ojos. Abrió aún más la boca cuando vio el confeti que traía Aharon en los brazos... y su rostro desnudo.

—¡Ven! —dijo Aharon—. Y trae las cerillas.

Bajaron al callejón de atrás. Allí, para consternación de los transeúntes, Aharon le prendió fuego a los trozos de papel. Ardieron con rapidez y se hizo una hoguera aterradora contra el empedrado del suelo antes de vacilar y convertirse en cenizas.

—No lo entiendo —dijo Binyamin mientras se tiraba de los escasos pelos que le crecían en la barbilla.

—Escucha... —Aharon le puso al muchacho una mano en el hombro. ¡Señor, había echado de menos incluso a Binyamin! El olor no; el espíritu, sí—. ¿Sabes lo que pienso?

—No.

—Creo que podría ser posible que algunos de los secretos de Dios, Binyamin, algunos de esos secretos se supone que deben seguir siendo un secreto.

Binyamin se lo quedó mirando con suspicacia.

Aharon lo sujetó por el hombro con fuerza.

—Júrame una cosa. Jura que nunca le dirás el nombre de Kobinski a nadie, jamás.

Binyamin dudó un momento, luego miró la barbilla sin barba de Aharon y las cenizas que giraban sobre las piedras.

—Si usted lo dice, rabino. Lo juro.

—¡Bien! Ahora creo que me voy a ocupar de unos estudiantes muy abandonados, si es que me queda alguno.

Cuando vinieron a por él esa tarde, Aharon fue de buena gana. Lo escoltaron hasta el despacho de Shimon Norowitz, un lugar al que nunca lo habían invitado. El hombre que se encontraba en esa oficina era un Norowitz que no había visto jamás tampoco, duro y enfadado, un enemigo.

Norowitz quería saber dónde había estado, qué había averiguado sobre la Dra. Talcott y qué había pasado en Auschwitz.

—La Dra. Talcott es una vieja amiga —dijo Aharon, fingiendo sorprenderse de que a Norowitz le interesaran sus actos—. Oí en las noticias que tenía problemas, así que, como es natural, tenía que ir a ver si podía ayudarla.

Los ojos de Norowitz eran como el hielo.

—Y se da la casualidad de que ayudó a esa vieja amiga a escapar del FBI y luego, qué coincidencia, la llevó a ver al seguidor más íntimo de Kobinski en Auschwitz.

—No. Ya me había puesto en contacto con ese hombre antes. Quería entrevistarlo para hablar de Kobinski. Así que como la Dra. Talcott necesitaba irse por un tiempo, decidí matar dos pájaros de un tiro y me la llevé. No fue para tanto.

—«¿No fue para tanto?» —gritó Norowitz. Respiró hondo para calmarse—. Quiero saber lo que pasó, rabino. Se ha afeitado. ¿Por qué?

Aharon se frotó la mejilla.

—Un gran sarpullido. A veces ocurre. Mire, en cuanto a Anatoli, el anciano tenía una memoria terrible. Fue un viaje perdido.

Norowitz había apretado tanto los labios que formaban una línea blanca, exangüe.

—Fue a ver a Talcott porque aparece en las series Kobinski. Está trabajando en algo relacionado con las investigaciones de Kobinski.

—¿Jill Talcott? ¿En las series? —Aharon fingió quedarse asombrado—. ¿Sabe?, —sacudió la cabeza con tristeza—, estoy empezando a creer que se puede encontrar cualquier cosa en el código.

Norowitz se levantó y se acercó a la ventana para mirar fuera. Sus manos eran puños en el alfeizar. Aharon casi lo sentía por él.

—No puedo creer que vaya a hacerme esto a mí —dijo sin volverse—. Me va a dejar en la estacada. Usted, rabino, que acudió a mí.

—Mire, no puedo hablar por usted, pero en cuanto a mí, creo que ya es hora de dejar a Kobinski en paz. Un hombre adulto solo puede buscar un significado donde no lo hay durante cierto tiempo.

—¡Ja! —Norowitz se volvió, le ardían los ojos—. Usted no lo soltará. Oh no. Y yo... yo tampoco.

—¿Está seguro de que eso es prudente? —Aharon se asomó a los ojos de Norowitz y por un momento dejó que se transparentara su determinación—. Los sabios dicen: «No le pidas a un león que hable. Quizá no te guste lo que tiene que decir».

—No sea condescendiente conmigo, rabino. Sabe que puedo hacer que lo arresten.

—¿*Nu*? Bueno, no puedo evitar que pierda el tiempo.

Aharon se levantó para irse.

—Probablemente debería decírselo, es posible que no me quede en Jerusalén. Ya hace algún tiempo que mi mujer quiere volver a Nueva York. Para ser honestos, creo que quizá no sea tan mala idea.

—No se deshará de mí así.

—No se me ocurriría intentarlo siquiera. —Aharon hizo una pausa—. ¿Ha considerado la posibilidad de que Kobinski fuera simplemente un gran sabio de la cábala y no alguien sobre el que tenga que preocuparse el estado de Israel?

Norowitz sacudió la cabeza poco a poco.

—Puede apostar su vida a que no.

—Esperemos que nunca se llegue a eso, Shimon Norowitz. Por usted y por nosotros. *Shalom*.

El rabino Schwartz estaba de pie cuando hicieron entrar a Denton en su despacho del norte del estado de Nueva York. Tenía las puntas de los dedos sobre el escritorio y en su rostro una expresión de profunda desaprobación.

—Señor Wyle. Su mensaje de esta mañana me cogió por sorpresa. Debo decir que es un descaro por su parte aparecer aquí otra vez.

—Cierto, pero le agradezco que aceptara verme de todos modos.

Denton se sentó en una silla y esperó a que Schwartz hiciera lo mismo. Dudó por un momento, como si pudiera mostrar mejor su desdén de pie, pero la gravedad ganó la batalla y se sentó.

—¿Y bien?

—Quería disculparme por el allanamiento. Supongo que me había construido una fantasía mental, creía que éramos enemigos y que tenía derecho a utilizar cualquier medio a mi disposición. No era así. Lo siento.

Schwartz hizo un gesto de desinterés.

—No puede salir de esto con una disculpa, señor Wyle. Tengo la intención de demandarle.

—Eso es cosa suya. Yo solo he venido para dejar algo.

Denton sacó un documento de su bolsa. Era una reproducción de 200 páginas, pulcramente encuadernada en una portada azul oficial. La colocó sobre el escritorio de Schwartz.

Schwartz la cogió y la hojeó una vez, luego otra vez con más cuidado. La tensión de la habitación cambió; todo el lenguaje corporal de Schwartz cambió. Por fin dejó el libro, bien alineado con el borde del escritorio, los dedos de bronce con unas uñas largas de estudioso.

—¿Dónde lo consiguió?

—Eso no importa. Pero es *El libro del tormento,* en su totalidad.

Schwartz volvió a coger el manuscrito y pasó unas páginas.

—Se han quitado cosas.

—Se han eliminado todas las fórmulas matemáticas. Y alguna cosa más aquí y allá. Pero la mayor parte, la filosofía de Kobinski, está ahí.

—¿Por qué?

—¿Por qué, qué? ¿Por qué se han quitado cosas o por qué se lo he dado? Schwartz apretó los labios durante un buen rato y luego sacudió la cabeza.

—No importa. La primera pregunta no creo que deba hacerla y para la segunda ya sé la respuesta. Quiere que no le demande y probablemente también quiere dinero. Muy bien. ¿Cuánto?

—No quiero dinero —dijo Denton mientras se levantaba—. Se lo agradeceré si no me demanda, pero eso debe decidirlo usted.

Schwartz frunció el ceño y lo miró con suspicacia pero sus ojos no dejaban de volver al manuscrito, como si no pudiera evitar empezar a leerlo de inmediato. Denton sonrió y fue a la puerta.

—Oh, una cosa que debería saber —añadió Denton dándose la vuelta—. Usted no es el único que tiene el manuscrito. He enviado unas treinta copias hasta ahora, sobre todo a la prensa. Alguien lo publicará. Si tiene intención de hacerlo usted, será mejor que empiece a moverse.

—¡Por todos los cielos! ¿Por qué? —exclamó Schwartz perplejo.

—Para que no vuelva a perderse. Para que los hombres no puedan venir, arrebatárnoslo y ocultarlo para siempre.

Schwartz se puso pálido. Denton supo entonces que el Mossad ya había estado allí. Pero el hombre sacudió la cabeza.

—No estoy seguro de que eso sea prudente, señor Wyle. No estoy seguro de que eso sea prudente en absoluto.

—Rabino, algún día nos pondrán a prueba y necesitaremos la sabiduría que hay en ese libro. Va a tener que confiar en mí en esto. Pero incluso aunque no apruebe lo que hago, espero que podamos ser... —La sonrisa de Denton se hizo irónica—. Bueno, al menos que no seamos enemigos. Ya he tenido suficientes durante un tiempo.

Schwartz acarició el manuscrito con ademán pensativo, luego se levantó de la silla. Se acercó a la puerta con la mano extendida. Denton extendió también la mano, que quedó envuelta en lo que descubrió con sorpresa que era una palma muy cálida.

—Aún creo que no es probable que nadie que no sea cabalista entienda a Kobinski. Pero por otro lado, mantener un secreto es como contar una mentira, puede suponer mucho trabajo y disgusta bastante a la gente. Estoy cansado de guardar este. Tiene mi agradecimiento por el libro y mi más sincera... —ladeó una ceja—, no enemistad.

Denton se echó a reír.

—Quizá llegue el día en el que necesite algo más que eso. Pero por ahora será suficiente.

Jill Talcott no iba a echar de menos su casa de Wallingford. El nuevo hogar que había adquirido en Tennesse se había construido en 1906 y adoraba el encanto sureño que emitía. Tenía un pabellón para carruajes en la parte posterior que el antiguo dueño había convertido en un gran despacho. Era perfecto.

Tampoco iba a echar de menos la Universidad de Washington, lo que estaba bien porque la habían despedido. Gracias a Dios existía Tom Cheever, el antiguo decano del Dr. Ansel.

Nate estaba sujetando una caja de mudanzas con cinta de embalar. Había engordado un poco durante el último mes y su cabello había recuperado los rizos apretados. Al mirarlo se arrepentía de una cosa.

—¿Nate?

—¿Hmm?

Terminó de envolver un plato con papel de periódico y lo puso en la caja.

—Todavía creo que deberías plantearte quedarte en la Udub hasta que termines el doctorado. Estás tirando a la basura casi dos años de trabajo.

—Por Dios, mujer, ¿cuántas veces tenemos que discutir lo mismo?

—Es solo que siempre he creído que una relación... que la gente no debería frenar a los demás. Ya es suficiente que te hayas alineado con una infame científica chiflada. Al menos deberías terminar el doctorado. En la Universidad de Tennesse es casi como si empezaras de cero.

—Jill... —Nate suspiró y tiró la cinta sobre el mostrador. Se acercó y la abrazó con fuerza—. ¿Quieres dejar de preocuparte por mí? No tengo prisa en conseguir el título. Solo lo siento por ti, porque no vas a recibir el reconocimiento que te mereces.

—Eso no me importa, pero tú...

La hizo callar con un beso. Cuando se separó, dijo con falsa sinceridad:

—Cielo, preferiría tener una vida aburrida, humilde y mediocre contigo que vivir sin ti.

—¡Nate!

Él esbozó una amplia sonrisa.

—Además, en un momento de debilidad prometiste casarte conmigo. Dentro de tres días vas a conocer a todo el clan Andros y cuando eso ocurra, estarás atrapada para siempre. Mi madre se cree Hera, la Diosa de la bendición marital. Hazla enfadar y estás perdida.

Jill estaba demostrándole a Nate cuánto temía esa perspectiva cuando sonó el teléfono. Iba a cogerlo pero Nate no la dejó irse.

—Que lo coja el contestador.

La máquina pitó y emitió un breve silbido. Luego se oyó una voz, una voz masculina con un fuerte acento asiático.

—¿Señorita Talcott? ¡Oiga, esta bolsa suya lleva aquí ya cuatro semanas! ¡No volvió a aparecer! Por favor, venga a recogerla. Ah, soy de la Locura Teriyaki. Gracias.

Jill y Nate, todavía entrelazados, se apartaron y se miraron con una mezcla de conmoción y de horror. Un segundo más tarde salían disparados en busca de las llaves de él y de los zapatos de ella y cualquier otra cosa que fueran a necesitar antes de salir como una tromba por la puerta.

La Locura Teriyaki estaba a cinco minutos de la casa de Jill y Nate, que conducía el coche de Jill,y se tomó la distancia con el aplomo de un futuro padre. En cuanto entró en el aparcamiento, Jill ya había salido del asiento del pasajero y había echado a correr. El anciano dueño del pequeño restaurante parpadeó y la miró sorprendido cuando la mujer tomó por asalto el mostrador.

—¿Mi maletín? —consiguió soltar.

—¡Oh! Sí, acabo de llamarla.

—Lo sé. Está...

Lo sacó de debajo del mostrador. Y sí, era su saca de cuero marrón, gastada y fiable, repleta de papeles que sobresalían como una rana con la garganta hinchada.

—¡Oh, Dios mío!

—No debería dejarla aquí —la sermoneó con severidad el anciano—. Cuatro semanas, ocupa todo el espacio debajo de mi mostrador. No hago más que esperar usted aparece.

—Lo siento. Solo que... ¡Gracias!

Cuando se dio la vuelta, Nate estaba justo detrás de ella. Miró la bolsa, la miró a ella y los dos se echaron a reír.

Ya de vuelta en el salón de Jill, la bolsa se encontraba entre los dos como un hijo pródigo mientras Jill catalogaba con cuidado el contenido.

—Un disquete con las hojas de Excel de nuestros experimentos... un diagrama de la forma de conectar el generador... la gráfica de potencia... todas mis notas sobre la ecuación... ¡Está todo aquí!

—¡Tío! —Nate sonrió, aturdido—. Piensa en el DD, arrasaron esta casa y peinaron la universidad, y durante todo ese tiempo tu maletín estaba esperando debajo del mostrador de un restaurante de comida para llevar.

—Calder dijo que no lo habían encontrado. Dios, estaba segura de que se había quemado en el laboratorio. Ahora me acuerdo. La última vez que volví a casa me encontraba fatal. Paré a tomar un cuenco de arroz blanco porque pensé que me aliviaría el estómago. Debía de estar totalmente ida.

—¿Qué dijiste una vez sobre la teoría del estanque de energía? —Reflexionó Nate—. El más pequeño movimiento, por muy involuntario que sea, puede producir el impacto más profundo en la pauta de energía.

Jill se tranquilizó y bajó la vista para contemplar el puñado de páginas que tenía en la mano, páginas mortales. La secuencia de acontecimientos y coincidencias que había llevado a que no estuvieran en las manos del DD le pareció de repente tan tenue, el destino del mundo había pendido del hilo de una tela de araña... y de su distracción.

—¿Pero sabes lo que es una putada? —se lamentó Nate—. Corrimos un peligro mortal en Polonia para evitar que el Mossad le pusiera las manos encima a lo que tenían los Estados Unidos y resulta que no tenían un cuerno.

—No, tenían la simulación y mis notas sobre la uno-menos-uno. Dado lo que el Mossad sabía sobre Kobinski, no habría querido que tuvieran ni siquiera eso. Además, estaba Anatoli.

Anatoli se encontraba en ese momento en una residencia de ancianos de Tennesse con otro nombre nuevo, uno más. Y aunque ni el interrogador más brillante del mundo sería capaz de sacarle nada útil a aquel anciano, Jill se alegraba de que estuviera a salvo de todos modos.

—Además, si no hubiéramos vuelto a la Tierra y demostrado que no somos nadie —señaló Jill—, podrías apostar que los Estados Unidos, el Mossad o los dos todavía tendrían pinchado el teléfono. Lo que significa que habrían aparecido en la Locura Teriyaki menos de una hora después de que el señor Lee hiciera esa llamada de teléfono.

Nate empalideció. Los dos miraron el maletín que había en el sofá entre ellos; luego miraron el teléfono y la puerta de la casa.

—Jill...

—Voy a coger la chaqueta y el maletín. Tú coge las llaves.

Solaris ficción

En la colección Solaris Ficción estamos ofreciendo las obras de los autores que están triunfando en estos momentos en todo el mundo, junto a los clásicos más sobresalientes que ha desgranado el género durante el siglo pasado

1. Cambio de esquemas
—Robert J. Sawyer

Una novela sorprendente que introduce elementos del mejor thriller, en la tradición de **Michael Crichton** y **Robin Cook**, en una trama atractiva y enrevesada, cuyos inesperados giros mantienen la intriga hasta la última página para desembocar en un final apabullante, de los que no se olvidan. Novela finalista del Premio Hugo.

2. Darwinia
—Robert C. Wilson

En este libro, su autor presenta un imponente relato de un siglo XX muy diferente, angustioso, maravilloso y nuevo, con todos los ingredientes que caracterizan su prosa: capítulos cortos, trama cambiante de ritmo ascendente, manteniendo la tensión hasta el mismo final. El Milagro cambió en 1912 la historia tal y como la conocemos. Europa ha sido reemplazada por Darwinia, una tierra extraña con espesas junglas de pesadilla y monstruos antediluvianos.

3. Ubik *4ª Edición
—Philip K. Dick

Esta cáustica comedia metafísica de muerte y salvación (servida en cómodo aerosol) es un tour de force de amenaza paranoica y diversión sin trabas, en la que los fallecidos dan consejos comerciales, compran su siguiente reencarnación, y corren continuamente el riesgo de morir de nuevo. Según los críticos, la mejor novela de **Philip K. Dick**.

4. Factor de humanidad
—Robert J. Sawyer

Un libro de implicaciones morales, técnicas y sociológicas. Describe una forma de comunicación con una civilización que supera hasta límites insospechados a la nuestra, pero también es una historia de cómo se puede destruir una pareja por una mentira, y lo difícil que puede ser reconstruirla.

5. Camelot 30K
—Robert L. Forward

En este libro, su autor contempla muchos elementos: ciencia, tecnología, interacciones personales, decepción, entusiasmo, ineptitud gubernamental, cobardía política... Y todo envuelto en la prosa precisa y metódica de la que siempre ha hecho gala **Robert L. Forward**.

6. Horizontes lejanos
—Robert Silverberg y otros

Uno de los libros del año en Estados Unidos, recoge once novelas cortas, escritas expresamente para este volumen, por encargo de su editor, por los grandes maestros del género: **Orson Scott Card, Ursula K. Leguin, Dan Simmons, Robert Silverberg, Frederik Pohl, David Brin, Gregory Benford, Greg Bear, Nancy Kress, Anne McCaffrey** y **Joe Haldeman**.

7. Luz de otros días
—Arthur C. Clarke y Stephen Baxter

Una colaboración sin precedentes entre uno de los más grandes escritores de cf del siglo XX y otro que lo será del XXI. Cuenta la historia de lo que puede suceder cuando un brillante industrial consigue que cualquier persona pueda ver lo que hace otra desde cualquier sitio en cualquier situación.

8. El espíritu de la Navidad
—Connie Willis

Agrupa ocho cuentos aparecidos en la reputada revista norteamericana *Asimov's Magazine*. **Connie Willis** es la autora que más premios Hugo y Nebula ha ganado en toda la historia y se la considera una de las voces más maduras e importantes del género.

9. El globo de oro
—John Varley

Todo el universo es un escenario, y Sparky Valentine es un actor itinerante que trabaja transformándose en joven o viejo, obeso o enjuto con solo alterar los implantes magnéticos bajo su piel, labrándose su camino de un planeta a otro como parte de una troupe. **Varley** ha ganado cuatro premios Hugo, dos Nebula y cuatro Locus.

10. Distracción
—Bruce Sterling

El gobierno federal está en bancarrota, las ciudades son de propiedad privada, los militares extorsionan a los ciudadanos por las calles... Pero Greta, una dotada neuróloga, está al borde mismo de la revolución neural. Y llegará a conocer la mente humana por dentro y por fuera. Mejor libro de 2000 en el Reino Unido.

11. Mundo Anillo *2ª Edición
—Larry Niven

Novela ganadora de los premios Hugo, Nebula y Locus. **Un clásico imprescindible para entender la evolución del género.** El descubrimiento de un mundo hueco que orbita alrededor de una lejana estrella, desencadena una lucha entre la humanidad y otras dos razas en plena expansión. La Tierra se ve amenazada, y sólo el desparpajo y la suerte fabulosa de la protagonista permiten conducir la lucha... A un inesperado desenlace.

12. Mysterium
—Robert Charles Wilson

Novela ganadora del premio Philip K. Dick. La obra que lanzó la carrera del autor de *Darwinia*. Una mañana de junio, un accidente en el laboratorio de investigaciones físicas de la localidad hace que el pequeño pueblo de Two Rivers, desaparezca de la faz de la tierra para reaparecer en un remedo levemente anacrónico de nuestro mundo. Los nuevos Estados Unidos no son más que un reflejo imperfecto. Un país en guerra con el resto de la humanidad.

13. Las máquinas de Dios
—Jack McDevitt

Novela finalista del Premio Arthur C. Clarke. Los humanos los llaman los Creadores de monumentos: una raza desconocida que ha dejado asombrosas y extrañas estatuas en lejanos planetas. Cada reliquia es diferente... El planeta Tierra está llegando al fin de sus días: la densidad de población ha alcanzado hitos históricos y el cambio climático está arrasando el mundo. Equipos de expertos rastrean el universo en busca de nuevos mundos propicios para la vida humana... Sin embargo, puede que los Creadores de monumentos sean los únicos que conozcan la clave de la supervivencia de la humanidad.

14. Recuerdos del futuro
—Robert J. Sawyer

El equipo de investigación de Lloyd Simcoe y Theo Procopides está empleando el acelerador de partículas del laboratorio del CERN. Pero su experimento sale terriblemente mal y, durante un par de minutos, la conciencia de toda la raza humana es arrojada veinte años hacia el futuro. Aquellos que no recibieron visiones del porvenir tratan de descubrir cómo morirán. Otros buscan ya a sus futuros amantes. Lloyd deberá superar la culpabilidad por haber provocado accidentalmente la muerte de la hija de su prometida, mientras Theo se ve atrapado en la investigación de su propio asesinato.

15. Estrella doble
—Robert A. Heinlein

Novela ganadora del premio Hugo. ¿Podría un miserable actor sustituir al político más famoso del imperio? Lorenzo Smith sintió un hormigueo en su cuerpo cuando le propusieron el trabajo, ya que Bonforte era el político más reputado en la Galaxia. Sería un gran desafío dar vida a este personaje, por supuesto. Pero cuando estudió el papel vio muy claro que se encontraba ante una peligrosa misión de cuyo resultado dependía el destino del Sistema Solar...

16. Ladrona de medianoche
—Nalo Hopkinson

La escritora Nalo Hopkinson ha recibido una espectacular ovación en Estados Unidos por su visión y talento a la hora de combinar las vibrantes tradiciones de la literatura y la cultura caribeñas con la cf moderna. Galardonada con el premio Locus y finalista del premio Philip K. Dick, nos ofrece ahora un inolvidable relato sobre la inocencia y la experiencia.

17. El beso de Milena
—Paul McAuley

El mejor autor inglés del momento, por primera vez en castellano. Cada libro que publica es un hito en su país. *El beso de Milena* fue premio Philip K. Dick en Estados Unidos, donde McAuley está considerado como el autor de la nueva generación que antes entrará en el olimpo de los clásicos.

18. Muero por dentro
—Robert Silverberg

Del autor galardonado con 4 premios Hugo, 5 Nebula y 7 Locus. David Seling es telépata. Pero sus poderes no han representado para él la felicidad. Al contrario, han sido su maldición, aquello que le ha separado del resto de los hombres y que le ha impedido establecer una relación afectiva con los demás. Pero su poder empieza a desvanecerse... Ahora Selig muere por dentro...

19. Las cien mejores novelas de cf del S.XX *2ª Edición
—Varios autores

Un libro tanto para aficionados como para neófitos en la ci-fi. Ofrecer una lista de las cien mejores novelas de ciencia ficción supone inevitablemente incurrir en decisiones polémicas, pero la intención en todo momento ha sido la de ser tan objetivo como fuera posible.

20. La estación de la calle Perdido
—China Miéville

Novela ganadora del premio Arthur C. Clarke. La metrópolis de nueva Crobuzon se extiende desde el centro del mundo. Humanos, mutantes y razas arcanas malviven en la penumbra. A medida que la ciudad se ve apresada por el horror alienígena, el destino de millones queda en manos de renegados.

21. Puerta al verano
—Robert A. Heinlein

El ingeniero en robótica Dan Davis parece que ha conseguido por fin la invención de su vida: un robot casero con habilidades extraordinarias. Pero entonces, su socio y su novia le traicionan arrebatándole la empresa que tanto le costó levantar. Es criogenizado durante treinta años para volver a la vida en 2000... Puerta al Verano demuestra por qué Robert A. Heinlein ha vendido más de 50 millones de copias de sus libros en todo el mundo, ha ganado una innumerable cantidad de premios y tiene el título de Gran Maestro de la cf.

22. Hijo del río
—Paul McAuley

La serie más interesante de los últimos quince años. El mundo artificial de Confluencia es el hogar de miles de razas alienígenas, moldeadas y llevadas a la consciencia por divinos descendientes de la humanidad, que hace tiempo se retiraron del Universo.

23. El hombre completo
—John Brunner

El enigma de las facultades paranormales o PSI se nos plantea en esta novela con impresionante claridad.

Cuando un ser deforme y contrahecho como Gery Howson, verdadero aborto de la naturaleza, hijo de padres casi desconocidos, descubre que posee facultades paranormales, su destino está sellado.

24. Regreso a Belzagor
—Robert Silverberg

Cuando los humanos abandonan el planeta Belzagor, siguiendo la política de descolonización consistente en dar la independencia a todos los alienígenas con cultura propia, el ex-administrador imperial Gundersen retorna para emprender un viaje etnológico-sentimental-místico-iniciático... donde hallará o no hallará lo que esperaba, pero en todo caso no retornará el mismo que se puso en camino.

25. Los cronolitos
—Robert C. Wilson

Scott Warden es un hombre perseguido por el pasado... y pronto también por el futuro. En la Tailandia de comienzos del siglo XXI es un vago en una comunidad costera de expatriados, cuando es testigo de un acontecimiento imposible: la aparición en el boscoso interior de un pilar de piedra de casi setenta metros. Su llegada colapsa los árboles en un cuarto de kilómetro alrededor de su base. Parece estar compuesto de una exótica forma de materia, y la inscripción tallada muestra la conmemoración de una victoria militar... que tendrá lugar dentro de dieciséis años.

26. El mundo de Roche
—Robert L. Forward

Impulsada por un revolucionario motor láser, la primera nave espacial interestelar alcanzará el planeta doble que orbita alrededor de la Estrella de Barnard en el plazo de apenas 20 años. Algunos de los mejores científicos del mundo se encuentran a bordo de esa nave y llegarán preparados para vivir aventuras, peligros y la emoción del descubrimiento científico. Pero lo que van a encontrar, sobrepasará con mucho todas sus expectativas.

27. El Torreón del Cosmonauta
—Ken MacLeod

Tras la conquista de Europa, los rusos no detienen su avance. Sus tropas han alcanzado el Atlántico y sus cosmonautas exploran los asteroides. Ahora les aguardan las estrellas... Pero alguien se les adelanta. Matt Cairns es un programador forajido y experto en IA que se gana la vida en la Bretaña socialista aceptando los cuestionables trabajos que nadie más quiere. En contra de su sensatez, ha aceptado el reto de entrar en el Mariscal Titov, una estación espacial de alto secreto operada por la Agencia Espacial Europea. Una extraordinaria odisea a través del tiempo y el espacio.

28. La Cicatriz
—China Miéville

Un cargamento humano camino de la servidumbre en el exilio... Una ciudad pirata que surca los océanos... Un milagro oculto a punto de ser revelado... Ésta es la historia del viaje de un prisionero. La búsqueda de la isla de un pueblo olvidado, de la más asombrosa bestia de los mares, e incluso de un lugar fabuloso, una inmensa herida en la realidad, una fuente de inimaginable poder y peligro... La Cicatriz.

29. Rosa cuántica *2ª Edición
—Catherine Asaro

La historia de Kamoj Argali, la joven gobernante de una provincia empobrecida en un planeta abandonado. Para impedir que su pueblo muera de hambre, ha accedido a contraer matrimonio con Jax Ponteferro, señor de una próspera provincia vecina. Pero antes de que puedan casarse, Kamoj se ve obligada a unirse a un misterioso extraño de un planeta distante. PREMIO NEBULA 2002.

30. Ingenieros de Mundo Anillo
—Larry Niven

Han pasado 20 años desde que Luis Wu, Chmee y Nessus escaparan de Mundo Anillo. Unos años más tarde, dos de ellos serán secuestrados y llevados de vuelta a Mundo Anillo en busca de los tesoros tecnológicos que contiene. Aunque para ello tendrán que desvelar el misterio sobre los auténticos constructores de Mundo Anillo y explorarán las sorpresas y secretos que se esconden en su interior.

31. La compañía del tiempo
—Kage Baker

La Compañía desarrolla de manera simultánea el viaje en el tiempo y la inmortalidad. Reclutados en todos los siglos de la historia, armados con todo su conocimiento, sus agentes saquean en secreto el pasado, reuniendo los frutos del talento del hombre y los recursos de todo el planeta mientras examinan a la humanidad. *La Compañía del tiempo* es la primera novela de un nuevo talento del género. Kage Baker es una voz fresca, audaz y ambiciosa. Sin duda, «La mejor novela de viajes en el tiempo desde *El libro del día del juicio final* de Connie Willis» según la revista *Publisher's Weekly*.

32. Todos sobre Zanzíbar
—John Brunner

Te dirán que la totalidad de la raza humana cabría en la isla de Wight, que tiene 381 kilómetros cuadrados de superficie. Naturalmente, no se podrían mover, sólo estar firmes. ¿Cierto? Quizá en 1918. Ahora necesitaríamos la isla de Man, de 572 m2. Para 2010 algo más grande, algo como Zanzíbar, de 1658 km2. En 2010 hay más de 7 mil millones de personas atestando el mundo. Un mundo en el que un hombre tranquilo puede ser convertido en una máquina humana programada para matar. John Brunner sorprendió al mundo con este libro, una enriquecedora reflexión, revestida de amena prosa, acerca del futuro próximo de la humanidad.

33. Deepsix
—Jack McDevitt

En 2204, la tragedia y el terror obligan a un equipo científico a evacuar de forma precipitada Maleiva III. Veintiún años más tarde, la oportunidad de estudiar esta rareza galáctica, un planeta que alberga vida, está a punto de desaparecer para siempre, ya que una gigante de gas fuera de control ha invadido el sistema planetario en un letal rumbo de colisión que la dirige hacia el mundo al que ahora llaman Deepsix. Con menos de tres semanas para el desastre, un pequeño equipo científico (que incluye a uno de los supervivientes de la expedición original) debe descender a la superficie y averiguar cuanto pueda sobre las formas de vida y sus civilizaciones perdidas. Pero Deepsix esconde mucho más de lo que se ve a simple vista...

34. El libro de los cráneos
—Robert Silverberg

Cuatro estudiantes descubren un manuscrito, *El libro de los cráneos*, que revela la posible existencia de una secta en el desierto de Arizona, cuyos miembros ofrecen la inmortalidad a aquellos que completen su rito de iniciación. Para su sorpresa, descubren que la secta existe en realidad y que, si lo desean, está dispuesta a aceptarles como acólitos. Pero por cada grupo de cuatro que accedan al rito, dos tienen que morir para que los otros tengan éxito. Esta novela es la clase de cf inteligente, provocativa, que el género siempre amenaza con hacer pero tan raras veces logra.

35. Nómadas
—Robert C. Wilson

De niña, Karen Young soñaba con otros mundos, con otras tierras... extraños pero familiares. Y con el Hombre Gris... que le resultaba vagamente amenazador y acechaba en los rincones de su consciencia. Al hacerse mayor aprendió a reprimir esas visiones terroríficas y no deseadas y, al hacerlo, llegó a convencerse de que nunca las había tenido. Pero con ellas enterró recuerdos más importantes... relacionados con el pasado de su familia y el vínculo que compartían. Nómadas es una aventura, una persecución plena de tensión a través de mundos y universos alternativos pero, más que eso, también es un análisis de lo que significan y lo que marcan las familias y los hogares.

36. Los de días de antigüedad
—Paul McAuley

Una obra compleja y ambiciosa, cargada de misterio y de ideas verdaderamente extraordinarias. En un mundo artificial creado y sembrado de diez mil líneas de sangre por los desaparecidos Conservadores, el linaje del joven Yama es único, tanto más cuanto que parece tratarse del último vestigio de los Constructores, la más cercana de todas las razas a los artefactos venerados en Confluencia. Ahora que el fin del mundo está cerca, Yama deberá aceptar por fin un poder tan inesperado como indeseable.

37. Las Fuentes perdidas
—José Antonio Cotrina

En todas las épocas, tiempos y lugares, han existido siempre los Misterios Furtivos. Son las historias que susurran en voz baja los que viven en la otra cara de la realidad. Y una de esas leyendas eclipsa a todas: las fuentes perdidas, el misterio por el que muchos han dado sus vidas; una fuente por cada deseo, una fuente por cada anhelo que apenas imaginado toma forma, ya sea atroz o maravilloso. Delano Gris, aventurero a sueldo y conocido bribón, se ve envuelto en una expedición que va tras ellas.

38. Terraformar la Tierra
—Jack Williamson

El día del Armageddon ha alcanzado la Tierra en forma de asteroide, aniquilando en un solo instante millones de años de evolución. Un siglo después, los únicos seres humanos que han sobrevivido a la catástrofe son niños. Clones de un pequeño grupo de científicos que escaparon a la destrucción y crearon la Estación Tycho, un arca de Noé subterránea construida en las profundidades de la Luna. Son enviados milenio tras milenio a la Tierra con las réplicas de la vida original para intentar conquistarla de nuevo. Sin embargo, todas las misiones han fracasado hasta ahora...

39. Luz Oscura
—Ken MacLeod

Los dioses crearon la Segunda Esfera y la poblaron con un sinnúmero de razas alienígenas sacadas de sus hogares. Para Matt Cairns y los cosmonautas de la Estrella Brillante es un nuevo hogar, pero su inesperada aparición puede convertirse en el desencadenante de un desastre. Porque, ocultos entre las estrellas, los dioses siguen vigilando su creación... y no toleran disenso alguno. *Luz Oscura* es el segundo volumen de la serie «Los Motores Lumínicos», la ambiciosa *Space Opera* que dio comienzo con *El torreón del cosmonauta* que ya publicamos el pasado noviembre. **MacLeod** es un escritor muy interesado por la posición que ocupa el hombre en la sociedad así como la información o desinformación en la era de Internet. En su obra refleja el gusto por los escenarios clásicos que siempre le sedujeron: los de la Edad de Oro de la cf.

40. Espacio Revelación
—Alastair Reynolds

«Reynolds es capaz de superar todas las expectativas de cualquier lector. Es sencillamente genial»

Algo aniquiló a los amarantinos hace novecientos mil años. Para los colonos humanos que se están asentado en Resurgam, el planeta natal de esta civilización perdida, se trata de un hecho de escaso interés científico, a pesar de que se ha descubierto una ciudad casi perfecta y una estatua gigantesca que representa a un amarantino alado. En cambio, para Dan Sylveste, es algo más que una mera curiosidad intelectual. Este científico, brillante y despiadado, no se detendrá ante nada hasta conocer la verdad, por elevado que sea su coste. Pero Sylveste no sabe que los amarantinos fueron exterminados por una razón... ni tampoco que el peligro está más cerca y es mucho más grande de lo que él imagina. Una formidable y sublime *space opera* que se mueve entre el universo conocido y el desconocido... dirigiéndose hacia el más terrible de los destinos. **Alastair Reynolds** es por derecho propio, desde la última década, la nueva vanguardia de la ciencia ficción británica. Con un doctorado en Física y Astronomía y años de experiencia trabajando para la Agencia Espacial Europea, sus obras están dotadas de un extraordinario, pero comprensible, realismo científico y desbordan sentido de la maravilla.

41. La luna es una cruel amante
—Robert A. Heinlein

La luna, con el devenir del tiempo, se ha convertido en una singular colonia penal, en la que conviven los más recientes transportados con los descendientes, ya libres, de los primeros penados. Sin embargo, la omnipotente Autoridad de Tierra, a través del Alcaide, sigue rigiendo con mano férrea sus destinos e imponiendo sus drásticas leyes.

En ese mundo tan distinto al nuestro, con otras concepciones acerca de la política, la amistad, el sexo, la vida, la muerte y el matrimonio, Manuel O'Kelly, descendiente de transportados, manco, poseedor de siete brazos especializados, descubrirá de pronto el germen de una rebelión que pretende oponerse al tiránico poder del planeta madre. Y descubrirá también la sorprendente personalidad de Mike, el ordenador central de Luna, una extraña máquina con un desconcertante sentido del humor, capaz de convertirse en el líder de una desesperada revolución vindicativa de unos derechos nunca reconocidos.

42. Cielo de Singularidad
—Charles Stross

Es el siglo veinticinco. La humanidad ha sido revolucionada por el contacto con el Eschaton, una casi omnipotente inteligencia artificial capaz de controlar los viajes en el tiempo. Mientras, en la Nueva República, toda la tecnología avanzada excepto la necesaria para el viaje interestelar ha sido prohibida. Pero el decadente mundo de Rochald, una colonia de la Nueva República, ha sido revolucionado por la influencia de una misteriosa inteligencia alienígena, El Festival, aparentemente dispuesta a concederles cualquier cosa imaginable a cambio de muy poco. La Nueva República reacciona enviando su flota a través del tiempo para coger al Festival por sorpresa. El ingeniero espacial Martin Springfield y la diplomática de las Naciones Unidas Rachel Mansour abandonan la Tierra y se dirigen al mundo capital de la Nueva República, con la misión de evitar la crisis o sabotear la flota de guerra de la Nueva República a toda costa.

43. Inversión primaria
—Catherine Asaro

El Imperio Eskoliano gobierna una tercera parte de la galaxia civilizada gracias a su dominio de las comunicaciones superlumínicas. Pero la guerra con su rival, el Imperio de los Mercaderes, parece inminente, una guerra que no puede conducir más que a la esclavitud de los eskolianos o la destrucción de ambos bandos. Ya se han producido algunas escaramuzas destructivas. Alguien ha de llevar a cabo un intento desesperado por prevenir un desastre total.

Catherine Asaro se ha labrado rápidamente una gran reputación como escritora de sagas espaciales. Muchos críticos la han situado ya por encima del que era, hasta hace poco, el número uno en este género: Lois McMaster Bujold.

44. Excesión
—Iain M. Banks

Con una prosa enérgica y brillante Iain M. Banks nos introduce en un intenso mundo de diplomacia y luchas por el poder, en un escenario lleno de inagotable sentido de la maravilla y en una aventura que rebosa intriga y épica a lo largo de cada una de sus páginas. En la Cultura, una vasta sociedad de dimensiones galácticas y protegida y custodiada por las Mentes, la forma más avanzada de inteligencia artificial, nada parece capaz de poner en peligro la placentera existencia de los seres humanos. Ni siquiera la única especie capaz de rivalizar con la Cultura es una seria amenaza. Sin embargo, nadie había contado con el extraño suceso que tiene lugar en un remoto y olvidado extremo del universo. Excesión, una misteriosa esfera oscura que se resiste a todo estudio, ha aparecido donde dos milenios y medio antes una estrella se desvaneció por completo. PREMIO BRITISH SF, ITALIA Y LASWITZ.

45. Desconexión
—Neal Asher

Ian Cormac es un famoso agente de la Central Terrestre de Seguridad. Su arsenal incluye androides de combate, criaturas de dudosos intereses y una temible arma programable. Sus enemigos están formados por humanos, máquinas y seres que son apenas un poco más salvajes y despiadados que él. En un futuro donde el viaje instantáneo de un mundo a otro es posible gracias a la tecnología del runcible, Cormac ha de investigar la destrucción de la colonia humana en el planeta Samarkand. Deberá sobrevivir mientras lucha contra su terrible adicción, la irresistible necesidad de conectar su mente al vasto e ilimitado universo de las inteligencias artificiales, para desentrañar los sobrecogedores secretos del planeta.

46. Veniss soterrada
—Jeff VanderMeer

En Veniss, una ciudad refugio aislada por los desastres ecológicos, la tecnología conocida como Arte Viviente produce cualquier criatura que sus creadores puedan soñar. Pero Nicholas es un artista sin éxito y, sin equipo ni reconocimiento con el que continuar su carrera, su única esperanza es un misterioso hombre llamado Quin, un genio de la ingeniería genética que habita el lugar más oscuro y tenebroso de la ciudad: Veniss Soterrada. Sin embargo, su búsqueda pronto se convertirá en un descenso más allá de las últimas fronteras de la civilización, una caída que arrastrará a su hermana y a su mejor amigo a un mundo de degeneración tecnológica y vida descontrolada, a una carrera a través de los infiernos.

47. Dentro del leviatán
—Richard Paul Russo

«Quien quedó cautivado por los alienígenas de la película Alien adorará la obra maestra de Russo» Nadie puede recordar de dónde proviene la nave estelar Argonos. Su misión es desconocida, incluso para los miles de tripulantes que la habitan desde hace cientos de años, vagando en un viaje interminable a través de la galaxia en una desesperada búsqueda de algún rastro de vida. Ahora, una señal no identificada guía a la Argonos hasta un extraño planeta. Una expedición de la nave llegará hasta las profundidades de una jungla, donde se encontrará con una aterradora y dantesca visión. Sin esperanza alguna de encontrar vida humana, partirán de nuevo hacia el espacio. PREMIO PHILIP K. DICK.

48. Trueno rojo
—John Varley

Manny García regenta un decrépito motel próximo a Cabo Cañaveral. Dak, su mejor amigo, trabaja en un concesionario y comparte con él su obsesión por el espacio. Ambos contemplan junto a sus novias el despegue de la primera misión tripulada de la NASA a Marte. Demasiado tarde, pues una misión china está ya en camino, pero, esa misma noche, el accidentado encuentro de los cuatro amigos con el alcohólico ex astronauta Travis Broussard cambiará las cosas. Su primo es un genio excéntrico que ha descubierto una nueva fuente de energía, y juntos emprenderán una carrera contra el reloj por completar el proyecto más ambicioso que jamás habrían imaginado: construir desde cero el Trueno Rojo, una nave espacial para viajar a Marte.

49. El mar de madera
—Jonathan Carroll

Jonathan Carroll es un autor único, fascinante, poseedor de un talento sobresaliente e imposible de clasificar. En El mar de madera Carroll nos introduce en su historia más ambiciosa y visionaria hasta el momento. Crane's View es un pequeño y agradable pueblo situado junto a un río, un lugar donde parece que nunca sucede nada fuera de lo ordinario. Porque desde el momento en que un perro de tres patas entra en la confortable vida del jefe de policía Frannie McCabe, muere a sus pies, y vuelve a la vida, McCabe se encuentra a sí mismo lanzado a un nuevo mundo de inenarrables y perturbadoras maravillas.

50. El fin de la Eternidad *2ª Edición
—Isaac Asimov

Isaac Asimov es el autor más influyente y la figura más destacada de la ciencia ficción y la divulgación científica del siglo veinte. El fin de la Eternidad se cuenta entre sus novelas de concepción más brillante. En ella explora con maestría el tema del viaje en el tiempo y del control de la historia.

Eternidad. Una organización que existe de manera paralela a la historia de la humanidad desde el siglo 27 al 70.000, teniendo como propósito «suavizar» el curso de los acontecimientos y velar con ello por el bienestar de la mayoría de los habitantes de la Tierra. Andrew Harlan. Un hombre, un ejecutor, que se ve envuelto en el nada fácil dilema de decidir entre el proteccionismo de Eternidad —que evita una catástrofe nuclear en los albores de nuestra civilización— y la libertad del individuo para decidir su propio futuro. Porque, además, los resultados de la política de Eternidad a largo plazo no acaban de estar del todo claros.

51. La clave del laberinto *2ª Edición
—Howard V. Hendrix

«Una novela redonda que apasionará por igual a los lectores del Criptonomicón de Neal Stephenson y El código Da Vinci de Dan Brown». Del doctor Jaron Kwok sólo han quedado unas extrañas cenizas en una habitación de hotel cerca de Hong Kong, una desaparición que movilizará las mayores potencias nacionales, agencias de seguridad, integristas islámicos, clanes del crimen y sociedades secretas. Porque el doctor Kwok puede haberse llevado con él un descubrimiento capaz de alterar el orden mundial: el diseño de un ordenador que podría romper todas las claves de encriptación de las naciones rivales. Una novela apasionante acerca de códigos crípticos, alquimia, misterios religiosos, conspiraciones ocultas y tramas llenas de intriga.

52. Chindi
—Jack McDevitt

Tras explorar el universo, la humanidad casi ha dado por perdida la posibilidad de encontrar vida inteligente. Entonces, un satélite alienígeno que orbita una estrella lejana envía una señal indescifrable. ¿Será el pretendido último suspiro de una antigua raza, muerta hace ya tiempo? ¿O el primer saludo de una forma de vida aún por descubrir? Priscila Hutchins, capitana de la Academia Espacial, y la otrora difamada Sociedad del Contacto están a punto de encontrar las respuestas... a más preguntas de las que posiblemente hubieran llegado a concebir nunc

53. A través de Marte
—Geoffrey A. Landis

En el año 2028, después del desastroso final de los dos primeros intentos, una misión de la NASA aspira a ser la primera en llegar a Marte y regresar con éxito. Cuatro hombres y dos mujeres emprenden esta arriesgada aventura a bordo de la Don Quijote, pero sus problemas no tardarán en aparecer. En cuanto ponen pie en el planeta rojo, la tripulación descubre que un error técnico ha inutilizado la nave. Su última esperanza de volver a la Tierra es una de las dos naves de las misiones anteriores, abandonada a miles de kilómetros de distancia. Pero no sólo se enfrentarán a las amenazas del desolado y abrupto paisaje de Marte. La nave que tratan de alcanzar sólo podrá transportar a tres de ellos, y antes de llegar a ella tendrán que tomar una difícil decisión: quiénes de ellos se salvarán, y quiénes se quedarán para ser engullidos por el desierto marciano.

54. Evolución
—Stephen Baxter

Hace sesenta y cinco millones de años, la extinción de los dinosaurios fue el primer paso hacia el futuro de nuestros primitivos antepasados. Desde los primeros homínidos al homo sapiens, la humanidad se ha enfrentado a la lucha por perpetuarse y por alcanzar la supremacía sobre las demás especies. Pero, en el año 2031, el mundo está al borde de la destrucción. El devastador calentamiento global amenaza el futuro del planeta Tierra, los bosques arden fuera de control y la polución deteriora de forma imparable las condiciones de vida. Cuando el enorme volcán Rabaul se vuelve activo, la misma especie humana entra en peligro de extinción. Y, mientras tanto, lejos de la Tierra los robots marcianos empiezan a replicarse y a perpetuarse a sí mismos. ¿Será definitivo el declive de la especie humana? ¿Son los robots de Marte el nuevo paso en la evolución?

55. Ciudad Abismo
—Alastair Reynolds

Tanner Mirabel era un experto en seguridad que nunca cometía errores... hasta que una mujer a su cargo muere asesinada durante un ataque dirigido por un joven postmortal llamado Argent Reivich. Tanner persigue a Reivich más allá de su mundo natal, a través de varios años luz de espacio, hasta llegar a Ciudad Abismo, un asentamiento humano construido bajo una cúpula. Pero Ciudad Abismo no es lo que era: aquella utopía de última generación se había convertido en una oscura pesadilla gótica, víctima de un virus nanotecnológico que había corrompido profundamente tanto a los habitantes de la ciudad como a sus edificios. La ciudad es un lugar poblado por máquinas a vapor, misteriosas facciones y nuevos juegos mortales. Pero antes de que finalice la persecución, Tanner tendrá que enfrentarse a verdades inquietantes que se remontan siglos atrás, al espacio profundo, a una atrocidad que la historia casi ha olvidado...

PRÓXIMAMENTE:

Incordie a Jack Barron
—Norman Spinrad

Jack Barron es el presentador de *Incordie a Jack Barron*, el programa de televisión en el que cien millones de espectadores tienen la oportunidad de denunciar la corrupción de políticos y empresarios. Desde el poder de la audiencia Barron no teme enfrentarse a nadie, y eso incluye a Benedict Howards, el millonario director de la Fundación para la Inmortalidad Humana, un instituto que ofrece a sus clientes la inmortalidad a través de la congelación criogénica. Pero el complejo científico de Howards ampara en secreto un negocio de millones de dólares que, de salir adelante la Ley de Utilidad de la Hibernación, se convertirá en un monopolio absoluto.

Con esta novela, Norman Spinrad nos introduce en un mundo inquietantemente próximo a nuestra realidad, donde la política, el dinero y los medios de comunicación compiten sin piedad por la hegemonía de la opinión pública. Polémica, comprometida y de plena actualidad, *Incordie a Jack Barron* es una de las obras cumbre de la vanguardia estilística y especulativa sobre nuestro futuro más inmediato.

Feerdsum Endjinn
—Iain M. Banks

El Conde Sessine está a punto de morir por última vez... El Científico Jefe Gadfium está a punto de recibir el misterioso mensaje de la Llanura de las Piedras Deslizantes que estaba esperando... Y Bascule el Narrador está a punto de entrar en el caos de la cripta... Y todo está a punto de cambiar... Porque ha llegado el día de la Usurpación y, aunque el mortecino sol brilla aún sobre las colosales y altísimas torres de la Fortaleza Serehfa, el fin es inminente. El rey lo sabe y sus asesores de confianza también, pero a pesar de ello, no conceden un instante de tregua en la guerra que, cada vez con mayor salvajismo, libran contra el clan Ingenieros. La cripta también lo sabe; y por eso ha enviado un emisario en cuyo poder se encuentra la clave del futuro de todos.

Con una prosa enérgica y brillante Banks —autor de *La fábrica de avispas*, *Pasos sobre el cristal* o *El Negocio*— alcanza el cénit de su carrera con una novela tan exquisita como original.

Las edades de la luz
—Ian R. McLeod

Robert Borrows nació en Bracebridge, en West Yorkshire, el agosto del año sesenta y seis del tercer gran ciclo de la Era de la Industria. Pero Bracebridge no es un pueblo más. En sus minas se obtiene un extraño material: el éter, la sustancia de que se compone la magia feérica. Sin embargo, mientras los Maestros de Gremio controlan la riqueza que producen las minas, los trabajadores tienen que ganarse duramente el pan y vivir en una terrible pobreza. Ni siquiera la vida de Robert es ajena a la desgracia, pues su madre, contaminada por el éter, se está convirtiendo lentamente en un troll. Aun así, también hay sitio en ella para la magia y su nombre es AnneLise, una misteriosa cambiaspecto. Y para la esperanza, cuando conoce en la metrópoli a un ladrón que le iniciará en una lucha política por cambiar el orden de un mundo lleno de fantasía y de miseria.

Sueño temerario
—Roger Levy

En un futuro cercano, el ecoterrorismo, el colapso tectónico, las erupciones volcánicas incontroladas y la liberación de residuos radiactivos han hecho la vida casi insostenible en la Tierra. En este entorno devastado, la gente se refugia en las drogas y en los juegos de realidad virtual, mientras los gobiernos mundiales tratan desesperadamente de encontrar una salvación. Su esperanza es el planeta Dirangesept, pero la misión de los Guerreros Lejanos y sus máquinas de guerra ha sido un fracaso estrepitoso y Jon Sciler y sus compañeros regresan traumatizados y abucheados a la Tierra. Pero, cuando una misteriosa compañía les ofrece una oportunidad como probadores de un nuevo juego virtual, no saben que al otro lado del cable les espera algo peor que el fracaso.

fantasia
colección

Colección	Autor
1. Cuentos del Lobo Blanco	Michael Moorcock y otros
2. Conan: El tesoro de Tranicos	Robert E. Howard
3. Cthulhu 2.000	H.P. Lovecraft y otros
4. Peón del Caos	Michael Moorcock y otros
5. El Necronomicón	H.P. Lovecraft y otros
6. Conan: El renegado	Leonard Carpenter
7. La saga de Hastur	H.P. Lovecraft y otros
8. El guerrero del crepúsculo	Eric Van Lustbader
9. Conan: El profanador	Leonard Carpenter
10. La suerte de los ladrones	Lynn Flewelling
11. La saga de Cthulhu	H.P. Lovecraft y otros
12. Los bajíos de la noche	Eric Van Lustbader
13. La Primera crónica	Glen Cook
14. La oscuridad que acecha	Lynn Flewelling
15. Conan: El campeón	John Maddox Roberts
16. Sombras fluctuantes	Glen Cook
17. Conan y la Hermandad Roja	Leonard Carpenter
18. El anillo de los cinco dragones	Eric Van Lustbader
19. La luna del traidor	Lynn Flewelling
20. La Rosa Blanca	Glen Cook
21. El clavo de plata	Glen Cook
22. Los cuervos del Zangre	Lois McMaster Bujold
23. La forja de los héroes	Dave Duncan
24. El legado de los cinco dioses	Lois McMaster Bujold
25. El portal de la entereza	Eric Van Lustbader
26. La cadena dorada	Dave Duncan
27. Mago: Aprendiz	Raymond E. Feist
28. El velo de las mil lágrimas	Eric Van Lustbader
29. Conan: El azote de la costa sangrienta	Leonard Carpenter
30. Aprendiz de Asesino	Robin Hobb
31. Underworld	Greg Cox
32. El Rey Lobo	Alice Borchardt
33. Juegos de Sombras	Glen Cook
34. El Ladrón de la Aurora	James Barclay
35. La diplomacia del Asesino	Robin Hobb
36. Alas de sombra	James Barclay
37. Mago: Maestro	Raymond E. Feist
38. Asesino Real	Robin Hobb
39. La fragilidad del asesino	Robin Hobb
40. La tumba de los horrores	Keith Francis Strohm
41. Príncipe de la sombra	Curt Benjamin
42. Paladín de Almas	Lois McMaster Bujold
43. El imperio Shan	Curt Benjamin
44. La búsqueda del asesino	Robin Hobb
45. El espino de plata	Raymond E. Feist
46. La senda del asesino	Robin Hobb

EN PREPARACIÓN:

La Tierra sin rey	Ed Greenwood
La magia de Recluce	L.E. Modessit JR.
El Rey Dragón	Kate Elliott
Sueños de acero	Glen Cook
Darkness at Sethanon	Raymond E. Feist

Por series

Terror
colección

1. Nazareth Hill
—Ramsey Campbell

Amy, una niña de ocho años, la llamaba la casa de las arañas porque le daba escalofríos, hasta que su padre la reprendió por ser tan tonta. Su nombre auténtico era Nazarill y no había nada de lo que asustarse; sólo era una mansión en ruinas con vistas al pueblo. Pero cuando el padre de Amy la aúpa hasta una ventana vacía para que pueda mirar dentro, lo que ve difícilmente calma sus miedos. Esa misma noche tiene una vívida pesadilla en la que su padre le dice que su madre está muerta, que ella está loca y que vive en Nazarill. *Sin duda, la mejor novela del autor de «Los sin nombre».* **Ramsey Campbell** es el escritor británico vivo más respetado en el campo del terror y la ficción sobrenatural. Cuenta con más premios para novelas de terror que ningún otro autor en el mundo.

2. El ciclo de Dunwich
—H.P. Lovecraft y varios autores

En los Dunwich del mundo, las viejas tradiciones se demoran. A salvo, alejados de las bulliciosas ciudades, ignorando la ciencia e ignorados por la civilización, lo bastante monótonos para no entusiasmar a los demás y lo bastante pobres para no provocar la envidia de nadie, son refugios seguros para la superstición y para ciertas costumbres aparentemente absurdas. Nueve historias ambientadas en el lugar en el que se inicia el horror, todas prologadas y con una introducción general escrita por el seleccionador de los textos.

3. Silencio
—Ramsey Campbell

Había una vez un hombre que amaba a los niños. En su opinión, cualquier enfado o el más leve indicio de que no se estuviese prestando suficiente atención a un niño era motivo para que los padres perdieran a ese hijo. Por desgracia, Hector Woolie no trabajaba para el Servicio de Protección de Menores. **Ramsey Campbell** ha sido aclamado como maestro de la novela psicológica y su talento para transmitir lo más enrevesado de la mente humana no tiene parangón en la narrativa moderna.

4. El Necronomicón *5ªEdición
—H.P. Lovecraft y varios autores

Aunque los escépticos afirman que *El Necronomicón* es un tomo fantástico creado por **H.P. Lovecraft**, los auténticos investigadores de los misterios esotéricos del mundo saben la verdad: *El Necronomicón* es un volúmen blasfemo de conocimiento prohibido escrito por el árabe loco Abdul Al-Hazred. Dentro de este libro encontrarás historias, ensayos y diferentes versiones del libro blasfemo. Ahora tú también puedes aprender el verdadero saber de Abdul al-Hazred y conocer, de primera mano, el ignoto poder que se encuentra tras sus páginas.

5. La casa infernal
—Richard Matheson

Durante más de veinte años, la Casa Belasco ha permanecido vacía. Considerada el Everest de las casas encantadas, es una venerable mansión cuyas sombrías paredes han sido testigo de escenas de horror y depravación inimaginables. Las anteriores expediciones que han tratado de investigar sus secretos han terminado en desastre, siendo sus participantes destruidos por el asesinato, el suicidio o la demencia.

Ahora se prepara una nueva investigación que llevará a cuatro extraños a la mansión prohibida, decididos a descubrir allí los secretos definitivos de la vida y la muerte.

6. El ciclo de Nyarlathotep
—H.P. Lovecraft y varios autores

Se sabe que Nyarlathotep, el Poderoso Mensajero de los Dioses Exteriores, también porta nuevas de los Primigenios. Es el único Dios Exterior que ha decidido personificar su presencia en nuestro planeta. Deidad de las mil formas, acude a la Tierra para mofarse, para sembrar el caos y avivar los impulsos autodestructivos de la humanidad. Este volumen de historias y poemas ilustra la ubícua presencia de Nyarlathotep y lo muestra en sus distintos aspectos. Entre ellos, cabe resaltar su presencia como Nephren-Ka, el temible Faraón Negro del Egipto de las dinastías. Entre los trece relatos se cuenta una novela corta de Lin Carter. Robert M. Price contribuye con un prefacio para cada historia y la introducción.

7. El ansia
—Whitley Strieber

Miriam Blaylock, rica y hermosa, vive una vida regalada en Manhattan, tiene un esposo al que adora, antigüedades de valor incalculable, magníficas rosas. Pero entonces John Blaylock, como todos los anteriores amantes de Miriam, empieza de repente a envejecer. En apenas una noche su cuerpo revela la verdad: John tiene cerca de doscientos años. Temiendo la terrible soledad de la eternidad, Miriam encuentra a una nueva pareja: Sarah Roberts, una joven y brillante investigadora del sueño que ha descubierto el factor sanguíneo que controla el envejecimiento y que podría contener el secreto de la inmortalidad. La novela en que se basó la película de culto interpretada por David Bowie, Catherine Deneuve y Susan Sarandon. LA GRAN NOVELA DE CULTO SOBRE LAS AMBICIONES DE UN VAMPIRO MODERNO.

8. Cthulhu 2000 *2ªEdición
—H.P. Lovecraft y varios autores

Esta recopilación de relatos, de reciente aparición en Estados Unidos, ha sido destacada como la más interesante aportación al género de horror de los últimos años por haber conseguido reunir a los más importantes autores contemporáneos en lengua inglesa en un solo libro: **Kim Newman, Bruce Sterling, Gene Wolfe, Harlan Ellison, Poppy Z. Brite, Ramsey Campbell, Michael Sea y Roger Zelazny**, entre otros, dan buena fe de ello.

9. Los hechos de la vida
—Graham Joyce

Una historia evocadora y terrorífica, de experiencias vividas al límite, por donde vaga un niño que tiene el don sobrenatural de sentir premoniciones y ver fantasmas. El testigo inocente de una vida que discurre entre la guerra y la paz y entre lo mundano y lo mágico.

Joyce nos introduce con un estilo sencillo y poderoso en el seno de una familia británica durante los años cincuenta y nos revela, en una historia que funde magistralmente lo fantástico con lo real, la caótica variedad que crece en la Gran Bretaña de la postguerra. Probablemente la mejor novela de un autor inclasificable. **PREMIO WORLD FANTASY 2003.**

10. Discípulos de Cthulhu
—H.P. Lovecraft y varios autores

Publicada en 1976, *Los Discípulos de Cthulhu* fue una de las primeras antologías profesionales y totalmente originales de los Mitos de Cthulhu. Una de las historias, *El Tirón*, de **Ramsey Campbell**, fue candidata al Premio Nebula otorgado por la Asociación de Escritores Americanos de CF, quizá la única historia sobre los Mitos que ha recibido un reconocimiento de este tipo. La Factoría de Ideas se enorgullece de publicar esta antología que presenta los Mitos a las nuevas generaciones.

11. El último escalón
—Richard Matheson

Tom Wallace lleva una vida normal hasta que un acontecimiento fortuito despierta en su ser unas habilidades psíquicas que ignoraba poseer: puede oír los pensamientos más íntimos de las personas que lo rodean y conocer sus secretos más sobrecogedores. Su existencia se convierte en una verdadera pesadilla cuando descubre que es el receptor involuntario de un apremiante mensaje procedente del más allá.

Richard Matheson es un creador polifacético, que se ha forjado a lo largo de los años un estilo visual y directo, llevando sus argumentos hasta el final con un pulso narrativo único. Es un maestro en el tratamiento de la percepción extrasensorial, pero la clave de su éxito radica en su habilidad para conseguir que el lector se identifique con sus personajes.

12. Los sin nombre
—Ramsey Campbell

«Un hipnótico relato de terror... que conjura un horror casi palpable». Cinco años después del asesinato de una niña, cuando ya su madre parecía haber empezado a estabilizarse de nuevo, una llamada telefónica vuelve a sacudir su existencia: «Mamá, soy yo... Ven a buscarme». ¿Dónde se encuentra? ¿Quién la ha mantenido en su poder?

La madre inicia una búsqueda desesperada, la búsqueda de una verdad aterradora que ha permanecido dormida hasta ahora: un grupo de gente oculta que rechaza su propio nombre, la ciencia empírica del mal, casas abandonadas y aisladas que esconden cosas, secretos... Una trampa de maldad abominable en un mundo de tortura inhumana y sangrientos asesinatos, de terribles iniciaciones, de puertas cerradas, de gritos ahogados...

13 y 16. Libros de sangre vol 1 y 2
—Clive Barker

Los relatos reunidos en estos volúmenes han conmocionado a los lectores más veteranos de libros de terror, porque no repiten ninguno de los tópicos del género y cada historia abre las compuertas a una forma inédita de espanto, como la del viaje bajo las calles de Nueva York en el Tren de la Carne de Medianoche; la necesidad de la muerte de ser satisfecha periódicamente; una batalla tradicional entre dos remotos pueblos de Yugoslavia que de repente se vuelve inesperadamente destructiva, y un largo etcétera más.

Los Libros de Sangre son un compendio de oscuras visiones que se introducen en los sueños que se deslizan en secreto por nuestro subconsciente, aguardando para salir a la luz. Capaz de adentrarse tanto en lo inimaginable como en lo indescriptible, Clive Barker revive nuestras pesadillas más profundas y siniestras, creando imágenes a la vez estremecedoras, conmovedoras y terroríficas.

14. El alma del vampiro
—Poppy Z. Brite

«Un mundo de sangre, desesperación y misterio en los límites de lo real». Tres bebedores de sangre llegan a un bar de Nueva Orleans para entregarse a una noche de desenfreno y lujuria. Cuando se marchan, su líder, Zillah, deja detrás a una joven adolescente, embarazada de un vástago cuyo nacimiento habrá inevitablemente de significar su muerte. Quince años después, su hijo vive con unos padres adoptivos, preguntándose como cualquier otro adolescente por qué es tan diferente a los demás. Pronto descubrirá que, en su caso, la verdadera respuesta es terriblemente sobrenatural.

El alma del vampiro es un intenso, tenebroso y estremecedor viaje a la imaginación de la maestra del terror más oscuro. Una iniciación en el inquietante mundo de la autora que ha recibido la aclamación de la crítica internacional y los elogios de los más importantes escritores. Un final impredecible, alusiones a mitos vampíricos, una prosa sublime y seductora, un realismo aplastante, unas descripiciones increíblemente reales, donde te morirías por conocer a cualquiera de estos personajes.

15. Clase Nocturna*2ªEdición
—Tom Piccirilli

Tras el regreso de las vacaciones navideñas, Caleb Prentiss hace un macabro descubrimiento: durante su ausencia, una chica desconocida ha sido brutalmente asesinada en su dormitorio. Para él, un estudiante de facultad acosado por el alcoholismo y frustrado por el tedio de los estudios, ese crimen supondrá algo más que un incidente extraño y se convertirá una obsesión a la que aferrar su oscura vida de universidad. Emprende una búsqueda desesperada por averiguar la identidad de la chica y del misterioso asesino, una búsqueda que ya no podrá abandonar ni siquiera cuando toda su vida empiece a derrumbarse a su alrededor.

Piccirilli eleva el listón del terror con una obra maestra indiscutible. Una sobrecogedora experiencia que muchos lectores tardarán en olvidar.

17. Los que reptan
—John Shirley

Quiebra es un pueblo apacible, donde la vida es tranquila y jamás ocurre nada fuera de lo normal. Y así sigue siendo hasta ahora. Realmente, el único problema de sus habitantes es que sus cuerpos y los de sus mascotas están siendo rehechos con partes de sus televisores, de sus ordenadores, de sus vehículos. Y su comportamiento está cambiando; de hecho, es como si su mente estuviera siendo reemplazada por algo distinto, algo a lo que parecen sucumbir con más facilidad los adultos del pueblo. ¿Qué clase de amenaza invisible ha perturbado la vida de Quiebra? ¿Quizá tenga algo que ver con el satélite que se estrelló en las afueras? Pero, sobre todo, ¿por qué el gobierno se empeña en ocultarlo? ¿Por qué está a punto de hacer desaparecer Quiebra de la faz de la Tierra?